漢字學 概論

| 한연석 저 |

보고사

　중고등학교에 한문교과가 정식 교과목으로 도입된 지가 어언 30여 년이 되었다. 그런데도 교육현장에서는 한어문자학 방면의 교수학습이 거의 이루어지고 있지 않다. 이의 가장 큰 이유는 사범대학의 한문교육과에 이 방면의 전공과목이 개설되어 있지 않기 때문이다. 따라서 이 방면에 대한 교과서의 진술은 매우 빈약하고, 체계적이지도, 학문적이지도 못하다. 아울러 한어문자학에 대한 교사의 교수학습은 미진할 수밖에 없다.

　한문교육의 발전과 한문과의 연구영역확대를 위해서는 한어문자학 방면을 소홀히 할 수 없다. 현재 제도권 밖에서 이루어지고 있는 한자 학습에 대한 열의를 초·중·고등학교의 한문교육으로 연계, 승화시키고 또, 요즈음 간간히 발굴되고 있는 삼국시대의 간독문이나, 이미 발굴된 비문, 묘지문, 초서나 행서로 쓰여 진 전적 등을 한문과의 연구영역으로 포용하기 위해서는 한어문자학에 대한 관심과 연구가 필수불가결하다.

　한어문자학은 고금 詞義와 語音의 異同, 詩律, 주석, 표점, 본의와 인신의, 詞序, 역법과 피휘, 詞頭, 詞尾 등의 어조사와 문법 등을 다루는 고대한어 방면이 있으며, 한자학, 훈고학, 음운학 등을 다루는 한자학(광의)이 있다. 한문교육과는 이들 한어문자학 전반에 대한 접근이 꼭 필요하고, 그 입문은 한자학부터 하는 것이 순리이다. 한자학의 임무는 한자의 발생, 연변, 발전 등의 제반 규율을 연구하는 것이다.

한자학 입문은 한자학에 대한 개론을 파악하는 것으로부터 시작해야 한다. 하지만 우리나라에는 개론서가 없다. 그래서 입문을 원하는 많은 사람들이 시중에 떠돌아다니는 중구난방의 서적들로 그 갈증을 풀었다. 필자의 학문적 능력은 한자학 개론을 집필할 만한 수준이 되지 못한다. 하지만 이러한 저간의 사정을 감안하고, 한문교육에 종사하는 한 사람으로서 용기를 내었다. 본서의 큰 줄거리는 구석규 교수의 한자학개요를 참조하였다. 하지만 한국의 특수성을 감안하여 중국의 일반적인 개론서와 다르게 접근한 곳이 있다. 즉, 한자형체의 연변을 효과적으로 설명하기 위해 '한자형체의 연변'이란 장을 설정하였고, '강독' 편을 두어 갑골문에서 초서까지 각 자체마다 한두 편씩 독해를 시도하였다. 특히 전자는 본서의 전반부에 설정한 '고문자 단계의 한자와 금문자 단계의 한자'란 장과 중복된다. 그런데도 굳이 따로 '한 장'으로 설정한 이유는 주류문자가 아닌 남방문자와 육국문자를 부각시키고, 우리에게 취약한 자체연변을, 언어 중심의 진술보다는 실물자료를 통해 이해를 증진시키기 위한 교육책이었다.

한문교육 30년이 넘도록 한어문자학 방면의 학문적 연구 풍토가 자리 잡지 못한 것은, 여러 요인이 있겠지만 우리 내부적 요인 즉, 대학이든 중고등학교에서이든 한어문자학은 배우지 않고도 두루뭉술 가르칠 수 있다는, 혹은 그럭저럭 상식수준에서 때우고 넘어가도 된다는 비학문적인 의식이 큰 몫을 담당하였다. 또, 한문교육은 고전을 해독만 하면 된다는 문학 중심의 사고도 한자학 홀시의 한 배경이 되었다.

한어문자학의 발전을 위해서 한문과 임용고사에 이 방면의 출제가 시급하다. 한어문자학을 임용고사에 반영하자는 주장에 대해 일부 인사들은 한자의 본의에 대한 이설이 많아 출제가 어렵다는 주장을 펴기도 한다. 이는 한어문자학에 대한 지극히 단편적이고, 편협한 사고이다. 한어문자학은 한자의 음, 뜻만 다루는 것이 아니다. 또, 본의에 대해 명확하게 연구가 끝난 한자가 수없이 많다. 한어문자학을 작은 분지인 한자학으로 오해하는 것도, 한자의 본의에 대한 이설이 많다고 막연히 주장하는 것도, 모두 우리 한문교육과의 한어문자학 수준이 얼마나 취약한가를 역설적으로 말해준다고 하겠다.

필자는 한어문자학 방면에 비교적 많은 자료를 가지고 있다. 하지만 정리를 하지 못해 본서의 집필에 소장하고 있는 자료조차 재인용한 곳이 많다. 이점 송구스럽게 생각하며, 조만간 이 방면의 공부를 원하는 同學, 혹은 단체에 필자의 자료를 제공하려고 한다.

끝으로 불초한 제자이지만 늘 격려와 사랑으로 학문의 길을 인도해주신 신용호 선생님과 문자학 입문의 계기를 마련해주신 권정안 선생님께 감사드린다.

2008년 7월 10일
저자 한연석 삼가 씀

| 차 례|

제1장

서론

I. 한자학 연구 동향과 한국의 한자학

우리나라 한문학계의 한자한어학 수준은 그야말로 초보적이다. 각 대학 한문학과 혹은 한문교육과에 한자학관련과목이 개설된 학교가 거의 없다. 당연히 한자학 수준은 낮을 수밖에 없다. 현재 중국의 한자학 연구 성과나 동향 파악은 물론, 한자학의 연구 방법, 내용, 대상이 무엇인지조차 제대로 파악하지 못한다. 한자의 분석이론과 텍스트는 六書論과 설문해자가 전부처럼 생각한다. 일부 선진적인 사람이 한자의 본의 탐구가 한자학에서 중요하다고 여기는 정도이다.

한자학 관계 서적 역시 거의 출간된 적이 없다. 한두 사람에 의해 한자의 자의 탐구에 관한 서적이 출간되었다. 전문 한자학관련 서적으로 여길 만한 것은 번역서 한두 권이 전부이다. 그 내용 역시 설문해자와 그 주변 서적의 探討이다. 즉 설문학을 한자학으로 인식한 것이다.

현재 중국의 한자학은 허신의 설문해자를 한자학의 주요 연구 대상으로 삼지 않는다. 한자의 분석이론 역시 허신이 정리한 육서론을 채택하는 사람이 거의 없다. 한자학의 연구 대상, 범위, 목적, 방법에 있어 전통적인 ─육서론 및 설문해자─ 시각을 버린 지 오래되었다. 순수 한자학관계 서적에는 이미 허신의 설문해자에 대한 얘기가 거의 나오지 않는다. 허신의 설문해자는 爾雅, 釋名, 方言 등과 같은 고대

자서 중의 하나로 취급한다. 물론 그렇다고 하여 설문해자의 가치를 홀시하는 것은
아니다. 긍정적이든 부정적이든, 어떤 자서보다도 설문해자가 한자학에 끼친 영향이
크다는 것은 인정한다. 하지만 설문학을 금과옥조로 여기지는 않는다. 사실 순수 한
자학관계 서적에서는 설문해자에 대한 얘기가 한 줄 나올까 말까 한다.1)

중국의 한자학은 현재 한자의 생성과 演變, 그리고 한자의 제반 규율을 연구하는
쪽으로 넘어갔다. 개별 한자에 대한 분석도 허신이 정리한 육서론을 적용하지 않는
다. 아직 학계의 일치된 분석이론은 없지만 적어도 한자분석 이론으로 육서론을 중
요 근거로 꺼내들지는 않는다. 육서론은 거의 폐기된 한자분석이론이다. 하지만 우
리는 아직도 육서론과 설문해자를 막연히 중요한 이론이고 텍스트라고 여기고 있다.
이는 현재 한자학의 연구 동향이 아니다.

Ⅱ. 한자한어학의 영역과 분류

중국의 언어와 문자 연구를 共時的, 歷時的으로 통섭할 수 있는 마땅한 학문명
칭이 없다. 이는 이들 분야의 연구 범위, 내용, 대상이 너무 넓고, 깊어 한 마디로
정의하기도 어렵고 또, 한 개인이 이들 연구영역을 전부 다룰 수도 없기 때문이다.
위 '漢字漢語學'이란 용어는 共時的, 歷時的으로 언어와 문자 연구를 모두 포괄하
는 개념으로 필자가 임시로 사용한 것이다.2) 현재 중국의 언어와 문자에 대한 연구
는 크게 문자(字)적인 측면과 언어(詞)적인 측면 즉, 字詞의 입장에서 분리 접근하
고 있다.

---

1) 꼭 그런 것만은 아니지만, 일본의 한자학은 아직도 한자분석이론은 육서론을, 주 텍스트는 설문해자
를 중시 여기는 듯하다. 이는 한어문자학이 아직도 순수 한자학으로 완전 분화가 되지 않았고 또, 순수
한자학 영역의 연구가 미진하기 때문인 듯하다.
2) 이와 유사한 용어로 王寧의『漢字漢語基礎』(科學出版社, 1996, 7, 제1版), 黃德寬, 陳秉新의『漢語
文字學史』(安徽教育出版社, 1990, 11, 제1版)가 있다. 전자의 내용이 언어와 문자를 포괄하고 있어, 이
를 차용하여 '한자한어학'이라 명명하였다.

언어(詞)의 입장에서는 古今이라는 시간에 따라 보통 고대한어, 현대한어로 분류
한다. 당연히 내용은 언어와 문자를 포괄하지만 언어적 측면을 더 중시한다. 고대한
어는 사실상 중국의 5.4운동 이전의 유구한 역사 속에서 한족들이 사용한 언어를 모
두 포함한다. 문자로 기재된 것만도 갑골문부터 3000여 년의 역사를 가지고 있을 만
큼 고대한어의 연구 내용과 대상은 매우 풍부하다. 현대한어는 근대한어의 기초 위
에 성립되었다. 근대한어는 宋元 이래로, 표현방면에서 北方話의 기초 위에 두 개의
뚜렷한 흔적이 있다. 하나는 書面語 방면에서 白話文學의 생산과 발전이고, 다른
하나는 口語方面에서 官話가 점점 각 방언 지구에 스며들었다는 것이다. 이들이 演
變하여 현재의 현대한어가 생성되었다.

한자(字)의 입장에서는 연구의 중심이 무엇이냐에 따라 관습적으로 形體 중심의
한자학, 字音 중심의 음운학, 字義 중심의 훈고학 등으로 나눈다. 물론 시간적 배경
을 중심으로 고문자학, 현대한자학으로 나누는 사람도 있다. 다시 한자학분야는 자
료에 의해 갑골문, 금문, 간독문, 석각문, 帛紙文, 陶文, 錢文, 璽印文 등으로, 자체
나 서체에 의해 갑골문, 금문, 전문, 예서, 행서, 초서, 해서 등으로, 시간과 공간에
의해 상대문자, 주대문자, 춘추전국문자, 진계문자, 육국문자 등으로 접근하기도 한
다. 현대한자학은 학계에서 정식으로 인정된 분류는 아니다. 주로 해서와 간체자의
연변규율을 연구대상으로 삼는 학문으로, 고문자학의 상대적 칭호로 부른 것이다.
학문적인 분류의 당위성이 있어서라기보다는 해서 이전의, 비교적 오래된 자체에 대
한 상대적 분류이이어서 '현대한어'란 텍스트 안에서 주로 다루고 있다.

이상 살펴본 바와 같이 언어와 한자를 연구 대상으로 삼는 학문영역이 분리되었
지만, 이들은 때로는 불가분의 관계에 있기 때문에 각각의 영역을 넘나들기도 한다.
예컨대 언어학 분야인 고대한어나 현대한어에서 음운, 한자, 자·사전에 대해 다루
고, 한자학 분야에서도 음운, 사의, 자·사전, 한자와 詞의 관계 등을 다루고 있다.

우리 한문학계에서 중시여기는, 우리가 흔히 말하는 '漢文法 : 고대한어 문법'은
언어학적 입장이 강해 순수 한자학 분야에서는 다루지 않고, 고대한어 분야에서 다

룬다. 사휘 역시 마찬가지이다.

중국의 한자한어학은 역사적으로 字學이 중심이었다. 그렇기 때문에 한자학의 연구, 역사, 업적, 범위, 대상은 상대적으로 한어학보다 훨씬 오래되고 풍부하다. 고대한어이니, 현대한어이니라고 하는 언어학 분야의 독립은 그 학문적 역사가 일천하다.

본 장은 언어학 분야에서는 고대한어와 현대한어의 탄생, 한자학 분야에서는 한자학이란 명칭의 생성과 한자학의 분류, 서술에 대해 소개하고자 한다. 특히 고대한어나 현대한어의 생성과 연변에 대한 이해는 한자학 종사자들에게 매우 유익할 것으로 생각된다.

Ⅲ. 한어학

1. 고대한어[3] : 文言, 白話

(1) 고대한어의 서면어 형식 : 文言, 白話

고대 漢語의 書面語 형식은 크게 두 가지로 존재한다. 첫째는 先秦口語를 기초로 형성된 上古漢語의 書面語와 후대에 이들 서면어를 사용하여 쓴 작품들이 그것이다. 통상 이들을 文言이라고 부른다. 둘째는 六朝 이후 北方話의 기초 위에 성립된 '古白話'이다. 이들을 고대한어의 서면어라고 한다.

文言과 古白話는 한 시대, 한 지방에서 형성된 언어가 아니다. 서로 다른 시대, 서로 다른 지역에서 다양하게 존재했고, 생성되었다. 따라서 언어의 자료, 어음, 어법, 어휘는 필연적으로 큰 차이가 나고, 범위나 내용 또한 방대할 수밖에 없다. 이들 고대한어의 자료와 형식들을 전면적이고, 계통적으로 연구하고, 이들의 발전, 연변

---

3) 본 '고대한어'는 郭錫良 외 『古代漢語』를 참조하였다.(郭錫良, 唐作藩, 何九盈, 蔣紹愚, 田瑞娟 編, 『古代漢語』(上中下), 北京出版社, 1981. 9, 제1版(1988. 9, 제9차 인쇄)

의 역사를 규명하는 것은, '漢語發展史' 측면에서 총체적으로 접근해야 한다.

'고대한어'란 학문영역은 주로 漢語의 書面語 형식 중 '文言'만을 연구대상으로 삼는다. 문언은 중국고대문헌자료에서 사용한 가장 기본적인 서면어 형식이다. 이들은 현대한어와도, 선진 이후의 역대 口語와도 상당한 脫離 현상이 있다.

古白話는 민간문학과 筆記語錄의 작품 중에 부분적으로 사용한 것으로 현대한어와의 차이는 그렇게 크지 않다. 물론 일반적으로 문언문을 읽을 수 있으면 古白話를 읽어 내는 데 문제가 없다고 한다. 그래서 고백화는 고대한어 영역에서 다루지 않고, 현대한어 영역에서 다루는 경향이 있다.

(2) 고대한어의 학습 방법

중국의 前人들이 고대한어를 학습하는 방법은 크게 두 가지가 있었다. 하나는 5.4운동 이전의 학습방법으로 고대 전적을 무조건 외우는 방법이었다. 동시대 우리나라도 예외는 아니었다. 둘째는 5.4운동 이후 중국해방 이전으로 大學 등 고등교육기관에서 文選, 문자, 훈고, 음운, 문법 등으로 분류하여 계통적으로 학습하는 것이었다. 요즈음의 고대한어 학습은 교육공학적 진보를 거듭하여 사휘, 어법, 문자, 수사, 문체 등으로 나눠 교학한다. 아울러 이들을 기본 문언작품의 閱讀을 통해 이해를 공고히 하는 방법을 사용한다. 고대한어와 유관한 전적들의 내용은 문·사·철을 망라한다. 이들 작품의 閱讀을 통해 작품의 분석, 감상력을 키우고, 동시에 이들을 기초로 고금사휘의 차이, 다의사의 관계, 사의 본의, 인신의, 어법 등을 분석해 낼 수 있다.

(3) 고대한어의 연구 영역

일반적인 고대한어의 연구영역은 고금 詞義의 異同, 고금 어음의 異同, 상고음(고운), 독음, 詩律, 同源詞, 고대의 지리, 역법, 성씨, 피휘, 註釋, 標點, 今譯, 사의 본의와 인신의, 자전, 詞序, 부사, 대사, 개사, 연사, 어기사, 詞頭, 詞尾 등이다. 이들은 보통 고대 文言作品들을 통해 다루어진다.

2. 현대한어[4] : 白話, 北京話, 官話, 普通話

현대한어란 현대 중국 한족의 共同語 곧, 북경어를 표준음으로, 北方話를 기초방언으로, 典範의 현대 白話文 著作을 어법규범으로 삼는 普通話로, 현대 한족들이 교제공구로 삼는 언어문자를 가리킨다.

현대한어의 형성과 발전은 복잡한 과정을 거쳤다. 현대한어는 근대한어의 기초 위에 성립되었다. 근대한어는 시간상으로는 宋元 이래로, 표현방면에서는 北方話의 기초 위에 두 개의 뚜렷한 혼적을 발견할 수 있다. 하나는 書面語 방면에서 白話文學의 생산과 발전이고, 다른 하나는 口語方面에서 官話가 점점 각 방언 지구에 스며들었다는 것이다.

(1) 白話의 형성

한족들은 오랫동안 文言을 書面語로 사용하였다. 이들 서면어는 최초에는 구어의 기초 위에 형성된 것이었다. 그런데 시간이 흐르면서 구어는 민활하게 연변하는데, 이를 기초로 한 文言은 이와 보조를 맞춰 변화하지 못하였다. 그렇기 때문에 점점 현실의 구어와 문언이 멀어지게 됐다. 따라서 문언의 학습에 곤란을 겪게 됐고, 사용 인구 또한 점점 줄어들어 극소수만 사용하게 됐다. 이러한 구어와 서면어의 불일치 현상으로 인해 구어와 밀접한 상관관계가 있는 書面語가 다시 탄생되었으니 이것이 바로 白話이고, 이 백화가 현재 한족공동어의 書面形式의 원류이다.

(2) 백화에 의한 북방화의 확대

宋元 이래로 백화로 쓴 각종 형식의 문학작품이 많이 나왔다. 예컨대 水滸傳, 紅

---

4) 본 '현대한어'는 胡裕樹 主編의 『現代漢語』를 참조하였다.(胡裕樹 主編, 『現代漢語』, 上海敎育出版社(1962, 9 제1版, 1987, 6, 제4版), 1988, 6, 17차 인쇄)

樓夢, 儒林外史 등이 그것인데, 이들 작품 속에 사용한 언어는, 간혹 어느 정도 지방색을 띠고 있기도 하나, 총체적으로는 북경어를 기초로 한 北方話에 속한다. 이들이 北方話 지역이 아닌 다른 방언지역에 흘러들어가면서 이들 방언지역도 점점 백화를 쓰게 됐고, 따라서 북방화의 사용이 확대됐다.

(3) 官話(북경화)의 확산과 현대한어(普通話)의 탄생

북경이 원, 명, 청의 정치 중심지가 되면서, 북경화가 각급 관청의 교제언어로 자리 잡게 됐다. 아울러 북경의 관료들의 정치적 영향력이 전국적으로 확대되면서 수도인 북경화가 전국적으로 확산되었다. '官話'는 곧, 이들 각급 관청의 교제언어인 북경화를 가리키는 말이다. 관화는 처음에는 관청의 교제언어이었지만, 꼭 관리들만이 사용한 것은 아니었다.

구어방면은, 이렇게 북경화인 관화와 북방화를 기초로 한 백화 문학작품이 광범위하게 유전되면서, 각 지방에서 北京話를 기초로 한 북방화가 점점 각 방언지구의 교제공구로 쓰이게 되었다.

20세기에 들어서면서, 특히 중국의 5.4 운동의 혁명적 기류에 편승하여 위의 이들 두 가지 추세 즉, 관화(북경화)와 백화문학 작품을 통한 북방화의 확산이 하나로 합일되면서 漢族 공동어인 현대한어의 발전을 가속시켰다. 이들 시기의 한어의 발전추세는 다음과 같다.

첫째는 백화문운동이 文言文의 지위를 크게 흔들었다. 이른바 통속문학상의 '백화'가 문학언어의 지위를 차지하였다.

둘째 '國語運動'이 북경화를 중심으로 한 北方話를 한족 공동어의 지위를 부여하였다. 이들 두 가지가 결합하여 서면형식과 구어형식에 있어 통일적인 규범을 소유한 '문학언어'를 형성하였고, 이로 인해 이전의 言文 불일치와 방언이 존재했던 중국 대륙의 언어현상을 개변시켰다. 이즈음에 이르러 사람들은 '官話'란 말을 '普通話'란 말로 대체하여 부르기 시작하였다.

(4) 현대한어의 연구 영역

현대한어는 다음과 같은 영역을 다루고 있다.

가. 현대한어의 특징 : 현대한어의 규범화, 정체성 등
나. 어음 : 聲母, 韻母, 聲調, 音節, 音變 등
다. 문자 : 한자의 자체, 결구, 표준화, 규범화 등
라. 사휘 : 語素, 사와 사휘, 多義詞, 동음사, 사전과 자전, 사휘의 구성 등
마. 어법 : 어법체계, 사의 분류, 詞組, 句法, 句, 성분, 어기사, 표점 등
바. 修辭 : 詞語의 운용, 사어의 배합, 구의 단련, 풍격, 句式의 선택 등

언어학의 영역이지만 한자의 자체, 결구, 규범 등을 다루기도 한다.

Ⅳ. 한자학

1. 한자학이란 용어의 생산

한자는 形·音·義 3요소로 이루어졌다. 이들 가운데 한자학은 형체를 주 연구 대상으로 삼는다. 하지만 한자의 형체는 義와 불가분의 관계를 맺고 있기 때문에 '形義硏究'가 한자학의 주 임무라고 할 수 있다.

중국의 문자(한자)를 연구하는 학문명칭이 우리와 중국이 조금 다르고, 중국 내에서도 약간의 혼란과 변화가 있었다. 근래 우리나라 한문학계에서는 訓詁學, 音韻學, 漢字學을 뭉뚱그려 文字學이란 명칭을 주로 쓴다. 중국에서 '문자학'이란 명칭은 1900년대 초에 처음 출현하였다. 淸朝 末 서방학문이 들어오면서, 서방 학문의 각종 學科를 번역하며 詞尾에 '學'자를 붙이면서 시작되었다.

하지만 당시 문자학의 연구내용과 방법은 여전히 설문과 六書論 위주이었다. 육서는 소전의 규율을 연구, 분석하는 이론이다. 그렇기 때문에 모든 단계의 한자의

생성, 변화, 발전을 설명하는 이론으로는 적합하지 않다. 1912~1949년까지 이 방면의 연구 저작이 고작 20~30권밖에 나오지 않았는데, 이는 서방학문의 영향으로 '문자학'이라고 이름은 붙였지만, 연구 방법론이 여전히 소전 위주인 '육서론'이었던 것과 무관하지 않다.

중국해방 이후 한자학 운동이 일어나면서 문자학이란 명칭을 한자학이란 명칭으로 바꿔 부르게 됐다. 하지만 이런 저런 이유(주로 정치적 이유)로 중화인민공화국 건립 이후 30년간 10만 자 이상되는 저작물이 겨우 3권밖에 없었다. 초라한 성적이지만 위안을 삼을 수 있는 것은 한자학으로 명칭이 바뀌고 나서 이론체계가 잡혀가고 있었다는 것이다. 아울러 1920년대 중반 서양의 언어학이 도입되면서, 한자학은 문자학이라고 불렸던 시대의 미완성의 이론체계를 흡수하고, 서방의 과학적 방법론을 도입하여 중국특유의 이론체계를 세워나갔다.[5]

이렇게 우여곡절을 겪으면서 한자학이란 용어가 생산은 됐지만 일률적으로 '한자학'이란 말을 사용한 것은 아니다. 중국 역시 1970~80년대까지만 해도 文字學이라는 용어를 사용하였다. 다만 우리와 다른 것은, 반드시 그런 것만은 아니지만, 우리가 한자, 음운, 훈고를 뭉뚱그려 지칭했던 것에 비해, 중국은 주로 한자학 분야만을 가리켰다.[6] 唐蘭의『古文字學導論』,[7] 姜亮夫의『古文字學』,[8] 姜寶昌의『文字學

---

5) 蔣善國의 설을 참조하였다. 蔣善國은 문자학과 한자학의 학문적 차이는 명확히 밝히지 않았다. 다만 시간상 해방 전, 후로 다르게 불렀다고만 하였다. 두 명칭의 의의를 동일한 것으로 본 듯하다.(「第三節 文字學和漢字學的出現」(「第二章 漢字研究簡史以及成績和問題」),『漢字學』, 上海敎育出版社, 1987, 8, 제1版. 21-24쪽 참조)

6) 음운을 연구하는 音韻學이나 詞義를 연구하는 訓詁學은 따로 있었다. 다만 아직도 漢字, 音韻, 訓詁를 포함한 개념으로 '小學'이란 말을 사용하기도 하였다. 胡奇光의『中國小學史』는 이들 3부분을 모두 아우르고 있다.(中國文化史叢書之一), 上海人民出版社, 1987, 11, 11版)

7) 唐蘭,『古文字學導論』(增訂本)(影印本), 齊魯書社出版社, 1981, 1, 제1판. 본서는 당란의 이미 출판된 문자학 관계 원고나 강의노트 등을 재 영인한 것이라 중복되는 내용이 많다. 이하 본서는 '唐蘭b, 앞의 책'으로 적는다. 동일인의 동일한 저서는 '앞의 책'으로 적는다. 단 동일인의 저서가 2권 이상이고, 2회 이상 출현할 때에는 출판연도에 따라 성명 뒤에 a, b c로 표기한다.

8) 姜亮夫 著, 姜昆武 校,『古文字學』, 浙江人民出版社, 1984, 4, 제1版

教程』,9) 裘錫圭의『文字學概要』,10) 李學勤의『古文字學初階』,11) 鄒曉麗의『文字學概要』12)가 그것이다. 물론 문자학이란 명칭 모두가 한자학 분야만을 지칭한 것은 아니다. 林尹의『文字學槪說』,13) 衛聚賢의『文字學』,14) 呂思勉의『文字學四種』,15) 高明의『中國古文字學通論』16) 등은 순수 한자학 분야 외적인 것도 다루고 있다.

한편 문자는 중국문자만이 있는 것이 아니다. 세계에는 많은 문자가 존재하고 또, 한자만큼 오래된 문자도 여럿 있기 때문에 부지불식간에, 습관적으로 사용하던 '문자'라는 명칭이 적합하지 않다는 반성이 있었다. 그래서 문자학이란 말 앞에 특정한 범주를 나타내는 '중국'이라는 말을 붙여주던가, 漢字學이란 용어를 많이 쓴다. 楊樹達의『中國文字學概要』,17) 潘重規의『中國文字學』,18) 胡樸安의『中國文字學史』,19) 王風陽의『漢字學』,20) 李大遂의『簡明實用漢字學』,21) 班吉慶의『漢字學綱要』,22)

---

9) 姜寶昌, 『文字學敎程』, 山東敎育出版社, 1987, 9, 제1版

10) 裘錫圭, 『文字學槪要』, 商務印書館, 1988년, 8, 제1版

11) 李學勤, 『古文字學初階』(文史知識叢書之一), 中華書局, 1985, 5, 제1版

12) 鄒曉麗, 楊潤陸, 秦永龍, 『文字學槪要』, 北京師範大學中文系, 1988, 10.(중문과 函授敎材로, 출판사 명이 없으나 北京師範大學出版社 출판으로 추정된다.)

13) 林尹, 『文字學槪說』, 正中書局, 中華民國60年, 12月, 初版, 中華民國69年, 10月, 7版. 임윤은 "결론적으로 중국문자학은 중국문자를 연구하는 학과이다. 그의 임무는 중국문자의 발생, 연변, 특성을 설명하는 데 있고, 중국문자구조의 법칙과 운용의 조리를 탐구하고, 중국문자의 형체, 성음, 의의상의 특수관계를 이해하고, 따라서 중국문자의 전도와 중국문자학의 발전방향을 명백히 하는 데 있다.(總之, 中國文字學是硏究中國文字的科學, 它的任務在說明中國文字發生, 演進和特性; 探討中國文字構造的法則和運用的條理; 了解中國文字在形體 · 聲音 · 意義上的特殊關係; 從而明白中國文字的前途與中國文字學發展的方向.)(「第 一篇 第 二章 中國文字學」, 『文字學槪說』, 31쪽)"라고 하였다. 실제 위 책은 '형 · 음 · 의' 부분을 모두 다루고 있다.

14) 衛聚賢, 『文字學』, 黎明文化事業股份有限公司(臺灣, 臺北), 中華民國 68年, 2月 初版

15) 呂思勉, 『文字學四種』, 上海敎育出版社, 1985, 6, 제1版

16) 상, 하편으로 나누어 서술하였다. 한자형체, 음운, 훈고, 고문자의 강독을 망라하였다.(高明, 『中國古文字學通論』, 北京大學出版社, 1996, 6, 제1版)

17) 楊樹達, 『中國文字學槪要』, 『文字形義學』(合本)(楊樹達文集之九), 上海古籍出版社, 1988, 9, 제1版

18) 潘重規, 『中國文字學』, 東大圖書有限公司(臺灣, 臺北), 中華民國 72年, 9月 再版(66年, 2月 初版)

19) 胡樸安, 『中國文字學史』(上下), 臺灣商務印書館, 中華民國72, 11, 제9版

龍異騰의『基礎漢字學』[23] 등이 그것이다. 최근에는 中國文字學이란 명칭보다는 漢字學이란 명칭을 많이 쓰고 있다. 한자의 形義를 연구대상으로 삼는 학문은 '한자학'이란 명칭으로 수렴되는 듯하다. 필자 역시 한자의 형의를 연구 대상으로 삼는 학문을 '한자학'이라고 부르고자 한다.

한자학, 훈고학, 음운학, 문법, 수사학 등을 총괄하거나 혹은 한자에 관한 연구이지만, 언어적인 측면도 함께 고려하는 이름으로는 주로 '漢語'란 말을 덧붙여 쓴다. 王寧의『漢字漢語基礎』,[24] 黃德寬, 陳秉新의『漢語文字學史』,[25] 張涌泉의『漢語俗字研究』[26] 등이 그것이다.

정리하자면, 한대 이래로 중국문자연구의 명칭은 '小學'이란 용어를 사용하였는데, 그 연구대상은 형체, 음운, 훈고를 모두 포함하였다. 20세기 초까지만 해도 '소학'이란 이름이 계속 사용되고 있었는데, 당시 중국에 유입된 서방학문의 영향과, 소학은 大學에 상대되는 개념 즉, 아동들의 공부대상으로 오인될 수 있다는 이유로 개명의 공감대가 형성되었다. 이 때 북경대학 등에서 강의하던 章太炎이란 언어문자학가가 '소학'을 '言語文字學'으로 개칭할 것을 주장하였고, 그의 제자인 錢玄同과 朱宗萊가 '문자학'이란 이름을 붙여 각각『文字學形義篇』,『文字學音篇』이란 글을 썼다. 이것이 '소학'을 '문자학'이란 용어로 대체시킨 초기의 전문 논저에 속한다고 할 수 있다. 한편 이들의 논저명이 '形義篇,' '音篇'이라고는 하였지만, 당시의 '문자학'이란 학과는 여전히 한자의 형·음·의 모두를 연구 대상으로 삼았다.

1980년대에는, 20세기 말부터 시작한 갑골문에 대한 연구업적이 축적되고, 한편으

---

20) 王風陽,『漢字學』, 吉林文史出版社(1989, 12, 1版), 1992, 11, 2차 인쇄

21) 李大逵,『簡明實用漢字學(修訂本)』, 北京大學出版社, 2003, 8

22) 班吉慶,『漢字學綱要』, 江蘇古籍出版社, 2001, 12, 제1版

23) 龍異騰,『基礎漢字學』, 巴蜀書社, 2002, 11, 제1版

24) 王寧,『漢字漢語基礎』, 北京, 科學出版社, 1996, 7, 제1版. 이하 본서는 '王寧b, 앞의 책'으로 적는다.

25) 黃德寬, 陳秉新,『漢語文字學史』(漢語發展史叢書), 安徽教育出版社, 1990, 11, 제1版

26) 張涌泉,『漢語俗字研究』(中國傳統文化研究叢書), 岳麓書社, 1995, 4, 제1版

로는 1960-70년대부터 대량으로 발굴된 簡帛文과 그의 硏究 즉, 한자의 형체연구가 문자학의 중심으로 자리 잡으면서, '문자학'이란 이름으로 한자의 음과 의를 다루는 것은 적당치 않다는 인식이 확산됐고, 급기야는 문자학은 한자의 형체연구만을 담당하고, 음과 의 연구는 각각 '음운학,' '훈고학'이란 이름으로 독립해나갔다. 아울러 세계에는 중국문자만 있는 것이 아니고, 중국문자만큼 오래된 문자도 여럿 있기 때문에 '문자학'이란 명칭이 적합하지 않다는 반성이 있었다. 또, 순수 한자의 형체 연구가 중심이라면 굳이 '문자학'이란 이름을 고집할 필요가 없어, 그간 일부 사람들이 사용해 오던 '한자학'이란 이름으로 대체되기 시작하였다. 최근에는 한자의 형체연구는 '한자학'이란 이름으로 수렴된 듯하다. 말하자면 소학에서 문자학으로, 문자학에서 한자학으로 명칭이 바뀌고, 그 연구 대상도 형·음·의를 모두 포괄하는 것에서 주로 '형체' 하나만을 담당하는 쪽으로 축소된 셈이다. 다만 연구 대상과 명칭을 강제한 것이 아니기 때문에 사람에 따라서는 여전히 연구 대상이나 명칭을 부분적으로 혹은, 전체적으로 과거를 고집하거나 혼합하여 사용하는 경우도 있다.

2. 한자학의 서술과 분류

한자학은 한자의 발생, 발전, 역사 및 그 내재규율을 연구하는 학문이다. 현재 밝혀진 바로는, 한자는 지금으로부터 3000여 년 전부터 존재해 왔다. 3천여 년의 장구한 세월을 사용하면서 많은 변화를 겪었고, 그 연구 또한 적지 않았음에도 한자학의 전반적인 면모를 조망할 수 있는 변변한 한자학개론서가 우리나라는 물론이거니와 중국에도 별로 없다. 이는 여러 가지 이유가 있을 수 있지만, 훈고학의 발전과 갑골문의 발견이 늦은 것과 무관치 않다. 漢代 흥기한 훈고학은 글자의 형체연구보다는 사용 즉, 詞義의 규명에 중점이 있었다. 가끔 개별 字體에 대한 연구, 예컨대 금문이라든가 예서 등에 대한 연구가 있었지만, 중국대륙에서의 한어문자학의 중심은 훈고학이었기 때문에 한자의 形義 연구는 그리 큰 주목을 받지 못했다.

갑골문이 발견되고 나서 한자의 자형과 자의에 대한 연구가 중시되기 시작하였고,

아울러 훈고학 중심의 小學에서 순수 한자학 중심의 새로운 학문 영역이 생성되었다. 1930-50년대 唐蘭을 중심으로 한 漢字學者들에 의해 독립된 영역으로 탄생한 한자학은, 70년대 다량의 楚簡, 秦簡, 漢簡이 발굴되면서 완전히 독립된 학문영역으로 자리 잡았다. 唐蘭의『古文字學導論』, 裘錫圭의『文字學槪要』가 그 대표적 저작이다.

한자학이 완전히 독립된 학문영역으로 자리 잡으면서 그 줄가리를 어떻게 세울 것인가가 문제로 대두되었는데, 현재는 크게 두 갈래로 나눠져 있다. 하나는 비교적 오래된, 전통적인 줄가리로 字體에 의한 분류이다. 甲骨文, 金文, 篆書, 隷書, 行書, 草書, 楷書 등의 字體에 의해 줄가리를 세우고 서술하는 것이다.[27] 이의 장점으로는 비교적 독자들이 字體에 대해 익숙하기 때문에 쉽게 접근할 수 있다는 것이다. 단점으로는 모든 字體가 하나의 범주로 묶어낼 수 있을 만큼 간단하지 않다는 데 있다. 예컨대 금문은 일반적인 분류로는 일정한 字體를 대표하는 용어이기는 하지만, 商代부터 書寫되기 시작하여 漢代 이후까지 장구한 세월에 걸쳐 書寫되었기 때문에, 간단히 설명할 수 없다. 즉, 일반적으로는 갑골문과 비견될 만한 古拙한, 상형성을 띤 字體로 인식하지만, 漢代나 그 이후 晉代의 그것은 예서, 해서에 가까운 書體도 존재할 만큼, 문자의 특성을 간단히 설명할 수 없다. 아울러 각 시대, 각 지역에 존재했던 모든 한자를 위와 같은 字體分類로 통섭할 수 있느냐가 문제이다. 화폐나 인장 등에 쓰여진 특수한 文字體, 정통의 진나라 계통의 문자가 아닌 楚나라를 포함한 東方 六國의 문자들을 어디에 배속시키고, 어떤 의미를 부여할 것인가가 간단치 않다.

이러한 단점 때문에 최근에는 한자의 형체결구와 그 演變에 중점을 두고 시대별, 지역별 특성을 고려하여 진술함이 학계의 지지를 받고 있다. 이러한 분류의 試圖者

---

27) 한자의 字體는 갑골문, 금문, 전서, 예서, 행서, 초서, 해서, 간체자 등으로 분류할 수 있다. 전서, 예서, 행서, 초서, 해서, 간체자 등의 字體 이름은 어원이 어떠하던지 순수하게 한자 자체를 나타낸다. 하지만 갑골문이나 금문은 書寫資料를 중심으로 자체를 나타낸다. 갑골문은 龜甲이나 동물의 뼈에 새긴 글자라는 뜻으로부터 특정한 자체를 나타내고, 금문 역시 같은 이치로 특정한 자체를 나타낸다.

는 唐蘭이다. 당란은『古文字學導論』의「乙. 古文字的四系」에서 다음과 같이 말하였다.

고문자에 대한 연구는 통상 기물로 분석한다. 예컨대 甲骨文字, 銅器文字, 陶器文字, 古璽文字, 貨布文字 등이 그것이다. 하지만 이런 방법은, 자료를 수집할 때는 비록 비교적 쉽다할지라도, 문자의 시대를 명료하게 구분하기가 쉽지 않고, 동시대의 다른 문자들과 비교하기가 불편하다. 또, 위 기물 외의 다른 기물 한두 개에 쓰여져 있는 문자는 어디에 배속시켜야할지 더욱 어렵다. 그래서 문자학 연구는 이들 낡은 방법을 마땅히 버리고, 다른 새로운 분류방법을 사용해야 한다. 그 새로운 분류법은 시대의 구분과 지역으로의 구획이 합리적이다. 현재 이미 발견된 고문자는 나는 아래 4개로 구분해야 한다고 생각한다. 곧, 殷商系文字(춘추말까지), 兩周系文字, 六國文字, 秦系文字가 그것인데, 이들은 서로 밀접한 관계를 맺고 있으면서도 서로 개별적인 특수성을 갖고 있다. 殷商系文字는 현재 발견된 문자 중 최고의 문자이고 또, 원시문자와 접근되어 있다. 단 형성자가 매우 많고, 이미 일부 문자에서 訛變이 일어나고 있다.……

兩周系文字는 형성자가 크게 증가하였고, 상형자와 象意字가 날로 감소하여 거의 소멸됐다고 할 수 있다. 역시 문자 訛變이 날로 증가하고 있다. 六國文字는 문자 訛變이 가장 심하다. 동시에 新字體가 발견되는데 후세인들이 조충서라고 하는 것이다. 秦系文字는 대체로 兩周文字를 계승한 것인데, 다만 날로 整齊되는 쪽으로 발전하였기 때문에 착오 또한 적지 않다.

對於古文字的研究通常用器物來分類, 例如：甲骨文字, 銅器文字, 陶器文字, 古鈢文字, 貨布文字. 這種方法, 在蒐集材料時, 雖較方便, 但於文字的時代不易劃淸, 同時代的文字不便比較, 有些只一兩件器物的文字, 更沒處安放, 所以做文字學硏究時, 這種老方法應該放棄, 而另用一種新的分類法. 新的分類法, 應着眼於時代的區分, 和地域的別劃. 在現代已發見的古文字裡, 我以爲應分爲四, 一 殷商文字, 二 兩周系文字(止於春秋末), 三 六國文字, 四 秦系文字 這四系中相互的關係雖狠密切, 但每一種文字自具物的特殊性. 殷商文字是已發見的古文字裡最古的一系 和原始文字較近, 但形聲字已很多, 一部分的文字已有譌變……西周系文字, 形聲字大增, 而象形象意字日漸減少, 幾等於消滅, 文字的譌變則日漸加多. 六國系文

字譌變最甚, 同時又發現一種新的字體, 卽後世所謂『鳥虫書』. 秦系文字, 大體是
承西周, 但因日趨整齊的緣故, 錯誤也就不少.[28]

이러한 분류를 비교적 완벽하게 체계화시키고, 발전시킨 최대 공헌자는 裘錫圭이
다. 그가 1988년에 펴낸『文字學槪要』는 형체의 演變을 중심으로, 고문자 단계의
문자로는 商代文字, 西周春秋文字, 秦系文字, 東方六國文字를, 금문자 단계로는
隸書, 楷書로 나눠 진술하고 있다. 그리고 다시 전자에는 갑골문, 금문, 소전 등을,
후자에는 漢代 예서, 행서, 초서, 해서 등을 다루고 있어 시대, 지역, 字體를 함께
아울러 한자의 形體演變을 진술하고 있다.

본고도 이러한 서술방법을 응용하되 우리에게 약한, 꼭 필요한 한자형체의 연변에
대한 이해를 돕고, 육국문자와 진국문자의 차이를 부각시키기 위해 별도로 '한자의
字體演變 개관'이란 章을 두기로 한다. 이 '字體演變 개관'은 '자체의 共用단계'와
'자체의 專用단계'로 나눠 진술하는데 이는 지금까지 시도해 보지 않았던 방법이다.

---

28) 唐蘭b,「一. 古文字學的範圍和其歷史」, 앞의 책, 32-34쪽

제2장
한자학 기초지식

Ⅰ. 한자학의 목적과 기능

한자학은 한자의 발생, 발전의 특수역사 및 그 내재규율을 전문적으로 연구하는 학문이다. 한자학 연구는 다음과 같은 의의를 具有하고 있다.[1]

1. 어문교학의 증진에 공헌

『左傳·庄公十年』 "肉食者謀之, 又何間焉?"의 杜預의 注에 "間은 與와 같다. (間, 猶與也.)"라고 하였다. 그런데 중국 고등학교 교과서에 이곳의 間을 '참여'라고 주석해 놓았다. 어떻게 참여란 해석을 할 수 있었을까? 이는 한자 지식의 결합에 의한 것이다. 『說文·門部』에 "間(間)은 문틈이다. 門과 月이 이미를 나타낸다.(間, 隙也. 從門從月)"라고 하였다. 본의 '문틈'으로부터 틈, 공간이란 引伸義가 나왔다. 引伸義 '공간'은 모종의 사물을 그 사이에 끼울 수가 있다. 그런데 이 끼워진 사물의 입장에서 볼 때는 공간에 참여한 것이 된다. 그래서 '참여'란 인신의가 나오게 된 것이다. 이렇게 자형 분석을 통해 본의와 인신의 관계를 명확히 하고, 이를 학습에 효과적으로 응용할 수 있다.

---

1) 아래는 班吉慶의 『漢字學綱要』를 주로 참조하여 작성하였다.(「第一章 緒論」, 班吉慶, 앞의 책, 1-6 쪽 참조)

2. 고대문화의 이해에 공헌

한자의 형체구조와 詞義의 발전변화는 당시 사회의 실제를 반영하고 있기도 하다. 다음 한자들을 통해 고대사회의 문화의 일면을 살펴보자.

(1) 棄

棄는 『說文』에 "버리다.(捐也)"라고 하였다. 갑골문에서는 '𠬸'로 썼는데 맨 위는 아이를, 가운데는 키를,[2] 아래는 두 손을 그린 것이다. 민속학 연구에 의하면 이 글자는 고대사회 初産의 아이를 버리는 풍습을 반영한 것이다. 즉, 初産의 아이(𠫓)를, 손으로(𦥑), 키(𠀎)를 덮어 버리는 것을 나타낸 것이다.[3] 『左傳・襄公二十六年』에

> 宋나라 芮司徒가 여자 아이를 낳았는데, 빨갛고 털이 나 있어 둑 방 밑에 버렸다. 공희의 처가 주워가지고 와서 그를 이름하여 '棄'라고 하였다.
> 宋芮司徒生女子, 赤而毛, 棄諸堤下, 共姬之妾取以入, 名之曰棄.

라고 하였다. 춘추전국시대의 宋은 殷의 후예이다. 그래서 아직도 殷代의 어린 아이를 버리는 습속을 가지고 있었던 것이다. 주나라의 始祖 后稷의 이름이 '棄'인데 역시 출생 후 버려진 것을 주워왔기 때문에 얻어진 이름이라고 한다. 또, 『詩經・魏風・陟岵』 "上愼旃哉, 猶來無棄"[4]의 朱熹 注에 "棄는 사람이 죽으면 그 시체를 버리

---

2) 其 : 곡식의 티끌을 제거하는 도구

3) 해서체 '棄'의 상부 '𠫓'는 아이를 나타내는 '무'로, 동일한 사물을 나타낸 育의 상부 '𠫓'와 같다. 그렇기 때문에 譌變이라고 할 수는 없다. 하지만 字의 중간 '其'와 하부 '廾'이 隷變에 의해 하나의 部件처럼 결합되어 不成字가 되었고, 특히 하부 '廾'은 '木'으로 인식할 만큼 譌變되었다.

4) "上愼旃哉, 猶來無棄"는 陟岵의 제3번째 구이다. 陟岵는 전쟁에 나간 효자가 부모를 그리면서 부모가 자신을 걱정할 것을 읊은 것이다. 제3구는 "陟彼岵兮, 瞻望母兮. 母曰嗟予季行役, 夙夜無寐. 上愼旃哉, 猶來無棄.(저 민둥산에 올라 멀리 고향의 어머니를 바라보니, 어머니께서 말씀하시길 '오호라 나의 막내아들아 군대생활에 밤낮으로 잠 한숨 편안히 자지 못하는 구나. 아들아 조심하고 또 조심하거라. 그래야 전쟁에서 죽지 않고 돌아올 수 있지 않겠느냐!'라고 하시네.)"이다. 이곳의 '棄'는 '死'의 의미로 쓰였다. '棄'가 '死'의 의미를 가진 것은 위에서 언급한 바와 같이 초산의 아이를 버린 것으로부

는 것을 말한다.(棄, 謂人死棄其尸也.)"라고 하였다.[5]

(2) 嬰

『說文』에 "두르는 것이다.(繞也)"라고 하였다. 이는 상고시대 조개껍질의 기능으로부터 생산된 뜻이다. 상고시대 조개껍질은 화폐로 사용되기도 하고, 여인들이 끈으로 꿰어 목에 두르고 다니는 장식품으로써 所用되기도 하였는데, '嬰'은 여러 개의 조개(賏)를 꿰어 여인(女)의 장식품으로 사용함에서 '두르다'라는 뜻을 갖게 되었다.

3. 고대문헌의 이해와 해석에 공헌

청대의 문자훈고가 朱駿聲은

> 독서는 우선 글자를 아는 것이 중요하다. 글자를 안 연후에 능히 경전을 이해할 수 있고, 경전을 이해한 연후에 능히 실제생활에 적용할 수 있다. 만약 문자의 원리에 밝지 않다면 이로 말미암아 글자의 바른 뜻을 알 수 없다. 한자의 옛 音韻을 알지 못하면 이로 말미암아 문자의 구성원리와 운용원리를 이해할 수 없다.
> 讀書貴先識字, 識字然後能通經, 通經然後能致用. 若不明六書, 則字無由識, 不知古韻, 則六書亦無由通[6]

라고 하였다. 이는 기본적으로 한자의 구성원리 즉, 形體結構(한자학)와 음운학에 대한 이해가 있어야 한자의 바른 뜻을 알 수 있고, 한자의 바른 뜻을 알아야 고전을 이해할 수 있고, 고전을 올바로 이해해야 실제생활에 제대로 적용할 수 있다는 것이다.

이처럼 한자의 形體結構와 그 字義는 밀접한 관련을 맺고 있다. 형체결구의 분석

터 인신된 것이다. 위 無棄는 無死와 같다.

5) 주자의 '棄는 사람이 죽으면 그 시체를 버리는 것'이란 註釋은 정확한 해석은 아니다. 여기서는 '죽다'의 의미로 쓰였다. '棄'의 '죽다'라는 뜻은 引伸義이다. 초산의 아이를 버리면 당연히 죽기 때문에 본의 '초산의 아이를 버림'에서 '죽다'라는 義가 인신된 것이다.

6) 朱駿聲, 「進說文通訓定聲表」, 『說文通訓定聲』

을 통해 한자의 形·音·義 사이의 관계를 알 수 있고, 古書의 用字의 특징과 내용을 이해할 수 있다. 다음의 글자들을 통해 이를 확인해 보자.

(1) 胡

일반적으로 '胡'의 뜻은 '오랑캐'라고 알고 있다. 하지만 『說文·肉部』에서 "소의 목에 들어진 것이다. 肉이 의미를, 古가 소리를 나타낸다.(牛頷垂也. 從肉, 古聲)"고 하였고, 『詩經·豳風·狼跋』 "狼跋其胡"의 『毛傳』에는 "胡는 목 아래 늘어진 살을 가리킨다.(胡, 頷下懸肉也)"고 하였다. 즉, '소의 목에 늘어진 것(부분)'이 '胡'의 본의라는 것이다.

(2) 表

『說文·衣部』에 "윗도리 옷이다. 衣와 毛로 구성됐고 이들이 의미를 나타낸다. 옛날에 윗도리 가죽옷은 털을 겉으로 나오게 만들었다.(上衣也. 從衣, 從毛. 古者衣裘以毛爲表)"라고 하였다. 여기서 上衣는 곧 外衣를 말한다. 『禮記·玉藻』에 "털이 밖으로 나오게 만든 가죽옷을 입은 사람은 관청을 드나들지 못한다.(表裘不入公門)"라고 하였는데, 이 表裘의 表가 본의를 나타낸다. 즉, '털이 밖으로 나오게 만든 옷'이 '表'의 본의이다. 일반적으로 통용되고 있는 '드러나다'는 本義인 털이 밖으로 드러나게 만든 '가죽옷'으로부터 引伸된 引伸義이다.

(3) 錫과 餳

清代 陸以湉의 『冷廬醫話補編』의 한 구절인 「錫餳不辨」의 다음과 같은 문장을 보자.

　명나라 때 명의인 대원례가 북경에 이르렀는데, 한 의사의 의술이 매우 훌륭해 병을 처방했다하면 효과가 있다는 소리를 듣고, 몸소 찾아가 그 광경을 보니, 환자를 맞이하고

처방을 구함이 문턱에 넘쳐나고, 돈을 주고받을 겨를이 없었다. 그런데 어떤 한 약을 지은
이가 약방을 빠져나간 뒤 의사가 황급히 쫓아가서 그에게 일러 말하기를 "약이 끓을 무렵
錫(설탕) 한 덩이를 넣으시오."라고 하였다. 대원례가 마음속으로 이상하게 생각하여 그
까닭을 물으니, 의사가 말하길 "이는 옛날부터 내려오는 처방이다!"라고 하였다. 그러나
이는 옛 처방 '餳(糖과 同字 : 필자 주)'자를 모른 것이다. '餳'은 곧 지금 찹쌀을 졸여서
만든 엿을 가리킨다. 오호라! 요즈음 용렬한 의사들이 망령되이 옛 처방에 익숙하다고
말하지만 '錫'과 '餳'도 구별하지 못하는 부류들일진저!

明名醫戴元禮嘗至京, 聞一醫家術甚高, 治病輒效. 親往觀之, 見其迎求溢戶, 酬
應不暇. 偶一求藥者旣去, 追而告之曰 : "臨煎加錫一塊." 元禮心異之, 叩其故, 曰
: "此古方爾!" 殊不知古方乃'餳'字, '餳'卽今糯米所煎糖也. 嗟乎! 今之庸醫妄謂熟
女音古方, 大抵不辨錫餳類耳![7]

위 문장에 등장하는 명나라 때 명의 대원례는 문자에 대해 해박한 지식이 있는
사람이지만, 그가 본 북경의 명의는 문자에 대한 이해가 전혀 없는 사람이다. 물론
우리말 속담에 '거꾸로 가도 서울만 가면 된다.'라는 말이 있듯이, 의사는 환자를 잘
고치기만 하면 된다고 생각할 수도 있다. 하지만 이렇게 글자가 비슷하다고 하여 '조
청'을 나타내는 '餳'을 '錫'으로 쓰는 무지한 의사가 부지기수라는 것이다.

한의에서의 이러한 오류는 1950-1960년대 우리나라의 전통 한약방에도 그대로 전
해 내려오고 있었다. 물론 현재 정식 한의대에서 한의학을 공부한 한의사는, 약재의
이름이나 처방전의 한자 사용에 오류가 없겠지만, 전통 한의사들의 약재명이나 처방
전에 사용하는 한자는 따로 공부해야할 정도로, 일반적인 통용 한자와 차이가 많았
다. 위의 예에서처럼 비슷한 글자로 오용하는 경우나, 자전에서는 전혀 찾아볼 수
없는 異體字, 俗字, 誤字 등이 무수히 많이 사용되었다. 이는 전통한의의 양성 제도
와 매우 밀접한 관련이 있는데, 대부분 전통한의는 도제식으로 양성되었기 때문에,
스승이 쓴 처방전이나 약재명의 한자가 옳은지 그른지 의심할 여지없이 그대로 답습

---

7) 陸以湉, 「錫餳不辨」, 『冷廬醫話補編』(班吉慶, 「第一章 緖論」, 앞의 책, 2쪽 재인용)

하여, 오류가 오류를 낳았기 때문이다.

4. 한어문자학의 기타 門類의 연구에 공헌

한자는 形·音·義 3요소로 구성되어 있다. 한자학은 形에 중점을 두고 있는데, 이와 音韻學, 訓詁學은 밀접한 관계를 맺고 있기 때문에, 한자학의 연구는 이들 학문 연구에 도움을 준다.

(1) 음운학

음운학은 漢語의 각 역사 시기의 어음계통 및 그 演變規律을 연구하는 것으로, 자연히 한자의 字音 분석을 떠날 수 없다. 다수의 형성자는 갑골문에서부터 있어왔다. 옛날에는 輕脣音이 없었다. 이는 형성자로부터 고증을 해낸 것이다. 예컨대 형성자 가운데 分을 聲符로 한 吩, 粉, 紛, 盆, 貧, 頒 등을 분석해 보면 그 규율을 알 수 있다. 현대한어에서 '分'은 [fən][8]으로 초성이 입술음인 [f]이다. 分을 성부로 한 紛[fən], 吩[fən], 頒[fən], 汾[fən], 粉[fən], 忿[fən] 등은 초성이 모두 경순음 [f]인 반면, 盆[phən], 湓[phən], 貧[phin]은 [ph]로 경순음이 아니다.[9] 물론 이들이 모두 고대에는 경순음으로 발음되다가 현대에 이르러 脣音 [ph]로 분화됐다고 볼 수도 있으나, 여타 순음을 종합 분석해 볼 때 고대에는 경순음이 없었다는 결론을 얻게 되었다. 또 古音에서는 '之'韻과 '哈(웃다 해)'韻이 서로 통했다. 이는 台를 聲符로 취한 형성자 治, 始, 怡, 殆, 胎, 苔 등을 분석해보면 알 수 있다. 이들은 현대한어에서 각각 治(zhi), 始(shi), 怡(yi), 殆(dai), 胎(tai), 苔(tai)[10] 등으로 발음되는데, 동일한 성부 '台'를 취했지만 韻은 'i'와 'ai'로 분화됐다. 따라서 옛날에는 '之'韻과 '哈'韻이 매우 가까워 서로 상통하였음을 알 수 있다.[11] 곧, '之'와 '台'는 上古時 同韻이었으나

---

8) 李珍華·周長楫,『漢字古今音表』, 中華書局, 1993, 11, 184쪽
9) 발음 표기는 국제음성기호 표기법을 따랐다.
10) 발음 표기는 현대 중국어의 한어병음표기법을 따랐다.

'台'가 후대로 내려오면서 'i'와 'ai'로 분화됐음을 알 수 있다. 이들 역시 형성자 중에서 얻은 고증이다.

(2) 훈고학

훈고학은 語義學인데 그의 연구대상은 詞義와 詞義系統[12]이다. 한자학의 학습은 한자의 자형을 분석하고 자의를 탐구함에 도움을 준다. 청대의 문자 훈고학자 段玉裁는

> 성인이 글자를 만드심은, 먼저 어떤 뜻이 있은 뒤에 그것을 표현하는 소리가 있었고, 소리가 있은 연후에 그것을 표현하는 모양(글자)을 만들었다. 그렇기 때문에 학자들이 한자를 연구함에 모양을 근거로 해서 그 음을 밝혀야 하고, 그 음을 근거로 해서 그 뜻을 밝혀야 한다.
>
> 聖人之制字, 有義而后有音, 有音而后有形, 學者之考字, 因形以得其音, 因音以得其義(『廣雅疏證序』)

라고 하였다. 한자의 형체는 갑골문에서 금문, 전서, 예서, 행서, 해서 등으로 많은 변화를 겪었다. 그런데 갑골문이나 早期의 금문처럼 오래된 字形들은 대부분 자형을 통해서 그 글자의 本義를 밝혀낼 수 있다. 하지만 한자 형체의 변화로 인하여 그 본의를 밝혀내지 못하는 경우가 있다. 예컨대 身은 갑골문과 금문에서는 임신한 사람의 모양을 그린 것으로 본의는 妊이다.[13] 孕 역시 갑골문에서 '𡥠'로써 뱃속에 아이를 임신한 사람을 그렸다. 그러나 자형이 변화된 예서나 해서 자형에서는 이런 모습을 찾을 수 없다. 즉, 예서나 해서 자형을 보고 '임신'이란 뜻을 밝혀낼 수 없다.

---

11) '之'는 上古音이 之韻, 章紐, 平聲이고, 현대음은 'zhi'이다.(李珍華·周長楫, 앞의 책, 50쪽). '台'는 上古音이 之韻, 透紐, 平聲이고, 현대음은 'tai'이다.(李珍華·周長楫, 앞의 책, 129쪽)

12) 詞義系統이란 특정한 詞義를 공유하고 있는 一群의 詞들이 具有한 계통성을 가리킨다.

13) 『詩經·大雅·文王之什·大明』에 "太任이 하늘의 길조를 받아 임신을 하여 문왕을 낳았다.(大任有身, 生此文王.)"라고 하였다.

하지만 갑골문이나 금문의 연구 성과(한자학의 연구 성과)로 인해, 훈고학자들은 현재 일반적으로 통용되고 있는 임신이나 '몸'이란 詞義를 해석해 내는 데 도움을 받았다.

Ⅱ. 한자학의 연구 대상과 범위

1. 한자학의 연구 대상

한자학의 연구대상은 한자이다. 한자는 形・音・義 3개 부분을 具有하고 있기 때문에 중국 고대의 한자학은 文字, 訓詁, 音韻硏究를 포괄하였다. 漢代 훈고를 중심으로 한 문자학 즉, 小學이 막 발전하기 시작할 무렵에는 이들 3개 방면의 구분이 명확한 것은 아니었다.14) 이후 3개 방면이 각각 발전하여 宋代에는 완전하지는 않지만 한자학(협의), 훈고학, 음운학으로 분리 인식할 정도가 되었다. 宋代의 王應麟은『玉海』에서 문자학에 體制, 訓詁, 音韻 등이 있다고 하였다. 淸代의『四庫全書總目・小學類』는 小學書를 訓詁・字書・韻書의 세 가지로 나누었다. 말하자면 훈고학 중심인 漢代 문자학(小學)을 극복하여 한자학이나 음운학도 훈고학과 대등한 학문분야로 인식한 것이다.

청말 이래의 문자학 연구동향은 한자의 형・음・의를 포괄하여 진행하는 방식이었는데, 이때 형・음・의를 모두 포괄하는 개념어로 '小學'이란 명칭이 합당치 않다고 하여, 章炳麟은『小學略說』에서 '言語文字學'으로 개칭할 것을 주장하였다.

그런데 소학을 언어문자학이란 이름으로 바꿨다 할지라도 여전히 '언어문자학'의 연구 범위나 내용이 광범위하여, 좀 더 구체적으로 분리 연구할 필요가 있었다. 그리하여 漢末의 反切, 魏晉의 韻書, 齊梁의 四聲, 唐宋의 四等, 元明 이후의 今音學, 宋代人들에 의해 창시되고 淸代人에게서 꽃피운 古音學 등이 발전하여, 음운학이

---

14) 小學이란 文字, 訓詁, 音韻硏究를 중심으로 한 중국의 전통문자학을 가리킨다. 漢代에는 한자학(협의)이나 음운학은 훈고학만큼 발전하지도 못했고 또, 이들은 훈고학을 위해 존재했다고 볼 수 있을 정도로 훈고가 문자학의 중심이었다. 그래서 훈고학 중심의 문자학을 소학이라고 한다.

란 독립 학문으로 자리 잡게 되었다. 民國初 북경대학에서 錢玄同 교수가 「文字學音篇」을 강의한 것이 그것이다.

한편 한자의 형・음・의 가운데 形과 義는 매우 밀접한 관계를 맺고 있어 분리 연구하기가 곤란하다. 그리하여 한자의 형을 중심으로 義를 연구하는 학문통토가 자리 잡게 되었는데 역시, 民國初 북경대학의 朱宗萊 교수가 「文字學形義篇」을 강의한 것과 楊樹達이 湖南大學에서 강의한『中國文字學槪要』를 1944년『文字形義學』으로 개편한 것이15) 그런 예에 속한다.

정리하자면 중국 고대 한자학은 형・음・의 3개 방면 즉, 문자, 훈고, 음운학이 분화되지 않았고, 이들 3개 방면을 포괄하는 문자학 용어로 '小學'이란 명칭을 사용하였다. 宋代에 이르러 완벽하지는 않았지만, 이들 3개 방면이 독립적인 학문분야로 인식, 분화되기 시작하였는데, 여전히 훈고학이 중심인, 經學으로 인식되는 '小學'이란 용어가 사용되고 있었다. 청말 문자학가 章炳麟는 이들 3개 방면을 포괄하는 용어로 '言語文字學'으로 개칭할 것을 주장하였다. 이는 형・음・의 3개 방면을 대등하게 여기는 용어라 하겠다. 그런데 21세기에 들어오면서 형・음・의 3개 방면의 언어문자학의 연구업적이 축적되고, 그 연구범위와 내용이 확대되면서 형・음・의 3개 방면이 독립적인 학문영역으로 분화되었다. 하지만 한자의 형・음・의 가운데 음은 나머지 두 영역에 비해 독립성이 강한 반면, 형과 의는 매우 밀접한 관련을 맺고 있기 때문에 따로 분화하지 않았다.16) 民國初 북경대학 언어문자학 강좌 「文字學形義篇」과 「文字學音篇」 등이 이를 말해준다. 그 후 「文字學形義篇」을 계승한 연구 업적으로 唐蘭의『古文字學導論』,『中國文字學』, 裘錫圭의『文字學槪要』가 출간됐고, 「文字學音篇」을 계승한 연구 업적으로는 張世祿의『中國古音學』,17) 高本漢의『中國音

---

15) 楊樹達, 앞의 책, 後記 참조

16) 어떤 한자의 본의를 탐구하는 것은 한자학의 영역이지만, 어떤 한자가 문장 속에서 어떤 뜻, 어떤 역할을 갖고 있는가를 규명하는 것은 훈고학의 영역이다.

17) 張世祿,『中國古音學』, 商務印書館, 1930년

韻學硏究』,[18] 羅常培의 『中國音韻學導論』,[19] 王力의 『漢語音韻』[20] 등이 나왔다.

20세기 이래 한자학은 서방의 과학적 연구방법을 흡수하여 새로운 한자학 이론을 창출하였다. 唐蘭은 1934년 출간된 『古文字學導論』에서 문자학의 범위를 규정하고, 문자학에서 音韻, 詞義(훈고)를 떼어내고, 한자의 形義만을 연구대상으로 삼는 '문자학(한자학)'을 독립시켜야 한다고 주장하였다. 그 후 다시 『中國文字學』에서 "문자학은 자형학이다. 음운과 훈고를 포함하지 않는다."고 하여 이전의 주장을 명확히 하였다. 현재 중국에서 '한자학'이라고 하면 音韻이나 訓詁를 제외한, 한자의 形義를 연구대상으로 삼는 학문으로 받아들인다.

결국 이상과 같은 논쟁과 분화는 중국문자학이 한자의 형·음·의 3개 방면을 모두 포괄하는 연구 형태로 갈 것이냐, 아니면 각각 독립적인 연구 형태로 갈 것인가에 대한 문제인데, 대세는 각각 독립적인 영역으로 인식하고 연구하는 쪽으로 기울어졌다. 다만 음운학을 제외하고는 훈고학이나 한자학은 밀접한 관련이 있어, 상대 영역에 대한 관심을 갖지 않을 수 없다. 음운학 역시 한자학 연구에 전혀 관련 없는 것은 아니다. 하지만 훈고학에 비해 상대적으로 연관성이 적다는 것이다.

2. 한자학의 연구 범위

王寧은 『漢字漢語基礎』에서 한자학의 범위를 다음과 같이 네 가지로 구분, 정의하였다.[21]

---

18) 高本漢, 『中國音韻學硏究』, 商務印書館, 1940년
19) 羅常培, 『中國音韻學導論』, 北京大學出版社, 1949년
20) 王力, 『漢語音韻』, 中華書局, 1963년
21) 왕녕교수는 한자학의 범위, 分枝를 2002년 출판된 『漢字構形學講座』(王寧, 『漢字構形學講座』, 上海敎育出版社, 2002, 10, 2版. 10-11쪽. 이하 본서는 '王寧c, 앞의 책'으로 적는다.)에서는 '漢字形義學' 대신 '漢字字體學'을 들었다. 수정한 이유를 설명하지 않아 자세한 것은 알 수 없으나 漢字學의 주된 연구 대상이 한자의 자체이기 때문인 듯하다. 즉, 한자학의 주 연구대상이 分枝로 오해될 수 있음을 경계한 듯하다.(王寧b, 앞의 책, 15쪽)

• 漢字構形學 : 한자의 형체는 일정한 理据에 의해 구성되고 演變된다는 전제
하에 그의 규율을 연구하는 것.

• 漢字形義學 : 한자는 詞의 의의에 의해서 구형된다는 특징을 전제로, 한자형체
의 분석을 통해 그가 기록한 바의 詞의 詞義를 探討하는 것(形義 통일의 원칙 적용).

• 漢字字源學과 漢字字用學 : 한자최초의 자형을 찾아 構字 초기의 造字意圖
를 밝혀내고, 그의 변화에 따라 구체적 언어작품 속에서의 한자 字符가 詞와 詞素
를 기록할 때의 직능의 분화와 전이를 연구하는 것.

• 漢字文化學 : 문화적 관점에서 한자를 접근하여 문화가 한자에 끼친 영향을
분석하고, 아울러 한자의 構形 속에 내재된 문화정보를 읽어내는 것이라고 하였다.

Ⅲ. 한자의 결구와 언어학적 특징

1. 한자의 결구[22]

한자는 지사나 상형 등의 독체자를 제외하고는 두 개 혹은 그 이상의 部件[23]이
결합되어 하나의 의의를 구유한다. 한자의 結體에 있어 부건과 부건의 결합 형태에
따라 부건의 위치를 나눠보면 다음과 같다.

---

22) 본 난은 『中國漢字文化大觀』을 참조하여 작성하였다.(何九盈, 胡雙寶, 張猛, 「六 字學創新篇」, 『中
國漢字文化大觀』(中國漢字文化大觀系列), 北京大學出版社, 1995, 1, 제1版, 76-82쪽)

23) 『中國言語學大辭典』은 部件을 "漢字形體의 가장 기본이 되는 構形단위이다. 일반적으로 偏旁보다
는 작고 필획보다는 크다고 여긴다(漢字形體最基本的構形單位. 一般比偏旁小, 比筆劃大)"(中國言語
學大辭典編委會, 1992, 40쪽)고 하였다. 예컨대 '時'자를 분석해보면 먼저 2개의 구성요소 日과 寺로
나눌 수 있고, 나누어진 日과 寺를 時의 部件이라고 할 수 있는데, 이때는 편방과 部件이 같은 크기이
다. 그러나 보통 偏旁은 日과 寺까지만을 가리키지만, 部件은 寺를 다시 土(止)와 寸으로 나눈 日, 寺,
土, 寸 모두를 部件으로 볼 수 있다. 構件은 部件이 어떤 한자의 결구에 참여했을 때의 명칭으로 기본
적으로 部件과 같은 개념이라고 하겠다.

(1) 한자의 결구

<結構模式>

順番	模型 名	模型 型式	例字
1	左右結構	⿰	相, 償, 祥, 休,
2	上下結構	⿱	志, 思, 字, 吉
3	左中右結構	⿲	彬, 糊, 柳, 僻
4	上中下結構	⿳	奚, 冀, 暴, 稟
5	右上包孕結構	⿹	句, 可, 司, 式
6	左上包孕結構	⿸	廟, 疾, 房, 雇
7	左下包孕結構	⿺	趙, 建, 延, 連
8	右下包孕結構	⿽	斗
9	上三包孕結構	⿵	同, 聞, 周, 闕
10	下三包孕結構	⿶	凶, 函
11	左三包孕結構	⿷	巨, 匣, 區
12	全包圍結構	⿴	囚, 國, 圍, 困
13	單體結構	⊠	丈, 木, 目, 大
14	特殊結構	?	坐, 爽, 裘

위 '표'에서 보는 바와 같이 한자의 결구모식은 대략 14종류로 나눠볼 수 있다. 모든 한자는 平面結構 아니면 層次結構로 이루어졌다. 한자는 유한한 形素로 수만 개에 달하는 한자를 조합해 내는데 조합방법은 평면결구와 층차결구로 나눌 수 있다.[24] 이 평면결구와 층차결구에 참가한 부건이 全字의 어느 곳에 위치했는가를 분석한 것이 위 결구모식이다.

(2) 한자의 결구와 부건 분석통계

1983년 1월부터 1984년 5월까지 中國文字改革委員會漢字處와 武漢大學이 공동

24) 반드시 일치하는 것은 아니지만, 六書論으로 분석한다면 대략 평면결구의 한자는 회의자에 해당하고, 층차결구의 한자는 형성자에 해당한다.

으로『辭海』에 실린 16,296자와 그 외 43자를 합한 16,339자의 결구를 조사 분석하였
는데, 그 통계자료는 다음과 같다.

① 한자 결구방식 頻率

<결구방식 頻率>

順番	結構模型	頻率(%)
1	左右結構	68.45
2	上下結構	20.33
3	左中右結構	0.098
4	上中下結構	0.53
5	右上包孕結構	0.54
6	左上包孕結構	3.58
7	左下包孕結構	2.34
8	右下包孕結構	0.006
9	上三包孕結構	1.13
10	下三包孕結構	0.43
11	左三包孕結構	0.20
12	全包圍結構	0.32
13	單體結構	2.19
14	特殊結構	0.50

위 표를 보면 가장 많은 결구 모형이 '左右結構'이고 그 다음이 '上下結構'이다.
이 두 가지 결구모형이 약 90%에 달한다. 절대 다수의 한자가 좌우결구 아니면 상하
결구로 이루어졌다.

② 한자 부건의 分級 통계

<부건 分級 통계>

折分의 層級	部件 總數	모든 부건이 해당 층급에서 출현하는 총수
제1級	3061	32,065

제2級	1302	34,296
제3級	539	16,777
제4級	195	3,872
제5級	48	396
제6級	12	184
제7級	3	6
총계	5160	87,596

모든 한자를 최후까지 분석하여 더 이상 분석할 수 없는 가장 작은 단위까지 분석한 통계치이다. 매 層次에서 분석해 낸 부건의 총수와 이들 부건들이 이들 층차에서 출현하고 있는 총수를 나타낸 것이다. 보는 바와 같이 결구모식이 평면결구이든, 층차결구이든, 독체자이든, 합체자이든 16,339자를 구성하고 있는 부건의 총 수는 5,160개이다.

③ 한자 부건의 分級 頻率 통계

앞에서 본 바와 같이 이 보고서는 제1층차에 출현하는 부건의 총 출현 차수를 통계 내고, 아울러 이 부건이 참석한 한자의 결구 위치를 조사했다. 몇 개 부건의 예를 들어보면 '氵'는 제1층차에 총 761번 출현하는데, 1층차에 출현하는 모든 부건 중에 차지하는 비중이 2.373%이고, 參構한 한자의 왼쪽에 위치한 것이 모두 760개이었다. 곧, '氵'는 어떤 자의 결구에 참여할 때 왼쪽에 參構함이 절대적임을 말해준다. '艹'는 1층차에 參構한 것이 697차로 1차 부건에 참여한 총수의 2.174%를 차지한다. 그런데 697차 전부가 參構한 한자의 위쪽에 위치하였다. 즉, '艹'는 어떤 한자의 위쪽에만 參構함을 알 수 있다. '木'은 1층차에서 690회 출현하여 모든 1급 부건의 총 출현 차수 점유율이 2.152%이다. 결구위치는 왼쪽이 585차 오른쪽이 4차, 글자의 상부에 10차가 출현한다. 역시 왼쪽에 대부분 위치한다.

④ 한자 필획 통계

『辭海』에 실린 한자 중 필획이 가장 적은 1획 한자는 3자이고, 가장 많은 36획의 한자(齉 : 코 막히다 낭)는 1개이었다. 『辭海』의 16,296자의 필획 통계는 다음과 같다.

<한자 필획 통계>

필획 수	한자 총수	필획 수	한자 총수
1	3	19	499
2	23	20	370
3	74	21	263
4	163	22	208
5	261	23	159
6	462	24	122
7	825	25	65
8	1,084	26	36
9	1,276	27	28
10	1,371	28	15
11	1,453	29	8
12	1,553	30	6
13	1,365	31	1
14	1,190	32	2
15	1,132	33	2
16	961	34	0
17	788	35	1
18	569	36	1

위 표를 보면 너무 쓰기 쉬운 한자나 너무 쓰기 어려운 한자의 점유율이 떨어진다. 이는 교재공구로서의 문자의 기능이 떨어지기 때문이다. 너무 쓰기 쉬운 한자, 예컨대 1, 2획의 한자는 아무리 형태를 달리 해서 쓴다고 해도 혼동을 주지 않고 字義를 표현하기 어렵다. 반면 너무 쓰기 어려운 글자는 書寫에 비능률적이다. 위 표에서 보듯이 평균 필획 수가 12.7획인데 12획이 가장 많은 것은 교재공구로서의 기

능과 효율적인 서사를 반영한 것이라고 생각된다.

⑤ 부건의 造字 빈도 : 사용빈도

부건 중 사용 빈도가 가장 높은 것은 '口'이었다. 造字頻率이 무려 20% 이상이 되었다. 즉, '口'가 들어간 한자가 가장 많다는 것이다. 그 다음은 一, 艹, 木, 人, 日, 氵, 亻, 八, 土 등의 순이었다.[25]

⑥ 필획의 명칭

한자의 필획은 전서에서 예서로 변한 뒤에 형성 되었다. 당나라 때 張懷瓘이 지은『永字八法』에 처음 필획의 명칭이 등장한다. 곧, 側, 勒, 努, 趯, 策, 掠, 啄, 磔이 그것이다. 이들은 현대에 각각 点, 橫, 竪, 鉤, 挑, 撇, 短撇, 捺로 부른다.

2. 한자의 기능[26]

흔히 한자는 품사가 없다고 한다. 이는 한자가 상형으로부터 출발은 했지만, 사용 과정 중에 그의 기능이 매우 敏活하게 변했기 때문이다. 예컨대 新의 경우 '큰 학문의 목적은 자신의 밝은 덕을 밝히고, 백성을 새롭게 하고, 지선에 이름에 있다.(大學之道, 在明明德, 在新民, 在止於至善)'에서 新은 '새롭다.'는 詞字이다. 하지만 新鮮, 新出 등에서는 詞素字이다. 현대한어 가운데 '新加坡 : 싱가폴'의 '新'은 半詞字이다. 加의 경우『孟子·梁惠王章』(上) "이웃 나라의 정치를 살펴보건대 과인의 마음 씀과 같이하는 자가 없되 이웃나라의 백성이 적어지지 않고(적음을 더하지 않고), 과인

---

25) 현대 漢語 常用字에서 100회 이상의 구성빈도를 가진 部件은 宀(103회), 艹(173), 口(472), 木(205), 人(117), 亻(158), 日(222), 扌(201), 氵(200), 土(121), 一(161)등인데 모두 부수자에 해당한다.(國家語言文字工作委員會主辨, 敎育部語言文字應用硏究所承辨,「基礎敎學用現代漢語常用字部件表」,『中國語言文字网』(인터넷 사이트명임) 참조)

26) 본 난은『中國漢字文化大觀』을 참조하여 작성하였다.(何九盈 외,「四 字林獨一枝」, 앞의 책, 57쪽 참조)

의 백성이 많아지지 않는 것은(적음을 더하지 않는 것은) 무엇 때문입니까?(察鄰國之政, 無如寡人之用心者. 鄰國之民不加少, 寡人之民不加多, 何也?)"의 '加'는 '더하다'라는 詞字이다. 하지만 增加, 加重 등의 加는 詞素字이고, '加拿大 : 캐나다'의 加는 半詞字이다.

3. 자와 사의 구분[27]

한자에 대해 우리나라 사람들이 가장 혼란스러워 하는 부분이 字와 詞의 구분이다. 언어학적으로 자와 사는 분명 서로 다른 개념이다. 중국 고대에는 대부분 1音節詞 즉, 單音節詞가 주종을 이루었다. 그래서 한 글자의 한자가 1개의 사로 충당되었다.[28] 거의 모두가 이렇기 때문에 우리는 자와 사를 구분하지 않으려 하고 또, 이로 인하여 자와 사를 혼동하기도 한다. 1개의 한자가 1개의 사와 대응한다고 해도 언어학적으로 자와 사는 분명 다르다.

여하튼 漢語는 부단히 발전하고 詞彙 또한 풍부해지면서 雙音節詞가 많아지게 되었다. 쌍음절사가 많아지게 된 것은 사회에 필요한 사는 지속적으로 증가하는데 이들 사를 단음절로 만들기는 한계가 있다. 즉 인간이 단음절로 발음하여 서로 다른 사를 표현하는 데는 한계가 있기 때문에, 부득불 2개 혹은 그 이상의 음절로 이루어진 사를 만들게 되었고, 이것이 자와 사의 대응관계에 변화가 일어나게 된 계기가 된다.

고대한어 중에는 한 개의 자가 1개의 사로 충당되던 것이, 시대가 아래로 내려오면 내려올수록 두 자 이상이 모여서 하나의 사를 표현함이 주종을 이룬다. 현대 한어는 거의 모두가 두 글자 이상이 모여 하나의 詞를 이룬다. 예컨대 察은 고대한어

---

27) 본 난은 『中國漢字文化大觀』을 참조하여 작성하였다.(何九盈 외, 「四 字林獨一枝」, 앞의 책, 56-58쪽 참조)

28) 모든 한자가 1자 1詞로 충당된 것은 아니다. 두 자를 하나로 합성한 한자도 있다. 예컨대 之矣를 只, 者焉을 旃, 不可를 叵, 者乎, 者歟, 之乎를 諸로 합성하기도 하였다.(蔣善國, 「第二章 漢字的音化」, 앞의 책, 172-173쪽 참조)

에서 '관찰하다, 자세히 보다.'라는 기본의를 나타내었다. 예컨대『孟子・梁惠王章』(上)에 "하내가 흉년이 들면 그 백성을 하동으로 옮기고, 그 곡식을 하내로 옮기며, 하동이 흉년이 들면 또한 그렇게 하였습니다. 그런데 이웃 나라의 정치를 살펴보건대 과인의 마음 씀과 같이 하는 자가 없되, 이웃나라의 백성이 적어지지 않고, 과인의 백성이 많아지지 않는 것은 무엇 때문입니까?(河內凶, 則移其民於河東, 移其粟於河內. 河東凶亦然. 察鄰國之政, 無如寡人之用心者. 鄰國之民不加少, 寡人之民不加多, 何也?)"에서 '察'은 '살피다.'라는 뜻으로 쓰였다. 이런 경우 '察'을 '詞字'라고 한다. 하지만 현대한어에서 '觀察, 省察, 考察, 視察, 監察' 등으로 쓰일 때는, 그가 소유하고 있는 기본의는 변하지 않았지만, 두 개 자가 합하여 하나의 개념을 나타내기 때문에 詞素로 작용한다. 이를 '詞素字'라고 한다. 물론 고대 단독으로 사용됐던 자가 현대로 내려오면서 두자 이상이 모여 하나의 개념을 나타내는 詞素字로 쓰인다 해도, 그들이 본래 가지고 있던 기본의를 대부분 지키고 있다. 예컨대 基자에 '礎, 本, 調, 地' 등을 덧붙여 基礎, 基本, 基調, 基地라는 複音合成詞를 이룰 때, 基가 가지고 있던 기본의는 보유하고 있다.

또, 한자는 갑골문이나 금문에서 두 개의 개념을 하나의 형체로 표현한 합체자가 있다. 예컨대 갑골문 '𥝋,' '𥝋,' 금문 '𥝋,' '𥝋' 등은 각각 二千, 三千, 五朋, 三十朋 등을 나타낸다. 이들 합체자는 한어를 기록하고 있다는 측면에서는 '組詞字'라고 할 수 있다. 현재 민간에서 사용하고 있는 도서관을 '圕,' 박물관을 '𥔊,' 흡연금지를 '𤉋' 등으로 쓰는 것도 組詞字에 속한다.

한편 두 개 이상의 字를 결합시켜서 하나의 의미를 표현하는 것, 예컨대 蜘蛛(거미), 蝴蝶(나비), 葡萄(포도), 琉璃(유리), 彷徨(방황) 등은 複音單純詞이다. 이들은 두 개의 글자를 따로 따로 떼어내면, 각각의 글자는 의미를 갖지 못한다. 두 자를 결합했을 때만 의미를 갖기 때문에 이들을 半詞字라고 한다. 형식상 半詞字는 詞와의 대응관계에 있어 詞素字와 같지만 본질적으로는 다르다. 詞素字는 독립적으로도 의의를 구유하지만 半詞字는 독립적으로는 의의를 갖지 못한다.

현대한어에서 雙音節詞가 주종을 이루지만 單音節詞 역시 여전히 남아 있다. 통계에 의하면 현재 사용하고 있는 單音詞는 2,000자 좌우가 있다고 한다. 점유율은 많지 않지만 그 사용빈도는 매우 높다. 각종 문장이나 서적에서 그 사용빈도는 50% 정도를 차지한다고 한다. 현대한어에서 詞의 특징은 사용하는 글자 수는 적어졌지만 이를 통해 만들어진 詞의 양은 많아졌다.

4. 가차와 전주

우리나라의 한자학, 한자교육에 종사하고 있는 사람들 중에 가차 혹은 가차자란 말을 들어보지 못한 사람은 없을 것이다. 전주 역시 마찬가지이다. 하지만 육서론 중에서도 이들 두 가지는 우리가 알고 있는 것처럼 단순하지 않다. 특히 전주는 허신 자신도 정확히 무엇을 나타내는지 잘 모르고 정리했다고 여길 정도로 애매하다. 현재는 전주설이 부정되고 있다.

(1) 가차

가차는 가차자, 가차의, 본자, 본의에 대한 상대적 개념이고, 字와 詞의 관계이다. 가차는 우선 본자의 개념이 정리되어야 한다.

① 本字와 假借字

한자학에서 '本字'란 명칭은 그리 간단하지 않다. 소개해보면

첫째 어떤 때는 원시의 서사형식을, 예컨대 '舜은 舜의 本字이다.'라는 것을 가리킨다.

둘째 어떤 때는 分化字가 갈라져 나온 母字를, 예컨대 '取는 娶의 本字이다.'를 가리킨다.

셋째 어떤 때는 'A'라는 본의 혹은 'B'라는 인신의를 구유한 某字가 있는데, 언어의 사용 중에 'A' 혹은 'B'라는 뜻을 표현할 때, 이 글자를 쓰지 않고 소리가 같은 다른

글자를 빌려서, 이 某字가 가지고 있는 본의 'A'나 혹은 인신의 'B'를 나타내었다면, 이 가차된 글자의 입장에서 본의 'A'나 혹은 인신의 'B'를 가지고 있는 '某字'를 가리킨다. 글자 즉, 가차자의 입장에서 바라본 것이다.

넷째 어떤 때는 某字가 造字 時 가지고 있던 본의와 관련하여 즉, 某字가 造字시 '某'라는 '本義'를 구유하였다면, 이 '某'라는 詞(본의)의 입장에서 본다면, 본래 자신의 '本義'로서 이 '某'라는 詞(본의)를 나타내는 글자를, 이 詞의 '本字'라고 한다.

일반적으로 가차를 논할 때는 셋째와 넷째 개념을 모두 포함한 것을 가리킨다. 즉, 某라는 詞를, 본의나 인신의로 나타내는 글자가 있는데도, 음이 같거나 비슷한 다른 글자를 빌려서 이 某라는 詞를 나타내었다면, 이 詞의 입장에서는 본의나 인신의로 '자신'을 나타내는 글자가 곧 본자이고,29) 음이 같거나 비슷하여 빌려다 자신을 표현한 글자는 '가차자'이다. 가차자는 본자에 상대해서 존재하는 것이다. 본 절의 본자, 가차자도 이를 지칭한다.

② 본자, 본의, 가차자, 가차의

한자가 처음 만들어질 때는 형과 의가 통일된 專字專用의 원칙이 통했다. 예컨대 '裘'는 造字時 聲音이 'gu'이고, 뜻은 '가죽옷'이었다.30) 이때 'gu'는 '裘'의 '本音'이고, '가죽옷'은 裘의 本義이며, '裘'는 '가죽옷'이라는 詞의 本字이다. 이때는 形과 義가 통일적이었다. 그러나 사회에 필요한 詞는 많으나, 소용되는 詞(字)31)들을 모두 만들어낼 수 없었기 때문에, 부득불 소리가 같거나 비슷한 字를 빌려 필요한 詞로 충당하기도 하였다. 즉, 현재 사용하고 있는 어떤 同音字를 차용하여 필요한 詞(字)를

---

29) 혹자는 본의를 나타내는 어떤 자가 있는데 이 글자가 나타내는 본의를, 다른 글자로 나타내는 글자가 없다면 즉, 가차자가 없다면 '본자'란 말이 성립되지 않는다고도 한다.

30) 초문은 '𣂏'로 털이 밖으로 나온 가죽옷을 그린 상형자이다. 후에 음부 '又'를 덧보태어 '𧚍,' '𧛩'로 써서 형성자로 전환된 뒤, 다시 성부를 '求'로 바꾸어 '裘'로 썼다.

31) 고대에는 기본적으로 한 개의 글자가 한 개의 詞로 충당되었다. 언어학적으로는 다른 개념이지만, 자와 사가 동일개념으로 작용하기도 하였다.

대신하는 것이다.32) 또, 이런 저런 이유로 어떤 詞를 나타내는 字가 있는데도, 이 字를 쓰지 않고 음이 같은 자를 빌려서 '어떤 詞'를 나타내기도 하였다. 예컨대 언어 중에 사용되고 있는 음 'gu,' 義 '尋求'라는 詞를, 소리는 같으나 뜻은 다른 '裘 : 본의 가죽옷'라는 자를 차용하여 '尋求'라는 뜻을 나타내었다면, 이 때 '裘'는 '尋求'라는 詞의 입장에서는 '假借字 : 빌려온 字'이고, '裘'의 입장에서는 자신이 표시한 '尋求'라는 뜻은 '假借義 : 빌려온 뜻'이다. 이상 '尋求'라는 詞가 '裘'를 차용하여 表意한 것은 '본무기자'의 가차이기 때문에 본자와 본의를 찾을 수가 없다. 하지만 '本有其字'의 입장에서는 본자와 본의를 찾을 수 있다. 예컨대 '洗手'의 '洗'를 '先'을 가차하여 '先手'로 썼다면, '씻다'란 詞의 입장에서는 '洗'가 본자이고 '先'은 가차자이다. '先'의 입방에서는 자신이 본래 가지고 있는 '먼저'라는 뜻은 본의이고, '先手'에서 나타내고 있는 '씻다'라는 義는 '가차의'이다. 가차는 본자, 가차자, 본의, 가차의의 사용관계를 가리킨다.

③ 가차자의 유형

가차자가 언어 중에 나타내고 있는 詞義는 크게 본래부터 본자가 없는 것, 본자가 나중에 만들어진 것, 본래 본자가 있는 것 등으로 나눠 볼 수 있고, 이들의 구체적 사용정황은 다음과 같다.

첫째 어떤 詞는 지금까지 본자가 없이 가차자로만 뜻을 나타내고 있다. 이것이 본자가 없는 가차이다. 허신이 설문해자에서 말한 '本無其字'가 여기에 해당한다. 예컨대 來往의 來, 要求의 要, '대명사'로 쓰이는 '其,' '之' 등은 본래부터 이들 사의를 나타내는 字가 없어 가차자만 썼다. 또, 文尾語氣詞 耳, 어기사, 지시대사 夫, 의문대사 何, 奚는 각각 귀를 나타내는 耳, 사내대장부를 나타내는 夫, 물건을 메는

---

32) 이런 假借의 경우 2가지 경우가 있다. 하나는 원래 필요한 자가 없는 경우이고, 다른 하나는 필요로 하는 자는 있지만, 이런 저런 이유로 그 자(본자)를 사용하지 않고 동음 혹은 音近字를 사용하는 경우가 그것이다.

何(현재는 荷로 씀), 끈으로 묶인 노예를 뜻하는 奚를 빌려서 나타낸 것이다. 이외에 音譯의 外來詞는 대부분 가차자로 기록 한 것이다.

둘째 초기에는 본자가 없어 가차자만 썼으나, 후에 사용하고 있던 가차자에 形符를 더해 後出의 본자를 만들어 낸 경우이다. 이는 매우 많다. 甲骨文이나 金文에서 '井'자를 차용하여 지명을 나타내었는데, 뒤에 井에 形符 '邑'을 붙여 '邢'으로 써 지명을 나타내는 글자로 썼다. 이밖에 도모하다, 말하다, 신, 결여되다, 늦다 등을 나타내는 謀, 謂, 神, 缺, 晩 등은 본래 본자가 없어 某, 胃, 申, 夬, 免 등을 차용하여 썼으나, 후에 言, 示, 缶, 日 등을 덧붙여 위와 같은 본자를 만들어 냈다. '떨다'의 溧과 '전율'의 慄은 본래 밤나무를 나타내는 '栗'로 나타내었는데, 후에 '冫'과 '忄'을 덧붙여 '溧'과 '慄'을 만들어 냈다. '불타다.'의 '燃'도 然을 가차하여 나타내다가 나중에 본자인 '燃'이 만들어진 경우이다. 가차자가 먼저이고 본자가 나중에 생산된 경우이다.

셋째 처음에 가차자만 있다가 후에 본자를 만들었으나, 다시 본자를 쓰지 않고 가차자를 쓰는 경우이다. 예컨대 '嫥'은 본의가 '전일하다'[33]이다. 곧 嫥은 '專一'의 본자이나 고금전적에는 모두 專으로 쓰고 있다. 專의 본의는 六寸의 簿를 가리킨다.

넷째 본래 가차자만 있었으나 이 가차자가 본자처럼 통행된 후 다시 가차자를 쓰는 경우이다. 예컨대 又는 본래 손을 나타내었는데, 이를 가차하여 '다시, 또(又復)'란 詞義로 썼다. 그러나 『周易』의 "終則有始"에서처럼 '又'를 쓸 자리에 有를 가차하여 又의 의미로 썼다. 有를 又의 가차로 쓴 예가 고서 가운데 많이 보인다. 예컨대 紀年時 12년을 '十有二年'이라고 쓴 것 등이 그런 예이다.

다섯째 본래부터 어떤 詞를 나타내는 글자가 있는데도, 가차자를 쓰는 경우가 있다. 이 경우 두 가지 양상이 있다. 하나는 어떤 때는 본자, 어떤 때는 가차자를 쓰는 경우이다. 예컨대 時를 가차하여 待로, 綸을 論으로, 洗를 先으로, 粒을 立으로, 盛

---

33) 『說文解字』에 "嫥은 '전일하다.'이다(嫥, 嫥壹也)라고 하였다.

을 成으로, 哲을 折로 쓰는 경우가 그것이다. 훈고학적 지식이 부족한 우리나라나 사람들이 고문을 읽을 때 가장 혼란스러워 하는 가차용법이다. 가차자의 字義를 익숙하게 알고 있기 때문에 가차자라는 것을 유추하지 못하면 문장 석독이 어렵다. 또, 가차자라는 것을 인식하였다고 하더라도 古音에 밝지 않으면 본자를 찾아내기가 쉽지 않다. 경서 중에서는 시경이 가차자를 많이 썼다. 훈고학적 지식이 없으면 시경의 진정한 석독이 어려울 정도이다. 다른 하나는 본자 대신 가차자를 사용함으로써, 어떤 詞는 가차자가 본자를 대신 하는 경우가 생겼다. 예컨대 초목의 草, 족하다의 厭, 끝을 나타내는 端, 좁다의 狹, 창조의 創, 책을 나타내는 策(본래 채찍임), 곤충의 일종인 '바퀴벌레'를 나타내는 蜚 등은 본래 艸, 猒, 耑, 陜, 刱, 册, 飛 등이 본자이다. 그런데 지금은 이들 가차자가 본자처럼 통행되고 있다. 본래 본자가 있는데 가차자가 본자처럼 쓰이게 된 것은 여러 가지 원인이 있다. 문자의 직무를 분산하기 위해서,[34] 자형을 간화하기 위해서,[35] 어떤 때는 자형의 혼란을 막기 위해서 썼다.[36]

④ 가차의 양태

가. 가차자 가운데 가차의와 가차된 글자 사이에 의의상 연관성이 있는 현상

이들 두 글자의 관계가 同源詞인 경우가 많다. 예컨대 고서에 衷으로 中을 가차한 경우가 종종 있다. 衷은 본래 겉옷과 몸 사이에 받쳐 입는 內衣를 가리켰다. 몸과 겉옷 사이에 입는 것(衷 : 내의)과 中의 인신의 가운데 하나인 '중간에 끼이다.'라는 뜻은 연관성이 매우 크다. 또, 說을 가차하여 悅로 쓴 경우로, 說은 본래 말로써 말을 해석하는 것이다. 悅은 說의 形旁 言을 心으로 바꿔 분화시킨 분화자이다. 그래서 '엉겨있는 마음을 풀어 낸다.'라는 뜻을 가지고 있다. 말로 엉켜있는 말을 풀어내

---

34) '메다.'의 何를 현재 荷로 쓰는 것은, 何를 의문대사로 전용하기 위한 것이다.
35) 簡化字인 斗를 빌려 鬪를 나타내는 경우가 그것인데, 이런 경우는 매우 많다. 예컨대 葠(인삼 삼)을 參, 薑을 姜, 靈을 灵 등으로 쓰는 것이 그것이다.
36) 三를 四로, 'ㅇ'을 員으로 쓴 것이 그것이다.

는 것이나, 마음이 엉켜있는 것을 풀어내는 것은 비슷한 행위이다. 『易‧蒙』에 "用說桎梏"의 干寶의 注에 "說은 '풀다.'이다.(說, 解也)"라고 하였다. 묶인 것을 푸는 脫과 말을 푸는 說이 同源詞이다. 이렇게 가차자와 피가차자 사이에 의의상 연관을 갖는 것은, 대부분 무의식적으로 사용하는 과정 중에 우연히 형성된 것들이다.

　　나. 한 개의 詞를 여러 자를 빌려 표현하는 것과, 한 글자로 여러 개의 詞를 표시하는 현상

　본래 글자의 유무와 상관없이 한 개의 詞를 두 개 이상의 가차자로 표시하는 현상은 흔하다. 어떨 때는 이들의 전후 상승관계가 분명히 들어 나기도 한다. 예컨대 2인칭 대명사 '너'는 먼저 女를 빌려서 표시하였다. 그러다가 뒤에는 강 이름인 '汝水'의 '汝'를 빌려 '너'를 표현하였다. 지시대명사 '저것'은 먼저 '皮'자를 빌려 표시하다가, 후에 '더할 것이 있다.'는 뜻을 나타내는 '彼'자를 빌려서 표시하였다. 의문대사 何는 먼저 可를 빌려 표시하다가 '메다.'라는 뜻의 何(현재는 荷로 씀)를 빌려서 표시하였다. 제한을 나타내는 부사 '단지'는 祗를 빌려 표시하다가, 語氣詞 只로 표시하였다.

　　다. 동일한 詞를 서로 다른 가차자를 사용하는 경우가 있고, 동일한 글자를 가차하여 서로 다른 詞를 나타내는 경우가 있다.

　예컨대 所는 본래 '나무를 베는 소리'를 나타내었으나 상당히 많은 가차용법을 가지고 있다.

　　ⓐ '장소'를 나타낸다.
　　ⓑ '방법'을 나타낸다.
　　ⓒ '적당하다.'를 나타낸다.
　　ⓓ '관아의 명칭'을 나타낸다.
　　ⓔ '次數'를 나타낸다.
　　ⓕ '時'를 표시한다.

ⓖ '생각'을 표시한다.

ⓗ '많음'을 표시한다.

ⓘ '할 수 있다.'를 표시한다.

ⓙ '대명사'로 쓰인다.

ⓚ '量詞'로 쓰인다.

이외 부사, 연사, 조사, 어기사 등으로 쓰인다. 이들은 모두 본의나 인신의가 아닌 가차용법들이다. 하나의 한자는 본래 하나의 형, 음, 의를 가지고 있었다. 이 하나의 뜻이 본의이다. 하지만 사용과정 중에 이 본의와 유관하게 불어난 인신의와 가차용법에 의해 '가차의'가 붙으면서, 한 자의 한자에 많게는 수십 개에 해당하는 뜻(의항)을 소유하게 되었다. 한자는 이렇게 단어(字)의 형체는 하나인데 그 안에 많은 뜻을 담고 있어 배우기가 어렵다고 느낀다.

⑤ 趙誠의 '音本字' 說과 가차 : 本無其字 측면에서

조성은 본자와 가차자의 관계, 나아가 문자의 창조에 대해 기존의 인식과 부분적으로 다른 주장을 한다. 그의 주장을 요약하면 다음과 같다.[37]

문자는 有聲言語가 있은 뒤 생산되었다. 그렇기 때문에 문자는 聲音의 제약을 벗어날 수 없다. 곧 문자는 현실에 존재하는 語音을 근거로 창조하였기 때문에 어떤 문자도 성음을 갖게 된다. 상형자 역시 본래 사물의 모양만 그린 게 아니다. 그것은 聲符 기능도 구유하고, 이를 통해 언어의 교재공구로도 사용 한다. 즉, 한자는 본질적으로 '표음기능'을 소유하고 있다. 하지만 대부분 사람들은 古漢字가 '以形表意'의 기능이 탁월해 한자가 有聲言語임을 망각한다. 문자는 언어의 書寫符號이다. 반드시 모종의 형체로 언어의 독음을 표시한다.

한대 이후로 학자들의 잠재의식 속에는 한자의 '以形表意'는 본령이고, '以形表音'

---

37) 趙誠, 「第四節 本字和假借字」, 「第五章 甲骨文的基本情況」, 『甲骨文字學綱要』, 商務印書館, 1993, 1, 제1版, 1993, 6, 제1次 인쇄, 104-125쪽 참조

흡'은 한자의 주 기능이 아니라고 생각하였다.

조성은 한자의 표음기능에 주목하여, 한자는 音本字와 形本字가 있다고 하였다. 예컨대 갑골문에서 每는 '🌱'로 썼는데, 자형만 보면 분명 '여성' 혹은 '배우자'를 나타내는 뜻을 소유하고 있을 것으로 추측된다. 하지만 갑골문에서는 이들과 관계있는 뜻으로 쓰인 적은 없고, 晦(어둡다), 悔(후회하다)의 뜻으로 쓰였다.[38] 그렇다면 '每'를 창조할 때 이들 결구 '女 + ㅿ'는 별로 중요하지 않았다는 것이다. 上古時 어두움(晦), 과오, 과오에 대한 반성(悔)은 매우 중요하였다. 하지만 이들은 무형이기 때문에 표현하기가 어려웠다. 그래서 당시의 언어조건을 이용해 창조해 낸 글자이다. 즉, 당시에 어둡다, 후회 등의 詞는 '女' 혹은 '母'와 동음이었다. 그래서 '女'나 '母'의 독음을 이용하여 글자를 창조하되, 이들 글자와 구별을 하기 위해 상부에 'ㅿ(╲)'를 덧보태는 방법으로 🌱(每)를 창조해냈다. '每 : 어둡다, 후회'의 창조과정을 보면 '女' 혹은 '母'의 자음은 이용하였지만, 이들 자형을 이용한 것은 아니다. 그렇기 때문에 '每'는 '悔,' 晦'의 '音本字'이다. 즉 언어 중의 어떤 詞(단어)를 성음부호로 나타낸 글자이다. 전통적인 한자의 생산방법 즉, 육서론으로 보면 이들은 가차자이지 본자가 될 수 없다.

다시 한 번 '바람'이란 詞의 창조를 보자. 고대사회에서 '바람'은 전쟁이나 곡식의 생산만큼 중요하였다. 그래서 틀림없이 사회의 언어 중에는 이를 나타내는 詞가 있었을 것이라고 한다. 하지만 이를 표현할 방법, 글자가 없자 당시 '바람(風)'을 나타내는 詞의 '聲音'과 똑같은 '봉황'이란 새를 나타내는 '🦅'를 그려 '바람'이란 詞를 나타내었다고 한다. 이를 隸定하면 '雈'로 할 수 있다. 즉 봉황을 본떠서 만들었지만, 봉황을 나타내기 위한 것이 아니고 '바람'을 나타내기 위해 독음이 같은 '봉황' 모습을 그려서 표현하였다는 것이다. 고대사회에서 봉황은 실존했겠지만, 사회에 소용되는 언어 중에 '봉황'이란 말보다는 '바람'이란 말이 더 필요하였기 때문에, 당연히 '🦅

---

38) 금문에서도 갑골문의 晦, 悔의 뜻과 더불어 敏, 誨, 雖, 常 등으로 쓰였다.

(雈)'의 造字는 '봉황'을 나타내기 위해 만든 것이 아니고 '바람'을 나타내기 위해 만들었다는 것이다. 즉 '雈'의 형체가 표시하는 어음으로 '바람'이란 뜻을 나타내었기 때문에, 실제로 '雈'은 '바람(風)'이란 詞의 본자인데, 시간이 지나면서 '雈'이 봉황의 모습을 지녔기 때문에 봉황이란 뜻으로도 쓰였을 것이고, 따라서 '봉황'을 나타내는 詞의 본자도 된다는 것이다. 이런 경우 '雈'을 바람을 나타내는 자의 '音本字'라고 하고, '봉황'을 나타내는 詞의 '形本字'라고 한다는 것이다.

조성의 이러한 주장은 어떤 詞를 표현하기 위해 이미 만들어진 다른 자를 빌려온 것이 아니고, 필요한 詞를 만들되, 상형, 지사, 회의, 형성의 방법이 아닌 聲音을 기준으로 만들었다는 것이다. 이러한 그의 주장은 '本無其字'에 대한 가차설을 다시 한 번 생각하게 한다. 그의 말대로라면 '本無其字'의 가차로 여기고 있는 글자 중에는 '가차'가 아닐 수도 있다.

이상 조성의 주장은 한자는 상형자로부터 출발하고 표의문자라고 여기는 일반적인 인식에 대한 근본적인 검토를 요하고 있다. 필자 역시 그의 주장에 어느 정도 공감한다. 어떤 한자를 처음 만들 때는 구체적 사물의 형상을 본뜨는 방법을 사용하였겠지만, 그 글자에 音價를 부여하는 것은 그 사회에 이미 그린 대상의 사물을 지칭하는 음성언어가 있었음을 말해준다. 그렇기 때문에 한자는 순전히 표의문자라고 말하는 것은 문자 연구에 도움이 되지 않는다.

(2) 전주

육서 가운데 轉注의 문제가 가장 크다. 전주라는 명칭이 갖고 있는 의미는 육서 가운데 가장 모호하다. 허신의 『說文·敍』의 전주에 대한 해석 또한 명료치 않다. 허신 자신도 전주에 대해 명확히 인식을 하지 못한 듯하다.

그렇기 때문에 전주에 대한 후인들의 설이 매우 많다. 중국에서는 한자 분석이론으로 육서론을 적용하는 사람이 매우 드물다. 그 중에서도 전주에 대한 불신이 가장 크다. 전주의 이론이 성립되지 않기 때문에 아예 전주라는 말을 쓰지 말자고 하는 사람도 있다. 전주에 대한 설명은 본서 제5章 '한자 분석이론'의 '육서설과 그 이론적 한계'에 그 대강을 밝혔으므로 이곳에서는 생략한다. 전주의 문제점은 충분히 한자 학계에서 검토되어, 다시 새로운 논문은 나오지 않을 것이다. 전주의 문제는 최근 불거져 나온 것이 아니다. 宋代 鄭樵부터 꾸준히 제기 되어왔다. 위 '육서설과 그 이론적 한계' 외에 자세한 것을 알고 싶으면 胡樸安의『中國文字學史』[39]를 권하고 싶다. 唐宋부터 淸代까지 各家의 설을 자세히 볼 수 있다. 이곳에 무려 34명의 설이 소개되어 있다.

Ⅳ. 한자 공구서의 편찬[40]

1. 자서의 명칭과 역사

자서란 명칭은 대략 위진남북조 시대부터 있었을 것으로 생각된다. 현재는 존재 하지 않지만, 그 이전에는 史籀篇, 蒼詰篇, 爰歷篇, 博學篇, 急就篇, 訓纂篇 등과 같이 문자 교습이 주목적인 전적들이 있었는데, 이들이 字典의 맹아이다. 최초의 자 전은 동한 許愼의『說文解字』를 들 수 있다. 詞典은『爾雅』, 방언관계 사전은 漢 揚雄의『方言』, 통속사전은 동한 服虔의『通俗文』을 들 수 있다. 곱訓詞典은 漢 劉熙의『釋名』을 들 수 있다. 자서 중 音韻에 중점을 둔 韻書는 현존하는 것으로 『廣韻』,『集韻』등을 들 수 있다. 이렇게 각각의 특장을 갖춘 자서들은 현재 우리들 이 익히 쓰고 있는 자전, 사전 등의 보통명사를 사용하고 있지 않다. 모두 고유명사 를 서명으로 채택하고 있다. 이후 위진남북조에서 근대까지도 특정한 고유명사를 서

---

39) 胡樸安,「第二編 文字學前期時代 唐宋元明」(上冊 206-215쪽),「第三編 文字學後期時代 淸」(下冊 432-457쪽)),『中國文字學史』(上下), 臺灣商務印書館, 中華民國72, 11, 제9版

40) 본 난은『中國字典史略』(劉叶秋,「第一 章 緖論」,『中國字典史略』(文史知識文庫), 中華書局, 1992, 2, 제1版, 1-10쪽)과『中國漢字文化大觀』(何九盈 외,「六 字學創新篇」, 앞의 책, 93-97쪽)을 주로 참 조하여 작성하였다.

명으로 사용한 자서들이 계속 출간되고 있다. 이렇게 특정한 고유명사를 자서의 이름으로 삼는 것은 대개가 현재의 자서와 같은 종합자전의 성격보다는 특정한 분야에 관심을 둔 저작들이다. 예컨대『六書故』,『復古編』,『廣韻』,『經典釋文』,『一切經音義』,『正字通』,『駢字類編』,『助字辨略』등이 그것이다.

　선진시대부터 지금까지 중국에서는 무수히 많은 자서들이 출간되었는데, 위에서도 말한 바와 같이 이들은 자전류와 사전류로, 자전류에서는 다시 한자의 형・음・의를 종합적으로 다루되『說文解字』,『玉篇』등처럼 형과 의가 중심인 것과,『廣韻』,『集韻』과 같이 음이 중심인 韻書類가 있다. 운서류는 한자의 음을 밝히는 것이 주목적이지만 역시 한자의 의도 밝히고 있다.『爾雅』,『方言』,『釋名』은 詞의 입장에서 한자에 접근한 사전류이다. 물론 고대 중국의 언어체계는 一音節詞가 주종을 이루어 이들이 한자의 자전처럼 보이기도 하지만, 이들은 한자의 형과 의를 분석하여 자의를 밝히는 것이 주목적이 아니고, 언어의 입장에서 접근하고 있다. 다만 중국고대의 문자훈고서는 대부분 單字 중심으로 해석은 하지만 또한, 複詞도 해석하고 있기 때문에 이들을 일률적으로 '자서'라고 칭하고 '자전'이냐 '사전'이냐를 따지지 않는다.

　아무튼 현재 쓰고 있는 '자서'란 명칭은 위진남북조 때부터 있어온 듯하다.『顔氏家訓・書證』에 "西晉 이전의 자서들이 어찌 모두 변변치 못하다고 할 수 있겠는가? 다만 체례의 구성이 갖추어지지 못했을 뿐이다.(西晉以往字書, 何可全非? 但令體例成就, 不爲專輒耳.)"[41]라고 하였다. 역사서에는 문자, 훈고, 음운에 관한 책을 자서라는 명목으로 분류하지 않고 '小學類'에 귀속시켰다. 청대의『四庫全書』의「四庫書目」에 이르러 소학류를 훈고, 자서, 운서로 나누었다.

　'字典'이란 명칭을 최초로 붙인 것은 청대의『康熙字典』이다. 근대에 이르러 '詞典' 혹은 '辭典'이란 명칭이 생산되었다. 자전과 사전은 상대적인 분간만 있고, 자서와 자전 역시 어떤 특정한 고유명사로 쓰이고 있지 않다. 일반인들이 말하는 자전이

---

41) 王利器撰,『顔氏家訓集解』(增補本)(新編諸子集成), 中華書局, 1993, 12, 제1版, 515쪽

란 종종 사전의 개념도 포함하고 있다. 왜냐하면 요즈음 펴내고 있는 자전류들이 한자의 형·음·의만 밝히는 것이 아니라, 語詞(단어)들도 수록하기 때문이다. 사전류역시 單字를 詞頭로 삼고, 맨 처음 이들 단자들의 형·음·의를 밝히고 그 아래에이 단자로 시작하는 단어들을 배열, 설명하고 있어 자전과 사전의 구분이 모호하다. 최근 우리나라의 한자관계 자전과 사전도 이와 같다. 심지어는 '玉篇'이라고 이름붙이고도 자전과 사전의 역할을 수행하고 있다. 『玉篇』은 본래 梁의 顧野王이 설문의 부수체계를 따라 편찬한 자서이다. 특정한 자서의 이름 즉, '고유명사'인 셈이다. 그런데 우리나라에서는 1950년대 이후 '옥편'이라고 이름 붙여진 자서가 많이 출판되었다. 즉, 중국에서는 '옥편'이 고유명사인데 우리나라에서는 자전과 同意의 일반명사로 쓰이고 있다. 그래서 요즈음 일반인들은 '옥편'을 고야왕이 지은 자서로 인식하는 사람이 거의 없다. '한자자전'이란 의미로 받아들이고 있다.

근래 중국에서는 자서를 '辭書'란 명칭으로 대신하기도 한다. 일부학자들은 현재까지 자전과 사전을 아우르는 명칭 '字書'보다 합리적인 명칭이라고 한다. 劉叶秋는『中國字典史略』이란 책에서

> 요즈음 '辭書'라는 말로 '字書'란 말을 대체하는데 나는 매우 좋은 이름이라고 생각한다. 말로 문장을 이룬 것을 '辭'라고 한다. '辭'는 '字'와 '詞'가 함축하고 있는 뜻과 비교하면 훨씬 더 그 함의가 깊다. '字詞語句'를 설명한다는 字典、詞典이란 말을 포괄할 수 있을 뿐만 아니라, 기타 각종 유형의 사전(예컨대 人名詞典、地名詞典 등) 및 일반적인百科全書를 모두 그 이름 속에 담아내고, 그 범위가 확대될 수 있기 때문이다.
>
> 至于近來以"辭書"一詞來代替"字書", 我以爲也很好. 言之成文爲辭, 較"字"、"詞"的含義豊富得多, 不僅可以包括講字詞語句的字典、詞典, 連其他各種類型的詞典(如人名詞典、地名詞典等)以及一般的百科全書, 皆能兼收幷蓄, 范圍更廣[42]

라고 하였다.

---

42) 劉叶秋, 「第一 章 緒論」, 앞의 책, 2쪽

2. 자서의 편찬

(1) 뜻에 의한 편찬

뜻에 의거해 편찬한 한자 사전은『爾雅』를 들 수 있다. 일반적으로 戰國末에 成書된 것으로 본다.『爾雅』는 釋詁, 釋言, 釋訓, 釋親, 釋宮, 釋器, 釋樂, 釋天, 釋地, 釋丘…… 등 모두 18류로 나누어 풀이하고 있다. 同義詞나 近義詞를 채용하여 通訓하는 방식으로 풀이하였다. 예컨대,「釋詁」下에 "朝, 旦, 夙, 晨, 晙, 早이다. (朝, 旦, 夙, 晨, 晙은 早也.)"가 그것이다.『爾雅』와 같은 계통의 책으로는 漢 劉熙의 『釋名』, 삼국 魏의 張揖의『廣雅』, 宋 陸佃의『埤雅』, 明 方以智의『通雅』가 있다. 현대의『簡明漢語義類辭典』[43] 등이 그런 종류의 책이다.

(2) 부수에 의한 편찬

자형을 중심으로 편찬한 字書는 東漢 許愼이 찬한『說文解字』를 가장 먼저 들 수 있다.『설문해자』는 모두 9,353자를 수록했는데, 이를 540부로 나눠 배치하였다. 부수는 현재처럼 필획 순으로 배치한 것이 아니라 형체가 연관 있는 것, 의의가 상관 되는 것을 고려하여 배치하였다. 하지만 너무 많은 부수가 설정됐고 또, 그 부수자도 필획 순이 아니고, 소전을 중심으로 한 형체이기 때문에 초학자가 글자를 검색하기 가 매우 곤란하다. 요즈음 나오는 설문해자는 부록으로 현재의 해서의 필획 순으로 '부수'를 제시하였고 또, '檢字' 난을 두어서 보기에 편하도록 하였다. 설문해자의 부 수배열은 형체와 의의를 서로 연관시켜 배열하였다. 예컨대 '卷二'에 배치된 "小, 八, 釆, 半, 牛, 犛, 告, 口"를 살펴보면, 먼저 '小'는 글자의 가운데에 있는 ' ㅣ '을, '卷一 (上)'의 마지막 부수 ' ㅣ '과 대응시켜서 배치한 것이다.『說文・小部』"小는 사물 가 운데 작은 것이다. 八과 ㅣ이 의미를 나타내는데, 보이기만 하면 나눈다는 것이다. 반절은 '私兆切(소)'이다.(小, 物之微也. 從八ㅣ, 見而分之. 私兆切)"라고 하였다.[44] 즉,

43) 林杏光 等編, 商務印書館, 1987

小의 의미부 가운데 하나인 ' | '이 바로 앞 '卷一(上)'에 나왔기 때문에 그와 연관해서 '小部'를 배치한 것이다. '八, 釆, 半'은 小의 가운데 部件 ' | '의 양쪽 모습이 '八'의 모습과 같아서 배치한 것이다. 그 뒤 '半, 牛, 犛, 告'는 '半'의 소전 자형이 '牛'와 닮았기 때문에 그 뒤에 牛를 배치한 것이며, 牛 뒤의 犛, 告 등은 部件이 牛도 들어있을뿐더러, 의미도 '牛'와 관계있어 배치한 것이다. 告 뒤의 口는 앞의 告와 형체상, 의의상 연관 있기 때문에 배치한 것이다.

(3) 韻部에 의한 편찬

한자의 자음을 근거로 사전을 편찬한 것이다. 보통 韻書로 알려져 있다. 자음 기준 사전은 운부의 순서에 따라 편찬한 것과 音節의 순서에 따라 편찬한 것 등 두 가지가 있다.

전자는 삼국시대 위나라 사람 李登이 편찬한 『聲類』와 晉 呂靜의 『韻集』이 가장 일찍 편찬되었다. 다만 이들은 이미 亡失되었다. 일부이지만 현존하는 가장 오래된 것은 陸法言의 『切韻』이 있고, 온전한 형태를 갖추고 있는 것은 宋 陳彭年 등이 편찬한 『廣韻』이 있다.

韻部에 의해 편찬된 공구서는 4종류가 있다. 첫째는 가장 먼저 성조, 다음에 韻部, 그 다음에 聲紐를 고려하여 편찬한 것으로 『廣韻』이 대표적이다. 『廣韻』은 먼저 성조에 의해 평상거입으로 나누고 평성은 글자 수가 많아 다시 상평성 하평성으로 나누어 안배하였다. 평성은 '東冬鍾江……'순으로 배치하였다. 모두 206운으로 나누었다. 둘째는 먼저 운부를, 다음에 성조를, 다음에 성뉴를 배치한 것으로, 元의 周德清이 찬한 『中原音韻』이 여기에 속한다. 당시의 北曲에 쓰이던 운을 19운부로 나누고, 각 운부 내에서 다시 陽平, 陰平, 上聲, 去聲으로 나누고, 다음에 성뉴로 나누었다. 셋째는 운부, 성뉴, 성조 순으로 나눈 것이다. 明 蘭茂가 찬한 『韻略易通』이 그것이

---

44) 허신의 분석은 誤釋이지만, 그의 설명은 간신히 보일만 한 것을 나누는 것이기 때문에 '작다.'란 의미를 갖는다는 것이다.

다. 넷째는 먼저 운부를 배치하고 같은 운 내에서도 開口, 齊齒, 合口, 撮口의 四呼
와 聲類로 안배한 것으로, 淸 李光地 등이 편찬한『音韻闡微』가 그것이다. 남송 이
후 근대까지는 대부분 韻部에 의해 편찬된 공구서는 平水韻 106운을 따랐다. 평수운
은 元明 이래로 근체시 작자들이 압운의 근거로 삼았다. 淸의 張玉書가 편찬한『佩
文韻府』가 평수운 106운을 따랐다. 운부에 의해 편찬된 자서는 현재 우리나라와 같
이 사용의 주목적이 한자의 음과 뜻을 탐색하고자 하는 사람들에게는 사용하기가
불편하다.

(4) 主音符號에 의한 편찬

1913년 讀音統一會가 音素와 字母를 정하고, 음을 읽고 기록하기 편한 記音字母
를 정하였다. 많은 논란 끝에 1918년 정식 공포된 뒤 상당수의 공구서들이 이를 근거
로 편찬되었다. 中國大辭典編纂處가 편찬한『國語辭典』(1947)이 대표적인 사전이
다. 漢語拼音字母가 시행된 뒤에도 여전히 적지 않은 공구서들이 이를 따라 편찬되
었다. 현재 중국에서는 병음자모에 의해 자전이 편찬되고 있지만 대만은 여전히 주
음부호를 쓰고 있기 때문에 주음부호에 의한 사전이 편찬되고 있다. 다만 순수 한자
의 형·음·의를 탐색하고자 하는 사전은 대만이나 대륙이나 가리지 않고 부수에
의한 편찬이 주종을 이루고 있다.

(5) 漢語拼音에 의한 편찬

한자의 한어발음 표기를 주음부호에서 한어병음으로 바꾼 중국에서는 한어사전
역시 한어병음을 중심으로 편찬되고 있다. 60년대 이후 순수 한자자전이 아닌, 漢語
에 관한 대부분의 공구서는 'a, b, c, d……' 등의 알파벳순에 의해 편찬되고 있다.
『現代漢語詞典』,『漢語拼音詞彙』(1963, 1989) 등이 그것이다.

(6) 자형특징에 의해 편찬

이 역시 근래에 고안된 방식으로 '四角號碼法'이 있다. 한자의 모양이 네 모퉁이를 具有하고 있다는 자형 특징에 착안한 것이다. 1926년 王云五란 사람이 착안 했다고 알려졌다. 『現代漢語詞典』이 '사각호마법'에 의해 편찬됐다.

<筆形과 代號>

笔名	号码	笔形	字例	说明
复笔头	0	亠	主病广言	点和横相结合
单　横	1	一	天土	横
		⟋　⟍	活培织兄风	挑、横上钩和斜右钩
垂	2	丨 丿 亅	旧山 / 千顺力贼	竖 / 撇和竖左钩
笔　点	3	、	宝社军外去亦	点
		⌒　乀	遣瓜	捺
复　又	4	十	古草	两笔交叉
		十七乂犭	对式庋猪	
插	5	丰	青本	一笔纵穿两笔
		扌丈耂丰	打戈史寨串	或两笔以上
方	6	口 口	另扣国甲由曲	四角整齐的方形
		口 口	目四	
角	7	⌐ ⌐	刀写亡表	一笔向下或向右拐折的角形
		⌐	阳兵雪	两笔笔头相接所形成的角形
笔　八	8	八 ハ	分共	八字形
		人入〣	余条央羊午	八字形的变形
小	9	小	尖宗	小字形
		忄小〣	快木录当兴组	小字形的变形

<자전을 찾는 방법>

一、取角顺序　每字按①左上角，②右上角，③左下角，④右下角的次序取四个角的号码。
例：①左上角0　②右上角2
　　③左下角1　端　④右下角2　=0212
　　颜=0128　　鹳=4325　　烙=9786

二、取角方法　1.一笔可以分角取。
例：以 乱 七 习 乙 几
2.一笔的上下两段根别笔钩成两种笔形的，分两角取号。
例：羊 大 木 来 火 米
3.下角笔形偏在一角的，按实际位置取号，缺角作0。
例：广 户 丐 飞 弓 炉
但'弓号'等字作偏旁时，取2作整个字的左下角号码。
例：张 鄂
4.凡外围是'囗门(門)门'的三类字，左右两下角改取里面的笔形。
例：园=6021 田=6040 闭=3724 開=7744 閲=7721
但上、下、左、右和附加笔形的字，都不在此例。
例：茵=4460 恩=6033 泪=3610 睦=6401 简=8822
5.一个笔形，前角已经用过，后角仍作为0。
例：王 冬 之 直 中 全
　　卜 心 斗 持 时 一
　　十 口 八 小

한자는 모두 네 모퉁이가 있다. 자전의 구성은 이 모퉁이를 구성하고 있는 構件의 모양에 따라 각각 '0'에서 '9'까지의 번호를 모든 한자에 부여하고 그 순서에 의해 한자를 배열하는 것이다. 모퉁이의 숫자를 부여하는 순서는 左上角, 右上角, 左下角, 右下角 순으로 4개의 號碼를 부여한다. 자전을 찾는 순서는 배열순서와 동일하다. 다음 濟를 예로 들어보자.

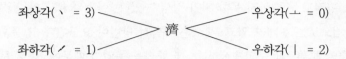

濟를 구성하고 있는 구건 'ⅰ'와 '齊'에서 먼저 왼쪽 구건 'ⅰ'의 맨 위는 'ヽ,' 오른쪽 구건 '齊'의 맨 위는 'ㅗ,' 왼쪽 아래는 'ノ,' 오른쪽 아래는 'ㅣ'이다. 이들에게 약정된 번호를 순서대로 부여하면 '3012'가 된다. 이를 근거로 자전에 배열된 곳을 찾아가면 '濟'가 나온다.

또, 찾고자 하는 글자의 특징이, 주로 위에 있는 첫 번째 필획이, 1획으로 이루어진 것이냐 아니면 1획 이상으로 이루어졌나를 따진 다음, 그 필획이 가로획인가 세로획인가, 점인가, 교차하나 등을 따져 안배한다. 예컨대 天은 글자의 맨 꼭대기 획이 'ㅡ'인데, 한 획이기 때문에 筆名은 單筆이고, 號碼는 '1'이며, 筆形은 'ㅡ'이다. 그렇기 때문에 자전을 찾을 때 單筆, 첫머리 橫, 號碼 1의 筆形 'ㅡ'을 찾으면 나온다. 한국 사람에게는 사용하기가 곤란한 색인 법 중의 하나이다. 아마 중국인들에게도 불편할 것으로 생각된다. 이는 새로 편찬되는 사전에 '四角號碼法'을 잘 사용하지 않는 것에서도 알 수 있다.

V. 고문자의 고석방법

한자는 수천 년을 사용해오면서 形·音·義 방면에서 많은 변화를 겪었다. 이러한 연변과정에서 어떤 한자는 자신의 의를, 혹은 형을, 혹은 음을 잃어버리기도 하고, 어떤 한자는 모두를 잃어버려 역사 무대에서 사라지기도 하였다. 한자의 이러한 연변과정에서 필연적으로 수반되는 것이 形·音·義의 辨識의 어려움이다. 그래서 한나라 때부터 훈고학이 발전하기 시작하였지만 아직도 考釋하지 못한 자가 남아 있다. 특히 근세의 갑골문의 출토와 최근 발굴된 戰國, 秦漢시대의 다수의 簡帛文

字 중에는 아직도 考釋하지 못한 자가 상당수 있다. 이들 未釋字의 考釋은 전통훈
고학적 방법으로는 한계가 있고, 새로운 과학적 방법이 요구된다. 전통훈고학은 주
로 문헌 중의 詞義, 곧 문의를 통하는 데 중점을 두었기 때문에, 출토 문자에 대한
考釋에 적용하기 어려운 측면도 있다. 위 출토 문자에 대한 考釋은 훈고학적 지식
외에 순수 한자학적 지식을 요한다.

당란은 『古文字學導論』(下冊), 「四 怎樣去認識古文字」(下編), 「甲 怎樣辨明古
文字的形體」에서 "對照法(比較法), 推勘法, 偏旁的分析(上), 偏旁的分析(下), 歷史
的考證"[45] 등 다섯 가지 고석방법을 제시하였다. 그는 「歷史的 考證」이란 난에서
도형문자의 간화, 繁體字의 省減, 字體의 增繁, 편방의 通轉 등을 설명하였는데,
이것이 곧 고문자의 형체연변 규율을 논하는 것이다.

唐蘭 외에도 楊樹達,[46] 徐中舒,[47] 李學勤,[48] 高明[49] 등이 고문자의 고석방법에
대해 언급하였다.[50]

1. 因襲比較法

한자는 장구한 시간을 사용해오면서 形·音·義에 많은 변화가 있었다. 역사상
의 여러 가지 요인으로 고금의 자체에는 형체, 혹은 음, 의 사이에 많은 차이가 존재
한다. 그렇기 때문에 고문자를 辨識하려면 각 시대별 자체의 因襲關係를 종합 비교
하여, 이들 사이에 존재하는 공동의 字源과 특점을 찾아 고문자를 고석해야 한다.
이는 고금자의 비교를 통해 달성할 수 있는 것으로 唐蘭이 위에서 말한 對照法에

---

45) 唐蘭b, 앞의 책, 155-202쪽

46) 楊樹達, 『積微居金文說』

47) 徐中舒, 「怎樣考釋古文字」, 『出土文獻研究』, 文物出版社, 1985, 6, 제1版, 213-218쪽

48) 李學勤, 「十 方法與戒律」, 『古文字學初階』(文史知識叢書之一), 中華書局, 1985, 5, 1版, 67-74쪽

49) 高明, 「漢字的古形」, 앞의 책, 167-172쪽

50) 아래의 고석방법은 몇몇 학자들이 언급했던 것을 참고하여 작성하였다. 특히 高明의 정리를 많이
    참고하였다.(『漢字的古形』, 앞의 책, 167-172쪽 참조)

해당한다. 방법은 우선 考釋하고자 하는 한자를, 설문의 해석이 옳고 그름을 떠나, 먼저 『說文』에서 찾아보고, 그 외 갑골문, 금문, 석각문, 간백문 등의 실물자료와, 역대 문자관계 서적에 수록된 자료를 비교, 분석한다. 만약에 考釋하고자 하는 글자에 대한 문헌이나 실물자료를 찾을 수 없으면, 편방(성부, 형부, 의부)을 중심으로 形·音·義가 유사하거나 근접한 한자를 찾아 문자학적 원리를 고려해 비교분석한다. 이는 문자자료를 판독, 장악하는 능력과 한자의 연변에 대한 지식이 필요하다. 예컨대 宜는 갑골문에서 '⟨글자⟩'로 금문에서 '⟨글자⟩'로 썼다. 현재의 宜와 상당한 자형 차이를 갖고 있어 '⟨글자⟩'를 宜로 考釋하기는 매우 어렵다. 중간에 어떤 문자학적 環節을 이해한다면 이들의 인습관계를 명료하게 파악할 수 있다. 『秦子戈』에서는 '⟨글자⟩'로 썼고, 전국시대의 圖章에서는 '⟨글자⟩'썼으며, 『說文』 고문에서는 '⟨글자⟩'로 썼다. 秦篆에서는 한 개의 '月'을 간화 시켜 '⟨글자⟩'로 썼다. '⟨글자⟩'가 隸變에 의해 '宜'로 쓰게 된 것이다. 이상과 같은 각 시기, 각 자료에 쓰여진 글자를 상호 비교함으로써 그 문자 연변을 알 수 있고, 각 단계에 있는 한자들을 考釋해낼 수 있다.

2. 辭例推勘法

이 역시 사용이 매우 오래된 考釋 방법이다. 두 가지 과정이 있는데, 하나는 문헌 중의 成語에 의거해서 推勘하는 것이고, 다른 하나는 문장의 내용 자체를 推勘하는 것이다. 문헌 중의 성어 推勘은 문헌 중의 辭例로, 考釋하고자 하는 문장을 분석하는 것이다. 兩周時代의 명문의 내용은 대부분 귀족들이 자신들의 조상, 부모 혹은 자신의 공훈을 歌頌하거나, 혹은 기념하며, 후손들에게 이를 영원히 칭송하도록 하기 위해 쓴 것이다. 그래서 이들 문장 중에는 많은 부분이 같거나 대동소이한 문구로 이루어졌다. 또 경전에 전해 내려오는 문구와 유사하거나 일치하는 경우도 있다. 이들이 고문자를 辨識하는 데 상호 推勘을 할 수 있는 조건을 제공한다. 宋代 楊南仲, 薛尙功, 王俅 등이 『詩經』 중의 辭例를 근거로 推勘法을 이용해 많은

難識字를 考釋해 냈다. 『虢季子白盤』에 "折首五百, 執█五十"이란 문장이 있는데 '█'이 무슨 자인지 考釋하지 못했었다. 그런데 郭沫若이 『詩經·小雅·鹿鳴之什·出車』 "잡은 포로의 귀를 잘라 의기양양 고향으로 돌아와 이웃을 본다네.(執訊獲醜, 薄言還歸.)" 등의 相近한 辭例를 들어 이 자는 '訊'으로 考釋해야 한다고 推勘하였다. 따라서 訊으로 考釋하면 문의가 통달한다.

3. 偏旁[51]分析法

자체 중에 參構한 편방을 분석하여 고문자를 考釋하는 것이다. 역시 매우 오래된 考釋 방법이다. 어떤 한자에 參構한 편방들을 歷時的으로, 共時的으로 하나하나 분석한 다음, 이들 편방들이 어떻게 서사되고, 어떻게 연변되었는가를 연구한 후, 이들 편방이 參構한 글자를 考釋하는 것이다. 예컨대 孫詒讓은 『名原』에서 다음과 같이 말하였다.

『說文·矛部』에 '█'는 矛와 같다. 상형이다. 고문은 '█[52]이다.'라고 하였는데, 고문은 '戈'를 덧붙였다. 모양만 보고 '矛'를 考釋한다면 찌르는 병기처럼 보이지 않는다. 금문에는 독체로 쓰인 矛자는 보이지 않고, 편방에 쓰인 것은 보이는데, '敄'자의 경우 『毛公鼎』의 '酉敄鰈寡'의 '敄'는 '█'로 썼고, 『王且尸方甗』 '無敄'의 '敄'는 '█'로 썼으며, 『都公敄人敦』에서 '敄'은 '█'로 썼다. 이들 '敄'자에 쓰인 '矛'는 모두 '█'로 썼다. 오직 『都公敄人敦』에서만 필획이 한 개 생략된 것 외에는 모두 같다. 또, '遹'자의 경우 『宗周鍾』 '王肇遹省文武勤疆土'의 '遹'은 '█'로 썼는데, 矛의 모양을 '█'로 썼다. 위쪽 끝이 앞에

---

51) 偏旁의 '偏'은 邊으로 쓰기도 한다. 偏과 邊은 近音(상고음이 각각 眞韻, 滂紐, 平聲, 元韻, 幫紐,平聲으로 隣韻임)으로 가차할 수 있다. 그래서 근래 우리나라에서는 왼쪽에 위치한 편방 이름을 '偏'보다 '邊'이라는 말로 더 많이 쓰고 있다. 明, 劉若愚의 『酌中志·見聞瑣事雜記』에 "그 해서필법은 沈度와 비슷하고 초서는 張順과 懷素를 좇았고 간간이 篆籒의 편방도 보인다.(其楷書筆法似沈度, 而草書則從張顚懷素, 間雜以篆籒邊旁)"(漢語大詞典編輯委員會, 漢語大詞典編纂處 編纂, 『漢語大詞典』, 上海, 漢語大詞典出版社, 1986, 11~1993, 11, 辵部, 재인용)고 하여, 偏을 邊으로 썼다.

52) 설문의 고문은 '█'이라고 하였다. 結體는 左右結構이다. 孫詒讓의 고문은 上下結構인데 아마 孫詒讓의 고문은 傳寫되는 과정에서 오류가 있었던 듯하다.

열거한 『毛公鼎』, 『王且尸方甗』, 『都公𢽾人敦』의 모양과 같고, 아래 부분의 '𠂤'는 위에 열거한 문자들과 조금 다르다. 또, 『盂鼎』 '雩我其遹眚先王受民受疆土'의 '遹'은 '𤨏'로 썼다. 이곳의 矛는 생략되어 '↑'의 모양이 되었는데 겨우 그 끝부분만 남은 모습이다. 아래 부분 '⎡'는 '囧'에서 '口'를 생략한 것이다. 이상 여러 문장에 나오는 '矛'를 서로 비교 분석하면 矛의 본래의 모양은 마땅히 '𠂤'이다. 위는 찌르는 병기 종류의 끝을, 가운데는 꽃 봉우리 모양의 수식을, 아래는 사람이 그것을 쥐고 있는 모습을 그린 것이다. 혹 그 꽃 봉우리 수식의 절반을 생략하여 아래에 붙여서 '𠂤'로 쓰기도 했으니 그 자루를 그린 변체이다.

『說文·矛部』𠂤, 猶矛也. 象形, 古文作𤦡, 從戈. 以形審之, 與刺兵不相似. 金文矛字未見, 其見于偏旁者, 如𢽾字『毛公鼎』'迺𢽾鰈寡' 作'𩰊', 『王且尸方甗』'無𢽾' 作'𩰊', 『都公𢽾人敦』𢽾作 '𩰊', 所從𢽾字皆作, 唯『都敦』省一筆余幷同. 又遹字 『宗周鍾』'王肇遹省文武勤疆土' 作'𤨏', 矛形作 '𠂤', 上耑與鼎甗敦文亦同, 下從'𠂤' 則與諸文小異. 又『盂鼎』'雩我其遹眚先王受民受疆土,' 遹作 '𤨏', 則又省矛爲 '↑' 似僅存其耑, 下從⎡則囧省口也. 以諸文參互考之, 矛本形當作 '𠂤', 上象刺兵之鋒, 中象英飾, 下象人手持之, 或省其英飾之半以益下而成'𠂤', 則似象其把盖變體也.[53]

考釋의 옳고 그름을 떠나 갑골문이나 금문에 쓰인 자료의 편방을 분석하여 矛의 원형을 찾고 분석하였다. 이들 방법은 한자의 편방을 분석하여 고문자를 考釋하는 것이다. 얼핏 보면 이들 방법이 쉬운 것처럼 보이나, 이러한 분석을 통해 고문자를 考釋하는 것은 그리 쉬운 일이 아니기 때문에 상당한 조심을 해야 한다.

4. 文化對照法

각 시대에 존재했던 문화현상들 예컨대 풍속, 법률, 예악, 詩歌, 제도 등을 이용하여 고문자를 考釋하는 것이다. 예컨대 卜辭 중 '𤳏'(前7.10.1)을 羅振玉은 '陵'이라고

---

53) 高明, 『漢字的古形』, 앞의 책, 171쪽 재인용

考釋하였다.54) 이는 옳지 않다. 丁山은 '虎'로 考釋하고, '칼과 톱으로 죄인의 한쪽 발을 자라내는 모양,'55) 趙佩馨은 '川'로 考釋하고, '川은 다리를 자르는 형벌을 나타 내는 글자의 本字인데, 刖은 川보다 뒤에 나온 형성자이다. 虎과 跀은 또한 川보다 훨씬 뒤에 나온 或體이다.'56)라고 하였다. 張政良은 '俄'로 考釋하고, '俄는 사람의 다리 하나를 잘라서 바르게 설 수 없고(傾斜), 오래 버틸 수 없음을(俄傾),'57) 胡厚宣 은 '刖'으로 考釋하고, '톱으로, 혹은 손으로 톱을 잡고 사람의 발을 자르는 모습을 그린 것이며, 문자학상 三書로 결구분석하면 象意字'58)라고 하였다. 갑골문의 모습 은 회의이다. 당시의 형법제도를 반영한 글자이다. 위에 열거한 '虎, 川, 跀, 刖'은 같 은 글자이다. 輾轉孳生한 별체이다.

갑골문에는 제사와 관련된 글자가 많이 나온다. 은나라 사람들의 제사는 한 사람 은 '尸童'이 되고, 한 사람은 '祭主'가 되는데, 초기 제사에는 '小子'를 시동으로 세웠 다. 하지만 何休의『公羊傳·宣公八年』注에 "제례에 시동을 두는 것은 신과 똑같 이 삼는 것이다.59) 禮記에 '天子는 卿을 시동으로, 제후는 대부를 시동으로, 경대부 는 자손을 시동으로 삼는다.'고 하였다(祭義有尸者, 節神也. 禮, 天子以卿爲尸, 諸侯以 大夫爲尸, 卿大夫以孫爲尸)"라고 하였다. 천자는 卿을 시동으로, 제후는 대부를, 경대 부는 손자를 시동으로 삼는다고 하였는데, 이는 제사의식이 변천된 후기의 일이다. 갑골문에 보이는 祀(巳)자인 '오, 오, 己, 但' 등과 비교해보면, 제사에서 최초의 시동

---

54) 羅振玉,『殷墟書契考釋』(中卷), 1927년, 66쪽.(高明,「漢字的古形」,『앞의 책, 재인용)

55) 丁山,『中國古代宗教與神話考』, 龍門聯合書局, 1961, 132쪽(高明,「漢字的古形」, 앞의 책, 172쪽 재 인용)

56) 趙佩馨,「甲骨文中所見的商代五刑」,『考古』, 1961, 2期(高明,「漢字的古形」, 앞의 책, 172쪽 재인용)

57) 張政良,「釋甲骨文俄, 隷, 蘊三字」,『中國語文』, 1965, 4期(高明, 앞의 책, 172쪽 재인용)

58) 胡厚宣,「代的刖刑」,『考古』, 1973, 2期(高明, 앞의 책, 172쪽 재인용)

59) 節神은 '신과 대등하다.'란 뜻이다.『戰國策·齊策五』"夫中山, 千乘之國也, 而敵萬乘之國二, 再戰 比勝, 此用兵之上節也.(대저 중산국은 조그만 나라이었다. 큰 나라와 두 번 대적하였는데, 두 번의 싸 움에서 모두 이겼다. 이는 용병술이 최상급이었기 때문이었다.)"의 鮑彪의 注에 "節은 '等'과 같다.(節, 猶等)"라고 하였다.

은 '小子'임을 알 수 있다. 위 갑골문을 隷定[60]하면 앞의 세 자는 '巳,' 맨 뒤의 것은 '祀'로 할 수 있다. 즉, 초기에는 제사의 祀는 '巳'로 쓰다가 나중에 '示'를 덧붙여 썼다. 여기서 '巳'는 어린 아이 즉, 시동으로 앉힌 '小子 : ㄆ(巳)'를 나타내고, 제사에 소용됐기 때문에 '제사'란 뜻을 갖게 됐다. 何休가 천자는 '경'을, 제후는 '대부'를 시동으로 쓴다고 한 것은, 제사의식이 변한 후대의 문화현상이다. 고대에는 귀족들만이 정치를 할 수 있었는데, 초기 卿大夫들은 이들 최고 통치자와 혈연관계에 있었다. 당연히 제사에 참가할 수 있었다. 그런데 제사에서 지위가 높은 사람일수록 높은 벼슬아치를 시동으로 삼는 것은, 혈연관계에 있는 사람이 제사에 참여하고, 그들이 높은 벼슬아치로 임명되며, 제사가 권위의 상징으로 의식화되면서, 신분에 맞게 시동을 높은 벼슬아치로 삼은 제사문화의 변천에서 생성된 것이다.

갑골문에서 地支의 '子'는 '㞢, 㞢, 㞢'로, '巳'는 '무, ㄆ, ㄥ' 등으로 썼고, 이들은 모두 小子의 모양을 나타낸 동일한 글자이었는데, 뒤로 내려오면서 子와 巳로 분화되었다.[61]

고문자의 고석은 위에 열거한 방법 등을 단독으로 혹은 종합적으로 운용하여 달성하지만, 말처럼 쉽지 많은 않다. 모든 학문이 그러하겠지만 고문자의 고석은 文, 史, 哲의 전반적인 지식이 필요하다. 특히 고문헌의 釋讀 능력은 필수불가결하다. 李學勤은 다음과 같이 말하였다.

고문자학은 여러 가지 학문과 연결된 학과이다. 그렇기 때문에 고문자 연구는 언어문자학적 방법의 운용 외에도, 문헌학, 고고학 등 방면의 연구방법의 운용에도 주의를 기울여

60) 문자학 술어로 隷古定의 簡稱이다. 또, 隷古定을 隷古라고도 한다. 隷定이란 한나라 때 사람들이 예서 이전의 고문자를 자신들이 쓰고 있던 예서로 바꿔 쓰는 것을 가리켰다. 현재는 楷定이라는 말을 쓰기도 한다. 왜냐하면 隷定은 한나라 때 사람들이 자신들이 쓰고 있는, 자신들에게 익숙한 자체인 예서로 알아보기 힘든 고문자를 예서로 바꿔놓았기 때문에 隷定이라고 했지만, 현재는 楷書를 쓰기 때문에 해서 이외의 자체 즉, 행서, 초서, 예서, 금문, 갑골문 등을 해서로 옮기는 것을 '楷定'이라고 한다. 하지만 해서로 옮겼다 하더라도 습관적으로 隷定이라고 부른다.
61) 徐中舒, 「怎樣考釋古文字」, 앞의 책, 216쪽 참조

야 좋은 성과를 낼 수 있다.

고문자학 영역에서 업적을 이룬 학자들은 고대문헌에 정통하지 않은 이가 없다. 사실상 적지 않은 명망가들은 문헌연구에서 얻은 공력을 고문자연구에 적용하였다.

古文字學是一門邊緣學科, 因此硏究古文字除運用言語文字學的方法外, 還要注意應用文獻學, 考古學等方面的方法, 才能取得更好的成果

在古文字學領域里有所成就的學者, 無不精通古代文獻. 事實上, 不少名家正是以文獻硏究的功力移用于古文字硏究[62]

언어문자학적 소양 외에 기본적으로 고대문헌을 釋讀할 수 있는 능력이 필요하다. 고대문헌은 주석서가 비교적 잘 갖춰져 있다. 白文을 釋讀할 수는 없다고 해도 주석서를 독해할 수 있는 능력은 필요하다.

Ⅵ. 한자의 기원과 발전

1. 전통적인 한자 기원설

한자의 생산에 관한 전통적인 주장은 여러 가지가 있는데, 대부분 전설에 근거한 주장이다. 비교적 광범위하게 알려진 것으로는 結繩說, 刻契說, 八卦說, 倉頡造字說 등이 있다.

(1) 結繩說

중국 고대 문헌 중에는 결승에 관한 기록이 다수 보이고, 이들 대부분은 결승과 문자를 동일시한 입장을 보인다.

『周易·繫辭下』에 "상고시에는 끈을 묶어서 다스렸다. 후세 성인께서 이를 서계로 바꾸셨다.(上古結繩而治, 後世聖人易之以書契)"고 하였다. 상고시대의 治者 계급

---

62) 李學勤, 「十 方法與戒律」, 앞의 책, 70쪽

들이 끈을 묶어서 모종의 사실을 기억하거나 기록하는 수단으로 삼았는데, 이러한 방법이 후세 성인에 의해 문자로 발전하게 되었다는 것이다. 『老子』八十章에도 "백성들로 하여금 끈을 묶어서 사용하게 하였다(使民復結繩而用之)"라는 내용이 있다. 구체적인 사용방법, 목적에 대해서는 알 수 없지만, 백성들의 일상생활에 결승을 사용하였음을 유추해 볼 수 있는 자료이다. 또, 『莊子·胠篋』에

　　옛날 용성씨, 대정씨, 백황씨, 중앙씨, 률륙씨, 려축씨, 헌원씨, 혁서씨, 존노씨, 축융씨, 복희씨, 신농씨가 다스리던 시대에는 백성들이 끈을 묶어서 썼고, 그 밥을 달게 먹었고, 그 복장을 아름답다고 여겼고, 그 풍속을 즐겼고, 그 사는 곳을 편안하게 여겼다.
　　昔者容成氏, 大庭氏, 伯黃氏, 中央氏, 栗陸氏, 驪畜氏, 軒轅氏, 赫胥氏, 尊盧氏, 祝融氏, 伏羲氏, 神農氏, 當是時也, 民結繩而用之, 甘其食, 美其服, 樂其俗, 安其居

라고 하였다. 노자의 언급과 대동소이 하지만, 뒷부분을 참고해보면 결승이 일반백성들의 생활에 記事 작용을 하고 있음을 알 수 있다. 하지만 이것이 한자 발생의 시원임을 증명할 방법은 없다.

(2) 刻契說

　　刻契와 結繩은 성질이 서로 비슷하다. 중요한 용도는 숫자를 기록하는 것이다. 刻契는 대나무나 나무로 만드는데, 상부에 저미는 방법으로 홈을 파거나, 기타 기호를 파서 재무관계나 기타 사무의 기억 증빙 장치로 사용하였다. 劉熙의 『釋名·釋書契』에 "계는 새긴다는 뜻이다. 새겨서 그 수를 아는 것이다.(契, 刻也. 刻識其數也)"라고 하였다. 『列子·說符』에 다음과 같은 말이 있다.

　　송나라 사람 가운데, 길을 가던 사람이 다른 사람이 잃어버린 刻契를 주워 집에 돌아가서는, 그것을 감춰놓고 몰래 그 새김을 세어보고서, 이웃사람에게 일러 말하길 '나도 부자가 될 수가 있다.'고 하였다.

宋人有遊於道, 得人遺契者, 歸而藏之, 密數其齒. 告鄰人曰 '吾富可待矣.'

모두 저미거나 뚫어서 기억 증빙 장치로 사용하였음을 알 수 있다. 또, 『戰國策 · 齊策四』에 馮諼이 맹상군의 채권을 해결한 다음과 같은 내용이 있다.

이에 마차를 준비하고 각계를 싣고서 떠나려 하였다……설 땅에 이르러 아전들로 하여 금 빚을 갚아야할 백성들을 불러 모으게 하니, 모두 다 나와서 각계를 맞춰보았다. 각계가 두루 맞았다.

於是, 約車治裝, 載券契而行……驅而之薛, 使吏召諸民當償者, 悉來合券. 券徧合

이곳의 각계 역시 재무관계의 증빙장치로 사용하고 있다. 현재는 구체적인 각계 자료가 발견되지 않았지만, 소수민족들이 가지고 있는 각계로 그 일단을 살펴볼 수 있다. 중국해방 초에 雲南省의 소수민족이 소유하고 있던 각계 상면에 'Ⅲ ○╳Ⅲ'와 같은 부호가 새겨져 있었다. 두 가지의 해석이 있는데, 하나는 '세 사람이 왔는데 달 이 둥그렇게 뜬 날 우리와 만났다.'이고, 다른 하나는 '현재 3개의 선물을 보내는데 세 사람에게 각각 보낸다.'이다.

각계는 결승보다는 진보한 부호로 보여진다. 하지만 결승과 마찬가지로 문자로서 의 요소를 갖추고 있다고 보여지지 않는다. 따라서 한자의 기원으로 볼 수 없다.

(3) 八卦說

古籍 가운데 한자가 八卦에서 기원했다는 설을 명확히 밝힌 책은 없다. 『周易 · 繫辭下』에

옛날 포희씨가 천하에 왕 노릇 할 때, 우러러서는 하늘에서 모양을 보고 아래로는 구부 려서 땅의 法을 보며, 새와 짐승의 무늬(새와 짐승의 외모)와 땅의 마땅함(식물의 모양)을 보고, 가깝게는 인간의 몸(신체의 특징)에서, 멀리는 만물(생물의 형상)에서 취하여 처음 易 8괘를 만들었다. 그것으로써 신명의 덕을 통하고, 만물의 정서를 드러냈다.

古者, 庖犧氏之王天下也, 仰則觀象於天, 俯則觀法於地, 視鳥獸之文, 與地理之宜, 近取諸身, 遠取諸物, 於是始作八卦, 以通神明之德, 以類萬物之情.

고 하였다. 즉, 天, 地, 人의 존재원리를 따서 문자를 만들었다는 것이다. 지극히 철학적 통찰에 의해 문자(易 8괘)를 만들었다는 것으로, 일반적인 문자의 발생 원리와는 거리가 먼 설명이다.

2. 한자의 형성과 발전

한자의 기원은 圖畵와 記事 符號로부터 출발했을 것이다. 한자는 도화로부터 연변해온 것이다. 사람들의 생활문화가 형성되면서 그 문화의 흔적들을 그림으로 남기기 시작하였다. 이것이 문자로 발전한 것이다. 아래 그림을 보자.

<原始圖畵와 文字>[63]

	(彩陶上的图画)	(金文族名)	(甲骨文)	(金文)
〔鱼图〕				
〔蛙黽图〕				
〔鸟、隹图〕				
〔鹿图〕				

위의 그림은 彩陶상의 그림과 갑골문, 금문의 해당 글자를 채록한 것이다. 개구리와 맹꽁이를 그린 그림과 金文族名이나 갑골문의 그것은 모양이 거의 일치한다. 사

---

63) 班吉慶, 앞의 책, 14쪽에서 복사

슴 그림은 金文族名이나 갑골문은 윤곽만 그렸지만, 彩陶의 그림 못지않게 사슴임을 명확히 나타낸다.

원시시대 초기에는 단순한 사물의 원형을 그대로 그리다가, 사냥이나 전쟁 등의 줄거리가 있는 내용을 그린 그림으로 발전하고, 이들이 다시 원형 그대로의 象形에서 特徵化, 輪廓化하는 방법으로 그리면서 문자로 演變되었을 것이다. 그리고 이들이 다시 고정된 約定俗成의 圖畵性符號로 발전하고 언어 중의 詞와 결합하면서, 이 부호와 詞가 일치하는 音價를 부호에 붙여준 것이 문자로서의 한자이다.[64]

현존 最古의 한자자료는 상대후기(기원전 14－11세기)의 갑골문과 금문이다. 중국이 해방된 이후 고고학의 발흥으로 상대후기보다 이른 원시의 한자자료가 발굴되기도 했으나, 아쉽게도 그 수가 많지 않아 한자형성 문제를 해결할 수 있는 충분한 근거를 제공하지 못하고 있다.

이미 발견된 원시한자와 유관한 자료는, 원시사회로부터 유전되어 온 器物上의 刻畵, 描畵등의 부호이다. 이들은 대체로 두 부류로 나눌 수 있다.

하나는 비교적 간단한 기하부호로 仰韶, 馬家窯, 龍山, 良渚 등의 원시문화의 陶器, 骨器, 石器에 기록된 것이다. 다른 하나는 구체 사물의 형상을 그린 것같이 보이는 부호로, 大汶口 등의 원시문화의 陶器에 그려진 것을 들 수 있다. 이들 중 전자는 자료도 비교적 풍부하다. 仰韶文化 조기에 해당하는 半坡類型의[65] 各 遺址, 예컨대 西安半坡와 臨潼姜寨遺址에서 발굴된 부호가 그 대표적인 경우이다. 아래 半坡遺址와 臨潼遺址의 부호를 보자.

---

64) 龍異騰, 「第二節, 漢字的起源」, 앞의 책, 27쪽 참조
65) 半坡類型은 지금부터 6-7000년 전에 형성된 것으로 보인다.

半坡遺址 부호   臨潼遺址 부호

위 반파유지와 임동유지의 부호에 대해 문자로 보는 견해와 문자로 보지 않는 견해가 相存한다. 문자로 보는 견해는, 예컨대 X는 五, 十은 七, ㅣ은 十, ‖는 二十, T는 示, 个는 矛, Ψ는 艸, Ϝ는 阜라는 것이다. 물론 이러한 주장은 갑골문이나 금문의 상응되는 자형과 비교해보면 문자학적 일리가 없는 것은 아니다. 문자가 아니라고 보는 견해는 위 부호들은 器物의 제작자 혹은 주인의 표시, 혹은 기물을 제조할 때 개인의 소유권이나 제작시기 등, 모종의 필요에 의해서 그려놓은 것이라고 한다.[66] 이런 주장에 대해 이들을 문자로 보려는 사람들은 다음과 같은 견해를 피력한다. 첫째 도기의 제작이 전문화된 후, 이를 만든 씨족 혹은 가정의 일종의 특수 표기이다.[67] 둘째 기물의 소유자 혹은 기물의 제조자를 표시한다.[68] 셋째 중국문자의 기

---

66) 裘錫圭 교수는 이들이 완전한 문자 체계를 소유하지도 않았기 때문에 원시문자로 볼 수 없다고 한다. 그는 "이들 부호들이 대표하는 것은 절대로 완정한 문자체계가 아니다. 이 점은 매우 명확하다. 그렇다면 그들이 원시문자일 가능성은 없을까? 그 가능성은 매우 작다.(這種符號所代表的決不會是一種完整的文字體系, 這一點是十分明顯的. 它們有沒有可能是原始文字呢? 可能性非常小."(裘錫圭, 앞의 책, 23쪽)고 하였다. 그 근거로 반파유형의 幾何形 符號와 古漢字 가운데 구체 사물을 그려놓은 글자를 비교하면 알 수 있다고 하였다. 우연히 일치하거나 비슷한 것도 있겠지만 반파유형의 幾何形 符號와 古漢字는 전혀 별개라는 것이다. 반파유형부호의 시대는 대략 상대 후기의 갑골문보다 3000여 년이 빠르기 때문에, 이들이 古漢字의 전신이라면 상대후기 갑골문보다 상형 정도가 더 농후해야 하는데 그렇지 못하다는 것이다. 예컨대 갑골문의 '阜'는 대부분 'ꟻ'로, '示'는 'ꓦ'로 썼는데 반파부호는 'Ϝ'와 'T'로 써서 오히려 상형성이 떨어지기 때문에 이들은 한자의 전신이 아니라는 것이다.(裘錫圭, 앞의 책, 23쪽 참조)

67) 靑海省文物管理處考古隊 等,「靑海樂都柳灣原始社會墓地反映出的主要問題」,『考古』, 1976, 6期 (高明,「第二章, 漢字的起源和發展」, 앞의 책, 29쪽 재인용)

68) 中國科學院考古研究所, 陝西省西安半坡博物館,『西安半坡』, 文物出版社, 1963, 197쪽(高明,「第二章, 漢字的起源和發展」, 앞의 책, 29쪽 재인용)

원 혹은 중국원시문자의 흔적을 나타낸다.[69] 넷째 문자기원단계에서 생산된 간단한
문자이다.[70]

이들 반파유형의 부호들은 대부분 동일한 도기, 동일한 부위에 새겨져 있어 규칙
성이 매우 강하다. 그리고 어떤 부호들은 서로 다른 기물에 중복 출현하고 또, 서로
다른 遺址에서 출토된 기물들에서도 똑같이 출현하기 때문에 어떤 특정한 의미를
나타내고 있다고 생각은 된다. 하지만 이들이 古漢字와의 傳承關係를 가진 것은 아
니라고 생각한다. 이에 대해 裘錫圭는 다음과 같이 말하였다.

기하형부호의 요소가 비교적 간단하기 때문에 서로 다른 지역의 사람들이 똑같은 모양
의 부호를 생산할 가능성이 매우 크다. 그래서 이들 동형의 부호들이 종종 그 의미하는
바가 다르다. 비록 古漢字의 어떤 숫자를 나타내는 글자의 외형이 반파유형의 부호와
같다고 하여도, 이들 숫자를 나타내는 글자들이 반파유형의 부호들로부터 왔다고 할 수는
없다. 이들 숫자를 나타내는 글자는 기타의 원시문화로부터 왔을 가능성이 있다.

由于構成幾何形符號的要素比較簡單, 不同地區的人很容易造出相同的符號來,
這種同形的符號, 其意義往往幷不相同. 所以, 雖然古漢字有些數字的外形跟半坡
類型符號相同, 我們却不能由此就得出這些數字源于半坡類型符號的結論. 它們
完全有可能出自其他原始文化[71]

아래에 다시 大汶口文化(지금부터 약 4500-5000년 전) 도기의 상형부호를 보자. 大
汶口原始文化는 주로 산동지방에 분포하는데, 같은 산동지역에 존재했던 龍山文化
보다도 이르다. 아래 大汶口文化 晩期에 해당하는 營縣陵陰河遺址에서 발견된 5
개의 상형부호를 보자.

---

69) 郭沫若, 「古代文字之辨證的發展」, 『考古學報』, 1972, 1期(高明, 「第二章, 漢字的起源和發展」, 앞의
   책, 29쪽 재인용)
70) 于省吾, 「關于古文字研究的若干問題」, 『文物』, 1973, 2期(高明, 「第二章, 漢字的起源和發展」, 앞의
   책, 29쪽 재인용)
71) 裘錫圭, 「三 漢字的形成和發展)」, 앞의 책, 23쪽

그림 ⑤는 ④의 殘文이고, ④는 ③의 繁體인데, 역시 대문구문화의 그것처럼 이들에 대한 의견이 두 갈래로 갈라진다. 문자로 보는 사람들은 ①과 ②는 '戌' 혹은 '斤'을 나타내고, ③과 ④는 '旦' 혹은 '炅,'[72] ⑤는 ③, ④의 殘文이라고 한다. 문자로 보지 않는 사람들은 이들은 '記事를 그림으로 표현하는 성질'을 벗어나지 않는다고 한다.

원시한자의 출현은 대략 기원전 3000년 중반보다는 늦지 않을 것이다. 기원전 3000년 말기에 夏 왕조가 건국됐는데 통치계급은 사회통치를 위해 문자가 필요했을 것이다. 그렇기 때문에 적어도 夏와 商의 교체기에(기원전 17세기 전후)는 위 부호들로부터 발전한, 완전한 체계를 갖춘 한자로 발전했을 것으로 추정된다.

한자의 생산초기부터 완정한 언어의 기록에 이르기까지는 매우 긴 연변의 시간이 필요했을 것이다. 왜냐하면 어법관계의 虛詞를 표시하는 자의 생산과 조자방식의 확립 등은 단기간 내에 이루어질 수 있는 것이 아니기 때문이다.

한자의 생산과 기원에 대해, 논리적으로는 도화와 문자를 구분하여 설명할 수 있지만, 중국고대유적지에서 발굴된 은상대의 청동기 등에 그려(쓰여)진 각종 그림이나 부호들을, 문자로 볼 것인가 그림으로 볼 것인가가 애매한 경우가 많다.

---

72) 어떤 이는 ③은 炅, ④는 炅, 山의 두 자로 보기도 한다.

<二里頭商代遺址陶器符號>[73]

<侯馬東周遺址陶器符號>

한자가 원시 도화로부터 기원한다는 것은 학계가 일반적으로 받아들이는 이론이
됐다. 唐蘭은『古文字學導論』에서 '문자의 기원은 圖畵'[74]라고 주장하였고, 이는
현재 다수의 학자들에게 인정받고 있다. 하지만 高明은 도화와 도화문자는 구별을
해야 한다고 한다. 인디언이나 에스키모 인들이 사용한 '도화문자'와는 서로 다른 개
념이라는 것이다.[75] '도화문자'는 指示性의 圖案으로 敍事型의 묘사라는 것이다.
이런 문자 형식은 중국에서는 아직 발견되지 않았다고 한다.[76] 원시사회만기에 출

---

73) 高明, 「第二章, 漢字的起源和發展」, 앞의 책, 35쪽 복사
74) 唐蘭, 「四 怎樣去認識古文字」,『中國文字學』, 上海古籍出版社, 1979, 9. 제1版, 202쪽. 이하 唐蘭의
　　『中國文字學』은 '唐蘭a, 앞의 책'으로 표기한다.
75) 高明, 「第二章, 漢字的起源和發展」, 앞의 책, 32쪽 참조

현한 刻劃符號는 그 현상만을 분석해 보았을 때 문자와 어떤 원칙에 있어서의 구별은 없다. 왜냐하면 문자 자신이 일종의 부호이기 때문이다. 다만 그 기능적인 측면을 따졌을 때는 본질적인 차이가 있다. 한자의 부호는 언어 중의 비교적 고정적인 한 개의 詞를 나타내고, 서로 다른 詞를 조합하여 완전한 개념의 언어를 나타낼 수 있다. 원시한자 역시 그 표현 기능이 얼마나 유치하냐를 떠나서 언어와 밀접하게 결합하지만 위 刻劃符號는 그렇지 못하다. 이는 위의 그림을 보아도 알 수 있다. 「二里頭商代遺址陶器符號」는 商代遺址에서 발견된 陶器符號이다. 하지만 「侯馬東周遺址陶器符號」는 춘추전국시대 東周의 遺址에서 발견된 陶器符號이다. 위 商代 도기부호와 거의 유사하다. 상대의 도기부호가 춘추전국시대까지 계속 이어지고 있지만, 이들은 언어적인 기능은 전혀 하지 못하고 있다. 모종의 필요에 의해 기록한 표기일 뿐이다. 문자로서의 한자는 갑골문이나 금문에 보이는 상형성의 문자가 춘추전국시대에 계속 보이지 않는다. 자체결구가 상형에서 不象形으로, 회의, 형성 등으로 발전한다.[77] 문자는 언어 중의 詞의 성분을 대표한다. 도기상의 도안과 花紋과는 본질적으로 다르다. 문자는 객관적인 사물의 일정한 뜻을 함유하고 동시에 객관사물에게 부여된 讀音을 구비하고 있다. 비록 이들 한자가 상형으로부터 출발했지만 부단히 사용하면서 도화의 형상을 버리고 간이한 부호로 연변된다.

<甲骨文, 金文 中의 象形字>[78]

---

76) 高明,「第二章, 漢字的起源和發展」, 앞의 책, 33쪽 참조
77) 高明,「第二章, 漢字的起源和發展」, 앞의 책, 31쪽 참조

铜器铭文				
虎敦	命敦	馬戈	子自卣	祖辛鼎
豕	鳥	魚	萬	黽
甲骨文				
前 4. 27. 4	乙 6664	佚 812	前 3. 30. 5	撷 2. 40
铜器铭文				
妣辛敦	鳥敦	父已卣	萬爵	父辛卣

위 〈甲骨文金文中의 象形字〉는 갑골문과 銅器銘文의 상형성이 농후한 글씨들이다. 이들과 도화 혹은 刻劃符號가 다른 점은 독음을 가진 언어 중의 詞로 충당되느냐의 여부에 달려 있다.

3. 한자 결구의 규범화

(1) 자연 규범

한자형체의 규범화는 결구의 규범화와 형체의 규범화 측면에서 살펴볼 수 있다. 한자의 결구는 指事, 象形, 會意, 形聲이다. 이들 중 象形, 會意, 形聲이 주요 結構이고, 다시 이들 중에서도 가장 중요한 결구는 형성이다. 형성은 이미 표의성분과 표음성분이 함께 있어 글자를 인식하고 읽기가 편하다.[79] 그래서 새로 만들어지는 한자는 거의가 형성결구를 채택한다. 뿐만 아니라 이미 만들어진 상형이나 회의자도

---

78) 高明,「第二章, 漢字的起源和發展」, 앞의 책, 35쪽 복사
79) 高明은 설문해자에서는 80% 이상이 형성자이고, 現用 한자는 90% 이상이 형성자라고 하였다.(高明,「漢字的古形」, 앞의 책, 165쪽 참조)

형성자로 演變되고 있다. 예컨대 ၛ(其)는 본래 상형자 있었으나 후에 성부 '丌'를 덧붙여 형성자가 되었으며, 耤은 갑골문에서 '၂'로 썼다. 쟁기와 이를 잡고 있는 사람을 그려 '밭을 갈다.'라는 뜻을 나타낸 회의자이다. 그런데 周代 금문에서 聲符 '昔'을 덧보태 'ၛ'로 써서 형성자로 轉化됐다. 祖 역시 원래는 '目'로 쓴 상형자이다. 후에 形旁 'T(示)'를 덧보태 'T目'로 써 '目(且)'가 聲旁, 'T(示)'가 형방인 형성자가 되었다. 이처럼 형성자가 절대수를 차지하게 된 것은, 한자가 이미 표의문자에서 표음문자로 轉化 되었고, 한자 스스로가 규범화을 이루고 있음을 말해 준다.

(2) 인위적 규범 : 秦의 한자 규범화 작업

商周時代는 문자 사용범위가 크지 않고, 사용하는 사람들 또한 많지 않아 문자의 연변이 느리게 진행되었다. 하지만 東周 이후 사용지역, 사용인, 사용범위가 확대되고 또, 각 지역의 제후국들이 각자의 왕정을 이끌면서 자체연변이 빠르게 진행되었다. 아울러 新體字가 생성됐다. 이들 중 일부는 간화로 인하여, 혹은 결구의 규범화로 인하여 각자가 선택한 形旁과 聲旁이 다른 것이 많아 이체자가 발생했다. 진시황제가 중국을 통일한 후 李斯의 건의에 의해 한자형체에 대한 규범화를 실시하였다.

진시황제시대의 문자자료가 많지 않다. 泰山刻石, 琅琊台刻石, 秦詔版 정도가 전부이다. 이들과 진시황제이전의 문자자료, 진시황제 혹은 그 직후의 문자자료로 여겨지는 수호지진간, 秦代의 문자 면모를 아직도 간직한 漢代 초기의 帛書, 죽간 등을 종합, 비교해보면 다음과 같은 규범화가 이루어졌다. 소전에 보이는 한자의 규범화는 다음과 같다.

① 편방의 형체가 고정됐다.

갑골문 금문 秦代의 篆文의 構件,[80] 部件의 寫法은 고정되지 않았다. 예컨대 '㱿'

---

80) 構件은 한자의 結構 측면에서 部件을 지칭한 것이다. 王寧은 한자의 構件을 "漢字의 構形單位를 構件(部件이라고도 함)이라고 한다. 一個의 形體가 다른 자의 구성요소로 쓰여 글자를 구성하는 한

은 '个, 겨, 屮' 등으로 썼는데 모두 폐지되고 소전에서 '屮'로, 馬는 '윷, 숄, 윷' 등으로 썼는데 소전에서 '윷'로 고정됐다. 이들은 어디에 위치하던 어떤 자의 결구에 참가하던 모두 형체가 고정됐다.

② 형방의 자체 중의 위치가 확정됐다.

소전 이전 각종 構件은 한자의 결구 중의 위치가 고정된 것이 아니었다. 物의 경우 '윷, 屮'로 써서 構件의 위치가 움직였다. 하지만 소전에 와서 物에서의 牛의 위치는 왼쪽으로 확정됐다. 또 현재의 人, 氵, 木, 言, 糹 등은 대부분 글자의 왼쪽에, 頁, 刂, 攵, 殳 등은 거의 오른쪽에 위치함으로 고정됐다.

③ 형방이 고정돼서 바꿔 쓰지 못한다.

소전 이전의 형성자의 형방은 반드시 한 개만은 아니었다. 뜻이 서로 가까운 형방은 서로 代用하였다. 예컨대 土가 형방인 글자에서는 '田'으로, 言을 心으로 바꿔 쓰는 경우가 있었으나 소전에 이르러서는 이런 일이 없어졌다.

④ 한자의 필획수가 통일되었다.

소전 이전에서는 형체와 편방이 고정되어 있지 않았기 때문에 필획 수가 고정되지 않았다. 하지만 소전에서는 部件의 모양과 結體가 고정됐기 때문에 필획 수 역시 확정되었다.[81]

부분이 될 때 이를 참가한 글자의 構件이라고 한다. 예컨대 '日, 木'은 '杲'의 構件이다(漢字的構形單位是構件(也稱部件). 當一個形體被用來構造其他的字, 成爲所構字的一部分時, 我們稱之爲所構字的構件. 如'日, 木'是'杲'的構件)"(王寧, 「第四講 漢字的書寫元素和構形元素」, 『漢字構形學講座』, 上海教育出版社, 2002, 10, 2版, 32쪽)라고 하였다.

81) 이상은 高明의 「漢字的古形」을 주로 참조하여 작성하였다.(高明, 「漢字的古形」, 앞의 책, 165-167쪽)

4. 한자 演變 중의 주요 변화

한자는 대략 상대 후기부터 3300여 년의 역사를 갖고 있는데 형체상, 결구상 많은 변화를 겪었다. 그 변화의 주류는 繁化에서 簡化로 진행됐는데, 그 자체변화는 크게 古文字 段階(小篆 이상)와 今文字 段階(隸書 이하)로 나눌 수 있다. 전자는 상대에서 진대(춘추전국시기의 秦 : 기원전 3세기 末)까지, 후자는 한대에서 현재까지로 나눌 수 있다. 고문자가 예서로 변한 것은 가장 중요한 제1차 간화이다. 예서가 해서로 변한 것은 앞의 변화에 비해 큰 변화가 아니다.[82]

자체의 변화는 자형의 간화와 종종 相伴되었다. 뿐만 아니라 자체에 현저한 변화가 없더라도 자형의 간화는 부단히 진행됐다. 상대의 갑골문에 이러한 예들을 무수히 볼 수 있다.

(1) 한자 자수의 변화[83]

갑골문은 單字가 약 4,500자이고, 주대의 13경은 6,544자, 한대의 『설문해자』는 9,353자(重文을 포함하면 10,516자), 揚雄의 『訓纂編』 5,340자, 삼국시기 魏의 張揖의 『廣雅』 18,154자, 晉 呂忱의 『字林』 12,824자, 南北朝時代 梁나라의 顧野王이 쓴 『옥편』은 16,917자, 隋 陸法言의 『切韻』 12,158자, 唐 孫愐의 『唐韻』 15,000자, 11세기 송나라 眞宗 때의 陳彭年 등의 『廣韻』은 26,194자, 丁度 등의 『集韻』 53,525자, 王洙 등의 『類篇』 53,165자, 明 梅膺祚의 『字彙』 33,179자, 14세기 明나라 洪武年間에 펴낸 『洪武正韻』은 32,200여 자, 18세기 청나라 康熙年間에 陳廷敬 등이 편찬한 『康熙字典』은 47,043자, 1915년 歐陽溥存 등의 『中華大字典』은 48,000여 자, 1960년대 펴낸 『中華大辭典』은 49,888자인데 補遺를 합하면 49,905자, 1971년 張其

---

82) 한자가 발전하는 과정에 반드시 簡化만 있었던 것은 아니다. 字形의 繁化도 있었다. 예컨대 上, 下, 玉 등은 본래 =, =, 王 등으로 썼으나 혼란을 막기 위해 '上, 下, 玉'과 같이 본래의 자형보다 복잡하게 썼다.

83) 何九盈 외, 「六 字學創新篇」, 앞의 책, 75쪽 참조

昫이 主編한 『中文大辭典』 49,888자, 1990년대 펴낸 『漢語大字典』은 54,678자가
된다.[84] 전체적으로 글자 수가 늘어나고 있다.

(2) 한자 결구의 변화

① 형성자 비중이 커졌다.

한자의 발전과정 중 형성자 비중이 커졌다는 것은 누구나 인정한다. 새로 造字되
는 글자들은 거의 대부분 형성자이다.

② 결구에 사용된 構件의 義符가 形符 중심에서 義符 중심으로 변했다.

한자의 形符와 義符의 한계가 분명한 것은 아니다. 古文字 단계의 표의자의 偏
旁을 形符로 볼 수도, 義符로 볼 수도 있는 경우가 종종 있다. 예컨대 林자는 이를
구성하고 있는 두 개의 木을, 樹木의 상형부호로 보면 形符로 볼 수도 있고, 木이
表意偏旁으로 충당된다고 보면 義符로 볼 수도 있다. 그러나 상형성이 거의 사라진
隷書나 楷書의 입장에서 보면 이러한 글자들의 편방은 모두 義符로 볼 수 있다. 象
形 정도가 비교적 높은 早期의 古文字 속에는 표의자의 절대수가 形符로 구성되었
고, 形符가 義符의 주류이었다. 한자가 象形에서 不象形으로 변화, 발전하는 과정
중에 形符의 절대 수가 표의 작용을 잃었다. 그러나 본래 字義에 의거하여 작용했던
義符는 큰 영향이 없었다. 그렇기 때문에 形符의 表義 작용은 점점 적어지고 義符
의 表義 작용은 많아지게 됐다. 전국시대부터 새로 만들어지는 표의자는 대부분 義
符로 구성된 합체자이다. 예컨대 '劣'처럼 의미를 나타내는 '力(힘)'과 '少(적다)'라는
部件의 결합으로 '약하고 힘이 없음'을 나타내고 있다. 물론 아직도 凹, 凸 등처럼
形符로 글자를 만든 것도 있지만, 形符 사용은 점점 감소하였다. 또한 이미 만들어
진 한자의 形符도 점점 변화하여 감소하였다.

---

84) 1959년 일본에서 펴낸 諸橋轍次의 『大漢和辭典』은 49,964자가 수록되었다.(諸橋轍次, 『大漢和辭典』,
大修館書店(東京), 昭和30(1955))

예컨대 防戍의 戍는 본래 '⚊'으로 썼다. 무기를 메고 있는 사람의 모습이 완연하다. 그러나 갑골문 단계에서는 이미 '⚊'로 써, 상형성이 현저히 감소하였다. 雋는 '⚊'로 썼으나 후에 '⚊'로 써, 역시 상형성이 감소하였다. 涉은 본래 '⚊'으로 썼다. 물(⚊)의 위쪽과 아래쪽에 발(⚊)을 그려 물을 건넘을 나타내었다. 그런데 후에 '⚊(涉)'로 써, 水를 왼쪽에 쓰고, 오른쪽에는 두 발을 변형시킨 步로 썼다. 문자를 구성하고 있는 각 構件의 상형성 감소는 물론 構件의 結合을 통해서 나타내던 표의성을 거의 잃어 버렸다. 折은 본래 '⚊'로 썼다. 왼쪽에 두 동강이 난 나무를, 오른쪽에 도끼를 그려 '부러지다'라는 뜻을 나타내었다. 후에 왼쪽의 동강 난 나무를 두 개의 '⚊'로 쓰다가 외형이 비슷한 手를 따라 扌로 썼다. 輦은 본래 두 사람이 앞에서 수레를 끄는 모습의 '⚊'로 썼다. 후에 간화되어 '⚊'로 썼다. 이들 가운데 하부의 '車'는 楷書에 가깝게 생략된 모습으로, 상부의 수레를 끌던 사람의 모습은 '夫'로 변했다.

③ 記號字가 증가하였다.

半記號字가 점점 늘고 있다. 예컨대 射는 본래 '⚊'로 썼으나, 小篆에서는 좌변의 활에 화살이 메겨져 있는 모습이 이미 '身'으로 변했다. 이는 편방으로 하여금 成字가 되게 하기 위하여 不成字를 기호화시킨 것이다.

(3) 편방을 통용하기도 하였다.

소전이나 해서를 제외한 자체에서 형방의 의의가 相近하거나 혹은 모양이 유사하면 호용하거나 혼용하는 경우가 있었다. 예컨대 天一大一人, 人一卩, 女一卩, 女一母, 又一廾一臼, 又一寸, 又一手一攴, 攴一殳, 廾一臼, 行一彳, 口一欠, 口一甘, 言一欠, 皀一食, 水一雨, 屮一木, 韋一革, 幺一糸一衣, 宀一穴, 虫一蚰, 艸一竹 등은 뜻이 가깝기 때문에 통용하여 쓰기도 하였다.[85]

---

85) 王愼行,「古文字義近偏旁通用例」,『古文字與殷周文明』, 陝西人民敎育出版社, 1992, 12, 제1판, 1–36쪽 참조

또, 人－刀, 大－矢, 貝－鼎, 目－貝, 虫－竹, 皿－血, 止－屮, 山－火, 口－日,
口－凵, 肉－口, 肉－夕, 肉－月, 月－夕, 舟－月, 舟－凡, 木－禾, 辛－辛 등은 고
문자단계 혹은 예서 단계에서 자형이 비슷하여 편방을 혼용하였다.[86]

---

86) 王愼行,「古文字形近偏旁混用例」, 앞의 책, 37－66쪽 참조

제3장

古文字 단계의 한자 : 甲骨文, 金文, 篆文

　　고문자는 字體 분류로는 갑골문, 금문,[1] 소전 등을, 시대적으로는 商代文字, 西周春秋文字, 六國文字, 秦系文字 등을 가리킨다. 商末과 周初 문자, 춘추 말과 전국초의 문자는 매우 흡사하여 구분하기가 어렵다. 진계문자의 상한선은 춘추시대까지 갈 수도 있다. 서주, 춘추문자와 부분적으로 중복되기도 하지만 이렇게 구분해야 고문자의 演變 특징을 설명할 수 있다. 秦代에는 전서와 예서를 동시에 사용하였다. 단 예서는 아직 성숙되지 않은 早期 예서로, 이는 전국 말에서 천하를 통일한 진국초에 형성되어 서한 초까지 사용하였다.

Ⅰ. 상대문자 : 갑골문

　　갑골문은 대략 기원전 14세기 상대 만기 盤庚에서 殷으로 옮긴 뒤, 紂임금이 주나라에게 멸망당한 273년간의 갑골문자를 가리킨다. 이들 갑골문은 상대 만기 수도의 遺址인 殷墟(지금 河南市 安陽縣 小屯村)에서 발견되었고, 내용은 대부분 상왕의 점복을 기록한 것인데, 간혹 소수 귀족과 관계된 점복기록과 점복과 무관한 記事가 있기도 하다. 갑골문은 주로 龜腹과 소의 어깨뼈에 새겼고, 간혹 人骨, 鹿骨, 虎骨

---

1) 광의의 금문은 쇠붙이에 쓰여진 모든 문자를 가리킨다. 여기서는 秦代 이전, 주로 周代에 쓰여진 문자를 말한다.

등에도 썼다. 칼로 파는 방식으로 새겼기 때문에 '刻辭'라고도 한다. 곽말약은 '殷人刀筆文字'라고도 했다. 또 내용이 대부분 점복에 관한 것이기 때문에 'ㅏ辭'라고도 한다. 이외 龜甲文, 骨刻文, 契文, 殷墟書契, 貞ㅏ文 등의 명칭이 있었는데 재료나, 출토지역, 書刻方法 등을 반영한 이름들이다. 후에 갑골문의 본질을 정확히 반영할 수 있는 이름으로 甲骨文字, 簡稱하여 甲骨文이라고 부르게 되었다.

갑골문은 대략 15만 편 정도가 발굴되었으며, 정리된 單字가 5,000여 자인데 이 중 考釋이 된 자는 1,000여 자에 이른다. 갑골문은 완전한 체계를 갖춘 早期의 한자이다. 주로 중국의 중원지방에서 사용했던, 비교적 성숙한 문자이다. 은상의 문자는 갑골문 외에도 금문, 陶, 石, 玉, 角 등의 기물 상에 새겨진 문자가 있는데, 이들이 후세의 金文, 帛書, 簡牘文字, 石刻文字 등으로 계승되었고, 다시 이들이 籒文, 小篆, 隷書, 楷書 등의 자체로 발전하였다.

1. 상대문자 특징

갑골문과 금문은 필체가 다르다. 상대의 주요 書寫 공구는 붓이었을 것으로 추정되나, 현재 남아 있는 문자자료 즉, 갑골문은 칼이나 송곳 등 굳고 날카로운 쇠붙이로 썼다. 금문은 기본적으로 붓으로 쓴 글씨이다. 하지만 갑골문은 글씨를 새기는 방법으로 썼기 때문에 書寫가 매우 어렵고 번잡하였다. 그래서 글씨를 새기는 사람이 효율적인 書寫를 위해 붓으로 쓸 때의 필법을 고칠 수밖에 없었는데, 그 방법은 주로 원형을 方形으로, 안을 채우는 것은 윤곽만 그리는 방법으로, 통통한 글씨체는 홀쭉한 글씨체로 또, 어느 때는 극렬하게 簡化를 시키기도 하였다. 예컨대 子는 '갑'와 'ㅣ'로 썼는데 각각 'ㅂ'와 'ㅁ'로 바꿔 쓰는 방식이었다. 이러한 문자 書寫는 필연적으로 그 쓰임의 장소와 격을 다르게 하였는데, 주로 金文은 의식 등의 장중한 곳에, 갑골문은 일상생활에 사용하였다. 그렇기 때문에 한자학의 입장에서 갑골문은 俗體로, 금문은 正體로 여긴다. 예컨대 갑골문에서 日은 'ㅁ'로 썼으나 후기 금문에는

'☉'로 썼다.

<갑골문과 금문의 자형 비교>²⁾

	虎	犬	牛	止	戉
族名 金文					
早期 甲骨文					
一般 金文					
晚期 甲骨文					

상대 갑골문의 특징은 簡化가 진행되고 있었으며 字의 방향이 고정되지 않고, 한자의 결구방식은 상하결구가 주류를 이루었다. 위 표의 갑골문과 금문의 자형을 비교해 보면 한자는 부단히 간화되고 있었음을 알 수 있다. 표 가운데 牛, 止, 戉 등은 금문, 갑골문 모두 만기로 내려오면서 확연하게 간화가 이루어지고 있다. 갑골문 내부에서도 조기와 만기의 자형이 달랐다.(만기는 조기에 비해 200여 년 뒤임) 갑골문은 쓰기가 쉽지 않았다. 특히 금문의 원형이나 안을 채우는 필획, 굵은 필획 등은 쓰기가 힘들었다. 그래서 갑골문에서는 이들을 方形, 홀쭉한 필획으로 고쳐 썼다. 아래 <갑골문과 금문의 필획 비교>의 자형을 비교해 보면 日, 丁, 子, 父의 필획 중 금문은 둥글거나 안을 채우는 방식으로 글씨를 썼지만, 갑골문은 윤곽만 그리는 방식으

---

2) 裘錫圭, 「形體的演變(上) : 古文字段階的漢字」, 앞의 책, 43쪽 복사

로 글씨를 썼다. 뾰쪽한 서사도구로는 안을 채우거나 굵은 필획을 써 내기가 어려웠기 때문이다.

<갑골문과 금문의 필획 비교>3)

2. 갑골문

(1) 갑골학이란

갑골학이란 殷의 遺址에서 발견된, 주로 占卜 관계의 내용을 기록한 龜甲과 獸骨에 쓰여진 글자를 연구대상으로 삼는 학문이다. 주로 상대후기(기원전 14-11세기)遺物이다. 1899년 처음 발견된 이후 지금까지 대략 10만에서 15만 편이 발굴되었을 것으로 추정된다.

(2) 갑골문의 발견과 著錄

19세기 말엽 河南省 安陽縣 小屯村의 밭에서 종종 갑골이 발견되었다. 하지만 이를 문자를 기록한 물건으로 認知하지 못하고, '龍骨'이란 약재로 인식하여 한약방에서 매매되고 있었다. 그러던 중 1899년 山東省 濰縣의 范이란 성을 가진 골동품 상인이, 글자가 쓰여진 갑골을 京津(북경과 천진)에 갖다 팔았다. 당시의 金石學家 王懿榮, 孟定生, 王襄 등이 이를 주목하게 되었고, 이들 가운데 王懿榮은 몸소

---

3) 裘錫圭, 「形體的演變(上) : 古文字段階的漢字」, 앞의 책, 42쪽 복사

1,500여 편의 갑골을 고가에 사들였다. 1900년 8국 연합군이 북경에 진입하자 왕의영은 자살을 하고, 그가 소장하고 있던 갑골 대부분을 劉鶚이 다시 사들였다. 유악의 字는 鐵云이다. 그는 1901년부터 갑골을 수집하기 시작하여, 羅振玉의 격려 하에, 1903년, 수집한 5,000여 편의 갑골 중 1,058편을 選拓하여『鐵云藏龜』라는 책을 펴냈다. 이것이 첫 번째의 갑골문 저록이다. 劉鶚은 서문에서 갑골문은 "殷人刀筆文字"라고 정의하였다. 이는 최초로 갑골문의 연대(은나라 때)를 단정한 것이 된다.

1904년 孫詒讓은 이『鐵云藏龜』의 자료에 의거하여『契文舉例』를 지었는데, 이는 첫 번째의 갑골문 연구서라고 할 수 있다. 그런데 이 책은 1917년에 이르러서야 정식으로 출판되었고 또, 착오도 많아 학계에 그리 큰 영향을 주지는 못하였다.

진정으로 갑골문 연구에 큰 영향을 끼친 사람은 羅振玉과 王國維이었다. 라진옥은 字가 叔言이고 號는 雪堂으로 折江省 上虞人이다. 1901년 劉鶚의 처소에서 처음 갑골문을 보고 연구에 돌입하여 최초로 갑골문의 출토지를 확인하였다. 이는 갑골문 연구에 중요한 업적이라 할 수 있다. 왜냐하면 당시의 골동품상들이 고의로 출토지를 湯陰 혹은 衛輝라고 거짓말을 하였는데, 대부분 학자들이 이를 믿었기 때문이다. 또, 그는 1910년『殷商貞卜文字考・序』에서 小屯은 商王朝 '武乙의 遺墟'임을 밝혔다. 이어 1912년『殷墟書契』를 일본에서 출판하였고, 1914년『殷墟書契考釋・自序』에서는 더욱 진일보하여 그 시대를 武乙에서 帝乙의 三世의 기록임을 밝혔다.

갑골문 연구에 于省吾 역시 지대한 공헌을 하였다. 1940년『雙劍誃古器物圖錄』를 출간하였는데 여기에는 갑골 300여 편이 수록되었다.

(3) 갑골문의 발굴과 총수

갑골의 학술적 가치가 확인된 후 1근에 6文씩 하던 갑골 즉, '刀尖藥'이 100배의 寶物로 변했다. 구매를 원하는 사람은 많고 돈 벌이가 되다보니 민간인들이 계속 파내기 시작하였다. 1928년까지 30여 년을 도굴한 갑골이 대략 7, 8만 편에 달할 것으로 추정된다. 이들은 王懿榮, 劉鶚, 羅振玉 등의 중국인과 캐나다, 영국, 미국, 일본 등으로 팔려나갔다. 대략 그 출토 수량과 연도를 살펴보면 다음과 같다.

- 1928-1937: 24,000여 편
- 1950-1966: 5,000여 편
- 1973   : 4,800여 편

갑골문 출토 수량은 정확히 알 수 없다. 胡厚宣은 『五十年甲骨文發現的總結』이란 글의 '引言'에서 '161,259편'이라고 했고 또, 同書 제8절에서는 '161,889편'이라고 했다. 董作賓은 이를 비판하고 '96,118편'이라고 했으나, 이는 해외에 있는 것을 뺀 숫자를 거명한 것 같다. 각 家의 설과 출토 정황을 살펴볼 때 대략 10만 편 정도가 될 것 같다. 발굴된 모든 갑골에 글씨가 쓰여져 있는 것은 아니다. 胡厚宣이 '161,889 편'이라고 한 것은 글씨가 쓰여지지 않은 것과 쓰여진 것을 합친 숫자이다.[4]

(4) 갑골의 채집과 손질
① 商代 점복용 龜甲과 獸骨의 來源

- 使用 : 점복용의 龜甲은 드물게 背甲을 사용하기도 하지만, 주로 腹甲을 사용한다. 獸骨은 주로 소의 어깨 胛骨을 사용했는데, 간혹 소의 머리뼈, 사람 뼈, 호랑이 뼈 등을 사용하기도 하였다.
- 來源 : 주로 남방과 서방에서 공급하였다(福建, 廣東, 廣西, 海南島 등)

② 갑골의 손질

- 자르기와 다듬기 : 공납에 의해 모아진 龜, 骨 등은 정리가 되지 않은 상태이다.

---

4) 王宇信, 「第 五章 甲骨的整治與占卜」, 『甲骨學通論』, 中國社會科學出版社, 1989, 6, 제1版, 105쪽 참조

다듬어지지 않은 거북을 먼저 등껍질과 배 껍질 부분(甲橋라고 함)으로 兩分한 후, 가장자리의 돌기 부분을 다듬는다. 그리고 빙 둘러 갈아서 매끄럽게 한다. 또, 배 안쪽의 껍질 부분을 갈아서 비교적 평평한 형태로 만든다.

■ 구멍 내기 : 占卜 이전에 배 껍질의 안쪽에 대추씨 모양 혹은 새둥지 모양을 '♡'와 같은 구멍을 판다. 이를 구유와 같다고 하여 '槽'라고 하는데, 이렇게 파는 이유는 점을 칠 때 이곳에 불을 지피기 위함이다. 평평한 상태의 배 껍질에 그냥 불을 지피면 甲板의 두껍고 얇음이 같아, 반대쪽의 甲板에 붙어있는 피부가 잘 갈라지지 않기 때문에 卜兆를 얻는 데 불편하다. 즉, 완전히 관통되지 않게 적당이 구멍을 꿇음으로써, 이곳에 불을 지피면 龜甲의 厚薄이 달라, 파여진 곳을 중심으로 반대쪽의 피부가 잘 갈라진다. 뚫는 방법은 칼로 파내는 방법과 둥근 막대기 모양의 물건으로 비벼 파는 방법이 있다. 구멍은 먼저 큰 구멍을 낸 뒤 이 큰 구멍 주위에 작은 구멍을 낸다.

(5) 占卜과 문자의 契刻

① 점복 과정

먼저 거북의 배 껍질을 준비한 후 조그만 구덩이를 판다. 점칠 때 이 조그만 구덩이에 가열하여 갑골표면이 열로 갈라지게 하고(이들 갈라진 것을 兆라고 함), 점치는 사람이 갈라진 것(兆)을 보고 길흉을 판단하였다. 상대후기에는 점복을 관리하는 사람이 종종 점복의 사유, 卜兆의 길흉, 그리고 나중에 그 점의 應驗與否의 정황을, 점을 친 거북껍질 혹은 뼈에 기록하였다. 이것이 곧 甲骨文, 甲骨卜辭이다. 간혹 점복과 관계없는 것을 기록하기도 하였지만 이를 통칭 갑골문이라고 한다.

가. 지지기 : 불을 거북의 배 쪽(즉, 안쪽)에 지핀다. 구멍이 있으면 구멍에 화력을 집중하는데, 이때 구멍을 내었기 때문에, 껍질의 두껍고 얇음이 같지 않아 서로 다른 갈라진 흔적이 생긴다.

나. 지질 때의 행위 : 지질 때 한편으로는 주술을, 한편으로는 점을 칠 내용을 읊는다. 모두 지진 이후 정면에 드러난 갈라진 모양(兆象)을 보고 길흉을 판단한다.

② 刻字의 도구와 방법

가. 刻字도구 : 청동 칼, 송곳

나. 刻字방법 : 董作賓은 먼저 붓으로 쓰고 나중에 팠다고 하였다. 卜辭 중에 붓으로만 쓴 것이 있다. 또, 세로획을 먼저 파고 가로획은 나중에 팠다고 주장하였다. 陳夢家는 직접 팠다고 하였다. 일반적으로 큰 글자는 글씨를 먼저 쓰고 나중에 팠다. 작은 글자는 직접 팠다. 이는 갑골문 가운데 글자가 크면 클수록 刀筆의 맛이 떨어지고, 작으면 작을수록 刀筆의 맛이 농후한 것으로 확인할 수 있다.

다. 파기와 쓰기 : ⓐ 스승과 제자의 글씨쓰기의 전승관계가 보인다. ⓑ 오자와 誤刻이 있고, 誤刻에 대한 重刻이 있다. 誤刻에 세 가지 유형이 있는데 필획을 증가하거나 補刻한 경우 등이 있다.

③ 涂飾과 刻兆

卜辭의 새김이 완료된 후, 미관을 위해 새겨진 글자 위에 흑색 혹은 주색의 칠을 하였다. 일반적으로 큰 글씨는 붉은 색, 작은 글씨는 검정 색을 칠하였다.

(6) 갑골문의 구성

갑골문은 갑골문의 핵심이라고 할 수 있는 '卜辭'와 그 주변 기록인 '兆側刻辭'로 구성됐다. 어떤 이는 '兆側刻辭'를 '兆序,' '兆記'로 나누기도 한다. 王宇信은 '兆序'는 거북이의 껍질 구덩이에 한번 불을 지펴 점을 치고 난 후, 거북이 腹甲의 정면 兆紋의 위쪽에 점을 친 회수를 기록하는데 이를 兆序라고 한다. '兆記'는 兆辭라고도 하는데 점복과 유관한 사항을 기록하는 것으로 兆枝5)의 위쪽에 기록한다고 하였

---

5) 갑골문 '卜'자는 反面에 판 구덩이 '◌'에 불을 지핀 후 생긴 '⌐'를 그린 것이다. '◌'에 불을 지펴

다. 그의 兆記는 吉辭, 告辭, 用辭, 御辭, 兆辭를 포함한 개념이다.[6]

① 兆側刻辭

대부분의 갑골문은 갈라진 틈 옆(兆側)에 1–3개의 "二告, 小告, 大吉, 吉, 弘吉, 不玄龜" 등을 새겨 놓았는데, 이를 兆側刻辭라 한다. 또 商人들은 매사를 반복해서 貞卜하였는데, 어떤 것은 한 가지 일로 10여 차례 반복해서 물은 적도 있다. 이 물은 회수를 기록한 것을 紀數字(혹 序數字)라 하는데 역시, 兆側刻辭라 칭한다. 兆側刻辭는 구체적으로 다음과 같은 것이 있다.[7]

■ 吉辭 : 갈라진 흔적을 보고 길흉을 판단하는 것으로 대개 卜兆의 가로 문양이 교차하여 나타나고, 위로 향하고 있으면 길하다. 즉, '卜'의 가로획 '一'이 교차하고, 위로 향해 있으면 길하다. 현재 해서의 '卜'의 오른쪽에 찍은 가로획은 아래로 향하고 있다. 五期 卜辭에 '吉'(『粹』907), '大吉'(『明』456), '弘吉'(『粹』896) 등의 字樣이 있다.

■ 序辭 : 점복의 次數를 기록한 것이다. 동일 사안에 대해 5번까지 점을 치는 것이 보통이다. 특수한 경우로 어떤 것은 18번을 친 것도 있다.

■ 告辭 : 어떤 것은 '小告'라고 쓴 것도 있다. 의미를 자세히 알 수 없다.

■ 用辭 : '用,' '不用,' '玆用,' '玆不用,' '玆無用' 등의 기록이 있는데 대략 占卜에서 얻은 결론을 실행하느냐 마느냐, 혹은 채용하느냐 마느냐를 기록한 것이다.

■ 御辭 : '玆御,' '不御' 등의 기록이 보이는데, 用辭와 같은 의미를 나타낸다.

■ 兆辭 : '不玄冥' 등의 기록이 있는데, 卜兆가 명확하게 나타나 다시 점을 칠 필요

면 상하로 길쭉하게 파인 구덩이('◠'의 왼쪽)의 반대쪽에는 'ㅣ'와 같이 갈라지는데, 이를 兆干이라 한다. 좌우로 길쭉하게 파인 구덩이('◠'의 오른쪽)의 반대쪽에는 '一'과 같이 옆으로 갈라지는데 이를 '兆枝'라 한다. 兆干과 兆枝가 '⊢'와 같은 모양으로 나타난다.

6) 王宇信, 「第 六章 甲骨學專業用語及甲骨文例」, 앞의 책, 127–130쪽 참조

7) 卜兆 주변은 이처럼 卜辭외에도 吉辭, 序辭, 告辭, 用辭, 御辭, 兆辭 등이 있다. 이들과 卜辭를 혼동하면 안 된다.

가 없다는 뜻이다.[8]

② 卜辭의 구성

불을 지펴 갈라진 흔적을 보고, 卜者가 길흉을 판단한 후, 그 내용을 龜甲 등에 새기는데 이 새겨진 내용을 복사라고 한다. 갑골에 兆는 정면에 모두 있다. 고로 卜辭는 정면에 새겨진 것이 많다. 완전한 복사는 보통 敍詞(前辭), 命辭, 占辭, 驗辭의 네 부분으로 구성된다.

- 敍詞 : 점치는 날과 占卜者의 기록. 前辭라고도 한다.
- 命辭 : 점치는 이가 물으려는 일의 기록. 貞辭라고도 한다.
- 占辭 : 兆를 보고 얻은 길흉의 내용의 기록. 왕이 卜兆를 보고 내린 결론이다.
- 驗辭 : 점괘가 맞았는지 여부의 기록

(7) 契刻에 의한 讀法

- 單列直書 : 위에서 아래로 1행으로 곧장 쓴 것.
- 單列橫書 : 옆으로 1행으로 곧장 쓴 것.
- 左行直書 : 한 문장을 우에서 좌로 1, 2, 3행으로 계속 써 간 것.
- 右行直書 : 좌에서 우로 1, 2, 3행으로 계속 써 간 것.

이외 종종 한 條의 복사를 두 곳에 나눠 쓰는 경우가 있는데 일부분은 정면에, 일부분은 反面에 쓴 것이 있다.

殷人들의 書寫格式은 주로 自上而下, 自右而左의 直書法 즉, '下行而左'의 서사 격식을 채용하였는데, 복사를 쓸 때만큼은 이 격식을 깨뜨리고 '下行而左와 下行而右'의 서로 대칭되는 서사방법을 채택했다. 이는 일반적으로 卜兆가 좌우대칭인 것과 불가분의 관계를 갖는다. 복사는 복조 옆에 새긴다. 점을 칠 때 거북이 배 껍질에

---

8) 吳浩坤, 潘悠, 「第4章 卜法與文例」, 『中國甲骨學史』, 上海人民出版社,(1985, 12, 제1版), 1991, 3, 제3차 인쇄. 91-92쪽 참조

드러난 복조는 안을 향하여 좌우가 대칭되는데, 오른쪽에 있는 복조가 왼쪽을 향하고 있으면 복사는 '下行而右'하고, 왼쪽의 복조가 오른쪽을 향하고 있으면 복사는 '下行而左'한다.9)(講讀篇의 갑골문 選讀의 복조 참조 요) 중국인들의 일반적인 書寫體例는 自上而下, 自右而左의 直書法(세로쓰기)을 채용 하였다. 근대 이래로 自左至右, 自上而下의 '가로' 書寫格式이 정착되었다.

(8) 갑골문의 특점과 발전변화

① 갑골문의 특점

가. 字無定格 : 갑골문은 상당히 완비된 문자이지만 아직 위치, 결구 등이 불안전한 면이 있다.

　　。 倒寫 : 帝 → ¥ (帝 : 正寫)

　　。 側寫 : 龜 → 🐢 (龜 : 正寫)

　　。 反寫 : 及 → ⺕ (⺋ : 正寫)

나. 一字異形, 繁簡并存 : 같은 자이지만 異形이 많이 존재하였다. 예컨대 物을 ⽜, ⽜⽑ 등으로 썼다.

다. 異字同形 : 서로 다른 자이지만 동형인 경우가 있다. 예컨대 入은 갑골문에서 'Λ'로 썼는데 下도 가끔 'Λ'처럼 썼다.

라. 圓筆, 肥筆은 극소이나 方筆, 瘦筆은 많이 보인다.

② 갑골문의 발전 변화

가. 어떤 것은 筆形을 증가시킴 : 酉를 𠀒, 𠀒, 𠀒, 酉, 酉, 酉 등으로 썼다.

나. 어떤 것은 편방을 증가시킴 : 𡥀는 𦥑로 썼는데 晩期에 𦥑로 쓴 것이 있다. 하부에 편방 '止'를 첨가하였다.

---

9) 吳浩坤, 潘悠, 「第 4章 卜法與文例」, 앞의 책, 90쪽 참조

③ 周와 殷의 갑골문 차이

殷은 干支를 사용했으나 周는 사용하지 않았고, 月相記時法을 사용하였다. 이는 금문과 비슷하다. 周의 갑골문은 매우 작고 섬세하다. 어떤 것은 다섯 배의 확대경으로 보아야 할 정도로 작은 글씨로 쓴 것이 있다.

(9) 갑골문의 分期斷代

갑골문의 分期斷代는 世孫, 稱謂, 貞人, 坑位, 方國, 人物, 事類, 文法, 字形, 書體, 詞彙, 文例, 祭祀, 征伐, 天象 등을 참고로 나눈다. 董作賓은 5기로 나누었는데 제1기는 武丁 및 그 이전 盤庚, 小辛, 小乙(四世四王), 제2기는 祖庚, 祖甲(一世二王), 제3기는 廩辛, 康丁(一世二王), 제4기는 武乙, 文丁(二世二王), 제5기는 帝乙, 帝辛(二世二王)으로 나누었다. 胡厚宣은 1945년『甲骨六錄』에서부터『南北』,『寧滬』,『京津』,『續存』등의 책을 통해 4기로 나누었다. 陳夢家는 1956년 발표된『殷墟卜辭綜述』에서 단대를 크게 조기, 중기, 만기로 나누고, 구체적으로 '武丁卜辭 : 1기, 祖庚卜辭 : 2기, 祖甲卜辭 : 3기, 廩辛卜辭 : 4기, 康丁卜辭 : 5기, 武乙卜辭 : 6기, 文丁卜辭 : 7기, 帝乙卜辭 : 8기, 帝辛卜辭 : 9기'로 나눴다.[10] 李學勤은 11기로 나누었다가,[11] 다시 6기로 나누었다.[12] 各家의 주장이 일치하지 않아 아직 정론이 없다.[13]

3. 간독과 금문

현재 상대에 쓰여진 간독은 볼 수 없지만, 갑골문에 冊자가 보이는 것으로 보아

---

10) 陳夢家,『殷墟卜辭綜述』, 中華書局(1988. 1, 제1版), 1992, 7, 2차 인쇄, 138쪽. 본 저서는 1956년 발표된 것이다. 다만 위 필자가 참고한 서적은 陳夢家의 1956년 발표된 것을 再印한 것이다.

11)「論婦好墓及有關問題」,『文物』, 1977년, 제11기

12)「關于小屯南地甲骨與甲骨分期」,『文物』, 1981년, 제6기

13) 王宇信,「第7章 甲骨文的分期斷代」(上),「第8章 甲骨文的分期斷代」(下), 앞의 책, 163-196쪽 참조

당연히 당시에도 간독에 글자를 썼을 것으로 추정된다. 상대문자는 갑골문이 가장 많고 금문이 그 다음 많다. 이외에 陶, 石, 玉, 骨, 角 등에 쓰여진 글자도 있다. 금문은 동기에 주조하는 방식으로, 갑골문은 주로 龜甲에 刻하는 방식으로 썼다. 소수는 붓으로 쓰기도 했다. 周初에 쓰여진 갑골문도 소량 발견됐지만 갑골문은 상대의 주요 자체이다.

Ⅱ. 서주, 춘추문자 : 금문[14]

1. 서주, 춘추문자 개설

(1) 서주문자 개설

서주 금문은 서예에서 매우 중요한 지위를 차지한다. 서주는 禮治를 제창하였다. 주공이 制禮作樂 한 이후 주나라 사람들의 정치, 경제, 문화는 예악의 제약을 받지 않은 것이 없다. 그래서 서주 청동기는 禮器의 수량이 가장 많다. 또 명문이 있는 청동기도 주나라의 발상지인 周原(현재 陝西省 岐山縣)에서 가장 많이 발굴되었다. 청동기는 용도에 따라 工具, 農具, 兵器, 禮器, 樂器, 容器 등으로 나눌 수 있는데 서주 왕실과 귀족들의 제사와 연회식에 禮器와 樂器는 불가결한 필수품이다. 禮器 중 鼎은 희생을 통한 제사나 고기를 삶을 때 사용하는데 陶器인 鬲으로부터 발전한 것이고, 鐘은 상대 만기 유행한 鐃에서 발전한 것이다.(은나라에는 종이 없었다.) 鼎과 鐘은 대표적 禮樂器이다. 그래서 이곳에는 대부분 명문이 있고 또 많이 쓰여져 있기 때문에 금문을 鐘鼎款識, 鐘鼎文이라고도 했다. 은상, 서주, 춘추전국시대의 금문에 새겨진 글자의 총 수는 4천자 정도이고 고석된 것은 반도 안 된다. 이 중 서주

---

14) 본서의 집필에 가장 큰 참고가 된 서적은 裘錫圭의 『文字學槪要』이다. 전체적인 틀이나 방향등에서 『文字學槪要』는 절대적인 영향을 미쳤다. 특히 '서주, 춘추문자'에서 '예서의 형성까지는' 구교수의 이론을 대부분 참조하여 작성하였다. 특별하지 않는 한 주석을 달지 않는다.(裘錫圭, 「四 形體的演變 (上) : 古文字階段的漢字」, 앞의 책, 45－73쪽 참조)

금문이 상당수를 차지한다.

서주 금문은 서예예술의 전성시기이다. 서주 초기는 상대 만기의 서풍을 계승했고 여전히 상형성이 매우 높았다. 필획은 여전히 거칠고, 가느다랗게 변화됨을 보이고 또, 어떤 필획은 首尾에서 出鋒(뾰족함)과 波磔이 보인다. 또 方形과 圓形의 필획이 있다. 서주 금문에 나타난 중요한 변화는 서사에 편리함과 빠름을 추구하였고, 상형 정도가 감소하였다. 또 굵은 필획, 波磔, 方形과 圓形의 필획이 선으로 대체되고 있었다. 서주 만기 周 宣王 시기에 금문의 결구가 조화롭고, 筆勢가 고르고, 자획이 둥글고 힘차며, 章法이 종횡으로 행을 이루고, 공교로움을 추구하였다. 이러한 형태가 성숙해지면서 새로운 품격을 이룬 것이 籀文이다.

70년대 周原지구에서 서주 갑골문이 발견되었다. 은상의 갑골문을 계승하였는데 서주 갑골문은 은상에 비해 자체가 細小하고 결구가 근엄하고 필획이 둥글고, 곧고, 가늘고, 거친 특징이 있다. 周原 갑골은 292편 903자가 쓰여져 있다.[15]

(2) 춘추문자 개설

춘추시기 주왕실이 쇠미해지고 제후국이 흥성하기 시작한다. 최초 제후국들의 금문은 모두 서주의 서풍을 이어받아 자체가 전아하고 번다하였다. 그래서 일부 학자들은 서주와 춘추금문을 西周系문자로 분류하기도 한다. 郭沫若은 "서주가 남겨놓은 금문은 관방문자이다. 서주의 동서남북 어느 곳 가리지 않고 이는 일치되는 현상이다.(西周所留下來的金文, 是官方文字, 無分南北東西, 大體上是一致的)"[16]라고 하였다. 금문은 春秋中晩期에 지역색과 미술화의 경향이 출현한다. 다만 자형 결구상에는 그리 큰 변화가 나타나지 않고, 단지 서사의 예술 풍격상 부동의 특색을 띠기 시작한다.

지역이 서부에 치우친 진나라의 금문은 서주 만기 籀文의 영향을 가장 많이 받았

---

15) 谷谿 編著,「春秋金文與盟書」,『中國書法藝術』一卷 先秦(殷商春秋戰國), 文物出版社, 1993, 10, 제1版, 157쪽 참조
16) 郭沫若,「古代文字之辨證的發展」(谷谿 編著,「春秋金文與盟書」, 앞의 책, 157쪽 재인용)

다. 秦公鐘과 秦公鎛, 秦公殷 등의 금문과 주 선왕시기의 금문은 어떤 자는 그 寫法
이 매우 닮았다. 그래서 진 금문은 주문의 연속과 발전으로 서주를 계승했다고 할
수 있다. 진나라의 금문은 字跡이 優美하고, 결구가 균형 있으며, 필획이 둥글고 통
통하다. 상형의 맛이 현저하게 감소하여 후대의 소전과 매우 접근됐다. 주문 즉 大
篆은 실제로는 서주만기의 금문(虢季子白盤銘文)과, 춘추시기 진국의 금문, 춘추와
전국 교체기의 진나라 石鼓文[17] 등을 가리킨다.

황하유역의 제나라와 노나라 등의 금문은 자체가 길고, 정교하며, 아름답다. 필획
이 시작하고 끝나는 지점이 뾰족한 특징이 있다. 남방의 楚, 徐, 吳, 蔡 등 나라의
금문은 선이 매우 가는 서체가 유행하였다. 일부 필획은 彎曲한 모양을 지향하기도,
어떤 필획은 매우 섬세하고 가늘었다. 춘추만기 남방의 각국의 금문은 鳥形, 蟲形으
로 장식하는 鳥虫書가 출현하였다. 이외에도 점의 모양을 한 장식필을 덧붙이기도,
매우 굵은 필획 등이 유행하기도 하였다. 동부의 일부 국가에서도 유행하였다.

춘추의 금문은 사법이 어떤 때는 거칠고 멋대로 쓰는 경향이 있기도 하였다. 또
속체를 사용하기도 하여 이미 草篆의 단초를 제공하였다. 어떤 명문은 錯金을 하기
도 하여 매우 정교하고 화려하였다.(晉나라의 樂書缶)

춘추만기 금문 외에도 붓을 사용한 盟書가 있었다. 盟書는 옥, 돌 등에 썼는데
대부분 朱書이고 소수가 墨書이다. 盟書는 盟誓의 말을 써놓은 것인데 '載書'[18]라
고도 칭한다. 盟書의 자체는 매우 方正하고 필획에 생동감이 있으며 자연스럽다.
필획이 평평하고 곧으며, 가운데는 굵고 끝은 예리하며 올챙이 모양을 하고 있다.

---

17) 「石鼓文」은 唐나라 초기 天興縣(현재 陝西 鳳翔縣)에서 발견된 10개의 돌 북에 쓰여진 문자이다.
　　수렵과 관련된 4언 시를 기록한 것인데, 원문은 600여 자일 것으로 추정되나 현재는 200~300자만 남
　　아 있다. 현존하는 가장 완전한 탁본은 북송의 先鋒本으로 491자가 남아 있다. 石鼓에서 판별할 수
　　있는 글자보다 북송시의 탁본이 더 많이 남아 있다. 설문의 籀文외에도 석고문과 저초문은 大篆 연구
　　의 중요한 자료가 된다.

18) 『周禮・秋官・司盟』 "司盟, 掌盟載之法……"의 注에 "맹서라고 하는 것은 그 말을 책에 적고, 희생
　　을 잡아 그 피를 받아 맹서를 쓴 책 위에 덧붙여 써서 땅에 (맹서의 책과 희생을)묻는데 이를 재서라고
　　한다.(盟者, 書其辭於策, 殺牲取血, 加書於上而埋之, 謂之載書)"라고 하였다.

이를 蝌蚪文[19])이라고도 하는데 三晉에서 유행한 자체로 속체의 범주에 속한다. 맹서는 1965년 山西省 侯馬市에서 출토되어 이를 '侯馬盟書'라고 한다.

2. 서주, 춘추문자 특징

서주(약 기원전 11세기 – 기원전 771년) 전기는 商代晚期의 作風을 따랐다. 서주 금문 자형의 주요 추세는 線化, 平直化[20])이지만 商代晚期, 西周前期의 금문 필획은 아직도 상형 정도가 높았다. 彎曲形의 선이 많고, 필획은 굵은 것과 가는 것이 상존하였다. 필획의 方形, 圓形의 뭉치가 많았으며 쓰기가 매우 힘들었다.

서주, 춘추문자의 線化[21])

선화란 굵고 거친 필이 가는 필로, 방형 원형의 네모진 것이 선으로 변함을 의미한다. 〈서주, 춘추문자의 線化〉에 보이는 '天, 古, 王, 火'는 서주전기 이전은 글자의 특정 부분의 속이 채워진 원형, 方形 혹은, 선이 굵은 뭉치형태를 나타냈으나, 춘추시기에

19) 문헌에 나오는 '蝌蚪書'를 후인들은 올챙이 형태를 했을 것이라고 생각하였다. 당나라 때 孔穎達은 "科斗書는 옛날 문자이다. 창힐이 본뜬 바의 서체이고, 주나라에서 이 서체를 썼다. 지금 쓰고 있는 문자체로는 알 수 없는데, 이는 옛사람들이 썼기 때문에 고문이라고 한다. 필획의 형체가 대부분 위쪽은 거칠고 끝 쪽은 가늘며, 모양이 가운데는 둥글게 볼록하여 마치 물속에 사는 올챙이 같아 蝌蚪文이라고 한다.(科斗書, 古文也. 所以倉頡本體, 周所用之. 以今所不識, 是古人所爲, 故名古文. 形多頭粗尾細, 狀腹團圓, 似水蟲之蝌蚪, 故名蝌蚪也)"(『尙書序疏』)라고 하였다. 전국시대의 楚帛書나 간독문 모두 붓으로 쓴 글씨인데 필획의 양쪽 끝은 뾰족하고 중간은 거칠다. 서체로 보면 고인들이 말한 '과두서'이다. '과두서'는 실은 전국문자 중의 속체를 가리키는 것이다.

20) 線化란 필획의 굵고 가늠, 방형, 원형의 뭉치가 선으로 대치되는 현상을 말하고, 평직화란 구부러지고 꺾인 象形의 선이 평평하게, 연결되지 않은 선으로 대치됨을 말한다.

21) 裘錫圭, 「形體的演變(上) : 古文字段階的漢字」, 앞의 책, 47쪽 복사

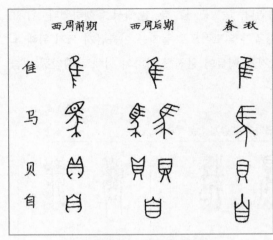

서주, 춘추문자의 平直化[22]

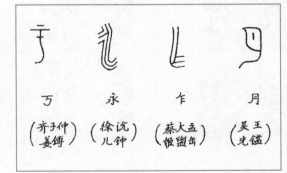

춘추문자의 미술화[23]

오면 모두 선으로 대치되었다.

평직화란 둥글게 굽은 상형의 선이 평평하게 그어지고, 끊어진 선이 길게 이어진 것을 말한다. 왼쪽 표 〈서주, 춘추문자의 平直化〉의 馬자를 보면 상부의 눈을 강조한 상형이 서주후기, 춘추시기에 이르러서 평평한 선으로 演變되고, 貝와 自의 경우도 하부 단절된 선이 연접된 선으로 변하였다. 아울러 춘추금문이 서주금문을 답습하였음을 알 수 있다. 춘추(기원전 770년－기원전 474년) 문자는 시작은 西周晚期를 답습했으나 各國의 독특한 글자형태로 발전하기 시작하였다. 秦國風, 齊・魯風, 楚・吳風이 있었다.(특수한 鳥虫書, 篆書는 제외) 춘추만기에는 美術化 경향이 출현하였다. 동방과 남방국가 중 字形이 특별히 협소하고 길며, 필획을 일부러 彎曲되게 쓰기도 하였다. 이렇게 만곡 되게 쓰는 것은 상형으로 인하여 만곡 되게 쓰는 것과는 다르다. 오히려 이런 만곡으로 인해 상형성이 감소하였다. 또, 춘추만기에는 美術字體가 유행하였다. 그 가운데 중요한 것은 글자에 새 모양, 벌레 모양 등의 文飾을

---

22) 裘錫圭, 「形體的演變(上) : 古文字段階的漢字」, 앞의 책, 47쪽 복사
23) 裘錫圭, 「形體的演變(上) : 古文字段階的漢字」, 앞의 책, 47쪽 복사

덧붙인 鳥篆(鳥書, 鳥虫書)이 유행하였다. 楚, 宋, 蔡, 吳, 越에서 유행하였다. 위 표 〈춘추문자의 미술화〉 글자들은 書寫者가 의도적으로 글자를 아름답게 쓰기 위해 노력한 흔적이 역력하다. 아래표의 글자는 이들이 완전한 하나의 서체로 정착될 만큼 미술화의 경향이 농후하다.

〈남방국가의 조충서 : 춘추〉

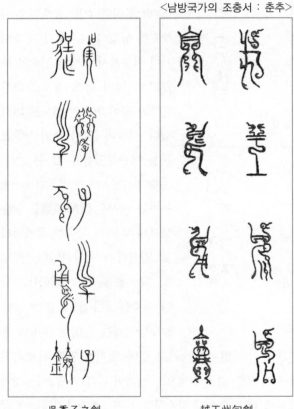

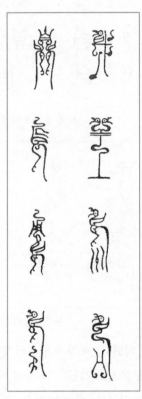

| 吳季子之劍 | 越王州句劍 | 越王州句矛 |

위 표 〈춘추 남방국가의 조충서〉의 글씨는 변방국가이었던 吳와 越의 금문이다. 모두 글자의 일부분 획을 과장되게 만곡시키거나 길게 들어뜨렸고, 혹은 글자의 위

<蟲書24) : 춘추>

王子适匜

아래에 장식용으로 새 그림을 덧붙여 놓았
다. 글씨에 미를 추구함이 역력하다.

왼쪽 표 <蟲書>의 왼쪽에 있는 글자는 '之'
이다. 하부에 '🐛'와 같은 벌레 모양의 장식
두 개를 덧붙였다. 우측은 '子'인데, 중앙의
'𝑦(子)'를 중심으로, 상부와 하부의 좌우에
무엇을 나타내는지 잘 모르겠지만, 장식 筆을 덧붙였다.

3. 금문

협의의 금문은 주로 중국 商, 周時代 청동기 상에 주조한 문자를 가리킨다. 즉,
특정한 시대에 존재했던 자체를 가리킨다. 광의의 금문은 청동기, 철기에 쓰여진 모
든 글자를 가리킨다. 금문은 상대 후기 청동기상에 주조하기 시작하여 주대에 매우
흥성하였다. 상대에는 기물 하나에 6-7자 정도를 새겼다.

서주, 춘추문자의 연구재료는 주로 금문이다. 하나의 기물에 100자 이상을 쓴 것
도 자주 보인다. 많은 것은 400-500자 되는 것도 있다. 춘추시기는 서주에 비해 이
처럼 많은 글자가 쓰여진 것이 적다. 내용상 서주 銅器銘文은 주의 귀족과 고급 신
하에 관한 記事가 주류를 이루고, 춘추문자는 제후국에 관한 記事가 주류를 이룬다.
朱書, 墨書 모두 있다.

갑골문과 금문의 시대적 위치를 자체를 통해 살펴보면, 갑골문은 俗體, 금문은 正
體로 볼 수 있다. 갑골문과 금문은 동일한 시기에 쓰여진 것일지라도 자형이 상이한
것이 많고 또, 繁簡, 상형 정도, 단정함과 거침의 차이가 있다. 그래서 동일시기에
쓰여진 갑골문과 금문을 속체와 정체로 구분한다.

---

24) 裘錫圭, 「形體的演變(上) : 古文字段階的漢字」, 앞의 책, 48쪽 복사

(1) 금문의 異稱

- 鐘鼎文 : 舊時 종정에 많이 보여 종정문이라고 칭하기도 한다.
- 吉金文 : 銘文이 청동기에 많이 보이기 때문에 길금문이라 칭하기도 한다. 청동기를 길금이라고도 칭했다.
- 彝銘, 彝器款識, 彝器文字 : 청동기는 보통 조상에 제사지낼 때 사용하였는데, 이는 종묘에서 보통 쓰이는 그릇이기 때문에 常器가 된다. 이를 옛날에는 彝器(彝者, 常也)라고 하였기 때문에 彝銘, 彝器款識, 彝器文字라고 부르기도 한다.
- 金文 : 동기가 항상 종묘의 제기로 사용되지도, 종정이 모두 명문이 있는 것도 아니었기 때문에 요즈음은 비교적 확실한 명칭으로 銅器銘文이라 부르는데 이를 簡稱하여 금문이라고 한다.

(2) 동기와 금문의 발전변화

① 동기의 기원과 발전

동기는 약 5000년 전쯤부터 제작됐을 것으로 추정된다. 그 발전은 다음과 같이 구분해 볼 수 있다.

제1. 濫觴期 : 상대 전기
제2. 勃古期 : 상대 후기에서 주초
제3. 開放期 : 춘추중엽
제4. 新式期 : 춘추중기에서 전국 말기
제5. 衰落期 : 전국 말기 이후

② 금문의 발전과 변화

- 원시사회 말기(기원전 30세기−16세기)와 夏代(기원전 21세기−16세기) : 동기에 명문이 없다.

- 商 前期(기원전 16세기-기원전 14세기) : 드물게 銘文이 보이는데 서체는 波磔體이다.
- 商 後期(기원전 14세기-기원전 12세기, 殷墟) : 하나의 동기에 1자에서 5, 6자가 쓰여졌고 서체는 波磔體이다.
- 西周 前期(기원전 12-10세기) : 명문이 100자 정도에 이르는 것이 있다.
- 西周 後期(기원전 10-8세기) : 서체는 상하가 고루 거친 玉著體가 탄생하고, 명문은 최대 400여 자에 이르는 것도 있다.
- 春秋(기원전 8-5세기) : 禮器의 쇠퇴기로 서체는 춘추중기부터 출현한 조충서, 錯金書가 보인다.
- 戰國(기원전 5-3세기) : 장편의 명문이 거의 보이지 않는다.
- 戰國以後(기원전 3세기 이후) : 이때의 금문은 광의의 금문에는 속하지만 고문자에 속하지는 않는다. 대부분 서체가 예서체이기 때문이다. 명문은 서주후기 동기에 가장 많이 쓰여져 있다.

(3) 銘文의 서체상 특점

명문 자체의 특점과 서체의 演變 즉, 필획, 결구, 行款의 측면에서 보면 다음과 같은 특징이 있다.

- 필획은 두꺼운 것과 圓筆이 존재하였다.
- 갑골문보다 더 故老한 書寫法과 도형문자 즉, 圖畫性이 강한 상형문자이다.
- 갑골문보다 진일보한 규범화를 소유하였다.
- 자체가 점점 획일화되고 전체적인 모습이(行款) 가지런해진다.
- 전체적으로 점획으로 선이 이루어지고, 자형은 네모(方) 형이며, 銘體는 行列化되었다.

(4) 각 시기의 풍격

■ 상대 : 破磔體(파책체, 파갈체)
■ 서주 : 전기는 상대와 비슷한 파책체(파갈체), 후기는 玉著體를 띠었다.
■ 춘추전국 : 춘추 전기는 옥저체를, 전국시기 남방국가에서는 조충서로 演變되었다.

(5) 銘文의 文例

① 刻鑄, 款識

■ 刻 : 글씨를 칼로 파는 것으로 비교적 글자가 가늘다.
■ 鑄 : 글씨를 주조하는 것으로 거칠고 크다.
■ 款 : 글씨가 안으로 들어가게 한 陰文을 가리킨다.
■ 識 : 글씨가 밖으로 튀어나오게 한 陽文을 가리킨다. 그렇기 때문에 款識이라고
連文하면 명문을 가리키는 별칭이 된다.

② 銘體 위치

■ 상, 서주 : 기물의 안에 주로 새겼다.
■ 춘추전국 : 주로 기물의 밖에 새겼다.

③ 正書, 反書, 倒書

갑골문은 문장 내에 쓰여진 글자의 방향이 바른가, 바르지 않은가에 크게 구애받
지 않는다. 하지만 금문 자체는 대부분이 正書이다. 다만 간혹 反書나 倒書를 한
것이 보인다. 反書란 위 갑골문의 예에서처럼 글자의 방향을 좌우 반대로 쓴 것을,
倒書는 글자를 완전히 거꾸로 쓴 것을 가리킨다.

④ 合文, 析書(分書)

합문은 두 글자를 합하여 하나로 쓰는 것으로 小子는 ♦, 無彊은 ♦, 至于는 ♦

로 쓰는 것이다. 羑의 오른쪽 하단의 '='는 合書符號이다. 析書는 하나의 글자를, 그를 구성하고 있는 편방들을, 독립된 글자처럼 두 글자로 따로 따로 떼어 쓰는 것을 말한다.

⑤ 左行, 右行, 混行, 環行

갑골문은 문장을 세로로 쓴 것, 가로로 쓴 것이 모두 존재한다. 아울러 오른쪽에서 왼쪽으로, 왼쪽에서 오른쪽으로 문장을 써내려간 것 또한 자주 보인다. 하지만 금문은 가로로 쓴 문장은 거의 보이지 않는다. 세로로 쓴 문장은 오른쪽에서 왼쪽으로 써내려감이 주종을 이룬다. 混行은 예컨대 오른쪽에서 왼쪽으로 세로쓰기를 한 문장에서, 행의 마지막 자를 해당 행의 맨 마지막에 쓰지 않고, 오른쪽 행의 마지막 자 밑에 쓰거나, 오른쪽에서 왼쪽으로 세로쓰기를 한 문장에서는, 이와 반대로 왼쪽 행의 마지막 자 밑에 쓰는 것을 말한다. 環行은 문장을 둥글게 동그라미 형태로 쓴 것을 말한다.

⑥ 倒文, 脫文(奪字), 缺文, 衍文, 補文, 泐字

倒文은 문장 중의 글자를 바꿔 쓰는 것을 가리킨다. 예컨대 「父丁子盉」에서 '父丁子'를 '丁父子'로 쓴 것이 그 예이다. 脫文은 銘文 중에 잘못해서 빠뜨린 글자를 말한다. 缺文은 脫文과 비슷하지만 잘못해서 빠뜨린 것이 아니고 잠시 문장이 없는 것을 말한다. 예컨대 여러 개의 鐘에 나누어서 문장을 書寫하여 한편의 완전한 문장을 이루었는데, 이들 鐘 가운데 한두 개를 잃어버리면 완전한 문장을 이룰 수 없는 경우와 같은 것이다. 예컨대 「單白鐘」은 上文만 있고 下文이 없다. 補文은 글자가 빠진 것을 알고 나중에 補刻한 것을 가리킨다. 泐字는 각종 원인으로 마모, 부식된 자를 말하는 것으로 매우 많다.

⑦ 羨文, 重文

羨文은 미관을 위해 장식성의 點劃이나 부호를 첨가한 글자를 가리킨다. 重文은
子子孫孫 같은 단어를 중문부호 '='를 사용하여 '孫=子='같이 쓴 것을 가리킨다.

4. 籒文과 大篆

(1) 주문

주문이 어느 시대의 문자인지 쟁론이 많았으나, 결론부터 말하자면 주문은 서주
시대의 문자이다. 또 단옥재는『說文解字注』(卷 一) 齋자 조에서 주문을 "무릇 주문
은 대부분 자형이 복잡하다.(凡籒文多繁重)"라고 하였다. 꼭 주문 모두가 동시대 혹
은 전후의 문자들과 비교하여 복잡한 것은 아니지만 대체로 복잡한 것은 사실이다.

전통적인 說法에 의하면 주문은 周 宣王(BC 827-BC 782)시대 史官이었던 史籒가
편찬한『史籒篇』에 등장하는 문자를 가리킨다. 한편 후대인들은 이 책에 사용된 문
자를 자체의 관점에서 大篆이라고 부르기도 하였다.『史籒篇』이란 책은 아주 일찍
亡失되었는데, 대략 220여 자가『설문해자』속에 보존되어 있다. 許愼은『설문해자』
의 분석 대상 한자의 자형을 小篆으로 채택하였다. 그런데 그는 寫法이 소전과 조금
이라도 다른 문자는 고문과 주문으로 분류하였다. 예컨대 子의 소전 자형은 '孛'인데
이와 다른 '孛'와 '𢀛'를 각각 고문과 주문이라고 하였다. 하지만 許愼이 본『史籒篇』은
이미 망실되어 殘缺된 것이기 때문에『설문해자』속의 주문은 완전한 자료가 되지
못한다.

주문은 서주 만기 문자라는 전통적인 인식은 근대에 이르러 회의를 갖기 시작하
였다. 청말의 吳大澂은『說文古籒補』의 自序에서『說文解字』에 수록된 주문은 육
서 원리에 부합되지 않는 것이 있기 때문에 周末 문자로 여겼다. 近人 王國維는 주
문은 동주시대의 문자라고 주장하였다. 그는『觀堂集林』卷7「史籒篇疏證」과「戰
國時秦用籒文六國用古文說」에서 주문은 문자의 體勢가 소전과 상당히 닮았고, 자

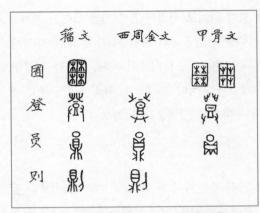

주문, 서주금문, 갑골문의 자형 비교[26]

형이 대부분 춘추전국시대 진나라의 문자와 상동하기 때문에 당연히 전국시대 진나라에서 통행된 문자라고 하였다. 그래서 『史籀篇』 역시 춘추와 전국시대 사이에 진나라 사람이 學童들을 가리키기 위해 지은 책이라고 하였다. 따라서 '史籀'는 인명이 아니고 『史籀篇』의 제1구 첫머리에 나오는 문장의 일부로, 옛 사람들이 이를 따서 책명으로 삼은 것이라고 하였다. 하지만 이러한 주장은 충분조건을 갖추고 있다고 할 수 없다. 우선 주문은 그 자형에 있어 商과 西周 시대를 닮은 복잡한 것도 있지만, 어떤 것은 춘추전국시대 문자와 같고, 어떤 것은 소전보다도 더 간화된 것도 있어,[25] 이를 가지고 전국시대의 문자로 단정할 수 있는 증거로 삼기에는 부족하다.

문자의 傳寫 과정 중에 발생하는 訛變 현상을 참고하면 서주문자로 보는 것이 타당하다. 『설문해자』에 등장하는 주문 가운데 어떤 것은 확실히 후인들의 傳寫 과정 중에 訛變된 것이다. 예컨대 車를 𨏖로 썼는데 이는 서주 금문 속에 흔히 볼 수 있는 車의 자형 𨏖의 訛變이 확실하다. 그렇다면 이러한 와변은 주문이 본래 서주시대의 문자라는 것을 명확히 말해준다고 하겠다. 또 다른 증거로 춘추전국시대의 진나라 문자와 서주문자와의 유사성을 들 수 있다. 문자학적으로 춘추전국시대의 각국은 급격한 문자 변화를 겪는데 유독 진나라만은 서주만기에 만들어진 문자에 대해 개변시킨 것이 적다. 그렇기 때문에 진나라문자와 서주만기로부터 유전된 『史籀篇』의 문자가 서로 합치되는 점이 많다. 결론적으로 말하자면 『史籀篇』은 周 宣王의 太史

---

25) 예컨대 虺를 虵로, 蓬을 𦸏으로 쓴 것이 그것이다.

26) 裘錫圭, 「形體的演變(上) : 古文字段階的漢字」, 앞의 책, 49쪽 복사

籒가 만든 字書이고, 傳寫되는 과정에 와변 되기도 하였지만, 여기에 쓰여진 문자는 周 宣王시대 문자이다. 위 표 〈주문, 서주금문, 갑골문의 자형 비교〉를 보면 그 계승 관계를 짐작할 수 있다. '표'에 보이는 籒文 '囿, 좞, 貝, 則'의 자체, 결구를 갑골문, 금문과 비교하면, 주문이 이들 자형을 계승한 흔적이 확연하다. 특히 서주금문과 매우 유사하다. 이는 주문이 서주시대의 문자임을 말해준다고 하겠다.

   (2) 대전

   대전에 대한 설은 분분하다. 대전은 본래 주문과 같은 類로, 시대가 소전보다 앞서지만 문자의 作風이 소전과 비슷한 고문자를 일컬었다. 사람마다 각각 다르게 정의하고 있는데 크게 다음과 같은 설이 있다. 첫째, 소전보다 이른 시기에 쓰여진 모든 고문자를 가리킨다. 둘째, 춘추전국시기 진국문자를 가리킨다. 셋째, 서주만기 금문과 石鼓文이 대전이다. 넷째, 전국초기의 문자를 가리킨다. 이상과 같이 이설이 분분하나 확정할 수 없으므로 대전이란 용어를 쓰지 말자고 주장하기도 한다.

Ⅲ. 전국문자 : 기원전 475년 – 기원전 221년

1. 전국문자 개설

   전국문자는 전국시기 진나라와 동방 六國의 문자를 통틀어 가리킨다. 이들은 모두 주나라 문자를 계승하였음에도 불구하고 지역적, 경제적, 정치적, 문화적 차이로 인해 확연히 서로 다른 演變의 길을 걷게 된다. 크게 보면 현재 우리가 사용하고 있는 楷書 즉, 진나라 계통의 문자와 도태된 나머지 동방 여섯 나라의 문자로 나눠볼 수 있다.

   한자의 변화발전을 갑골문, 금문, 소전, 예서, 해서 등처럼 자체 측면에서 볼 것인지, 아니면 상대문자, 서주춘추문자 등처럼 시대별로 바라보아야 합리적, 효과적 설

명이 될 것인지 쉽지 않다. 이와 마찬가지로 전국문자에 대한 조망 또한 마땅치 않
다. 전국문자를 통틀어 보아야 할지, 아니면 진나라 계통 문자와 나머지 동방의 六
國 문자로 나누어 보아야 할지, 모두 一長一短이 있어 쉽지 않다. 전자는 전국문자
전체를 조망함에는 유리하나 현재 우리가 쓰고 있는 해서로의 발전계통을 잇고 있는
秦系文字의 특징과, 도태된 나머지 동방 육국문자의 특징을 드러내기에는 미진한
면이 있다. 그래서 본 절은 위 두 방향 모두에서 접근하기로 하는데 重言을 피할
수 없을 것이다. 먼저 전국문자 전체를 조망하고 다음에 진계문자와 동방 육국문자
로 나누어 살펴보도록 한다.

(1) 전국문자의 위상

전국문자는 위로는 갑골문, 금문을 이어받고, 아래로는 秦篆과 古隸를 열어준 중
국문자학상 중요한 단계의 문자이다. 전국문자의 서사방식은 매우 다양하고, 書寫
資料 역시 매우 풍부하다. 극소수 전대의 주조하거나 刻하는 방식의 동기문자, 兵戈
文字 외에도 대량의 竹帛文, 陶文, 貨幣文, 玉石과 璽印文 등이 있게 됐다.

전국시대에는 자체가 어지럽고 복잡하게 변화 발전하였는데, 주로 손으로 직접
쓰는 자체로 인하여 俗體가 대량으로 통용되게 되었다.

(2) 전국문자의 특징

① 지역성의 分歧가 크다.

동일한 자를 서로 다른 방언 지역에서 다르게 읽는 것처럼, 똑같은 자를 지역에
따라 매우 다르게 쓴 경우가 있다. 다음 예를 보자.

<전국시기 각국의 문자 例>

字例 \ 地域	秦	楚	齊	燕	三晋
者	𣊪	𥄂	𠮷	𢗓	𣎵
市	𣎵	𣎵	𤳩	𣎵	𣎵

각 지역마다 확연한 자형 차이를 보이고 있다. '者'와 '市'의 자체를 비교분석하면 현재의 해서체가 진나라 계통의 문자임을 알 수 있다.

　　② 동일한 지역이라도 쓰는 사람에 따라 매우 다르게 쓴 경우도 있다.

■ 區 : 𣎵, 𣎵, 𣎵, 𣎵 −모두 제나라 陶器문자이다.

■ 黃 : 𣎵, 𣎵, 𣎵 −모두 초나라 죽간문자이다.

■ 𣎵, 𣎵 −「鄂君啓節」에 나오는 '昭'자이다.

■ 𣎵, 𣎵 −楚나라 帛書에 쓰인 '四'자이다.

동일지역의 문자이지만 쓰는 사람에 따라 다르게 썼다.

　　③ 형체의 省變이 매우 돌출하고 簡化가 심하게 진행됐다.

■ 棄 : 𣎵

■ 馬 : 𣎵

갑골문에서 棄는 𣎵로 썼다. 이곳에서는 갑골문보다 훨씬 간화됐다.

　　④ 자체결구가 매우 불안정하고 편방 위치가 고정되지 않았다.

■ 沽 : 𣎵, 𣎵

■ 辵 : 彳와 止로 분리 서사하였는데 形符가 省變된 것이다.

■ 功 : 𣎵, 𣎵로 썼다. 形符가 代用됐다.

■ 坌(璽) : 𣎵, 𣎵

沽의 경우 水의 위치가 古의 아래쪽에 쓰기도, 功은 形符인 力을 攴으로 대치시켰고, 壐는 본래 ✦, ✦(楷書에서는 爾의 형태로 씀)로 썼는데, 義符 金과 土를 첨가하여 썼다.

(3) 전국문자의 類別

현재 전국문자는 두 종류로 대별할 수 있는데 물질문자와 문헌문자가 그것이다.

■ 물질문자 : 금문, 죽간문, 帛書, 石刻文, 貨幣文, 古璽文, 陶文
■ 문헌문자 : 『說文解字』 가운데의 고문, 籀文, 三體石經 중의 고문, 『汗簡』과 『古文四聲譜』에 수록된 고문

① 물질문자

가. 竹帛文

통칭 簡帛文이라고 한다.

가) 죽간문

竹簡이라고도 칭한다. 죽간을 編冊한 것을 冊 혹, 策이라 한다. 죽간문은 상대에 이미 사용됐을 것으로 추정되나 춘추시대에 이르러서 그 사용이 보편화됐다. 1960년대 이후 중국에서 발굴된 죽간 대부분은 楚國 簡[27]이었으나, 1970년대 이후에는 秦簡과 漢簡 역시 다량 출토되었다. 簡冊의 편책과 서사는 대부분 先編 後寫의 방법을 사용하였고, 편책은 2편, 3편, 4편이 있다. 즉, 죽간을 책의 형태로 묶는 방법은 죽간의 위 아래로 두 군데 묶는 것, 위아래와 가운데 세 군데 묶는 것 등이 있었다. 보통 죽간이 길면 비례해서 여러 번 묶었다. 내용은 다음과 같은 것들이 있다.

■ 遣策 : 死者의 入葬時 친우들이 보내온 예물 및 葬儀 용품 명단을 기록한 것이다.[28]

---

27) 1966년 전후로 長沙, 信陽, 江陵에서 발굴되었다.

■ 書 : 議論文이다.
■ 札記 : 墓主의 생전의 질병, 축수, 점복, 記事 등 개인 일상생활을 기록한 것이다.

簡帛文은 일상생활 속에서 손으로 직접 쓴 것이다. 고로 起筆과 收筆 時 모양이 다르다. 필획이 보통 구부러져 있다. 일반적으로 起筆은 굵고 거칠게, 收筆은 가늘게 썼다. 結構상 미화를 위해 필획이나 部件을 첨가하기도 하였다. '一'과 같은 필획을, 'ㅁ, 曰' 등과 같은 부건을 첨가하기도 하였다. 다음의 예를 보자.

■ 天下 : **죶下**. 天의 하부에 'ㅅ'를, 下는 상부에 'ㆍ'을 증가시켰다,
■ 丙辰 : **쮡쮷**. 둘 다 하부에 '甘'를 증가시켰다.
■ 其　 : **𠀠**. 상부에 '一'를 증가시켰다.
■ 無　 : **𣎴**. 하부에 '甘'를 증가시켰다.

　나) 帛書

　전국시대 백서로는 1942년 9월 長沙子彈庫의 木槨墓에서 출토된 것이 유일하다. 가로세로가 대략 35㎝ 정도인데 1944년 미국인에 의해 매수됐다. 1952년 이를 圖錄으로 발표한 뒤 商承祚, 饒宗頤 등 중국학자들을 포함한 일본, 미국의 학자 30여 인의 60여 편의 논문이 발표되었다.

　나. 石刻文(附盟書)

　秦代 이후 석각이 광범위하게 사용되었다. 진대 이전의 석각문은 그리 많지 않다. 석각문이 많지 않은 것은, 여러 가지 이유가 있겠지만 돌에 글자를 새기기 위해서는 단단한 쇠붙이가 필요한데 이런 철기가 발전하지 않다가, 진대 이후 도금 술의 발전

---

28) 『儀禮·旣夕禮』 "書遣于策."의 注에 "策은 죽간이다. 遣은 '보내다'와 같다.(策, 簡也. 遣, 猶送也)" 고 하였다.

으로 석각문이 많아지게 되었다.

가) 石鼓文 : 진나라에서 생산된 것이다. 石碣로 칭하기도 한다. 그 모양이 돌로 만든 북과 같아 붙여진 이름이다. 모두 10개가 있다.

나) 詛楚文 : 진나라(기원전 312년)에서 생산된 것이다. 3개가 있다. 진나라 왕이 천신에게 초나라를 쳐부수고, 그 변방을 회복할 수 있도록 비는 내용을 담고 있어, 후세에 저초문이라고 불렀다.

다. 금문(符節文), 貨幣文

전국은 이미 철기시대로 진입하였기 때문에 청동기가 날로 쇠퇴하여 금문의 생산 또한 상응하여 간략화되고 있었다.

라. 古璽文, 陶文

고새문은 선진시기의 인장에 새겨진 문자를 가리킨다. 璽는 본래 𣏾, 𣏾 등으로 썼다. 상부는 인장의 끈이나 자루의 측면을 나타내고, 하부는 도장 후면에 드러난 문양을 나타낸다. 간혹 '金'을 덧보태 쓰기도 하는데, 이는 도장의 재료가 銅製임을 나타낸다. 또 '土'를 덧붙여 쓰기도 하는데, 이는 도장을 진흙 위에 찍었기 때문에 붙여진 것이다. 당시에는 종이가 없어 모두 진흙 위에 도장을 찍었다. 또 爾 아래에 玉 을 덧붙여 '璽'로 쓰기 시작한 것은 대략 秦漢 이후인 듯싶은데, 도장의 재료가 옥으로 변했기 때문에 붙여진 것이다.

고새문은 고문자의 演變을 연구하는 데 중요한 의의를 가진다. 도장은 글자를 수용할 수 있는 면적의 제한으로 省變이 특히 심하다. 편방에 쓰인 문자는 다른 것에 쓰인 문자에 비해 많이 다르다. 예컨대 邑은 '邑'으로, 犬은 '犬'으로, 欠은 '欠'으로, 辵은 '辵'으로 썼다.

陶文은 도기에 파거나 찍는 방법에 의해 생산된 문자이다. 전국시대 도문은 晚清 시기 대량으로 발굴됐다.

② 문헌문자

가. 『설문해자』의 古文과 籒文

『설문』의 '고문'은 한대 사람들이 본 전국시대 문자이다. 그 가운데서도 동방의 6국문자라는 것이 정설이다.

<『설문』의 고문과 육국문자[29])>

〈『설문』의 고문과 육국문자〉에서 보는 바와 같이 『설문』의 고문과 육국문자는 모양이 기본적으로 같다. 이는 곧 『설문』의 고문은 육국문자임을 증명한다. 『설문』에 수록된 고문은 약 500자이고, 주문은 223자이다. 『설문』의 주문은 失傳하는 『史籒篇』에서 채록하였고, 고문은 공자의 壁中書와 민간이 바친 古文經[30]의 문자를 말한다. 이들은 모두 춘추시대 秦나라 지역이 아닌 지역에서 서사된 것이다. 『설문해자』에 출현하는 고문의 서사시기에 대해 許愼은 『說文解字·敍』에서 다음과 같이 말하였다.

周의 宣王 시에 太史인 籒가 대전(史籒) 15편을 지음에 고문과 혹 다름이 있었으나,[31] 공자가 육경을 정리하고 좌구명이 춘추전을 찬술할 때는 모두 고문으로 하였기 때문에 그 문자의 구성원리를 설명할 수가 있었다.

及宣王太史籒, 箸大篆十五篇, 與古文或異. 至孔子書六經, 左丘明述春秋傳, 皆以古文, 厥意可得而說.

---

29) 裘錫圭, 「形體的演變(上) : 古文字段階的漢字」, 앞의 책, 55쪽 복사

30) 河間王이 바친 周官, 毛詩 등을 가리킨다.

31) 고문은 동방 육국문자이다. 周의 『史籒篇』과 고문이 다르다고 한 것으로 보아 이미 이때부터 동방육국문자는 정통 주나라 문자와 다른 演變의 길을 간 듯하다.

허신은 비록 고문경서의 서사시대는 『史籀篇』보다는 늦지만, 여기에 사용된 자체는 주문보다 이르다고 보았다. 왜냐하면 공자 등이 의식적으로 비교적 오래된 자체를 가지고 경서를 서사했기 때문에 고문은 주문보다 이른 古字體라는 것이다. 하지만 근대 고문자학이 흥기한 이래 고문이 주문보다 오래됐다는 주장에 대해 회의를 갖기 시작하였다. 『설문해자』에 수록된 고문이 갑골문이나 서주 춘추의 금문과 비슷하지도 않고, 도리어 동방 육국문자와 종종 닮았기 때문이었다. 예컨대 현재 중국에서 사용되고 있는 '棄'의 간화자 '弃'는 『설문해자』의 고문에서 온 것이다. 그런데 갑골문, 금문, 소전이 모두 번화자 '棄' 계통의 자형을 띠고 있다. 淸末의 吳大澂은 『說文古籀補』의 自序에서

가만히 생각하니 許愼은 벽 중에서 나온 책에 쓰여진 글자가 고문이라고 여겼는데, 모두 주나라 말 7국시기에 지은 것이 아닌가 생각한다. 언어의 소리가 다르고, 문자의 형체가 다르니, 다시 공자가 쓴 육경의 옛 간독문이 아니다.
竊謂許氏以壁中書爲古文, 疑皆周末七國時所作, 言語異聲, 文字異形, 非復孔子六經之舊簡

라고 하였다. 陳介祺 역시 吳大澂의 『說文古籀補』에 쓴 序에서 다음과 같이 말하였다.

공자의 집 벽에서 나온 고문경전 또한 주나라 말기 사람들에 의해 쓰여진 것이다. 그렇기 때문에 고문 대부분이 지금 볼 수 있는 옛 鐘鼎의 문자와 닮지 않았다.
疑孔壁古經亦周末人傳寫, 故……古文則多不似今之古鐘鼎.

고문이 주나라 말기 사람들에 의해 쓰여졌다는 주장은 매우 합리적이다. 뒤에 王國維는 많은 자료를 섭렵하여 『설문해자』에 수록된 고문은 전국시대 동방육국 문자라고 주장하였다.[32]

籀文은 주로 아동의 識字教學用 문자이기 때문에 자체가 복잡하고 정제되었으며, 장중하여 정체에 속하고, 고문은 抄書로 민간에서 유전되는 簡體의 속체자이다.

나. 三體石經의 고문

삼체석경은 삼국시대 사람이 본 전국문자이다. 魏 正始 2년 정부에서『尚書』와『春秋』두 經書를 비석에 새기되, 매 글자를 고문, 소전, 예서 등 3종의 자체로 썼다. 正始 2년에 세워졌기 때문에 正始石經, 3종의 자체로 썼기 때문에 三體石經이라고도 부른다. 여기에 쓰여진 古文은『설문해자』에 수록된 고문과 매우 흡사하다.『설문해자』에 수록된 고문과 삼체석경의 고문은 동방 육국 문자 연구에 매우 중요한 자료가 된다. 고문은 '科斗文'이라는 별명을 갖고 있다. 고문의 필획이 처음 시작할 때는 거칠고 굵지만 뒤로 가면서 가늘거나, 혹은 시작과 끝은 가늘지만 중간은 거칠어, 그 모양이 올챙이와 비슷하기 때문에 붙여진 이름이다.

2. 육국문자

(1) 육국문자 개설

춘추와 전국 교체기 중국사회에는 큰 변화가 있었다. 따라서 한자도 큰 변화를 겪게 된다. 춘추이전 귀족계급이 정치, 경제, 문화의 생산, 향유, 점유자이었으나 춘추전국 교체기에 귀족들이 쇠퇴하고 신흥 사대부가 등장하면서 이들이 사회의 중심세력이 되었다. 급기야 전국시기에 들어와서는 민간인이 한자의 서사와 사용자가 되면서 급속히 俗體가 양산되었다. 전국시기 진국은 지리적으로 서쪽에 편벽되어 동쪽의 여러 나라에 비해 경제, 문화가 뒤쳐졌다. 그렇기 때문에 극렬한 문자 변화 또한 비교적 늦게 일어나, 전국중기가 돼서야 속체가 많이 출현하였다. 동방 각국문자의 자형은 正體와 속체 사이의 자형 차이가 컸다. 그리고 속체 사용이 매우 많아 전통

---

32)『觀堂集林』卷6「桐鄕徐氏印譜序」과『觀堂集林』卷 7「戰國時秦用籀文六國用古文說」에 보임

의 정체가 궤멸되었다.

진국의 속체는 주로 方折, 平直의 필획으로 정체를 개변하는 식으로 진행되어, 그 자형이 정체와 확연한 연관성을 갖고 있다. 진국의 정체는 후에 小篆으로, 속체는 예서로 변화 발전하였다. 속체가 정체의 계통에 대해 어떤 변화의 영향도 미치지 않았다.

전국시대의 진국문자는 서주 만기와 춘추의 전통문자의 면모를 그대로 유지하였다. 그러나 동방 육국문자는 서주만기와 춘추시대의 전통적인 정체와 비교해 완전히 다른 면모를 띠고 있었다. 다음 글자를 보면 주문과 서주문자와의 관계, 춘추전국시대의 육국문자와 서주문자와의 관계를 알 수 있다.

주문과 서주금문[33]

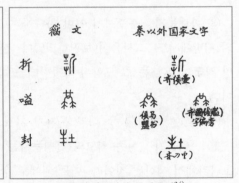

주문과 秦 이외 국가문자[34]

우선 위 그림 〈주문과 서주금문〉의 嫠와 喬, 두 글자를 비교해보면 주문과 서주금문이 동일 계통의 글자임이 확연하다. 자형이 기본적으로 똑같다. 또, 〈주문과 秦 이외 국가문자〉에서 보는 바와 같이 折, 嗌, 封 등을 주문과 秦 이외 육국문자와 비교해보면 역시 동일계통의 문자임이 뚜렷하다. 그렇다면 주문은 서주말기의 문자

33) 裘錫圭, 「形體的演變(上) : 古文字段階的漢字」, 앞의 책, 50쪽 복사
34) 裘錫圭, 「形體的演變(上) : 古文字段階的漢字」, 앞의 책, 51쪽 복사

이고, 육국문자는 서주문자로부터 과격한 演變을 거친 것이라는 것을 알 수 있다. 아울러 『史籒篇』의 편찬자는 역시 秦나라 사람과는 상관없다는 것을 알 수 있다.

(2) 육국문자의 자료

① 금문 : 호북성 隨州市의 전국초기 曾侯乙墓 출토의 編鐘이 대표적이다. 내용은 대부분 音律에 관한 것이고 명문은 모두 2,800자 좌우가 된다. 전국 중기부터 전통형식의 銅器銘文은 현저히 감소한다.

② 璽印문자 : 전국시대 각국의 관청과 개인이 사용하던 새인이 상당히 많다. 따라서 문자 역시 많다. 전국시기의 새인은 대부분 銅印이고 그 외 銀印, 玉印 등이 있다.

③ 화폐문자 : 춘추시기 이미 화폐가 주조되었고, 전국시기에 들어와서는 대부분의 지방에서도 그 사용이 보편화되었다. 전국시대의 화폐는 대부분 青銅幣이다. 동방 각국의 銅幣는 그 모양이 복잡한데 크게 布(삽 모양), 刀, 圓錢, 蟻鼻錢(조개 모양)이다.

④ 陶文 : 齊, 燕 두 나라 문자가 가장 많다.

⑤ 간백문자 : 현존 최고의 간백문자는 전국시대 것이다. 이 가운데서도 대부분 초나라에서 생산된 것이다. 이들 외에도 金, 銀, 漆, 木, 玉, 石 등에 새겨진 문자가 있다. 또 『설문』, 三體石經 등에 남겨진 고문[35]이 이들 문자 자료에 해당한다.

(3) 육국문자의 자형 특징

① 아래 표 〈육국문자의 俗體〉에서 보듯이 속체가 유행하였다. 그 가운데에서도 簡體가 유행하였다.

② 필획이 춘추시기 것보다 平直하다. 이 또한 簡化의 일종이다.

---

35) 科斗文이라고도 한다. 시작되는 곳과 위는 굵고 아래는 가늘다. 혹은 양끝은 가늘고 가운데가 굵기 때문에 붙여진 이름이다.

육국문자의 俗體[36)]   육국문자의 繁體[37)]

③ 위 그림 〈육국문자의 繁體〉에서 보듯이 점획 및 편방의 繁化 현상이 있다. 극렬한 簡化 현상에 비하면 아주 사소한 현상이다.

④ 字形이 西周前期와 춘추의 전통문자에 비해 확연히 다르다. 속체로 변화 발전하였다. 즉 한자의 계통성에서 현재 우리가 사용하고 있는 해서(진나라 계통의 문자)와 다른 길을 가고 있었다. 이는 서주나 춘추시기의 某 특정한 器物 上에 발견되는, 지역성의 속체를 계승 발전한 것으로 보인다. 그 예증으로 서주시대의 「格伯簋銘」에 安자를 '𫠜, 𫠜'로 쓴 것이 보이는데, 이는 당시 서주의 일반적인 安자의 자체와는 많이 차이가 난다. 그런데 齊國文字 가운데에서도 '安'자를 '𫠜, 𫠜' 등으로 쓴 것이 보인다. 또, 燕國文字는 '宀'을 항상 '∧'로 썼는데, 이는 춘추중기의 晉國文字에서 이미 사용하였던 속체이다. 육국의 속체는 서주나 춘추의 정통문자보다는 특정한 기물에 쓰인 글자를 계승하여 俗體化를 이룬 것으로 보인다.

⑤ 秦系文字와 육국문자의 자형차이뿐만 아니라 육국 내에서도 자형차이가 크게 난다.

---

36) 裘錫圭,「形體的演變(上) : 古文字段階的漢字」, 앞의 책, 56쪽 복사
37) 裘錫圭,「形體的演變(上) : 古文字段階的漢字」, 앞의 책, 56쪽 복사

<육국문자의 字樣 差異>

字例 \ 地域	秦	楚	齊	燕	三晋
者	耆	瘖	旹	応	盾
市	巿	똥	坤	帀	坓

⑥ 전국말 육국문자 또한 복잡한 변화과정을 겪는다. 진국문자처럼 예서자형으로 변하기도, 속체가 正字로 자리 잡기도, 각국 내에서의 문자가 확연히 다른 변화 발전의 길을 걷기도 한다. 다음 예를 보자.

<초나라 문자의 字樣 差異>

出典 \ 字例	馬	金	則
鄂君啓節	馬	金	剔
望山竹簡	똥, 똥	金	剔

위 표 <초나라 문자의 字樣 差異>에 보이는 「鄂君啓節」과 「望山竹簡」은 초나라 문자이다. 쓰여진 시기가 비슷한데도 상당한 자형차이가 난다. 「鄂君啓節」의 寫法은 서주, 춘추문자와 유사한데, 「望山竹簡」은 이들과 매우 다르다. 「望山竹簡」 '馬'의 寫法은 三晉文字와 비슷하다. 이는 정자와 속자의 차이를 설명한다고 하겠다. 즉 전자는 정자, 후자는 속자라고 할 수 있다.

3. 진계문자

(1) 진계문자 개설

秦系文字는 춘추전국 시기 즉, 통일전의 진국문자와 소전을 말한다. 진계문자 또한 정체와 속체가 있었다. 진계문자의 속체는 예서의 기초가 되었고, 정체는 소전으로 발전하였다. 현재 우리가 사용하고 있는 해서는 진계문자의 계승자라고 할 수 있다. 앞에서 말했듯이 전국시기 진나라와 동방 육국의 문자는 모두 주나라 문자를 계승하였음에도 불구하고 지역적, 경제적, 정치적, 문화적 차이로 인해 확연히 서로 다른 演變의 길을 걷게 되었다. 현재 사용하고 있는 해서를 기준으로 한자 변화발전의 맥락을 살펴본다면 진계문자는 갑골문, 금문을 이어받아 소전으로 발전하였고, 예서, 해서의 길을 열어준 한자 발전의 중심축을 형성했다고 할 수 있다. 말하자면 한자발전의 적통인 셈이다. 가정이지만 진나라가 중국을 통일하지 않고, 동방 육국 가운데 어떤 한 나라가 중국을 통일했다면, 오늘날 사용하고 있는 한자의 모습은 지금과는 크게 달랐을 것으로 생각된다.

(2) 진계문자의 형체

춘추전국시 진국문자 형체 변화는 자형이 規範化되고, 가지런하며, 균형을 이루는 쪽으로 발전하고 있었다. 자형을 규범화, 정제화, 균형화시키기 위해서는 필획을 彎曲化시키기도 하고, 또 다른 한편으로는 서사의 편리함을 위하여 필획을 平直化시켰다.

<진계문자의 자형>

出典및 字體 字例	西周晚期 金文	秦公鎛(武公器)	秦公簋	石鼓文	詛楚文
虎					
犬					

위 표 <진계문자의 자형>의 虎와 犬의 예에서 보듯이, 춘추조기의 진국문자와 서주만기의 문자는 매우 닮았다. 또, 詛楚文까지 문자를 비교해보면 주나라 문자를 계승하고 있음이 확연하다. 전체적으로 상형성이 감소하고, 필획이 평직화되었으며, 자형이 규범화를 이루고 있다. 다만 虎자의 상부같이 후대로 내려오면서 필획을 만

곡(虎)되게 쓴 것은 모양의 균형을 이루기 위해 쓴 것이다. 虎는 서주만기 금문이나 秦公鎛까지는 호랑이의 모습을 세워 놓은 것이기 때문에, 글자가 전체적으로 왼쪽으로 치우친 면이 있었는데, 자형의 규범화를 위해 상부를 좌우가 똑같게 彎曲시켜 ⽍, ⽍, 虎로 썼다. 이는 한자의 연변에서 자형의 정제를 위해 규범화가 이루어졌다는 것을 증명한다고 하겠다.

(3) 소전

① 小篆

소전은 大篆과 상대적인 일종의 자체이다. 본래 대전과 함께 전문이라고 불렀는데, 한나라 때 사람들이 小篆 혹은 秦篆이라고 부르기 시작하면서 얻어진 이름이다. 전통적으로 소전은 진나라가 중국을 통일한 이후, 진국문자와 다른 전국의 각 지역 문자를 丞相 李斯가 통일할 것을 주장하면서, 자신들이 지금까지 쓰던 자체인 대전을 省改하여, 통일 秦國에서 쓰기 편한 글자로 개조한 자체라고 한다.[38] 하지만 문자는 한두 사람의 노력에 의해 자체가 개변될 수 있는 것이 아니다. 소전의 탄생은 당시의 문자사용 정황과 통일 진국의 통치 수단이 결합된 산물로 보여진다. 진나라가 다른 육국에 비해 주나라 문자를 충실히 계승하고 있었다고는 하지만, 진나라 역시 광범위한 속체 사용을 피할 수 없었다. 이런 상황에서 통일 중국을 원만히 통치하기 위해서는 우선 자국 문자의 규범화, 통일이 시급하였다. 이사 등이 소전을 만들었다는 것은, 이렇게 진국 안에 존재했던 다양한 異寫字 가운데 通行體를 정했다는 것이다. 당연히 간명한 자형, 정제된 자형을 중심으로 선정하였을 것이다. 이 간명한 자형, 정제된 자형이 바로 당시 진국에서 사용하고 있던 자형임이 분명하고, 이것이 소전이다.

이렇게 소전은 춘추전국시 진국문자의 演變에 의해 형성된 것으로 籒文으로부터

---

38) 설문 敍에 "모두 사주가 지은 대전(사주편)을 취하여 혹은 조금 생략하거나 고쳤으니, 이른바 소전이라는 것이다.(皆取史籒大篆, 或頗省改, 所謂小篆者也.)"라고 하였다.

'省改'된 것이 아니다.[39] 소전의 특징은 고문자의 편방 不固定 현상이 현저히 감소되었다. 소전이 계승하였을 것으로 추정되는 石鼓文과 소전을 비교해보면 다음과 같은 문자 특징을 발견할 수 있다.

첫째 소전은 石鼓文에 비해 규범화, 均化가 이루어지고 상형 정도가 현저히 감소하였다.

둘째 확연한 簡化가 있다. 아래 소전과 석고문의 자형을 비교해 보자.

<소전과 石鼓文의 자형비교>

字體＼字例	角	吾	中	草
石鼓文				
小篆				

위 표 〈소전과 石鼓文의 자형비교〉에서 보듯이 소전은 석고문에 비해 확연히 간화가 되었고, 규범화가 이루어졌다.

② 『설문』 속의 소전

『설문』 속의 9,000여 자의 소전은 동한 중기에 쓰여진 것으로, 잘못 쓰여진 것이 더러 있다. 또한 許愼과 그의 영향을 받은 문자학가들이 소전의 결구에 대해 착오를 하여 소전을 잘못 고친 것도 있다. 『설문』은 成書된 이후 여러 번 傳抄刊刻하는 과정 중에 書手나 刻工 혹은 校勘者에 의해 일단의 착오를 면할 길 없었다. 그래서 현재 우리가 접하는 소전 자체 중에는 잘못된 것이 더러 있다. 예컨대 '戎'자를 『설문』에서는 '戎'로 쓰고 "從戈, 從甲"으로 분석했는데, 서주금문에서는 '戎,' '戎'로, 峰山刻石에서는 '戎'로 썼고, 漢印의 소전과 예서, 해서, 모두 '十'을 따랐고 '甲'을 따

---

39) 춘추전국시기의 진국문자에 대해, 字體 측면에서 딱히 붙여줄만한 이름이 없다. 앞에서 말했듯이 통일 진나라까지는 '篆'이라는 이름만 존재하였기 때문이다.

르지 않았다. 고문자에서 甲은 '十'으로 쓴 것은 사실이나 위 '戎'자가 따른 '十'은 '甲'이 아니고, 퓹이 '관'이고 방패를 나타내는 '十'의 간화형인 '十'이다. 고대 戎은 공격과 방어를 하는 기구이기 때문에 창과 방패를 나타내는 部件 戈, 卅으로 구성됐다는 것은 명확하다. 이외 '走'(走)를 '走'로, '欠'(欠)을 '欠'로 잘못 썼다.

(4) 篆이란 명칭과 篆文

전문은 大篆과 小篆을 합해서 부르는 말이다. 춘추전국에서 통일 진 왕조까지 썼던 자체이다. 篆書란 이름은 寫法으로부터 온 말이다.

대전이니, 秦篆이니, 소전이니 하는 명칭은 한대에 붙여진 것이다. 秦代에는 篆이란 명칭만 있었다. 『설문』에 篆을 '引書'라고만 하고, 그 義는 명확치 않다고 하였는데, 篆은 '瑑(아로새길 전)'과 同퓹이기 때문에 '아로새겨 만든 文'이란 뜻으로 쓰인 듯하다. 『呂氏春秋·愼勢』에 "공명은 칠기 위에 적고, 명문은 청동기에 새긴다.(功名著乎盤盂, 銘篆著乎壺鑑)"라고 하였다. 이곳의 銘篆은 銘刻이란 말이므로, 전문의 篆은 당연히 '瑑'으로 보아야 할 것이다. 또 『설문』에 "篆은 죽 늘려서 쓴 글씨다.(篆, 引書也.)"라고 하였다. 즉, 전문은 아로새긴 문자이던 죽 늘려서 쓴 문자이던, 붓이 주요한 서사도구로 등장하면서 한자의 연변에서 늘 추구하던 整齊美를 위해 필획의 長短, 疏密, 配合 등을 균형 있고 아름답게 쓴 글씨란 것이다.

통일된 진국문자와 소전의 자형차이는 별로 없다. 그렇기 때문에 춘추전국의 진국문자와 소전을 합쳐서 전문이라고 한다.

(5) 秦統一 후의 문자 정황

통일 진국은 정복지의 각국문자를 통일하기 위해 무던히도 애를 썼지만, 문자의 서사 습관을 단번에 고칠 수는 없었다. 그 단적인 예가 서한 초기의 長沙 馬王堆漢墓 출토의 죽간과 帛書文字의 경우가 그것이다. 長沙는 통일 전 초나라 땅이었는데, 이곳에서 출토된 글자들은 대부분은 진의 조기 예서 형태를 띠고 있지만, 간혹 초국문자의 흔적이 보인다. '關'을 '𩔖'으로 썼는데 이는 초국문자이다.

(6) 진나라 계통의 문자자료

① 石刻文字 : 秦系 문자자료는 매우 많다. 대표적인 것으로 石鼓文,[40] 전국 중기 이후의 詛楚文[41] 등이 있다. 진이 중국을 통일한 뒤, 진시황은 천하를 순시하면서 峰山, 泰山, 琅邪台, 碣石, 會稽 등에 그 功을 돌에 새겨놓았다. 진시황의 二世 역시 시황제의 刻石에 詔書 등을 加刻하였는데 이들은 소전 연구에 중요한 자료들이다. 아쉬운 것은 이들이 대부분 마모되거나 훼손되고, 峰山의 摹刻本만이 완전한 상태로 남아 있고, 泰山의 刻石文字은 殘拓의 摹刻本이 전해져 온다.

② 금문 : 주로 병기, 저울, 虎符 등의 기물에 새겨져 있다. 진의 통일 이후 진시황 26년(기원전 221년) 통일도량형에 대한 조서를 저울이나 자에 새기거나 주조하여 놓았다. 진시황의 2세 역시 동일한 업적을 남겼는데, 이들 詔版(詔板)은 진나라 금문의 절대수를 차지한다. 전국시대와 통일 후의 진나라 금문은 대부분 칼로 판 것으로 종종 그 刻의 상태가 거칠어 예서 형성을 고찰할 수 있는 중요한 자료로 평가받는다.

③ 印章, 封泥文字 : 역대로 발견된 전국후기와 통일 후의 진나라 도장이 매우 많다. 이들 대부분은 전문이다. 드물게 조기 예서(古隸) 혹은 고예에 접근된 전문 속체들이 있다. 종이가 발명되기 전 도장은 진흙에 찍었는데, 이들 진흙에 찍힌 문자들을 封泥文字라고 한다. 한나라 때의 봉니문자는 많으나 진나라 것은 드물다. 앞에서 전국후기, 진나라의 도장이 많다고 한 것과 이들 시대의 봉니문자가 적다고 한 것은 일견 모순같이 보이지만 이는 독립적으로 존재할 수 있는 사실이다. 왜냐하면 진흙에 찍은 봉니문자는 잘 부스러지고 또, 습도에 약해 원형을 보존하기가 매우 어려워 진

---

40) 唐初에 天興縣(今 협서성, 鳳翔縣)에서 10개의 石碣이 발견되었는데, 戰國時期 秦國에서 생산한 문자이다. 매 碣 1편에 67자씩 4언시가 새겨져 있고, 돌로 된 북처럼 생겨서 석고문이라 한다.

41) 전국중기 이후 생산된 것으로 추정된다. 내용은 진나라 왕이 초나라 왕을 저주함을 天神께 고하는 것이다.

흙에 찍은 문자가 많지 않다. 아래는 서한의 封泥이다. 마왕퇴한묘의 부장품 상자의 마지막 묶음 처에 조그만 나무상자를 대고 진흙으로 바른 다음 그 위에 도장을 찍었다. 오른쪽은 이를 크게 확대한 것이다. 문서를 봉할 때도 이렇게 봉니를 찍었다.

馬王堆漢墓 출토 封泥[42)]

④ 陶文 : 전국후기 진나라와 통일 진나라의 도기, 와당, 벽돌 등에 종종 도공이나 官府의 도장이 찍혀 있다.

⑤ 漆器 : 전국후기 진나라와 통일 진나라의 칠기에 도장을 불에 달구어 찍거나 刻하는 방법으로 문자를 남겼다.

⑥ 簡帛文字 : 진간은 1970년대 發現되기 시작하였는데, 1975년 湖北省의 云夢縣 睡虎地11호 秦墓에서 출토된 죽간이 대표적이다. 그 수량은 1,100여 簡에 이르고, 내용은 법률, 大事記 日書 등으로 이루어졌다.

---

42) 湖南省博物館, 中國科學院考古硏究所編, 『長沙馬王堆一號漢墓(上,下)』, 文物出版社, 1973, 10, 下冊圖錄

제4장

今文字 단계의 한자 : 隸楷段階의 한자

예서(고예와 금예)에서 해서까지의 演變은 전국말에서 시작하여 지금까지 이르고 있다. 성숙한 예서는 자형이 해서와 매우 접근되어 있다. 양한시대 통행된 주요 자체는 예서이고 보조 자체는 초서이다. 대략 동한 중기에 일상사용의 예서에서 새로운 비교적 간편한 속체가 연변해 나왔는데 이를 굳이 이름붙이라면 新隸體라고 할 수 있다. 동한 만기에는 신예체와 초서의 기초 위에 행서가 형성되었다. 대략 한과 魏의 교체기에 행서의 기초 위에 해서가 형성되었다. 해서가 출현한 뒤에도 예서(성숙한 예서)와 신예체는 금방 사라지지 않았다. 魏晉의 200여 년의 시간을 지난 뒤에야 해서는 주요 자체로 등장하였다.

Ⅰ. 예서

1. 예서의 형성과 맹아 : 秦隸

今文字는 예서 이하 현재의 해서, 간체자까지의 문자를 포함한다. 예서는 전국만기 진나라의 속체로부터 발전하여 형성되었다. 진의 주요 자체는 소전이었다. 전국시대의 진국문자는 소전으로의 변화 중에 있었기 때문에 異體의 존재를 피할 수 없었다. 그렇기 때문에 진시황은 문자를 통일한 후, 진국문자 자신의 정리가 필요하였다.

李斯 등이 찬한『蒼頡篇』 등은 이런 목적을 달성하기 위한 것이었다. 이들 漢字書는 새로운 창작물이 아니고, 기존 문자의 정리와 통일에 주안점을 둔 제작이었다.[43]

예서에 대하여『漢書‧藝文志』나『설문‧서』에서는 진나라 때 官獄事務의 증가에 부응하기 위해 조성된 일종의 간편한 자체라고 하였다. 또, 漢代 이후 일부 학자들은 예서란 鄭邈이 진시황을 위해서 만들었다는 설을 주장하였는데, 이는 사실과 합치되지 않는다. 아울러 예서의 형성을 한대에 이루어졌다고 하기도 하는데, 이는 더더욱 합리적이지 못하다. 예서의 형성은 비교적 긴 시간을 갖고 이루어졌다. 설령 한대에 이루어졌다 하더라도 현재 서예에서 우리가 흔히 예서라고 칭하는 자체까지

商鞅量[44]

의 演變 과정은 그리 간단치 않다. 각종 자료를 참고하면, 전국말기 예서가 형성되기 시작하였다는 것은 학계의 공인된 바이다. 전국시대 진국 문자는 다른 동방 육국문자에 비해 매우 보수적이었다. 다만 진나라 사람들이 일상생활에서 쓰는 문자는 서사의 편리함을 좇아 정체를 부단히 파괴하거나 개조하였다. 이로부터 생산된 진국문자의 속체가 바로 예서 형성의 기초가 되었다. 예서가 簡易體라는 설은 현재 한자학계에서 공인하고 있는 바이다.

왼쪽 그림〈商鞅量〉은 孝公 18년, 기원전 344년에 쓰여졌다. 글씨가 아주 가지런한 진나라의 正字體이다. 그런데 이로부터 2년 뒤에 쓰여진(기원전 342년, 秦 孝公 16년)〈商鞅矛鐓〉의 銘文은 앞의 '商

---

43) 錢玄同은 "허신(叔重은 허신의 字임)은 이사 등이 대전을 취하여 고치고 생략하여 小篆을 만들었다고 하였는데, 절대로 소전은 그들이 창조한 것이 아니다.(許叔重謂李斯諸人取大篆省改爲小篆, 幷非創自他們也)"라고 하였는데, 정확한 견해이다.

44) 商鞅量은 商鞅方升이라고도 한다.

商鞅矛鐓[45]

軼量'에서 보는 바와 같이 가지런하고 정비된 전국시대 진나라의 正字體가 아니다. 즉 기원전 340년경 진나라에는 우리가 일반적으로 생각하는 가지런한 篆體의 정체만 있었던 것이 아니고 속체도 사용되고 있었다. 이러한 속체는 문자의 사용이 왕성하면 할수록 그 사용 또한 급속히 많아지는 것이 속성이다. 진 효공 이후 銅器나 漆器에 쓰여진 銘文이나, 印文, 陶文 등에 보이는 진나라의 속체에는 후에 예서라고 불리는 문자들과 같거나 비슷한 寫法이 많이 보이는 것으로 이를 증명할 수 있다. 예컨대 惠文君 13년(기원전 325년)에 만들어진 '相邦義

戈'[46]의 '義'자는 상부 '羊'을 '羊'(소전은 '羊'로 씀)으로 썼다. 또, 같은 임금시대에, 그리고 그 후 진시황제3년까지 만들어진 '戈'에는 간혹 '水'旁을 이미 3개의 짧은 가로획 '≡'로 쓰고 있다. 이는 뒤에 형성된 예서와 같거나 비슷한 寫法이다.

이러한 것들을 참고하고, 최근 고고학계에서 진나라의 옛 유적지에서 발굴한 秦의 문자자료를 보면, 예서 형성은 전국만기로 여겨진다.[47] 전국 말에서 진초에 쓰여진 것으로 추정되는 아래 그림의 〈睡虎地秦簡〉에는 이미 정규의 전문 字樣이 거의 보이지 않는다. 예컨대 止는 '止'[48]로, 亦은 '夾'[49]로, 木은 '朮'[50]으로 써서, 소전의

---

45) 裘錫圭, 「形體的演變(上) : 古文字段階的漢字」, 앞의 책, 56쪽 복사

46) '相邦義'는 곧 張儀를 가리킨다.

47) 裘錫圭, 「(五) 隷書的形成」, 앞의 책, 67쪽 참고

48) 睡虎地秦墓竹簡整理小組 編, 『睡虎地秦簡』(爲23), 文物出版社, 1978년. 소전체는 '止'이다. 아래 표에서는 두 번째 줄 네 번째 자 '正'의 구건에서 이렇게 쓰고 있다. 이하 同書는 출처만 밝힌다.

49) 『睡虎地秦簡·秦1』. 소전체는 '夾'이다. 아래 표에서는 첫째 줄 마지막에서 두 번째 자가 이와 비슷하게 썼다.

50) 『睡虎地秦簡·秦131』. 소전체는 '朮'이다. 아래 표에서는 첫 줄과 세 번째 줄의 세 번째 자의 왼쪽

둥글고 굽은 필획을 평평하고 곧게, 각이 지고 꺾어지게 썼다. 이는 뒤에 형성된 예서와 거의 다르지 않다. 이로써 보건대 예서는 전국만기에 이미 형성되었다고 보는 것이 합리적이다.

<소전, 고예, 금예(八分)의 字樣 비교>

| 周陽侯甋[51] | 睡虎地秦簡 | 馬王堆漢簡 | 居延新簡 |

한자학계에서는 예서를 古隷와 今隷로 나눈다. 전자를 秦隷,[52] 후자를 漢隷라고

___

구건에서 이렇게 썼다.

51) 周陽侯甋은 한대에 쓰여진 소전이다. 위 제시된 문자들에 맞는 적당한 소전자료를 찾을 수 없어 한대에 쓰여진 자료를 제시하였다. 자체는 바로 뒤에 제시한 睡虎地秦簡보다 앞선 것이지만 서사연대는 뒤이다. 자체비교를 위해 제시하였다.

부르기도 하는데, 전자는 조기예서로 전국 말에 형성되어 서한 초의 자체까지도 여기에 해당한다. 금예는 성숙한 예서로, 대략 서한 무제 이후 한대에 정식으로 운용되던 자체를 가리키며, 우리가 일반적으로 예서라고 인식하는 자체이다.

한대에 이르러 예서가 소전을 대신하여 정부나 일반인들이 사용하는 주요자체가 되었다. 한자발전사 측면에서 보면 고문자 단계를 탈피하여 금문자 단계인 隸楷 단계로 진입한 것이다. 한대 이후 소전체는 주로 인장이나 금석문 등에 새기는 古字體가 되었다.

2. 예서의 명칭과 지위

예서란 명칭은 '소전의 附屬字體'와 '하급관리들이 썼던, 하급관리들이 생산한 자체'란 뜻이 있는데, 일반적으로 후자의 설을 중시한다. 『說文·隸部』 "隸는 '붙이다.'이다.(隸, 附着也)"라 하였고, 晋代 衛恒의 「四體書勢」에 "예서는 전서를 빨리 쓴 것이다.(隸書者, 篆之捷也)"(『晋書·衛恒傳』)라고 하였다. 이는 예서를 『설문』의 해석처럼 소전에 부속된 자체로 보는 것이다.[53] 『설문·서』에 "이때 진나라는 경서를 불태워 구전을 모두 없애버리고 크게 예졸들을 징발하여 대대적으로 수역(성곽의 수축 등)을 일으켜 감옥을 관장하는 업무가 많아지자 처음 예서라는 것이 나오게 되었다.(是時秦燒滅經書, 滌除舊典, 大發隸卒, 興戍役, 官獄職務繁, 初有隸書)"라고 하였다. 또, 『한서·예문지』에 "이때(진대) 처음 예서가 출현하였는데, 관의 징벌에 관한 일이 많아짐으로부터 시작되었다. 簡易함과 생략을 추구하였는데, 이를 도예(노예

---

52) 진나라와 초나라의 간독문의 풍격은 확연한 차이가 난다. 秦나라 간독의 자체는 古隸에 속한다. 아직 자형 결구는 小篆의 냄새가 나지만, 문자의 선은 이미 곡선을 벗어나 平直에 가까웠다. 자형결구 역시 篆書에 비해서 簡省됐다. 더욱이 횡획의 起筆과 收筆處가 고르게 무겁다. 심지어는 한대 예서에 나오는 '蠶頭雁尾'의 '一波三折'의 寫法이 나온다. 진나라 문자의 隸化는 자형뿐만이 아니라 결구에서도 발전과 변화가 일어난다.

53) '붙인다.'라는 뜻은 주가 되는 사물에 부가되는, 첨가됨을 의미한다. 여기서는 중심 字體인 소전에 보조 字體로 부가되는 字體란 뜻이다.

등의 하층민)에 관한 일을 기록함에 사용하였다.(是時始建隸書矣, 起於官獄多事, 苟趨省易, 施之於徒隸也)"고 하였다. 두 전적은 예서가 진나라 때 생산되었고 또, 예서는 장중하고 위엄을 요하는 곳에 쓴 문자체가 아니고, 하급관리들이 도예들의 戌役이나 官獄의 일이 많아지자, 이를 빨리 기록하기 위해 소전에 비해 간솔하게 서사했던 일종의 간이체로 보았다.

예서는 일종의 신흥의 보조 자체로 사회지위는 매우 낮았다. '예서'란 명칭이 그의 신분을 말해주고 있다. 어떤 이는 '徒隸들의 사용'으로부터, 어떤 이는 진나라 정부가 '隸人들을 書手(글씨를 전문으로 쓰는 사람)로 삼아 쓰게 한 글자'이기 때문에 得名하였다고 주장한 것에서 알 수 있듯이, 통치 계급이 얕잡아 본 자체이었다. 다만 진말 통치계급은 관부에서 이를 사용하여 일상 업무를 처리하였지만, 이는 기꺼이 한 것이 아니고 어쩔 수 없어서 사용한 것으로, 여전히 정중함을 요구하는 곳에서는 예서를 쓰지 않았다. 하지만 서사에서는 소전보다는 예서가 훨씬 간편하여 아무리 통치계급이 예서를 업신여기고 억제한다고 해도 그 변화를 막을 수가 없었다. 진대에 소전의 지위를 위협하던 예서는 서한에 이르러 주요 자체가 되었다. 그렇다면 진왕조의 중국문자 통일은 실은 예서로 全 중국의 문자를 통일한 셈이 된다.

한대에 이르러 예서가 소전을 대체하여 주요 자체로 등장하였다. 한자발달사 측면에서 이는 고문자 단계를 벗어나 今文인 隸·楷단계로 진입했음을 알린다. 한대 이후에 소전은 주로 인장이나 금석문의 古字體로만 사용하였다.

3. 진예의 주요 특징

진국문자의 속체 가운데 方折의 필법을 사용하여 정규 전문의 둥글고 구부러진 필획을 개변시키는 기풍이 유행하였는데, 이렇게 함으로써 농후한 예서의 풍격을 띠게 되었다. 『睡虎地秦簡』[54]이 좋은 예로 필획이 대부분 方折, 平直化 되었다. 예서

---

54) 『睡虎地秦簡』은 전국만기 秦나라에서 쓰여진 것으로 추정된다. 1975년 湖北省 雲夢縣 睡虎地에서 출토되었고, 현재 호북성 박물관에 소장되었다. 죽간은 모두 1, 100여 매에 이른다. 간문은 붓으로 썼

는 처음에는 주로 민간에서 사용하다가 후에 관에서도 사용하였다. 아래 표의 〈소전, 진예, 해서의 字樣 비교〉에서 보는 바와 같이 해서, 진예, 소전을 비교해보면, 진예는 소전의 풍미를 벗어나 해서로 이행되는 흔적이 뚜렷하다. 특히 毋, 羊, 明, 皆, 卽 등은 거의 해서에 가깝게 演變되었다.

<소전, 진예, 해서의 字樣 비교[55]>

해서	진예	소전	해서	진예	소전	해서	진예	소전
毋			羊			明		
州			人			皆		
立			亦			卽		
老			者			書		

하지만 아래와 같은 점으로 인하여 진대 예서는 아직 성숙되지 않은 예서이다. 우선 아직 많은 글자가 정규 전문의 사법을 보유하고 있다. 예컨대 木과 自의 경우 ★, ❂로 썼다. 이는 소전의 사법을 거의 보유하고 있는 자형이다. 다음은 어떤 글자는 성숙한 예서와 같거나 비슷한 사법을 갖고 있었지만 아직도 정규 전문 사법을 갖고 있다. 예컨대 言은 훕, 훕, 훔, 言 등으로 쓰고, 辵은 辵, 辵, 辵, 辵, 辵 등으로 쓴 것이 있는데, 言의 경우 첫 번째 자형 훕는 소전 훕와 거의 차이가 없다. 반면 맨 마지막 言는 성숙한 예서와 차이가 없다. 辵의 경우 첫 번째 자형 辵는 소전 辵와

___

고, 秦隸에 해당한다. 소전의 맛을 완전히 탈피한 것은 아니지만 소전의 맛이 상당히 가셨다. 내용은 '編年紀,' '語書,' '秦律十八種' 등의 佚書 九種이 있다. 秦簡의 예서는 조기의 古隸에 속하기 때문에 여전히 소전의 흔적을 담고 있다. 자체(體勢)를 보면 한쪽은 약간 높고, 한쪽은 약간 낮게 기울어지게 썼다. 필획이 굵고 가늠이 한 글자 내에 존재하며, 起伏과 波勢가 분명하고, 篆書의 둥글고 彎曲된 用筆法을 버렸다.

55) 裘錫圭, 「形體的演變(上) : 古文字段階的漢字」, 앞의 책, 68쪽 복사

닮았고, 맨 뒤의 것은 성숙한 예서와 차이가 없다. 즉, 예서의 사법과 전문의 사법을 동시에 가지고 있었다. 이러한 현상은 정도의 차이는 있지만 서한 조기의 예서 속에서도 발견되기도 한다. 그래서 이들을 성숙한 예서와 구분하기 위해 조기예서라고도 부른다.

4. 한대 예서의 발전

(1) 자형구조와 서체측면에서

① 서한 武帝(기원전 140－134)시기는 예서의 성숙기이다.

서한 조기(武帝 초기 이전) 예서 속에는 전문에 접근된 자형이 많았다. 그러나 居延, 敦煌 등에서 발견된 무제만기 이후의 간독문에는 이런 자형이 거의 보이지 않는다. 서한 조기에는 '斗'의 경우 丈, 升로, '自'는 ㉆, ㉆ 등으로 썼다. 그러나 居延漢簡에는 斗는 '升, 升, 斗, 斗' 등으로, 自는 '自, 自' 등으로 썼다. 또, 它는 서한 조기의 簡帛에서는 일반적으로 安로, 거연한간에서는 也, 也 등으로 썼다.

거연신간 字形表 중 '地'[56]

왼쪽 표는 『居延新簡』의 '地' 자의 자형표이다. 『居延新簡』은 대략 서한 중기에서 동한 초까지 서사되었다. 판독 가능한 글자 수가 총 39자이었다. 앞쪽부터 일반적으로 쓰던 통행체인데, 이미 它가 '也'로 연변되었다. 거의 현재의 '也'와 비슷하다. 地와 池 등의 왼쪽 구건 '也'는 본래 '它'이었는데, 이것이 예변 과정 중에 '也'로 간화되면서 후에 '也'로 연변된 것이다.

---

56) 본 「字形表」는 필자의 박사학위 논문 중, 부록에 실려 있는 「居延新簡字表」에서 복사하였다.(韓延錫, 『居延新簡文字硏究』, 博士學位論文, 北京師範大學, 中文系, 1997, 5) 이하 '부록'에 실려 있는 '居延新簡字形表'의 인용에는 주석을 달지 않겠다.

② 동한 만기에 문자의 대변화가 일어났다.

예서 '丌, 𠀠'가 변하여 '其'로, '㐅, 𠄡'가 변하여 '五'로 썼다. 恭, 慕 등의 構件 '心'을 𠂔, 𠬪, 忄, 忄, 心 등으로 쓰고 있었다. 결론적으로 말하자면 예서의 뒤를 이은 해서에 접근된 자형이 나오기 시작하였다. 반대로 소수이지만 동한 만기 碑刻上에서는 복고현상이 일기도 하였다. 예컨대 其는 이미 예서에서 '其'로 쓰고 있었지만 복고풍으로 '丌, 𠀠'로 쓰기도 하였고, 五는 이미 '五'로 쓰고 있었는데 '㐅, 𠄡'로 쓰기도 하였다.

③ 예서 서체상의 변화

서체상의 변화는 바로 아래에서 거론하고 있는 팔분을 대상으로 설명하는 것으로, 동한 만기의 비석에 새겨진 예서를 보면 전체적인 자형의 모습이 네모지고, 정제되어 있으며, 붓놀림에 규범성을 느낄 수 있다. 구체적인 필획의 규범성은 다음과 같다.

가. 오른쪽 아래로 향해 쓰는 斜筆은 거의 모두 捺脚을 이루었다. 날각은 왕왕 위로 튀어 오르게 쓰기도 하였다.

나. 긴 가로획의 경우 收筆時 위로 튀어 오르게 썼다.

다. 先竪後橫의 彎筆은 收筆時 대부분 위로 튀어 오르게 썼다.

라. 왼쪽 아래로 구부러지게 쓰는 斜筆(撇)을 收筆時 역시 위로 올라가게 썼다. 위에 열거한 '一,' '乀' 등의 예서 서법 특징을 '挑法,' '波勢,' '波磔' 등으로 부른다. 이상의 예서 서체 특징은 아직 형성과정 중에 있었지만 이를 습관적으로 漢隷라고 부르고, 한예 형성 전의 예서를 秦隷 즉, 古隷라고 부른다. 고예는 보통 한예 형성 전의 조기 한나라 때의 예서도 포함하여 부른다.[57]

魏晉시기의 예서는 장중한 국면에서만 사용하였다. 말하자면 몰락단계에 해당한다고 하겠다. 진정한 의미의 풍격 있는 예서는 동한 말부터 시작하여 위진시기에는

---

57) 古隷는 해서를 다르게 부르는 말 '今隷'의 상대적인 명칭으로 부르기도 한다. 이때의 古隷는 일반적으로 지칭하는 '예서'란 의미이다.

없었다. 동한 말부터 비석상의 예서에는 작자들이 너무 과도한 波挑의 장식성을 강조하여, 생기 있고 발랄한 예서의 면모를 잃어가고 있었다.

(2) 八分의 형성과 예서의 명칭

① 八分의 형성

漢簡이 발견되기 전 학자들은 비각에 쓰여진 문자밖에 볼 수 없었기 때문에 八分은 동한중기 이후에 형성된 것으로 믿고 있었다. 그러나 한대의 간독이 발견되고 나서 八分筆法의 맹아가 상당히 빠를 것으로 추정하였다. 즉, 소전의 필법을 버리고 글씨를 빠르게 쓰기 위해서는 收筆時 붓을 빠르게 떼어야 하는데, 그러다보니 가로획과 아래로 내려 빼는 斜筆 등에서 위쪽으로 튀어오르는 필법과 뾰족한 필법이 생기게 되었다. 이런 필법이 정체화되면서 팔분의 挑法이 형성된 것이다. 魏建功은 '팔분의 挑法은 초서 필법이 규정화된 것'이라고 하였

거연신간 字形表 중 '送, 逆, 逐, 連, 遘, 造'

는데 매우 정확한 견해이다.[58] 일찍이 진대의 예서 속에 약간의 捺脚의 斜筆과 挑法의 횡획이 보이기 시작하는데 한대 조기의 예서 속에 이런 필법이 명확히 증가한다. 이러한 것이 거연한간과 돈황한간에 많이 보이기 시작하는 것으로 보아 팔분은 늦어도 昭帝(기원전 86-73년)와 宣帝(기원전 73-48년)시기에는 완전히 이루어졌을 것으로 보인다. 위 표 〈거연신간 字形表〉 중 '送, 逆, 逐, 連, 遘, 造'는 八分이다. 八分의 특징인 '波勢'가 완연하다. 전체적인 자형이 좌우로 펴져 있으며 '辶'의 가로

---

58) 즉 초서가 빨리 쓰기로부터 형성된 것이기 때문에 초서로부터 왔다는 말은 정확하다. (魏建功, 「草書在文字學上之新認識」, 『輔仁學志』14卷 1, 2期 合刊.(裘錫圭, 「形體的演變(下)」, 앞의 책, 80쪽 재인용)

획이 시작되는 부분은 아래로 약간 굽고, 끝나는 부분은 위로 튀어 오르고, 끝은 뾰족하게 뺐다.

② 예서의 명칭

  가. 古隸

한예가 형성되기 전의 진예를[59] 가리킨다.

  나. 八分

  漢隸를 팔분이라고 칭하기도 한다. 팔분이란 명칭은 한나라와 위나라의 교체기에 이미 있었다. 한예를 팔분이라고 부르게 된 동기는, 漢魏 교체기에 일반인들이 사용하고 있던 예서 즉, 新隸體의 품격이 통상 지칭하고 있던 예서(漢隸)와 확연한 구분이 있어, 이 둘을 구분할 필요가 있었기 때문에 붙여진 것이다. 唐代까지도 당시에 통행되고 있던 자체인 해서를 계속 예서라고 칭하고, 한예를 팔분이라고 칭했던 것에서도 알 수 있다. 팔분이란 이름이 내포하고 있는 뜻에 대하여 어떤 사람은 팔분의 서체가 글자의 길이가 '八分'으로 글자 크기의 표준이 되기 때문에 붙여졌다 하고, 어떤 사람은 글자의 전체적인 자형이 가로로 퍼져 있고, 필획이 대부분 좌우 양쪽으로 퍼진 모습이 '八'자의 분산된 모양과 같아서 붙여진 것이라고 하고,[60] 어떤 사람은 程邈이 정리한 예서 가운데 80%는 버리고 20%만 채용하고, 李斯가 정리한 소전 가운데 20%는 버리고 80%를 취한 서체 때문에 붙여진 이름이라고도 한다. 모두 자체연변의 한자학적 관점을 무시한 말들로 현재로서는 왜 '팔분'이란 이름을 붙였는가를 정확히 밝힐 수 없다. 한예를 分書, 分隸 등으로도 부르는데 이는 팔분으로부터 파생된 것이다.

---

59) 楷書의 別名인 '今隸'의 相對的인 말로 쓰이기도 한다.
60) 漢隸 중 '八'이 다른 글자의 부건으로 쓰일 때 '——'처럼 쓴 것이 있다. 이를 가리킨다.

다. 佐書

예서를 가리킨다.

5. 한대 예서의 특징

거연신간 자형표 중 '遣'

예서의 특징은 전서의 線, 대부분 아름다운 곡선으로 이루어진 결구를, 곧은 점획 결구로 대체한 것이다. 그 연변의 시작은 대략 통일 진국의 전후로 추정된다. 秦隷는 속체 가운데 方折의 필법으로 篆文의 둥글고 구부러진 필획을 개변시키는 방법으로 형성되었다. 睡虎地秦簡이 좋은 예로 필획이 대부분 方折, 平直化 되었으나, 아직도 많은 글자가 정규 전문의 사법을 보유하고 있었다. 그러나 서한 중기 이후 성숙한 한예(팔분)는 이러한 둥글고 구부러진 선을 거의 찾을 수 없다. 하지만 소전의 둥근 선을 점획으로 대체하였다 하더라도, 정규의 팔분은 전체적인 자형이 매우 정갈한 모습을 띠었다. 위 표 〈거연신간 자형표〉 중 '遣'의 자형에서 보듯이 뒤쪽으로 갈수록 章草의 영향으로 생략이 심하지만 전반적으로는 자형이 매우 정갈하다. 하지만 문자를 사용하는 사람들이 많아지고, 書寫量이 많아지면서, 문자서사에 규범성이 떨어

거연신간 자형표 중 '隓'

졌다. 서사 량이 많으면 자연히 사람들은 문자를 빨리 쓴다. 서한 말 동한 초 빨리 쓰기로부터 장초란 서체가 출현한다. 장초의 사용이 늘면서, 異寫字가 많아지고, 이 사자가 많아지면 문자의 서사에 대 혼란이 일어난다. 표 〈거연신간 자형표〉 중 '燧' 는 거연신간에 출현하는 '燧'를[61] 模寫한 것이다. 대략 450회 정도 출현하는데 이사 자가 무려 121개이다. 4자에 1개꼴로 이사자를 쓴 셈이다. 판각이나 주조를 통해 고 정된 글꼴로 인쇄를 하지 않는 한, 손으로 글씨를 쓴다면 異寫를 피할 수 없겠지만, 書寫人이 다르거나, 손으로 서사하였기 때문에 문자 서사에 혼란을 야기하였다고 설명하기에는 부족하다. 이렇게 많은 이사자가 출현한 것은 당시 한자의 자형연변이 심각하게 진행되고 있었음을 말해준다.

Ⅱ. 隷變[62]의 현상과 규율

1. 예서의 篆文字形에 대한 개조

해서 자형을 이해하기 위해서는 隷變期 한자발전의 일반적 규율의 이해가 필수불 가결하다. 예서가 소전 자형을 개조한 특징은 크게 다음과 같이 나눠 볼 수 있다.

첫째, 굽은 획은 곧게 썼다. 예컨대 ⊖을 日로, ㈜을 木과 같이 썼다.

둘째, 필획을 생략하거나 혹은 합쳤다. 예컨대 ㅊ를 大로 쓴 것은 두 어깨를 나타 내는 'ハ'를 '一'로 간화시킨 것이다. 襄을 襄으로 쓴 것은 衣의 중간에 있는 필획을 생략하고 합치기를 한 것이다.

---

61) 일반자전에 보이지 않는다. 부대의 단위를 나타내는데 燧 혹은 隊로 隷定할 수 있다.

62) 일반적으로 우리나라 사람들이 말하는 예서란 서예학적 측면에서 바라본 것으로, 완성된 예서 즉, 동한 만기의 예서를 가리킨다. 그런데 문자학적 측면에서 바라 본 예서는 그리 간단하지 않다. 전국시 대 秦國의 속체로부터 발원한 예서는 통일 진나라에서 서한 초기의 古隷(秦隷), 서한 무제 이후 동한 까지의 漢隷 등으로 나눠 볼 수 있는데, 漢隷 또한 서한 초, 중기, 서한 만기에서 동한 중기, 만기의 예서가 각각 다르다. 즉 예서 내에서도 상당히 빠르고 큰 변화를 보이고 있다. 그래서 소전에서 예서로, 또 예서 내에서의 크고 빠른 변화의 현상을 한자학적으로 통틀어서 隷變이라고 한다.

셋째, 部件을 생략하였다. 예컨대 䨻를 雷로 쓴 것은 하부의 두 개의 ⊟을 하나로 생략한 것이다.

넷째, 部件의 모양이 다양하게 변화되었다. 예컨대 廾은 소전에서 어디에 위치하던, 어떤 자의 結構에 참여하던 𦥑로 썼다. 하지만 隷變期에 廾(弄), 大(奐), 丌(興), 丌(擧), 儿(丞) 등으로 다양하게 변하였다.

다섯째, 部件을 혼동하였다. 예컨대 편방에서의 肉, 舟, 丹을 月로 써서 月(달월)과 혼동을 하였다.

2. 예변의 기본규율

위에서 언급한 예변 현상을 분석하면 다음과 같은 네 가지의 주요한 規律을 발견할 수 있다.

(1) 原字의 대체적인 윤곽과 특징 부위를 남겼다.

예변 단계에서 일어난 많은 자형변화 중 가장 큰 변화를 일으킨 부분은 字의 중간부분이다. 字의 中部를 아예 빼버리고 쓰거나, 중간부분의 部件을 간단하게 축약해 쓰는 것 등이다. 예컨대 屈은 소전에서 𡱀로 썼는데 중간의 𡰥를 생략하고 𡲬로 쓴 것이다.[63] 暴은 소전에서 𭤲으로 썼다. 햇빛(⊟ : 日)이 날 때(𭾣 : 出) 여러 사람이 힘을 합해(𦥑 : 廾) 쌀을(米) 말린다는 뜻을 나타내었는데, 중간의 𭾣(出)과 𦥑(廾)을 합해 '共'으로 간략화 시켰다. 衰, 表, 寒, 塞 등이 이런 간화 과정을 거쳤다. 이런 간략화는 字의 중간부분을 변화시켜도 전체적인 글자의 윤곽은 살릴 수 있어 문자 인식에 큰 혼란을 주지 않기 때문에 가능한 것이다.

---

63) 𡱀은 𡰥에 聲符 𭾣(出)을 덧붙인 것인데 尾에서 깃털 장식을 나타내는 𣯼(毛)를 생략한 것이다. 𡰥는 尾로, 갑골문에서 人體의 후면에 깃털로 꼬리 장식을 한 것을 나타내었다. 고대 중국인들과 중국 서남쪽 사람들에게 이런 문화가 있었다.

(2) 한자의 쓰기 순리에 맞게 변화하였다.

예변을 거친 뒤 한자들 대부분은 복잡함에서 간단함으로 변화하였는데, 이들은 곡선을 직선으로, 떨어져 있는 것을 이어 쓰거나, 붙어있던 것을 떼어 쓰기도 하였는데, 모두 글씨 쓰기의 편리함을 쫓은 것이다.

(3) 한자의 表意, 表音 특징을 살리는 방향으로 변화하였다.

한자의 표의, 표음 기능을 유지하는 쪽으로 변화 발전하였다.

(4) 자형의 균형미와 미관을 추구하였다.

예변 과정 중의 이동, 늘이기, 축약하기, 구부리기 등은 모두 자형의 미관과 깊은 관련이 있다. 黃侃은

> 옛 사람들의 글씨 쓰기는 단지 일을 기록하기 위한 것뿐만이 아니라 또한, 미관을 추구하였다. 『呂氏春秋』에 '掣肘'에 관한 이야기가 실려 있는데 '掣肘'는 능히 글씨를 잘 쓸 수 없는 것을 말한다. 그렇기 때문에 자형은 아름다움을 추구할 뿐만이 아니라 자체 변천의 요체임을 알 수 있다.
> 古人于書非獨記事載言而已, 亦求美觀. 『呂氏春秋』載掣肘事, 掣肘不能善書爲說, 故知字形求美, 亦字體變遷之要也[64]

라고 하였다. 이상의 소전에서 예서로의 연변 즉, 예변의 현상과 규율을 다시 구체적으로 분석하면 표음, 표의와 무관한 예변과 유관한 예변 두 방면으로 나눠볼 수 있다.

---

64) 黃侃, 『文字聲訓筆記』, 上海古籍出版社, 1983, 4, 제1版. 27-28쪽

3. 예변의 구체현상[65]

(1) 表音, 表義와 무관한 隷變

표음, 표의와 무관한 예변은 글씨를 빨리 쓰기 위해서, 필순을 고려하여, 글씨 모양의 아름다움을 추구하기 위해 한자의 모양을 변화시킨 것으로, 순전히 서사적인 원인에 의해서 조성된 변화이다. 이의 기본적인 수단은 개략적으로 直, 減, 連, 折, 添, 移, 曲, 延, 縮 등으로 나눠볼 수 있다. 물론 어떤 방법이던지 필획 형태, 필획 수, 필순, 결구에 영향을 미쳤다. 아래에 예로 든 한자의 첫 번째 자형은 어떤 것은 소전, 어떤 것은 연변 과정에 있는 예서도 있다.

① 直 : 소전 단계의 곡선, 弧線, 半圓[66]이 직선, 准직선, 혹은 折線으로 펴지는 현상을 가리킨다. 이렇게 직선화시키면 필획의 길이가 단축되고, 쓰기가 빠르고 편하며, 자형이 아름답고, 윤곽이 뚜렷해진다. 아래에 몇 자의 예를 보자.

- ж－木
- ╱－巾
- 夿－大

② 減 : 예변 과정 중에 原字의 일부분 형체를 생략하여 본래의 자형을 간화시킨 것이다.

- 言－言
- ⫶－氵
- 阝－阝

③ 連 : 예변 과정 중 발생한 連筆現象이다. 이렇게 함으로써 서사 속도를 높여주고 원래의 결구로 하여금 더욱 정돈된 느낌을 준다.

---

65) 이 부분은 趙平安의 『隷變硏究』를 주로 참고하여 작성하였다.(趙平安, 『隷變硏究』, 河北大學出版社, 1993, 6, 제1版)
66) 圓形의 경우는 먼저 반원으로 변한 다음 다시 곧게 펴졌다.

■ 𤽄 - 史

■ 𣃠 - 邑

史는 본래 中과 又가 상하로 결합된 것인데, 中의 제4필과 又의 제1필을 서사의 편리를 쫓아, 한 획으로 이어 써서 두 부건이 하나로 결합되었다. 邑는 𣃠의 하부 만곡된 ㄱ를 ㄴ로 변형시켜 쓰면서 상부 ㅂ의 左上에 붙여 쓴 것이다.

④ 折 : 예변 과정 중 본래 붙어있던 형체를 떼어놓은 것을 말한다. 이렇게 함으로써 原字의 결구를 분명히 인식하게 해주고, 運筆順序에도 들어맞아 자연스러운 절주를 이루게 한다.

■ 𠂇 - ㅣㅣ

■ 𦥑 - 尸

⑤ 添 : 첨은 글자의 균형과 미관을 위해 原字에 간단한 필획을 부과한 것을 말한다. 그리 많은 예가 보이는 것은 아니다.

■ 𠂤 - 广

⑥ 移 : 자형의 안정감과 서사의 편리함을 위해 字의 전체적인 틀이나 혹은 부건의 위치를 옮기는 것이다.

■ 𡿺 - 𡿬

■ 𢝵 - 𢼊 - 𢨲 - 安

安의 경우 소전에서는 글자의 전체적인 모양이 오른쪽으로 기울어졌는데 예변을 거치면서 점점 똑바로 써 자형의 안정감을 주었다.

⑦ 曲 : 예변 과정 중에 직선을 꺾이거나 굽게, 혹은 은미한 곡선을 매우 심하게 꺾이거나 굽게 한 것이다. 역시 字勢의 균형과 미관을 위한 것이다.

■ 𠁡 - 它

⑧ 延 : 예변 과정 중 어떤 선을 연장시킨 것이다. 이는 결구로 하여금 잘 조화되

게 하는 기능을 가지고 있다.

■ 尸 - 尸

■ 血 - 血

血는 血의 상부 'ᐱᐱ'의 가운데를 곧게 펴고 또, 양옆 向下의 斜線을 중앙의 'ㅐㅐ'
와 똑같이 맨 아래 'ㅡ'까지 늘여 쓴 것이다.

⑨ 縮 : 예변 과정 중에 긴 획을 짧게 써서 필획을 조정하고 간화 시킨 것이다.

■ 頁 - 頁

頁의 下部 길이가 서로 다르다. 그래서 'ᐣ'의 오른쪽 획을 짧게 써서 균형미를 이
루었다.

이상 소개된 9개의 예변 방법은 종종 종합적으로 일어나기도 한다. 奉의 경우 소
전 '奉'에서 예서 '奉'까지 直, 連, 減 3개의 예변이 동시에 운용되었다.

(2) 표음, 표의와 유관한 예변

기본적으로 모든 한자는 形 · 音 · 義 3요소를 가지고 있다. 字의 형체로 詞의 音
과 義를 표현하는 것은 한자의 전통적인 특징이다. 그래서 한자의 형체결구의 연변
은 어떤 때에는 표음, 표의와 서로 연관지어 일어나는 경우가 있다.

① 省形

한자 중의 某 형부를 생략해버리는 것이다. 종종 결구의 무리를 초래하기도 하지
만 표음, 표의에 크게 영향을 주지 않는 것이 보통이다. 이는 앞의 필획상에 일어나
는 '減'에 해당한다고 하겠다.

■ 蟲 - 蛊(銀雀山漢簡, 晏子15)[67]

■ 霹 - 霍(居延漢簡 甲, 796A)

---

67) 『銀雀山漢墓竹簡』(壹)에는 「孫子兵法」, 「孫臏兵法」, 「尉繚子」, 「晏子」, 「六韜」, 「守法守令第十三
篇」 등이 실려 있다.(銀雀山漢墓竹簡整理小組 編, 『銀雀山漢墓竹簡』, 文物出版社, 1985, 9, 제1版)

霾의 경우 아래 두개의 隹 가운데 한 개가 생략됐으나 여전히 비(雨)속을 날아가는 새의 "푸드덕거리는 소리"를 나타냄은 변하지 않았다.

② 省聲

형성자의 聲符의 일부분을 생략해버리는 것이다. 이로 인하여 완전히 다른 두 개의 결과를 낳는다. 하나는 성부의 일부분을 떼어낸 이후로는, 다시는 표음 기능을 하지 못하는 경우이다. 예컨대 劑는 劓의 省體인데 尊의 성부인 寸을 생략하고 酋로 썼다. 寸을 떼어내 버렸더라도 酋는 여전히 독립된 字로 존재할 수 있지만, 이미 尊이란 독음과는 아무 상관없는 자가 되어 表聲 작용을 하지 못한다.

위와는 반대로 어떤 형성자의 성부는 본래 형성자인데, 생략할 때 이 형성자의 성부 중의 形符 혹은, 형부의 일부분을 떼어내고 성부는 보유하고 있어, 여전히 표음 기능을 하는 경우이다. 예컨대 桮는 '從木, 否聲'인데 「滿城漢墓漆耳杯」에는 '杯'로써 성부 '否'의 하부 '口'를 '不'聲으로 생략하여 사용하고 있다. 형성자 성부의 형방을 생략하였지만 여전히 표음작용을 하고 있다.

③ 換形

예변 과정 중 어떤 자의 形旁을 의의가 비슷하거나 혹은 原字와 상관있는 형방으로 바꿔 버리는 것이다. 예컨대 歙은 갑골문에서는 𩚬로 썼는데, 술 단지를 들고 술을 마시는 모습을 그린 회의자이었다. 그런데 전국시대에는 𣁫로 써 歙과 같은 형성자로 변하였다. 𣁫의 왼쪽 酓의 상부 𠆢는 今으로,[68] 하부 𦈢는 酉로 변하여 둘이 결합하여 酓이 되었다. 𣁫의 오른쪽 𣤶는 欠으로 변했다. 그런데 전국시대에 다시 '酓'을 형방 '食'으로 대체하여 '飮'으로 쓴 것이 보이데, 이는 새로운 회의자를 생산한 것이 된다. 서한의 간백에 쓰여진 경서나, 비교적 이른 『春秋事語』에는 歙으로 썼는데,

---

68) 𠆢의 양옆으로 불균형으로 뻗은 𠆢가 'ᄉ'로, 안의 𠄐가 𠃌로 변하여 '今'이 되었고, 이것이 𣁫의 聲符로 작용하였다.

비교적 늦은 『武威漢簡 · 儀禮 · 有司徹』에는 '飮'으로 썼다. 谿(銀雀山漢簡, 孫臏 109)는 '從谷, 奚聲'인데 「馬王堆帛書」(『老子』甲種148)에는 '溪'로 썼다. 즉 '谷'을 '水'로 대체시킨 것인데, 이는 水와 溪의 자의가 서로 관계가 있기 때문이다.

④ 換聲

예변 과정 중 형성자의 성부를 바꾼 것이다. 糧(銀雀山漢簡)을 粮(禮器碑)으로 썼는데, 이는 量과 良이 음이 같기 때문에 성부를 바꾼 것이다.

⑤ 增形

본래의 상형, 표의자나 혹은 형성자의 기초 위에 표의의 형방을 덧붙이는 것이다. 예컨대 然[69]은 본래 형성자인데, 燃(武梁祠畵象題字)으로 썼다. 이는 형방 '火'를 더 첨가하여 다시 형성자를 만든 것이다. 莫은 본래 회의자인데, 형방 '日'을 첨가하여 暮(彭盧買地卷)로 썼다. 이 역시 형방을 첨가하여 형성자로 만든 것이다.

⑥ 繁聲

성부의 繁化를 말한다. 예컨대 額(居延漢簡, 甘露二年丞相御史律令)은 본래 頁이 의미를, 各이 소리를 나타내었다. 그런데 額(開道碑)으로 쓴 것은 성부 各을 客으로 복잡하게 변화시킨 것이다.

⑦ 象形表意 부분을 성부로 바꾼 것

예변 과정 중 모종의 변화 때문에 象形表意 부건을 성부로 개환시키는 것이다. 예컨대 恥를 耻(譙敏碑)로 썼는데, 隷變 과정 중 心과 止는 모양이 비슷하고 또, 止와 恥는 음도 비슷하여 의부 心을 止로 고쳐 썼다. 이로 말미암아 耻는 성부가 두 개인 雙聲字가 되었다.

---

69) 然은 肉(月), 犬, 火로 구성됐는데 犬이 성부이다.

　이상의 예변은 여러 가지 요인에 의해 빚어진 결과이나 붓과 대나무라는 서사도
구의 사용과도 상당히 밀접한 관련을 갖는다. 한자의 자형은 위에서 언급한 바와 같
은 규율에 의해 秦初부터 시작하여 동한말까지 그 어느 때보다도 급격한 변화를 겪
는다. 변화의 가장 큰 특징은 동일한 부건이 결구에 따라 모양을 다르게 쓰거나, 서
로 다른 부건인데 같게 쓰며, 독립된 부건인데 결합되거나, 하나의 부건인데 두개
이상의 부건이나 필획으로 絶離되는 현상이 일어난다. 예컨대 心을 ↑, ↟ 등으로
쓰거나, 大, 夭, 之 등을 赤, 走, 志 등에서 '土'형으로 쓰는 것은 모두 예변에 의한
것이다. 아래에 몇 가지 경우를 소개해 보자.

4. 예변의 결과

(1) 異字 同形

　예변의 결과 서로 같지 않은 부건인데 같은 모양으로 변한 것들이 많다. '奉, 春,
奏, 秦, 泰'의 상부는 소전에서는 서로 다른 모양이었지만 예변의 결과 동형으로 변
했다. '奉, 春, 奏, 秦, 泰'의 상부 '夫(夫)'는 소전에서 독립적으로 존재한 서로 다른
部件 2개 이상이 예변에 의해 하나로 결합된 것이다. 字源을 분석하지 않더라도 함
께 모아 모양을 제시하는 것만으로도 많은 흥미를 갖게 할 수 있다. 아래에 이들 자
들의 소전체, 상부 構件들이 정상적인 연변을 하였을 때 추정되는 해서체 자형, 예
변을 거친 후의 모양을 제시한다.

<異字 同形 部件>

해서	소전	上部 構件의 正變 추정 자형	예변 후의 자형
奉	🔣	羍	夫
春	🔣	芚	夫
奏	🔣	米	夫
泰	🔣	夳	夫
秦	🔣	夅	夫

위 표 〈異字 同形 部件〉에서 보듯이 상부 구건의 모양이 각기 다른데도 예변을 겪으면서 모두 '夫(夫)'와 같은 모양이 되었다. 정상적인 예변을 거쳤다면 奉의 상부 夫은 夫, 春의 𡬌은 𡬸, 奏의 夫는 夫, 泰의 夫는 夫, 秦의 夫은 夫로 변했어야 한다. 그렇다면 泰와 秦의 상부(夫)만이 바른 예변을 거친 것이 되고 나머지는 譌變이다. 각 字符의 상부 구건의 결합을 살펴보면 다음과 같다.

- 奉 : 상부는 '丰'과 '廾'의 결합이다. 丰이 奉의 성부이다.[70]
- 春 : 상부는 '艹'와 '屯'의 결합이다. 屯이 春의 성부이다.[71]
- 奏 : 상부는 '屮'과 '廾'의 결합이다.[72]
- 秦 : 상부는 '午'와 '廾'의 결합이다.[73]
- 泰 : 상부는 '大'와 '廾'의 결합이다. 大가 泰의 성부이다.[74]

다음은 '去, 坦(土), 走(夭), 寺(之), 黑(火)'에서의 '土(土)'形의 부건의 소전체, 예서체, 정상적인 예변을 하였을 때 추정되는 자형이다.

---

[70] 『說文·廾部』에 "奉은 '받들다'이다. 手와 廾이 의미를, 丰이 소리를 나타낸다.(奉, 承也. 從手廾, 丰聲)"고 하였다.

[71] 『說文·艸部』에 "春은 '밀다'이다. 日, 艹, 屯이 뜻을 나타낸다. 屯은 또한 소리를 나타낸다.(推也. 從日艹屯, 屯亦聲)"고 하였다.

[72] 『說文·本部』에 "奏는 올려 나아가게 한다는 뜻이다. 本과 屮이 의미를 나타내는데 '屮'은 위로 올린다는 뜻을 가지고 있다.(奏, 奏進也. 從本從屮, 屮上進之義)"고 하였다.

[73] 『說文·禾部』에 "秦은,……벼를 잘 자라게 하는 땅이다. 禾와 春을 생략하여 따랐다. 한편에서는 秦은 벼의 이름이라고도 한다(秦,……地宜禾, 從禾舂省, 一曰秦禾名)"고 하였다. 『說文解字』에서 '一曰'이라고 표현한 자는 본의가 무엇인지 명확하지 않음을 나타낸다. 秦 역시 본의가 무엇인지 아직 규명되지 않았다.

[74] 『說文·水部』에 "泰는 매끄러움이다. 廾과 水가 의미를, 大가 소리를 나타낸다.(泰, 滑也. 從廾從水大聲)"고 하였다.

<異字 同形 部件>

해서	소전	上部 構件의 正變 추정 자형	예변 후의 자형
去	(소전)	大	土
坦	(소전)	土	土
走	(소전)	夭	土
寺	(소전)	之	土
黑	(소전)	火	土

위 표 <異字 同形 部件>에서 보듯이 坦을 제외한 각 字符의 상부 구건은 각각 大, 夭, 之, 火가 예변을 거친 뒤에 형성된 자형이다. 즉 坦을 제외하고는 모두 흙토 (土)와는 무관하다.

去의 상부 '土' 형은 '大'의 이체이고(去는 大와 ㅂ의 결합이다.), 走의 상부는 '夭,'[75] 寺의 상부는 '之'(寺는 之 + 寸이다.), 黑의 중간은 '火'의 이체이다.[76] 大, 夭, 之, 火가 土로 譌變된 것은 역시 붓과 대나무라는 서사 도구, 글씨의 빨리 쓰기와 밀접한 관 련이 있다.[77]

① 동형에 이르기까지의 연변과정

위에 예로 든 '去,' '寺'의 상부, '黑'의 중간이 '土'로 변하기까지의 연변과정을 살펴 보면 다음과 같다.

---

75) 하부는 止의 이체이다. 走는 본래 달려가고 있는 사람의 모습을 그린 것이다.

76) 黑은 상부 연기가 나가는 창(구멍)과 하부에 두개의 화(炎)로 이루어졌다. 자형의 안정을 위해 炎의 상부에 있는 火를 '土'형으로, 하부의 火는 'ㅆ'로 썼다.

77) 走의 상부 夭가 土로 직접 변한 것은 아니다. 走의 상부 夭와 大의 소전체는 꼭대기 머리 부분만 약간 다르고 서로 비슷하였다. 그런데 이들이 隷變期에는 똑같이 '大'처럼 썼다. 그래서 走의 상부와 去의 상부가 '土'와 같은 모양으로 변한 것이다. 예서에서 해서로 변하면서 大와 夭의 자형이 확연하게 구분되었는데, 走의 상부는 隷變期의 모습 그대로 남게 됐다.

가. 去

소전에서 '去'의 상부는 '大'이었다. '大'의 곡형 필획들이 예서에서 直化된 것이 '大'이다. 이 '大'를 붓으로, 2획으로 빨리 쓴 것이 大이다. 이를 다시 1획으로 빨리 쓴 것이 大인데,[78] 일부 사람들이 大의 오른쪽 상단, 轉筆되는 곳의 원형을 없애고 '土'처럼 썼다. 그런데 土의 모양이 土와 유사하기 때문에 다시 사람들은 제2필과 3필의 비스듬한 획을 각각 반듯하게 세우고, 수평으로 썼다. 그것이 '土'형인 것이다.

나. 寺

寺의 상부는 소전에서 꼬이었다. 이것이 '之'로 연변된 것은 위 '去'의 경우와 같다. 꼬가 之로, 다시 '之'가 '土'로 연변되는 과정을 살펴보면 다음과 같다. 소전체 꼬는 예서 초기에는 좌우의 만곡된 형체를 일반적인 隷變 규율에 맞게 꼬처럼 썼다. 그러다가 중앙의 서 있는 획을 짧게, 그리고 왼쪽의 비스듬한 획을 거의 수평으로 쓴 것이 '土'이다. '土'를 더 빨리 쓴 자형이 '之'이다. 순전히 붓과 빨리 쓰기로부터 형성된 자형이다. 붓으로 빨리 쓰기 위해서는 '土'의 중앙의 서있는 제1필을 가능하면 짧게 써야 제2필로 자연스럽게 연결될 수 있다. 그리고 제2필 역시 제3필로 빨리 연결 書寫하기 위해서는 중앙의 서있는 획을 뚫고 지나가야 한다. 똑같이 제3필 역시 제4필과 연결 書寫하기 위해서는, 제4필의 起筆處까지 길게 늘여 써야 한다. 이러한 書寫道具와 運筆로 말미암아 형성된 자형이 '之'인 것이다. '之'으로부터 두 개의 자형 '之'와 '土'로 분화되는데 독립적으로 쓸 때는 '之' 형, 어떤 자의 結構에 參構할 때는 '土'형을 띤다.

먼저 '之'를 整齊시켜 쓴 자형이 '之'이다. '之'형으로 演變된 것은 '之'의 중앙에 서 있는 획을 짧게 쓴 것이다. 그리고 제2필을 이 서있는 획의 아래에 위치하게 쓴 것이다. 이는 붓과 대나무라는 書寫도구, 글씨의 빨리 쓰기, 필순[79]이 한데 어우러져 빗

---

78) 이런 자형은 『거연한간』 가운데 기원전 1세기경에 쓰여진 간독에서 많이 보인다.
79) '之'의 필순은 현재 우리가 之를 쓰는 순서와 일치한다.

어낸 결과이다. '土'는 '圡'에서 한 획을 생략한 것이다. '土'형으로 演變된 것은 '圡'의 중앙에 서있는 획을 본래대로 제4필(一)까지 닿도록 내려 쓰고, 제3필을 생략한 것이다. 제3필을 생략한 것은 '圡'의 외형이 언뜻 보면 '土'형과 유사하기 때문에 書寫者들이 '土'를 쫓아 誤寫한 것이다.

隷變期 자형이 혼란을 겪게 된 것은 書寫 도구의 변화뿐만이 아니라 일반인들의 문자생활과 밀접한 관련이 있다. 전국말기는 일반인들이 문자생활을 하기 시작하였다. 한대에 특히 서한 말, 동한 초에는 일반백성들의 문자 생활이 광범위하게 이루어진 듯하다. 그렇지만 당시 사람들에게는 전범으로 삼을 만한 字書도, 문자학적 이해도 없었다. 그렇기 때문에 당연히 문자학적 근거의 합리성 여부나 譌變, 誤寫 등을 깊이 인식할 수 없었다. 그 결과 그들이 생산한 예서는 한자 형체의 변화에서 혁명기라고 할 만큼 驚天動地의 자형 변화를 일으키게 된다. 之의 土형으로의 변화 역시 이러한 과정에서 나온 것이다.

다. 黑

黑의 하반부는 소전에서 '炎'이었다. 炎의 상부 火가 土형으로 변한 것, 역시 之의 譌變과 궤를 같이한다. 黑의 전체 자형미를 고려하여 하부 構件 炎의 상부 火를 빨리 쓴 결과가 土이다. 隷變期 火를 빨리 쓰는 방법은 두 가지가 있었다. 하나는 우리가 잘 알고 있는 '灬'이다. 이는 火를 빨리 쓰기 위해 중앙의 '人'형을 양 옆의 획처럼 짧게 쓴 것이다.[80] 土는 火를 빨리 '灻'처럼 쓰면서 생긴 것이다. 之의 隷變體 '圡'처럼, 맨 왼쪽 획과 오른쪽 획을 하나의 가로획으로 쓰고, 가운데 '灻'를 '工'로 변형시켜 쓴 것이다.

(2) 동자 이형

다음은 예변에 의해 동자나 이형으로 변한 경우이다. 소전에서는 부건들이 독

---

80) '灬'를 더 빨리 쓰면 '灬,' 더 빨리 쓰면 '━ : 火의 초서체임'과 같이 쓴다.

립적으로 쓰이던 어떤 자에 參構하였던 자형이 동일하였다. 예컨대 소전에서 人은 단독으로 쓰던 아니면 어떤 자의 구건으로 쓰였던 모두 'ʔ'로 썼다. 그런데 예변에 의해 イ, 人, ト, ⌐, 厂, ⌐, ㅗ 등으로 변화하였다. 信의 좌변에서는 イ 으로, 企의 상부에서는 人으로,[81] 臼의 왼쪽에서는 ト형으로,[82] 色의 상부에서는 'ɯ'으로,[83] 及에서는 '厂'으로, 北에서는 'ㅓ'으로, 監에서는 'ㅗ'[84]으로 썼다. 火의 경우도 灼에서는 火로, 然에서는 灬로, 尉에서는 小로, 赤에서는 小로, 光에서는 ㅛ으로 그 형체를 달리하여 썼다. 이렇게 이자동형이나, 동자이형인 부건들이 대단히 많다.

Ⅲ. 隷變의 영향

1. 예변이 한자에 미친 영향

(1) 예변이 한자결구에 미친 영향

갑골문이나 서주 早期의 금문은 상형성이 매우 강하였다. 그러나 서주 중기 이후 線化와 平直化가 일어나면서 한자의 상형 정도가 약해졌고, 아울러 거의 모든 한자들의 결구를 편방으로 분석할 수 있게 되었다. 대전은[85] 서주 만기 문자를 계승한

---

81) 까치발을 딛고 멀리 내다보고 있는 사람을 그린 것에서 '기대하다'라는 뜻을 나타냈다. 소전에서 상부 人과 하부 止로 변화되었다.

82) 우리나라에서는 臥의 좌변을 '人'처럼 쓰지만 중국에서는 'ト'처럼 쓴다. 『說文・臥部』에 "臥는 '엎드리다'이다. 人과 臣으로 구성됐는데, 그 엎드림을 나타낸 것이다.(臥, 伏也. 從人臣, 取其伏也)"라고 하였다.

83) 『說文・人部』에 "色은 얼굴의 기상을 가리킨다. 人과 卩으로 구성됐다.(顏氣也. 從人卩)"고 하였다.

84) 監은 갑골문에서 'ᵕ'로 그렸다. 물이 담겨 있는 그릇과 이를 들여다보고 있는 사람을 그려 '비추다'라는 뜻을 나타내었다. 이로부터 '감독하다.'라는 뜻이 인신되었다. 左右結構의 글자가 隷變을 겪으면서 上下結構로 변했다. 사람의 모습은 눈(臣)과 몸통(人=ㅗ)으로 나뉘어졌고, 물이 담긴 그릇의 모습은 皿과 一로 분리되어 그 위치를 달리 하였다. '一'은 해서체에서 'ㅗ'의 아래에 있는 部件으로, 본래 그릇(皿)에 담겨져 있는 물을 나타내었다.

85) 大篆에 대한 정의가 분분하다. 여기서는 '춘추전국시기 秦國文字'를 지칭하기로 한다.

것으로 추정되는데 상형성이 전단계의 한자에 비해 많이 떨어진다. 그리고 절대수의 한자에서 결구분석이 가능하게 되었다. 秦의 소전은 대전에 비해 더욱 상형성이 떨어지고, 절대수의 한자들은 결구 분석이 가능하였다.

예변 과정 중의 한자와 예변이 완결된 이후의 한자의 상황은 많이 다르다. 특히 예변은 한자결구에 대한 계통성을 파괴하였다. 예변 전의 한자에서는 어떤 부건이 설령 서로 다른 한자 결구에 쓰였더라도 書寫方法과 모양이 같았다. 즉 비교적 엄밀한 조직성과 계통성을 갖추고 있었는데 예변 후에는 이런 것들이 파괴되었다. 예컨대 心의 경우 소전에서는 독립적으로 쓰였던, 어떤 합체자의 구건으로 충당됐던 모두 '♥'로 썼다. 하지만 예변 후에 心, ↑, ↑ 등으로 다양하게 쓰게 되었다. 또 어떤 것은 똑같은 형체가 不同의 형체로, 어떤 것은 不同의 형체가 相同의 형체로 쓰게 되었다. 이들을 隷分, 隷合이라 부른다. 예분과 예합으로 인하여 한자의 부건이 대량으로 혼동을 일으켰다. 예컨대 竹과 艸, 亻과 彳, 艸와 屮, 刀와 力, 土와 士, 亦과 赤, 阝와 卩, 弋과 戈, 生과 王, 兄과 只 등이 자형이나 義의 유사성으로 인해 서로 바꿔 쓰는 일이 종종 발생하였다.

정리하자면 대전은 갑골문이나 금문에 비해 상형성이 현저히 감소하였을 뿐만이 아니라, 한자의 형체결구에 쓰여진 部件(편방)을 대부분 분석해낼 수 있다. 예컨대 갑골문 監은 '𥃶'로 그렸다. 물이 담겨 있는 그릇과 이를 들여다보고 있는 사람을 그려 '비추다'라는 뜻을 나타내었는데, 현재와 같이 臣, ⺈(人), 皿, 丶로 분석해 내기가 어렵다. 대전에 이르면 이러한 글자 대부분이 위와 같이 분석해낼 수 있고, 소전에 이르면 절대 대수의 한자를 분석해낼 수 있었다. 이는 한자가 전체의 그림을 통해 의미를 표현하던 상형에서 不象形으로 발전하고 있음을 나타낸다. 즉, 기호화가 이뤄지고 있음을 나타내며, 동시에 고등한 문자로 발전하고 있음을 의미하는데, 예변은 이러한 변화발전의 규율성, 계통성을 혁명적으로 파괴하였다.

(2) 예변이 현대 한자의 필획과 모양을 형성시켰다.

가. 点의 형성

예컨대 馬를 馬로 써 하부의 세로획을 4개의 점으로 썼다. 이렇게 원래의 曲筆, 短筆을 点으로 개변시킨 것이다.

나. 撇의 형성

왼쪽으로 긋는 획에서 收筆處의 말단부에 撇을 형성하였다. 예컨대 手(手)를 手로 써서 하부에 ✔와 같은 撇을 형성시켰다.

다. 捺의 형성

오른쪽으로 긋는 획의 곡선이나 직선을 고치거나 절단시켜 捺을 형성하였다. 예컨대 ㇏을 ㇏으로 써서 하부에 ✔와 같은 捺을 형성 시켰다.

라. 勾의 형성

위로 끌어 올리는 필획이나 왼쪽에서 오른쪽으로 빼는 필획 등의 끝에 勾를 형성하였다. 예컨대 也(也)를 也로 써서 제3필을 收筆할 때 위로 살짝 들어 올렸다. 子(子)를 子로 써서 제2필을 수필할 때 역시 위로 살짝 들어올려 勾를 형성시켰다.

(3) 예변이 한자 자형에 끼친 영향

예변 전과 후의 한자는 전체적인 형체 윤곽에서 확연한 차이를 느낄 수 있다. 이 형체상의 변화는 方形을 이루고 있다는 것이다.

2. 예변이 서예에 미친 영향

예변은 서예를 새로운 예술 단계로 진입시켰다. 대전은 玉箸體로 그 필획의 거칠

고 세밀함이 균일하고, 편방결구의 규범화가 비교적 높았으나 서예적 측면에서의 예
술성은 적었다. 그러나 예변 후 한자의 필획에 点, 撇, 捺, 勾 등이 생성되어 필획에
서의 모양이 다양하고 변화무쌍하게 되었다. 이로 말미암아 한자의 형체결구의 예술
성이 더욱 드러났고, 아울러 節奏感 역시 강화되었다.

3. 예변이 서면언어에 미친 영향

예변이 書面言語에 끼친 영향은 먼저 通假字가 대단히 많이 증가하였다는 것이
다. 이는 예변 후 한자의 형체가 급격히 변하여 한자의 특징인 자형을 통해 자의를
드러내는 기능이 현저히 떨어졌기 때문이다. 다음은 形近字가 다량 생산되어 혼동
을 일으켰다는 것이다.

Ⅳ. 隸楷段階의 문자자료

1. 간백문자

간백문자란 簡牘과 비단(帛)에 쓰여진 帛書를 合稱한 것이다. 양한의 주요 서사
자료이다. 동한 중기 蔡倫의 종이 발명 후에도 남북조시대까지는 간백은 주요한 서
사자료이었다. 청말에서 최근까지, 특히 1970년대 이후 중국 대륙에는 상당히 많은
간독이 발견되고 있다. 秦簡, 楚簡, 漢簡 등이 고루 발굴되었지만 한간이 다수를 차
지한다.

(1) 간독문자

① 馬王堆竹簡

湖南의 長沙 지역에서 1972년 300여 간이 발굴되었는데, 이미 도록으로 출간됐다.
조기 예서의 사법을 보유하였다.

② 銀雀山漢簡

대략 1974년 산동지역에서 발굴되었는데, 이미 도록으로 출간됐다. 위 마왕퇴죽간보다는 약간 늦게 쓰여졌을 것으로 추정된다. 조기 예서라고 단정할 수는 없지만 조기 예서 쪽에 가깝다.

③ 敦煌漢簡

甘肅省 敦煌, 安西, 酒泉, 鼎新 등지에서 발굴되었는데, 이미 도록으로 출간됐다. 이들 지방에서 발굴된 간독을 통칭하여 돈황한간이라 부른다. 한예에 속한다.

④ 居延漢簡

甘肅省의 居延地方과 내몽고의 額濟納河의 兩岸에서 1930년대와 1970년대 두 차례에 걸쳐 대략 2만여 간(혹자는 3만 간이라고도 함)이 발굴되었는데, 이미 도록으로 출간됐다. 이들 지역은 西漢시대에 張掖郡의 肩水와 居延 두 都尉府의 관할에 있었던 곳의 군사 방어기지인데 습관상 이들 지역에서 발굴된 간독을 거연한간이라고 한다. 한예에 속한다. 팔분 서체를 볼 수 있다.

⑤ 羅布泊漢簡

新疆의 羅布泊의 북쪽 언덕에서 발굴되었다. 발굴된 羅布泊이 樓蘭遺地와 가까워 樓蘭漢簡이라고 부르기도 한다.

이상의 간독 가운데 ①, ②는 묘지에 매장되어 있던 것으로 다수가 서적과 매장품 목록인 '遣冊'이다. 이들 외에도 阜陽雙古堆一號墓와 江陵 鳳凰山 漢墓群에서 출토된 것이 있는데 이들은 모두 서한 早期 物이다. ③, ④, ⑤는 변방지역의 관공서와 烽燧 遺蹟地에서 발견되었는데, 당시의 屯戍活動의 기록이나 개인의 書信 등으로, 일반인의 한자사용의 진면목을 볼 수 있다. 서사 시대는 서한 무제만기부터 동한 만기까지 해당한다. 이들 지역에서 발견된 간독은 서한 조기 物은 없다.

(2) 帛書文字

백서문자란 비단에 쓰여진 문자를 가리킨다. 비단에 쓰여진 대표적인 문자는 馬王堆三號漢墓 출토의 백서이다. 이들 백서는 소전으로 쓰여진 소수를 제외하고는 모두 조기 예서로 쓰여졌다. 소전체를 띤 일부는 진말이나 한초에 쓰여진 것도 있을 것으로 추정되나, 대부분은 文帝(기원전 179-164)시대에 쓰여진 것으로 보인다. 중화인민공화국 성립 전 돈황, 거연 지방의 邊塞遺址에서 간독 외에도 소수의 백서가 발굴되었다.

(3) 종이문자

魏晉時代의 樓蘭遺址에서 목간이 발굴되었는데 이때 소수의 종이에 쓴 문자도 발굴되었다. 서사 연대는 대략 魏晉木簡과 비슷한 시대로 추정되는데 종류는 서신, 문서, 簿籍 등이었다. 또 돈황한간이 발견된 장소에서도 종이에 쓴 문자가 발굴되었다. 동한만기 물로 추정된다. 敦煌 莫高窟과 新疆 吐魯番 등지에서도 晉代와 남북조시대의 卷子와 字紙가 발굴되었는데, 그 중 佛經, 道經, 古書의 抄本, 文書, 契約 등은 신예체와 해서 연구의 중요 자료이다.

(4) 기타

이상 소개한 문자 자료 외에도 한나라와 위진남북조 시대의 銅, 漆, 陶, 瓷 등의 기물과 買地券, 衣物券 등에 쓰여진 문자 자료가 많다. 서한의 銅器에 새겨진 명문 중 일부분은 예서로 쓰여져, 서한 예서의 연변 연구에 중요한 자료가 된다. 동한 중, 만기 특히, 陶瓶 등 부장품에 새겨진 문자는 신예체 연구의 중요 자료가 된다.

2. 석각과 묘지문자

절대수가 동한 중기 이후의 것들이다. 동한 비석 문자는 일반적으로 예서를 사용하였다.[86] 석각문자는 동한시대, 그 중에서도 동한 중기에 가장 왕성하였다. 이 시대의 석각문 가운데 가장 많은 것은 비문이다. 서한 시대의 석각문은 그리 많지 않다. 예서로 쓰여진 석각문은 地節 2년(기원전 68년) 巴州民 楊量의 買山記와 五風 2년(기원전 56년) 각석이 있다.

동한시기의 각석은 대부분 예서로 쓰여졌고, 서법이 대부분 아름답다. 살펴보면 石門頌, 乙瑛碑, 禮器碑, 孔廟碑, 西岳華山墓碑韓仁銘, 曹全碑, 張遷碑, 熹平石經, 史晨前後碑, 西狹頌 등으로 모두 후대 서예가들로부터 숭상되는 것들이다. 魏와 西晉의 비석 역시 예서를 사용하였다. 남북조시대를 지나서 해서가 비각의 주요 자체가 되었다. 墓誌는 晉代에 유행하기 시작하여 남북조시대에 성행하였다. 동진과 남북조시대의 碑刻과 묘지는 신예체와 해서 연구의 중요한 자료이다.

Ⅴ. 한대의 초서 : 章草

1. 초서 개설

한대에 사용된 자체는 예서 외에도 草書가 있었다. 草는 '거칠다,' '간편하다'라는 뜻이 있다. 초서의 草는 이런 자의를 취한 것이다. 초서는 광의로 潦草하게 쓴 것을, 협의로 한대에 형성된 특정한 자체를 가리킨다. 이 초서는 시간이 흐르면서 더욱 간편하고 거칠게 썼는데 晉代의 今草, 唐代의 狂草와 구분하기 위해 한대의 초서를 章草라고 부르기도 한다.

초서의 형성은 진나라 문자의 속체와 한나라 예서의 거칠게 쓰는 사법의 기초 위에 탄생하였다. 진나라의 속체가 예서로 변화, 발전하는 과정에서 한대의 장초(초서)와 같거나 비슷하게, 간략하게 쓰거나 거칠게 쓰는 사법이 있었다. 예컨대 편방에서 止를 'ㄹ'로 쓴 것이 그것이다. 이러한 사법은 예서가 형성된 후에도 계속 예서의

---

86) 서한 비석문자는 주로 소전을 사용하였다.

속체로 존재하였고, 여기에 한대 예서에서 새롭게 탄생한 거칠게 쓰는 사법이 기초
가 되어 초서(장초)가 탄생한 것이다. 아래는 거연한간에 쓰여진 한대의 통행체인 팔
분과 장초이다.

<거연신간>

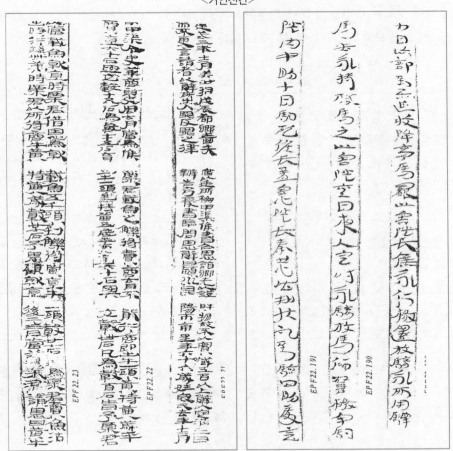

위 표 〈거연신간〉에 쓰여진 글씨는 둘 다 동일한 장소에서 발굴되었다. 왼쪽 간독
은 생략하거나 흘려 쓰지 않은 정규의 한예 즉 팔분으로 정성들여 썼다. 하지만 오

른쪽 간독은 빨리 쓰기 위해 생략하고 흘려 쓴 章草이다. 후대 초서와의 차이점은 흘려 쓴 정도가 약하다는 것 외에, 위아래 글자를 붙여 쓰지 않고 독립적으로 썼다는 것이다. 생략하고 흘려 썼다고 해도 위아래 글자를 붙여서 쓰지 않고, 글자 한 자 한 자마다 起筆과 收筆을 하였다. 이것이 한대 장초의 특징이다.

한대 장초의 특징은 今草나 狂草와는 달리, 일부는 어지럽게 흘려 쓴 것도 있지만, 매우 정교하고 정성들여 쓴 것도 있다.

<거연신간 자표 중 '言, 長, 彭, 嘉, 食, 延, 頭, 謹'>

위 표는 <거연신간>의 자표이다. A는 言, B는 長, C는 차례로 彭, 嘉, 食, D는 延, E는 頭, F는 謹이다. 각각의 자표는 앞 쪽부터 당시의 통행체 순으로 배열하였다.

뒤쪽의 글자 중에는 흘려 쓴 章草가 있다. 言, 長, 頭의 경우 각각 거연신간 전체를 통틀어 대략 300회 이상 출현한다. 이들 중 頭가 생략과 흘림 정도가 가장 심하다. 금초나 광초를 많이 접했던 우리나라 사람들에게 초서체 같다는 느낌이 확연할 것이다. 반면 言, 長, 食, 延의 경우 심하게 생략된 자형이 있지만 흘려 썼다기보다는 매우 정제되고 정갈하다는 느낌을 준다. 이런 字樣은, 초서는 흘려 쓴 글자라는 고정관념을 소유한 사람들에게는 매우 혼란스러울 것이다. 이렇게 한나라 때의 장초는 심하게 생략은 됐지만 매우 정갈하게 쓴 것도, 흘려 쓴 것도 竝存하는 특징이 있다.

2. 초서의 예서 개조

한대의 초서(章草)가 예서를 개조한 주요한 점은 다음과 같다.

(1) 자형의 일부분을 생략(時)하였다.

예컨대 時는 '時'로 써, 오른쪽 편방 '寺'의 상부를 생략하였고, 長 역시 'ᄊ'으로 써, 상부를 생략하였다. 長은 위 자표에서 다양하게 생략된 모습을 확인할 수 있다.

(2) 필획을 생략하고 병합시켜 윤곽만 보존하였다.

예컨대 爲는 '爲'로, 長은 '長'으로, 君은 '君'으로, 疆은 '疆'으로, 論은 '論'으로 써 윤곽만 보존하였다.

(3) 필법을 개변시켰다.

예컨대 ⺍은 'ᅳ'으로, 卿은 'ᄀ'으로, 門은 'ᄀ'으로 썼다. 이 모든 것은 글씨를 빨리 쓰기 위해 이루어진 것이다.

東晉時代에는 한대의 초서와 구별될 만한 新體 초서가 출현하여 한대의 그것과 구별하기 위해 今草라고 불렀다. 다시 唐代에 금초와 구별될 만한 新體 초서가 출현하여, 今草와 구별하기 위해 狂草라고 불렀다.

이상의 예에서 보면 초서는 篆文俗體인 고예의 草體로부터 연변 해 내려온 것으로, 예서의 草化가 아님을 알 수 있다. 어떤 편방은 초서에서 다양한 형식으로 분화되었고, 비교적 복잡한 형성과정을 거쳤다. 예컨대 'ㅁ'旁은 ㅁ(古 : 古), ㄹ(杏 : 杏), ㅆ(合 : 合), ㄴ(谷 : 谷), ㆍ(君 : 君) 등처럼 5종 필법으로 분화되었다. 반면 본래부터 명확한 구분이 있었던 편방이었으나, 초서에서 혼동되었거나 혹은, 혼동되기 쉬운 자형으로 변형되었다. 『急就章』에 보이는 다음 편방의 예를 보자.

ろ(約 : 約), ろ(列 : 列), ろ(別 : 別), ろ(斬 : 斬), ろ(孫 : 孫), ろ(膾 : 膾)

<장초, 금초, 광초의 비교>

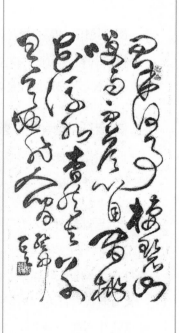

| 章草 | 과도기 | 今草 | 狂草 |

각 字符 좌변의 部件은, 순서대로 糸, 歹, 弓, 車, 子, 月(肉)인데 '昜'와 같은 형태로 변하였다. 이들 상호간 거의 자형차이가 없다. 초서 편방은 이렇게 복잡한 형성과정을 겪었다. 晉나라에 이르면 今草가 형성된다. 章草와 今草는 글씨를 빨리 쓰기 위해 형성된 서체이기 때문에 외관상 큰 차이가 없다. 다만 今草가 章草보다 늦게 출현하여 생략이 더 심한 것은 사실이다.

앞의 그림〈장초, 금초, 광초의 비교〉에서 장초는 서한 말 동한 초에 쓰여진 거연한간 문자이고, 금초는 동진의 왕희지의 글씨이며, 광초는 현대 중국의 서예가 鄭散木의 글씨이다.[87] 광초는 唐代에 형성됐지만 자적이 뚜렷한 마땅한 작품을 찾지 못해 현대 서예가의 작품을 골랐다. 장초와 금초 사이의 과도기 字樣은 魏晉시기의 樓蘭遺址의 簡紙文字 중 일부를 채록한 것이다.

대략 이들 초서의 특징을 살펴보면 대체로 장초는 생략과 흘림이 한 글자의 내부에서만 이루어진다. 또 두 개 이상의 부건으로 이루어진 한자에서는 대부분 한쪽 구건만 생략하거나 흘려 쓰고, 설령 두 개의 구건 모두를 생략하거나 흘려 써도, 후대의 초서처럼 두 개의 구건을 한 글자처럼 합쳐서 쓰지는 않는다. 아울러 어떤 구건의 서사는 매우 정교하고, 정성들여 써서 거칠게 쓴다는 뜻의 '초서'란 말과는 부합되지 않는 것도 있다.

금초는 구건의 생략과 흘림이 장초보다 훨씬 심하다. 두 개 이상의 부건으로 이루어진 글자는 구건 모두를 초서화시키고 구건과 구건을 하나의 글자처럼 합해서 쓴다. 간혹 간단한 글자는 초서화가 거의 이루어지지 않았거나 정자로 쓴 것도 있다. 위 그림에서 첫 행의 月, 十, 셋째 행의 人 등이 그것이다. 또 위 글자와 아래 글자를 연결 서사함이 적다.

광초는 간단하거나 복잡한 글자를 가리지 않고, 모든 글자를 매우 심하게 생략하고 흘려 쓴다. 또, 한 글자 내의 구건과 구건의 合書는 물론 상하 글자까지 연결하여

---

87) 金開誠, 王岳川 主編,「第四編 百代書杰」,『中國書法文化大觀』, 北京大學出版社, 1995, 1, 1版 638쪽 복사

써서, 識字가 금초보다 훨씬 어렵다. 그렇기 때문에 초서는 일부 특정 계층의 사람들만이 서사하고, 식자할 수 있어 일반인들이 보편적으로 사용하는 자체로 자리 매김하지 못했다.

Ⅵ. 新隷體와 早期行書

1. 신예체와 조기행서 개설

일반적으로 행서는 桓(서기 146-167년), 靈帝(서기 167-188년)시기에 劉德昇이 창조했다고 한다.[88] 그리고 이를 漢魏之間의 유명한 書藝家 鍾繇, 胡昭등이 배웠다고 하는데, 이들의 서체에 대해 의견이 분분하다. 어떤 이는 행서, 어떤 이는 해서라고 한다. 또, 애석하게도 鍾繇의 「墓田丙舍帖」(王羲之가 臨本한 摹刻本이다.) 외에는 이들이 남긴 작품이 존재하지 않는데, 이마저도 鍾繇의 서법을 제대로 반영한 서체인지 의심하고 있다. 그래서 조기 행서의 진면목을 밝히기는 쉽지 않다. 팔분의 형성은 예서의 서법으로 하여금 명확한 규범성을 띠게 하였다. 하지만 일반인들이 팔분의 서법대로 글씨를 쓰기에는 너무 많은 공력을 들여야 하였다. 글씨란 쓰기가 편해야 한다. 하지만 팔분의 서사는 시간상, 運筆上 불편한 점이 많았다. 그래서 동한 중기 일상에서 사용되고 있던 예서(八分)로부터 명확히 구별되는 간편한 속체가 연변되어 나왔다. 裵錫圭 교수는 이를 신예체라고 하였다.[89] 동한 후기에 사대부들은 정교한 八分을 아직도 사용하고 있었지만, 일반인들이 사용하는 예서는 八分과 명확한 구분이 있는 속체를 쓰고 있었다.

아래 〈희평원년 도병문자〉가 그것인데, 이들은 收筆時 위로 튀어오르게 쓰는 필법을 버렸다. 동시에 초서의 일정한 필법을 받아들여 붓을 거둬들일 때 끝을 뾰족하

---

88) 유덕승의 시대에는 今草가 없었다. 우리들에게 익숙한 행서는 楷書와 今草 사이에 낀, 초서의 맛이 깃든 字體를 말한다. 그래서 그들이 쓴 행서는 현재 우리에게 익숙한 행서가 아니다.

89) 裵錫圭, 「五 形體的演變(下)」, 앞의 책, 90쪽

<熹平元年(172년) 陶瓶文字>[90]

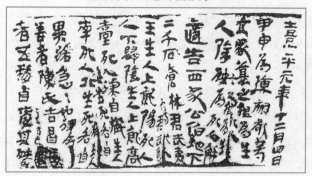

<돈황한간>[91]

게 하는 '尖撇法'을 사용하여 팔분으로부터 해서로 가는 과도기적 모양을 띠었다. 동한 중만기의 목간에서 이를 확인할 수 있는데, 돈황에서 발견된 永和 2년(서기 137년) 簡에 쓰여진 글자가 대표적이다. 위 <도병문자>는 아직은 收筆時 위로 튀어 오르게 쓰는 필법을 찾을 수가 없다. 아울러 豎劃의 收筆 時 뾰족하게 붓을 뺀 尖撇法을 사용하여 팔분과는 확연히 다른 자형을 띠고 있다. 이러한 자형은 동한 중기에 이미 탄생한 것으로 보인다. 왼쪽 그림 <돈황한간>은 元初 4년(서기 117년 : 왼쪽 간독), 永和 2년(서기 137년 : 오른쪽 간독)에 쓰여진 것으로, 해서로 가는 과도기적 자체인 신예체의 단초를 엿볼 수 있다. 羅振玉은 본 문자를 평하길 해서가 70%, 예서가 30%라고 하였다.(『流沙墜簡 考釋』) 상당히 정확한 견해인데 이는 본 간독의 자양이 명확히 팔분에서 해서로 이행되는 과도기적 모습인 신예체임을 말해 준다고 하겠다.[92] 하지만 이들과 같은 자

---

90) 다른 이름으로 「陳刻敬瓶」이라고도 한다.(劉正成 主編, 『中國書法全集』(第9卷)(秦漢金文陶文), 榮寶齋(北京), 1992, 10, 제1版. 120쪽 복사)

91) 우측 간독은 圖版番號 1974(161쪽), 좌측 간독은 1960(159쪽)이다.(甘肅省文物考古研究所 編, 『敦煌漢簡 (上,下)』, 中華書局 1991, 6. 제1版)

92) 동한 중만기의 간독에서 볼 수 있다. 특히 敦煌에서 발견된 永和 2년(서기 137년) 簡과 熹平元年(서

양을 아직은 조기 행서라고 규정할 수는 없다. 이상과 같은 과도기적 자양을 거쳐 동한 만기에 이르러 새로운 자체가 태어났으니 그것이 곧 행서이다. 다만 이들을 기반으로 魏晉時代 일상에서 사용한 문자, 예컨대 樓蘭遺址에서 출토된 간독과 종이 위에 쓰여진 문자를 조기 행서로 규정할 수 있을 것이다. 물론 이들 자료들의 일부 문자는 모범적인 신예체와 장초와 금초 사이에 낀 과도기적 문자도 있다. 이들을 제외하고는 필획의 사법과 문자의 결체가 해서에 접근된, 풍류가 부드럽고 간결한 새로운 형체를 띠었다. 아울러 魏 晩期 景元 4년(서기 263년) 簡, 대략 동진 초기로 추정되는, '濟逞'이라고 서명된 편지, 또 '超濟'라고 서명된 편지 등은 전형적인 조기 행서에 해당한다.

2. 조기 행서

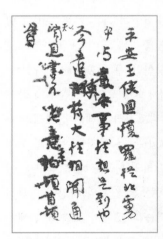

東晋의 편지(조기행서 : 동진 초)　　孟府君墓志(신예체 : 서기 376년)　　居延新簡(팔분 : 동한 초)

위 표 〈東晋의 편지〉는 동진 초기에 쓰여졌을 것으로 추정되는 '濟逞'이란 서명이 붙은 편지이다. 거친 신예체로 볼 수도 있지만, 〈孟府君墓志〉의 신예체93)와 〈居延

기 172년)의 陶甁에 쓰여진 字體가 대표적이다.

新簡〉의 팔분과는 명확한 구분이 되는, 독특한 풍격을 가진 조기 행서로 볼 수 있다. 필획의 사법과 문자의 結體가 〈孟府君墓志〉의 신예체와 비교하여 명확히 해서에 접근되어 있다. 〈居延新簡〉은 전체적인 자형이 가로로 퍼져 있고 또, 가로획의 끝 부분 收筆處는 살짝 위아래로 흔든 다음, 위로 약간 튀어 오르게 붓을 뺐다. 하지만 〈東晉의 편지〉는 전체적으로 글자가 위아래의 장방형이고, 가로획의 수필 되는 곳 을 들어 올리지 않았다. 〈東晉의 편지〉를 八分과 비교하던, 혹은 신예체나 章草와 비교하던 풍모가 婉約한 新體 곧, 조기 행서라고 할 수 있다. 다시 東晉시대에 서사 된 글씨를 비교해 보자.

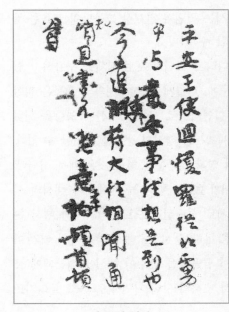

東晉의 편지

姨母帖

---

93) 〈孟府君墓志〉는 1976년 安徽省 鞍山市에서 발견된 東晉 太元 元年(376년)의 孟府君墓에서 출토된, 벽돌에 새겨진 墓志 문자이다. 古拙한 맛을 풍기는 신예체이다.

위의 글씨는 둘 다 동진시대에 쓰여진 글씨이다. 〈이모첩〉의 글씨는 힘이 있고 세련 되어 보이지만, 古拙한 맛은 〈동진의 편지〉가 더 있다. 하지만 이러한 차이는 아주 사소한 차이이다. 이 같은 조그만 차이는 있더라도 두 문서의 자양은 거의 같다. 둘 다 조기 행서의 전범으로 보인다.

행서의 생성은 한두 사람에 의해 이루어진 것이 아니다. 많은 사람들의 書寫習慣이 누적되어 형성된 것이다. 동한 후기 약간의 초서의 느낌을 주는 신예체가 출현하였고,[94] 조기 행서는 이런 자체를 기초로 필획의 서사법과 문자의 結體를 미화시켜 형성된 것이다. 조기 행서는 일종의 독특한 풍격이 있는 新字體이다. 글자를 신예체처럼 쓴 것도, 節奏美가 있는 초서체처럼 쓴 것도 있지만 이들은 신예체도, 초서체도 아닌 조기 행서이다. 이들 조기 행서는 필법과 결체상 그들만의 고유한 특징을 소유하고 있어 신예체와 뚜렷이 구별할 수 있다.

하지만 조기 행서가 신예체의 草體는 아니라고 하더라도, 초서체를 구유하고 있는 신예체의 기초 위에 발전한 자체이기 때문에, 거칠게 쓴 신예체와의 혼동은 피할 수 없다. 그리하여 조기 행서가 출현한 후, 필연적으로 신예체 생산에 영향을 끼쳤고, 이러한 영향으로 일부 사람들이 쓴 신예체에서는 행서의 풍모를 벗어날 수 없다. 이런 이유로 조기행서와 거친 신예체 사이의 명확한 구분을 하는 것은 매우 어렵다.

아래 표 〈왕희지의 행서〉와 〈永和九年(서기 353년) 행서〉는 신예체와 해서의 사이에 낀 행서이다. 둘 다 독립된 하나의 자체로 성립된 것으로 〈왕희지의 행서〉는 행서 가운데 초서에 가까워 行草이고 〈永和九年 행서〉는 해서에 가까워 眞行이다. 행서는 엄격한 書寫 규칙이 없다. 그래서 규율성을 갖추어 해서에 접근되게 쓰면 眞行, 혹은 行楷라고 하였고, 멋대로 써서 초서의 맛이 나면 行草라고 불리기도 한다.

---

94) 위 희평원년의 陶瓶文字가 그것이다.

왕희지의 행서

永和九年 행서

　행서는 해서에 비해서는 빨리 쓰고, 초서처럼 글자를 인식하는 곤란이 없기 때문에 높은 실용가치를 지녔다. 현재 우리는 해서를 正體로 보는데 중국이나 우리나라의 지식층에서는 평소 한자를 쓸 때 대부분 행서에 접근된 글씨를 쓴다.95) 그 만큼 행서의 실용가치가 높다는 것이다.

　예서와 해서의 시대를 명확히 규정하기 어렵다. 대략 魏晉시대는 예서에서 해서로 이양되는 과도기이고, 남북조는 해서를 쓰기 시작한 단계로 볼 수 있다. 당대에는 해서가 완전히 일상사용의 주요 자체가 되었다. 한자가 해서로 진입한 후 자형은 계

---

95) 최근의 지식층은 예외일 수 있다. 특히 우리나라의 경우 나이가 젊으면 젊을수록 한자의 書寫에 익숙하지 않다.

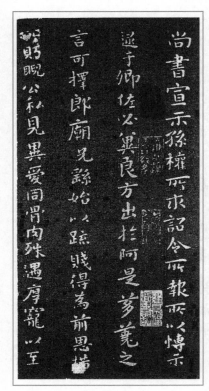

宣示表

속 간화되고 있으나 자체에는 큰 변화가 없다.

Ⅶ. 해서의 형성과 발전

1. 해서의 형성

현재 우리가 알 수 있는 최초의 해서 서예가는 鍾繇[96]이다. 또 우리가 확인할 수 있는 최초의 해서 역시 종요의 서첩(宣示表 등)에 쓰여진 것이다.[97]

표의 〈宣示表〉는 宣示表 等의 서첩을 모사한 것을 돌에 새긴 것으로 추정되는 字樣이다. 하지만 鍾繇의 글씨를 잘 반영하고 있다고 생각된다. 종요가 쓴 宣示表의 자체는 조기 행서의 모습을 현저하게 탈피하였고 매우 장중하다.

이곳에 쓰여진 寫法은 조기 행서의 橫畫의 收筆時에 사용한 頓勢의 필법을 더욱 보편화

96) 魏晉의 서예가로는 鍾繇를 가장 으뜸으로 친다. 후세에 東晉의 王羲之와 함께 '鍾王'으로 병칭하기도 하였다. 鍾繇(서기 151-230)는 자가 元常이고 穎川長社(지금 河南省 許昌)사람이다. 한나라 말 獻帝 때 급제를 하여 벼슬이 尙書僕射에 올랐고, 武亭侯로 봉해졌다. 위나라 때에는 宰相을 역임하였는데 明帝 때에는 定陵侯에 봉해졌고, 太傅가 되었다. 그래서 후세에 '鍾太傅'라고 부르기도 하였다. 唐의 張懷瓘은 『書斷』이란 글에서 "종요는 글씨를 잘 써 조희, 채옹, 유덕승의 사표가 되었다. 眞書를 특별히 빼어나게 잘 썼는데, 힘차고 부드러움이 함께 갖추어져 있고, 필획과 결구에 당시 풍격을 벗어난 창조적인 면모가 있어, 가히 그윽하고 깊음이 끝이 없고, 고아함이 넘쳐 진한 이래 서예가로는 이뿐으로 생각된다…… 예서와 행서는 신의 경지에 이르렀고, 팔분과 초서는 신묘함에 이르렀다.(繇善書, 師曹喜, 蔡邕, 劉德升. 眞書絶世, 剛柔備焉, 點劃之間, 多有異趣, 可謂幽深無際, 古雅有餘, 秦漢以來, 一人而已,…… 隸, 行入神, 八分, 草入妙.)"고 하였다.

97) 모본만 남아 있는데 진위에 의심이 간다.

시켰고, 일군의 捺筆과 硬鉤의 사용 등을 볼 수 있다.[98] 종요의 글씨를 행서로 보는 사람도 있지만, 조기행서에 비하면 해서에 상당히 가깝다. 이러한 글씨체의 생산은 장중한 필체가 요구되는 경우, 예컨대 임금님께 올리는 表 등에서, 평소에 쓰던 행서에 비해 더욱 端裝하게 쓴 것으로부터 최초의 해서가 형성되었을 것으로 추정된다.

이상에서 보듯이 조기의 해서는 조기 행서의 한 分枝라고 할 수 있을 것이다. 明나라 때의 孫鑛은 『書畵跋跋』이란 글에서 "내가 일찍이 '漢魏시기의 예서는 正書이고, 종요와 왕희지의 해서는 행서를 따른 것이다.'라고 말했다.(余嘗謂漢魏時, 隸乃正書, 鍾, 王小楷乃隸之行)"고 하였다. 그의 이러한 논점은 정확한 지적이다.[99] 종요와 왕희지의 해서는 우리가 현재 해서라고 하는 것과는 조금 달랐다. 해서에 진입된 글자체인 셈이다. 소전, 예서, 해서 등의 자체는 어느 한 순간 바뀌는 것이 아니다. 지금처럼 인쇄술이 발전하여 컴퓨터이던, 인쇄용 造字이던 고정된 글꼴을 가지고 있는 시대의 경우는 다르지만, 과거 손으로 글씨를 쓰던 시대의 자체는 끊임없는 변화의 과정을 겪었다. 소전, 예서, 해서 등의 명칭은 그 변화의 정점의 자체를 특징지어 말하는 것이다.

아래 표는 王羲之와 그의 아들 王獻之의 글씨이다. 王羲之 부자의 해서는 모두 鍾繇의 해서를 기초로 하고 이를 발전시켜 아름답게 쓴 것이다. 지적하고 넘어갈 것은 해서는 漢魏之間에 생성됐지만, 魏晉時代에는 해서를 사용한 사람이 거의 없었다. 겨우 일부 문인학사들이 사용했는데 당시 일반인들은 여전히 신예체 혹은 신예체와 조기 행서 사이에 낀 자체를 사용하고 있었다. 이는 현재 우리가 볼 수 있는 위진시대의 간독과 종이에 쓰여진 글씨로도 확인할 수 있다.

위진시기에 쓰여진 불경, 고서 등은 모두 신예체로 쓰여졌고 어떤 것은 아직도 팔분의 냄새가 나는 것도 있다. 비각에 쓰여진 문자는 더욱 보수적이라 거의 모두 여

---

98) 이러한 書法은 해서체에서만 보이는 현상이다. 隸變 과정에서 撇이나 捺이 형성되기도 하였지만, 收筆時 굳게 꺾어지는 느낌을 주는 갈고리 형태는 볼 수 없었다.
99) 종왕은 종요와 王羲之를 가리킨다.

王羲之, 王獻之 부자의 글씨

전히 팔분으로 쓰여졌다. 동한 시대 비각의 팔분은 매우 다양한 글씨체를 띤 것에 비해 위진의 팔분은 판에 박은 듯한, 천편일률적인 정규의 팔분 형태를 보이고 있다.

어떤 사람은 이러한 魏晉의 비각이나 묘지에 쓰여진 팔분과 신예체를 보고 위진 시기에 해서가 쓰여지지 않았다고 주장하기도 하는데, 이는 합리적인 주장이 아니다.

2. 해서의 발전

표의 석각은 남북조 시대에 쓰여진 해서이다. 남북조에 이르러 해서는 사회상 소용되는 주요 자체로 등장하였다. 해서의 楷는 楷模(본보기)의 글자, 혹은 법도가 있는 글자란 뜻으로 본래 어떤 자체를 불러주던 고유명사가 아니었다. 위진시대에는 잘 쓰여진 八分書體를 '八分楷法' 혹은 '楷法'이라고 하였다. 그래서 행서의 모습을 탈퇴한 종요의 해서는 실은 오늘날 우리가 알고 있는 楷書와는 차이가 있다. 어쨌든 남북조에서 唐에 이르기까지 해서는 正書, 眞書, 隷書 등의 명칭이 있었다. 정서, 진서는 행서, 초서에 대응한 말이고, 예서는 팔분에 상대해서 부르는 말이었다.100)

---

100) '楷書'란 말의 의미를 楷法이라는 뜻으로 써서, 八分을 '楷書'라고 부르기도 하였다.

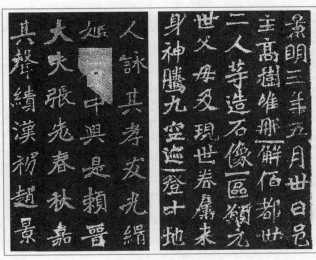

남북조의 해서

물론 해서란 말이 모범이란 뜻을 나타내기 때문에 唐代에도 어떤 사람은 잘 쓰여진 팔분을 해서라고 하기도 하였다. 하지만 대략 唐代에 이르러서는 우리가 현재 '해서'라고 인식하는 자체를 '해서'라고 하였고, 宋 이후에는 완벽하게, 의론의 여지없이 해서라고 인식하였다.

종요와 왕희지의 글씨에는 해서와 신예체가 공존하고 있다. 남북조 시대 묘지나 비석 등에는 동진시대의 비각과 묘지에서 쓰던 자체 즉, 신예체를 모방하여 쓰기도 하였다. 필법이 대략 팔분의 의미를 띠기도 하였다. 그래서 이들을 종요와 왕희지의 글씨와 비교하면 훨씬 古拙하였다. 남북조의 비석이나 묘지에서 이들의 자체[101] 사용은 매우 장시간, 광범위하게 이용되었기 때문에 후인들은 이들 서체를 '魏碑體'라고 부르기도 한다.

---

101) 이 역시 해서에 속한다. 다만 현재의 해서와 조금 다르고, 당시 일반인들이 쓰던 해서와 다를 뿐이다. 당시 碑誌類의 글씨는 당시 사용되던 字體보다는, 좀 더 오래된 고졸한 字體를 사용하는 것이 일반적이었다.

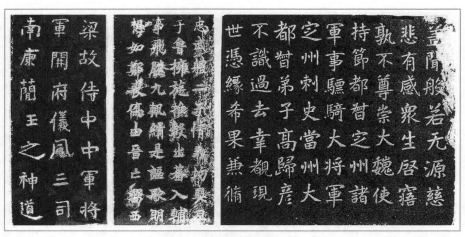

남조, 제량, 북조시대의 碑誌

　　南朝에서 齊梁시대에 이르러 碑誌에 종요와 왕희지에 접근한 해서가 출현한다. 북조의 후기에 이르러 碑誌의 楷書가 종요와 왕희지체에 농익은 해서체가 출현하였다. 위 표의 비지 가운데 앞의 두 개는 남조와 제량시대의 것이다. 마지막 비지는

歐陽詢의 해서

北朝『高歸彦造象記』(北齊 武定元年 : 서기 543년)의 글씨이다. 종요와 왕희지체가 농익은 해서체이다. 唐 이후 魏碑體는 완전히 역사 무대에서 사라졌다. 이 위비체는 청대에 이르러 서예가들에 의해 다시 새롭게 주목 받기도 하였다. 남북조의 碑誌에는 팔분을 모방한 자체도 있었다.

　　종요와 왕희지의 해서는 행서에서 태동하여 이를 비석 글씨의 정체로 사용하였는데, 結體와 필법이 장중하지 못한 점이 있었다. 그렇기 때문에 남북조 사람들은 이를 개선시키기 위해서 종요와 왕희지의 해서를 약간 개조를 하였다. 이러한 개선 작업은 당

초의 歐陽詢에 이르러 상당한 개선이 이루어졌다. 그래서 어떤 사람은 해서는 당초에 진정으로 성숙됐다고 주장하기도 한다.

한편 왕희지 등에 의해 해서가 발전하고, 금초가 형성되면서, 행서는 이들 자체 사이에 낀 하나의 독립적인 자체로 연변 되었다. 이들은 그 전의 조기 행서에 비해 명확히 구분될 만큼 일신된 자형을 띠었다.

Ⅷ. 今草와 狂草

1. 금초의 형성

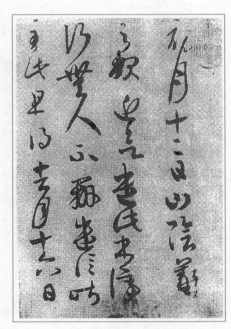

| 거연신간 | 루란간독 | 왕희지의 초서 |

위진 시대에 조기행서와 해서의 서법에 영향을 받아 장초가 점점 변하여 금초가

되었다. 西晉 陸機의 平復帖(대략 太康時代 서사된 것으로 추정됨)이 장초에서 금초로
이행되는 과도기 초서이다. 금초의 형성은 왕희지의 작용이 컸다.

위 그림의 「居延新簡」은 늦어도 서기 30년을 넘기지 않는 간독문자이다. 상당히
거칠게 썼고, 생략되고 합쳐진 부분이 많다. 이를 章草라고 한다. 「樓蘭簡牘」은 대
략 서기 250년대 서사된 문자이고, 「왕희지의 초서」는 대략 이보다는 몇 십 년 늦게
서사된 것으로 추측된다. 왕희지의 초서에 대해 후손인 王僧虔은 「論書」에서 "돌아
가신 증조할아버지, 영군을 지내신 洽 할아버지께서 왕희지[102] 할아버지께 드린 글
에 이르기를, '(글자체가) 옛 모양이 모두 변했습니다. 그렇지 않습니까? 지금도 여전
히 종요와 張芝[103]를 본받고 있습니다.'라고 하였다.(亡曾祖領軍洽與右軍書云 '俱變
古形, 不爾, 至今猶法鍾, 張')"[104]고 하였다. 또, 그는 歐陽詢의 『與楊駙馬書章草千
文批后』를 인용하여 王羲之, 王洽이 장초를 변화시켜 금초를 만들었다고 하였

다.[105] 금초의 자형은 장초를 因襲한
것인데, 예서와 相近한 필법을 버리고
또, 어떤 때는 필획을 省幷시켜 장초
보다 훨씬 더 간편하게 썼다.

2. 광초의 형성

왼쪽 그림 〈自叙帖〉은 唐 懷素의
狂草이다. 회소는 스님이었다. 출신이
빈한하여 어려서부터 절에 들어가 살

自叙帖[106]

---

102) 右軍은 왕희지를 가리킨다. 왕희지는 벼슬이 우군장군과 회계내사에 이르렀다.

103) 張은 동한시대 초서로 널리 알려진 서예가 張芝를 가리킨다.

104) 王僧虔, 「論書」, 『法書要錄』(卷一)

105) 王僧虔, 「書斷」, 『法書要錄』(卷七), 참조

106) 潘海鷗 責任編輯, 『中華文明史』(卷五 : 隋唐五代), 河北敎育出版社(1992, 9, 제1版), 1994, 6, 2차
   印刷, 속지 화보에서 복사

있는데, 서예를 좋아하여 해서, 장초, 狂草를 모두 잘 썼다. 광초는 張旭의 狂草를 배웠다. 今草는 章草보다 더 거칠게 썼다. 그래서 章草보다 今草가 글자를 판독하는 데 훨씬 더 어렵고, 今草를 사용하는 사람이 매우 적었다. 일반인은 사용하지 못하고 일군의 문인학사들만 주로 사용하였다.

唐 이후에는 더욱 생략하고, 거칠게 써 글자를 판독하기 어려운 狂草가 나왔는데 이는 일상생활에서 사용하는 글자라기보다는 하나의 예술품으로서 존재한다고 보아야 할 것이다.

제5장
한자 분석이론

Ⅰ. 전통적인 분석이론 : 六書

1. 육서의 명칭과 차례

(1) 육서론

六書說은 最早의 한자구조에 대한 계통 이론이다. 과거의 문자학자들은 한자의 구조를 설명할 때 모두 육서의 설법에 따라 한자를 상형, 지사 등의 六類로 분석하였다. 육서를 언급한 전적 혹은 사람은 『周禮』, 『漢書·藝文志』, 許愼, 鄭衆 등이 있다.

한대의 경학가들은 고문학파와 금문학파로 나뉘었다. 『周禮』[1]는 고문경학파의 경전이다.[2] 『한서·예문지』는 서한 말 고문학파의 大師인 劉歆의 『七略』을 근거로 작성된 것이다. 정중과 허신은 모두 고문학파에 속한다. 정중은 鄭興의 아들인데, 정흥은 유흠의 제자이었다. 허신은 賈逵의 제자인데, 가규의 부친 賈徽 또한 유흠의 제자이었다. 그래서 이들 『한서·예문지』, 정중, 허신이 주장한 육서는 다만 그 명칭과 차례만 조금 다를 뿐, 同出一源이라고 할 수 있다. 살펴보면 다음과 같다.

---

1) 『周禮』란 周代의 제도를 가리킨다. 고대에는 禮와 制度를 같은 개념으로 함께 지칭하였다.
2) 이곳에는 六書란 명칭만 나오고 상형, 지사 등 구체적인 조목은 나오지 않는다.

藝文志	① 象形	② 象事	③ 象意	④ 象聲	⑤ 轉注	⑥ 假借
鄭衆	① 象形	④ 處事	② 會意	⑥ 諧聲	③ 轉注1	⑤ 假借
許愼	② 象形	① 指事	④ 會意	③ 形聲	⑤ 轉注	⑥ 假借
육서의 명칭과 차례(숫자는 各家의 六書를 설명한 차례이다)						

후세 사람들 대부분은 허신의 육서 명칭과 차례를 따랐다.『주례』는 '육서'란 말만 나오고 구체적인 설명이 없다. 이곳의 육서는 문자에 관한 내용이 매우 일천한, 일상 상용의 문자를 나열하거나 설명하였을 것으로 추정된다.

상형, 지사 등의 명칭이 지금까지 사용되고 있음에서도 알 수 있듯이, 한대 학자들이 정립한 육서설은 문자학의 발전에 지대한 공헌을 한 것만은 사실이다. 다만 한대는 문자학의 발전 역사를 고려하면 조기단계에 해당하기 때문에 한대 학자들의 문자 구조에 대한 연구나 인식은 그리 완전한 것이 못된다. 또한 '여섯'가지란 종류를 한자구조분석에 적용하였을 때 실제한자의 상황을 설명하기가 매우 어렵게 된다. 따라서 육서설의 문제 또한 상당한 것이 사실이다.

(2) 육서의 명칭과 분류[3]

『周禮·地官·保氏』에

　　보씨는 왕의 잘못을 간언하고, 나라의 귀족계급 자식들을 도로써 양성하는 직분을 맡
　　았다. 국자를 양성하는 교육으로 육례를 가르쳤는데 첫째가 오례이요⋯⋯다섯째가 육서
　　이었다.
　　"保氏掌諫王惡, 而養國子以道. 乃敎之六藝：一曰五禮⋯⋯五曰六書"

---

3) 六書는 六禮 중의 하나이다. 『周禮·地官·保氏』에 "보씨는 왕의 잘못을 간언하고 國子를 도로써 가리키는 것을 담당하였다. 그들에게 六藝를 가리켰는데 첫째가 五禮, 둘째가 六樂, 셋째가 五射, 넷째가 五馭, 다섯째가 六書, 여섯째가 九數이다.(掌諫王惡하고, 而養國子以道이라. 乃敎之六藝, 一曰五禮, 二曰六樂, 三曰五射, 四曰五馭, 五曰六書, 六曰九數)"라고 하였다. 이곳의 육서는 '문자교육'을 가리켰을 것으로 추정되나, 許愼은 이를 漢字結構를 분석하는 이론인 六書로 해석하였다.

라고 하였다. 이곳에서 육서는 한자의 교학과 관련된 것으로 추정되지만, 육서란 명칭만 알 수 있을 뿐 구체적인 내용은 알 수 없다.

동한시기에 처음으로 육서의 여섯 가지 이름이 출현하였다. 이는 서한 말 劉歆의 『七略』에서 발원한 것으로, 班固, 鄭衆, 許慎의 분류를 보면 다음과 같다. 반고의 『한서·예문지』에

> 옛날에 8세가 되면 소학에 들어갔는데 주관 보씨가 귀족자제들을 양성하는 직분을 맡았다. 그들에게 육서를 가르쳤는데 상형, 상사, 상의, 상성, 전주, 가차가 그것으로 이는 글자를 만드는 근본이 된다.
>
> 古者八歲入小學, 故周官保氏掌養國子, 敎之六書. 謂象形, 象事, 象意, 象聲, 轉注, 假借, 造字之本也.

라고 하였다. 정중은 『周禮·地官·保氏』注에서 "육서는 상형, 회의, 전주, 처사, 가차, 해성이다(六書, 象形, 會意, 轉注, 處事, 假借, 諧聲)"라고 하였다. 許慎은 『說文解字·敍』에서 '주례에 8세에 소학에 들어가면 保氏가 그들을 가르쳤는데 먼저 육서를 가르쳤으니 첫째가 지사, 상형, 형성, 회의, 전주, 가차이다.'라고 하였다.

2. 육서 義例

허신은 『說文·敍』에서 주례의 "8세에 소학에 들어가면 보씨가 그들을 가리키되 먼저 육서로 가리킨다.(周禮八歲入小學, 保氏教國子, 先以六書.)"를 인용하였다. 육서에 대한 『설문·서』의 설명을 보면 다음과 같다.

(1) 指事

첫째가 지사이니, 지사라는 것은 그냥 쳐다보기만 하여도 무엇을 나타내는지 알 수 있고, 살펴보면 그 뜻이 드러나는 것으로, 상하가 그것이다.(一曰, 指事이니, 指事者는 視而可識하고, 察而可見이니, 上下是也라.)라고 하였다. 상형처럼 구체 사물의 형

상을 그린 것은 아니지만, =(上), =(下)처럼 나타내고자 하는 개념을 문화적 체험을 통해, 한눈에 알아볼 수 있도록 부호화하였기 때문에 글자를 보기만 하면 알 수 있다는 것이다.

(2) 象形

둘째는 상형이다. 상형이라는 것은 그 사물의 모습을 그려낸 것으로 사물의 들어가고 나온 그대로를 따라 그렸으니 日月이 그것이다.(二曰, 象形이니. 象形者는 畫成其物하여, 隨體詰詘하니 日月是也라.)라고 하였다.

(3) 形聲

셋째는 형성이니 형성이라는 것은 상형자 혹은 지사자를 조합해서 문자를 만들되,4) 한쪽은 비슷한 성부를 채용해서 글자를 만든 것으로5) 강과 하가 그것이다.(三曰, 形聲이니. 形聲者는 以事爲名하고, 取譬相成하니, 江河是也라.)라고 하였다. 형성은 事類를 표시하는 字를 意符로 하고, 이 자의 聲音에 접근한 字를 성부로 하여, 聲符와 意符를 배합하여 새로운 자를 구성함을 말한다.

(4) 會意

넷째 회의이니 회의라는 것은 字群을 배합하여, 그 뜻을 합쳐서6) 가리키는 바의 사물을 표시하는 것이니,7) 武信이 그것이다.(四曰, 會意이니. 會意者는 比類合誼하여, 以見指撝하니 武信是也라.)라고 하였다.

---

4) 이곳의 事는 그릴 수 있는 대상인 物과 指事의 事를 가리킨다. 名은 字를 가리킨다. 古時 字를 名이라고 칭했다.
5) 譬는 近似함을 나타낸다.
6) 比類合誼의 比는 組合을, 類는 字類, 字群을 나타낸다. 誼는 義의 古字이다.
7) 以見指撝의 撝는 揮의 가차로 '휘두르다, 지시하다.'라는 뜻을 나타낸다. 句義는 지향하는 바의 새로운 의를 볼 수 있다는 것이다.

(5) 轉注

다섯째 전주이니 전주라는 것은 동일한 부수를 취하는 글자 가운데 대표자를 세우고, 같은 뜻의 글자끼리 서로 바꾸어 쓰는 것이니, 考老가 그것이다.(五曰, 轉注이니. 轉注者는 建類一首하여, 同意相受하니, 考老是也라.)라고 하였다.

(6) 假借

여섯째 가차이니 가차라는 것은 본래부터 글자가 없어 동음자를 차용하여 그 뜻을 표현하는 것으로 令長이 그것이다.(六曰, 假借이니. 假借者는 本無其字하여, 依聲託事하니, 令長是也라.)라고 하였다.

3. 육서설과 그 이론적 한계

우리에게 알려진 한자구조 분석이론은 육서론이 거의 유일하다. 이는 상형, 지사, 회의, 형성 등의 명칭이 지금까지 익숙하게 사용되고 있음에서도 알 수 있다. 한대 정립된 육서설은 한자학 발전에 지대한 공헌을 한 것만은 사실이다. 다만 한자학사에 비춰본다면 한대는 한자학발전의 초기단계에 해당하기 때문에 한대 학자들의 한자구조에 대한 인식과 연구는 그리 완전한 것이 못된다. 그리고 '여섯 가지'란 한자의 구조 및 그 정의와 사용정황에 대한 이론도 실제한자를 분석할 때 설명해낼 수 없는 경우가 허다하다. 육서설의 문제점을 열거해보면 다음과 같다.[8]

---

8) 六書說에 문제가 있다는 것은 漢語文字學에 대한 관심과 수준이 미미한 우리 한문교육계에는 생소한 것이지만, 中國文字學계에서는 이미 오래 전부터 인식되어 왔다. 다만 육서설의 오류나 문제점을 전문적으로 다룬 논문이 많지 않은 것은, 어느 날 갑자기 육서설에 대한 의문이 제기된 것도 아니고 또, 단독 주제로 잡아 그 문제점을 밝힐 만큼 획기적인 것도 아니었기 때문이다. 아래 六書論의 문제에 대한 진술은 많은 부분 북경대학의 裘錫圭 교수의 견해를 참고하여 정리하였다.(裘錫圭, 「六. 漢字基本類型的劃分」, 앞의 책, 97~104쪽 참조)

(1) 육서론의 모순점

① 상형과 字의 귀속 문제

육서설에 의하면 意符로 조성된 한자는, 현재 우리가 말하는 표의자로 상형, 지사, 회의의 3가지로 나눌 수 있는데, 이들 사이의 분명한 경계를 긋기가 생각보다 쉽지 않다. 『說文·敍』에 '日, 月'은 상형자이고, '上, 下'는 지사자라고 하였다. 日과 月은 본래 '⊙, ☽'로 썼고, 上과 下는 본래 '⌣, ⌢'로 썼다. 전자가 필요로 한 字符는 실물을 그린 것이고, 대표하는 詞는 곧 본뜬 바의 사물의 명칭이다. 후자가 사용한 것은 추상적인 形符인데, 대표하는 詞는 사물의 명칭이 아니고 事의 명칭이다. 이들 두 개의 구분은 매우 명확하다. 그러나 실제로는 적지 않은 자들이 위와 같이 명료하게 그 귀속을 분별할 수 있는 것이 아니다. 예컨대 ㅊ(大)'와 같은 자는 所用한 字符는 日, 月과 마찬가지인 실물의 형체를 그린 것인데, 대표하는 詞는 그린 바 사물의 명칭이 아니다. 그린 바의 사물과 유관한 '事'의 명칭이다. 나타내고자하는 詞를 표현하는 관점에서는 上, 下와 서로 비슷하다. 그래서 육서를 설명하는 사람 가운데 어떤 이는 이런 자들을 상형에 歸入시키기도 하였다. 『說文·大部』에 "하늘도 크고, 땅도 크고, 사람도 크기 때문에 大는 사람의 모습을 그려 표현하였다.(大, 天大, 地大, 人亦大, 故大象人形)"라고 하였다.[9] 이는 許慎 자신도 '大'를 상형자로 본 듯한 해석이다. 이렇게 실물을 그리고, 이를 통해 事(추상적인 뜻)를 표현한 字符를, 육서 가운데 어디에 귀속시킬 것인지 난감하다.

② 지사와 字의 귀속문제

허신은 어떤 추상적인 形符로 구성된 자도 상형자로 보았다. 예컨대 『說文·𢇍部』에 "𢇍은 묶여져 이어진 것이다. 상형이다.(𢇍, 綴聯也. 象形)"라고 하였다.[10] 『說文』

---

9) 鄭樵는 「六書略」에서 大를 상형가운데 '人物之形'에 넣고, "『說文』에서 大는 '사람의 모양을 본떴다' 라고 하고 또, 그 뜻은 '큰 사람이다.'라고 하였다."(說文, 大象人形, 又曰大人也)"(鄭樵, 「六書略」, 『通志』, 浙江古籍出版社, 2000, 1, 영인)고 하여, 설문 大의 說解를 상형으로 이해하였다.

의 '絲'자는 6개의 곡선을 서로 연결하여서 '묶여져 이어진 것'이란 뜻을 나타내는데, 이는 上, 下와 같이 짧은 선과 긴 선의 위치관계로 뜻을 나타내는 것과 어떤 큰 구별이 없다. 鄭樵는 『通志・六書略』에서 上, 下를 象形 중의 '象位'類에 歸入시켰다.11) 허신과 같이 문자를 분석한다면 아주 근거 없는 것이라고는 할 수는 없다. 이렇게 상형과 지사의 경계선이, 허신이 분류한 例나 정의에 부합되지 않는 것이 실제로는 분명히 존재한다는 것이다.

③ 회의와 字의 귀속문제

『說文・敍』에 회의류의 예로 武와 信을 들었다. 『說文・敍』에 "회의라는 것은 字를 결합하고, 그 뜻을 합쳐서 가리키는 바의 사물을 표시하는 것이니, 武信이 그 것이다(會意者, 比類合誼, 以見指撝, 武信是也)."라고 하였다. 『說文・戈部』에 "武란 楚莊王이 말하길, '武는 잘잘못을 바로 하고 분란을 막는 것이다. 그렇기 때문에 싸움(戈)을 막는 것(止)이 武이다.'라고 하였다.(武, 楚莊王曰, '夫武定功戢兵, 故止戈爲武')"12)고 하였다. 武는 본래 止와 戈로 이루어진 자이다. 곧, '止戈'가 '武'라는 해석은, 능히 전쟁을 중지시켜야 진정한 武라고 할 수 있다는 것이다. 『說文・言部』에 "信은 진실이다. 人과 言의 결합이다.(信, 誠也. 從人言也)"라고 하였다. 즉, '信'은 '사람의 말이기 때문에 신실됨'13)을 나타낸다는 것이다. 이는 '人言'이 곧 '信'이라는 것이다. 다시 말하자면 사람이 말하는 것에는 당연히 신용이 있어야 한다는 것이다.

이상에서 살펴본 바와 같이 허신의 회의에 대한 정의는 '字를 구성하고 있는 구

---

10) 秦簡에 '絲'자는 '絲'로 썼다. 『說文』의 寫法과는 다르다. 許愼이 '絲'자의 자형 해석에 정확하지 않은 것 같은데, 여기서는 논의를 생략한다.

11) 鄭樵는 「六書略」에서 "上・下・中・旁은……위치를 그린 것이며 소리를 취한 것이다.(上下中旁, ……象位取聲)"라고 하였다.(앞의 책(卷三十一))

12) 허신은 본 '武'에 대해 자신의 의견은 생략하고 楚莊王의 말을 인용하는 것으로 가름했다. 위와 일치한 문장은 아니지만 초장왕의 말은 『左傳・宣公12년』조에 나온다.

13) 人과 言의 결합은 '사람의 말'로 신실 됨을 나타낸다는 것이다. 段玉裁는 注에서 "사람의 말은 信實되지 않음이 없기 때문에 信은 人과 言으로 구성되었다(人言則無不信者故從人言)"고 하였다.

건[14]의 뜻의 결합에 의해서 表意한다.'는 것이다. 그러나 상고문자 속에는 이렇게 완전히 편방의 자의를 합해서 뜻을 나타내는 자는 매우 드물다. 또, 후대에 만들어진 글자도, 예컨대 '歪'자처럼 '不'과 '正'을 상하로 결합시켜 그 구건의 자의를 연결하여 '바르지 않다.(왜)'고 표현하는 글자는 매우 드물다. 그래서 『說文·敍』에서 예로 든 이들 두 글자는 문제가 있다. 현대 학자들 대다수는 信은 言이 의미를, 人이 소리를 나타내는 형성자로 보고 있다.[15] '武'자는 이미 갑골문에 보일 정도로 그 출현이 매우 오래된 자이다. '止戈爲武'의 설법은 『左傳·宣公十二年』에서 나온 것으로 역사가 상당히 오래됐다. 그러나 이러한 것은 최초 문자를 만들었던 사람들의 생각과는 상당히 다르다. 상고문자 속에 2개 이상의 意符로 구성된 표의자는 대다수가 形符를 사용하여 자형이 종종 繪畵의 성격을 띠었다. 立과 步자 등이 그것이다. 육서를 논하는 사람들 대부분은 이들을 회의자로 본다. 하지만 이들의 성질은 '歪'와 같은 성질의 회의자와는 분명히 구별이 된다.

鄭樵는 『六書略』에서 '立'과 '步'를 상형자에 歸入시켰다.[16] 그는 立은 사람이 지상에 서있는 모습을 그린 것이고, 步는 두 발이 서로 앞과 뒤에 있음을 그린 것이라고 하였다. 이는 오히려 『說文』의 해석보다 훨씬 명료하다.

현대의 林義光은 『文源』이라는 책에서 다음과 같이 명확히 주장하였다. '止戈爲

---

14) 『中國言語學大辭典』은 部件을 "漢字形體의 가장 기본이 되는 構形단위이다. 일반적으로 偏旁보다는 작고 필획보다는 크다고 여긴다(漢字形體最基本的構形單位. 一般比偏旁小, 比筆劃大)"(中國言語學大辭典編委會, 1992, 40쪽)고 하였다. 예컨대 '時'자를 분석해보면 먼저 2개의 구성요소 日과 寺로 나눌 수 있고, 나누어진 日과 寺를 時의 部件이라고 할 수 있는데, 이때는 편방과 部件이 같은 크기이다. 그러나 보통 偏旁은 日과 寺까지만을 가리키지만, 部件은 寺를 다시 土(止)와 寸으로 나눈 日, 寺, 土, 寸 모두를 部件으로 볼 수 있다. 構件은 部件이 어떤 한자의 결구에 참여했을 때의 명칭으로 기본적으로 部件과 같은 개념이라고 하겠다.

15) 唐蘭은 信을 '從言, 人聲'으로 보았다.

16) 鄭樵는 상형가운데 人物之形에 立과 步를 넣고 立은 "사람이 땅 위에 서있는 모습을 그린 것이다. 큰 사람(大)이 字意의 중심이고 一은 땅을 그린 것이다.(立, 象人立地之上, 從大人也, 一地也)"라고 하고, 步는 "감이다. 두 발이 앞서고 뒤섬을 그려 표현하였다.(步, 行也. 象二趾象前後)라고 하였다.(『六書略』, 앞의 책)

武,’ ‘人言爲信’과 같이 그 詞義를 묶어서 취한 字를 회의자로 볼 수 있다고 하였다. ⿰(射), ⿰(涉), ⿱(春), ⿰(爭)17) 등처럼 사물의 모양을 따라 그린 것 곧, 그 會合이 뜻으로 된 것이 아니고, 形으로 된 한자는 모두 상형자로 볼 수 있다고 하였다. 이러한 논리는 상당히 일리가 있다. 이들 그 회합이 形으로 된 자들은, 두 개 이상의 意符를 회합시켜 한 개의 새로운 意義를 표시한다할지라도, 그림을 통해 뜻을 나타낸다는 점에서는 日과 月같은 상형자와 다를 게 없다.18) 즉 ⿰(涉)처럼 가운데에 건너야할 대상인 水(강, 내)와 양쪽에 건너고 있는 발을 그려 ‘건너다.’라는 뜻을 나타내는 것은 그림의 조합으로 뜻을 나타내기 때문에 상형의 원리와 같다. 또, ⿱(春)처럼 맨위에 절구공이, 중간 양쪽에 이를 쥐고 있는 손, 맨 아래에 절구통을 그려 손으로 절구공이를 잡고 절구질함을 나타낸 것과 같은 경우는 ‘그 회합이 의로써’ 구성된 회의자와도 일치하기 때문에 이들을 회의자로 여기는 것 또한 일리가 있다.

　한자가 이미 완전히 不象形으로 변한 뒤에도 사람들은 아직도 ‘그 회합을 形으로’ 하는 방법으로 합체 표의자를 만들었다. 곧 義符를 形符로 만들어 썼다는 것이다. 한자를 생산하는 과정 중에 중국 사람들은 한자가 이미 완전히 不象形으로 변한 뒤에도 ‘그 회합을 形으로하는 방법’을 써서 합체 표의자를 만들었다는 것이다. 곧 義符를 形符처럼 생각하고 글자를 만들어 썼다는 것이다. 예컨대 ‘人’을 ‘水’위에 배치하여 둥둥 떠간다는 뜻을 나타내는 ‘汆 : 뜨다 탄’자는 매우 늦게 만들어졌다. 그렇다면 이 자를 상형자로 볼 것인가 아니면 회의자로 볼 것인가 매우 난처해진다. 결론적으로 말하자면 회의와 상형의 경계가 명확하지 않다는 것이다.

　어떤 회의자의 성질은 『說文·敍』에서 상형, 지사, 회의로 예를 든 것과는 매우

---

17) 射는 손으로 활시위에 화살을 메기고 있는 모습을 그려 ‘쏘다’라는 뜻을 나타내었다. 涉은 강을 사이에 두고 두 발을 그려 물을 건넘을 나타내었다. 春은 위쪽에 절구공이를 잡고 있는 두 손과 아래쪽에 절구를 그려 ‘방아 찌움’을 나타내었다. 爭은 가운데에 물건(어떤 물건인지 분명치 않음)과 양쪽에 두 손을 그려 이 물건을 서로 다투고 있음을 나타내었다.

18) 결구에 참여한 바의 각각의 義符들이 표시하는 意義가 서로 같지 않은 意義들을 결합하여 뜻을 표현한다는 점에서는 상형의 표현법과 다를 것이 없다.

다르다. 예컨대 變體字 즉, '叵 : 어렵다 파'19) 같은 경우가 그것인데 의미는 '不可'이다. 자형은 예서체의 可를 反寫한 것인데, 이를 회의, 지사, 상형 어느 것으로 볼 것인가 애매하다. 많은 이들은 이를 모호하게 指事類에 歸入시키기도, 또 어떤 이는 회의류에 귀입시키기도 하는데, 지사든 회의든 그 귀입에 합리적 당위성을 설명할 수 없는 자이다. 이는 『說文』에서 회의에 내린 정의와는 현저히 모순되는 것이다.

그렇기 때문에 六書說을 따라 표의자 결구를 분석하는 사람들은 '象形兼指事,' '會意兼指事' 등의 명칭을 생각해냈는데, 이것이 곧 六書說로 表意字類를 분석함이 매우 불합리하다는 것을 역설적으로 말해준다. 이상 살펴본 바와 같이 『說文・敍』의 회의에 대한 정의는 문제가 있고, 아울러 '武'와 '信'을 예로 든 것 역시 적절치 않다.20)

④ 전주의 정의에 대한 문제

육서 가운데 轉注의 문제가 가장 크다. 전주라는 명칭이 갖고 있는 의미는 육서 가운데 가장 모호하다. 『說文・敍』의 전주에 대한 해석 또한 명료치 않다. 그렇기 때문에 전주에 대한 이설이 매우 많다. 아래에 전주에 대한 이설 가운데 대표적인 것 몇 개를 들어보자.

가. 자형의 방향을 轉變시켜 글자를 만드는 方法을 전주라고 한다.

宋元間의 戴侗(『六書故』)과 元代의 周伯琦(『六書正訛』) 등이 주장하였다. 예컨대

---

19) 의미는 '不可'이다. 자형은 可의 방향을 반대로 쓴 것이다. '叵'의 아래쪽에 있는 '一'은 예서 단계의 '可'의 자형을 이해해야 한다. 예서 단계에서 '可'의 豎畫 '丨'은 '亅'처럼 아랫부분을 왼쪽으로 길게 늘려 썼다. 즉, '可'처럼 썼다. 이런 형태의 '可'자를 反寫 한 것이 '叵'이다.

20) 信은 학자들 대다수가 '從言, 人聲'의 형성자로 보고 있다. 唐蘭은 "「信」은 단지 言이 의미부이고 人이 소리부인 형성자에 지나지 않는다(「信」字, 只能是從言人聲的一個形聲字)"(唐蘭a, 「文字的構成・六書說批判」, 앞의 책, 71쪽.)고 하였다. 그리고 '武'는 갑골문에서 보일 정도로 그 출현이 매우 오래된 字이고, 또 楚 莊王의 '止戈爲武'라는 설명 역시 좌전 宣公 12年 條에 나오는 것으로 역사가 오래 되었다. 이는 곧 이들 字들이 허신의 말처럼 후대에 의부의 결합으로 생산된 회의자가 아니라는 것이다.

正을 정반대로 뒤집으면 乏, 考를 左回시키면 老, 老를 右轉시키면 考 등처럼[21] 자형의 방향을 轉變시켜 造字를 하는 방법이 전주라는 것이다.

　　나. 形旁을 互訓할 수 있는 형성자를 전주라고 한다.

　南唐의 徐鍇(『說文解字繫傳通釋』) 등이 주장하였다. 이들은 전주자를 형성과 유사한 것으로 보았다. 전주자는 형방을 호훈할 수 있다는 것이다. 예컨대 耆를 老라고, 老 역시 耆라고 말할 수 있다는 것이다. 하지만 일반적인 형성자는 형방을 호훈할 수 없다. 예컨대 江과 河는 모두 '水'라고 할 수 있지만 '水'를 江과 河라고 할수는 없다.

　　다. 부수와 그 부수자 속의 字와의 관계가 전주이다.

　청대의 江聲(『六書說』) 등이 주장하였다. 강성은 『說文』은 540부인데 이를 나눈 것(分部)을 '建類'라고 하고, 그 시작이 '一'로부터 시작하여 '亥'로 끝나는데, 540부의 첫머리가 이른바 '一首'이며, 부수 아래 '무릇 某屬은 모두 某를 따른다.'고 한 것이 '同意相受'라고 하였다. 이는 설문 序에 나온 "建類一首, 同意相受"를 강성 나름대로 정의한 것이다.

　　라. 多義字에 의부를 덧보태 형성결구를 가진 새로운 分化字를 만들어낼 때, 이 분화자가 전주이다.

　청대 鄭珍, 鄭知同 부자가 주장하였다. 정지동은 『六書淺說』에서 전주는 聲旁을 위주로 하는데, 一字를 나뉘어 쓸 때, 각각 그 형방으로써 그 글자를 註解하는 것이다. 전주와 형성은 상반되는 듯이 보이지만 실은 서로 호응을 이뤄 자의를 완성시켜 준다. 예컨대 齊자로부터 齋, 劑 등이 孶生됐는데, 齋의 '재계, 공경하다.'와 劑의 '가

---

21) 考, 老는 너무 광범위한 反向이라 학자들이 예로 잘 안 든다.

지런히 자르다.'라는 뜻은, 본래 모두 '齊'자로 표현되다가 이 글자로부터 불어난 것이고, 이들이 곧 전주라는 것이다.

　　마. 한자의 생산 가운데 이미 있는 글자에 義符 혹은 音符를 덧보태 繁體
　　　　혹은 分化字를 만들어 내는 것 곧, 이들 번체 혹은 분화자가 전주라는
　　　　것이다.

　청대 饒炯(『文字存眞』) 등이 주장하였다. 예컨대 㶜에 水를 더해 淵을 만들어 내는 것을 가리킨다.

　　바. 文字轉音으로 다른 뜻을 나타내는 것이 전주이다.

　宋代의 張有(『復古編』), 명대의 楊愼(『轉注古音略』) 등이 주장하였다. 문자를 다른 음으로 轉讀해서 새로운 다른 뜻을 표시하는 것이 전주라는 것이다. 예컨대 其는 본래 箕[22]의 初文인데 轉音해서 허사 其로 쓴 예가 그것이라는 것이다.

　　사. 詞義引伸이 전주이다.

　청대 江永(『與戴震書』), 朱駿聲(『說文通訓定聲』) 등이 주장하였다. 문자의 본의를 展轉시켜 인신하여 다른 의미로 쓰는 것이 전주라는 것이다. 예컨대 명령의 令을 轉化시켜 관명의 令으로, '길다'라는 뜻의 長을 전화시켜 官長의 長으로 쓰는 것이 그 예라는 것이다.

　　아. 훈고를 전주라고 한다.

　청대 戴震(『答江愼修先生論小學書』), 段玉裁(『說文解字注』) 등이 주장하였다. 문자를 展轉시켜 서로 訓釋하는 것, 혹은 여러 글자를 하나의 뜻으로 훈석하는 것이 전주라는 것이다. 예컨대 『爾雅・釋詁』에 "初, 哉, 首, 基, 肇, 祖, 元, 胎, 俶, 落,

---

22) 곡식의 티끌, 쭉정이를 가려내는 기구인 키를 가리킨다. 本字는 其이다.

權輿는 모두 '始'라는 뜻을 가지고 있다.(初, 哉, 首, 基, 肇, 祖, 元, 胎, 俶, 落, 權輿, 始也.)"고 한 것이 그것이라는 것이다.

    차. 언어의 불어나감을 반영하여 만들어진 한자가 전주이다.
    章炳麟(『轉注假借說』) 등이 주장하였다. 장병린은 『轉注假借說』에서

    "대개 字라는 것은 새끼 쳐 나가 많아지는 것이다. 字는 아직 만들어지지 않았지만 말은 그것보다 먼저 있었다. 문자로 말을 대신할 때 각각 그 글자에 소리(음가)를 부여하는데 방언의 경우는 특수성이 있다. (그래서 어떤 글자의 소리가 표준음과 다르게 발음한다 해도) 그가 가리키는 뜻은 같다. 그 한자의 음이 초성이 같게, 혹은 韻이 같게, 다시 새로운 글자를 만들어 내는 것, 이것이 이른바 전주이다.(盖字者孳乳而寢多. 字之未造, 語言先之矣. 以文字代語言, 各循其聲. 方語有殊, 名義一也. 其音或雙聲相轉, 疊韻相迻, 則爲更制一字. 此所謂轉注也.)"

라고 하였다. 예컨대 屛과 藩, 亡과 无 등은 그 소리가 서로 비슷하다. 이들은 방언 등의 영향으로 동일한 뜻을 나타내는 글자를 초성 혹은 중, 종성이 같게 다시 만들어 내서, 글자가 불어난 경우인데 이런 것을 전주라고 한다는 것이다.

    이상 '가, 바, 사, 아, 차'의 전주설은 『說文』에서 말한 전주설과 전혀 관계가 없다. 그 중 '사, 아, 차'는 언어학의 문제이다. '다'는 모든 자를 전주로 본다고 해도 될 정도로 그 界說이 너무 광범위하다. 그래서 裘錫圭 교수는 전주의 이론이 맞지 않음으로 전주라는 용어를 사용하지 말자고 하였다.[23]

    ⑤ 가차의 정의에 대한 문제
    다음은 가차의 문제이다. 현재 적지 않은 사람들은 아직도 引伸과 가차를 섞어

---

23) 裘錫圭, 「六. 漢字基本類型的劃分」, 앞의 책, 102쪽 참조

한가지로 인식하는 경향이 있다. 어떤 이는 아주 명확히 '本無其字'의 가차 속에는 詞義引伸과 무관한 借字表音現象은 없다고 주장한다. 이는 한대 학자들의 가차설이 지금까지 여전히 상당한 영향을 끼치고 있음을 증명한다.

⑥ 육서설에 대한 반성

앞에서 육서설의 공헌을 언급했다. 그러나 이 육서설이 권위를 얻게 되면서 점점 문자학의 발전을 속박하는 질곡으로 변했다. 특히 설문해자를 절대적인 준거로 믿기도 하였다. 王鳴盛은 「說文解字正義·序」에서

> 說文은 세상에 제일 중요한 책이다. 천하의 책을 두루 읽었다하더라도 설문을 읽지 않았으면 책을 읽지 않은 것과 같다. 단지 설문을 능통하기만 하면 나머지 책들은 모두 읽지 않았더라도 儒學을 이해하지 못한다고는 말하지 못할 것이다.
> 說文爲天下第一種書, 讀徧天下書, 不讀說文猶不讀也. 但能通說文, 餘書皆未讀, 不可謂非通儒也"[24]

라고 하였다. 이렇게 '崇經媚古'의 태도로 문자학을 연구하는 사람들은 육서설을 감히 배반하거나 배제해서는 안 되는 지침으로 알았다. 간혹 그들이 육서에 대해 의문을 가지고 있었다하더라도 한사람도 육서의 범위를 벗어나 문자를 연구하려는 사람이 없었다. 마치 상형, 지사 등의 6가지 類는 하늘에서 내려준 것으로 도저히 다르게 분석해서는 안 되는 것으로 여겼다. 전주를 어떻게 정의할 것인가 그렇게 많은 쟁론을 했어도, 어떤 자를 상형, 지사, 회의 어디에 귀속시킬 것인가, 그렇게 많은 쟁론을 했으면서도, 육서론에 얽매여 의미할 만한 결론을 내지 못하였다. 말하자면 너무 많은 정력을 헛되게 낭비하였다고 할 것이다. 그리고 다른 한쪽으로는 한자학상 당연히 연구해야할 문제들에 대해 연구하는 자들이 없었다.

---

24) 趙誠, 「第 二章 文字學和甲骨文字學」, 『甲骨文字學綱要』, 商務印書館, 1993, 1, 제1版(1993, 6, 제1次 인쇄), 11쪽 재인용

이러한 연구풍토에 대해 唐蘭은『中國文字學』에서

　　육서설은 우리에게 무엇을 남겼나? 첫째 그것은 지금까지 명확한 계선을 밝혀주지 못
했다는 것이다. 그래서 사람마다 육서설에 대해 각각의 주장을 하였다. 둘째 매 문자를
육서로 분류하려면 늘 그 글자를 어느 類에 배속을 시켜야 되는지 단정 짓지 못하였다.
단순히 이들 두 가지 관점에서만 본다 해도 우리들이 육서론만을 믿고서 능히 다른 해석
을 찾지 않을 내야 않을 수 없다.
　　六書說能給我們什麼? 第一, 它從來就沒有過明確的界說, 各人可有各人的說法.
其次, 每个文字如用六書來分類, 常常不能斷定它應屬那一類. 單從這兩點說, 我
們就不能只信仰六書而不去找別的解釋了.[25]

라고 하였다. 이상 唐蘭의 말은 과도한 감이 있지만 합리성이 결여된 주장이라고
할 수는 없다. 당란을 위시한 한자학가들의 육서론에 대한 반성은 현재는 그 이론에
대한 부정으로까지 발전하였다.

Ⅱ. 새로운 분석이론

1. 唐蘭의 三書說

　　당란은 육서론의 한계를 지적하고, 새로운 한자 분석 이론인 삼서설을 제안하였
다. 1935년 출판된『古文字學導論』[26]과 1949년 출판된『中國文字學』[27]에서 象形
文字, 象意文字, 形聲文字의 三書로 한자의 基本類型을 분석해야 한다고 주장하
였다. 아래에 그의 '甲 三書[28] 설을 번역하여 제시한다.(원문은 생략)

---

25) 唐蘭a,「文字的構成・三書」, 앞의 책, 75쪽
26) 唐蘭은『古文字學導論』의「文字的起源和其演變」에서 한자의 類型을 象形文字, 象意文字, 形聲文
　　字로 나누었다.(唐蘭b, 앞의 책, 22쪽 참조)
27) 唐蘭은 한자의 구성을 '象形, 象意, 形聲'의 三書로 나눴다.(唐蘭a, 앞의 책, 78쪽)

문자의 구성에 관한 설법은 옛날에는 육서론만 있었다. 이 학설은 六國文字와 小篆의 분석을 응용한 때부터 출발하는 것으로, 육서론에 의한 해석의 대상은 단지 그 당시의 문자들뿐이었다. 하지만 당시의 문자는 문자의 창시로부터 너무 먼 시간이 흐른 뒤의 문자인지라, 육서설을 이용한 문자의 분석이 결코 정확할 수 없었다. 또한 『六始』가 風, 雅, 頌, 比, 興, 賦를 겸하고 있는 것처럼, 지사, 상형, 회의, 형성 이 네 가지는 문자를 만드는 원리이고, 전주 가차는 문자를 활용하는 방법인데, 이들을 함께 번에 섞어서 말했기 때문에 사람들로 하여금 쉽게 오해하게 만들었다.

이렇게 다듬어지지 않은 이론은 결국 2000여 년의 문자학계를 지배하였다. 그 누구도 육서의 범위를 어길 수 없었다. 어떤 학자가 문자를 정밀하게 분석한 후, 육서설이 이를 설명하기 충분치 않다는 것을 알았더라도, 그들은 이 전통적인 분석방법을 타파할 수가 없었다. 도리어 자신을 이 육서론의 속박에 더 얽어매었다. 이에 상형겸지사, 회의겸형성 등의 번거로운 이름이, 사람들로 하여금 막연히 바라만 보고도 두려움에 떨게 하였다. 그리고 이들 육서론에 의하면, 문자의 성질은 해석하면 할수록 더 불명확해진다. 어떤 문자를 연구하는 사람은 육서의 진의도 모른 채, 轉注를 문자를 만드는 원리로 오해하는 사람도 있다.

결론적으로 말하자면, 육서설의 결점은 첫째는 정밀하지 못하여, 우리들이 그것으로 모든 문자를 분석할 수 없다는 것이고, 둘째는 명료하지 못하여, 우리들이 육서론이 가리키고 있는 정의를 명확히 알기 어렵다는 것이다. 이들 학설은 일찍 폐기됐어야 했다. 과거 고문자의 자료가 너무 적고 또, 학자들 대부분이 망령되이 옛것을 숭상하는 병폐가 있었기 때문에, 이를 개혁하려는 생각을 하지 못했다. 다만 현대의 고문자 자료는 이렇게 풍부한데, 우리들이 새로운, 완정된 학설로 옛 학설(육서론)을

---

28) 唐蘭의 『中國文字學』은 본래 북경대학에서 강의한 강의노트를 1934년 石印한 후, 1963년에 한 번 더 출판하였고, 1979년 제노서사에서 다시 출판하였다. 이들 출판을 할 때마다 조금씩 원고가 불어났고 이름도 『古文字學導論』으로 바뀌었다. 어떤 것은 집필 중인 미완의 원고를 그대로 붙여 놔서 독자들이 보기가 매우 혼란스럽다. 이곳 삼서설도 이곳저곳을 옮겨 다니며 찾아야 한다. '甲 三書'는 『古文字學導論』 401쪽에 있고 象形, 象意, 形聲의 삼서는 정작 앞 쪽에 있다.(唐蘭b, 앞의 책, 401쪽 참조)

대체하지 못한단 말인가?

　나는 중국문자를 3종으로 분석하고 이를 3書라고 하고자 한다. 첫째는 象形文字, 둘째는 象意文字이다. 이들은 상고시기의 圖畵文字에 속한다. 셋째는 形聲文字이다. 이는 近古時期의 聲符文字에 속한다. 이들 3종 문자의 분류는 모든 중국문자를 포괄한다. 形으로 귀납시킬 수 없는 것은, 반드시 義로 귀납시킬 수 있고, 義로 귀납시킬 수 없는 것은, 소리로 귀납시킬 수 있다.

　상형문자는 하나의 사물을 그려내는 것이다. 한번 척 보기만 하면 알 수 있다. 이는 무엇을 대표하는가? 말의 모양을 보고 말이라 하고, 소의 모양을 보고 소라고 하는 것처럼, 이름과 사실이 부합되는 것으로써, 우리는 이를 '名'이라고 부른다. 象意文字는 한 개의 물체로 그려낼 수는 없지만, 물체의 형체의 變化, 增損, 혹은 두 개 이상의 물체의 모양을 결합하여, 모종의 상태를 표시하는 것이다. 독자들로 하여금 모아진 部件의 뜻으로 나타내고자 하는 물체를 유추할 수 있게 한다. 물체가 서로 섞인 것을 '文'이라고 한다.29) 그래서 우리들은 그를 '文'이라고 부른다. 이들 3가지 사이의 경계는 쉽게 분간할 수 있다. 象形, 象意와 形聲의 구별은, 형성은 聲符가 있다는 것이다. 상형과 형성에 속하지 않는 것은 반드시 象意字이다.

　3書를 이용하여 중국문자의 구조를 해석하는 것이 가장 간편하다. 그리고 가장 합리적이다. 다만 육서에 비교하자면 한 가지가 적다. 그것은 곧 지사이다.30) 지사의 정의는 매우 여러 가지를 포함하고 있다. 상형과 象意 사이에 끼어있는데, 대개 옛 사람들은 상형자의 한 종류로 본 것 같다. 가리킬 수 있는 실물이 없는 것, 예컨대 숫자 一, 형체의 □, ○ 등 또, 일부 獨體象意字는 옛사람들이 회의에 歸入시키지 못하였다.31) 그래서 따로 지사란 항목을 만들지 않을 내야 않을 수 없었다. 현재

---

29) 文의 字意가 서로 뒤섞인 것을 나타낸다는 것이다.

30) 六書는 상형, 지사, 회의, 형성만이 문자를 만드는 원리이다. 唐蘭의 3書는 이보다 1개가 적다는 것이다.

31) 왜냐하면 전쟁을 멈추게 하는 것이 武이고, 사람의 말이 信이라는 정의는 매우 협소하다.(唐蘭 본인의 注이다.)

의 시각으로 보자면 이것(지사)은 하나의 군더더기에 불과하다.

어떤 학자가 만약 자신만이 정통이고, 혹은 허신의 육서론 만이 옳다라고 여긴다면, 나의 이런 학설은 당연히 진리를 위배하고, 도에 어긋난다고 볼 것이다. 혹은 옛 설법을 흠모하고 스스로 미몽에 사로잡힌다면, 당연히 나의 이러한 새로운 학설을 받아들이지 못할 것이다. 다만 만약 진리를 찾으려한다면, 확실히 문자의 구조와 演變을 명백히 이해하고자 한다면, 그것은 이 三書說을 버리고는 불가능하다. 왜냐하면 문자학을 혁신하고자 하면, 이는 가장 첫 번째의 기본적인 것이기 때문이다.[32]

다음은 唐蘭이 말하는 三書의 구체적 설명을 요약한 것이다.

戊. 象形文字

상형문자가 그린 것은 실물의 형체이다. 단지 모양이 비슷하기만 하면 문자로써의 목적을 완성하는 것이다. 어떤 방법으로 문자로서의 기능을 발휘하는가는 중요치 않다. 예컨대 🐞(父乙觶)'를 '🐞(玳鼎)'로 그리기도 하였는데, 전자는 안을 채웠으나 뒤에는 윤곽만 그렸다. '大'를 '个'로 그린 것은 정면과 측면의 차이이다. '🐕'를 '🐕'로 그린 것은 다리를 두 개 생략한 것이다. 이는 繁簡의 차이이다. 이렇게 서사의 차이는 있지만, 어떻게 그리던 사람들이 한번만 보면 곧 '맹꽁이, 사람, 개'임을 알 수 있다. 이들 상형자는 3類로 분류할 수 있다.

가. 人身에 속한 것으로 '象身'

나. 자연계의 생물, 무생물의 형체로 '象物'

다. 인류의 지혜의 산물인 '象工'을 들 수 있다. 이들에 속한 문자는 우리가 볼 수 있는 자료의 한계로 인하여 다 열거할 수는 없다.[33]

---

32) 唐蘭b, 앞의 책, 401쪽
33) 唐蘭b, 앞의 책, 92쪽

己. 象意文字

象意文字의 범위는 옛날의 합체 상형자, 회의자, 지사자 대부분을 포괄한다. 전통적인 六書論에서 말하는 회의자와 다르다고 느끼는 것은 '象意'라는 말을 잘 이해하지 못하기 때문이다. 한 가지 사물만 그린 상형자와 聲符가 있어 注音을 하는 形聲字를 제외한 나머지 모두를 '象意字'라고 한다. 상형문자는 회화로부터 나왔다. 象意도 역시 그린 것이다. 다만 상형문자는 자연발생적인 것이다. 예컨대 호랑이, 말, 소 등처럼 형상을 그리기만 하면, 어떤 사람이라도 척 보고 금방 알 수 있는 것이다. 그러나 상의는 그렇지 않다. 왜냐하면 상의는 인위적인 것이기 때문이다. 예컨대 어떤 사회의 습관은 익숙하지 않으면, 그들이 나타내고자 하는 것이 무엇인지 알지 못한다. 예컨대 '𣲖 : 大'와 '𠂇 : 亻'은 언어에서 大人을 표시한다. 하지만 이들을 변형시켜 동작이나 모양을 나타내는 것으로 발전시켜 '𡗜 : 天'은 꼭대기란 뜻으로(天), '𡗗 : 夨'는 머리가 기울다라는 뜻으로, '𡙊 : 夫'는 손을 흔들고 있음을 나타내었다. 또, '𠈌'는 뒤꿈치를 들고 있는 사람을 그렸고(企), '𠇷'는 모발이 무성한 사람을 그린 것이다.(先) 이들은 각종 언어현상에서 모종의 뜻을 전문적으로 나타낸다. 이런 것을 '單體象意'라고 한다. 사람과 사람, 사물과 사물 사이의 형체, 동작 등을 표시하는 문자는 '複體象意'라고 한다. '𠂤'은 伐인데 도끼(丁)로 사람의 목(𠂤)을 자르고 있는 것을 표시하였다. 하지만 구체적인 사물인 사람은 손(𠂇) 하나만 그리고 생략하였다. 왜냐하면 다른 사람들에게 요점만을 알리면 되기 때문이다. 문자는 계속 분화한다. 상형문자가 분화하여 상의문자가 되었다.[34]

辛. 形聲文字

象意字로부터 직접 형성자로 변성된 것을 '原始形聲字'라고 한다. 象語, 혹은 象聲으로부터 輾轉된 것은 '純粹形聲字'이다. 형성자가 재 연변된 것은 '複體形聲字,'

---

34) 唐蘭b, 앞의 책, 103-109쪽

전면적으로 고쳐진 것은 '變體形聲字'이다. 예컨대 '複體形聲字'인 '殼'은 본래 '声'이 소리를 나타내었다. 하지만 이 자를 '瞉'로 썼다. '瞉'은 '殼'이 소리를 나타낸다. '變體形聲字'은 예컨대 翌은 羽가 소리를 나타내는데, 이와 동의로 竝으로 쓰면, 竝은 立이 소리를 나타내기 때문에 동일한 뜻을 나타내는 글자의 성부가 바뀌었다. 형성자의 발전은 대부분 난삽한 그림이 도형으로부터 音符로 발달한 것이다. 예컨대 鳳과 鷄는 본래 도형으로 나타내었다. 그런데 여기에 '凡'과 '奚'란 소리를 빌려다 붙였다. 이들은 형성자 중의 變例이다. 형성자는 수시로 생산되고 도태된다.[35]

이상이 唐蘭의 삼서설이다.

陳夢家는 1956년 출판된 『殷墟卜辭綜述』의 '文字' 章에서 唐蘭의 三書說을 비판하고 자신이 立論한 三書說을 제시하였다. 그는 가차자도 당연히 한자의 기본 類型에 들어가야 한다고 하며, 象形과 象意를 합해 象形으로 하고 象形, 假借, 形聲 3종으로 나눌 것을 주장하였다.[36]

2. 裘錫圭의 三書說

구석규는 唐蘭의 육서설에 대한 비판은 문자학 연구에 공헌을 하였다고 인정하면서도, 위에 소개된 당란의 삼서설은 거의 주의할 만한 가치가 없는 것이라고 비판하였다. 구석규의 당란의 삼서설 비판은, 다음과 같이 삼서에 歸入시킬 수 없는 문자가 있다는 것이다. 記號字인 五, 六, 七 등, 半記號字인 叢의 간화자 '丛'[37] 등, 變體表音字로 탁구를 나타내는 '乒乓,' '刀'에서 분화된 '刁' 등, 合音字로 不用의 합음인 '甭' 등, 兩聲字로 牳[38] 등이 그것이다.

구석규는 1988년 출판된 『文字學槪要』에서 당란의 삼서설에 대한 陳夢家의 비

---

35) 唐蘭b, 「二. 文字的起源和其演變」, 앞의 책, 119-124쪽
36) 裘錫圭, 「六. 漢字基本類型的劃分」, 앞의 책, 106쪽, 재인용
37) '丛'은 上部의 '从'은 從의 간화자로서 叢의 音符로 사용되었고, 下部의 'ㅡ'은 기호자이다.
38) 牳는 午와 吾 모두가 성부로 작용한다.

판을 참고하고, 자신의 견해를 덧붙여 새로운 3서설을 주장하였다. 그는 문자를 크게 表意字, 形聲字, 假借의 三書로 분리하고, 다시 삼서의 표의자는 '抽象字, 象物字, 指示字, 象物字式的象事字, 會意字, 變體字' 등으로 세분하였다.[39] 다음에 그의 삼서설을 요약, 정리하여 제시하되, 필자의 보충 설명도 곁들인다.

(1) 表意字

① 抽象字

추상의 形符로 조성된 것이다.

- 一, 二, 三, ≡ 등의 숫자 : 四는 서주 이전에는 모두 ≡로 썼다. 춘추전국시대 이 둘을 幷用하였다. 서한 말의 거연한간에도 이 둘을 병용한 흔적이 보인다. 四로만 오로지 쓰게 된 것은 동한시대부터인 듯하다.

- 上, 下

- □(方), ○(圓) : □(方)과 ○(圓)은 書寫 과정 중 매우 쉽게 혼동을 일으킨다. 그래서 일찍이 □은 方으로 대체되고, ○은 圓으로 대체되었다. 方의 본의는 분명하지 않으나 일반적으로 고대 농기구(쟁기)의 모습을 그린 것으로 인식하고 있다. ○과 圓은 初文과 後置字 관계이다. 圓은 構件 員이 소리를 나타내는 형성자로 演變되었다.

- 少 : 갑골문에서는 ｧ, ｨ으로 썼다. 3개 혹은 4개의 작은 점을 통해 微少의 의미를 나타내었다. 小와 少는 같은 자로부터 분화된 분화자이다. 少는 4개의 점으로 이루어진 小로부터 演變된 것이다.

② 象物字

象物字의 자형은 모종의 실물을 본뜬 것으로, 이들이 대표하는 詞는 그것이 본뜬

---

39) 裴錫圭교수는 한자의 구성을 명시적으로 세 가지(三書)로 규정하지는 않았지만, 『文字學槪要』에서 表意字, 形聲字, 假借字로 한자를 구분하여 설명하였다.(앞의 책, 110-204쪽 참조)

바의 사물의 명칭이다. 대부분이 상형자이다. 예컨대 日, 月, 鹿, 虎, 魚, 鳥 등이
거기에 속한다.

- 山 : 갑골문에서 ᗰ으로, 소전은 ᗡ으로 썼다. 솟아오르고 들어간 산의 모습을
  그린 것이다.
- 丘 : 갑골문에서는 ᗌ로, 소전은 ᨏ로 썼다. 산보다 작은 구릉지를 그린 것이다.
- 木 : 갑골문에서는 ᐅ로 썼다. 나무의 줄기, 가지, 뿌리를 그렸다.
- 草 : 갑골문은 ᗰᗰ로, 소전은 ᗰᗰ로 썼다. 현재 풀과 나무라고 할 때의 艸(草)의 本
  字이다. 字符 '草'는 풀과 나무를 가리키는 詞로 충당될 때는 가차자이다. '草'는
  본래 풀을 가리키는 말이 아니었다. 艸를 'ᐦ'로 쓰기도 한다.
- 象 : 갑골문은 ᗌ로, 소전은 ᗌ로 썼다. 코끼리의 큰 코를 강조하여 그렸다.
- 豆 : 갑골문에서 ᗒ로, 금문은 ᗒ로 썼다. 높고 구부러진 다리를 가진, 밥을 담아
  놓는 그릇을 그린 것이다.
- 宀 : 갑골문은 ᗔ로, 금문은 ᗔ로 썼다. 집의 외곽을 그려 집을 나타낸다.
- 斤 : 갑골문은 ᗔ로, 금문은 ᗔ, ᗔ로 썼다. 지금처럼 나무를 쪼개는 도끼가 아니라,
  목수들이 나무를 깎거나 다듬는 데 쓰이는 자귀이다. 보통 목수들은 이를 '큰자귀'
  라고 부른다.
- 戶 : 갑골문은 ᗔ로, 금문은 ᗔ로 썼다. 한 짝으로 이루어진 사립문을 그려 문을
  나타낸다. 현재 자전에 일반적으로 '지게 호'라고 새겨 놓았는데, 이 지게가 바로
  한 짝의 사립문을 나타낸다.
- 行 : 갑골문은 ᗔ로 썼다. 사거리를 나타내었다.
- 元 : 갑골문은 ᗔ, ᗔ으로 썼다. 본의는 '사람 머리'이다. 사람머리를 강조하기 위해
  몸통도 그렸다. 人身 가운데 머리가 가장 꼭대기에 있기 때문에 '으뜸'이란 뜻으
  로 인신되었다.

③ 指示字

이들 자는 象物字 혹은 실물을 본뜬 形符에 지시부호를 덧붙여서 뜻을 나타내는 것이다. 예컨대 本, 末, 刃, 亦 등이 거기에 속한다.

- 本 : 소전은 ㄓ로 썼다. 본의는 나무뿌리이다. 木의 하부에 지시부호 '一'을 덧붙여 뿌리임을 나타내었다.
- 末 : 금문에서 ㄓ로 썼다. 나무 끝에 지시부호를 덧붙여 끝이란 뜻을 나타내었다.
- 亦 : 갑골문은 ㄓ로 썼다. 亦은 腋의 초문이다. 서있는 사람의 양쪽 겨드랑이에 지시부호를 덧붙여 '겨드랑이'를 나타내었다.

④ 象物字式의 象事字

이들은 외형상 상물자와 흡사한데, 서로 다른 점은 상물자가 대표하는 詞는 '物'의 명칭이지만, 象事字가 대표하는 것은 곧, '事'의 명칭이다. 예컨대 月은 '달'이란 상물자이고, 夕은 '저녁'이란 상사자이다.

- 左, 右 : 갑골문에서 오른쪽과 왼쪽으로 나타내는 글자를 ㄓ(又)와 ㄓ(ナ)로 썼다. 오른손(又)과 왼손(ナ)을 그린 形符를 통해, 오른쪽 방향과 왼쪽 방향이란 뜻을 나타내었다. 又와 ナ는 右와 左의 본자이다.
- 屰 : 갑골문은 ㄓ로, 소전은 ㄓ로 썼다. '순종과 거슬림'이라고 할 때의 '順逆'의 逆의 본자이다.[40] 자형은 말하고 있는 사람을 기준으로 '거슬러서 오고 있는 사람'을 그려 '不順'이란 뜻을 나타낸다.

⑤ 회의자

두 개 이상의 義符를 합해 뜻을 만들어 내되, 이들 두 개의 義符와 같지 않은 새로운 詞를 표현하는 것이다.

---

40) 逆의 본의는 '맞이하다.'이다. '거스리다.'는 본래 屰으로 써야 한다. 현재는 屰이 폐기되고 逆으로 쓴다.

가. 圖形式 會意字

부건을 그림 식으로 배치하여 뜻을 나타내는 것이다.

■ 宿 : 갑골문은 𩠏로, 소전은 𩠩로 썼다. 집안(宀)에서 대자리(𠀃) 등을 깔고 자고 있는 사람(亻)을 그려 '자다.'라는 뜻을 나타내었다. 各 部件을 그림 식으로 나열하여 뜻을 나타내고 있다. 𠀃는 집안 바닥에 깔아 놓은 깔개로, '簟'의 初文이다. 소전에서 이것이 '百'로 訛變되었다.

■ 臽 : 소전에서 𦥑로 썼다. 사람이 함정에 빠진 모습을 그렸다. 陷의 초문이다.

■ 從 : 갑골문에서 �로 썼다. 한 사람을 다른 한 사람이 따라 가고 있는 모습을 그려 '따르다'라는 뜻을 나타내었다.

■ 北 : 갑골문에서 𠬝로 썼다. 등을 맞대고 있는 사람을 그려 '배반'이란 뜻을 나타내었다. 背의 초문이다.

■ 卽 : 갑골문은 𣪘로 썼다. 사람이 밥 앞으로 나아가고 있음을 그린 것이다. 皀는 그릇에 담겨진 밥을, 卩은 꿇어 앉아 있는 사람을 그린 것이다. 고문에서는 대부분 접속사로 쓰였는데, 이는 가차이다.

■ 卿 : 갑골문은 𣪘으로 썼다. 두 사람이 서로 밥을 향하고 있음을 그렸다. 饗의 초문이다. 이를 경대부의 卿으로 쓰는 것은 가차용법이다. 卽이 한쪽에만 사람을 그린 것인데, 이는 양쪽에 다 그렸다.

■ 取 : 갑골문은 𠭖로, 소전은 𠭖로 썼다. 소전은 갑골문의 귀를 그린 '耳'이 현재의 해서와 비슷한 耳로 변했다. 고대 전쟁에서 적을 죽이면 공로를 인정받을 수 있는 자료로 왼쪽 귀를 잘라가지고 왔다. 그래서 귀와 손으로 귀를 떼고 있는 모습을 그려 '취하다.'라는 뜻을 나타내었다.

■ 得 : 갑골문은 𢓜, 𢔏로 썼다. 財富(𧵽, 貝)를 손으로 잡는 모습을 그려 '얻다.'라는 뜻을 나타낸다. 후자는 길을 나타내는 彳를 덧보태 길을 가다가 財富를 얻었음을 나타낸다. 𢔏의 하부의 又가, 해서에서 '寸'으로 변했고, 貝의 아래 두 개의 사선

(八)이 '一'로 訛變됐다. 손을 나타내는 '又'가 해서에서는 종종 '寸'으로 변했다.
이들 외에도 夾, 隻, 及, 秉, 兼, 采, 受, 共, 弄, 鬪, 攴, 執 등 많은 글자들이 그림
식으로 構件들을 배치하여 뜻을 나타내고 있다.

나. 構件 사이의 위치관계로 뜻을 나타내는 회의자

이들 대부분은 도형으로 자의를 나타낸다는 원칙에 의해 만들어졌다. 그래서 이
들 편방들 사이의 위치관계가 자의를 나타내는 중요한 관건이 된다.

- 正 : 갑골문은 '𧾷'로 썼다. 征의 초문이다. 본의는 遠行이다. 상부의 囗은 가야할
  곳 즉, 목적지를, 止는 이 목적지를 향해 가고 있음을 나타내었다.
- 之 : 갑골문에 ⅄로 썼다. 之의 본의는 '가다.'이다. 아래 '一'은 사람이 모 지역을
  떠나는 출발선을, 그 위의 '⅄(止)'는 앞을 향하게 그려서, 사람이 이곳을 떠나 저곳
  으로 감을 나타내었다.
- 各 : 갑골문에서 𠈎로 썼다. 하부 凵는 암혈을, 상부는 이곳을 향해 오고 있는 발
  을 그렸다. '𢓜'[41]의 초문이다. 자형은 발을 巖穴을 향해 그려 주거지인 암혈에
  이르렀음을 나타내었다. 고서에는 대부분 格을 가차하여 썼다.
- 出 : 갑골문에서 𢁉, 𢁉로, 금문은 𢂖로, 소전은 𢂖로 썼다. 위 各과 자형의 구성
  원리는 똑같다. 다만 암혈을 향하고 있는 발의 방향만 다르다. 各이 암혈 쪽으로
  걸어오고 있는 발의 모양을 그렸다면, 出은 암혈로부터 나가고 있는 발의 모양을
  그려 '외출'을 나타내었다. 各과 달리 암혈을 그린 '凵' 혹은 '凵'가 금문에서부터
  '⌣'로 訛變되다가, 해서에서는 암혈로 추정할 수 없는 '山'형으로 변하여, 訛變의
  정도가 심화됐다.

다. 주체와 기관을 그린 회의자

사람이나 동물을 그린 글자나 形符, 혹은 모종 기관을 그린 글자나 形符를 배합

---

41) 자의는 '오다, 이르다,' 음은 '객'이다. 후에 '格'으로 썼다.

하여, 이들 기관과 유관한 모종의 행위, 혹은 상태를 나타내는 것이다. 楊樹達은 이들을 '主名與官名'의 회의자라고 하였다.

■ 走 : 금문에 🏃로 썼다. 아래에는 발을, 위는 두 손을 흔들며 빨리 달리고 있는 사람을 그려 '달리다.'라는 뜻을 나타내었다.

■ 見 : 갑골문은 🧍로 썼다. 보는 것은 눈의 기능에 의해 이루어진다. 그래서 사람 위에 눈을 덧붙여 뜻을 나타낸다.

■ 望 : 갑골문에 🧍, 🧍로, 금문은 🧍 등으로 썼다. 본의는 '바라보다.'이다. 이를 예정하면 望이다. 사람(人) 위에 눈을 세워서 그렸다. 이는 일반적으로 바라보는 것이 아니고, 주의를 다해 멀리 바라보는 것이다. 또 사람 아래에 土를 덧붙이기도 하였다. 그래서 해서에서 人과 土가 합쳐져서 壬[42])이 되었다. 현재는 '望'으로 쓰고 있다. 『說文』에서는 '望'은 '望'의 고문이라고 하였다. 望은 '望'(音符 겸 義符로 작용한다.)과 月(달 월)로 구성됐다. '望'은 본래 '望'으로부터 분화되어 朔望의 '望'을 가리켰다. 매월 음력 15일이면 해와 달이 서로 똑바로 정면에서 바라보는 날이 되기 때문에(그래서 이날은 밤에 달이 가장 밝다.) 音符 겸 義符로 작용하는 '望'과 月(달)을 결합시켜 표현한 것이다. 하지만 후에 '望'의 臣을 形도 비슷하고, 全字(望)의 음과 비슷한 '亡'으로 교체하여 '望'으로 썼다. 현재는 望도, 望도 모두 폐기되고 오로지 望만 통용되고 있다.

라. 동일한 편방을 중복하여 만든 회의자

동일한 部件을 중복시켜 만든 글자라고 모두 회의자는 아니다. 艸, 絲처럼 象物字도 있다. 하지만 珏, 林, 卉, 蚰, 森 轟, 淼, 鱻, 磊, 犇 등은 동일한 편방을 중복하여 만든 회의자이다.

---

42) 天干의 壬과는 다른 글자이다. 程, 庭 등의 構件으로 쓰이는 '壬'으로 음은 '정'이다.

마. 편방의 뜻을 묶어 뜻을 나타내는 회의자

예컨대 凭은 안석(几)에 의지하다(任), 劣은 힘이 적은 것, 歪는 바르지 않음, 扁은 문짝(戶)에 쓴 글(冊), 暴은 햇빛(日)이 날 때(出) 여러 사람이 힘을 합해(廾) 쌀(米)을 말림 등이 여기에 해당한다.

⑥ 變體字

某 자의 字形을 변형시켜 表意하는 것이다. 예컨대 나무 판은 樹木을 쪼개서 만들었다. 그래서 片의 자형은 본래 '木'자의 반을 취한 것이다. 지금은 이를 변형시켜 '片'으로 쓰고 있다.

- 悳 : 悳은 德의 오른쪽 部件인 悳의 俗字이다. 德은 본래 彳이 뜻을, 悳이 음을 나타내는 글자로 본의는 '오르다.'이다. 悳은 心이 의미를, 直이 음을 나타내었고, 道德이라고 할 때의 '德'의 本字이다. 그런데 남북조시대에 어떤 사람들이 惡을 '悳'으로 썼다. 惡은 德의 반대되는 개념이기 때문에, 德의 편방 '彳(사람이 걸어야 할 길)'을 떼어내고 써서, 惡이란 뜻을 나타내었다. 현재는 惡의 속자로 悪이라 쓰는데, 이는 남북조 시대 '悳'으로 쓰던 것에서 진화한 것이다. 당시 '悳'을 惡으로 쓰기도 하였다.
- 㝵 : 고문자단계에서는 得과 㝵은 同字 異體이었다. 다만 동한 이후 사람들이 㝵을 礙(碍)의 이체로 사용하면서 장애라는 뜻을 나타내었다.

(2) 形聲字

① 형성자의 생산과정

최초의 형성자는 義符와 音符로 직접 구성된 것이 아니다. 가차자에 의부를 더하거나 혹은, 표의자에 音符를 더하여 생산된 것이다. 형성자가 대량으로 출현한 뒤에는 직접 의부와 음부를 사용하여 형성자를 만들어 내기도 하였지만, 그리 많지 않다.

여전히 대부분의 형성자는 이미 존재하고 있는 표의자와 형성자로부터 분화된 것들이다. 혹은 표의자를 개조해서 만든 것들이다. 개조와 분화의 방법은 다음과 같은 4종류가 있다.

가. 표의자에 주음부호를 덧보탠 것

- 裘 : 裘의 본의는 가죽옷이다. 초문은 '𧚍'로 털이 밖으로 나온 가죽옷을 그린 象物字이다. 후에 음부 '又'를 덧보태어 '𧘇,' '𧚍'로 써서 형성자로 전환된 뒤, 다시 성부를 '求'로 바꾸어 '裘'로 썼다. 이는 어음의 변화 때문인 것으로 추정된다.
- 野 : 野의 초문은 '埜'이다. 土와 林으로 구성된 회의자이다. 『說文』에 野의 고문은 '�.埜'로 쓴다고 하였다. 상부 중앙의 予(𢆯)가 음부인 것이다. 隸變期에 쓰여진 수호지진간에서는 대부분 野를 이렇게 썼다. 篆文에서는 '𤱶'(峰山刻石 等에 보임)로 썼는데 田, 土가 의미를 予가 음을 나타낸다. 소전에서는 '野'로 썼는데, 위 篆文의 왼쪽에 있던 部件 田과 오른쪽 하단에 있던 部件 土를 합쳐서 왼쪽에 '里'로 쓰고, 성부인 予를 오른쪽에 독립해서 쓴 것으로, 현재의 해서 '野'와 동일한 構形이다. 소전에서 이렇게 '予'를 오른쪽에 독립적으로 쓰게 된 것은, '𤱶'의 聲符가 하부의 '土'와 결합된 형태가 되어, 성부의 기능이 떨어지기 때문에 字符의 성음을 쉽고 확실하게 나타내기 위해 성부를 독립적으로 쓴 것으로 보인다.

『說文·里部』"野는 郊外를 나타낸다. 里가 의미를, 予가 소리를 나타낸다. 𡐦는 고문 野이다. 里를 생략한 형태와 林으로 구성됐다. 반절은 羊者切(야)이다.(野, 郊外也. 從里予聲. 𡐦古文野. 從里省從林. 羊者切)"라고 하였다.

이상에서 살펴본 音符가 덧보태진 형성자는 원래는 표의자이었다. 음부를 덧보탠 형성자가 통행된 후에는 원래의 자형이 도태되는 것이 일반적이다. 하지만 이들이 두자로 분화된 경우도 있다. 예컨대 晶과 星, 罔과 网, 食과 飼가 그것이다.

나. 표의자의 자형 중 일부분을 音符로 바꾼 것

어떤 형성자는 본래 표의자이었으나 이들 표의자의 일부분을 음부로 고쳐서 형성자로 만들었다.

- 囿 : 동산을 가리키는 囿는 본래 '圖'(前4·3·3『古文字類編』[43])로 썼다. 안쪽의 '茻'는 동산에 심겨진 나무를 가리키고 밖의 口은 이를 둘러싸고 있는 담장을 가리킨다. 『說文·口部』에 "囿는 담장이 둘러쳐진 동산을 가리킨다. 口가 의미를 有가 소리를 나타낸다. 한편으로는 禽獸를 가리킨다고도 한다. ▦는 籀文 囿이다. 반절은 于救切(우)이다.(囿, 苑有垣也. 從口有聲. 一曰禽獸曰囿. ▦, 籀文囿. 于救切)"라고 하였다. 籀文의 자형은 갑골문과 거의 일치한다. 즉, 아직 담장과 그 안에 심겨진 수목으로 構形된 상물자이다. 하지만 소전은 '圇'로 써서, 담장 안에 심겨진 나무를 표음의 '有(圊)'로 대체하여 형성자가 되었다.

- 何 : 何는 본래 '㿟'로 썼다. 사람(㐅)이 어깨에 도끼(ㅅ)를 메고 있는 모습을 그린 것이다. 후에 도끼를 메고 있는 사람의 모습을 간화 시켜 '亻'으로 쓰고, 도끼(ㅅ)는 형이 비슷하고 소리를 나타낼 수 있는 '可'로 바꿔 써서 형성자가 되었다.

- 馘 : 馘의 초문은 '㘣'로 썼다. 좌하의 '〇'는 귀를, 오른쪽 '丅'는 창을 나타내, 戈와 耳로 이루어진 회의자이었으나, 후에 '戈'를 或으로 고쳐, 耳가 의미를, 或이 소리를 나타내는 형성자가 되었다. 옛 사람들은 전쟁 중에 적군의 귀를 베어 戰功의 근거로 삼았다. 馘은 창으로 귀를 떼어냄을 나타냈다. 이것이 馘의 본의이다.

이상의 형성자 생산 외에, 다량의 생산자는 이미 존재하고 있던 글자에 의부를 덧보태 형성자를 만든 것들이다. 의부를 덧보태 형성자를 생산하는 현상은 다음과 같은 예가 있다.

---

43) 高明,『古文字類編』, 中華書局(1980, 11, 제1版), 1991, 10, 3次 인쇄

　　　다. 假借義를 명확히 나타내기 위해, 의부를 덧보태 새로운 本字와 형성자를
　　　　　만든 것

■ 師 : 師는 본래 약 2,500명 정도로 편성된 부대(군인 무리)를 가리켰다. 하지만 이
　　를 가차하여 '사자(獅子)'의 '獅'를 나타내었다. 『漢書』에는 모두 獅子를 師子로
　　적고 있는데, 『玉篇』이나 『廣韻』에는 '獅'자가 나온다. 곧 한나라 때는 이 字가
　　없었으나, 후에 '師'에 의미부인 '犬'을 덧붙여 後置 本字를 만들어 낸 것이고, 아
　　울러 형성자를 생산한 것이다.

　　　라. 引伸義를 명확히 나타내기 위해, 의부를 덧보태 새로운 本字와 형성자를
　　　　　만든 것

■ 取 : 取자의 인신의 가운데 '아내를 얻다'라는 뜻이 있다. 후에 여기에 部件 '女'를
　　덧보태 '娶'를 만들어 取의 인신의인 '아내를 얻다.'라는 뜻을 나타내었다. 이렇게
　　만들어진 문자는 대부분 형성겸회의자이다. 娶도 그런 경우에 해당한다.

　　　마. 본의를 명확히 나타내기 위해, 의부를 덧보태 새로운 本字와 형성자를
　　　　　만든 것

■ 它, 爿, 止 : 它는 蛇, 爿은 牀, 止는 趾의 초문이다. 蛇, 牀, 趾는 각각 뱀을 나타
　　내는 它, 침상을 나타내는 爿, 발바닥을 나타내는 止의 본의를 분명히 나타내기
　　위하여 각각 의미를 보충해 줄 수 있는 虫, 木, 足 등을 덧보탠 것이다.

　　② 多聲과 多形

　일반적으로 한자는 단음절이다. 그래서 한 개의 형성자에는 한 개의 성부만 있으
면 된다. 하지만 어떤 형성자는 두 개 이상의 形旁과 聲旁을 具有한 것도 있다. 이
를 다성과 다형이라고 정의하고자 한다.

가. 多聲

『說文解字』에서 두 개 이상의 성부를 가졌다고 언급한 것은 竊과 蠽(채친 나물 제) 두 자이다.

■ 竊 : 竊(竊)은 『說文·米部』에 "도둑이 암혈 주택으로부터 쌀을 꺼내는 것을 竊이라고 한다. 穴과 米가 의미를, 卨과 廿이 모두 소리를 나타낸다. 廿은 疾의 고문이다. 卨은 偰의 고문이다. 반절은 千結切(절)이다.(竊(竊), 盜自中出曰竊. 從穴從米卨廿皆聲. 廿古文疾, 卨古文偰. 千結切)"라고 하였다.44) 竊은 갑골문이나 금문에 보이지 않기 때문에, 위 許愼의 분석을 비판하기가 어렵지만, 자형분석이 옳지 않다. 소전 자형 '竊'의 상부 部件 '穴' 아래에 있는 '廿'이 '疾'의 고문이라고 하였는데, 현존하는 문자 자료로는 이를 증명할 수 없다.45) 그렇기 때문에 竊이 多聲인지는 일단 유보해야 할 듯하다.

■ 蠽 : 蠽의 聲旁 次와 ㄓ는 모두 성방의 자격이 있다. 다만 이들은 처음부터 두 개의 성방을 가졌던 것이 아니고, 轉變되는 과정에 우연히 성방이 하나 더 덧붙여진 것으로 여겨진다. 이렇게 보았을 때 진정한 다성의 형성자는 극히 드물다고 할 수 있다.

나. 多形

형성자 가운데 두 개 이상의 形旁을 가진 것은 비교적 많다. 이들은 좀 복잡하다. 어떤 것은 본래 표의자이다.

■ 彘 : 彘는 본래 복부에 화살이 관통된 돼지의 모습을 그린 것이다. 『說文』에 이를 잘못 분석하여 彑와 두 개의 匕가 의미를, 矢가 소리를 나타낸 세 개의 形旁과 한 개의 소리로 이루어졌다고 하였다.

44) 위 許愼의 자형, 자의, 자음 설명이 명료하지 못하다. 단옥재 注에서는 "쌀이 암혈로부터 나오는데, 이를 도적이 그 암혈 속에서 꺼내는 모습을 그린 것이다.(米自穴出, 此盜自中出之象也)"라고 하였다. 이 역시 許愼의 견해를 보충 설명하는 것으로 자원에 대한 명료한 해석이 되지 못한다.
45) 裘錫圭 교수는 절대 '疾'의 고문이 아니라고 한다.(裘錫圭, 「八 形聲字」, 앞의 책, 157쪽)

　어떤 것은 실제로는 一形, 一聲의 형성자인데,『說文』에서 잘못 분석하여 聲旁이나 形旁을 갈라놓아 多形, 多聲이 된 것도 있다. 다음 예를 보자.

■ 寶 : 갑골문에서는 🔲(一期 后上8·3)로 썼다. 집안(宀)에 조개(🔲 : 貝)와 옥(玉) 등 보물이 있음을 나타낸 회의자이었다. 금문에는 🔲(周早, 盂鼎『古文字類編』)로 써서 宀, 玉, 貝 등 3개의 형방과 1개의 聲符 '缶'로 이루어진 형성자가 되었다.

■ 奉 :『說文·𠬞部』에 "奉(🔲)은 '받들다'이다. 手와 𠬞이 의미를, 丰이 소리를 나타낸다.(奉, 承也. 從手𠬞, 丰聲)"고 하였다. 手와 𠬞이 형방, 丰이 성방이다. 성방 丰은 손으로 받들고 있는 물건도 나타내므로 奉은 회의겸형성자이다. 본의 '받들다'는 손(手와 𠬞)으로 모종의 사물(丰)을 들고 있는 모습을 통하여 나타내고 있기 때문에, 사물을 들고 있는 손을 나타내기 위해서 手나 𠬞 둘 중 하나만 그려도 충분하다. 金文에 상부 部件은 丰, 하부 部件은 𠬞으로 이루어진 🔲(周晚散盤, 『古文字類編』)자가 있는데, 대부분 고문자학가들은 이 글자가 奉의 초문으로 여기고 있다. 해서체 奉의 상부 '夫'는 隷變에 의해 성부 '丰'과 형부 '𠬞'이 결합된 것이다.

③ 省聲과 省形
　한자발전 과정 중 자형의 균형, 아름다움, 書寫의 편리를 추구하여 자형의 일부를 생략하거나 제거하였다.

가. 省聲
　字形 중 일부 번잡한 構件을 생략한 것이다. 크게 세 가지가 있다.

　첫째, 자형이 복잡하거나 많은 것 중 일부분을 제거한 경우
■ 秋 :『說文·禾部』에 "🔲(秋)는 벼가 익음 가리킨다. 禾가 의미를 나타내고 🔲가 소리를 나타내는데 자형이 생략되었다. 🔲는 籒文인데 생략되지 않았다.(🔲, 禾穀

熟也. 從禾, 龜省聲. 𪊨, 籒文不省)"고 하였다. 갑골문은 '𪊨' '𪊨'로도 썼는데, 『說文』 에서 음을 나타낸다고 하는 龜는 '𪊨'의 訛體인 듯하다.

현재의 秋는 본래의 자형에서 많이 생략된 모습이다. 자의 또한 자형이 변하면서 본의와 무관하게 사용되고 있다. 갑골문 '𪊨'와 '𪊨'를 隸定 하면 '龜'와 '龜'로 할 수 있다. 현재의 해서체 '秋'와는 너무 다르다. 소전 '秌(秋)'는 籒文 '𪊨'나 생략된 성부라는 '龜'를 참고하면 과도한 생략이다. 거의 원형을 유추해볼 수 없을 정도로 심하게 생략되었다. 이런 생략을 부른 것은 우선 본래의 자형이 너무 복잡하였기 때문이고, 또 秋의 본의가 잘못 파악됐기 때문이다. 許愼은 '벼의 익음'이 秋의 본의라고 하였다.[46] 許愼이 이렇게 자의를 파악한 것은 생략된 소전 자형 '秌(벼(禾)가 익음(火))'만을 보고 해석한 것이다. 갑골문 자형 '𪊨,' '𪊨' 등은 '禾'가 없이 썼다. 메뚜기 종류의 곤충을 그린 것이다. 이를 황충이라고 하는데 무리를 지어 날아다니기도 하면서 농작물을 갉아 먹고 산다.

갑골문 자형 '𪊨'는 하단부에 'ᰡ'(무엇을 나타내는지 정확하지 않다.)를 덧붙였는데, 위 『說文』에서 籒文이라고 한 자형 '𪊨'와 흡사하다. 즉, '𪊨'는 갑골문 '𪊨'의 하부의 'ᰡ'를 좌하에 '火'로 쓰고 또, 그 위에 '禾'를 덧붙여 왼쪽에 위치(秌)하게 한 것으로 '𪊨'로부터 演變된 訛變體로 보여진다. 오른쪽 황충을 그린 것도 이미 거북(龜 : 龜)이 모습으로 訛變됐다. 秋는 籒文 '𪊨'로부터 演變된 訛變體이다. 즉, 籒文 '𪊨'에서 오른쪽 '龜'를 생략하고 왼쪽의 '秌'를 자형미를 추구하여 상하결구(秌)에서 좌우결구(秋)로 변형시킨 것이다.

갑골문 '𪊨'의 상부 '𥧉'는 메뚜기 類의 더듬이와 머리 부분을 그렸음을 알 수 있다. 또 다른 이체 '𪊨' 역시 하부 構件과 다리 등을 제거하고 더듬이, 머리, 몸통(𢆉)만을 따로 떼어 보면 메뚜기 類의 곤충임이 명확하다. 이로써 일반적으로 알려져 있는 秋의 본의 '가을,' '벼의 익음'과는 상관없음을 알 수 있다.

---

46) 秋의 '가을'이라는 뜻은 사실 '벼가 익음'이라는 것으로부터 인신된 것이다.

■ 珊, 姍 : 이들의 聲符 '冊'은 음이 '책'이 아니다. 『說文』에 의하면 둘 다 '刪'이 성부인데 자형을 생략하여 '冊'으로 썼다고 하였다.

둘째, 聲旁의 일부분을 제거한 것. 이들은 현재 대부분 表音 작용을 잃었다.

■ 夜 : 聲旁의 일부분을 생략하였다. 『說文·夕部』에 의하면 "夜는 멈추는 것이다. 천하가 모두 멈춰 쉬는 것이다. 夕이 의미를, 亦이 소리를 나타내는데 자형이 생략됐다.(夜, 舍也. 天下休舍也. 從夕, 亦省聲)"라고 하였다.[47] 현재의 자음 '야'와 해서체의 자형 '夜'만 보면 亦의 省聲을 쉽게 이해하기 어렵다. 하지만 夜의 소전체 '夜'를 보면 聲符 亦(亦)의 오른쪽 점이 생략되고(亦) 그 자리에 '夕'을 썼음이 확연하다. 이를 참고하면 해서체 夜로의 演變을 쉽게 이해할 수 있다. '夜'는 亦(亦 : 본의 '끼다.')과 夕(夕)으로 구성됐는데, 亦의 상부 '八'는 '亠'로, 양쪽의 지사부호 '丿 丶' 중 오른쪽은 생략하고, 왼쪽의 '丿'를 종래보다 더 기울어지게 쓰고, '大'에서 몸통과 오른쪽 다리를 나타내는 '丿'를 竪劃의 '丨'으로 써서 '亻'처럼 썼다. 왼쪽 다리 '丶'는 '夕'의 아래쪽을 斜線으로 관통하여 썼다. 그것이 '夜'이다.

또, 자음 역시 上古時 夜와 亦은 近音이었음을 알 수 있다. 夜, 상고음이 魚韻, 餘紐, 去聲[48]이고, 亦은 상고음이 鐸韻, 餘紐, 入聲[49]이었다. 亦이 성부인 液, 腋, 掖, 奕, 弈 등의 상고음을 참고하면 夜의 성부가 亦임이 분명하다. 이들은 상고음이 모두 鐸韻, 餘紐, 入聲으로 동음이었다.[50] 亦이 성부인 글자들 중 夜만 현재의 음이, '亦이 성부'인 다른 형성자의 음과 많이 동떨어졌다.

셋째, 聲旁과 形旁의 부분 필획이나 部件을 合用한 경우

■ 齋 : 『說文·示部』 "齋는 재계에 정결하게 하는 것이다. 示가 의미를, 齊가 소리

---

47) 단옥재 注에 "休舍는 休息이란 말과 같다. 舍는 멈추는 것이다.(休舍, 猶休息也. 舍, 止也.)"라고 하였다.
48) 中古音은 禡韻, 以紐, 去聲이다.(李珍華·周長楫, 앞의 책, 321쪽)
49) 中古音은 昔韻, 以紐, 入聲이다.(李珍華·周長楫, 앞의 책, 321쪽)
50) 李珍華·周長楫, 앞의 책, 386쪽

를 나타내는데 생략된 모습이다.(戒潔也. 從示, 齊省聲)"라고 하였다. 齊의 중간에 있는 가로획 2개(二)는 示의 상부도 되지만, 聲符인 齊의 하부에 있는 두 개의 가로획도 된다는 것이다. 즉 이들은 비슷한 필획을 합병시킨 것이다.

이상의 省聲의 형성자는, 모두 같은 경우로 성성이 된 것이 아니다. 어느 것은 사용과정 중에 일반적인 형성자이었으나 성성의 형성자로 변하기도 하였다. 秋의 경우가 여기에 해당하는데 고문자 단계에서 이미 성성이 되었다. 어느 것은 소전 단계에서는 성성이 아니었으나, 예서 혹은 해서에 이르러 성성이 되기도 하였다. 釜가 그런 경우이다. 소전은 '鬴'로 썼으나 漢簡에서 '釜'로 썼다. '父'의 하부와 '金'의 상부가 유사하기 때문에 필획을 합용한 것이다.

※ 어떤 형성자는 省聲인지 구분하기 힘든 경우도 있다. 두 가지 경우가 있다.
첫째, 어떤 형성자는 성방이 본래 단독으로 成字가 되었으나, 후에 意符를 덧붙여 만들어진 後置字의 편방으로 존재하는 경우이다. 예컨대 선진시기 '𤇾'은 횃불이 타고 있는 모습을 그린 것으로 '𤇾'로 隷定할 수 있다. 그런데 후에 하부에 의미부 '火'를 덧붙여 '熒'으로 쓰고 있다. 『說文』에 '從焱, 從冖'의 '熒'이 존재하는 것으로 보아, 이 글자는 許愼이 살던 한 대에 이미 '熒'으로 변했다. 그래서 '𤇾'이 聲符인 榮, 營 등은, 『說文』에 모두 '熒'의 省聲으로 설명하고 있다. 허신이 살던 시대의 문자사용에 비춰보면 틀리지 않은 것처럼 보이지만, 정확한 문자 演變을 알지 못한 것이다.

둘째, 어떤 것은 형성자의 形旁을 개변시켜서 이루어진 분화자이다. 예컨대 振으로 분화된 賑은 從貝, 辰聲으로, 또 從貝, 振省聲으로도 분석할 수 있다.

※ 『說文』에는 많은 성성의 형성자가 있다. 허신이 분석한 성성의 형성자 중, 적지 않은 자들이 그 분석에 착오를 일으킨 것들이다. 그 착오는 크게 세 가지로 나눠 볼 수 있다.

첫째, 자형을 잘못 분석한 경우

■ 監 : 본래 臥와 血로 이루어진 회의자이다. 血은 '피'를 나타내는 것이 아니고 그
릇과 그 위에 담겨진 물을 나타내었다. 그런데 『說文』에는 臥가 의미를 나타내
고, 소리는 䐃이 나타내는데 모양을 생략하였다고 분석 하였다.

■ 龍 : 본래 象物字이다. 『說文』에 肉이 의미를 나타내고 용이 날아가는 모양을
그린 것이며, 소리는 童이 나타내는데 모양을 생략하였다고 하였다.

둘째, 일반적인 聲旁인데 생략됐다고 착각하였다.

■ 咺 : 『說文』에 口가 의미를, 宣이 소리를 나타내는데 생략된 모습을 취했다고 하
였다. 하지만 宣 자체가 亘이 소리를 나타내기 때문에 생략된 모양이 아니다.

■ 犢 : 『說文』에 牛가 의미를, 瀆이 소리를 나타내는데 생략된 모습이라고 하였다.
하지만 瀆은 賣가 성부이기 때문에 생략된 것이 아니다.

셋째, 省聲을 잘못 말한 경우

고대에 從㐅(方ㄟ), 昜聲의 㾱자가 있었다. 傷, 殤, 慯, 觴 등도 모두 '㾱省聲'이다.
그런데 『說文』에는 傷을 '殤省聲'이라 하였고, 殤은 '傷省聲'이라 했는데 모순이다.

나. 省形

字形이 번잡한 형방의 일부분 혹은 전부를 생략하는 것을 말한다.

■ 星 : 『說文』에 曐(曓)은 晶이 의미를, 生이 소리를 나타낸다고 하였다. ☆은 曓의
생략된 모양이라고 하였다. 자형의 일부분을 생략하였다.

■ 考 : 『說文』에 㝩(考)는 본의가 '노인'이라고 하였다. 자형 중 형방 老자를 생략한
부분이 있다고 하였다. 丂가 聲旁이라고 하였다.

④ 形旁과 聲旁의 위치

古漢字의 편방위치는 매우 불안정하였다. 특히 형성자의 경우는 더 심했다. 하지

만 해서에 들어와서는 대부분 그 위치가 고정되었다.

> 가. 左形, 右聲 : 防(從阜, 方聲) 祥(從示, 羊聲) 등
> 나. 右形, 左聲 : 欣(從欠, 斤聲) 斯(從斤, 其聲) 등
> 다. 上形, 下聲 : 宇(從宀, 于聲) 楚(從林, 疋聲) 등
> 라. 下形, 上聲 : 盂(從皿, 于聲) 禁(從示, 林聲) 등
> 마. 聲, 占一角 : 房(從戶, 方聲) 病(從疒, 丙聲) 등
> 바. 形, 占一角 : 疆(從土, 彊聲) 穎(從禾, 頃聲) 등
> 사. 形外, 聲內 : 圓(從口, 員聲) 閣(從門, 各聲) 등
> 아. 聲外, 形內 : 聞(從耳, 門聲) 哀(從口, 衣聲) 등

⑤ 形旁의 表意 작용

가. 形旁과 형성자의 字義와의 관계

소수의 形聲字는 形旁과 同義이다. 예컨대 船, 頭, 爹 등이 그것이다. 다수의 형성자는 형방과 형성자가 나타내고자 하는 詞와 일치된 의미를 갖고 있다. 예컨대 楓은 일종의 나무이다. 형방 木과 楓의 의미가 일치한다. 缸은 缶와 유사한 기물이다. 고로 缶를 형부로 취했다.

나. 形旁의 교환

많은 형성자의 형방은 자형이나 자의가 유사한 部件으로 바꿔 쓰는 경우가 있다. 적지 않은 형성자의 형방은 A도, B로도 충당할 수 있다. 혹은 먼저는 A자를, 뒤에는 B자로 고쳐 쓰기도 하였다. 이를 형방 교체라고 한다. 예컨대 嘆과 歎, 詠과 咏, 跡과 迹, 幝과 褌, 犴과 狂, 糠과 穅, 踰와 逾, 歡와 嘯 등이 그것이다.

형성자가 형방을 선택할 때, 문자가 가리키는 事, 혹은 物이 다르다는 것에 착안하여, 선택한 형방이 같지 않은 경우가 있다. 예컨대 鍊과 煉, 鎔과 熔이 그것이다. 鍊은 용광의 대상이 쇠인 점에 착안하여 형방 '金'을 택하였고, 煉은 쇠를 녹일 때

필요한 것이 불이란 점에 착안하여 火를 선택하였다. 鎔과 熔 똑같은 이치로 형방을 선택하였다. 餅과 瓶, 罍과 甖 역시 그들을 만들 때의 재료나 모양의 유사성으로 인해 缶를, 혹은 瓦를 형방으로 취했다.

⑥ 聲旁의 表音 작용

가. 성방과 자음과의 관계

형성자의 성방과 이 성방이 參構한 형성자의 독음은 당연히 동음이어야 한다. 하지만 절대 다수의 형성자는, 형성자 자신의 독음과 성방의 독음이 일치하지 않는다. 우리나라에서는 형성자의 독음에 대한 연구가 진행되지 않아 잘 알 수 없지만, 중국의 경우는 거의 일치하는 것이 없다. 근래 叶楚强이라는 사람이 『新華字典』에서 편방을 분석할 수 있는 7,504자를 조사해보니, 형성자의 성방과 독음이 일치한 경우가 겨우 355자(4.7%)에 불과하였다고 한다. 聲母나 韻母는 같으나 聲調가 다른 것은 753자(10%)이었다고 한다.[51] 예컨대 중국에서 者가 성부인 형성자의 독음은 10여 종이 넘는다. 살펴보면

赭(zhě(붉은 흙 자) 奢(zhē(아비 차) 諸(zhū(모든 제) 煮(zhǔ(삶을 자) 箸((zhù(젓가락 저) 奢(shē(사치할 사) 闍(shé(망루 도) 書(shū(책 서. 書의 本字이다.) 暑(shǔ(덥다 서) 楮(chǔ(닥나무 저)` 都(dū(도읍 도) 睹dǔ(보다 도) 屠(tú(잡다 도) 緒(xù(실마리 서) 觰(zhā(뿔 밑동 다)

---

51) 叶楚强, 「現代通用漢字讀音的分析統計」, 『中國語文』 1965년 3期(裘錫圭, 「八. 形聲字」, 앞의 책, 169쪽 재인용. 중국의 한자음은 상당히 많은 변화를 겪었기 때문에, 중국의 경우와 우리의 한자음을 단순 비교하는 것은 합리적이지 못하다. 하지만 叶楚强의 연구는 형성자의 성방과 자음관계를 유추해 볼 수 있는 한 방편이 될 수 있다. 현재 우리의 한자음은 늦어도 위진남북조 시대의 한자음일 것으로 추정된다. 일반적인 언어의 수입관계에서 보듯이 빌려다 쓴 우리는 수입 당시의 한자음에 가까울 것으로 추정된다.

나. 聲旁과 형성자의 독음이 차이가 나는 이유

그 원인은 첫째 形聲字를 만들 때, 해당 형성자와 완전히 동음이 아닌 部件을 채용하여 聲旁으로 충당한 경우이다. 형성자의 성방은 독음 정보를 알려준다. 그렇기 때문에 일반인들이 쉽게 알 수 있는 글자이어야 한다. 生僻한 글자나 복잡한 자형은 성방으로 삼기에 적합하지 않다. 그래서 어떤 경우는 부득불 語音이 형성자와 일치하지 않더라도, 인지하기 쉬운 字符를 성방으로 선택하는 경우가 있다. 예컨대 현대한어 審의 성방 申은 審과 성조가 다르다. '燦'과 그 성부인 山은 聲母와 聲調 모두가 불일치한다. 또 '襖(aŏ.가죽옷 오)'와 그 성부인 夭(yào)는, 전자는 韻頭가 없고, 후자는 운두 'i'가 있다. 또 전자는 3성, 후자는 4성으로 성조가 다르다.

둘째 형성자로 분화된 대부분 자들은 분화될 때부터, 성방과 분화된 新詞와는 완전한 동음이 아니었다. 古代漢語 속의 詞들은 종종 어음상의 미세한 변화로 인하여 新詞를 파생해 내었다. 이는 義符를 덧보태 인신의를 표시하는 분화자를 만들어 내는 것으로, 형성자 생산의 한 방법이다. 이들 분화자 속의 많은 자들은, 그들이 따른 바 분화자의 母字의 變音引伸義를 표시하는 것이다. 이들 자와 그들의 母字로부터 충당된 성방은 필연적으로 동음이 아니다. 예컨대 懈와 解가 그것이다. 懈는 심리적으로 느슨함을 나타낸다. 이 자는 解에 部件 '忄'을 덧보태 만들어낸 분화자이다. 즉, 이는 解의 變音引伸義이다. 懈와 이 글자의 성방인 解의 독음은 각각 去聲과 上聲으로 같지 않다.

옛날 사람들은 느슨함, 나태함을 나타내는 詞인 '懈'가 생산되기 이전에는 '解'로 懈의 뜻을 나타내었다. 즉 解는 解의 본의인 '풀다.'를 나타낼 때의 독음과 인신의인 '나태하다, 느슨하다.(懈)'를 나타낼 때의 독음을 다르게 읽었다. 이렇게 독음 차이로 '解'의 인신의인 '느슨함'을 나타내다가, 部件 '忄'을 덧보태 분화자 '懈'를 만들어 냈다. 그래서 '懈'는 '解'가 성부이지만, 당연히 본자인 解와 독음은 다르다. 엄밀히 말하자면 '懈'의 '느슨함'이란 뜻은 '解'의 인신의 이었다. 이렇게 분화된 新詞와 이들이 생산되기 전의 母詞는 분화될 때부터 독음이 달랐다.

다. 聲旁의 바뀜

성방이나 형방, 혹은 모두가 바뀌는 경우가 있다.

예컨대 蹤과 踪, 勛과 勳, 燈과 灯, 袴와 袴 등은 성방이 교체된 것이고, 蹏와 啼는 형방과 성방이 모두 바뀐 경우이다. 전자가 후자보다 먼저 생긴 글자들이다.

라. 성방의 파괴

자체의 연변, 자형의 訛變, 편방의 혼동 등으로 성방이 파괴된 것들이 있다. 예컨대 年, 春, 急, 泰(從廾從水, 大聲), 責(從貝, 束聲), 寺(從寸, 之聲) 등이 그것이다.

⑦ 성방과 字義의 관계

어떤 형성자는 성방이 표의 작용을 겸하고 있는 것이 있다.

가. 有意의 聲旁

예컨대 駟는 '네 마리가 끄는 마차'란 뜻인데 성방 四도 뜻을 나타내고 있다. 惛은 '마음이 밝지 않다.'인데 성방 昏이 뜻을 나타내고 있다.

나. 右文說

右文[52]이란 형성자의 聲符를 가리키는 말이다. 일반적으로 형성자 결구에서 形符(左文)는 字義와 관계있고, 聲符(右文)는 음을 표시하는 역할만 한다고 믿는다. 그러나 王子詔는 모든 글자는 그 의미군(類)은 왼쪽에 있지만(在左), 그 구체적 의미는 오른쪽(在右)에 있다고 주장하였다. 물론 王子詔의 우문설은 현재 우리가 이해하고 있는 것처럼, 한자의 聲符에도 의미가 있다고 꼭 집어 말하지는 않았다. 그의 주장은 聲符의 字形이 意義를 가지고 있다는 것으로, 일반적으로 알고 있는 우문설과는

---

52) 王子詔는 字가 聖美이고 북송 熙寧 때의 사람이다. 왕안석의 추천으로 '官禮部員外郞'을 지냈고 『字解』 20권을 지었다.

약간 차이가 있다. 한자의 성부도 의미를 가지고 있다는 것과 한자의 성부로 작용하는 부건이 의미를 가지고 있다는 것은 차이가 있다. 하지만 그의 업적은 성부와 자의와의 관계에 관심을 가졌다는 것이다. 어쨌든 그의 주장은 청대의 훈고학자들에 의해 '聲符와 字義와는 불가분의 관계가 있다.'로 수정되었다. 청나라 사람 黃承吉은『字義起于右旁之聲說』(『夢陔堂文集』)에서 형성자의 標音은 '因聲求義'의 중요 자료임을 강조하였다. 그 후 劉師培 또한 오른쪽 성부의 형체에 뜻이 있다는 右文說을 반대하고 '右聲說'을 천명하였다.(『左盦集』)

이상과 같이 청대훈고가들은 한자의 聲音을 훈고의 중요한 방법으로 삼았다.(因聲求義) 즉, 한자의 자의 탐구에 한자의 성음을 매우 중시 여겼다는 것이다. 그 결과 청대 훈고가들은 모두 다 그런 것은 아니지만, 대부분 '소리가 같으면 의도 같다'라는 진리를 발견하게 되었고, 이렇게 소리와 의가 같거나 비슷한 一群의 한자를 '同源字'라고 불렀다. 沈括은 王子詔의 우문설을 더욱 발전시켜 다음과 같이 말하였다.

王聖美는 자학을 연구하여 그 뜻은 오른쪽에 있음을 밝혔다. 옛날 자서는 모두 '左文'을 따랐는데, 무릇 자는 그 큰 범위의 의미는 왼쪽에 있고, 그 구체적 뜻은 오른쪽에 있다. 예를 들자면 나무종류를 나타내는 글자는, 그 구성에서 왼쪽에 모두 木자를 배치한 것이 그것이다.[53] 이른바 '우문'이라는 것은 戔의 경우에서 보는 것처럼 '작다.'는 의미를 오른쪽에서 나타낸다. 예컨대 물줄기가 작은 것을 淺, 돈 가운데 작은 단위를 錢, 뼈가 삭아 작은 것은 殘, 조개가 작은 것을 賤이라고 하는 것과 같은 것이 그것이다. 이들은 모두 '戔'이 오른쪽에서 의미를 나타낸다.[54]

王聖美治字學, 演其義爲右文. 古之字書皆從'左文'. 凡字, 其類在左, 其義在右.

---

53) 즉, 어떤 합체자에서 왼쪽에 있는 部件은 그 글자의 큰 틀의 범주를 제시한다는 것이다. 그 예로 木이 들어간 합체자는 모두 나무종류를 나타내는데, 木은 항상 합체자의 왼쪽에 놓이고, 대부분의 글자들도 木처럼 큰 범주를 제시하는 部件이 왼쪽에 위치한다는 것이다.

54) 큰 부류를 나타내는 水, 金, 歹, 貝는 모두 왼쪽에 있고, 구체적 정황 즉, '작음(戔)'을 설명하는 것은 모두 오른쪽에 있다는 것이다. 아울러 구체적 정황을 나타내는 것은, 모두 이들 글자들의 聲符로써 표현하고 있다는 것이다.

如木之類, 其左皆從木. 所謂 '右文'者, 如戔, 小也. 水之小者曰, 淺, 金之小者曰, 錢, 歹而小者曰 殘, 貝之小者曰, 賤, 如此之類, 皆以'戔'爲義也.(『夢溪筆談』卷 14)

王子詔의 右文說은 漢語文字學史에 다음과 같은 공헌을 하였다.

■ 언어문자의 聲과 義의 관계를 최초로, 정식적으로 규명했다는 데 의의가 있다.
■ 한자의 확장에 同源인 형성자의 원류관계를 드러내었다.(모두가 그런 것은 아님)
■ 한자는 언어를 기록하는 부호 기능을 갖는다는 것을 밝혔다.
■ 우문설의 문자학 공헌은 청대 이후 形聲譜係 연구에 공헌하였다. 黃生, 段玉裁, 王念孫, 黃侃, 劉師培, 沈兼士, 楊樹達 등이 그 연구자들이다.
■ 우문설은 훈고학에 因聲求義의 어원학 연구의 근거와 방법을 제시하였다.
■ 因聲求義라는 훈고학 방법을 열어주어, 청대 훈고학의 혁명을 가져왔다. 어원학을 과학적으로 연구하게 된 중요한 계기가 되었다.

(3) 假借

가차자란 同音 혹은 音近의 字를 빌려서 하나의 詞를 표시한다. 인신과 가차는 마땅히 구분해야 하고, 협의의 通借는 가차 안에 포함된다.

① 本字와 假借

문자학에서 '本字'란 명칭은 그리 단순하지 않다. 어떤 때는 원시의 서사형식을, 예컨대 '舜은 舜의 本字이다.'라는 것 등을 가리킨다. 어떤 때는 分化字가 갈라져 나온 母字를, 예컨대 '取는 娶의 本字이다.' 등을 가리킨다. 본 장에서 本字라고 하는 것은 가차자와 상대적인 자를 가리키고자 한다.

일반인들은 어떤 글자가 造字 時 가지고 있던, 본의를 표시하는 글자를 '본자'라고 한다. 詞의 입장에서 보면, 어떤 詞를 자신의 '本義'로서 나타내는 글자를, 이 詞의 '本字'라고 한다. 이러한 정의는 引伸을 가차에 포괄시키는 문자학자들에게는 완전

히 적합한 것이 된다. 하지만 가차와 인신은 다른 것이라고 생각하여 이러한 주장에
동의하기 어렵다. 본자란 'A'라는 본의 혹은 'B'라는 인신의를 나타내는 어떤 자가 존
재하는데, 가차에 의해 이 글자의 'A'라는 본의 혹은 'B'라는 인신의를 나타내는 어떤
字가 있다면, 이 어떤 자 즉, 가차자의 입장에서 'A'라는 본의 혹은 'B'라는 인신의를
나타내는 글자를 곧 본자라고 하는 것이다. 詞의 입장에서 보면 어떤 詞를 자신의
본의나 인신의로 나타내는 글자가 존재하는데, 이 詞를 음이 같거나 비슷한 다른 글
자를 빌려서 나타낸다면, 이 詞의 입장에서는 본의나 인신의로 자신을 나타내는 글
자가 곧, 본자인 것이다.[55]

　　가차는 어떤 글자가 나타내고 있는 詞가 본래 본자가 있느냐 없느냐에 따라, 본래
부터 본자가 없는 것, 본자가 나중에 만들어진 것, 본래 본자가 있는 것 등으로 나눠
볼 수 있다.

가. 본래부터 本字가 없는 것

　　어떤 詞는 지금까지 본자가 없이 가차자로만 뜻을 나타내고 있다. 이것이 본자가
없는 가차이다. 예컨대 '대명사'로 쓰이는 '其, 之'가 그것이다. 또 文尾語氣詞 耳,
어기사 夫, 지시대사 夫, 의문대사 何, 奚는 각각 귀를 나타내는 耳, 사내대장부를
나타내는 夫, 물건을 메는 何(현재는 荷로 씀), 끈으로 묶인 노예를 뜻하는 奚를 빌려
서 나타낸 것이다. 이외에 音譯의 外來詞는 대부분 가차자로 기록 한 것이다.

나. 本字가 나중에 만들어진 것

　　어떤 詞는 본래 가차자로 뜻을 나타내다가, 후에 이 뜻을 나타내는 본자를 만든
것이 있다. '떨다'의 慄과 '전율'의 '慄'은 본래 밤나무를 나타내는 '栗'로 나타내었는
데, 후에 'ㆍ'과 'ㆍ'을 덧붙여 '慄'과 '慄'을 만들어 냈다. '이르다'의 '謂,' '불타다'의 '燃'

---

55) 혹자는 본의를 나타내는 어떤 자가 있는데 이 글자가 나타내는 본의를, 다른 글자로 나타내는 글자가
　　없다면 즉, 가차자가 없다면 '본자'란 말이 성립되지 않는다고도 한다.

도 胃와 然을 가차하여 나타내다가 나중에 본자인 '謂'와 '燃'이 만들어진 경우이다.

다. 본래 本字가 있는 것

본래부터 어떤 詞를 나타내는 글자가 있는데도, 가차자를 쓰는 경우가 있다. 이렇게 가차자를 사용함으로써, 어떤 詞는 가차자가 본자를 대신 하는 경우까지 있다. 아래의 경우는 가차자가 본자를 대신한 경우들이다. 예컨대 초목의 草, 족하다의 厭, 끝을 나타내는 端, 좁다의 狹, 창조의 創, 책을 나타내는 策(策 : 채찍), 곤충의 일종인 '바퀴벌레'를 나타내는 蜚 등은 본래 艸, 猒, 耑, 陜, 刱, 冊, 飛 등이 본자이다. 그런데 지금은 이들 가차자가 본자처럼 통행되고 있다.

본래 본자가 있는데 가차자가 본자처럼 쓰이게 된 것은 여러 가지 원인이 있다. 문자의 직무를 분산하기 위해서 쓰기도 하고,56) 어떤 것은 자형을 간화하기 위해서 쓰기도 하고,57) 어떤 때는 자형의 혼란을 막기 쓴다.58)

② 假借義와 가차된 글자가 의의상 연관성이 있는 현상

가차자 가운데는 가차의와 가차된 글자 사이에 종종 의의상 연관성이 있는 현상을 발견할 수 있다. 이때 두 글자의 관계가 同源詞인 경우가 대부분이다.

■ 衷으로 中을 표시하는 경우

고서에 衷으로 中을 가차한 경우가 종종 있다. 衷은 본래 겉옷과 몸 사이에 받쳐 입는 內衣를 가리켰다. 몸과 겉옷 사이에 입는 것(내의)과 中의 인신의 가운데 하나인 '중간에 끼이다.'라는 뜻은 연관성이 매우 크다.

■ 說로 悅, 脫을 표시하는 경우

說을 가차하여 悅로 쓴 경우, 說은 본래 말로써 말을 해석하는 것이다. 悅은 說의

---

56) '메다.'의 何를 현재 荷로 쓰는 것은, 何를 의문대사로 전용하기 위한 것이다.
57) 簡化字인 斗를 빌려 鬪를 나타내는 경우가 그것인데, 이런 경우는 매우 많다. 예컨대 葠(인삼 삼)을 参, 薑을 姜, 靈을 灵 등으로 쓰는 것이 그것이다.
58) 三를 四로, 'ㅇ'을 員으로 쓴 것이 그것이다.

形旁 言을 心으로 바꿔서 분화시킨 분화자이다. 그래서 '엉겨있는 마음을 풀어 낸다.'라는 뜻을 가지고 있다. 말로 엉켜있는 말을 풀어내는 것이나, 마음이 엉켜있는 것을 풀어내는 것은 비슷한 행위이다. 『易·蒙』에 "用說桎梏"의 干寶의 注에 "說은 '풀다.'이다.(說, 解也)"라고 하였다. 묶인 것을 푸는 脫과 말을 푸는 說이 同源詞이다. 이렇게 가차자와 피가차자 사이에 의의상 연관성을 갖는 것은, 대부분 무의식적으로 사용하는 과정 중에 우연히 형성된 것들이다.

③ 한 개의 詞를 여러 자를 빌려 표시하는 것과, 한 글자로 여러 개의 詞를 표시하는 현상

한 개의 詞를 두 개 이상의 가차자로 표시하는 현상은 흔하다. 어떨 때는 이들의 전후 상승관계가 분명히 드러나기도 한다.

■ 女－汝 : 2인칭 대명사 '너'는 먼저 女를 빌려서 표시하였다. 그러다가 뒤에는 강 이름인 '汝水'의 '汝'를 빌려 '너'를 표현하였다.

■ 皮－彼 : 지시대명사 '저것'은 먼저 '皮'자를 빌려 표시하다가, 후에 '더할 것이 있다.'는 뜻을 나타내는 '彼'자를 빌려서 표시하였다.

■ 可－何 : 의문대사 何는 먼저 可를 빌려 표시하다가 '메다.'라는 뜻의 何(현재는 荷로 씀)를 빌려서 표시하였다.

■ 祇－只 : 제한을 나타내는 부사 '단지'는 祇를 빌려 표시하다가, 語氣詞 只로 표시하였다.

동일한 詞를 서로 다른 가차자를 사용하는 경우가 있고, 동일한 글자를 가차하여 서로 다른 詞를 나타내는 경우가 있다.

■ 匪 : 본래 대나무로 만든 광주리를 나타내었다. 이 匪의 가차용법은 다음과 같다.

ⓐ 부정사 '아니다.'를 나타낸다. 非와 용법이 같다.

ⓑ 지시대사 '저것'을 나타낸다. 彼와 용법이 같다.

ⓒ 가차하여 '문채가 있다.'는 '斐'를 나타낸다.

ⓓ 가차하여 '分'을 나타낸다.

ⓔ 疊音詞 '匪匪'를 나타낸다.

■ 干 : 干의 본의는 '범하다.'이다. 가차용법은 다음과 같다.

ⓐ '방패'란 뜻을 나타낸다.

ⓑ '언덕'을 표시한다.

ⓒ '젖다.'라는 뜻을 표시한다.

ⓓ 가차하여 '과녁'을 나타낸다.

ⓔ 가차하여 '마르다.'를 표시한다.

ⓕ '깃대'를 표시한다.

ⓖ 가차하여 '장대'를 표시한다.

ⓗ '干支'를 표시한다.

ⓘ 가차하여 '小吏'를 표시한다.

ⓙ 朱砂를 나타내는 '丹干'의 矸을 나타낸다.

ⓚ '약간'을 나타낸다.

3. 王寧[59]의 構形學[60]

(1) 構形學 理論의 탄생 배경[61]

우리에게 알려진 한자구조 분석이론은 六書論이 거의 유일하다. 이는 상형, 지사, 회의, 형성 등의 명칭이 지금까지 익숙하게 사용되고 있음에서도 알 수 있다. 漢代

---

59) 王寧 교수는 필자의 은사이다. 필자가 북경사범대학에 수학할 때(1993~1997년) 박사과정 지도교수이었다. 당시 王교수의 구형학 이론 강의는 박사과정 학생들뿐만이 아니라 많은 중국교수들도 함께 청강하였다. 구형학 이론은 중고등학교 한문교사인 필자에게 깊은 감명과 관심을 준 강의였지만, 귀국 후 이에 대한 소개를 저어하였다. 이는 한어문자학 방면에 큰 관심도 또, 이를 수용할 만한 학문적 축적도 미비한 우리 한문교육계의 저간의 사정을 감안하였기 때문이다. 늦었지만 이제우리 한문교육계도 한어문자학 방면에 관심을 가질 때가 됐다.

60) 王寧 교수의 '構形學'은 「構形學 이론을 적용한 한자학습 신장 방안」이란 제목으로 『漢字漢文敎育』

정립된 六書說은 한자학 발전에 지대한 공헌을 한 것만은 사실이다. 다만 한자학사에 비춰본다면 漢代는 한자학발전의 초기단계에 해당하기 때문에 漢代 학자들의 한자구조에 대한 인식과 연구는 그리 완전한 것이 못된다. 그리고 '六'가지란 한자의 구조 및 그 정의와 사용정황에 대한 이론도 실제한자를 분석할 때 설명해낼 수 없는 경우가 허다하다.

六書論은 한자의 形·音·義를 중심으로 한 造字 원리와 그것들이 실제 언어생활 속에서 어떻게 사용되고 있는가 즉, 운용원리를 밝힌 한자학 이론이다. 許愼에 의해 정리된 六書論은 사실 많은 문제점을 내포하고 있다. 우선 상형·지사·회의·형성·전주·가차라는 6가지의 원리로 한자의 생산과 사용을 동시에 설명하고 있다는 것이다. 엄밀히 말하자면 앞의 4개의 원리는 한자의 생산에 관한 것으로 한자학의 범주에 속하고, 뒤 2개의 원리는 한자의 사용에 관한 것으로 언어학의 범주에 속한다. 이를 같은 범주 안에 함께 설명하고 있다는 것은 태동부터 혼란을 일으킬 수밖에 없는 모순을 안고 있다고 하겠다. 또 앞의 4개의 造字理論도 한자분석에 적용할 때 적지 않은 모순이 발견된다. 왜냐하면 허신의 정의 자체도 불분명하고 또, 정의를 따라 분석해도 그 귀속을 명확히 할 수 없는 字가 많다는 것이다. 그 한 예로 땅위에 서있는 사람을 그린 '立'자를, 역대 문자학자들은 경우에 따라 상형, 회의, 지사 등 중구난방으로 분류하였다. 이는 허신의 육서론이 이론적 결함을 갖고 있다는 것을 반증한다.

아울러 六書論은 허신이 갑골문을 보지 못하고 小篆을 한자의 典範으로 보고 立論한 것이기 때문에 시간을 달리하고 있는 모든 한자의 字體를 분석하기에는 적합

14호(韓國漢字漢文敎育學會, 2005. 5. 43－75쪽)에 기 발표된 논문을 정리 하였다.

61) 왕 교수의 構形學理論은 왕교수의 독창적인 창조물이 아니고 간간히 있어 왔던 한자의 결구에 대한 議論들을 체계화, 이론화 시킨 것으로 보인다. 결구에 대한 논의는 오래전부터 있어 왔다. 예컨대 梁東漢의 『漢字的結構及其流變』 등이 그것이다. 본서는 문자와 언어, 문자의 기원, 한자의 발전, 한자의 성질과 결구 등에 대해 기술하였다. 다만 王寧 교수와 같이 하나의 학문체계로 이론화, 구체화를 시키지는 못했다.(梁東漢, 『漢字的結構及其流變』(上海敎育出版社, 1959. 2. 제1版) 1959. 11. 제2차 인쇄)

하지 않다.[62] 곧, 육서론은 소전체를 설명해내는 데에는 손색없는 이론이었을지라도, 갑골문, 금문 전서, 예서, 행서, 해서 등으로 다양한 演變을 거듭해온 한자의 각 단계마다의 구조적 특징을 통시적으로 분석하기에는 적합하지 않다는 것이다. 특히 古文字 단계인 小篆의 분석이론을 今文字 단계인 해서의 분석에 적용함은 여러 가지 논리적 모순을 수반할 수밖에 없다.

하지만 적어도 근세까지는, 허신이라는 걸출한 문자학자의 명망으로 인하여 감히 그 이론에 문제다운 문제를 제기한 사람은 없었다. 1930년대에 들어 비로소 唐蘭이라는 사람에 의해 정식으로 문제제기가 있었고, 그 後 陳夢家, 裘錫圭, 王寧등에 의해 육서론을 극복할 수 있는 대안으로 3書說, 構形學(11書說) 등이 제안되었다.

王寧은 六書論은 漢代인들이 小篆을 분석하기 위해 만든 漢字結構模式으로 소전의 총체적 분석에는 적합할지라도 서로 다른 역사단계에 있는 문자를 분석하기에는 부적절하다고 여기고 11종 模式 즉, 構形學을 제안하였다. 그는 한자는 構件(部件)의 組合으로 이루어졌고, 이 구건은 參構한 字 속에서 자신이 담당하고 있는 構意를 드러낸다고 하면서, 이 구건의 역할을 '表形功能,' '表義功能,' '示音功能,' '標示功能' 등으로 나누었다. 그리고 이 4種 功能이 한자의 結構 속에서 體現하는 바에 근거하여 한자의 結構模式을 11종으로 나누었다. 아래에 자세히 소개한다.[63]

---

62) 唐蘭은 "내가 알기로는 六書란 秦 · 漢代 사람들의 文字構造에 대한 인식방법 중의 하나이었다. 그러나 당시 볼 수 있었던 古文字 재료라야 아무리 일러도 春秋時代 이후의 것으로 현재 우리가 볼 수 있는 商周文字에 비하면 1천년 이상 늦은 것이다.(據我們所知, 六書只是秦漢間人對於文字構造的一種看法, 那時所看見的古文字材料, 最早只是春秋以後, 現在所看見的商周文字, 卻要早上一千年(唐蘭a,「文字的構成 · 六書說批判」, 앞의 책, 75쪽)라고 하여, 진 · 한대에 정리된 육서론의 근거가 되는 字體는 소전을 중심으로 한 춘추 이후의 문자라고 하였다.

63) 아래 구형학이론 관계 진술은 필자의 학문적인 연구에 의해 것이 아니다. '구형학 이론의 한자교육에의 적용' 정도만 필자가 왕교수의 이론을 참조하여 서술하였다. 다만 王寧 교수의 이론을 요약, 정리하되, 이해를 돕기 위해 간단한 설명을 덧붙이거나, 예문을 교체 제시한 곳이 더러 있다. 王寧 교수의 저서와 신문투고를 발췌 정리한 것이기 때문에 특별한 경우가 아니면 주석을 달지 않는다. 저서는 『漢字漢語基礎』(科學出版社, 1996, 7) ;『漢字構形學講座』(上海教育出版社, 2002, 10, 2版)를, 신문투고는 『中國教育報』(『中國教育報』는 北京 소재 교육관계 전문 신문이름이다. 1995, 1, 30~7, 30(제8강. 이하 본 신문은 '王寧a, 앞의 책'으로 적는다.)를 참조하였다.

(2) 왕녕의 구형학 이론의 실제

① 한자학과 구형학

한자학은 한대의 '소학(小學)'[64]으로부터 시작하여 2천년의 역사를 갖고 있으며, 소학이 발전하여 오늘에 이르기까지 실제로 아래와 같은 네 개 방면의 분지(分支)가 형성되었다. 즉, 辭意 규명을 목적으로 하는 形義學, 한자의 최초 자형을 찾아 매 한자의 構字 初期의 造字意圖를 찾아내어 한자의 形源을 규명하는 字源學, 한자의 형체는 일정한 규칙과 원칙에 의해서 구성되고 변화한다는 전제하에 개체 한자(字符)의 構形방식과 構形의 총체적인 계통성 속에 숨어 있는 규율을 연구하는 構形學, 한자의 構形 중에 내재한 문화 현상을 밝혀내는 漢字文化學 등으로 나누었다. 이상 네 방면의 한자학은 상호 밀접한 관련을 맺고 있으며, 그 가운데 한자 構形學은 가장 기초적이고 중추적인 역할을 담당하고 있다.

② 構形學的 관점에서 본 六書

한자가 발전하여 小篆에 이르렀을 때 허신은 자형에 대한 1차적인 대규모 規整을 하고 동시에 構形模式에 대한 簡化를 시도하였다. 물론 한자는 金文 이래 꾸준히 構形系統에 簡化가 일어나고 있었지만 이를 정리하고, 構件을 成字化[65]시킨 것은 허신의 설문해자이다. 설문에 보이는 簡化의 대표적 현상은 形符의 意化 및 構形模式과 構件의 정리이다. 形符의 意化란 형상을 통해 의미를 전달하던 形符를 義符로 대체시킨 것을 말한다.[66] 構形模式의 간화란 모든 한자를 상형·지사·회의·

---

64) 小學이란 용어가 생성된 周代에서는 문자교육을 지칭하였다. 한대 이후 한어문자학을 지칭하기 시작하였다. 특히 훈고학에 중점을 둔 지칭이다.

65) 예컨대 갑골문에서 星은 ':✹:'으로 썼는데, 허신의 설문해자에(小篆)이르러 가운데 '生'을 중심으로 뭇별을 나타내던 작은 점들을 형·음·의를 가진 部件 '日'로 쓴 것을 말한다.

66) 예컨대 射의 경우 본래 '⚔'로 활과 화살, 손을 그려 '쏘다'라는 뜻을 나타내었다. 즉 그림(形符)을 통해 뜻을 나타내었는데, 후에 이들 形符(그림) 가운데 '⚔'가 '身'으로, '⚒'가 '寸'으로 형·음·의를 가진 '義符'로 전환된 것을 말한다.

형성의 네 범주로 규정하였다는 것이고, 構件의 정리란 합체자 構件의 기능을 表義, 示音, 標示 3종으로 簡化시켰음을 가리킨다.

　이상 허신에 의한 構件의 정리와 構形模式의 簡化는 小篆字形에서는 합리적인 정리이고 적용 가능한 분석방법이었다. 하지만 소전 이외 字體를 모두 포괄할 만한 분석이론은 되지 못한다. 특히 고문자에는 더욱 적용하기가 어렵다.[67) 그런데 허신 이후 문자학자들은 모든 字體를 무조건 상형·지사·회의·형성이라는 네 범주로 분석하였다. 그리하여 독체자는 대부분 상형자로, 標示構件이 들어 있는 字는 지사자로, 示音構件이 들어있는 합체자는 형성자로, 示音構件이 들어 있지 않은 합체자는 회의자로 분류하였다.

③ 漢字의 構形과 構意 특징

　　가. 漢字는 뜻에 의해서 構形된다.

　早期의 漢字는 義에 의해서 構形되었다. 다시 말하자면 한자는 그가 기록하는 바의 語素의 意義에 의거해서 구형되었다는 것이다. 그래서 표현하고자 하는 詞義와 이를 나타내는 字(詞)는 詞義와 形體가 통일적이다. 이는 小篆 이전의 고문자 중에서 더욱 직접적이고 명확하다. 예컨대 '⛰'는 표현하고자 하는 詞義가 '산'이다. '산'이라는 詞義와 이를 나타낸 字形 '⛰'은 형과 의가 매우 명확하고 직접적인 연관성을 갖고 있다.

　　나. 漢字의 書寫單位

　각 시대마다 서로 다른 字體의 書寫方法은 다양하였다. 대체로 甲骨文은 파기, 金文은 주조, 小篆이하는 붓으로 긋는 방법으로 한자를 써냈다. 파거나 주조하는 방법은 그 획의 先后 次序나 획의 이름, 획 수를 정하기가 매우 어렵다. 하지만 소전이

---

67) 예컨대 '𤷼(春)'은 허신의 六書論으로는 상형, 회의 어느 곳에 歸入 시켜야 올바른 것인지 판단하기가 어렵다.

하 붓으로 쓰면서부터 이들이 가능하게 되었다.

隸變 이후 한자의 線의 유형은 기본적으로 확정됐다. 한 개의 한자에서 線의 數와 書寫順序 또한 확정할 수 있다. 필획은[68] 筆形, 筆順, 筆劃數 등을 포괄한다. 筆形은 필획의 구체형상을, 필순은 한자를 書寫할 때의 순서와 방향을, 筆劃數는 1개 한자를 구성하고 있는 필획의 총 數이다. 이렇게 書寫單位와 그 명칭이 확정되면서 아울러 한자 쓰기의 원칙을 정할 수 있게 되었다.

다. 漢字의 構形單位

어떤 한자를 구성하고 있는 構形單位를 構件이라 한다. 매 한자를 분석해 나갈 때 다시 분석할 수 없는 최소 단위, 構字意圖를 나타내는 최소 단위를 形素라고 하고, 이 形素가 구건이 된다. 그런데 동일한 한자라도 서로 다른 역사 단계에 따라 각기 다른 구형 元素를 가질 수 있다. 예컨대 鞭의 경우 해서에서는 革, 人, 更이 形素이다. 그러나 소전에서는 革, 亻, 丙, 又, 卜이 形素이다. 이 形素는 어떤 한자를 구성할 때는 層次에 의해 결합된다. 예컨대 소전의 鞭은 이하 4급의 구건을 함유하고 있다.

1級構件 : 革, 便. 2級構件 : 亻, 更. 3級構件 : 攴, 丙. 4級構件 : 又, 卜

위 1級 構件을 直接構件이라 칭한다. 이는 이들이 全字를 직접 구성하고 있기 때문이다. 全字의 造字意圖는 직접구건을 통해서 드러낸다. 예컨대 위 鞭의 造字意圖는 직접구건 革과 便(𩏇)을 통해 드러내고 있다. 革은 그 意義類別을 밝히고, 便은 그 聲音 정보를 드러낸다.

이상은 어떤 한자를 분석해내는 입장에서 설명한 것이고 이 분석 과정을 반전시키면 組合의 과정이 된다.

---

[68] 현대 한자의 筆形은 6大類로 나눌 수 있다. 살펴보면 橫, 竪, 撇, 捺, 折, 點이 그것이다. 소전은 線을 크게 8類로 나눌 수 있는데 橫, 竪, 斜, 弧, 曲, 折, 封, 點 등이 그것이다.

　라. 구건의 參構 속에서의 技能

　구건은 자신이 참구한 字 속에서 그 構意를 드러내는데 구건의 기능은 이하 4종류가 있다.

　(가) 表形技能 : 구건이 참구한 자에서 그 형체로 構意를 구현함을 가리킨다. 즉, 구건이 象物性을 갖추고 있어 사물의 모양과 비슷한 형체로 構意를 드러냄을 말한다. 예컨대 甲骨文 ⚹(星)자에서 뭇별의 모습을 표현한 것이나, 金文 盟(盟)자 중에서 그릇의 형체를 표현한 것, 小篆 果(果)자에서 과일 모습을 표현한 것 등이 그것이다.

　(나) 表義技能 : 구건이 참구한 字에서 본래 자신이 갖고 있는 본의나 引伸義와 상관된 뜻으로 構意를 나타내는 것을 가리킨다. 예컨대 說자 가운데 言은 '說'이 언어행위라는 것을 나타내고, '聖'자 가운데 耳는 聖자의 본의인 '높은 지혜'가 본래 다른 사람의 말을 듣는 데서 왔다는 것을 표시한다. 이렇게 구건이 어떤 자의 結構에서 자신이 갖고 있는 본의나 引伸義로 參構 중에 뜻을 나타내는 것을 가리킨다.

　(다) 示音技能 : 구건이 참구한 자에서 字의 독음을 나타내는 것을 가리킨다. 예컨대 '桃,' '柳,' '松,' '桐' 등은 모두 나무를 가리킨다. 여기에서 '兆,' '卯,' '公,' '同' 등은 그들이 대응한 나무 이름을 나타내며 동시에 기타 다른 나무와의 이름을 구별해주는 작용을 한다.

　(라) 標示技能 : 구건이 참구한 자에서 구별과 지시작용의 構意를 나타냄을 가리킨다. 예를 들면 小篆의 亦(夨)은 腋의 古字이다. 大의 양쪽에 두 점을 찍어 겨드랑이 아래라는 뜻을 표현하였다. 이때 두 점은 표시기능을 하는 표시부호이다. 刃의 '丶,' '末'의 맨 꼭대기 가로획 '一' 등이 標示構件이다.

　마. 한자의 構形 속성

　한자는 基礎構件의 조합으로 이루어졌다. 그런데 이 기초구건은 무엇이고, 이 구건들을 어떻게 배치하여 表義하는가는 한자의 중요한 構形 속성이다. 예컨대 桃와

杋의 복숭아나무와 은행나무라는 뜻은 木과 兆 및 口를 통해 나타내는데[69] 각각 좌우와 상하의 서로 다른 배치를 통해 표현하고 있다. 이처럼 구건의 배치를 통해 表義함은 한자의 중요한 構形屬性이다.[70] 構件의 조합 방식과 構意는 밀접한 관련이 있다. 아래에 그 조합방식을 살펴보자.

■ 構件의 배치방향에 의한 構意表現 : 比는 두 사람을 모두 오른쪽을 향하게 하여, 北은 두 사람을 좌우 반대 방향으로 향하게 하여 각각 '함께 함'과 '함께 하지 않음'을 나타내었다.

■ 구건의 배치위치에 의한 構意表現 : 예컨대 杏과 呆, 怠와 怡, 忠과 忡은 같은 구건을 채용하고 있으나 구건의 배치위치를 서로 다르게 하여 뜻을 다르게 나타내고 있다.

■ 구건의 접합 방식에 의한 構意表現 : ㉠ 旦의 日과 一, 語의 言, 五, 口등은 모두 각각 떨어뜨려 字義를 표현하였다.(떨어짐) ㉡ 衷의 中은 衣의 사이에 끼워져서, 秉의 禾는 又를 뚫는 방식으로 字義를 표현하였다.(끼움과 교차) ㉢ 史는 中과 又를 서로 연결 중복시키는 방법으로 字義를 표현하였다(연결과 중복).

④ 한자의 結構

한자는 유한한 形素로 수만 개에 달하는 한자를 조합해 낸다. 조합방법은 2가지의 서로 다른 유형을 가지고 있다. 이를 분별해본다면 平面結構와 層次結構로 나눌 수 있다.[71] 평면결구와 층차결구는 한자가 어떤 형태로 조합되었는가를 나누는 것으로, 결합된 한자 내부의 구건의 기능을 밝히는 것은 아니다.

---

69) 木은 樹木을, 兆, 口는 이들의 구체적 분별을 표시한다.

70) 이외 構件의 기능 또한 중요하다. 예컨대 利와 和는 모두 構件 禾를 함유하고 있으나 利 가운데의 禾는 表義構件이고, 和 가운데의 禾는 示音構件으로 동일한 구건이지만 표현하는 바는 서로 다르다.

71) 반드시 일치하는 것은 아니지만 六書論으로 분석한다면 대략 평면결구의 한자는 회의자에 해당하고, 층차결구의 한자는 형성자에 해당한다.

가. 평면결구

　평면결구의 한자는 形素의 1차성 집합으로 이루어진 것이다. 예컨대 暴, 器, 冠, 春72)의 形素(構件)는 3개 이상이지만 모두 1차 합성이다. 이들은 두 가지 방법으로 構意를 표현한다. 하나는 여러 개의 의미정보(構件)를 한데 모아 字義를 나타내는 것으로 暴과 같은 字가 여기가 해당한다. 다른 하나는 여러 개의 의미정보(構件)를 그림식(圖畵式)으로 조합하여 字義를 나타내는 것으로 冠과 같은 字가 여기에 해당한다.73) 暴과 冠의 구조를 분석해 보면 다음과 같다.(소전을 기준으로)

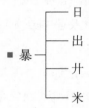

　暴의 본의는 '드러내다'이다. 해가(日) 나왔을 때(出) 여러 사람이 힘을 합해(廾) 쌀을(米) 내다 말림에서 '드러내다, 쬐다'라는 뜻을 나타내었다. 고대 사회 쌀은 매우 소중한 곡식이었다. 하지만 이를 보관하기가 녹녹치 않아 습기가 잘 찼으므로, 햇볕이 날 때 여러 사람들이 힘을 합해 이를 말렸다. 이는 여러 개의 의미정보(構件)를 한데 모아 字義를 나타낸 것이다. '暴露'의 暴이 바로 본의로 쓰인 것이고, 暴惡의 暴은 가차의이다. 구건의 배치를 바꿔도 자의를 나타내는 데 큰 혼란이 없다.

---

72) 春은 절구공이를 손으로 들고 절구통에 절구질하는 모습을 그린 것이다. 春의 構件은 午(절구공이), 廾(두 손), 臼(절구통)로 구성됐다.

73) 예컨대 冠은 고대에 모자의 總稱이었다. '冖'은 덮개 곧, 모자를 나타내고, 元은 사람의 머리를, 寸은 又로 手(손)의 변형이다. 표현방법은 한 손으로 머리 위에 모자를 쓰고 있음을 그린 것이다. 정보(의미)를 집합시켜 놓았던 아니면 그림식의 조합이던 形素 혹, 構件을 그냥 일차적으로 전개해 놓았기 때문에 層次的으로 가를 수가 없다.

冠은 모자를(冖) 사람 머리에(元) 손(寸)으로 씀[74]을 나타내었다. 이로부터 모자, 모자를 쓰다, 꼭대기(최고) 등을 나타내었다. 이는 여러 개의 의미정보(構件)를 그림식(圖畫式)으로 조합하여 字義를 나타낸 것이다. 즉, 모자를(冖) 사람의 머리 위(元)에 배치하고, 이를 쓰고 있는 '손'을 사람 옆에 배치하여서 모자를 쓰고 있음을 나타내었다. 구건을 그림식으로 조합하여 字義를 나타내고 있기 때문에, 구건의 위치를 바꾸거나, 결구가 상하결구가 아니면 자의를 나타내기에 적합하지 않다.

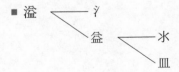

春은 절구공이를(午), 두 손으로 들어(廾), 절구통에 찧고 있는(臼) 모습을 그려 '찧다'라는 뜻을 나타내었다. 이 역시 구건을 절구공이(午), 두 손(廾), 절구통(臼) 순의 그림식으로 배치하여 '찧다'라는 뜻을 나타내었다.

나. 충차결구

충차결구의 한자는 形素를 충차적으로 합성하여 만들어진 것이다. 대부분의 한자는 層次組合에 의해 형성되었다. 溢과 灝의 구조를 분석해보면 다음과 같다.

■ 溢 ── 氵
　　　　益 ── 水
　　　　　　　皿

---

74) 寸 : 又에 'ヽ'를 더 첨가하였다. 옛 사람들 종종 又를 寸으로 바꿔 썼다.

溢은 形素를 축차적으로 누적시켜 만들었다. 제1차적인 조합은 氵와 益이다.(이들을 1級構件이라 한다.) 다시 '益'은 水의 변형인 상부의 '≫'75)와 '皿'으로 구성됐다.76) 溢에서 益은 聲符이다. 만약 제1層次가 없었다면, 가르지 않았다면, 溢은 聲符를 밝히기가 어려웠을 것이다.

다음 灝의 결구는 한자 구형분석의 중요성을 알 수 있게 하는 좋은 예이다.

결합과정을 역으로 추적해보면, 먼저 日과 京으로 景을 이루었고, 이때는 京이 聲符이다. 다음 層次에서 景과 頁(혈 : hao)이 결합하여 顥(호 : hao.)를 이루었고, 이때는 頁이 聲符이다. 景의 聲符이었던 京은 '顥'에서는 성부의 지위를 잃었다. 다음 층차에서는 顥와 氵가 결합하여 灝가 되었는데, 이때는 '顥'가 성부이다. 즉, 景에서는 京이, 顥에서는 頁이, 灝에서는 顥가 성부로 작용을 한다. 이렇게 성부의 기능이 각 단계마다 바뀌는 것은, 形素의 기능은 다만 자기가 가입한 層次 속에서만 작용을 한다는 것과, 전체 글자의 構意는 層次가 올라가면서 표현되고 있다는 것을 알려준다. 다음 藍을 보자.

---

75) 水를 옆으로 뉘어 쓴 것이다.
76) 益은 그릇 위에 水를 옆으로 뉘여 써서 물이 넘쳐흐르고 있음을 표시하였다. 본래 益의 본의가 '넘치다'이다. 그런데 이익이란 뜻으로 引伸되고 또, 이를 常用義로 쓰기 시작하면서, 益에 水를 덧붙인 "溢"을 만들어 益의 본의인 넘치다'를 나타내었다.

藍(藍)은 ++와 監으로 이루어졌고, 監이 聲符이다. 監은 '臥'와 '皿'로 이루어졌다. 금문에서 '監'의 臥는 '눕다.'라는 뜻이 아니다. 몸을 구부려 그릇에 담긴 물을 바라보고 있는 사람을 그린 것이다. 바라보고 있는 사람의 눈을 강조해서 그린 것인데 이것이 소전에서 '臣'과 '人'으로 분리되었다. '皿'도 피가 아니다. '皿'의 상부 'ㅡ'은 그릇 위에 담겨진 물을 가리킨다. 이것이 후에 '皿'의 위에 위치하지 않고 'ㄴ(人)'의 아래에 위치하여 'ㄴ' 혹은 'ㄴ'으로 썼다.[77]

(3) 한자의 結構模式

결구모식이란 서로 다른 기능을 가진 구건이 결합하여 字를 이룬 뒤, 이 구건을 통해 字義를 표현하고 있는 양식을 가리킨다.[78] 結構란 구건의 조합이다. 구건의 기능은 4가지가 있다고 하였다. 이 4종의 기능을 갖고 있는 구건이, 어떤 한자의 결구 속에서, 어떻게 뜻을 드러내고 있는가에 따라 다음과 같은 11종의 구형모식을 도출할 수 있다.

■ 제1종 : 全功能零合成字. 독체자를 가리킨다. 독체자는 이론상 자신과 零의 결합이다. 그러므로 독체자는 동시에 構件의 신분도 된다. 그리고 이 구건은 表音, 表形, 表義를 한 몸에 지니고 있다. 예컨대 甲骨文 가운데 羊, 鳥, 水 등은 表形, 表義, 表音을 동시에 구현하고 있다.[79]

---

77) 『說文·++部』 "藍(藍)은 푸른색을 물들이는 풀이다. ++가 의미를, 監이 소리를 나타낸다. 반절은 '람(魯甘切)'이다.(藍(藍), 染靑草也. 從++監聲, 魯甘切)"라고 하였다. 『說文·臥部』 "監은 아래에 처하는 것이다. 臥가 의미를, 臽이 소리를 나타내는데 생략된 모습이다. 반절은 '감(古銜切)'이다.(監, 臨下也. 從臥臽省聲, 古銜切)"라고 하였다. 물론 잘못된 분석이다.

78) 전통 문자학에서는 六書를 통해 개괄적으로 표현하였다. 실제로 六書에서 한자의 構形과 유관한 것은 상형, 회의, 지사, 형성 네 개뿐이다. 그리고 六書는 漢代에 小篆을 分析하는 模式이었으므로 小篆의 分析에는 대략 적용할 수 있었지만, 기타 다른 역사 계단에서 만들어진 각종 한자에 대해서는 쪼개고 가를 수 있는 이론이 되지 못한다. 構形學 이론은 이들 각각 다른 역사 시대에 만들어진 한자의 結構를 分析하기에 적합할 뿐만이 아니라 한자의 비교에도 편리한 이론이다. 비교가 있은 후에 문제점, 발전, 변화를 따져볼 수 있고 漢字學史를 천명할 수 있다.

■ 제2종 : 標形合成字. 한 개의 表形構件에 表示構件을 덧붙인 것이다. 小篆의 刃은 表形構件 刀에 표시부호 構件인 'ヽ'을 덧보탠 것이다.

■ 제3종 : 標義合成字. 表義構件에 表示構件을 덧붙인 것이다. 이는 近義字와의 구별을 위해 만들어졌다. 예컨대 太는 大에 標示構件 'ヽ'을 덧붙여 만든 것이다.

■ 제4종 : 會形合成字. 두 개 이상의 表形構件이 조합되어 새로운 뜻을 나타낸 것이다. 會形合成字는 모두 形合字이다. 이들 합성자의 構件은, 사물의 모양을 그대로 본떠 뜻을 나타낼 뿐만이 아니라, 사물의 모양의 실제상태에 의해 構件을 배치한다. 일반적으로 이들 會形合成字는 構件이 3개 이상이 되면 대부분 평면 조합이다. 예컨대 甲骨文의 降은 아래를 향한 두발과 산을 표시하는 阜를 조합하여 내려가고 있음을 표시하였다. 이는 사물의 실제상태에 의거해서 평면적으로 構件을 결합시킨 것이다.

■ 제5종 : 形義合成字. 表義構件과 表形構件을 함께 조합시켜 새로운 뜻을 나타내는 것이다. 예컨대 小篆의 興은 4개의 손을 서로 마주보게 하고(舁 : 表形構件), 중간에 '함께한다.'라는 뜻을 나타내는 '同'[80]자를 넣어 '일으키다.'라는 뜻을 나타내었다. 이는 表形과 表義構件을 조합하여 만든 것이다.

■ 제6종 : 會意合成字. 두 개 이상의 表義構件을 조합하여 새로운 뜻을 나타내는 것이다. 회의합성자의 構意는 表義構件이 제공하는 意義 정보에 의하여 표시된다. 예컨대 '友'는 한 사람의 손에, 다시 한 사람의 손을 더 그려 '협조자가 친구임'을 나타낸다. '解'는 칼로(刀) 소뿔을(牛, 角) 발라내고 있음을 그려 '풀다(해석)'라는 뜻을 표시한다.[81]

■ 제7종 : 無音綜合合成字. 이들 합성은 表形, 表義와 標示構件의 1차 합성이다.

---

79) 현대한자와 簡化字에서는 이들이 원래 가지고 있던 表形技能을 잃었다. 이들의 변천을 거슬러 올라가면 表形技能을 회복할 수도 있다.

80) 表義構件으로 공동의 뜻을 나타낸다.

81) 王寧a, 「漢字構形學講座 第六講 結構模式(上)」,앞의 책, 1995, 6, 9판

단 표음부호가 없다. 예컨대 小篆의 葬(🔣)은 시체를 안치하고 덮는 풀을 나타내는 表形構件(상하의 🔣), 시체를 나타내는 表義構件(중간의 🔣(死))과 시체의 안치 표시인 標示構件(중간 '一')의 조합이다.[82]

이상 7종의 結構 模式은 모두 表形構件, 表義構件과 標示構件으로만 조합된 것으로 示音構件의 개입이 없다.[83] 아래는 모두 示音構件의 개입으로 이루어진 것들이다.

- 제8종 : 標音合成字. 示音構件에 標示構件을 덧보태 만든 것이다. 同音字 및 音近字와의 구별을 위해 만든 것으로 標音合成字이다. 갑골문의 千과 百등이 표음합성자이다.[84]
- 제9종 : 形音合成字. 表形構件과 示音構件을 조합하여 만든 것이다. 갑골문에서는 매우 중요한 構形模式이다. 예컨대 甲骨文의 風, 鷄, 星과 소전의 齒 등은 원래 상형자이거나 혹은 表形構件이었는데, 후에 '凡, 奚, 生, 止' 등의 表音構件을 덧붙여 글자의 의미를 더욱 풍부하게 하였다. 이러한 형음합성자는 그 意義 측면에서 본다면, 어떤 새로운 요소를 증가시키지 않았는데도, 여전히 示音構件을 붙이지 않았을 때와 마찬가지인데도, 示音構件을 덧붙임으로써, 이들 글자들의 구별과 표시작용을 더욱 강화시켜주고 있다. 갑골문에서 星자의 表形構件은 非字構件으로 독립적인 記詞職能이 없었는데, 示音構件 '生'을 붙여준 뒤에야

---

82) 🔣은 고대 장례제도를 반영한 글자이다. 옛날 장례는 맨 아래에 풀(🔣)을 깔고, 다시 그 위에 시체를 올려놓는 판(一)을 깔고, 또 다시 그 위에 시체(🔣(死))를 올려놓고, 맨 위에 풀(🔣)을 덮었다. 이른바 草葬이다. 소전은 이를 충실히 반영하여 🔣으로 썼는데 隸定은 '葬'으로 하였다. 시체를 올려놓는 판(一)이 생략된 모습이다.

83) 한자는 示音構件이 개입되면서 글자가 포함하고 있는 의미정보가 풍부하고 또, 경제적인 구별수단이 되어 漢字構形에 일대 진보를 하게 되었다.

84) 千을 『說文・十部』에서 "十을 백 번한 것이다. 十과 人으로 구성됐다.(十百也 從十從人)"라고 했는데, 갑골문은 人에 一을 더한 자형으로 '人'이 소리를 나타낸다.

字를 이루게 되었다.[85]

■ 제10종 : 義音合成字. 表義構件과 示音構件의 조합이다. 이는 전통적인 문자분
류방법에 의하면 형성자에 해당한다. 이는 表義構件으로 義類를 나타내고, 示音
構件으로 讀音을 제시하여, 뜻이 같거나 비슷한 글자들 사이에 음으로써 그들을
구별 해주는 작용을 한다. 다음의 예를 보자.

A組 : 跳, 洮, 逃, 桃, 挑, 姚, 窕
B組 : 語, 議, 論, 證, 試, 記, 謀

A조의 글자들은 聲符가 '兆'이기 때문에, 모두 음이 '兆'와 같거나 비슷하다. 나머
지 足, 水, 辶, 木, 手, 女, 穴 등은 그 義類를 표시한다. B조 글자들의 뜻은 모두
언어행위와 관계있는 '言'을 공동의 表義構件으로 사용하고 있다. 나머지 吾, 義,
侖, 正, 式, 己, 某 등으로 소리를 나타내어 이들 상호간의 구별 작용을 한다.

■ 제11종 : 有音綜合合成字. 이들은 여러 개의 表形, 示音, 表義, 標示構件을 일
차로 합성시킨 것이다. 예컨대 春은 艸와 日이 뜻 부분이고 屯이 소리이다.[86]

(4) 구형학의 結構模式과 六書의 비교

위에 소개한 구형학의 11종 구형모식과 六書 및 한자결구의 삼분법을 대비시키면
대체로 아래 표와 같다.

---

85) 風, 鷄 등은 본래 독음을 가지고 있었다. 여기에 다시 示音構件을 덧붙인 것이다. 그러나 星은 본래
  聲音構件이 없었다. 소전에서 生이라는 聲音構件을 덧붙였다.
86) 王寧a, 「漢字構形學講座 第六講 結構模式(下)」, 앞의 책, 1995, 6, 9판

結合	구형모식	한자 삼분법	六書
全功能構件+0	零合成字	獨體字	象形
表形構件+標示構件	標形合成字	準獨體字	指事
表義構件+標示構件	表義合成字		
示音構件+標示構件	標音合成字		形聲
表形構件+示音構件	形音合成字	合體字	
表義構件+示音構件	義音合成字		
示音構件+各類構件	有音綜合合成字		
表形構件+表形構件	會形合成字		會意
表形構件+表義構件	形義合成字		
表義構件+表義構件	會意合成字		
各類構件(無示音)	無音綜合合成字		

위와 같이 구형학에서의 한자 결구 11종 模式과 육서를 대응시켜 분석해보았는데, 몇 곳에서 불합리한 면이 발견된다. 會形合成字와 會意合成字는 상당히 다르다. 會形合成字는 構形의 위치와 構意가 매우 밀접한 관련이 있다. 예컨대 構件位置가 같지 않은 會形合成字를 동일한 자로 해석한다면 반드시 誤解를 낳는다. 예컨대 '杏 : 살구나무 행'과 '呆 : 어리석을 태'는, 동일한 부건으로 구성됐지만 구건의 위치가 서로 다르기 때문에, 의미하는 바가 전혀 다르다. 또 전통적인 독체자는 小篆에서는 아직도 절대 대부분이 象物性을 보유하고 있지만, 이들이 隷變과 楷化 이후에는 義化되어 이를 象形字라고 칭할 수가 없게 되었다.

육서론으로 분석할 수 없는 한자는 '結構-功能' 분석법 즉, 구형학 이론을 적용하면 각 시대의 한자를 모두 분석해낼 수 있다. 이는 六書의 한계를 극복하고 동시에 상형·지사·회의·형성 등의 육서의 내용도 포섭할 수 있는 방법이다.

(5) 구형학 이론의 한자교육에의 적용

① 구형학 이론과 한자교육

구형학 이론은 한자의 형체는 일정한 이치에 의해서 구성되고 변화한다는 전제하에 이들의 제반 규율성을 연구하는 학문이기 때문에, 각기 다른 시대에 만들어지거나 변화된 한자 속에 내재된 제반현상을 과학적이고 합리적으로 설명할 수 있는 이론적 근거를 제공한다. 즉, 한자의 '構形과 構意,' '쓰기 단위와 構形 단위,' '한자의 본의,' '偏旁이 한자의 조합에서 차지하는 역할,' '結構의 방식,' '漢字의 構形 特性,' '異體字 문제,' '漢字 形體의 傳承關係,' '漢字의 構形系統' 등을 밝혀낼 수 있다.[87]

이를 한자교육에 적용하면 '편방의 역할과 기능,' '자형의 변화,' '한자의 형·음·의,' '쓰기 단위와 필순,' '本義' 등을 합리적으로 도출해낼 수 있다. 構形學이 교사나 학생들에게 왜 필요한지를 王寧 교수는 다음과 같이 말하였다.

> 중고등학교에서 교사가 한자를 가르칠 때, 교사는 반드시 한자를 해체, 分析하여 가르쳐야 하는데, 이는 반드시 한자의 構形 원리와 맞아야 하고, 교사의 각 部件(構件)에 대한 설명은 과학적이고, 한자 構形 규율에 부합되어야 한다. 주관적이거나 연상에 의한 억측이어서는 안 된다. 왜냐하면 한자는 하나의 부호체계로, 마음대로 가르고 마음대로 해석하여, 그 과학성과 계통성을 무너뜨리면 학생들로 하여금 학습하기 어렵게 할 뿐만 아니라, 기억하기도 어렵기 때문이다. 예컨대 어떤 사람은 '餓'자를 分析하길 '내가(我) 음식을 먹는다(食). 왜냐하면 배가 고프기 때문(餓)이다.'라고 한다. 그렇다면 '我'자가 들어간 '蛾,' '鵝' 등의 '我'는 무어라고 가르칠 것인가. 이곳의 '我'도 1인칭인 '나'라고 가르칠 것인가. 그래서 '나의 곤충' '나의 새'라고 가르칠 것인가. 이렇게 자의적이며 非漢字學的인 교육으로 말미암아 한자는 배우기 어렵다는 인식을 심어주고 있다.[88]

우리 역시 반성해 볼일이다. 아래에 실제우리 교육현장에서 벌어지고 있는 몇 글자의 예를 살펴보자. 어떤 이는 '士'를 열 사람(十) 가운데 한 사람(一)이 곧, 선비(士)라고 풀이하고, 나아가 '吉'자는 선비가(士) 말한 것(口)은 좋은 것, 길 한 것(吉)이라고 풀이한다. 構形學 이론의 적용은 이러한 비과학적인 한자분석을 극복할 수 있고,

---

87) 王寧a, 「漢字構形學講座」, 앞의 책, 1995, 1, 30판.
88) 王寧a, 「漢字構形學講座 第一講 漢字與漢字構形學」, 앞의 책, 1995, 5, 22판

漢字를 과학적, 체계적, 계통적으로 가르칠 수 있으며, 다른 한자 학습으로의 전이를 용이하게 할 수 있다.

② 구형학 이론의 한자교육에의 적용

가. 한자의 書寫 단위를 밝힐 수 있다.

한자는 部件의 조합으로 이루어져 있다. 構形學理論을 적용하여 構形單位를 밝히면, 한자의 쓰기 단위를 알 수 있다. 예컨대 '勳'의 경우 構形單位가 熏과 力이기 때문에, 書寫單位 역시 熏과 力의 '勳'이어야 한다. 하지만 어떤 사람은 '勳'으로 즉, 상부의 '動'과 하부의 '灬'로 쓰는데 이는 한자를 과학적으로 인식하지 못한 결과이다. 한자는 構件의 결합으로 이루어졌다는 것을 인식하면 書寫單位는 '熏'과 '力'임을 알 수 있다.

나. 합리적 필순의 제시로 한자를 효과적으로 쓸 수 있다.

대부분 한자의 필순은 쓰기 순서에 혼란이 없다. 하지만 아직도 적지 않은 수의 한자는 쓰기 순서에 사람마다 다른 주장을 펴기도 한다. 하지만 構形學理論을 적용하면 바로 잡을 수 있다. 아래에 필순에 대한 오해가 여전히 남아 있는 及과 火의 예를 들어보자. '及'은 書寫(구형)단위가 왼쪽 부분과 위쪽에 걸쳐 있는 '人'의 변형인 'ﾉ'과 오른쪽과 아래 부분에 걸쳐있는 '又'로 이루어졌기 때문에 書寫單位는 'ﾉ'과 '又'가 되어야 한다. 그렇다면 당연히 필순은 'ﾉ'을 먼저 쓰고, '又'를 나중에 써야 한다. 필순은 'ﾉ → 一 → フ → ＼'이어야 한다. 火 역시 隸體인 '灬'를 참고하면 당연히 왼쪽에서부터 차례대로 써야 한다. 火는 소전에서 예서로 변하면서 '灬'로 썼다. 그러다가 동형의 글자(心도 이렇게 썼음)들과 혼동을 피하기 위해, 가운데 두 점을 길게 변형시켜 '火'로 썼다. 그렇기 때문에 '火'는 '灬'의 필순을 따라, 왼쪽에서 오른쪽으로 순서대로 써야 한다. 왜냐하면 '灬'를 쓸 때, 가운데 두 점을 먼저 쓰거나, 가장자리의 두 점을 먼저 쓰지는 않기 때문이다.

다. 한자의 뜻을 합리적으로 설명할 수 있다.

構形學 이론을 적용하여 한자를 분석하면 본의를 정확히 밝혀낼 수 있다. 예컨대 '及'을 한자의 結構方式 가운데 平面結構의 그림식 조합 유형을 대입하여 분석해보면, '人(사람)'과 '又(손)'을 상하로 배치하여, '손으로 사람을 잡음'에서 '미치다'라는 뜻을 나타내었음을 알 수 있다. 及이 '~ 및,' '~과' 등의 접속사로 쓰이는 것은 가차용법임을 알 수 있다.

라. 한자를 과학적이고 합리적으로 분석할 수 있다.

구형학 이론을 한자분석에 적용하면 한자를 합리적으로 분석할 수 있다. 예컨대 앞에서 말한 暴의 경우, '해(日)가 나왔을 때(出), 여러 사람이 함께 힘을 합해(廾), 쌀을(氺 : 米의 변형) 말린다.'에서 '드러내다.'라는 본의를 갖게 되었음을 합리적으로 설명할 수 있다. 아울러 이를 참고한다면 暴의 '사납다'라는 뜻은 '가차의'임을 알 수 있다.

마. 한자의 構形에 의한 構義를 설명할 수 있다.

한자는 적어도 3000여 년의 역사를 가지고 있다. 수십 세기를 거치면서 한자의 構形方式은 많은 변화를 가져왔다. 시대에 따라 동일한 한자라도 그 書寫에 많은 차이가 있었다. 하지만 총체적인 측면에서 본다면, 한자는 본질적인 성질의 변화는 일어나지 않았다. 그리고 기본적인 構形 特徵 역시 계속 유지되어 왔다.

어떤 한자가 처음 만들어질 때 가장 두드러진 構形特徵은, 이미 口語로 사용되고 있던 어떤 詞의 뜻에 의거해서 構形된다는 점이다. 그래서 한자의 형체 속에는 늘 意義를 分析해낼 수 있는 정보를 가지고 있다. 이들 意義 정보는 시대가 이르면 이를수록 직접적이고 구체적이다. 다음 예를 보자.

A. 👁 B. 🔱 C. 🐾 D. 🔥 E. 🔥

A는 目, B는 行, C는 洗, D는 浴, E는 沐이다.[89] 이들 한자 構形 속에는, 그것이 하나의 그림이었던 혹은, 두세 개의 형체(그림)를 조합했던, 사물의 직관 관계를 반영하고 있어 표현하고자 하는 뜻을 알아차릴 수 있다. 그런데 이러한 한자가 書寫의 편의를 위해서 簡化되기 시작하면서 직관으로 詞義를 파악할 수가 없게 되었다. 하지만 직관으로 의미정보를 전달하던 字符들이 구체적인 의미정보를 가진 字符(편방)들로 변하면서, 한자의 자형 속에서 그 의미정보를 밝혀낼 수가 있게 되었다. 예컨대 '日'은 태양을 상징하지는 못하지만, 그가 어떤 한자의 構件이 되었을 때는 여전히 태양과 相關된 정보를 전달하고 있다. 예컨대 晶, 明, 星 등의 日은 '빛난다.'라는 뜻을, 晚, 昏, 時, 晨 등의 日은 '시간'을, 旦, 莫 등의 日은 여전히 '태양'이란 뜻을 具有하고 있다. 이들 한자들은 사물의 모양을 본뜬 象物性이 약화된, 表形이 表意로 轉化된 것들이다. 이를 字符意化라고 하는데, 字符가 意化된 후에도 어떤 字符는 새로운 한자를 만들 때 여전히 物象관계를 유지하고 있는 것도 있다. 예컨대 苗는 풀이 밭에서 자라고 있는 모습을 표현하기 위해, 構形을 할 때 '田' 위에 '艹(草)'를 썼다. 益은 물이 그릇 위에 넘침을 표현하기 위해, 構形할 때 그릇(皿) 위에 넘치고 있는 물(水)을 옆으로 뉘어 썼다(⧗). 析은 나무 옆에서 도끼로 나무를 베어내고 있음을 표현하기 위해, 도끼를 나무 옆에 그렸다. 牢는 소를 우리 안에 가둬 놓았음을 표현하기 위해, 牛를 宀 아래에 썼다.

그러나 대부분의 글자는 본래의 物象關係를 보유하고 있지 않은데, 이는 자형의 미관이나 균형 등을 고려한 것이다. 예컨대 解는 칼로 소의 뿔을 제거함을 표현하였다. 그래서 刀를 牛 위에 그렸는데 手는 생략됐다. 손(手)을 생략해도 충분히 해부한

---

[89] B는 사람이 많이 다니는 사거리를 그려 사람이 걸어간다는 뜻을 표현하였다. C는 그릇 위에 발을 그려 '발 닦음'을 나타내고, D는 대야와 사람의 형상을 상하로 그려 '목욕함'을 나타내었다. E는 왼쪽에 대야 오른쪽에 사람을 그려 '세수함'을 나타내었다. 현재의 沐浴은 옛날 몸과 얼굴을 닦던 서로 다른 詞義를 결합시킨 것이다.

다는 의미전달을 할 수 있기 때문이다. 祝은 사람이 입을 벌리고 신에게 기도함을 나타내었다. 그래서 人과 口를 示(신주) 옆에 그렸는데, 物象의 조합이 아니다. 酒는 술 단지에 술을 담아놓은 것을 표시한 것인데, 술을 표시하는 '氵'를 술 단지인 '酉' 안에 그리지 않았다.[90]

이상의 分析으로 다음과 같은 결론을 도출해낼 수 있다. 한자 構形의 특징과 그것이 형성된 원인을 밝힐 수 있다. 조기 한자 대부분은 形合인데, 이들 조합 방식은 상하좌우 혹은 상대위치를 채용하여 사물의 관계를 표시하고, 構意를 나타낸다. 위에서 본 甲骨文의 洗, 浴, 沬은 사람이 그릇 위에서 발, 몸, 얼굴을 닦음을 나타내기 위하여, 造字를 할 때 그릇을 아래에 놓고, 각각 손과 발을 그릇 안에, 사람의 몸을 그릇 옆에 놓았던 것이다. 한자가 발전하여 義合과 義·音으로 글자를 조합함에 이르러, 構形은 일정한 규율성을 띠게 되었다. 당연히 상하좌우의 方形을 유지하게 되었는데, 이는 한자의 表義性으로 인한 필연의 결과라고 할 수 있다. 또 한자는 義에 의해서 構形되기 때문에, 한자의 형체는 반드시 構形과 構意 두 방면을 포괄하고 있다. 構形은 어떤 構件을 채택하고, 그 構件의 수는 얼마만큼이며, 倂合 방식과 위치를 어떻게 배치했나를 가리키는 것이며, 構意는 이들 構形이 어떤 造字意圖를 표현하고, 어떤 의미 정보를 가지고 있나를 가리키는 것이다. 어떤 이는 構意를 造意 혹, 造字 근거라고 부르기도 한다.

바. 漢字 해석의 오류를 막을 수 있다.

자형분석을 통한 한자교육은 한자의 이해와 把知에 중요한 역할을 한다. 한자의

---

90) 이상의 2개의 조합 방식 가운데 전자를 '形合 : 형체의 조합을 통하여 자의를 표현'이라고 하는데, 이는 사물의 모양을 조합하여 뜻을 나타내던 방법을 계승한 것이라 볼 수 있다. 후자는 '義合'이라 하는데, 이는 단지 字符의 意義만을 누적시켜 뜻을 표현하는 것이다. 가장 흔히 볼 수 있는 한자의 構形 방식은 半意半聲이다. 예컨대 과일 나무에 해당하는 '桃', '棠', '柚', '梨' 등은 모두 '木'으로 그들이 목본 식물임을 나타낸다. 그러나 兆, 尙, 由, 利 등은 음으로 이들 과일 나무들이 서로 다름을 구별해주는 '이름'을 나타낸다. 이러한 聲符를 통하여 同類의 詞들 속에서 이들 한자들이 어떤 詞를 나타내는가를 구별시켜준다.

자형분석에 構形學理論을 적용하여 構意를 설명하면 이해와 기억에 도움을 줄 수 있다. 간혹 현대한어에서는 한자의 구성근거가 이미 없어졌기 때문에 자형분석은 그리 중요하지 않고, 중요한 것은 '학생들이 외우기만 하면 된다.'라고 한다. 하지만 이는 적절치 않은 주장이다. 한자학은 일종의 과학이다. 한자의 講解는 반드시 과학적이어야 한다. 한자학적 理据를 버리는 것은 혼란을 야기할 뿐만 아니라, 다른 한자로의 학습전이가 일어나지 않아, 능률적인 한자 학습을 할 수 없다. 아래에 한자를 가르칠 때 반드시 지켜야할 원칙을 제시해 보겠다.

　■ 한자는 구건의 조합으로 이루어졌음으로 모든 한자는 이미 형·음·의가 확립되어 있고, 이의 分析이 잘못되면 전체 글자의 해석에 착오를 가져온다. 예컨대 韭는 다년생 초본식물(부추)인데 이의 繁體字는 '韮'이다. 이는 韭 위에 表義構件 '艹'를 덧붙여 초본식물의 특성을 강화한 것이다. 簡化된 후 '艹'를 떼어내고, 表形構件만으로 그의 構意를 표현하였다(韭). 그런데 중국의 민간에 떠돌아다니는 풀이는 非와 韭의 上部가 유사하기 때문에, 해석하길 '옳지 않은 것은(非) 겨우 하나(一)이고(韭를 非와 一로 분석한 것임), 나머지 9개는 옳은 것이다(옳지 않은 것이 하나이기 때문에 나머지 9개는 옳다는 뜻임)'라고 하고, 悲는 '마음속에서 슬픔이 부추같이 커가고 있다는 뜻'이라고 해석하기도 한다. 부추를 나타내는 글자에(韭), 非자와 비슷한 부분이 있다고 하여 이렇게 황당하게 설명한다면, 排는 손으로 부추를 뜯고 있고, 緋는 실로 부추를 묶었다로 해석할 수도 있을 것이다.

　■ 한자의 구건은 어떤 한자에 參構한 후에나 그것이 어떤 기능을 갖고 있는지를 알 수 있다. 그렇기 때문에 한자를 해석할 때는 그들의 객관적인 기능을 면밀히 살펴 해석하여야 한다. 그렇지 않으면 부분, 혹은 전체적으로 오해를 일으킬 수 있다. 예컨대 餓자 가운데 我는 示音 構件인데, 이를 '나'라고 해석하여 '내가 먹으려 한다. 왜? 배가 고프니까'라고 해석한다면, 이는 我를 表義構件으로 잘못 해석 한 것이다. 이렇게 한다면 俄, 娥, 峨, 鵝의 해석도 나의 사람, 나의 딸, 나의 산, 나의 새로 해석해야할 것이다.

■ 대부분의 한자는 層次에 의해 이루어졌다. 그렇기 때문에 構意 역시 層次的으로 파악해야 한다. 한자를 해석할 때는 반드시 객관적인 조합방식에 의해 풀어야 한다. 예컨대 溫(溫)자를 '그릇 위(皿)에 태양이 비춰(日) 물을 따뜻하게 한다.(氵)'라고 해석한다면, 이는 한자의 구조를 전혀 파악하지 못한 것이다. 왜냐하면 '日'은 溫자의 構意에 직접 작용하지 않는다. 昷은 이 글자의 表音 작용만 한다. 氵와 결합하여야 비로소 '따뜻하다.'라는 뜻을 갖는다.

■ 한자는 살아있는 생명체와 같이 시대에 따라 많은 변화를 가졌다. 이러한 과정에서 構件과 構件이 붙기도, 생략되기도, 변형되기도, 잘못 쓰여지기도 하였다. 이런 글자들은 반드시 그 形源을 거슬러 올라가야 해석할 수 있다. 예컨대 春은 卄, 日, 屯으로 이루어졌다. 隷變 과정 중 상부의 卄와 屯이 하나로 결합되어 '夫'과 같이 쓰게 되었는데, 현대 한자로는 더 이상 가를 수가 없다. 중국 사람들 가운데 春을 '세 사람이(夫을 三과 人으로 봄) 함께 햇빛(日)을 쬐고 있을 때가 봄(春)이다.'라고 해석하는 이가 있다. 이는 그야말로 望文生義이다.[91]

(6) 結語

1930년대 唐蘭에 의해 처음으로 육서론의 결함이 제기된 이래, 이를 극복하기 위한 새로운 한자분석이론으로 三書說과 構形學理論(11說) 등이 제시되었다. 전자는 唐蘭, 陳夢家, 裘錫圭 등이 후자는 王寧에 의해 제기되었다. 하지만 전자는 후속 연구가 정체된 느낌이나 후자의 경우는 실제수업에의 필요성 때문에 중국 각지의 사범대학과 교육대학의 교수들 및 중고등학교의 교사들에 의해 빠르게 보급되고 활발히 논의되고 있다.

현재 중고등학교 학생들의 한문과 수업에 대한 관심은 이런 저런 이유로 매우 낮다고 하겠다. 이들 가운데 교수요인을 반성해본다면 교사의 한자학적 지식의 빈곤에 기인한 것 역시 적지 않다. 지금까지 현장교육에서 한자를 과학적으로 가르치려는

---

91) 王寧a,「漢字構形學講座 第八講 漢字的講解」, 앞의 책, 1995, 7, 31자. 참조

시도가 전혀 없었던 것은 아니다. 構形分析은 아니지만 현장교사들에 의해 破字 방법이나 부수를 활용한 한자교육이 시도되었다. 하지만 앞에서 말한 대로 교사의 한자학적 지식의 미비와 破字나 부수활용의 이론적 배경인 六書論의 결함으로 인해 대부분 과학적이지도, 학문적이지도 못한 재미나 유희 차원에 머무른 감이 있다.

현행 고등학교 교과서에서조차 寺를 '土 + 寸,'[92] 交를 'ㅗ + 父'로 분석함[93]에서 우리 교육현장의 언어문자학적 무관심을 읽을 수 있다. 同形의 構件들일지라도 그 기능과 음·의는 매우 다를 수 있다. 예컨대 去, 寺, 載의 상부에 있는 '土'는 마지막 載의 '土' 외에는 大, 之의 변형이다.

구형학 이론을 교사가 장악하고 한자교육에 적용한다면 과학적이고 합리적인 한자교육에 일조를 할 수 있을 것이다.

---

92) 寺에서 土는 '흙 토'가 아니고 之의 변형이다.

93) 交는 다리를 꼬고 서있는 사람의 상형으로 더 이상 분석할 수 없다. 예서 단계에서 외형상 'ㅗ + 父'로 변형된 것이다.

제6장

한자의 字體演變 개관

Ⅰ. 자체연변 개설과 분류

1. 한자 자체연변에 대한 관점

우리나라의 한어문자학 수준은 초보적 단계이기 때문에 입문자들에게 가장 필요한 것은 한자자체의 연변에 대한 이해이다. 본 장은 한자학 입문자들이 자체연변을 쉽게 이해할 수 있도록 많은 실물자료를 제시하여 이해를 돕고자 한다.

한자의 형체연변을 설명하기가 쉽지 않다. 자체의 연변을 중심으로 설명할 수도, 공간과 시대에 따라 설명할 수도 있다. 모두 일장일단이 있다. 갑골문, 금문, 전서, 예서, 해서 등의 자체에 의한 분류는 우리에게 익숙하다는 장점은 있지만, 이들 자체가 반드시 차례대로 선후 계승 관계가 분명하게 드러나는 것만은 아니라는 데 문제가 있다. 포괄적으로는, 갑골문이 금문보다 먼저 쓰여진 것만은 옳다. 하지만 반드시 모두가 그런 것은 아니다. 商代에도 금문이 쓰여졌으며, 周代에는 금문이 주요 字體이었지만 갑골문이 쓰여지기도 하였다. 그래서 단순히 갑골문, 금문 식으로 나눠버리면 당시대의 한자 자체연변을 놓치기 쉽다. 한편 공간과 시대에 의해 분류를 하면, 당시대, 특정 공간의 한자의 서사 양태를 살필 수는 있지만 한자의 연변에 대한 일목요연한 흐름을 놓치기 쉽다.

어쨌든 현재 우리가 쓰고 있는 해서체는 은나라, 주나라를 이어받은 진나라 계통

의 문자이다. 흔히 자체의 연변을 말할 때 사용하는 소전, 예서, 해서 등은 춘추전국
시기 많은 나라의 문자 중, 진나라 계통의 문자를 한자의 형체 연변의 적통으로 보고
설명한 것이다. 춘추중만기에서 전국시기까지의 '秦系文字'는 篆文과 隸書란 字體
로 구분 설명할 수 있다.

하지만 동시대 남방국가들이 사용했던 '남방문자'와 전국시대의 '동방육국문자'는
'秦系文字'와는 상당히 다른 점이 있으면서도, 지금까지는 이를 '진계문자'와 동일 선
상에서 설명하였다. 물론 최근에는 '秦系文字'와 '동방육국문자'를 분리하여 설명하
기도 하지만, 여전히 '동방육국문자'의 자체는 '秦系文字'와 동일하다고 여긴다. 즉,
이들 지역의 한자형체의 다름을 인정하면서도, 아직은 그 차이를, 새로운 자체이름
을 붙여줄 만큼 크다고 생각하지 않는다. 하지만 서예학적으로는 상당히 다른 면모
도 있어 간단히 '진계문자'와 뭉뚱그려 볼 수만은 없다. 기존의 자체에 의한 분류로
는 한자의 이러한 자체특징을 설명하기 쉽지 않다. 또, 한자의 적통이 진계문자이기
때문에 어떤 분류법, 진술방법을 사용해도 남방문자나 동방육국문자에 대해 소홀할
수밖에 없다. 이러한 저간의 사정을 보완할 수 있는 필자 나름의 방법을 찾은 것이
'字體의 共有段階와 專用段階'로의 분리 서술이다. 아마 중국인들에게는 이러한 구
분이 필요하지 않을 수 있다. 왜냐하면 그들은 자국의 문자변천에 대해 우리보다 훨
씬 잘 이해하고 있기 때문이다.

한자의 자체에 의한 접근과 지역에 의한 접근을 병용한 것이 '字體의 共有段階[1]
와 字體의 專用段階[2]'로의 분리, 서술이다. '字體의 共有段階'는 殷商과 西周文字
까지를, '字體의 專用段階'는 '진계문자'와 '남방문자, 동방육국문자'를 각각 분리 설
명하는 것이다. 이는 한자의 자체변화와 지역적, 시대적 특점을 잘 드러내기 위한

---

[1] 共有文字는 殷商文字(기원전 14-11세기, 甲骨文, 金文), 西周文字(기원전 11세기-770년, 金文),
춘추초기 문자가 여기에 해당한다고 할 수 있다.
[2] 각 제후국들이 각자의 문화와 정치를 추구하던 춘추 중, 만기부터 자체의 전용으로 분류하고자 한다.
춘추 중, 만기 일부 남방국가들이 사용했던 '남방문자'와 전국시대의 '동방육국문자,' '秦系文字' 등이
그것이다.

것으로, 한자학계에서는 아직 이런 분류, 진술을 시도한 적이 없다. 적통이 아닌, 우리가 잘 알지 못하는 남방문자와 동방육국문자를 드러내기 위한 시도이지만, 필자 역시 '字體의 專用段階'란 이름에 걸맞게 '秦系文字'와 다른, '동방육국문자'만의 형체 차이를 드러낼 수 있는 합당한 '자체명'을 새로 붙여주거나, 설명할 만한 학문적 능력이 없다. 이런 명칭을 쓴 것은 단지 이들 문자의 특색을 드러내기 위한 방편으로 채택한 것일 뿐이다.

본란의 한자형체에 관한 진술은, 앞 장에서 설명한 '古文字 단계의 한자'와 '今文字 단계의 한자'의 내용과 중복된다. 본 난은 한자의 형체연변에 주안점을 두고 좀 더 자세하게 재구성한 것뿐이다. 우리는 한자형체의 연변에 대해 잘 알지 못한다. 실물을 보지 않고 필획이나 결체에 대해 굵다, 가늘다, 굽었다, 평평하다, 장방형이다 등으로 진술을 하면 이해가 잘 가지 않기 때문에 실물사진, 혹은 摹寫, 탁본 등을 통해 한자의 형체연변에 대한 이해를 돕고자 한다.

한자의 연변을 자체에 의해 분류하면 다음과 같다.

甲骨文－金文(西周)－大篆, 小篆(秦系文字)－隷書(古隷, 漢隷)〔(新隷體) — 楷書 — (簡字體) ／ (行書) ／ 行書 — 章草 — 今草 — 狂草〕

이렇게 자체에 의해 분류하면 남방문자나 육국문자에 대한 설명이 소홀할 수밖에 없다.

한자의 연변을 시대에 의해 분류하면 다음과 같다.

殷商文字 — 西周文字 — 春秋戰國文字 — 秦文字 — 漢代文字 — 魏晉南北朝文字 — 唐代文字 — (現代文字=簡體字)

시대에 의한 분류를 하면 남방문자나 동방육국문자를 어느 정도 드러낼 수 있다. 하지만 이러한 방법은 갑골문, 금문 등의 자체에 의한 분류만큼 익숙하지 않다.

본란의 주안점은 우선 한자자체의 연변을 눈으로 이해하는 것이고, 다음은 우리가 눈여겨보지 않았던, 남방문자와 도태된 문자인 동방육국문자에 대한 관심이다. 본란은 다음과 같이 진술하고자 한다.

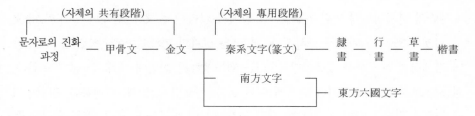

내용 중에 일반적인 한자학 관계 서적에서 언급하지 않는 '도화에서 문자로의 진화 과정'을 설정한 것은, 완전한 문자 형태로 발전한 일반적인 갑골문이나 금문에 이르기까지의 과도기적 문자 형태와 그 진화 과정의 이해를 돕기 위한 것이다. 물론 거의 대부분이 청동기에 새겨진 문자의 摹本이기 때문에, 뒤의 殷商의 금문이나 西周 금문에 해당되기도 하지만, 문자발전에 대한 이해를 위해 설정하였다.

2. 자체의 공용과 전용으로의 분류

한자의 연변을 字體의 共有와 자체의 專用으로 분류하는 것이 학문적으로 문제가 없는 것은 아니다. '字體의 共有'는 그런대로 논리적 타당성을 갖는다. 은상부터 춘추중만기까지는 어느 왕조, 어느 제후국을 막론하고 갑골문, 금문, 전문이란 자체를 공유하였기 때문에 '字體의 共有'란 정의는 타당성을 갖는다.

하지만 춘추중만기부터 전국말까지 각 제후국은 정도의 차이는 있지만 자신들만의 독특한 자형을 소유하고 있었다. 크게 대별한다면 '진계문자'와 '남방문자,' '동방육국문자'는 상당한 자형차이를 보이고 있다. 그럼에도 불구하고 이들 문자들, 특히 남방문자와 동방육국문자의 위상을 한자학적으로 자리매김할만한 시도가 아직은 없다. 필자의 '字體의 專用'이란 분류가 바로 이들 문자에 대한 위상정립의 일환으로 시도되는 것이다.

'字體의 專用'이란 설정과 표현이 한자학적으로 검증된 것은 아니다. 우선 각 나라마다 '字體를 專用'하였으면 그 문자적 특색을 나타내 주는 字體名을 붙여줘야 하는데, 언급했듯이 이들 문자에 대한 字體名은 아직 부여되지 않았다. '鳥虫書,' '蝌蚪文' 정도가 그 이름의 전부이다. 육국문자는 설문에서 '고문'이라고 하였기 때문에 '육국고문'이라고도 하지만, 이러한 이름도 이들 문자에 대한 정확한 자리매김이 아니다. 서체 측면에서 불러 주는 것으로 정식 자체명이 아니다. 진나라 계통의 전문 (대전, 소전)에 비해 자형차이가 확연히 나는 이들 나라 글자에 대한 정확한 자리 매김이 필요하다. 예컨대 馬의 경우 진나라의 소전은 '馬'로 썼는데 기타 육국의 일부 국가에서는 '馬,' '馬'로 썼다. 字形 측면에서 두 문자는 전혀 다른 문자처럼 차이가 난다. 그런데도 이들의 한자학적 위상을 나타낼 수 있는 정의가 없다는 것은 아쉬운 일이다. 진나라 문자가 籒文에서 小篆으로 변화 발전하는 것처럼, 이들 국가의 문자도 각자 독립적인 문자발전을 하였는데도[3] 이들을 뭉뚱그려 육국고문이라고 하는 것은 정확한 평가가 되지 못한다.

이들 한자에 대해 한자학적 위상을 정립하지 못한 것은, 우선 이들이 주류문자(진나라 계통의 문자)가 아니고 도태된 문자이며, 자형이 진나라와 차이가 나고, 육국 내에서도 크게 나지만, 자체가 다르다고 할 정도는 아니기 때문이다. 또, 한자의 형체를 연구 대상으로 삼는 '한자학'의 역사가 일천하기 때문이기도 하다. 훈고학 중심의 한어문자학이 한자학(形), 훈고학(義), 음운학(音)으로 완전히 분화되어, 한자학만의 독립된 학문영역을 구축하고, 그 연구업적이 축적되기 시작한 것이 얼마 되지 않는다. 한자의 가장 오래된 자체인 갑골문이 1800년대 말 1900년대 초에 발견되었으며,

---

3) 각 나라마다 정도의 차이는 있지만 이들 육국문자도 속자의 대량 사용으로 자형결구와 필세가 변화하였다.

한자연변의 중요한 관절이 되는 춘추만기, 전국시대의 중요 문자자료인 簡帛이 1970년대에 들어와 본격적으로 발굴되고 연구되기 시작하였다. 즉, 소전에서 예서로의 이양기 문자 연변에 대한 연구가 이제 막 재정립되기 시작한 셈이다. 1990년대 초 필자가 중국유학을 할 당시 간독문자연구로 박사학위를 받은 사람이 처음 나올 정도로 漢字字形學에 대한 연구 역사가 일천하다.

현재 중국의 한자학계에서는 이시기 중국에서 쓰인 자체를 뭉뚱그려 '篆文'으로 분류하고, 아직 '남방문자,' '동방육국문자'를 새로운 자체로 보려는 움직임은 없다. 필자 역시 '남방문자'와 '동방육국문자'에 대한 새로운 문자자료가 대량으로 출토되고, 또 출토된 자료 속에서 한자의 자체분류를 다시 할 만큼 획기적인 자료가 출현하지 않는 한, 새로운 자체로 분류하기는 무리가 있다고 생각한다. 하지만 새로운 자체명을 부여할 수는 없다하더라도 남방문자와 동방육국문자는 진나라 문자와는 상당한 차이가 나는 자형특성을 갖고 있는 것 또한 사실이다. 이런 문자적 특성을 감안하여 이들 문자를 새로운 '書體'로 보아 '書體의 專用' 정도로 분류하면 그런대로 합당할 것 같다. 그런데도 '자체의 專用'이란 이름을 고집한 이유는 앞의 '字體의 共用'이란 말과 호응하기 위한 부득이한 조치이었다.

아울러 '字體의 共有'와 '字體의 專用'으로 굳이 구분하려는 것은, 우리나라의 한자학 수준이 일천하여 현재 우리가 사용하고 있는 해서가 진계문자를 계승하였다는 것과, 춘추중만기부터 전국시대에 걸쳐 이 진계문자와 서로 다른 연변의 길을 걸었던, 최후에는 도태된 남방국가의 문자, 육국문자가 존재했던 漢字學史를 알리고 싶었기 때문이기도 하다. 즉, 이들 한자연변을 효과적으로 설명하기 위해 소절의 분류를 字體의 共有와 字體의 專用으로 하였다.

Ⅱ. 문자로의 진화

지금까지 우리나라에는 변변한 한어문자학 개론서가 없었다. 이는 한어문자학의 학문적 기반이 매우 취약함을 나타낸다. 당연히 한자 형체의 연변에 대한 이해는 막연할 수밖에 없다. 본 난은 한자의 연변을 자체와 시대를 적절히 혼합하여 설명하고자 한다. 다음은 도화에서 갑골문, 해서까지 字樣을 제시하여 그 대체적인 자체의 연변을 살펴보기로 한다.

1. 도화에서 문자로의 진화 과정

<新石器時代陶器의 花紋과 符號>[4]

ⓐ 仰韶文化陶器花紋   ⓑ 青海樂都柳灣陶器符號

ⓒ 西安半坡陶器符號   ⓓ 臨潼姜寨陶器符號

---

4) 위 표 ⓐ~ⓓ는 高明의『中國古文字學通論』에서 복사하였다. ⓐ는 33쪽, ⓒ, ⓓ는 28쪽, ⓑ는 29쪽에서 복사하였다. ⓐ의 맨 위 줄은 西安半坡, 둘째 줄은 北首嶺廟底泃, 셋째 줄은 華縣泉護村의 유적지에서 발굴된 陶器에 그려진 부호를 한 표에 그린 것이다.(高明,「第二章 漢字의 起源和發展」, 앞의 책, 제1版)

위 그림 〈仰韶文化陶器花紋〉, 〈西安半坡陶器符號〉, 〈臨潼姜寨陶器符號〉는 지금부터 약 6,000여 년 전 신석기시대의 이른바 '仰韶文化' 유적지에서 발굴된 도기에 그려진 도화와 부호이다. 〈仰韶文化陶器花紋〉은 실물 그대로를 그린 것이고, 〈西安半坡陶器符號〉, 〈臨潼姜寨陶器符號〉는 말 그대로 부호이다. 〈青海樂都柳灣陶器符號〉는 이른바 '馬家窯文化' 유적지에서 발굴된 도기에 그려진 부호로, 위 '仰韶文化' 유적지보다 대략 2,000년 정도 늦게 형성된 것이다. '한자의 기원'에서 이미 밝혔듯이 위 표 ⓐ, ⓒ, ⓓ의 부호들은 문자가 아니라는 것이 학계의 일반적인 견해이다. 과거 다수의 학자들은 후대 갑골문이나 금문 등과의 유사성으로 인하여 문자로 보려는 경향이 강했으나, 최근 학자들은 일반적으로 이들을 문자로 보지 않는다. 高明은 그 이유를 다음과 같이 말하였다.

> 원시씨족사회 만기에 출현한 각획부호는 단지 드러난 모양만 보고 분석한다면 문자로 보아도 어떤 원칙적인 구별이 없다. 왜냐하면 문자 자체가 일종의 부호이기 때문이다. 다만 그 기능적인 측면을 따져보면 피차 본질적인 차이가 있다. 매 한 개의 한자 부호는 각각 언어 중의 한 개의 비교적 고정된 詞를 대표한다…… 곧 언어와 밀접하게 결합되어서 언어를 표현하는 능력을 갖추고 있다. 그러나 도기의 부호들은 그러하지 못하다.'
>
> 原始氏族社會晚期出現的刻劃符號, 如僅從現象分析, 同文字沒有原則的區別, 因爲文字本身也是一種符號, 但從其功用來講, 彼此本質的不同. 每一個漢字符號, 各代表言語中一個比較固定的詞,……卽同言語密切結合,具備表達言語的能力. 陶符則不然

단, '仰韶文化'의 유적지는 陝西省의 西安 주변에서, '馬家窯文化'는 甘肅省의 半山과 馬廠 지방에 형성된 문화이다. 두 지역이 모두 서북쪽에 위치하기 때문에 서로 영향관계에 놓여있었지 않았나 생각도 된다. 어쨌든 두 문화유적지에서 출토된 부호들이 문자는 아닐지라도, 후대의 갑골문 등에 보이는 문자와 유사하거나, 같은 것이 다수 존재하는 것으로 보아 그림에서 부호로, 다시 문자로 발전하였을 것으로 추정된다. 龍異騰은 한자의 기원에 대해 다음과 같이 말하였다.

한자는 도화와 장식 혹은 記事의 부호로 쓰인 것에서 기원한다. 도화는 원시 상형자의 來源이고, 原始 지사자는 주로 부호에서 來源하였다. 도화가 진정한 한자로 성립하는 데에 부호화는 필수조건이다. 그것은, 사물의 형상에 대한 묘사는, 다시는 완정한, 세밀한 묘사가 아니고 다만 특징화, 윤곽화의 묘사만이 필요하다.

漢字起源於圖畵和用於裝飾或記事的符號. 圖畵是原始象形字的來源, 而原始指事字則主要來源於符號. 圖畵成爲眞正的漢字, 符號化是其必要條件, 它對事物形象的描繪不再是完整的, 細緻的描繪, 而祇能是特徵化, 輪廓化的描繪[5]

股周靑銅器族徽[6]

즉 한자는 실존하는 사물의 圖畵와 刻劃(부호)으로부터 기원하는데, 도화 역시 진정한 문자로 전환되기 위해서는 원시 상태의, 세밀한, 완정한 사물 그대로의 실물이 필요한 것이 아니라 特徵化, 輪廓化하는 묘사가 필요하다는 것이다. 이 특징화, 윤곽화가 바로 도화의 부호화인 셈이다. 한자가 성숙한 한자로 발전하기 위해서 당연히 걸어야할 필수 과정이다.

왼쪽 〈殷周靑銅器族徽〉의 그림은 殷周시대의 靑銅器에 쓰여진 '族徽[7]'를 모아놓은 것이다. 이는 위 표 ⓑ, ⓒ, ⓓ에 보이는 符號의 계승보다는, 위 표 ⓐ의 그림을 계승한 것으로 보

---

5) 龍異騰, 「第二章 漢字的起源和發展」, 앞의 책, 27쪽
6) 何九盈 외, 「文語結良緣」(下編), 앞의 책, 126쪽 복사
7) 族徽를 姜亮夫는 토템이라고 하였다. 그는 "殷周 청동기의 명문 중 종종 문자의 앞이나 끝에 매우 알기 어려운 '글자'가 있다. 과거 금문을 연구하던 사람들이 해석하지 못한 문자이었다. 이들 글자들은 대부분 실제로 某字, 某音이라고 가리키기 어려운데 사실 이들은 옛날 씨족 사회의 토템(고대 씨족을 나타낸 것(族徽))으로 후대의 '성씨'와 같은 것이다."라고 하였다.(姜亮夫 著, 姜昆武校, 「第三節 甲骨金文中的繪畵文字」, 「第一章 漢字字形源流」, 앞의 책, 16쪽)

인다. 「殷周靑銅器族徽」는 한자 연변의 한 단면을 보여주고 있다. 물론 銘文의 '族徽'들이 어떤 자인지 명확히 규명되지 않은 것도 있지만, 기본적으로 殷商의 '族徽'에 쓰인 명문들은, 특수한 몇몇 글자를 제외하고는, 문자로 받아들이고 있다. 아래 殷商부터 周代까지의 명문들을 살펴보자. 개 중에는 '族徽'도 있고, 일반적인 금문도 있다. 또, 어떤 '族徽'는 隸定을 하지 못하는 것도 있다. 즉 무슨 자인지 규명이 되지 않은 것도 있다. 하지만 이들을 보면 도화와 부호에서 한자가 어떻게 발전하였는가를 가늠해 볼 수 있을 것이다. 이들 문자자료가 宋代에 채록된 것이라 존재 유무에 대한 의심이 있고 또, 존재하였다면 실물 그대로 묘사가 잘 되었는지도 의심스럽다. 아울러 명문의 書寫時期가 필자가 제시한 순서대로 이루어졌는지 명확하게 규명할 수도 없다. 그럼에도 불구하고 이들 자료들을 채록한 것은, 전반부에 놓여진 商代의 명문부터 후반부에 놓여진 周代의 명문까지 순서대로 보기만 하면, 한자가 상형과 부호, 특히 상형으로부터 어떻게 발전해 내려왔는가를 가늠해 볼 수 있기 때문이다.

<族徽에서 文字까지 연변과정>

1 商兕卣[8]   2 商龍觚   3 商亞形觚   4 商孫觚

5 商合孫祖丁觚   6 商父乙甗   7 商子乙觚   8 商瞿父鼎

9 商子孫巳爵　　10 商父庚觚　　11 商瞿祖丁卣　　12 商執戈父癸卣

13 商父巳甗　　14 商亞虎父丁鼎　　15 商召夫鼎　　16 商若癸鼎

17 商持刀祖乙卣　　18 商素腹寶鼎　　19 商祖辛卣　　20 商寶卣

21 商兄癸卣　　22 周文姬匜　　23 周義母匜　　24 周仲夒父敦

---

8) 宋의 王俅가 撰한『嘯堂集古錄』의 그림을 복사하고 隷定을 따랐다. 이하 '表28'까지는 앞과 페이지
　만 다르고 동일함으로 주석을 생략한다.((宋)王俅 撰,『嘯堂集古錄』(宋人著錄金文叢刊), 中華書局,
　1985. 6, 제1版.)

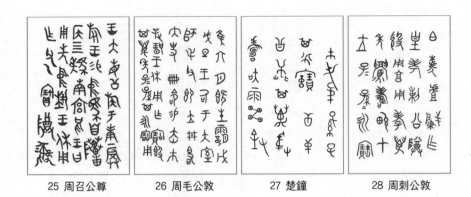

| 25 周召公尊 | 26 周毛公敦 | 27 楚鐘 | 28 周刺公敦 |

위 商代의 명문 중, 표 1 '商兕卣'와 표 2 '商龍觚'는 글씨라기보다는 그림에 가깝다. 표 3에서부터 표 19까지는 그림과 문자가 뒤섞여 있다. 물론 한자학적 입장에서는 문자로 볼 수도 있지만, 외형상 글자와 그림이 뒤섞여있다. 필자의 의도적 배치이지만 그림의 요소가 후반부로 가면서 줄어들고 있다. 표 5와 표 6은 그림의 요소가 많지만 읽어낼 수 있다. 표 5는 맨 첫 번째 字(그림)는 읽을 수 없지만, 아래 두 자는 '且(祖)丁'이 분명하고, 표 6은 '字父乙/虎'가 분명하다. 이 중 '虎'는 상형성이 농후하다. 이렇게 한자는 도화에서 문자로 발전하였을 것으로 추정된다. 필자는 위 글자와 그림의 과도체인 族徽들이 문자이냐 아니냐는 따지고 싶지 않다. 다만 이들은 상형에서 부호화로 즉, 그림에서 한자로의 연변을 설명해주는 중요한 지표라고 주장하고 싶다. 姜亮夫는 이들을 圖畫文字라고 하고는 그 연변과정을 다음과 같이 설명하였다.

도화문자는 繪畫가 상형문자로 발전하는 過渡形體이다. 문자의 기능적인 측면에서 바라본다면 문자가 詞義와 槪念을 표시하기 위하여 부호화의 방향으로 발전하고 있으며, 모든 씨족(혹 부족)이 (이 도화문자가 표시하는 바를) 능히 알 수 있거나 부분적으로 능히 읽어낼 수 있음을 기초로 한 것이다.

繪畫文字, 是繪畫走向象形文字的過渡體. 從文字功能的角度看, 是朝着文字表示詞義, 槪念, 作爲符號的方向發展, 是以全氏族(或部族) "能知"乃至于部分"能讀"爲基礎的.

그는 도화가 직접 簡省化하여 문자가 되었다고 하면서 위 〈殷周靑銅器族徽〉와 유사한 族徽들을 제시하고, 그 과정을 다음과 같이 도식화 하였다.[9]

흔히 한자는 상형문자라고 한다. 단번에 고도의 상형문자로 발전하지 못했을 것이라는 것은 누구나 아는 사실이다. 이렇게 문자로의 인정여부를 떠나, 그림에서 문자로의 과도기적 형체가 바로 위 族徽일 것이다. 한자는 부단히 연변 한다는 측면에서 살펴본다면 위 설명은 정확한 견해라고 할 수 있다. 한자의 시원이 무엇이었던지 한자의 형체는 부단히 변화 발전한다는 것은 누구나 인정하는 사실이다. 도화를 탈피한 뒤로도 한자는 부단히 변화 발전하여 간체자까지 이르렀다는 것이 이를 확인해 준다. 그렇다면 위 族徽들이 문자이냐 아니냐를 떠나, 도화에서 문자로 연변되는 과도적 형체라는 것은 충분이 인정할 수 있을 것이다.

한자의 연변에 대해 어떤 이는 지금도 계속 演變되고 있다고 한다. 물론 어떤 이는 한자의 연변은 이제 끝났다고도 한다. 연변을 주장하고 있는 사람은 아직도 한자는 쓰기가 불편하고, 또, 사회에 필요한 詞를 충당하기 위해서 계속 造字되어야 하기 때문에 演變을 피할 수 없다고 한다. 연변이 끝났다고 주장하는 사람들은 현재 한자의 결구는 完善의 경지에 이르렀기 때문에 다시 演變할 필요가 없다고도 한다.

---

9) 아래 도식은 族徽에 대한 설명 중 그가 '註釋'으로 달은 것을 정리하였다.(姜亮夫 著, 姜昆武 校, 「第三節 甲骨金文中的繪畵文字」, 「第一章 漢字字形源流」, 앞의 책, 17쪽)

2. 銘文 隷定

위 표 1～28까지의 예정이다. 어떤 명문이던 명문에 대한 예정은 도록 바로 아래에 해야 읽기가 편하다. 하지만 본란은 釋讀이 중심이 아니고, 도표를 통한 문자 연변의 이해가 주목적이기 때문에, 도표를 間斷없이 제시하기 위해 예정을 아래에 한데 모아 표기 하였다.

1 兕, 2 龍, 3 亞形 二字未詳, 4 孫, 5 合孫祖丁,[10] 6 字父乙/虎, 7 父丁/子乙, 8 瞿父, 9 析子孫巳, 10 父庚, 11 (犧牛)冊/[11]瞿(形)冊 祖丁, 12 孫(執戈形) 父癸,[12] 13 見父巳, 14 (亞形中)[13]虎父丁, 15 (亞形中)子召夫月 ○酒辛,[14] 16 (亞形中)癸 兩手互執物形 丁/若父甲/立旗形/乙,[15] 17 (孫持刀形)作祖乙/寶尊彝,[16] 18 ○作尊/寶彝, 19 孫(執戟執木)祖辛/作彝尊/寶,[17] 20 作寶尊彝, 21 丁子王錫爵丙申/貝在寒用作兄癸/彝十九夕惟/王九祀世昌(象形鬲字),[18] 22 丙寅子錫龜貝/用作文姬巳寶/彝十一月有三, 23 仲女吉義母作/旅匜其萬年/子＝孫＝永寶用 24 刪仲奠父作/尊敦其萬年/子＝孫＝永寶用,[19] 25 王大召公族于庚辰/旅王錫中馬自貫/侯四駹南宮0王曰/用

---

10) 맨 위 두 사람을 적당한 한자로 표현할 수 없어 '合孫'이라는 뜻으로 표현하였다.

11) '(犧牛)冊'은 원문에는 괄호가 없다. 필자가 넣은 것인데, 역시 소 그림을 '희생용 소'란 뜻으로 풀이한 것이다. 왼쪽의 '形冊'은 맨 위의 瞿자와 함께 '(瞿形) 冊'으로 읽어야 한다. 맨 위의 두 개의 눈을 隷定할 수 없어 '瞿形 : 사물을 보고 있는 형'으로 표현한 것이다.

12) 역시 맨 첫 자는 무슨 자인지 정확히 隷定을 할 수 없다. 그래서 '孫(執戟執木)' 즉, 孫자에 창을 잡고 있는 모양이라고 하였다.

13) '亞形中'은 隷定이 아니다. 글씨를 담고 있는 외곽의 모습이 '亞'자의 형체이고, 그 안에 글씨가 있다는 것이다.

14) '○'는 어떤 자인지 전혀 알지 못하겠다는 표시이다.

15) 안에 있는 글자 중에 왼쪽부터 癸, 丁, 若, 父, 乙이다. 乙은 예정이 가능한데 그 외 癸와 丁(●) 사이는 무슨 자인지 모르겠고, 다만 '두 손으로 어떤 물체를 잡고 있는 모습을 그린 것'이며, 맨 왼쪽 乙(ㅣ)의 바로 오른쪽의 글자 역시 무슨 자인지 모르겠으나 깃발을 세워 놓은 모양이라는 것이다.

16) 역시 맨 첫 자를 隷定할 수 없으므로 '손자가 칼을 쥐고 있는 형'이라고 표현하였다.

17) '孫執戟執木'은 역시 隷定이 아니다. 양손에 창과 나무를 쥐고 있는 모습이 어떤 字를 나타내는지 모르기 때문에 글자의 모양을 설명한 것이다.

18) '象形鬲字'는 맨 마지막 자는 무슨 자인지 모른다. 다만 '鬲'의 상형 같다는 것이다.

先中藐王休用/作父乙寶尊彝 26 惟六月旣生覇戊/戌旦王格于太室/師毛父卽位邢
伯佑/內史冊命錫赤市/對楊王休用作寶敦/其萬年子＝孫＝其永寶用 27 識闕, 20) 28
伯據祖肇作/皇考剌公尊/敦用亨用孝萬/年眉壽畯在/位子＝孫＝永/寶.

Ⅲ. 자체의 공용단계

1. 은상문자 : 갑골문, 금문

(1) 은상의 갑골문 : 기원전 14－11세기

아래 그림 ⓐ~ⓓ의 갑골문은 앞 族徽金文에서 본 명문처럼 象形性을 거의 찾아
볼 수 없다. 위 族徽金文과 혹은 아래에 제시한 동시대의 은상금문과 비교하면 매우
발달한 문자임을 알 수 있다. ⓐ는 獸骨에 쓰여진 갑골문의 實物 拓本이다. ⓑ는
獸骨, ⓓ는 龜甲의 甲骨文을 실물 그대로 모사한 것이다. ⓐ는 武丁시기의 甲骨刻
辭이다. 내용은 500명의 노예를 희생으로 썼다는 기록이다. 갑골문에 보이는 희생의
사용 중 최다를 기록한다. 자체가 힘이 있고 넉넉하다. ⓒ는 지금까지 발견된 甲骨
篇의 문장을 모아 갑골문으로 書寫한 것이다.

한자는 點劃이 모여서 이루어진 것이다. 각종 不同의 形式, 不同 수량의 점획이
疏密, 寬緊, 開合, 聚散 등의 원칙에 의거해 單字를 만들어내는데 이를 서예학 용어
로 結體라고 한다. 위 갑골문을 보면 지금으로부터 3,000여 년 전에 쓰여진 글씨임
에도 결체상 重心安穩하고, 疏密得當하며, 蹙展分明한 서예학적 특징을 나타내고
있다. 21)

---

19) '＝'는 重文 부호이다. 즉, '子＝孫＝'는 '子子孫孫'이다.

20) 본 명문은 '識闕'이라고 하였다. 즉 무슨 자인지 몰라 隷定을 하지 못한다는 것인데, 아마 본 銘文이
   초나라 문자이기 때문에, 당시 초나라 문자를 보지 못한 송나라 사람에게는 不識字가 많아 隷定을 하
   지 못한 듯하다.

21) 王愼行, 『古文字與殷周文明』, 앞의 책, 84쪽 참조

<殷商 甲骨文>

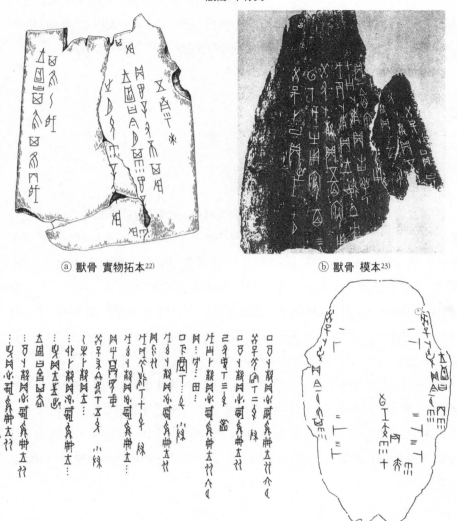

ⓐ 獸骨 實物拓本[22)]

ⓑ 獸骨 模本[23)]

ⓒ 龜甲 摹本[24)]

ⓓ 甲骨文 摹寫[25)]

22) 谷谿 編著, 앞의 책, 66쪽

23) 郭沫若,『卜辭通纂』(考古學專刊 甲種第九號), 科學出版社, 1983, 6, 1版, 200쪽

(2) 은상의 금문

금문은 청동기 상에 주조한 문자이다. 은상의 청동기는 주로 병기, 禮器, 生産 공구이다. 현재 발견된 은상의 금문은 대부분 상대후기에 속하는 것들이다. 명문은 2-3자이고 가장 많은 것이 40여 자로 出土 地域은 갑골문의 그것과 대략 일치한다. 은상시기에는 붓으로 쓴 글씨도 있다.

갑골문은 方折의 필법을 가지고 있다. 이는 서사도구와 밀접한 관련이 있다. 딱딱한 갑골에 칼로 글자를 새겼기 때문에 생성된 것이다. 은상의 금문은 갑골문의 方折의 필법을 圓轉으로, 윤곽만 그린 것을 안을 채우는 방식으로, 가는 획을 두껍게 썼다. 금문이 갑골문보다 상형성이 높고, 규범화가 더 이루어졌다.

殷商 금문 중 圓形文字 혹은 族名(族徽)文字가 있는데 이들은 다른 금문보다 더 상형성이 농후하다. 은상 금문의 문자 형태와 서사방법은 이 시기 사람들의 의식세계를 나타내고 문자의 규범화를 추구하였다. 또 문자의 線化와 結構美를 추구하였다.

은상에서 서주까지의 금문 중에 자주 등장하는 글자가 있다. 그것은 王, 乍(作), 方, 用, 隹(惟)와 干支에 쓰인 '乙' 등이다. 이들 글자의 자형을 살펴보면 周의 금문은 은상을 계승하고 있음이 확연하다.

위 갑골문의 王, 其, '子(巳)'를 아래 殷商時代의 금문과 비교하면 갑골문은 속체, 금문은 정체임을 알 수 있다. 금문의 서사연대가 갑골문보다 같거나 늦음에도 갑골문의 왕은 '大'으로, 금문은 '王'으로 썼다. '其'와 '子(巳)'는 갑골문과 금문 자형이 비슷하다.

---

24) 姚孝遂 主編, 『殷墟甲骨刻辭摹釋總集』(全2冊), 中華書局, 1988, 2, 제1版

25) 張秉權, 『殷墟文字丙編』, 제368片(劉翔, 陳抗, 陳初生, 董琨 編著, 『商周古文字讀本』, 語文出版社 (1989년, 9월 제1판), 1991년, 8월 제2차 인쇄, 11쪽의 摹本)

<殷商 金文 : 약 기원전 11세기>

戌甬方鼎26)　　　　　　　宰甫卣27)　　　　　　　作册般甗28)

위 금문 <戌甬方鼎>, <作册般甗>은 殷商의 '帝乙帝辛'시기, <宰甫卣>는 정확한 서사 연대는 알 수 없지만 이들과 같은 시기에 쓰여졌을 것으로 추정된다. 앞의 두개의 금문이 뒤의 금문보다 상형성이 조금 더 농후하다. '王'자의 경우 <戌甬方鼎>과 <宰甫卣>의 맨 아래 가로획은 도끼날을 그린 彎曲형을 유지하고 있는 반면, <作册般甗>은 거의 반듯한 가로획으로 썼다. 또, <戌甬方鼎>의 두 번째 줄 세 번째 글자

---

26) 谷谿 編著, 앞의 책, 77쪽. 隸定 : 亞見丁卯令宜子迨(會)西／方于省隹反(返)王商(賞)／戌甬貝二朋 用乍父乙재

27) 谷谿 編著, 앞의 책, 82쪽. 隸定 : 王來獸(狩)自豆菉(麓)才(在)／□次王鄉(饗)酉(酒)王光(貺)／宰甫貝 五朋用乍(作)寶□.

28) 谷谿 編著, 앞의 책, 75쪽. 隸定 : 王宜人方敉(侮)／咸王商(賞)乍册般貝／用乍父己障 來册

'省'의 하부 눈을 그린 상형성이 그대로 남아 있다. 〈宰甫卣〉의 첫 행(오른쪽에서) 세 번째 글자 '獸'의 오른쪽 부건 '犬'은 머리 부분이 약간 마모됐지만 '개'의 상형이 확연하다. 〈戍甬方鼎〉은 다른 이름으로 '宜子鼎'이라고도 한다. 명문은 모두 3행 27자인데 합문이 2자 있다. 〈宰甫卣〉은 3행 23자로 宰甫[29]가 상왕으로부터 상을 내려 받고 이를 기념하여 만든 것이다. 명문의 結體가 매우 嚴謹하고 字跡이 풍성하다. 가끔 훌쭉한 느낌을 주는 필획이 있지만 기상이 엄밀하고, 장중한 느낌을 주는 서예의 걸작이다. 〈作冊般甗〉은 명문은 3행 20자이다. 위 세 명문 모두 갑골문보다 훨씬 더 상형성을 보유하고 있고, 현재 우리가 쓰고 있는 해서 계통의 문자임을 알 수 있다. 〈作冊般甗〉의 첫째 행 王과 方은 3,000여 년이 흐른 현재의 해서 모양과 거의 같다.

2. 서주문자(기원전 11세기-770년) : 金文

ⓐ 保卣[30]

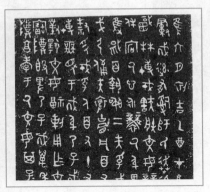

ⓑ 㺇簋[31]

위 〈保卣〉은 西周 成王시기의 명문이고, 〈㺇簋〉 역시 비슷한 穆王 시기의 명문이다. 모두 그릇의 뚜껑에 명문이 새겨져 있는데 〈保卣〉이 〈㺇簋〉보다 상형성이 짙

---

29) 宰相인 甫를 나타내는지, 재보란 이름을 가진 귀족을 나타내는지 분명치 않다.

30) 谷谿 編著, 앞의 책, 90쪽

31) 谷谿 編著, 앞의 책, 106쪽

으며, 은상의 금문을 계승함이 뚜렷하다. 특히 〈保卣〉은 殷商의 금문과 거의 차이 없어 보인다. 위 은상의 〈戍甬方鼎〉의 王, 令, 于를 서주의 〈保卣〉과 비교하면 거의 동일한 모습이다. 또 〈保卣〉의 오른쪽에서 세 번째 행 "兄六品蔑曆于"의 '蔑'의 상부는 확연한 상형성을 띠고 있는데, 이는 위 殷商의 〈戍甬方鼎〉의 두 번째 행 세 번째 글자 '省'의 상형성과 매우 유사하다.

ⓒ 牆盤[32]　　　　　ⓓ 史頌簋[33]　　　　　ⓔ 胡簋[34]

위 〈牆盤〉(局部)은 西周 中晚期(恭王 : 기원전 922－900)에 쓰여진 명문으로, '史牆盤'이라고도 한다. 명문은 18행 284자인데 합문이 3자, 중문이 5자 있다. 명문은 두 부분으로 나눠져 있는데, 서주 시기 각 왕들의 주요 역사적 사실과 기물을 만든 史牆家族의 列祖의 주요한 공적을 기술하고 있다. 문장이 매우 세련됐고, 서법이 서주 중만기의 대표작이라고 할 수 있다. 명문이 대부분 장방형을 띠고, 가지런하고, 균형

---

32) 谷谿 編著, 앞의 책, 113쪽

33) 谷谿 編著, 앞의 책, 142쪽

34) 谷谿 編著, 앞의 책, 135쪽

있으며, 간결하고, 깨끗하고, 단정하고, 우아한 예술적 풍격을 띤다.

〈史頌簋〉은 서주 만기(共和 : 기원전 841－828)에 쓰여진 것으로 6행 63자로 이루어졌다. 〈胡簋〉는 서주 厲王 시대에 쓰여졌다. 명문은 12행 124자인데 합문이 1자, 중문이 1자 있다. 1978년 5월 陝西省 扶風縣에서 출토되었다. 〈不娶簋簋〉은 서주 宣王(기원전 827－804)연간에 쓰여졌고, 다른 이름으로 '不娶敦'이라고도 한다. 명문은 13행 152자이고, 중문이 2자 있다.

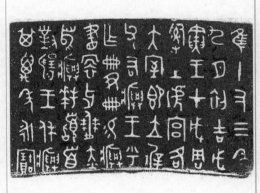

ⓕ 十三年癲壺35)　　　　　　　　　ⓖ 不娶簋簋36)

위 그림 〈十三年癲壺〉은 서주 孝王(기원전 891－886)연간에 쓰여졌고, 명문은 14행 56자이다. 그림 ⓒ－ⓖ까지 다섯 개의 명문을 언뜻 보면, 앞의 ⓐ, ⓑ의 명문과 큰 차이를 발견하지 못할 것이다. 이는 이들의 서사 시기가 서로 비슷하기 때문이기도 하지만, 殷商이나 서주시기는 후대 隸變期만큼 큰 문자 변화가 일어나지 않았기 때문이다.37) 하지만 자세히 살펴보면 그 차이를 느낄 수 있다. 우선 王의 경우 ⓒ－ⓖ

---

35) 谷谿 編著, 앞의 책, 125쪽.
36) 谷谿 編著, 앞의 책, 148쪽.

는 거의 현재의 해서와 같은 '王'의 자형을 띠고 있으며, 文의 경우 역시 ⓐ의 네 번째 행 마지막 글자, ⓑ의 끝에서 세 번째 행 3번째 글자는 가슴의 문채를 나타내는 부호가 남아 있으나, ⓒ의 첫째 행 3번째 글자는 없다. 隹의 경우 ⓑ의 첫 행 첫 번째 글자는 아직 다리 부분을 나타내는 'ㅅ'가 하부에 남아 있으나 ⓓ, ⓕ, ⓖ의 첫째 행 첫 번째 글자의 그것은 기본적으로 사라졌다. 또 ⓐ의 첫 행 4번째 글자 '令'의 하반부는, 殷商의 그것과 똑같이 구부린 사람의 모습을 분명히 상형하였는데, ⓓ의 두 번째 행 두 번째 글자와 ⓖ의 세 번째 행 네 번째 글자의 그것은 구부려진 모습을 그린 상형성이 상당히 감소하였다.

겉으로는 더 상형으로 변한 것 같아 보이는 것이 있다. ⓐ의 끝에서 두 번째 행 3번째 글자 方과 ⓖ의 두 번째 행 다섯 번째 글자의 方을 비교해보면, ⓖ는 '方'으로 써서 오히려 자형이 더 복잡해진 듯 보인다. 하지만 이는 후대 소전 자형에 접근된 것으로 상형성이 강화된 것이 아니라 오히려 선화를 추구한 한자의 발전으로 보아야 한다. 갑골문과 후대 篆文에서 자형미를 추구하여 이렇게 쓰기도 했다.

Ⅳ. 자체의 전용단계

1. 춘추전국문자 개설

(1) 춘추문자 개설

춘추초기 제후국들의 금문은 모두 서주의 書風을 이어받아 자체가 典雅하고 번다하였다. 그래서 일부 학자들은 서주와 춘추금문을 西周系文字로 분류하기도 한

---

37) 대략 전국 말에서 위진까지, 소전에서 예서, 행서, 해서로 演變 될 때의 '50-100'년이란 시간은, 문자변화에서 대단히 긴 시간이었다. 은상이나 서주의 동일한 시간의 문자변화에 견주어 보면, 이때는 面目一新할 만큼의 자형변화를 겪었다. 예변기의 이러한 극심한 자형변화는, 여러 가지 요인이 있겠지만, 가장 큰 요인은 주로 청동기에, 전문 書寫人에 의해, 鑄造를 하는 방법으로 문자를 기록하던 것이 붓, 簡牘, 비단이라는 서사 자료와 도구, 전문 書寫人뿐만이 아니라 일반인들도 직접 손으로 문자를 서사한 문자생활과 매우 밀접한 관련이 있다.

다.[38] 하지만 춘추시기 周 왕실이 쇠미해지고 제후국이 흥성하기 시작하면서 春秋 中晩期에 지역색과 미술화의 경향이 출현한다. 다만 자형 結構上에는 그리 큰 변화가 나타나지 않고, 단지 서사의 예술 風格上 부동의 특색을 띠기 시작한다.

지역이 서부에 치우친 진나라의 금문은 서주 만기 籒文의 영향을 가장 많이 받았다. 秦公鐘과 秦公鎛, 秦公殷 등의 금문과 주 선왕시기의 금문은 어떤 자는 그 寫法이 매우 닮았다. 그래서 秦의 금문은 籒文의 연속과 발전으로 서주를 계승했다고 할 수 있다. 진나라의 금문은 字跡이 優美하고 결구가 균형 있으며, 필획이 둥글고 통통하였다. 상형의 맛이 현저하게 감소하여 후대의 소전에 매우 접근됐다. 籒文 즉 大篆은 실제로는 서주만기의 금문(虢季子白盤銘文), 춘추시기 秦國의 금문과 춘추와 전국 교체기의 秦나라 石鼓文 등에 쓰여진 글씨를 가리킨다.

황하유역의 齊나라와 魯나라 등의 금문은 자체가 길고, 정교하고, 아름답다. 필획이 시작하고 끝나는 지점이 뾰쪽한 특징이 있다. 남방의 楚, 徐(徐國은 기원전 512년 후에 망함), 吳, 蔡 등의 금문은 선이 매우 좁고 가는 서체가 유행하였다. 일부 필획은 彎曲한 모양을 지향하기도, 어떤 필획은 매우 섬세하고 가늘었다. 춘추만기 남방의 각국의 금문은 鳥形, 蟲形으로 장식하는 鳥蟲書가 출현하였다. 이외에도 점의 모양을 한 裝飾筆을 덧붙이기도, 매우 굵은 필획 등이 유행하기도 하였다. 東部의 일부 국가에서도 유행하였다.

춘추의 금문은 寫法이 어떤 때는 거칠고 멋대로 쓰는 경향이 있기도 하였다. 또 속체를 사용하기도 하여 이미 草篆의 단초를 제공하였다. 어떤 명문은 錯金을 하기도 하여 매우 정교하고 화려하였다.

춘추만기 금문 외에도 붓을 사용한 盟書가 있었다. 盟書는 옥, 돌 등에 썼는데 대부분 朱書이고 소수가 墨書이다. 盟書는 盟誓의 말을 써놓은 것인데 '載書'[39]라

---

38) 郭沫若은 "서주가 남겨놓은 금문은 관방문자이다. 서주의 동서남북 어느 곳 가리지 않고 이는 일치되는 현상이다.(兩周所留下來的金文, 是官方文字, 無分南北東西, 大體上是一致的)"(『古代文字之辨證的發展』(谷谿 編著, 앞의 책, 157쪽 재인용))라고 하였다.

고도 칭한다. 盟書의 자체는 매우 方正하고 필획에 생동감이 있으며 자연스럽다. 필획이 평평하고 곧으며, 가운데는 굵고 끝은 예리하여 올챙이 모양을 하여 蝌蚪文 이라고도 한다. 三晉에서 유행한 자체로 속체의 범주에 속한다. 맹서는 1965년 山西 省 侯馬市에서 출토되어 이를 '侯馬盟書'라고 한다.

(2) 전국문자 개설

전국 중기 이후 청동기 명문의 글자 수가 현저히 감소한다. 내용도 대부분 제작자 이름, 제작 시기, 주관 관리 이름 등을 쓰는 정도였다. 戰國早期의 曾侯乙墓의 編鐘 에 새겨진 문자와 전국중기의 中山王墓의 銅鼎, 銅壺, 銅版에 새겨진 글씨가 400여 자로 드물게 보이는 것 중 하나이다. 또 전국이전은 명문을 주물의 방법으로 썼는데 전국중기 이후는 대부분 제작된 기물에 파는 방법으로 썼기 때문에 명문이 매우 거 친 것이 있다.

전국금문은 각 제후국들의 '文字異形'의 영향으로 西周文字나 春秋文字와 다른 것이 있었다. 제후국의 宗廟의 重器에 쓴 문자는 서주나 춘추의 금문과 접근된 正 體이었다. 하지만 당시의 문자생활 즉, 강렬한 속체 사용의 영향으로 종묘의 기물에 도 簡率한 자체가 등장하였다. 어떤 기물에는 '蚊脚書' 즉 모기 발처럼 길게 뺀 미술 화된 글자가 등장한다. 전국금문의 또 다른 특색은 각국의 문자가 서로 다른 현상을 나타낸다. 동방육국과 秦國의 문자가 다를 뿐만이 아니라 육국 내에서도 차이가 났 다. 예컨대 진국 금문은 자형이 고르고 규범성을 띠었고, 대부분 서주 춘추의 금문을 계승하여 소전으로 演變되가고 있었는데, 楚國 금문의 일부 寫法은 거칠고,40) 일부 는(酓肯盤 銘文) 미술화 경향을 띠었다. 또 鄂君啓節 銘文처럼 錯金의 篆書로 정교 하고 아름답기도 하였다. 齊國의 금문은 자체가 매우 길고, 어떤 자획에는 점의 모

---

39) 『周禮・秋官・司盟』 "司盟, 掌盟載之法……"의 注에 "맹서라고 하는 것은 그 말을 책에 적고, 희생 을 잡아 그 피를 받아 맹서를 쓴 책 위에 덧붙여 써서 땅에 (맹서의 책과 희생을) 묻는데 이를 재서라 고 한다.(盟者, 書其辭於策, 殺牲取血, 加書於上而埋之, 謂之載書)"라고 하였다.

40) 이는 동시대, 동지역에서 쓰여졌던 楚나라 簡牘文字와 비슷하다.

양의 필획을 덧보태 장식을 하기도 하였다. 이처럼 전국 금문은 다양한 풍모를 가지고 있었다.

중요한 것은 전국금문의 속체는, 기타 전국시기의 모든 문자를 포함하여, 이전의 자형을 簡化시키고 方折, 平直의 필법으로 正體를 개조했다는 것이다.

2. 진계문자

(1) 춘추문자(기원전 770-476년) : 金文, 帛文

춘추시대 진나라의 문자는 기본적으로 서주문자를 계승하였다. 다만 남방에 존재했던 나라들의 금문에서는 글자를 아름답게 꾸미는 경향이 나타나기 시작한다. 본절은 현재 우리가 쓰고 있는 해서까지의 한자의 자체연변을 설명하는 것이 주안점이 있기 때문에, 시기적으로는 춘추에서 수당까지, 자체로는 전문에서 현재의 해서, 간체자까지 중국문자의 적통으로 여겨지는 秦系文字를 중심으로 우선 설명 한다. 나머지 춘추시기의 남방문자, 전국시기의 육국문자는 따로 설명한다.

<秦公鐘>41)

위 <秦公鐘>은 춘추시기 秦 나라에서 제작된 것이다. 서주 문자를 계승하였음이

---

41) 谷谿 編著, 앞의 책, 169-170쪽

확연하다. 자체는 아름답고 우아하며, 결구는 균형 있다. 필획이 서주 금문에 비해 가늘지만 상형의 맛이 현저하게 감소하여 후대의 소전과 매우 접근되었다. 명문은 모두 17행, 135자이다. 중문이 4자, 합문이 1자이다.[42]

왼쪽의 〈秦公簋〉 역시 춘추시기 진나라의 명문이다. 자체는 위 〈秦公鐘〉과 기본적으로 같다. 서주 금문을 계승하였고 후대의 소전에 매우 접근된 자형이다. 명문의 자체가 方正하고 홀쭉하며, 힘이 있고, 자형이 아름답고

秦公簋[42]

생동감 있다. 농후한 籀文의 풍격을 띠고 있다. 그릇의 뚜껑에 10행, 그릇에 5행으로 썼는데 모두 105자이다.

(2) 전국문자(기원전 475-220년) : 金文, 帛書, 簡牘

刻石文字는 석기에 글자를 새긴 것이다. 진나라의 石鼓文, 詛楚文[43]이 대표적이다. 석고문은 자체가 균형 있고, 규범성이 있으며 일부 글자는 복잡하다.

아래 〈石鼓文〉은 전국시기 刻石으로 여겨진다. 형태가 북처럼 생겨 석고문이라고 한다. 전체적인 글자의 안배가 균형 잡혔다. 글씨 하나하나가 균형 잡혔고, 규범성이 있으며, 조용하고, 필력이 웅건하다. 자형 결구가『說文』에서 말한 籀文과 부합된다. 이곳에 쓰인 어떤 籀文은 秦의 小篆으로 이행되기 전의 과도기적 자체로

---

42) 谷谿 編著, 앞의 책, 171쪽
43) 진나라 惠文王 시의 저초문 3개가 있다.

보기도 한다. 충만하고, 고박하고, 엄중한 느낌을 준다.

<大篆 : 춘추 전국>

ⓐ 石鼓文(1)[44] : 大篆　　　ⓑ 石鼓文(2)[45] : 大篆　　　ⓒ 詛楚文[46] : 大篆

ⓒ의 篆文 역시 춘추전국의 진나라 문자를 충실히 이어 받은, 아직 소전으로 연변되지 않은 자형의 모습이다. 〈詛楚文〉은 진나라 왕(惠文王 : 기원전 337−334)이 초나라 왕을 신에게 저주하는 것이다. 당시 하나의 신에게 고할 때마다 각각 돌에 그 내용을 새겨 놓았는데, 이들 문자는 기본적으로 같았을 것으로 추정된다. 북송 때 '巫咸', '大沈厥湫', '亞駝'에게 고하는 石刻이 처음 발견되었는데 原石과 拓本은 모두 亡佚됐고, 위의 摹刻本만 남아 있다. 'ⓑ' 문자가 〈詛楚文〉보다 번체가 많고 고졸하다. 〈詛楚文〉은 소전에 많이 접근되었다.

---

44) 吳大澂, 『鐘鼎籀篆大觀』, 中國書店, 1992, 10, 제2차 인쇄(1987, 6, 1版), 171쪽 복사
45) 吳大澂, 앞의 책, 171쪽 복사
46) 班吉慶, 앞의 책, 63쪽 복사

<大篆과 小篆 : 전국-통일 진>

ⓓ 峰山刻石 : 大篆

ⓔ 孟子[47] : 小篆

위 표 ⓐ~ⓓ는 대전[48]이다. 마지막 ⓔ는 소전이다. ⓐ에서 ⓔ까지의 대전과 소전은 그 서체 차이가 거의 없고, 한 눈에 동일 계통의 문자 연변임을 알 수 있는데, 이는 똑같은 秦系문자이고, 그 사용상의 시간차가 크지 않기 때문이다. 소전이 대전보다 글자가 좀 더 유연하고, 결구에 참여한 構件들이 조금 더 간화된 정도이다.

ⓔ는 후대에 쓰여진 소전체 『孟子』이다. 당시의 眞跡은 아니지만 秦代의 소전과 크게 다르지 않아 小篆體를 인식할 수 있는 자료이다. 앞의 <詛楚文>과 비교하면

---

47) 필자가 소장한 선장본 『맹자』에서 복사하였다. 全文을 소전체로 썼다. 출판연대는 알 수 없고, 아쉽게도 책명을 표기한 부분이 탈락되어 어떤 본인지도 알 수 없다. 다만 인쇄가 石印인 것으로 보아 民國初에 발행된 것으로 보인다.

48) 大篆이란 용어는 가능하면 사용하지 않는 것이 좋다. 하지만 본 난은 미세한 자형차이를 설명하기 위해 사용한다. 이는 진나라의 大篆과 小篆을 合稱한 용어로 보통 篆文이라고 칭하나, 그 자형차이를 나타내기에 적합하지 않다.

나무에 판각한 것이라 부드러운 맛이 더하다. ⓒ~ⓔ 문자는 기본적으로 자형이 서로 유사하다.

　중요한 것은 戰國 금문의 속체는, 기타 전국시기의 모든 문자를 포함하여, 이전의 자형을 簡化시키고 方折, 平直의 필법으로 정체를 개조 했다는 것이다. 이러한 書寫의 편리를 쫓는 寫法으로부터 소전의 둥글고 彎曲된 필획이 곧고 평평한 필획으로 연변된다. 물론 단번에 이루어진 것이 아니다. 조금씩 서사의 편리를 쫓아 곧고 평평한 필획으로 변하는데 이러한 필획의 개변이 곧 자체(서체)의 변화를 가져왔으니 그것이 예서이다. 예서의 태동은 戰國末의 篆文 속체로부터 이루어진 것이다.

(3) 統一秦國에서 唐文字(BC 221－AD 약 700년까지) : 小篆, 隷書, 楷書, 行書, 草書

① 小篆과 隷書

<小篆에서 古隷로의 演變 : 전국 말－통일 진, 서한 초>

ⓐ 戰國 秦 (소전)　　ⓑ 統一 秦 (소전)　　ⓒ 統一 秦 (소전)　　ⓓ 西漢(隷書)　ⓔ 西漢 末(예서)

　위는 전국 말의 진, 통일 후의 진, 서한 말까지의 문자자료이다.[49) ⓑ의 〈始皇詔

橢量〉은 기원전 221-210년에 만들어졌다. 명문은 외벽 측면과 밑바닥에 새기는 방법으로 썼고 글씨는 소전체이다. 새기는 방법으로 쓰다 보니 소전체 특유의 만곡된 필획의 맛이 떨어진다. 글자의 짜임이 넓게 펼쳐져 있고, 필획이 힘이 있으며, 풍격이 자유분방하다. 모두 7행 40자이다. ⓒ의 〈始皇詔方升〉은 기원전 221-210년에 만들어졌다. ⓑ와 동일한 시기에 만들어 졌다. 명문은 소전체로 외벽 한쪽에 새기는 방식으로 썼다. 대부분 소전의 둥글고 彎曲되게 굽은 획이 직선 내지는 꺾이는 필획으로 바뀌었다. 진나라의 詔版 중 풍격이 嚴謹한 작품에 든다. ⓔ의 〈元始四年鈁〉은 서한 元始 4년(서기 4년)에 쓰여졌다. 역시 새기는 방식으로 쓰여졌고, 자체는 예서에 속한다. 예서는 강함과 부드러움이 병존하다. 刻工의 유려하고 완숙한 서각 기능을 볼 수 있다. 3행 35자이다.

ⓐ의 〈新郪虎符〉는 戰國시기 秦나라 때 쓰여진 것인데, 이곳에 게시한 것은 서한 말까지의 문자연변의 맥락을 잡기 위해서이다. ⓒ 문자까지는 小篆이다. 하지만 이들의 필획을 가만히 들여다보면 이미 平直化 된 부분이 많다. 같은 진나라 문자이지만 ⓐ 문자보다는 ⓑ, ⓒ 문자가 더 平直化 되었다. ⓑ와 ⓒ는 동시에 쓰여져 거의 자양차이가 없다. 하지만 당시의 문자 연변을 읽을 수 있다. ⓑ와 ⓒ에 쓰여진 '皇' 자를 보면 ⓑ는 '皇,' ⓒ는 '皇'로 써, ⓒ가 더 예서에 근접한 자양이다.

ⓓ와 ⓔ는 예서이다. ⓓ는 ⓑ, ⓒ의 진나라 문자보다 대략 130-140년 늦게 쓰여진 문자이지만 상당한 자형변화를 가져왔다. 예컨대 ⓓ의 두 번째 행 '始元 : 昭帝의 연호. 기원전 86-80년까지'의 '始'의 왼쪽 부건 '女'가 이미 '女'로 변했다. 반면 ⓐ의 네 번째 행 6번째 글자 '母'의 부건 '女'는 아직도 소전 자형을 그대로 유지 하고 있다. 또, ⓓ의 두 번째 행 '五寸'의 '寸'의 부건 '又'가 현재의 해서에서의 '十'처럼 변했다. 하지만 ⓐ의 네 번째 행 8번째 '符'의 그것은 소전 자형 '又'를 그대로 유지하고 있다. 전체적으로 필획이 平直化 된 것뿐만이 아니라 部件의 변화도 일어났다. 반

---

49) 표 ⓐ는 『中國書法藝術』 199쪽(谷谿 編著, 앞의 책), ⓑ, ⓒ, ⓓ는 『中國書法全集』 34쪽, 36쪽, 47쪽 (劉正成 主編, 앞의 책), ⓔ는 『文字學槪要』의 그림 '71(B)'(裘錫圭, 앞의 책)에서 복사하였다.

면 ⓔ 문자는 '元始四年 : 元始는 서한 平帝의 연호로 서기 1−6년'에 쓰여진 것으로 ⓓ 문자보다 대략 80년 정도 늦게 쓰여진 것이다. 하지만 ⓓ보다 필획의 평직화가 훨씬 많이 이루어졌다. 뿐만 아니라 ⓓ에 남아 있던 소전의 혼적이 거의 말끔히 지워졌다. ⓓ의 첫 번째 행 첫 번째 글자 '苦'의 상부 부건 '卄', 두 번째 행 맨 마지막 문자 '刻'의 부건 'ㅣㅣ'는 아직도 'ㅆ'과 'ㄱ'로 써, 소전의 혼적이 남아 있다. 하지만 ⓔ 문자 마지막 행 세 번째 글자 '荊'의 그것들은 이미 '卄'와 'ㅣㅣ'로 변했다. 소전의 혼적이 말끔히 지워졌다. 그 외 '艹'도 ⓓ와 ⓔ가 그 길이가 서로 다르다.

秦, 漢 문자의 서체 연변 중의 의미는 매우 크다. 소전, 예서, 초서, 행서, 해서가 모두 이시기에 발생하고, 혹은 발전하고, 혹은 성숙하고, 혹은 완성을 거둔 시기이다. 이들 중 隷變은 즉, 소전에서 예서로의 연변은, 예서를 官에서뿐만이 아니라 일반인들의 일상생활에도 광범위하게 사용하게 하였으며, 한자로 하여금 고문자 단계에서 금문자 단계로 진입하게 하였다. 따라서 서법예술세계 역시 1차로 최대의 변화를 겪게 된다. 우선 서법가의 지위가 秦代에 최초로 초보적인 인정을 받게 되고, 漢代에 이르러서는 '以書取人'을 할 정도로 인재 등용의 하나의 새로운 길이 되었다. 그리고 서법이론이 초보적으로 형성되었다.

簡牘文字는 문자 자체연변의 탐구에 특별한 의미를 갖는다. 금문이나 석각문자가 특정한 전문 書寫人이, 시간을 갖고, 어느 때는 시대에 소용되던 자체와 다른 서체로, 정성들여 쓴 것이기 때문에, 당시의 진정한 문자 면모를 파악하는 데는 적절한 재료가 되지 못한다. 하지만 간독문자는 卽書한 것으로 당시의 문자생활 면모를 거의 加減없이 드러낸다. 다음 간독문자를 보면 이를 확인할 수 있다.

<秦, 漢 簡牘文을 통해 본 古隸 : 진국 말, 서한 초>

ⓐ 睡虎地秦簡(戰國末 秦)　　ⓑ 馬王堆漢墓竹簡(西漢 初)　　ⓒ 張家山漢墓竹簡(西漢 初)

ⓐ『睡虎地秦簡』은 전국 만기 秦나라 죽간문자이다. 1975년 湖北省 雲夢縣 睡虎地에서 출토되었다. 현재 호북성 박물관에 소장되어 있고, 모두 1100여 매에 이른다. 簡文은 붓으로 썼고 秦隸에 해당한다. 소전의 맛을 완전히 탈피한 것은 아니지만 소전의 맛이 상당히 가셨다. 내용은 '編年紀,' '語書,' '秦律十八種' 등의 佚書 九種으로 구성됐다. 秦簡 문자는 早期의 古隸에 속하기 때문에 여전히 소전의 흔적을 담고 있다. 자체(體勢)를 보면 한쪽은 약간 높고 한쪽은 약간 낮게 기울어지게 썼고, 필획이 굵고 가늠이 한 글자 안에 존재하며, 起伏과 波勢가 분명하여, 篆書의 둥글고 彎曲된 用筆法을 버렸다. 또한 각 부건이 이미 예서 자형으로 상당히 연변 되었다. 예컨대 人, 者, 各, 而, 主, 及, 禾, 論 등은 소전의 풍격보다는 예서의 풍격에 상당히 접근되었다.

ⓑ『馬王堆一號漢墓竹簡』과 ⓒ『張家山漢墓竹簡』는 西漢 初에 쓰여졌다. 자체는 조기 예서에 속한다. 『張家山漢墓竹簡』은 張家山 247호 漢墓[50]에서 출토 되었다. 부장품을 보면 진나라 때의 무덤에서 나온 것과, 혹은 서한조기의 무덤에서 나온 것과 유사한 것이 있다. 이를 참고하면 본 무덤은 서한 조기에 조성되었을 것으로 추정된다. 따라서 竹簡의 글씨 역시 서한 조기에 쓰여진 것으로 추정된다. 죽간의 내용은 歷譜와 律令, 脈書, 算數書, 引書 등의 서적으로 구성됐다. 특히 歷譜는 漢高祖五年(기원전 202년)에서 呂后二年(기원전 186년)까지 기록된 것으로 보아 위에 열거한 서적들의 기록은 적어도 기원전 186년 이전의 것으로 추정된다. ⓐ와 ⓑ, ⓒ 문자의 書寫연대는 많이 나야 3-40년밖에 차이가 나지 않기 때문에 기본적으로 동일 서체이다. 하지만 미세한 차이는 있다. ⓑ, ⓒ는 ⓐ에 비해 딱딱한 느낌을 준다. ⓐ가 더 만곡된, 부드러운 소전의 느낌을 준다. 이상은 古隸이다.

---

50) 湖北省 江陵縣(지금 荊州市, 荊州區)에 위치한다. 이곳은 원래 벽돌공장이 있었는데, 벽돌을 찍기 위해 흙을 파내다가 무덤을 발견하였다. 부장품은 각종 칠기류, 木俑, 銅器, 竹簡 등 다수가 출토되었다.

<古隷에서 漢隷(八分)으로의 演變>

ⓓ 銀雀山漢墓竹簡(西漢中期)　　ⓔ 居延新簡(西漢末, 東漢初)　　ⓕ 敦煌漢簡51)(東漢初)

51) 圖版番號 1448A(211쪽)(甘肅省文物考古研究所 編,『敦煌漢簡 (上,下)』, 中華書局 1991, 6, 제1版)

ⓓ는 銀雀山1號 및 2號 漢ㄴ墓(山東省 臨沂縣)에서 출토되었다. 내용은 孫子兵法, 孫臏兵法으로, 字體는 早期隸書에 속한다. 서사 연대는 '文帝 : 기원전 179 – 156' 혹은 '景帝 : 기원전 156 – 140'에서 '武帝 : 기원전 140 – 86' 初年으로 추정된다. 이렇게 서사연대를 넓게 추정하는 것은, 위 병법은 베껴 쓴 것이기 때문에 그 시대를 정확히 추정할 수 없고 또, 중요한 서사연대의 추정 근거인 避諱가 西漢時代에는 그다지 엄격하지 않았기 때문이다. 예컨대 簡文 중에는 한고조 劉邦의 邦을 避諱한 곳도, 避諱하지 않은 곳도 있다. 또 惠帝의 이름 盈, 文帝의 恒, 武帝의 徹, 呂后의 雉, 景帝의 啓 등을 避諱하지 않아, 그 서사연대를 정확히 추정할 수 없다. 다만 부장품 등을 종합 참고하면 늦어도 漢武帝(기원전 140 – 86)初年 즉, 西漢 中期에는 쓰여진 것으로 보인다.

ⓓ의 『銀雀山漢墓竹簡』과 ⓐ의 『睡虎地秦簡』은 書寫 연대가 100년 정도의 차이 밖에 나지 않는다. 그렇기 때문에 ⓐ – ⓓ 간독문은 기본적으로 자형이 같다. 예컨대 ⓐ – ⓓ에 쓰인 '其'의 자형은 기본적으로 차이가 없다. 물론 미세한 차이는 있다. 『睡虎地秦簡』 첫 번째 행 상반부 '主'의 첫 번째 가로획과, 두번 째 행 중간 아래쯤에 있는 '相'의 부건 '木'의 상부 가로획, '對'의 부건 '寸'의 'ᔆ' 등을, 『銀雀山漢墓竹簡』의 세 번째 행 네 번째 글자 '主', 역시 상반부에 있는 '東'52)의 가로획, 그리고 첫째 행 하반부 '得'의 오른쪽 부건의 하반부 '寸'과 비교해보면, 전자는 만곡 되게 썼으나 후자는 모두 『睡虎地秦簡』보다는 더 平直한 획으로 변했다. 하지만 전체적으로는 ⓐ – ⓓ의 간독문은 대동소이하다고 하겠다.

ⓔ의 『居延新簡』은 중국 甘肅省 居延地方에서 1930년대에 발굴한 약 1만여 枚의 簡牘과 1970년대에 발굴한 약 2만여 枚의 한대 簡牘을 지칭하는 것으로, 전자를 居延舊簡, 후자를 居延新簡이라고 分稱하기도 한다. 簡牘의 書寫年代는 빠른 것은 기원전 102년부터 늦은 것은 서기 30년까지 약 130여 년 동안 쓰여진 것으로, 내

---

52) 東의 가로획과 木의 가로획은 동일한 사물을 나타내는 것이 아니다. 하지만 두 필획은 隸變 과정에서 똑같은 형태로 연변 되었다.

용은 중국 西北地方의 屯戍活動에 필요한 烽火, 符信, 防禦器物, 鄣塞, 郵驛, 法律, 補給 등과 기타 당시 西北地方의 勞動, 經濟, 生活등에 대해 폭 넓게 기록되어 있다. 이를 기록한 사람들은 중앙관서의 고급관원도 있지만 대부분이 말단 초소에 근무하는 한미한 戍卒들로 이들에 의해 기록된 문자는 당시의 언어문자 생활을 살펴볼 수 있는 중요한 자료로 평가된다. 위에 기록된 문자는 대략 서기 10－20년에 쓰여졌을 것으로 추정된다. 자체는 漢隸에 속한다. 즉, 八分이다.

ⓕ의 『敦煌漢簡』은 20세기 초반부터 河西疏勒河流域의 한나라 때의 烽燧遺址에서 여러 차례 발굴된 죽간과 목간을 통틀어 가리킨다. 최초의 발굴지역이 敦煌이기 때문에 이 유역의 기타지역 예컨대 安西, 玉門, 酒泉 등지에서 발굴된 간독이라도 모두 돈황한간이라고 부른다. 모두 2,480여 매가 발굴되었다. 書寫人, 書寫地域, 書寫目的, 書寫材料, 書寫年代 모두 앞의 거연한간과 거의 일치한다. 그렇기 때문에 미세한 차이는 있지만 기본적으로 두 간독문의 자체는 같다.

이상 『睡虎地秦簡』, 『馬王堆一號漢墓竹簡』, 『張家山漢墓竹簡』, 『銀雀山漢墓竹簡』은 기본적으로 조기 예서 즉 古隸에 해당한다. 이들 중 서사 연대가 가장 오래된 『睡虎地秦簡』과 가장 늦을 것으로 추정되는 『銀雀山漢墓竹簡』은 100여 년의 시간 차이를 갖고 있으나 풍격이 비슷하다. 『居延漢簡』과 『敦煌漢簡』은 『睡虎地秦簡』과는 200여 년의 시간차가 나고, 『銀雀山漢墓竹簡』과는 100여 년의 차이가 날것으로 추정된다. 하지만 『銀雀山漢墓竹簡』과 이들 ⓔ, ⓕ의 간독문은 풍격이 확연히 다르다. ⓔ, ⓕ의 간독문은 이미 우리에게 익숙한 예서체(팔분)이지만 『銀雀山漢墓竹簡』은 아직도 소전의 냄새가 묻어 있는 古隸이다. 그 단적인 예로 『銀雀山漢墓竹簡』의 부건 '心'은, 아직도 소전체의 흔적이 남아 있는 '𢖩'로 쓰고 있다. 또, 부건 '艹(艸),' '木' 등의 가로획을 彎曲形으로 쓰던지 아니면, 아직도 소전체의 필법인 두 획(𣎳)으로 쓰고 있다. 이런 현상의 발생은 두 가지 경우를 상정해 볼 수 있다. 하나는 『銀雀山漢墓竹簡』이 쓰여질 때까지의 한자의 연변속도와 그 이후 거연한간이 쓰여 질 때의 한자의 연변 속도가 다르기 때문일 것이다. 즉, 통일 秦에서 서한

<復古的 書體 : 서한 말> 上臨鑑[53]

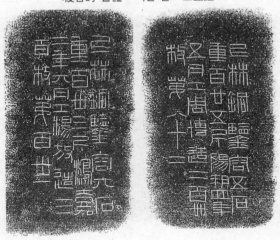

중기까지의 한자의 연변 속도가 서한 중기에서 서한 말, 동한 초까지의 한자 변화 속도보다 느렸다는 것을 말해준다. 다른 하나는 『銀雀山漢墓竹簡』의 서사가 서한 중기보다 빠를 수 있다는 것이다. 즉 출토된 죽간이 손자병법 등의 '冊'인데 이들 책이 墓主의 사망 시간보다도 훨씬 이전에 쓰여진 것을 死亡時 부장품으로 넣었을 수도 있다. 하지만 필자는 이들 자체의 상이함은 후자보다는 전자의 이유 때문이라고 생각한다. 거연한간의 내용을 참고하면 서한 말 사회는 일반인들이 계약이나 서찰 등 개인의 일상에서 일어나는 작은 것까지도 문자로 기록할 만큼 일반인의 문자생활이 보편화되었다. 당연히 현재와 같이 모범으로 삼을 만한 자양 즉, 활자나 컴퓨터 植字 등을 통한 규범화된 글꼴이 없고, 자전 등이 보급되지 않았던 시절에는 개개인이 독특하게 경험했던 문자인식 아래 한자를 서사함으로써, 당연히 한자는 서사자의 편리함을 좇아 쓰게 되고, 따라서 자체의 급속한 연변은 피할 수 없었을 것이다.

石刻文字나 金文은 가끔 복고적인 서체를 채용하는 경우도 있었다. 그래서 옛 문자학자들은 이들 문자 재료를 보고 예서의 형성을 한대로 잡기도 하였다. 위 그림 <上臨鑑>[54]의 문자가 그런 예에 속한다. 위 '① 小篆과 隷書'의 표 ⓓ의 서한문자

---

53) 劉正成 主編, 앞의 책, 45쪽

54) 제1 「上臨鑑」(오른쪽 그림)은 西漢 陽朔四年(기원전 21년)에 만들어졌다. 1961년 西安 三橋鎭高窯村 漢上林苑 遺址에서 출토되었는데, 銅質에 刻하는 방법으로 글씨를 썼다. 높이 48, 구경 65, 밑바닥

(기원전 85년)보다 무려 60년이나 늦게 쓰여진 문자이지만, 필획이 平直함으로 바뀐 것 말고는 小篆體 그대로이다. 예컨대 部件 艸, 又, 木 등 모두가 小篆體를 따라 書寫됐다.

② 行書, 楷書로의 연변

아래 거연한간의 문자는 서한 말, 동한 초에 쓰여진 漢隸 즉 八分이다. 왼쪽의 간독은 兩行으로, 오른쪽의 간독은 單行으로 썼다. 둘 다 대표적 팔분서체이다. 한 나라 때 팔분 서체의 특점은 글자 전체의 규격이 소전이나 해서가 세로로 장방형을 띤데 반하여, 전체적인 자양이 가로로 퍼져 있다는 것이다. 아래 맨 오른쪽 간독의 글자를 보면 좌우의 길이가 상하의 길이보다 긴 것을 알 수 있다. 筆勢는 가로로 긋는 획은 파도를 치듯이 흔들고 있음을 알 수 있다. 하지만 한자학적으로 많은 부건 들이 현재의 해서와 같거나 유사함을 볼 수 있다. 아래 〈居延新簡〉문자는 매우 정갈 하게 썼다. 많은 글자들이 현재의 해서와 그 자형이 같거나 유사하다. 전혀 없는 것 은 아니지만, 동한 중기 이후는 손으로 직접 쓴 간독문의 출토가 매우 적다. 말하자 면 위 간독문이 고대 간독문의 마지막 출토물인 셈이다. 그래서 직접 위 간독문과 자양비교를 할 만한 적당한 후대의 간독문이 없다. 물론 종이가 동한 중기에 발명됐 다하더라도 종이에 보편적으로 글씨를 쓰기 시작한 것은 한참 후의 일이다. 아마 동 한 중기 이후는 석각문을 많이 썼기 때문에 간독문이 보이지 않는지도 모른다.

석각문자는 약간 보수적이다. 대략 당시대를 풍미하고 있던 서체보다는 조금 앞 시기의 서체를 택하는 것이 일반적이다. 정확한 이유는 모르겠지만 석각은 보통 묘

33, 8 명문은 4행으로 모두 30자이다. 서체는 小篆體에 해당하고 중국사회과학원고고연구소에 소장됐 다. 이 기물의 출토지점이 상림원 중 매우 중요한 지점으로 추측된다. 모두 22점의 동기가 발굴됐는데 '上臨'이라고 글씨를 쓴 것이 16점이다. 隸定：上林銅鑑, 容五石/重五百二十五斤, 陽朔四年/五月工周 博造, 二百四十/枚, 第八十二. 제2「上臨鑑」(왼쪽 그림)은 西漢 鴻嘉二年(기원전 19년)에 만들어졌다. 제1「上臨鑑」과 출토시기, 출토지, 서각 방법, 서체, 소장처 등이 같다. 높이 47, 5구경 68, 밑바닥 34, 3 명문은 4행으로 모두 29자이다. 다만 제1「上臨鑑」보다 서체에서 篆書의 색채가 더욱 강해졌다. 隸 定：上林銅鑑, 容六石/重百三十三斤, 鴻嘉/二年六月工楊放造三/百枚, 第百三十一

비, 묘지 등 엄숙하고 장중한 곳에 사용하였기 때문에 당시의 서체보다는 이른 시기의 서체를 좀 더 고전적이고 장중하다고 여겨 채용하지 않았나 생각된다. 또, 석각문은 전문 書寫人이 썼기 때문에 일반인이 일상생활에 쓰는 글씨를 버리고, 장중하고 정갈한 글씨 즉, 이른 시기의 서체를 쓰지 않았나 생각도 된다.

<漢隷(八分) : 서한 말 동한 초>

居延新簡[55]

---

55) 甘肅省文物考古研究所, 甘肅省博物館, 中國文物研究所, 中國社會科學院歷史研究所 編, 『居延新簡』

<漢隷 : 東漢晩期石刻>

禮器碑

曹全碑

張遷碑

「禮器碑」는 서기 156년, 「曹全碑」는 서기 185년, 「張遷碑」는 이보다 한해 늦은 서기 186년에 書刻되었다. 이들 모두 자체는 예서이지만 필획의 끝에 형성된 파임은 해서에 가깝다. 「禮器碑」는 「曹全碑」와 「張遷碑」보다도 30년 정도 일찍 書刻됐는데도 예리한 붓끝이 살아있다. 「張遷碑」는 「曹全碑」와 함께 漢隷의 圓筆과 方筆의 대표적 작품으로 인식되고 있다. 점획이 매우 수려하게 둥글게 꺾이고, 波挑가 준수하고, 유창하고, 가볍다. 結體가 기이하고 嚴整하다. 자세히 살펴보면 그 꺾이고 도는 곳에 圓轉하고 수려한 가운데도 方折함이 숨어 있다. 서예적 측면을 배제한 문자학적인 입장에서는 「張遷碑」가 「曹全碑」보다 더 고졸한 예서이다. 「張遷碑」의 諱의 오른쪽 '韋'의 하부, 두 번째 행 陳의 왼쪽 부건 'ß,' 吾의 '五,' 세 번째 행 '之' 등은 아직도 소전의 寫法이 남아 있다. 하지만 書法上에는 撇과 捺이 해서에 가깝게 형성되었다. 「曹全碑」와 「張遷碑」의 서법상의 특징과 석각의 글씨는, 조금 이른 시기의 서체를 반영한다는 특징을 고려한다면, 해서는 동한 중기에 태동되었을

(上下), 中華書局, 1994, 12, 제1版

것으로 추정된다.

가. 해서의 형성, 발전과 新隸體

해서는 眞書라고도 한다. 해서의 楷는 모범, 법식이라는 뜻이고 해서란 명칭은 晉나라 때부터 있었다. 당시만 해도 일종의 자체를 가리키는 말로만 쓰이지는 않았다. 모범이 될 만한 것은 모두 楷書라고 불렀다. 그래서 八分, 今草 모두를 해서라고도 불렀다. 당나라 이후부터 '해서'를 자체상의 현재의 해서를 가리키게 되었다. 해서는 서한 宣帝 무렵부터 그 싹이 보이기 시작하여 동한 말에 이르러 성숙의 단계에 접어들었고, 魏晉 이후에 한자의 주요자체로 자리 잡았으며, 唐代에는 완전히 성숙, 定型이 되었다.

서예가의 작품을 통해 해서를 살펴보면 종요를 맨 먼저 꼽을 수 있다. 삼국시대 종요는 예서, 해서, 행서 모두에 능했다. 하지만 그의 글씨에는 아직도 예서의 냄새가 남아있다. 그를 배운 東晉의 왕희지와 그의 일곱째 아들 왕헌지에 의해 해서의 寫法이 발전하였다. 이들의 글씨에는 예서의 맛이 없어졌다. 물론 종요나 왕희지의 眞迹은 이미 亡佚됐고, 현재 남아 있는 摹帖의 해서는 모두 당나라 이후의 것들이라 본래의 모습을 반영하고 있지 못한 부분도 있다. 하지만 이러한 결점을 보충하여 살필 수 있는 것이 바로 남북조에서 수당까지의 대량의 석각문자이다. 이들은 해서의 眞迹을 제공한다.

예서와 해서의 차이, 해서의 특징은 다음과 같다. 해서는 漢隸로부터 직접 演變해 내려온 것이다. 자형결구에서 예서와 해서는 아주 작은 分別만 있다. 筆勢 방면에서도 약간 다른 점이 있다. 한예는 전체 字勢에서 밖을 향해 열려 있고, 해서는 안을 향해 집중되어 있다. 한예는 필획이 波動을 치고, 해서는 필획이 한예와 같은 波勢가 없이 平穩하다. 한예는 특히 字體의 平直, 方正을 요구하지만, 해서는 그렇게 엄격함을 요구하지 않는다. 한예는 전체적인 자양이 가로로 넓게 퍼진 사각형이지만, 해서는 세로가 긴 장방형을 띤다. 해서는 자체가 매우 穩定하여 글자를 인식하고 쓰기가 쉽다. 그래서 東漢末부터 현재까지 자체 변화가 없이 사용하고 있다.[56) 다음 종요의 글씨를 보자.[57)

<해서의 형성 : 동한 중기-漢魏之間>

白騎帖 賀捷表

宣示表

---

56) 물론 중국대륙의 간체자는 예외이다. 역사적으로 중국 대륙에서 인위적으로 자체를 개변시킨 것은 소전과 간체자라고 한다. 간체자는 해서가 글자를 인식하고 쓰기 어렵다고 하여 인위적으로 개조된 자체라는 것은 누구나 인정한다. 하지만 통일 진국에서 이사 등에 의해 복잡한 秦篆이 개변되었다는 소전은 실은 인위적인 개변이 아닌 듯하다. 왜냐하면 현재처럼 단기간에, 대량으로 정보를 전달할 수 있는 체계가 갖추어지지 않은 시대와 공간에서 수만은 글자를 개조시켜 수많은 사용자들에게 쓰게 할 수는 없기 때문이다. 통일 진국에서 시도한 개혁 작업, 예컨대 도량형, 도로 등을 통일시키거나, 秦文과 불합치한 문자(진국외의 문자)등을 진나라 한자로 쓰도록 하는 것은 가능하다. 실제통일 전에 출토된 수호지 진간 등을 보면 소전은 인위적 개변이 아니라 자연스런 문자사용 중의 연변이란 것을 알 수 있다. 수호지 진간 등에 쓰여진 문자는 이미 있었던 소전의 연변체이다. 즉 통일된 뒤 이사 등의 문자 개혁에 따른 변이된 자체가 아니고, 이미 있던 문자체의 자연스런 연변임을 알 수 있다.

57) 종요의 글씨를 이곳에 배치하느냐, 아래 新隷體 뒤에 배치하느냐가 난감하다. 서사연대를 보면 위 동한 석각문자 뒤인 이곳에 배치하여야 합리적이다. 하지만 서체로 보면 아래 신예체 뒤로 가야 한다. 왜냐하면 동한 말 성숙단계에 접어든 해서체는 일부 문인학사들만 썼고 일반인들은 속자인 신예체를 쓰고 있었다. 남북조 시대에 이르러서야 해서는 일반인들이 보편적으로 사용하는 자체가 되었다. 일반 인이 보편적으로 사용한 자체가 무엇인가를 기준으로 하면 신예체가 해서보다 앞선다. 즉, 자체의 탄생은 해서가 신예체보다 먼저이나 보편적 사용은 신예체가 먼저이다.

위 「白騎帖」, 「賀捷表」, 「宣示表」는 모두 魏나라 때 鍾繇의 글씨이다. 종요는 서기 151년 출생하여 230년까지 동한 말에서 魏나라까지 80살을 산 사람이기 때문에 어느 서예가보다도 격변의 문자 연변시대를 경험한 사람이다. 그래서 그는 예서, 행서, 草書, 楷書에 모두 능하다. 위 「白騎帖」은 行楷書에 해당한다. 「賀捷表」은 「戎路表」, 「賀克捷表」라고도 하는데, 東漢 建安 24년(서기 219년)에 쓰여졌고, 「宣示表」는 魏 文帝 黃初二年(서기 221년) 그의 나이 71세 때 작품으로 추정된다.[58] 모두 해서체이다.

鍾繇의 「賀捷表」나 「宣示表」를 보면 해서는 동한 중기에 태동했을 것으로 보인다. 「宣示表」의 자체는 조기 행서의 자체를 확연히 탈피하였다. 東漢이 서기 220년에 멸망하였는데, 멸망직후인 221년에 쓰여진 「宣示表」의 자체가 확연히 早期 行書의 모습을 탈피하고 해서체에 가깝다는 것은, 적어도 동한 중기부터는 해서체에 가까운 서체가 쓰여지고 있었기 때문에 가능한 것이었다. 「宣示表」의 자체는 조기 행서를 좀 더 장중하게 쓰고, 가로획의 收筆處의 頓勢의 筆法을 보편적으로 응용하고, 다시 捺筆과 硬鉤의 사용을 증가시키면 이러한 字樣이 된다.

해서가 동한 중기에 태동되었다 하더라도 일반인들이 보편적으로 해서를 사용한 것은 한참 후의 일이다. 鍾繇나 또 종요를 배운 왕희지 등처럼 몇몇 선비학사들은 해서체를 사용하였지만, 일반인들이 해서를 사용한 것은 남북조 시대에 이르러 상당수가 사용하였고, 완전히 시대의 서체로 자리 잡은 것은 당나라 때의 일이다.

위진시기 일반인들은 한대의 예서도, 행서도, 초서도 아닌, 해서로 넘어가기 전의 과도기 문자로 新隸體를 쓰고 있었다. 곧, 당시의 俗字體를 쓰고 있었다. 다음은 예서에서 해서로 넘어가는 과도기적 실제자료들이다. 이들 과도기적 자체를 新隸體라고 한다.[59]

---

58) 본 작품은 종요가 직접 쓴 것이 아니고, 王羲之가 鍾繇의 작품을 보고 臨摹本을 飜刻 한 것이다. 하지만 종요의 서법을 간직하고 있을 것으로 추정된다.
59) 현재 동한 중기 이후의 간독이나 帛書文字 자료는 그리 많지 않다. 이는 곧 당시의 문자현황을 알

<新隸體 : 魏晉>

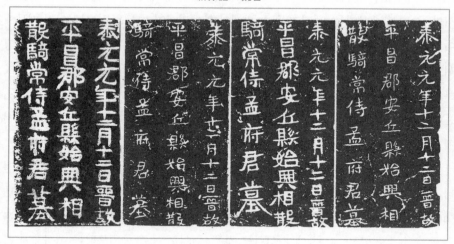

孟府君墓志

　　위 「孟府君墓志」는 東晉 太元元年(서기 376년)에 書刻된 것이다. 위 종요의 글씨
보다 대략 150년 뒤에 쓰여진 것이지만, 종요의 글씨보다 더 고졸한 맛을 풍긴다.
본 묘지는 모두 5면에 새겨져 있는데 한 사람이 쓴 것이 아니고 두 사람이 쓴 것으로
추정된다. 첫째와 셋째 석각문이, 그리고 둘째와 넷째 석각문이 동일 인물이 쓴 것이
다. 이들 중 전자가 더 고졸한 신예체이다. 다른 하나는 해서에 상당히 접근된 신예
체이다. 신예체란 최근 형성된 문자학 용어로 漢隸와 楷書의 과도기, 위진시대에 등
장했던 서체를 가리킨다. 즉, 한나라의 팔분이 곧장 해서로 이행되어 보편적으로 사
용한 것이 아니고, 이 들 사이에 과도기적 자체가 있었으니 이를 신예체라고 한다.
물론 한자학에서 독립된, 정식으로 인정하는 자체는 아니다. 漢隸로도, 해서로도 규
정하기가 어려운 자체를 편의상 부르는 말이다. 해서로 이행되기 전의 위진 시대의
신예체를 한 번 더 보자.

――――――――――――

　　수 있는, 손으로 직접 쓴 자체를 보기 힘들다는 것이고, 아울러 문자 연변을 파악하기가 전국시대나
한나라 때만큼 쉽지 않다는 것을 말해준다.

<新隷體：魏晉>

顔謙婦劉氏墓誌：東晉 　　　　　王興之, 宋和之夫婦墓誌：東晉

「顔謙婦劉氏墓誌」는 東晉 永和 元年(서기 345년)에 書刻됐다. 벽돌에 새겼기 때문에 거칠지만 필획의 꺾이고 구부려짐은 살아있어, 이미 동진의 해서에 접근하고 있다. 捺筆의 모양이 매우 길다. 橫劃은 대부분 붓끝이 위를 향해 뺐는데 이것이 예서와 해서의 과도기 특징이다. 고졸한 신예체이다. 아직 붓을 꺾을 때 완벽하게 꺾이지 않고 둥글게 구부러지는 느낌이 있지만(이 점은 왕희지의 이모첩과 유사하다.) 행서와 해서에 접근된 신예체이다. 군이 정식 자체로 규정하라고 하면 예서와 해서의 교체기의 해서에 속한다.

「王興之, 宋和之夫婦墓誌」의 왕흥지는 東晉 咸康 6년(서기 340년)에 사망하였다. 그의 처는 348년에 사망하였으므로 書刻은 이때 이루어진 것으로 보인다.[60] 結體가 방정하고 필획이 칼로 팠기 때문에 각진 모양을 드러낸다. 미약하게나마 波磔의 흔

─────────────

60) 1965년 南京 新民門 밖 象山에서 출토되었다.

적이 있다. 필획에 힘이 있고 팔분을 모방한 신예체 즉, 예서와 해서의 교체기의 모양을 띤다. 물론 어떤 사람은 이들을 해서라고 규정하기도 한다. 앞에서도 말했듯이 갑골문에서 해서까지, 넓게는 현대의 중국의 간체자까지, 한자는 끊임없이 변화하고 있었다. 이들 변화과정 중에 앞 시대와 뚜렷이 구별되는 자체의 특징을 기준으로, 우리는 갑골문, 금문, 소전, 예서, 해서라고 이름을 붙여 준다. 변화과정 중에 이들 이름에 걸 맞는, 정점에 선 한자의 형체를 갑골문, 금문, 소전, 예서, 해서 등으로 이름을 붙여 주는 데는 논란의 여지가 없겠으나, 이들 사이에 존재하는 과도기적 형체의 한자는 딱히 이름 붙여주기 어렵다. 특히 서예학적 관점에 주안점을 두느냐, 한자학적 관점에 주안점을 두느냐에 따라 그 자체를 어떻게 규정할 것인가가 달라진다. 그래서 예서와 조기행서, 행서와 해서, 행서와 초서, 신예체와 해서 등의 교체기에 처한 한자를 어떤 자체로 규정할 것인가가 사람에 따라 달라지기도 한다. 다음 해서체의 字樣을 보자.

<해서 : 남북조>

元顯儁鎭墓誌 : 北魏   王慕韶墓誌 : 梁   劉根造像記 : 北魏

「元顯儁鐫墓誌」는 北魏 延昌 2년(서기 513년)에 書刻됐다. 서법이 공정하고 수려하다. 用筆을 길게 빼고 멋을 내었다. 「王慕韶墓誌」는 梁 天監 13년(서기 514년)에 書刻됐다. 王慕韶는 동진 王導의 7대 孫女이다. 서법의 結體가 긴밀하게 이어졌고, 힘이 있으며, 시원하게 뚫려있다. 戈法이 강경하고, 힘이 있고, 捺筆이 유화하다. 풍격이 전아하고, 수려하며, 단정하고, 장중하면서도 일종의 소소한 기풍을 느끼게 한다. 북조의 서풍과 많이 닮아 남북조의 해서의 아름다운 풍격을 대표한다고 하겠다. 「劉根造像記」는 北魏 正光 5년(서기 524년)에 書刻됐다. 서법은 工整하고 수려하다. 서체는 북조의 묘지와 비슷하다. 모두 해서 筆道에서 볼 수 있는 갈고리나 파임이 딱딱하고 날카로운 硬鉤가 사용됐다. 예컨대 「元顯儁鐫墓誌」의 2, 4행의 첫 글자, 「王慕韶墓誌」의 3행의 5, 7번째 글자 등이 그런 예에 속한다. 또, 아래로 내려긋는 획(삐침)의 끝이 기본적으로 뾰족하다. 이상은 서예학적 입장에서의 해서를 말한 것이다. 한자학적으로 부건의 寫法이 완성된 후대의 해서와 다른 점이 아직 남아있다. 「元顯儁鐫墓誌」의 3번째 행 穆의 오른쪽 아래 부분, 「王慕韶墓誌」의 3번째 행 哉의 왼쪽 아래 口, 4번째 행 謙의 오른쪽 部件 兼 등은 아직 완전한 해서체로 전환되지 않았다.

<해서 : 北齊, 北魏>

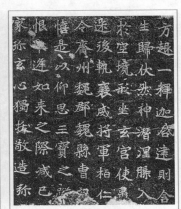

高歸彦造像記   姜緤造像記   曹望憙造像記

「高歸彦造像記」는 北齊 武定元年(서기 543년)에 書刻됐다. 종요와 왕희지의 서체와 같은 해서이다. 「姜纂造像記」는 北齊 天統元年(后主. 서기 565년)[61]에 書刻됐다. 역시 서예학적으로는 현재의 해서와 일치하지만, 한자학적으로는 일부 부건의 서사에서 아직 완전한 해서로 돌아가지 못했다. 「高歸彦造像記」의 네 번째 행 督의 상부 叔, 다섯 번째 행 驟의 오른쪽 아래 示, 「姜纂造像記」의 첫째 행 勝의 오른쪽 부건, 두 번째 행 直의 상부와 하부, 네 번째 행 超의 오른쪽 부건 召 등, 몇몇 부건들은 아직도 완숙된 해서의 寫法과 다르다. 「曺望憙造像記」는 북위의 글씨이다. 정확한 서사연대는 분명치 않다. 현재의 해서와 거의 차이가 없다. 위 세 글씨는 기본적으로 같다. 다만 서체상의 차이이지만 「姜纂造像記」는 갈고리가 발달하지 않았지만, 나머지 두 개는 완전히 형성되었다.

<해서 : 동진, 당>

步騭傳殘卷 : 동진   法華經殘卷 : 동진   妙法蓮華經卷第六 : 唐

61) 王宏, 姜瑞雙 責任編輯, 『魏齊造像菁華』 新華書店天津發行所, 天津市古籍書店, 1991, 5, 제1판 복사

위 『三國志·吳志·步騭傳殘卷』[62]과 『法華經殘卷』[63]은 東晋(서기 317-420년) 시기 작품으로 해서에 매우 접근됐다. 『妙法蓮華經卷第六』[64]은 唐 咸亨 二年(서기 672년)에 쓰여진 것으로 완숙한 해서의 모습을 보여준다.

『三國志·吳志·步騭傳殘卷』, 『法華經殘卷』은 서사 연대만 보면 앞부분에 열거한 석각문자들과 함께 견주어 보는 것이 합리적이지만, 손으로 직접 쓴 글씨를 비교하여 楷書 연변의 실상을 알아보기 위해 본란에 배치하였다. 『妙法蓮華經卷第六』는 唐 咸亨 二年(서기 672년) 작품이다. 앞의 두 작품의 동진 시대와는 아무리 짧게 잡아도 250년 이상의 차이가 난다. 하지만 이렇게 긴 시간 차이에도 동진시대 書寫物과 字體 차이는 거의 나지 않는다. 이는 앞에서 말했듯이 해서는 동한 말에 성숙되기 시작하여 당나라 때 완성됐다는 것을 말해 준다. 똑 같은 250년의 시간이라도 서한 초에서 동한 중기까지의 한자의 형체가 상당한 차이를 갖는 것에 비해, 이때의 250년은 그리 큰 한자의 형체 변화가 없다. 이는 해서가 가장 이상적인 자체이기 때문에, 해서 이후 한자의 형체는 더 演變할 필요가 없었다는 것을 말해준다. 즉, 250여 년의 세월 동안 약간의 수정과 보완만 있었다는 것은 해서가 한자의 모양이나 읽고, 쓰기에 가장 적합한 자체이기 때문에 과도하거나 급격한 연변이 필요치 않다는 것이다.

나. 행서의 형성과 발전

행서는 해서와 초서 사이에 낀 일종의 자체이다. 대략 동한 말에 태동하였다고 본다. 행서는 漢代에 탄생하여 魏晋에서 발전, 성행했고, 東晋에서 姸麗, 流美한 자체로 발전하고 성숙하였다.

예서의 流暢하고 簡省한 寫法은 漢簡에 보인다. 이들 서사방식이 점점 발전하여

62) 徐祖蕃, 秦明智, 榮恩奇 編選, 『敦煌遺書書法選』, 甘肅人民出版社, 1985. 10. 제1版, 10쪽 복사
63) 王靖憲 編著, 『中國書法藝術』 三卷 魏晋南北朝, 文物出版社, 1996. 3. 제1版, 312쪽 복사
64) 徐祖蕃외, 앞의 책, 75쪽 복사

행서를 이루었다. 행서는 민간에서 흘러 나왔다. 왜냐하면 波挑를 강조한 예서는 글씨 쓰기가 매우 어려웠다. 그래서 민초들은 편리함과 시간을 절약하기 위해 이들 寫法을 버렸다. 예서가 성행할 때 초서도 동시에 발전하였는데, 초서의 서사에 영향을 받아 일종의 예서 결구의 流暢함과 簡省함을 기초로 탄생한 새로운 서체가 바로 행서이다. 이들은 동한의 簡牘과 陶瓶의 墨書에서 발견할 수 있다.

  행서는 해서의 성숙과 매우 밀접한 관계가 있다. 예서의 유창하고 簡省한 隷行體가 변하여 해서의 거푸집이 되었다. 해서의 성숙으로 말미암아 행서는 왕왕 해서의 行寫가 되었는데 이런 것들이 후대에 행서를 유행하게 만들었다. 행서는 魏晉時代 성행했는데 그 계기를 만든 서예가는 鍾繇를 들 수 있다. 행서를 行狎書라고도 하는데 종요란 걸출한 서예가를 만나 예술적인 지위를 인정받은 것이다. 행서는 동진과 南朝에 이르러 최고조에 이르렀다. 『書斷』은 "행서는 초서도 아니고 해서도 아니다. 예서와 해서의 네모진 모양, 각진 필획도 아닌, 예서와 해서 사이에 낀 존재인데, 해서의 의미가 많은 것은 眞行이라고 하고, 초서의 의미가 많은 것은 草行이라고 부른다.(行書非草非眞, 離方遁圓, 在乎季孟之間, 兼眞者謂之眞行, 帶草者謂之草行)"고 하였다. 행서는 언뜻 보면 해서 같기도 하지만, 해서의 질서정연한 법식에 억매이지 않고, 언뜻 보면 붓을 떼지 않고 써서 초서 같이 보이지만 초서처럼 難澁하게 쓰지 않는다. 서사 속도가 예서나 해서보다 빠르고, 초서처럼 읽기 어려운 것도 아니다. 해서의 기초에 초서의 특징을 가미한 서체여서 한자학상 정통자체의 지위를 획득하지는 못했다. 하지만 해서에 비해 빨리 쓸 수 있고, 초서처럼 판독이 어렵지 않아 지금까지 지식인층에서 즐겨 쓰는 서체 중 하나가 되었다.

  행서는 동한시대 桓帝와 靈帝시기 劉德升이 창조하였다고도 하는데, 실은 그 이전부터 행서의 萌芽는 시작되었다. 다만 정식으로 서예에 접목시킨 것이 위나라 초기의 胡昭, 鍾繇 등이고, 이를 계승하여 전형을 만들어 내고 확산시킨 것은 東晉의 왕희지 부자이다. 왕희지의 「蘭亭書帖」은 행서의 모범이 된다.[65] 과거 사람들은 행서가 해서에서 演變해 내려온 것이라고 여겼다. 하지만 행서, 초서, 해서 모두 예서로부터 파생된 것이다. 행서는 예서의 簡易하고 자연스런 寫法이다.

<행서(行楷)：魏, 東晉>

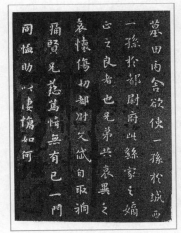  

墓田丙舍帖：魏 鐘繇　　　　蘭亭序：東晉 王羲之　　　二嫂帖：東晉 王渙之

「墓田丙舍帖」은 魏 鐘繇의 행서이다. 여러 번 飜刻되었기 때문에 鐘繇의 서체를 그대로 보여준다고 할 수는 없다. 「蘭亭序」는 동진 왕희지의 글씨이다. 역시 唐代 摹本과 刻本만 남아 있다. 「蘭亭序」는 동진 永和 九年(서기 353년)에 쓰여졌다. 「二嫂帖」은 왕희지의 셋째 아들 왕환지의 글씨이다. 행서는 초서와 해서 사이의 서체이기 때문에 어느 쪽에 경도됐느냐에 따라 해서에 가까운 것도, 초서에 가까운 것도 있다. 위 글씨는 모두 해서에 가까운 行楷로 볼 수 있다.

어떤 사람은 해서, 행서, 초서를 사람의 형상에 비유하여 초서는 사람이 뛰어 가는 것 같고, 행서는 사람이 경보하는 것 같고, 해서는 사람이 서있는 것 같다고 말하였다. 사람이 빨리 걷는 경보가 바로 행서의 서사 특징을 나타낸다. 그 속도감이 조금 떨어져 해서에 접근하면 行楷(혹 眞行), 속도감이 높아 초서에 접근하면 行草(혹은 草行)라

---

65) 일설에 의하면 唐 太宗이 왕희지 부자의 글씨를 너무 좋아하여, 그가 사망하였을 때 『蘭亭書帖』을 순장품으로 넣어 진품이 없어지게 됐으며, 현전하는 것은 摹本뿐이라고 한다.

고 한다. 행서의 書寫速度와 관계되어 필획의 특징이 나타나는데 다음과 같다.

■ 出鋒 : 행서는 빠르게 붓을 움직여야 한다. 그래서 點劃 사이의 承接 관계가 매우 긴밀해야 한다. 收筆處는 종종 다음 필획의 起筆處와 이어지거나, 향하고 있다. 이때 수필처의 붓 끝은 노출된다. 붓끝이 노출되면 필획의 끝이 가늘어 진다.

■ 牽絲 : 連筆이라고도 한다. 속도를 높여 쓰기 위해서 放縱의 運筆이 수반되고, 이때 가느다란 牽絲가 형성된다. 俗에서 일컫는 '連筆'이 형성된다. 連筆의 態勢는 '雲行水流'의 韻律感을 준다.

■ 圓轉 : 運筆의 속도를 높이면 반드시 '離方循圓'의 筆道가 형성된다. 특히 필획이 꺾이는 곳에는 대부분 부드러운 彎曲된 모양이 된다.

■ 省略 : 행서가 빨리 쓰기를 추구하면 필연적으로 생략하는 부분이 나온다. 생략의 방식은 점으로 선을 대체하거나, 連筆 과정 중에 부건을 합쳐 표현하는 것이다. 예컨대 'ㆍ'를 'ㆍ'로, 'ㅆ'를 'ㅡ'로, '言'을 'ㅎ'로 쓰는 것 등이다.

<행서(行草)>

喪亂帖 : 東晋   王珣伯遠帖 : 東晋   晙明永의 行草 : 晚明

「喪亂帖」은 東晋 王羲之의 글씨로 풍격이 웅장하고 강건하다. 「王珣伯遠帖」 역시 동진 王珣(350-401 : 자는 元琳, 관은 尚書令)의 글씨로 用筆이 유창하고 가볍다. 「睢明永의 行草」는 晚明시대에 쓰여졌다. 왕희지나 王珣보다 생략과 흘림이 더 심하다. 위 세 사람의 글씨 모두 흘림과 생략이 심하여 행서 중에서도 行草라고 부른다.

③ 草書

초서의 발달을 3개시기로 구부하면 제1기는 章草시기로 한나라에서 위나라까지, 제2기는 今草시기로 동진부터 初唐까지, 제3기는 狂草시기로 주로 唐代를 꼽을 수 있다. 초서는 예서, 해서와 동시에 통행되던 보조성 자체이다. 초서의 초는 거칠다, 초보, 정식이 아니다, 不成熟 등의 의미를 가지고 있다. 자체 측면에서 초서는 두 가지의 의미를 내포하고 있다. 광의로는 각 시대 각종 자체에서 거칠게, 빨리 쓴 글씨를 모두 초서라 하고, 협의로는 예서나 해서처럼 일종의 자체를 가리키는 말인데, 이 초서는 漢代에 형성된 장초가 그 시원이 된다.

漢代의 초서를 장초라고 부르게 된 이유는 정확히 알 수 없다. 다만 어떤 이는 동한 章帝가 이 서체를 중시 여겨서 얻게 됐다고도 하고, 어떤 이는 章帝時 杜度가 초서를 잘 썼기 때문에 장제가 그에게 초서로 奏章을 올리도록 하여 얻어진 이름이라고도 한다. 또, 어떤 이는 章程書로부터 얻어진 이름이라고도 한다. 장초의 특징은 예서를 해체하고 거칠게 쓰되, 글자의 대체적인 윤곽은 보존하면서도 빨리 쓰는 것이다.

가. 章草

장초의 의미는 今草, 大草, 狂草처럼 명료하게 드러나지 않는다. 啓功은 「中國古代字體論考」에서 장초란 명칭의 함의에 대해 다섯 가지를 제시하였다. 漢章帝創始說, 漢章帝愛好說, 章奏에 사용설, 急就章의 영향설, 章程書의 章의 의미 설 등이 그것이다. 대부분 사람들은 마지막 설을 믿는다. 啓功은 章은 조리, 법칙, 명백함, 실질 등의 뜻이 있고, 장초는 비교적 엄격함이, 금초는 비교적 멋대로의 품격이 있기 때문에, 漢代의 초서를 '章'을 붙여 '장초'라고 했다고 한다. 합리적인 설명이다. 한대에는 장초

居延新簡 字表 중의 '長'

란 이름이 없었다. 동진에 이르러 이런 이름이 생겼다.[66]

한대는 장초의 발전단계이다.(서한에서 시작) 이 시기의 장초는 예서의 거칠고 급하게 쓰고, 생략한 서 사이었다. 그래서 어떤 사람은 장초를 隷草, 草隷라고도 불렀다. 장초가 完美한 성숙을 이룬 것은 東漢에서 魏晉 시기이다. 결구가 규범화되고, 필획이 예서의 波磔을 녹여내어, 장초로 하여금 결구에서 점획까지 美化를 이루었기 때문이다. 波磔의 完美는 예서 성숙의 標誌이다. 장초의 발전 또한 예서의 연변을 따라서 행해졌다. 장초는 동한과 위진에 이르러 예서의 波磔이 완미하게 운용되어 초서에 이르게 된 것이다. 장초의 점획 波發은 팔분으로부터 나왔다는 말이 있다. 이들 波磔의 출현은 예서의 草化의 필연의 형식이고, 동시에 초서가 예술화를 향해 발전하고, 초서로 하여금 더욱 아름다움을 추구하고 완미의 단계로 성숙함을 말해준다.

장초가 금초나 광초와 다른 점은 다음과 같다. 대체로 글자 한 자 한 자를 따로 썼고, 한 글자 내에서는 필획이 한 획 한 획 떨어져 있는 것도, 붙은 것도 있으며, 획을 점으로 변화시켰고, 예서의 波磔을 소유하고 있다. 魏晉은 장초가 성행한 시기이다. 吳의 皇象의 『急就章』, 陸機의 「平復帖」은 장초로 유명하다. 예서를 빨리 쓴 것이 행서이고, 장초(초서)이다. 당연히 빨리 쓰다 보니 일부 부건을 생략하거나 축약하고, 흘려 쓰게 되는데, 초기에는 그 생략이나 흘림 정도의 강약에 따라 행서라고도 하고, 초서(장초)라고도 하였다. 초서와 행서의 구분이 명확한 것은 아니다. 특히 행서는 매우 정교하게 쓴 것도 있고, 매우 흘려 쓴 것도 있어 딱히 자체가 어떻다고 규정하기가 어렵다. 이는 행서나 장초의 탄생 배경인 거연한간 등에 보이는 것 같이,

66) 啓功, 「十 草書, 章草」, 『古代字體論稿』, 文物出版社(1964, 7, 제1版), 1979, 8, 제2차 인쇄, 38-41쪽 참조

생략이 매우 심한데도 매우 정교하게 쓴 것으로부터 연유한 듯하다. 위『居延新簡』
자료 중의 '長'을 보면 이를 명확히 알 수 있다. 첫째 줄 후반부의 글자부터 생략이
매우 심하다. 하지만 전체적으로 보면 매우 정교하게 썼다. 둘째 줄의 두 번째 글자,
셋째 줄의 끝에서 네 번째 글자, 넷째 줄의 두 번째 글자, 마지막 줄의 마지막 글자
등은 생략은 심하지만 매우 정성들여서 정교하게 썼다. 이것이 한대 간독에 쓰여진
예서의 특징이지만, 이를 흘려 쓰면 그 흘림 정도에 따라 행서도, 초서도 된다. 행서
나 초서를, 한자의 자체를 논할 때 독립적인 자체로 보지 않는 이유가 바로 이러한
사정 때문이다. 아래에 서한 말 동한 초, 예서를 흘려 쓴 서체를 보자.

〈章草로의 演變 : 서한 말~동한 초〉

ⓐ 居延新簡   ⓑ 居延新簡   ⓒ 居延新簡   ⓓ 居延新簡

ⓐ는 매우 정교하게 쓰여진 글씨이다. ⓐ~ⓓ는 동일한 거연한간이다. 동일인이 서사했는지는 알 수 없지만, 동일한 지역, 동일한 집단이 쓴 간독이다. 하지만 빨리 쓰기 위해 행한 생략과 흘림 정도에 따라 자양이 어떻게 달라지는지를 볼 수 있다. ⓒ는 建武3年(기원전 27년)에 쓰여졌다. 하지만 ⓑ는 ⓐ보다 더 흘려 썼고, ⓒ는 ⓑ보다 더 흘려 썼다. 동일한 시대 동일한 지역에서의 書寫가 빨리 쓰기로 인해 자양이 달라졌다. ⓓ 역시 ⓑ와 거의 같은 시기, 같은 지역에서 서사된 것이지만, 그 생략의 정도는 ⓒ와 비슷하다. 다만 ⓒ보다는 그 흘림 정도가 약하고, 정성들여 썼다.

〈장초에서 草書로의 演變 : 동한 초~위진〉

ⓔ 敦煌漢簡   ⓕ 樓蘭簡牘[67]   ⓖ 急就章[68]

67) 『樓蘭簡牘』은 羅布泊西面의 '樓蘭遺址'에서 발굴된 魏晉 시대의 간독이다.
68) 『急就章』은 吳(서기 222-280)나라 때 皇象이 서사한 章草이다. 모두 2,023자로 초서 옆에 행서로

『樓蘭簡牘』은 위 ⓒ, ⓓ보다 대략 150~200년 뒤에 쓴 것인데 생략과 흘림이 더 심하다. 아직 상하 글자를 붙여 쓰지는 않았지만 후대의 초서체(今草)와 매우 흡사하다. ⓕ와 거의 동시대에 생산된 ⓖ는 ⓑ-ⓕ의 『居延新簡』, 『敦煌漢簡』, 『樓蘭簡牘』과 비교하면 생략과 흘림은 비슷하지만 매우 정성들여 썼다. 꼭 의도적인 것은 아니지만 앞의 簡牘들은 일상의 문자생활에서 실용으로 쓴 것이고, ⓖ 황상의 글씨는 학생들의 글자공부를 위해 매우 정성들여 쓴 것이기 때문에, 장초를 예술의 경지에까지 올려놓았다. 초서는 아무렇게나 쓴다는 일반적인 인식을 탈피하게 하는 글씨이다. 이는 동한 비각의 글씨나[69] 위진의 종요, 왕희지 등과 같은 문인학사들의 글씨가 하나의 예술 영역으로 자리매김 된 결과와 무관치 않다.

나. 今草

금초는 장초로부터 演變해 온 것이다. 世稱 '一筆書'라고 하는데, 이는 붓을 한 번 대면 글자 한 자를 완전히 써냈기 때문에 붙여진 이름이다. 금초의 최대의 특징은 장초에 남아 있는 八分의 波折을 버렸고, 해서의 필세를 具有하고 있으며, 한 글자 내에서의 선과 점이 모두 이어져 있다는 것이다. 전체적인 인상은 혹 우연히 한 글자를 한 붓으로 모두 연결하여 쓰지 않더라도, 그 혈맥이 이어져 있고, 기맥이 전체 문장의 행과 행 사이에 아우러져 통한다. 전해 내려오는 이야기로는 한대의 張芝가 처음 금초를 썼다고 하는데, 금초는 晉나라 때 일반화됐고 성숙했다. 그 대표적인 서예가로는 王羲之 父子를 들 수 있다.[70]

隸定을 하였다. 글씨가 너그럽고 자연스럽다. 필세가 건강하고 기상이 간결하면서도 고졸한 맛이 난다. 혹 황상이 쓰지 않은 것이라 해도 초서의 훌륭한 본보기가 된다.(沙孟海, 中國書法史圖錄(卷一)(中國美術史圖錄叢書)上海人民美術出版社, 1991, 7, 제1판, 51쪽)

69) 이때의 서사인은 거의 알 수 없다. 이때만 해도 書寫人을 밝히는 것이 익숙하지 않았다.

70) 王羲之는 동진 사람인데, 생몰 연대는 정확히 알 수 없다. 자가 逸少이고, 琅琊 臨沂 사람이다. 그는 어려서 재주가 있어 조정 대신들로부터 사랑을 받았다. 여러 번 벼슬을 천거받기도 하였으나 사양하다가 右將軍, 會稽內史를 역임하였다. 永和11年(서기 355년) 사임하고, 59세에 卒했다. 왕희지의 부친 王曠曾은 관이 淮南太守에 오른 저명한 書法家였다. 아버지의 영향으로 서예에 일찍 두각을 나타내

<今草 : 동진>

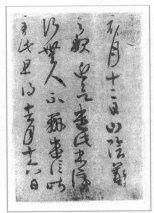

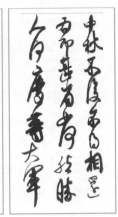

月初帖   遠菅帖   中秋帖

「月初帖」과 「遠菅帖」은 동진 왕희지의 글씨이다. 물론 왕희지의 친필이 아니고 摹寫本 이지만 그의 서풍을 엿볼 수 있다. 「月初帖」은 用筆이 서로 떨어졌다. 즉 보통의 초서나 행초처럼 連筆을 하지 않고, 한 글자 내에서 붓을 떼어서 쓴 부분이 많다. 풍격이 예쁘고 아름답다. 「遠菅帖」은 필세가 꺾이고 轉折됨이 맵시 있다. 풍격이 웅건하고 전아하다. 부분적으로 어떤 글자는 장초의 맛이 나는 것도 있다. 「中秋帖」71)은 왕희지의 일곱째 아들 王獻之의 작품이다. 왕희지의 서체를 닮았다. 천진스럽고, 신비하고, 용맹스러운 기품을 느낄 수 있다. 골격이 긴밀하다. 아래 〈正祖의 서간〉은 우리나라의 正祖가 쓴 초서이다. 원제는 '近候晏勝'이란 御札이다. 보는 이에 따라 다르겠지만 매우 근엄하고 정갈하게 쓴 초서이다. 아래에 소개된 東晋의 글씨보다는 그 흘림 정도가 약하지만 위에서 본 行書보다는 흘림 정도가 심하다. 위에 소개된 「遠菅帖」만큼 흘려 쓴 글씨이지만 이보다는 훨씬 근엄하다.

───────────────

었다. 행서, 초서에 능했다.

71) 「中秋帖」은 왕헌지(서기 344-386년)의 작품이다. 隸定 : 中秋不復不得相還爲卽甚省如何然勝人何慶等大軍

<正祖의 서간>72)

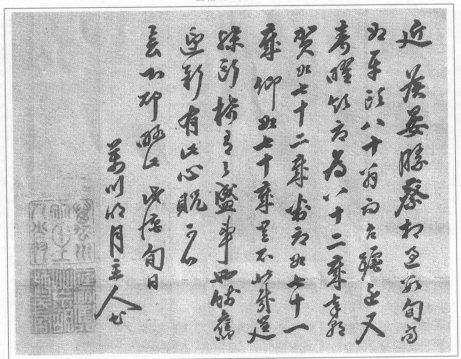

　　위 정조의 글씨는 行草와 草書를 이해할 수 있는 하나의 자료가 될 수 있다. 行草
로 보기에는 조금 지나친 흘림이 있고, 초서로 보기에는 조금 근엄함이 있다. 한두
자를 빼고는 모든 字의 部件이 파괴되었다. 하지만 매우 정갈하고 근엄하게 써 그
흘림정도가 약하게 보인다. 아래 東晉과 梁에서 쓰여진 초서들과 비교해보면 초서
와 行草를 이해할 수 있는 자료라고 생각된다.

---

72) 「경향신문」, 2008. 4. 24(목요일), 제20면 "고리타른하지 않은 '조선의 정신'"에서 채록 및 複寫.

<今草>

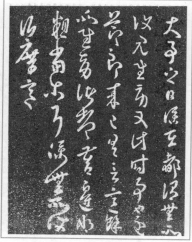

省示帖：東晉 王導　　　　　　大事帖：東晉 桓溫　　　　　　節近帖：梁 蕭思話

「省示帖」은 동진의 王導(서기 267-339년)[73]의 글씨이다. 왕도 서법은 종요와 衛瓘을 배웠고, 초서에 능했으며, 해서도 잘 썼다. 종요와 위관을 매우 좋아하여, 亂離 중에도 종요의 「선시첩」을 들고 피난을 갈 정도로 종요를 좋아하였다. 필세가 매우 유려하다. 그의 아들 王洽, 王薈 등도 서예를 잘 했다. 「大事帖」은 동진의 桓溫(서기 312-373년)[74]의 글씨이다. 초서를 잘 썼다. 글씨가 힘이 있다. 두 사람의 작품 모두 기본적으로 아래 위 글자가 連筆되지 않았다. 「節近帖」은 梁(서기 503-557년)나라 사람 蕭思話의 글씨이다. 앞의 두 작품에 비해 흘림 정도가 약하다.

　　다. 狂草

　唐代에 이르러 張旭, 懷素 등에 의해 광초가 형성됐다. 특징은 멋대로 자형을 무

----

73) 字가 茂弘이고, 琅琊 臨沂(현재 山東省 臨沂縣) 사람이다. 司徒와 太傅를 역임하였고 詩興郡公에 봉해졌다.
74) 字가 元子이고, 譙國 龍亢(지금 安徽省, 懷遠縣) 사람이다. 大司馬를 역임하였다.

너뜨려 위아래 글자를 연결하여 쓰고, 전체적인 자형은 갈고리 모양으로 서로 연결
된 모습을 띠었다.

　광초의 특징은 기이함, 황당함, 빠름이다. 자체는 곡선으로 돌고, 위아래가 연결됐
으며, 서로 다른 부건이지만 동일한 형체를 띤 것이 많고, 사람마다 자기의 체를 가
지고 있어 글자를 판독하기가 매우 어려웠다. 특히 한 글자 내에서만 連筆된 게 아
니라, 기본적으로는 위 아래 몇 개 글자가, 혹은 한 행 전체가 모두 連筆되기도 하여,
행을 바꾸더라도 그 기상이 계속 이어진다. 그 변화가 대단하여 輕重, 疾徐, 濃淡,
枯潤의 필묵 변화를 가져와, 서로 다른 감정, 意象을 표출한다. 그래서 '서예'란 예술
적 가치 외에는 일반인들이 쓸 수도, 읽을 수도 없어, 교제공구로서의 가치는 상실하
였다. 속설에 漢의 張芝, 東晋의 王獻之가 광초의 濫觴이고, 唐의 張旭이 그 풍모
를 갖췄다고도 한다.

<狂草>

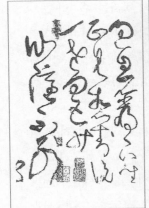
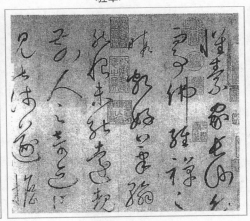

古詩四帖　　　　　　　　　自敍帖[75]　　　　　　　李白山中問答

　「古詩四帖」은 唐의 張旭의 狂草이고,「自敍帖」은 唐의 懷素의 狂草이다. 회소

75) 潘海鷗 責任編輯, 앞의 책, 속지 화보에서 복사

는 스님이었다. 俗姓이 錢이고, 자는 藏眞이며, 零陵(지금의 湖南省 永州市) 사람이
었다. 출신이 빈한하여 어려서부터 절에 들어가 살았는데, 서예를 좋아하여 해서는
종요를 배웠고, 장초는 종요와 왕희지를 배웠으며, 중년 이후에는 張旭의 狂草를 배
웠다. 술을 좋아하고 기묘한 것을 좋아하여 당시 사람들이 狂僧, 醉僧이라고 불렀
다. 중국 고대 낭만주의 초서서예가로 널리 알려져 있다.76) 「李白山中問答」은 광초
의 맛을 느끼기 위해 현대의 작품을 골랐다.77)

3. 남방문자와 육국문자

(1) 春秋中晚期 南方文字(기원전 770‒476년) : 金文(鳥蟲書), 帛文

한자학에서 '남방문자'란 字體用語는 없다. 필자가 말하는 '남방문자'란 춘추시대
남방국가의 문자를 의미한다. 서주까지는 중국대륙의 문자는 지역색이 크지 않았다.
하지만 주나라의 제후들에 대한 장악력이 떨어지면서, 각 지역마다 지역색이 가미된
한자가 쓰여지기 시작하였다. 특히 吳, 越, 楚 등 남방국가들의 한자는 주나라 문자
를 충실히 이어받은 진나라 문자와 대별되는 美術化 경향이 나타난다. 이러한 지역
색의 문자발전은 전국시대에 들어와서도 계속되는데, 역시 서북쪽에 위치한 진나라
는 여전히 서주의 문자를 충실히 계승하고 있었으나, 나머지 6개 나라는 이와는 확
연히 다른 演變의 길을 걷고 있었다.

춘추초기 제후국들의 금문은 모두 서주의 書風을 이어받아 자체가 典雅하고 번
다하였다. 그래서 일부 학자들은 서주와 춘추금문을 西周系 문자로 분류하기도 한
다. 곽말약은 "서주, 동주가 남겨놓은 금문은 관방문자이다. 서주의 동서남북 어느
곳 가리지 않고 이는 일치되는 현상이다."(兩周所留下來的金文, 是官方文字. 無分南

---

76) 金開誠, 王岳川 主編, 「第三編 文化視界・四 隋唐五代書法藝術」, 앞의 책, 504쪽 참조
77) 현대의 서예가 鄭散木의 狂草이다. 자적이 뚜렷한 唐代의 작품을 찾지 못해, 광초 이해에 도움이
    될 것으로 생각되어 게재하였다.(金開誠, 王岳川 主編, 「第四編 百代書杰」・八 現代的書法藝術」, 앞
    의 책, 638쪽 복사)

北東西, 大體上是一致的)[78]라고 하였다. 금문은 춘추중만기에 지역색과 미술화의 경향이 출현한다. 다만 자형 결구 상에는 그리 큰 변화가 나타나지 않고, 단지 서사의 예술 風格上 不同의 특색을 띠기 시작한다.

　황하유역의 齊나라와 魯나라 등의 금문은 자체가 길고 정교하고 아름답다. 필획이 시작하고 끝나는 지점이 뾰쪽한 특징이 있다. 남방의 楚, 徐, 吳, 蔡 등의 나라의 금문은 선이 매우 좁고 가는 서체가 유행하였다. 일부 필획은 彎曲한 모양을 지향하기도, 어떤 필획은 매우 섬세하고 가늘었다. 춘추만기 남방의 각국의 금문은 鳥形, 蟲形으로 장식하는 鳥蟲書가 출현하였다. 이외에도 점의 모양을 한 장식필을 덧붙이기도, 매우 굵은 필획 등이 유행하기도 하였다. 동부의 일부 국가에서도 유행하였다.

<남방문자>

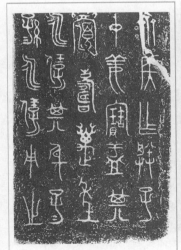

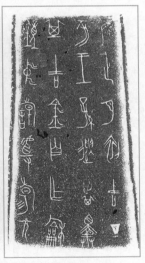

薛仲赤簠 : 춘추조기 薛　　　　齊侯盂 : 춘추 齊　　　　王孫遺者鐘 : 춘추 楚

　춘추의 금문은 사법이 어떤 때는 거칠고 멋대로 쓰는 경향이 있기도 하였다. 또

---

78) 郭沫若, 「古代文字之辨證的發展」(谷谿 編著, 앞의 책, 157쪽 재인용)

속체를 사용하기도 하여 이미 草篆의 단초를 제공하였다. 어떤 명문은 錯金을 하기
도 하여 매우 정교하고 화려하였다.

　춘추만기 금문 외에도 붓을 사용한 盟書가 있었다. 盟書는 옥, 돌 등에 썼는데
대부분 朱書이고 소수가 墨書이다. 盟書는 盟誓의 말을 써놓은 것인데 '載書'[79]라
고도 칭한다. 盟書의 자체는 매우 方正하고 필획에 생동감이 있으며 자연스럽다.
필획이 평평하고 곧으며, 가운데는 굵고 끝은 예리하여 올챙이 모양을 띠고 있어 '蝌
蚪文'이라고도 한다. 三晉에서 유행한 자체로 속체의 범주에 속한다. 맹서는 1965년
山西省 侯馬市에서 출토되어 이를 『侯馬盟書』라고 한다.

　위 명문은 모두 秦나라의 문자가 아니다. 「薛仲赤簠」[80]는 춘추시대 薛나라에서
쓰여진 것으로 명문 書寫에 아름다움을 추구하지는 않았다. 하지만 異形文字의 사
용이 보인다. 제1행, 두 번째 글자 '馬'는 이미 진계문자와는 확연히 다른 이형이다.
「齊侯盂」[81]는 춘추시대 齊나라에서 쓰여진 것으로 명문은 5행 26자인데 중문이 2
자 있다. 필획이 가늘고 상하로 길쭉하게 늘려 썼다. 「王孫遺者鐘」[82]은 춘추시대
楚나라에서 쓰여진 글씨로 명문은 19행 117자인데, 중문이 4자 있다. 내용은 王孫인
遺者가 선조를 기념하고, 선조의 덕행을 계승하며, 아울러 장수를 기원함을 기록하
였다. 명문의 서체는 길고, 부드럽고, 아름답고, 자연스럽다. 필획은 섬세하고 특수
한 장식미의 멋을 풍긴다. 앞의 두 금문에 비해 훨씬 더 아름다움을 추구하였다. 초
나라가 앞의 두 나라에 비해 더 남방에 자리하고 있었기 때문이다. 아래 吳, 越의
문자를 보면 이러한 미의 추구가 확연히 드러난다.[83]

---

79) 『周禮·秋官·司盟』 "司盟, 掌盟載之法……"의 注에 "맹서라고 하는 것은 그 말을 책에 적고, 희생
　을 잡아 그 피를 받아 맹서를 쓴 책 위에 덧붙여 써서 땅에 (맹서의 책과 희생을) 묻는데 이를 재서라
　고 한다.(盟者, 書其辭於策, 殺牲取血, 加書於上而埋之, 謂之載書)"라고 하였다.
80) 谷谿 編著, 앞의 책, 161쪽. 隸定 : 徒(走)馬薛中(仲)赤/自乍其匿(簠)子/孫孫永保用享
81) 谷谿 編著, 앞의 책, 167쪽. 隸定 : 齊侯乍龒子/中(仲)姜寶盂其/眉壽萬年/永保其身子子/孫孫永保用之
82) 谷谿 編著, 앞의 책, 160쪽
83) 오나라와 월나라의 금문은 『吳越徐舒金文集釋』(董楚平, 『吳越徐舒金文集釋』, 浙江古籍出版社,
　1992, 12, 제1版.)의 모사본을 복사하였다.

<鳥虫書>

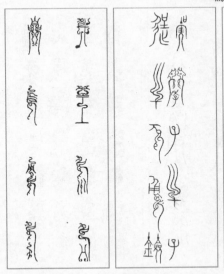

越王州句矛   吳季子之子逞之劍   越王者旨於賜鐘

「越王州句矛」는 춘추시대 越나라, 「吳季子之子逞之劍」는 춘추시대 吳나라, 「越
王者旨於賜鐘」[84]은 역시 춘추시대 越나라의 글씨이다. 이들 모두 춘추시대 남방문
자 특유의 鳥蟲書이다. 「越王州句矛」와 「吳季子之子逞之劍」는 매우 유려하다.
「越王州句矛」는 모든 글자에 새의 모양을 한 장식필이 있다. 「吳季子之子逞之劍」
는 새 문양의 장식필이 없는 글자에는 매우 정교한 장식필(吳자와 劍자)을 덧붙이거나,
글자를 매우 수려하게 만곡 시켜(子자와 之자) 미를 추구하였다. 「越王者旨於賜鐘」
역시 조충서이나 앞의 글자에 비해서는 유려함이 떨어진다. 아래 宋代 금문 저록의
글씨를 보자.

---

84) 隸定：隹正月仲/春吉日丁/亥, 戉(越)王/者旨於/賜罢岉(厥, 其)/吉金, 自/乍禾(和)鐘/我台(以)樂/考
帝, 歔(喜)而/爾/賓各(客). 田(陳)台(以)/鼓之, 夙/ 莫(暮)不貳(忒)/順余子/孫萬葉(世)/亡(無)疆, 用/之
勿相(喪).

<鳥虫書>

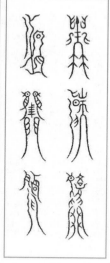

夏鈞帶　　　　　　　　　夏珝戈　　　　　　　　　帶鈞[85]

「夏鈞帶」와 「夏珝戈」는 宋代의 薛尙功이 撰한 『歷代鐘鼎彝器款識法帖』에서 「夏器款識」[86]이라 이름하였다. 「帶鈞」 역시 宋代의 王俅가 撰한 『嘯堂集古錄』에 출현한다. 이들 모두 鳥書이다. 薛尙功은 이들을 하나라 때의 금문(夏器款識)이라 하였고, 王俅는 시대를 밝히지 않았다. 실존하는 명문을 채록한 것인지 의심되지만, 薛尙功의 「夏器款識」 중 「夏珝戈」는 위 吳, 越의 鳥書와 결체, 필획, 느낌까지 거의 같다. 서체만 보아도 夏代의 명문이 아님을 알 수 있다. 「夏鈞帶」와 「帶鈞」는 남방문자 중에는 유사한 사례가 보이지 않는데 이 역시 남방문자로 보인다. 宋代人들은 남방문자를 많이 접해보지 못했던 듯하다. 王俅가 本章 제2절 '文字로의 進化 過程'의 표 28 「楚鐘」을 隸定하지 못하고 '不識'이라고 한 것에서 이를 알 수 있다. 상형성이 농후한 것도 아닌데 '不識'이라고 한 것은 宋代 사람들이 춘추전

85) (宋)王俅 撰, 『嘯堂集古錄』(宋人著錄金文叢刊), 中華書局, 1985, 6, 제1版, 143쪽 복사

86) (宋)薛尙功 撰, 『歷代鐘鼎彝器款識法帖』(宋人著錄金文叢刊), 卷第一, 中華書局, 1986, 5, 제1版, 복사

국의 남방문자를 접해보지 못했다는 것을 증명한다. 薛尚功 역시 「夏珮戈」에 대해 "경견오의 書品論에 '모기 다리와 같이 가늘게 쭉 뻗은 필획에 곁에는 고니가 머리를 들고 서있는 모양을 한 장식필을 붙인 것'이 바로 이 서체이다.(庚肩吾書品論曰, 蚊脚旁舒鵠首仰立正此書也)"[87]라고 하였는데, '蚊脚과 鵠首'라는 자체는 남방문자 특유의 서체라는 것을 몰랐으며, 막연히 이를 신비한 문자로 여겨 夏代의 문자라고 한 것이다. 또 위 「帶鉤」는 월나라의 鐘에 새겨진 금문인데, 설상공은 이를 '商鐘'이라고 하였다.[88] 이는 송대인들이 남방문자를 알지 못하고 막연히 오래된, 신비한 문자로 여겼음을 말해 준다.

<鳥虫書 : 璽印文字>

封比干墓銅盤[89]

璽二 蔡仲平傳本[90]

왼쪽 璽印文字 역시 薛尚功의 著錄에서 복사하였다. 그는 「封比干墓銅盤」은 어느 나라 것인지 밝히지 않았지만, 「璽二 蔡仲平傳本」은 秦나라의 도장이라고 했다. 거의 잘못 안 듯하다. 글씨가 그림 수준인 것으로 보아 역시 남방 문자로 보여진다.

다시 말하지만 위 宋代人들이 채록한 금문이 실물을 모사한 것인지, 또는 傳寫 과정 중에 오류는 없었는지 확인할 수는 없다. 하지만 위에 예로든 薛尚功, 王俅의 금문저록은 모두 남방의 조충서로 보여진다. 아울러 이를 통해 남방문자의 면모를 추측해 볼 수 있다.

---

87) 薛尚功은 「夏珮戈」의 명문 옆에 단 주석에서 이처럼 말했다.
88) 薛尚功은 앞의 책, 「夏珮戈」(卷第一)의 바로 아래에 있는 위 '월나라 종'을 「商鐘」이라고 하였다.
89) (宋)薛尚功 撰, 앞의 책, 97쪽 복사
90) (宋)薛尚功 撰, 앞의 책, 81쪽 복사

<미술화를 지향한 문자>

吳王光殘鐘(摹本) : 춘추 吳　　　　　者汈編鐘(摹本) : 춘추 越

앞에서 살펴본 鳥虫書, 璽印文字는 모두 吳와 越의 금문이다. 글씨라기보다 그림에 가까울 정도로 아름답다. 「吳王光殘鐘」과 「者汈編鐘」은 앞에서 본 鳥虫書나 璽印文字처럼 장식필이 붙지도, 수려하지도 않지만, 역시 자형미를 위해 미술화를 추구하였다.

남방국가에서 쓰여진 모든 글자가 앞에서 본 것처럼 書寫의 아름다움을 추구한 것은 아니다. 아래 「庚兒鼎」과 「吳王夫差鑑」[91]은 거의 위에서 살펴본 吳, 越의 금문과 동시대, 동일지역에서 쓰여졌는데도 미술화가 이루어지지 않았다. 각 지역마다, 시대마다, 기물 종류에 따라 약간씩 다른 서체를 사용하였다. 이들 미술화의 추구는 정치적으로 주나라의 통제가 느슨해졌다는 것을 말해주고, 한편으로는 독자적인 문화가 형성되고 있었음을 의미한다. 주나라의 장악력 약화와 독자적인 문화의 형성은 이후 전개될 한자의 연변을 예고함과 동시에, 이미 한자는 각 제후국마다 독자적인 연변의 길에 들어섰음을 알린다.

---

91) 吳王 夫差는 기원전 495-476년까지 재위하였다.

<남방국가의 금문>

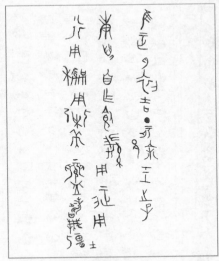

庚兒鼎(摹本) : 춘추 徐國[92]

吳王夫差鑑(摹本) : 춘추 吳國

아래 『欒書缶』[93]는 춘추중기 晉나라에서 쓰여졌다. 명문은 5행 40자인데, 鑲嵌법으로 錯金을 하여 매우 정교하고 아름답다. 鑲嵌 錯金은 춘추 중기부터 시작되었는데, 병기 등에는 많이 보이나 『欒書缶』 같은 장편의 동기 명문의 착금은 드물다. 많은 글자를 착금할 수 없었기 때문이다. 이곳의 '缶'는 '欒書'가 선조를 제사지낼 때 술을 담기 위해 만든 酒器이다. 이체자가 많다. 글자가 세로로 길게 퍼져있는 양상을 드러내고, 선은 둥글고 완만하게 굽었으며 윤기가 있다. 晉國은 楚의 부용국이기 때문에 초나라 문자와 유사하다. 위 남방국가의 글씨를 아름답게 쓰는 미술화 경향을 계승하였다. 다만 남방국가들의 글자에 보이는 장식성의 새나 벌레 등의 문양이 보이지 않는다. 또 필획을 길고, 가늘며, 만곡되고, 아름답게 쓰는 정도가 감소하였다.

---

92) 춘추전국시기 존재했던 徐나라에 대해 자세히 알려져 있지 않다. 대략 기원전 512년 뒤에 망한 것으로 추정된다.

93) 谷谿 編著, 앞의 책, 172쪽. 隸定 : 正月季春元日己丑 余畜孫書也(以)擇其吉 金以作鑄金缶以祭我 皇祖廬(余)以祈眉壽欒 書之子孫萬世是寶(본 명문은 좌에서 우로 읽어야 함)

<남방국가의 문자>

欒書缶：晉　　　　　　侯馬盟書：晉　　　　　長沙子彈庫戰國楚帛書：楚

『侯馬盟書』94) 역시 춘추만기 晉나라 문자이다. 이름에서 보듯이 盟書이다. 붓을
사용하여 썼다. 일반적으로 盟書는 옥, 돌 등에 썼는데, 대부분 朱書이고 소수가 墨
書이다. 盟書는 盟誓의 말을 써놓은 것으로 '載書'95)라고도 칭한다. 『侯馬盟書』의

---

94) 山西省文物工作委員會 編輯,『侯馬盟書』, 文物出版社, 1976, 12, 제1版 267쪽(圖版 번호 156：20)
95) 『周禮・秋官・司盟』 "司盟, 掌盟載之法……"의 注에 "맹서를 하는 사람은 그 맹세의 말을 책에

자체는 매우 方正하고 필획에 생동감이 있으며 자연스럽다. 필획이 평평하고 곧으며, 가운데는 굵고 끝은 예리하여 올챙이 모양을 하고 있어 蝌蚪文이라고도 한다. 三晉에서 유행한 자체로 속체의 범주에 속한다. 본 盟書는 1965년 山西省 侯馬市에서 출토되었기 때문에 『侯馬盟書』라고 한다.

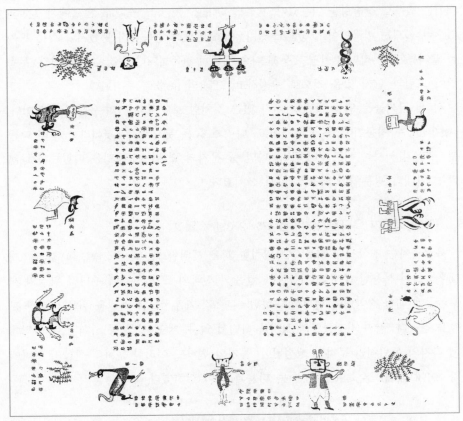

長沙子彈庫戰國楚帛書의 復原圖

적고, 희생을 잡아 그 피를 받아 맹세를 쓴 책 위에 덧붙여 쓰고, 땅에 맹서(맹세의 책)를 묻는데 이를 '재서'라고 한다.(盟者, 書其辭於策, 殺牲取血, 加書於上而埋之, 謂之載書)"라고 하였다. 즉, 맹서의 방법은 맹세의 내용을 책에 적고, 그 위에 희생의 피로 상호 다시 한 번 간결한 문장을 쓰거나 서명을 하고, 맨 나중에 맹세를 적은 책을 땅 속에 묻는다. 이러한 것을 '재서'라고 한다는 것이다.

「長沙子彈庫戰國楚帛書」[96]는 전국중만기 楚나라에서 쓰여졌다. 정확한 서사연대는 알 수 없으나 대략 전국중만기에 쓰여진 것으로 보인다. 繪書, 絹書라고도 한다. 글씨가 상하의 장방형이 아니라 좌우로 펴져 있다. 이는 한대의 팔분과 같은 자형이라고 할 수 있다. 한자는 줄곧 상하의 장방형을 유지하였으나 한대 팔분과 초백서는 좌우로 장방형을 이루었다. 1942년 湖北省 長沙市 子彈庫 楚墓에서 발굴되었으나 현재는 미국인이 소장하고 있다. 최초 발굴시 판독하지 못했거나 잘못 판독한 글자를 최근 적외선 촬영을 통해 다수 새롭게 판독하거나 수정, 보완하였다. 무속인이 그림과 함께 썼을 것으로 추정하고, 楚國의 俗書로 추정된다.

위 세 글씨들은 언뜻 보면 차이가 있는 것처럼 보이지만 거의 유사한 서체이다. 「欒書缶」는 청동기에 쓰여진 것이고, 나머지 둘은 붓으로 쓴 것이라 느낌이 다를 뿐, 부건의 서사는 서로 비슷하다. 다만 晉 문자의 결체는 장방형을 띠었는데 楚帛書는 한대의 팔분처럼 좌우로 넓게 쓰여졌다.

(2) 전국시기 육국문자(기원전 475－220년) : 篆文

육국문자는 전국시대 서북쪽에 위치한 秦을 제외한 齊, 楚, 燕, 韓, 趙, 魏의 6개 제후국들이 사용한 문자를 지칭한다. 춘추와 전국의 교체기 무렵 주나라 왕실의 제후국들에 대한 장악력이 현저히 약화된 이후, 각 제후국들은 패권을 위해 극심한 갈등을 겪는다. 각자 자신들만의 정치를 하면서 역사, 제도, 문물 등 사회 모든 영역에서 각자의 독립적인 문화가 생성된다. 문자의 변화도 이러한 문화적 산물의 하나이다. 이에 대해 『說文解字・敍』는 다음과 같이 말하였다.

그 후 제후들이 정복전쟁에 힘쓰고, 주 왕실의 제어를 받지 않으며, 예악이 자신들에게 해가됨을 싫어하여, 모두 그 (예악에 관한) 전적을 제거해 버렸다. 그러다가 7국으로 분리되자 밭두둑(면적)을 재는 단위(畝)가 다르고, 수레(길)의 폭이 다르고, 율령의 법도가

---

96) 李零, 『長沙子彈庫戰國楚帛書研究』, 中華書局, 1985, 7, 제1版, 155쪽

다르고, 의관의 제도가 다르고, 언어의 소리가 다르고, 문자의 형체가 달랐다.

其後諸侯力政, 不統於王, 惡禮樂之害已, 而皆去其典籍. 分爲七國, 田疇異每田, 車涂異軌, 律令異法, 衣冠異制, 言語異聲, 文字異形.

서주의 문자를 계승하고 있던 秦國의 규범화된 篆文 외에, 동방 6국의 문자는 극렬한 변화를 가져왔다. 물론 6국문자가 모두 동일한 형체로 분열을 한 것은 아니었다. 6국내에서도 문자가 서로 다를 정도로 분화를 하였다. 또 이때는 춘추 중만기 남방국가들의 문자에서 나타나던, 새와 벌레 모양을 가미한 서체가 퇴조한다.

秦나라와 晉(楚의 부용국)의 경계지점인 函谷關을 중심으로, 춘추시대의 진국문자와 통일 뒤의 소전을 합하여 秦系文字, 동방 6국의 문자를 六國古文이라고 한다. 또, 전자를 西土文字, 후자를 東土文字라고도 한다. 6국 고문이라고 한 것은 6국문자의 結構가 매우 변화무쌍하여, 秦漢人들이 이 글자가 매우 오래된 문자로 오해하여 '古文'이란 말을 붙여준 것에서 비롯된다. 일반적으로 6국문자라고도 한다. 6국문자 자료는 크게 전국시대 이들 지역에서 출토된 실물자료와 설문, 三體石經 등에 남아 있는 고문 자료로 나눠볼 수 있다. 믿을 만한 자료는 출토된 전국시대의 簡帛文字, 金文, 璽印文字, 貨幣文字, 陶器文字 등이다. 이들 중 簡帛文字 자료가 가장 많다.

현재 우리가 쓰고 있는 해서는 진계문자를 계승 발전해 온 것이다. 이들 6국문자는 기본적으로 漢字學史에서는 도태된 문자이다. 도태된 문자임에도 굳이 소개하는 것은 한자, 한문학 종사들은 적어도 이러한 한자연변에 대한 이해를 해야 한다고 생각하기 때문이다.

아래 표를 보자. 「新郪虎符」는 전국시대 秦나라에서 쓰여진 소전체이다. 진나라와 기타 육국의 문자를 비교해보기 위해 제시하였다. 「鄂君啓節」은 전국시대 楚國문자이다. 초나라 왕이 국내에 君으로 봉해진 鄂君啓에게 면세의 혜택을 주기 위해 발급해준 징표, 곧 면세카드이다. 모두 4개를 발급해줬는데 車節이 3개, 舟節이 1개이다. '節 : 카드·징표'의 형태가 대나무와 똑같이 생겼다. 청동으로 주물을 하였고, 그 곳에 착금의 방법으로 글씨를 썼다. 기존 자체 분류로는 전서에 해당한다. 위의 것은 4개 중 그 하나이다. 예컨대「鄂君啓節」의 첫째 행 세 번째 '馬,' 끝에서 두 번째 '帀(師),' 두 번째 행 세 번째 '亥' 등은 진나라 문자와 다르다.

<육국문자 : 전국시대>

鄂君啓節[97] : 楚   陳曼簠[98] : 齊   新郪虎符[99] : 秦

「陳曼簠」은 戰國 早期 齊나라의 글씨이다. 명문은 4행 22자이다. 글씨체는 소전체이지만 장식성의 부호를 부가하기도 하고, 결체를 달리하기도 하여 진나라 문자를

---

97) 李零, 앞의 책, 192쪽
98) 谷谿 編著, 앞의 책, 196쪽. 隷定 : 齊陳曼不敢逸/康肇董(勤)經德乍(作)/皇考獻叔般(盤)/永保用簠
99) 谷谿 編著, 앞의 책, 199쪽

<中山國文字 : 전국중기>

中山王䁷壺

기준으로 보면 이체자가 상당히 많다. 제1행 첫 번째 글자 '齊'는 그 모양이 진나라의 篆文과 상당한 차이를 갖는다. 두 번째 글자 '陳' 역시 하부에 장식성 필획 '土'를 덧붙였다. 세 번째 글자 '曼' 역시 상반부에 전체 글자의 반 정도에 해당하는 장식필을 덧붙였다. 이것이 장식필이 아니고 문자를 구성하고 있는 부건이라면 이체자에 해당한다. 2번째 행 4번째 글자 '經'의 오른쪽 부건 '巠'의 상부 역시 진계문자와 많이 다르다. 바로 아래 글자 '德'의 오른쪽 부건 '悳'의 상부와 하부 '心'의 서사 역시, 진국문자와 많이 다르다. 「陳曼簠」는 첫 행의 不, 두 번째 행 皇, 叔, 永, 保, 用, 簠 등을 제외한 거의 모든 자들이 이체자이다. 육국문자의 이체가 결국 다량의 속체를 생산하였고, 진계문자와 상이한 문자 형체를 이끌었으며, 육국 내에서도 서로 다른 문자 이형을 낳은 기반이 된다.

위 육국문자들은 모두 청동기에 쓰여진 문자들로 서체는 비슷하다. 다만 확연히 다른 이체자가 보이기 시작한다.

위 『中山王䗪壺銘文(拓本)』[100]은 전국 중기 中山國 왕 '䗪' 14년에 만들었다. 명문의 글자 수가 전국 청동기 중 가장 많다. 명문의 書風은 三晉의 문자에 접근됐다. 자형이 길고, 流麗하고 균형 잡혔다. 선이 매우 곱고 가늘며, 장식의미가 농후하다. 필획의 양쪽 끝 쪽이 뾰쪽하다. 명문은 40행 450자(합문 1자, 중문 3자)에 이른다. 『中山王䗪鼎銘文』과 함께 거의 1,000 자에 해당하는 장편의 명문이다. 이런 장편의 명문은 매우 보기 드문 경우로 전국시대 문자연구의 중요한 자료가 된다. 필획이 거의 완전히 보존돼있고, 詞義를 상세히 파악할 수 있다. 자체는 한편으로는 간화를 지향하여 간결하고 쉽게 썼으나, 문자 구성원리(육서)를 벗어난 글자가 많고 따라서 글자 판독도 쉽지 않다. 또 한편으로는 시대적으로 事務가 나날이 번다해지고, 사상이 분화되면서, 기왕에 가지고 있던 문자로는 사회에서 소용되는 詞를 충당할 수 없게 되자, 새로운 한자들을 많이 창조하여 썼다.

내용은 相㻫라는 신하의 공적을 기술한 것이다. 명문의 글자 수가 戰國 청동기 중 가장 많다. 위 춘추시기 미술화 경향을 띤 남방문자를 충실히 계승하고 있다. 병기 등의 짧은 문장을 조충서로 쓰기는 가능하나, 위 중산왕호처럼 400여 자로 이루어진 장문의 명문을 장식성의 조충서로 쓰기는 거의 불가능하다. 그래서 위와 같은 장문의 명문에는 장식성의 새 모양이나 벌레모양 등은 생략하고 아름답게 쓴 듯하다.

아래 『包山楚墓竹簡』은 전국시대 중기 楚나라에서 쓰여진 문자이다. 모두 444매의 죽간 중 문자가 쓰여진 것은 282매인데, 내용은 司法, 점복, 제사, 遺策 등으로 이루어졌다. 1986년 11월 湖北省 荊門市 十里鋪鎭 王場村에서 출토되었다. 앞에 소개된 전국 초에 쓰여진 「鄂君啓節」의 문자와 비교하여 외형적으로 상당한 변화가 있다. 예컨대 「鄂君啓節」의 첫 번째 행 세 번째 글자 '馬'와 『包山楚墓竹簡』의 세 번째 행(우에서 좌로 읽음) 세 번째 글자 '馬'를 비교하면, 어느 정도 글자가 演變됐는지 알 수 있다. 진나라의 글자와 비교하면 거의 다른 나라 문자 같다.

---

100) 『中山王䗪壺銘文』은 77행, 469자이다. 높이는 51, 5cm, 배의 지름이 65, 8cm이다. 1977년 河北省 平山縣에서 출토되었는데 현재 河北省 文物管理處에 소장됐다. (劉翔외, 앞의 책, 184쪽 복사 및 참조)

『望山楚簡』은 전국시대 초국 문자이다. 정확한 서사연대는 알 수 없다. 江陵, 望山(湖北省, 江陵縣, 城關鎭, 八嶺山 楚國 古墓群) 1, 2호 묘에서 37매의 죽간이 출토되었는데, 여기에 약 2천여 자가 쓰여졌다. 이곳은 전국시대 초국의 古都인 紀南城의 서쪽에 위치한다. 簡文의 필법이 일치하지 않는 것으로 보아, 여러 사람에 의해 쓰여진 듯하다. 앞의 『包山楚墓竹簡』과 자형차이가 거의 없다.

<楚國文字 : 전국>

包山楚墓竹簡　　　　　　　　望山楚簡[101]　　　　　　　睡虎地秦簡 : 秦

　　마지막 『睡虎地秦簡』[102]은 전국 만기 秦나라 죽간문자로 동방육국문자와는 상관없다. 이곳에 제시한 것은 동시대 진나라계통의 문자와 동방육국문자의 차이를 비교하기 위해서이다. 『睡虎地秦簡』은 소전의 맛이 거의 사라졌다. 위 『包山楚墓竹簡』, 『望山楚簡』, 『睡虎地秦簡』의 문자는 거의 동시대에 쓰여졌다. 하지만 초국문자와 진국문자는 외형상 상당히 다른 글자처럼 느껴진다. 물론 부건이나 결구 등 한자학적으로 따져보면 그렇게 큰 차이가 나는 문자가 아니라고 주장하기도 한다. 하지만 외형상 느끼는 두 문자 간의 이질감은 크다. 이들 진국을 제외한 문자들은[103] 진나라가 중국을 통일한 후 모두 폐기되어 그 명맥이 사라졌다. 언급했듯이 현재 우리가 쓰고 있는 해서는 진나라 문자를 계승한 것이다.

---

101) 湖北省文物考古硏究所, 北京大學中文系 編, 『望山楚簡』, 中華書局, 1995, 6, 제1版, 51쪽.

102) 張守中 撰集, 『睡虎地秦簡文字編』(文物出版社, 1994, 2, 제1版) 표지에서 복사

103) 현재 전국시대의 簡帛文字는 거의 초나라 것만 볼 수 있다. 진나라의 睡虎地秦簡, 靑泉木簡이 있지만, 나머지 六國의 簡帛文字는 거의 찾아볼 수 없다. 楚國의 簡帛文字는 竹簡文字가 다수를 차지해도 帛書도 발굴됐다. 진나라 역시 帛書보다는 簡牘이 절대수를 차지한다.

제7장

異體字, 同形字, 俗字, 古今字, 한자와 유관한 문자

Ⅰ. 이체자

1. 이체자 개설

이체자란 A와 B가 음과 의는 같으나, 형체가 다른 글자를 가리킨다. 즉, 용법이 완전히 같고, 동일한 글자이나 형체가 다른 것을 이체자라고 한다. 이체자 중에는 意義上 이체자와 부분적으로 용법이 같은 이체자가 있다.(협의) 광의의 이체자는 한자의 발전과정 중 일어난 繁字, 簡字, 俗字, 異寫字 등을 모두 포함하나 협의의 이체자는 일반적으로는 독음과 의의는 완전히 같으나, 형체만 다른 字를 이체자라고 한다.

왼쪽『居延新簡』의 敢의 각기 다른 자형은 隸變에 의해 형성된 異寫字이다. 이와 같은 異寫字도 광의의 異體字에 속한다고

居延新簡 字形表 중의 '敢'[1]

1) 본 「字形表」는 필자의 박사학위 논문 중, 부록에 실려 있는 「居延新簡字表」에서 복사하였다.(韓延錫,『居延新簡文字研究』, 博士學位論文, 北京師範大學, 中文系, 1997, 5) 이하 '부록'에 실려 있는 '「居延新簡字形表」'의 복사는 주석을 달지 않는다.

할 수 있다. 일반적으로 이체자라고 하면 협의의 이체자를 지칭한다. 본 난도 협의
의 이체자를 진술 대상으로 삼고자 한다.

이체자는 어떤 語句 중에서 호환을 하더라도 語義가 변치 않는다. 이체자는 或體
라고도 한다. 楷書 단계로 접어들면서 이체자는 감소하였지만 아직도 상당수의 이
체자가 존재한다.

이체자 생산의 원인은 지역과 시간의 차이로 인해 어떤 詞를 두 개 혹은 그 이상
의 字를 만들어 표현함에서 기인한다. 역사적 측면에서는 중국대륙에 무수히 많은
나라들이 흥망성쇠를 거듭하면서, 분열을 할 때마다 자신들만의 문자를 만들어 사용
하였기 때문이다. 전국시대 진나라 계통의 문자와 나머지 육국의 문자가 다른 것이
그런 예에 속한다. 한자 자체연변 측면에서는 갑골문과 금문은 아직도 글자의 형체
가 완전히 고정되지 않았기 때문에 많은 이체자가 존재하였다. 소전에 이르러 자형
이 안정을 찾아 이체자가 대폭 감소하였다. 하지만, 곧이어 쓰여지기 시작한 예서와
또, 예서에서 해서로 정착되는 과정에서 다시 많은 이체자를 생산하였다. 해서가 정
착되면서 그 전에 생산된 많은 이체자들이 도태되었다. 하지만 아직도 상당수의 이
체자가 존재하고 있다.

인쇄술과 컴퓨터 글꼴이 보급된 현대에 이르러서는 이체자 생산이 거의 없다고
할 수 있지만, 과거의 손으로 글자를 쓰던 장구한 한자사용 역사 그 자체가 이체자의
점철이라고 볼 수 있다.

2. 이체자의 양상

(1) 簡繁 不同의 이체자

■ 辦-辨, 頭-头, 對-对, 龍-尤, 學-学, 變-変, 聲-声 : 이들은 繁簡의 차이
  만 있다.

(2) 피휘를 위한 이체자

避諱를 위해 필획을 바꾸거나 缺筆한 것도 여기에 속한다.

- 基-㘬 : 唐의 황제인 李世基의 基를 피휘하기 위해 土의 세로획 1획을 줄였다.
- 民-氏 : 唐의 황제인 李世民의 民을 피휘하기 위해 가로획 1획을 줄였다.
- 丘-丠 : 공자의 이름 丘를 피휘하기 위해 세로획 1획을 줄였다.
- 玄-玄 : 청나라 康熙帝의 이름인 玄燁의 玄을 피휘하기 위해 마지막 획을 줄였다.

(3) 표의이냐 형성이냐에 의한 이체자

- 看-䀹 : 看은 손(手)을 눈(目) 위에 올려놓은 회의자이고, 䀹은 目이 의미를, 卂ㅅ이 성부인 형성자이다.
- 羶-羴 : 羶은 羊이 의미를, 亶이 성부인 형성자이고, 羴은 羊과 臭의 회의자이다.

(4) 형성자이나 形旁, 聲旁이 다른 이체자

形旁이 부동한 이체자는 형방이 의의상 서로 유사하기 때문에 바꿔 쓴 것이다. 형성자에서 대부분의 글자들의 형방은 字義의 종류를 나타내기 때문에 유사한 형방은 호환해서 쓰기도 하였다. 예컨대 彳, 辶, 足이, 人, 女가, 首, 頁이…… 등은 자의의 유사성으로 인하여 古書에서 자주 바꿔 썼다. 또 어떤 이체자들은 형방은 동일하나 성방을 바꿔 썼다.

① 형방이 다른 이체자

- 栝-杯-盃, 迹-蹟-跡, 韈-韈-襪-袜-袜, 姓-性, 頂-頂, 視-眡, 諄-惇, 頠-悴, 膀-髈, 鷄-雞, 貓-猫, 糠-穅, 粗-餛, 餹-糖, 坡-陂, 阬-坑. 이상은 동일한 음과 뜻을 가진 한자들이지만 형방이 서로 다르다.

② 성방이 다른 이체자

- 糧-粮, 岩-巖, 膠-胶, 猨-猿, 憐-怜, 鱔-鱣, 煙-烟, 膽-胆, 喧-誼, 秆

−稈, 繡−綉, 繃−絣, 秸 −稭, 線−綫, 袴−褲, 仙−僊, 泄−洩. 이상은 형방은 같으나 성방이 다르다.

(5) 部件의 異同, 증감여부에 따른 이체자

① 부건의 증가여부에 따른 이체자

■ 皃−貌, 匜−匜 : 이들은 부건을 덧붙이고 덧붙이지 않았느냐의 차이만 있다.

② 표의자이나 부건이 다른 이체자

■ 尠−尟 : 둘 다 '적다'라는 뜻을 나타내지만 편방이 다르다. 현재는 '적다'라는 뜻은 가차자 '鮮'으로 나타낸다.

■ 羴−羠 : 현재는 '膻'으로 쓴다.

③ 자형의 생략유무에 따른 이체자

■ 灋−法, 淀−澱 : 이들은 자형의 일부분을 생략했느냐, 생략하지 않았느냐에 따른 이체자이다.

(6) 寫法이나 결구의 不同, 變異에 의한 이체자

① 사법의 부동, 訛變으로 인한 이체자

■ 弔−吊, 姉−姊, 祕−秘, 霸−覇, 呪−咒, 體−体, 疋−匹 : 이들은 寫法이 부동하거나 訛變으로 인해 생성된 이체자이다.

② 부건은 동일하나 결구가 다른 이체자

■ 鑑−鑒, 棋−棊, 舒−拿, 峰 −峯, 群−羣, 略−畧, 夠−够, 崩−岉, 稿−槀, 詞−䛐, 概−槩, 和−咊, 朗−胡, 綿−緜. 이상은 결구에 참여한 部件은 동일하나 결구 방식은 다르다.

예서 단계에 와서 합체자의 편방은 대부분 고정되었다. 하지만 일부 고정되지 않은 자가 있다. 위에 예로 든 이체자들이 그런 경우이다. 다만 대부분은 편방의 위치가 바뀌면 이체자가 되지만 모두 다 그런 것은 아니다. 예컨대 忠과 忡, 陪와 部, 怠와 怡는 편방의 위치가 바뀌었는데도 이체자가 아니다.

Ⅱ. 동형자

서로 같지 않은 자이나 자형이 같은 것을 동형자라고 한다. 동형자와 이체자는 그 성질이 정반대이다. 이체자는 외형이 달라도 기능은 같은 반면, 동형자는 외형이 같아도 기능이 다르다.

동형자는 협의와 광의 두 가지로 나눠볼 수 있다. 협의는 詞義가 전혀 다른 각도에서 만들어진 詞인데 우연히 자형이 같은 경우이다. 예컨대 鉈는 '창(矛)'을 가리킨다.[2] 그런데 근대에 저울이나 절단기를 나타내는 詞로 '鉈'가 쓰이기 시작하였다.[3] 이들은 협의의 동형자이다. 광의의 동형자는 不同의 詞를 나타내는 모든 相同字形을 포괄한다. 예컨대 '花'의 경우 본의 '꽃'을 가리키는 '花'와, 가차의로 '허비하다.'라는 뜻으로 쓰인 '花'는 엄밀히 따지면 자형이 같기 때문에 동형자이다. 하지만 일반적으로 인식하는 동형자는 처음 글자가 만들어질 때부터 서로 다른 詞를 나타내는 글자를 가리킨다. 즉 위에서 말한 협의의 동형자만을 가리킨다. 다시 한 번 예를 들자면 杷(자루 바)와 杷(그릇 바) 같은 것이 그것이다.

---

2) 현재 중국어로 'shī'로 읽는다. '짧은 창 사'이다. 鉇, 鍦 등으로 쓰기도 한다.
3) 현재 중국어로 'tuó,' 'tā'로 읽는다. 우리나라의 음으로는 '두(절단기, 저울)' 혹은 '타(절단기, 저울)'로 읽을 수 있다.

위와 같이 전체글자(全字)가 동형인 경우도 있지만 예변 과정 중에는 全字의 특정
한 부분 혹은 構件이 동형인 경우가 상당히 많았다. 隷書 단계에서 獨用이거나 혹
은 어떤 자의 結構에 참여하는 構件 중에는 동형이 많았다. 서한 말 동한 초 간독에
쓰여진 예서들 가운데 部件 出, 士, 土, 木, 手, 牛, 之(之), 大(去) 등이 獨用 혹은
다른 자의 結構에 참여할 때 '土' 형으로 쓰기도 하였다.

孛 (李 58.1)	宯 (害 65.160)	皇 (皇 48.99)
塗 (塗 59.6)	犠 (犧 59.497)	徵 (徵 ST115.1)
盧 (盧 F22.25)	囙 (因 65.25B)	去 (去 52.417)
矣 (矢 11.1)	奏 (奏 50.246A)	土 (出 51.91)
秩 (秩 F22.63A)	壽 (壽 53.109A)	至 (至 F22.193)
器 (器 52.15)	霸 (霸 SC36)	吉 (告 10.2A)
起 (起 65.200A)	陳 (除 40.10)	鍉 (鍉 48.157)
空 (空 65.29)	等 (等 50.214)	僕 (僕 58.38)
德 (德 56.21A)	御 (御 43.92)	制 (制 59.61)
黨 (黨 F22.80)	壹 (壹 F22.320)	寧 (寧 F22.206)
夫 (夫 57.53A)	橐 (橐 17.12)	土 (土 52.783)
士 (士 65.278)	厚 (厚 5.98)	唯 (唯 F22.62A)
贖 (贖 56.35)	來 (來 6.36)	郝 (郝 59.48)
倥 (倥 22.341)	表 (表 40.206)	

ⓐ 居延新簡 '土'形 構件表[4]

표 ⓐ 『居延新簡』 土형 構件表'는 構件 중 構件 전체 혹은, 構件의 일부가 '土'
형을 띤 자부들을 모아 놓은 것이다. 이들의 특징은 역시 서사의 편리를 위해 복잡
한 구건을 쓰기 편한 직선으로 단순화시킨 것이다.

---

4) 韓延錫, 「第四章 字形特點」,『居延新簡文字硏究』, 博士學位論文, 北京師範大學, 中文系, 1997, 5,
44-45쪽 복사

ⓑ 居延新簡 '圭, 王'形 構件表[5]

표 ⓑ 『居延新簡』 圭, 王形 構件表'의 '圭, 王'形 역시 위와 똑같은 이유로 구건을 단순화시킨 것이다. 麥, 壽, 癸의 상부, 生, 主 전체를 '圭'로 썼다. 또, 陘, 桎의 오른쪽, 陵, 潰의 右上, 奉, 春의 상부를 '圭'로 썼다. 五, 壬 전체를, 錢의 左下, 定, 寶의 하부, 綺의 우상을 '王'로 썼다.

---

5) 韓延錫, 「第四章 字形特點」, 앞의 논문, 48쪽 복사

ⓒ 居延新簡 '季, 圭, 丰'形 構件表[6]

표 ⓒ '『居延新簡』季, 圭, 丰形 構件表'는 복잡한 구건을 '季, 圭, 丰'形으로 간화한 構件을 모아 놓은 것이다. 遷, 庭, 禪의 右下, 麥, 蓋의 상부, 朔의 왼쪽, 南, 覇의 하부에서 '季'형으로 썼다. 半의 全字를 '季'으로 썼다. 年의 全字, 蓋의 상부, 親의 왼쪽, 拜의 오른쪽, 籍의 左下, 承의 하부, 澤의 右下에서는 '圭'형으로 썼다. 모두 隸變 과정 중 서사의 편리를 위해 간화 시킨 寫法이다. 간화의 가장 큰 방법은 필획의 평직화이다. 복잡한 필획은 모두 가로로 평직화 시켰다. 간화 도중 어떤 것은 부건과 부건이, 필획과 필획이 연접되기도, 절리되기도 하였다. 이렇게 서사의 편리를 위해 간화를 추구하다보니 유사한 자형이 많아져 교제공구로서의 기능이 저하되자 본래의 자형(주로 소전 혹은 조기 예서의 형체)을 참조하여 다시 변형됐다.

ⓓ 居延新簡 '羊'形 構件表[7]

---

6) 韓延錫, 「第四章 字形特點」, 앞의 논문, 47쪽 복사

표 ⓓ '『居延新簡』羊形 構件表' 역시 구건을 '羊'形으로 간화시킨 것이다. 等,
麥, 癸, 裘, 蓋의 상부를 '羊'形으로 썼다. 또, 陵, 僕, 逆의 右上, 遲, 擇, 逢, 進의
右下, 解의 오른쪽을 '羊'形으로 썼다.

아래 표 ⓔ '『居延新簡』西, 亜, 弖, 彐, 畕, 畾形 構件表'는 구건의 일부를
'西, 亜, 弖, 彐, 畕, 畾' 등으로 간화한 것이다. 擧, 粟, 賈의 상부 구건, 遷,
標, 譚의 右上 구건은 '西'형을 띠고 있다. 與, 廩, 蜀, 農, 典, 要의 일부 구건은
'畕'형을 또, 農, 與, 惡의 상부 구건, 齒, 酉 등의 하부 구건은 '畾'형을 띠고 있다.

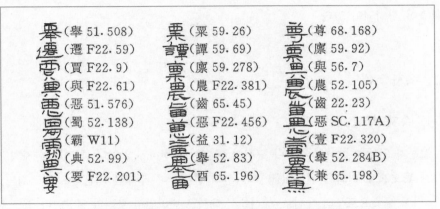

ⓔ 居延新簡 '西, 亜, 弖, 彐, 畕, 畾'形 構件表[8]

『居延新簡』에서 與의 상부는 '畕'가 통행체이다. 즉, 거의 대부분이 '臼'나 '畾'
보다는 '畕'로 쓰고 있다. 이들 자형 특징은 여러 번 언급했듯이 구건의 합병, 생략
등을 통해 복잡한 구건을 쓰기 편하게 단순화 시킨 서사법이다. 與, 惡의 상부, 齒의
하부는 쓰기가 복잡하다. 그렇기 때문에 단순화 시킨 것이다. 모두 隷變의 영향으로
서사의 편리를 추구하여 동형구건이 생성되었다.

---

7) 韓延錫,「第四章 字形特點」, 앞의 논문, 48쪽 복사
8) 韓延錫,「第四章 字形特點」, 앞의 논문, 50쪽 복사

『居延漢簡』은 漢隷 즉, 八分이 절정에 달했을 때의 자형이다. 이들 자형의 특징은 結體上 글자의 전체적인 틀이 후대 해서의 자형 특징인 장방형이 아니고, 가로로 넓은 형체를 띠고 있다. 구건은 위에서 보듯이 서사의 편리를 위해 복잡한 구건은 생략, 합병, 간화를 시켜 同形의 구건이 많다는 것이다. 위 '表ⓒ'의 審의 중간, 覇의 좌하를 丰로 쓴 것이나, '表ⓓ'의 遲의 우하, 解의 오른쪽을 '羊'로, '表ⓔ'의 擧, 與의 상부, 齒의 하부를 '田, 田' 등으로 쓴 것 등이 그것이다. 필획은 가로획의 起筆處를 아래로 살짝 숙이고, 收筆處를 약간 위로 들어오려 쓰는 소위 '波挑'를 이루고 있으며, 가로획의 收筆處에 붓을 가늘게 빼는, 후대의 해서만큼 뚜렷하지는 않지만, 磔捺이 형성되어 있다.

Ⅲ. 속자

1. 속자 개설

고문자 단계는 한자의 결구나 부건의 寫法이 일정하지 않았다. 하지만 한자의 자체가 篆文으로 변화 발전하였을 때는 한자의 결구나 部件은 기본적으로 고정되었다. 다시 篆文으로부터 예서로, 예서에서 해서로 변하면서 부건의 모양이나 결구 상, 갑골문이나 금문에서 보였던 다양성을 능가하는 많은 변화를 일으킨다. 하지만 전체적으로 봐서는 소전에서 예서로의 연변에서 보였던 혼란이, 예서에서 해서로 이양되면서 한자의 寫法은 공고한 규범화의 길을 가게 된다. 이들 규범에 들어맞는 글자를 正字, 규범에 들어맞지 않는 글자를 俗體字 혹은 俗字라고 한다. 수천 년의 한자 역사에서 속자의 생산은 피할 수 없었다. 특히 일반인의 문자생활과 예서로의 字體演變은 대량의 속자를 양산해 냈다. 속자는 정자에 대한 상대적 개념이지만 실은 속자의 정의가 그리 간단한 것만은 아니다. 어떤 것이 속자이고 어떤 것이 정자인지 정의하기 쉽지 않다. 規範字가 어떤 것이고 非規範字가 어떤 것인지 적어도 근대

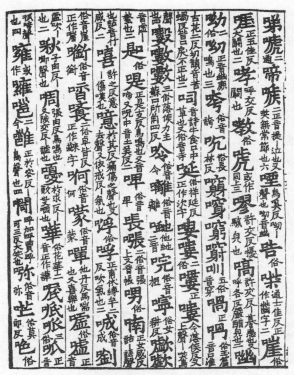

龍龕手鏡9)에 수록된 속자

이전에는 판정하기 어려웠다. 현대에는 정자와 속자를 적어도 국가 아니면, 국가적 차원의 연구단체에서 공포를 하지만 고대에는 정, 속자를 규정할 근거를 만들기가 쉽지 않았다.

장구한 한자의 사용에서 수많은 속자들이 생산되고 사라졌다. 다만 현존의 속자들은 자서, 사서, 비문, 묘지문, 개인의 문집 등에 기록되어 문헌으로 남겨졌기 때문에 볼 수 있다.9) 왼쪽 표『龍龕手鏡』은 많은 속자가 수록되었다. 물론 行均이라는 개인의 판단에 의해 속자, 정자,

통행자로 채록되었지만 행균이 살던 시대(遼)에는 많은 속자가 있었다. 표를 보면 오른쪽 상단 㖞, 㖞 아래에 '二通'이라고 썼는데, 이는 이들 두 자가 모두 통행자라는 것이다. 바로 아래 두 글자의 밑에 '二正'이라고 한 것은, 이들 두 글자가 正字라는 것이다. 이 줄 맨 아래 '㘉' 아래에 '俗'이라고 표시한 것은 이 글자가 속자이고, 바로 뒤, 두 번째 줄 맨 처음에 있는 㘉자 밑에 '正'이라고 한 것은 이 글자가 정자라는 것이다.

---

9) [遼]釋·行均 編,『龍龕手鑒新編』, 中華書局, 1985, 5, 제1版, 266쪽 복사

이렇게 정자 외에 많은 속자가 사용된 것은, 대부분 속자들은 정자에 비해 필획수가 적고 쓰기에 편했기 때문이다. 그래서 국가적 차원에서 정자사용을 아무리 장려해도 속자는 수천 년을 두고 소멸되지 않았다. 최근 중국에서 사용되고 있는 간체자 가운데는 과거에 속자로 규정되었던 글자들이 상당 수 포함된 것에서도 알 수 있다. 현재 간체자로 편입된 글자들을 살펴보면 變/变, 體/体, 亂/乱, 辭/辞, 單/单, 寶/宝, 醫/医, 聲/声, 燈/灯, 敵/敌, 獻/献, 遷/迁, 僅/仅, 龍/龙, 膠/胶, 積/积, 龜/龟, 礦/矿, 漢/汉, 鷄/鸡, 墳/坟 등이 그들이다.

이들은 속자가 국가에 의해서 다시 정자로 바뀐 것이다. 이는 속자라고 해서 무조건 경시해서는 안 된다는 것을 말해주고 있기도 하다. 하지만 역대 정부는 정자의 사용에 무던히 애썼다. 진의 중국통일 후의 문자통일, 한나라 때의 각종 문자대회, 위진 이래의 '字樣'이라 이름 붙여진 字書類들은 모두 정자운동의 일환으로 전개된 것이다. 하지만, 다시 말하지만, 속자는 쓰기 편하다는 장점이 있어 六朝의 碑刻에 수입되기 시작하면서 隋唐代에는 그 쓰임이 더욱 빈번해지다가 심지어는 저명한 서예가들의 작품 속에도 쓰여지기 시작하였다. 歐陽洵의 「九成宮醴泉銘」와 顔眞卿의 「多寶塔碑」 등에 적지 않은 속자가 쓰여졌다. 속자가 많이 수록된 자서는 『龍龕手鏡』, 『廣韻』, 『集韻』, 『康熙字典』, 『中華大字典』, 『干祿字書』 등이 있다. 속체자, 이체자, 간체자 등은 서로 교차되기도 한다. 서로의 경계를 넘나들기도 하지만, 이들은 각각 자신의 고유의 의미를 가지고 있다. 속체자는 정자와 상대적인 것으로 민간에서 손으로 쓴 글자 중에, 자서의 정자와 부합되지 않는 글자이다. 여기서는 당시대 사람들이 많이 쓰던 字樣외에 일부 사람들이 따로 쓰던 자양, 특정 시대에만 쓰다가 도태된 자양 등을 속자의 범주로 규정하고자 한다. 속자의 유형은 다음과 같다.[10]

10) 이하는 張涌泉의 『漢語俗字研究』의 분류를 참조하여 작성하였다.(張涌泉 앞의 책)

碑別字新編의 '於'와 弄자[11]

2. 簡省과 增繁에 의한 속자

(1) 간성에 의한 속자

■ 學—学, 覺—覚, 惡—悪 : 복잡한 部件을 簡易한 것으로 대체시켜 생산한 속자이다.

(2) 增繁에 의한 속자

자형이 유사함으로 혼란을 피하기 위해 본 글자보다 복잡하게 써 속자를 생산한 것이다.

■ 剌—剌 : 束(가시 자)와 束(묶다 속)자의 자형이 유사하여, 이들이 參構한 刺(찌를 자)와 剌(어그러질 날)이 혼동되기 쉽기 때문에, 刺를 剌로 써서 속자를 생산

해냈다. 속자가 本字보다 더 복잡하다.

3. 類化와 合文에 의한 속자

(1) 類化에 의한 속자

類化란 한자를 書寫함에 上下文의 영향으로 속자를 생산해 내는 것을 말한다. 다음과 같은 예가 있다.

---

11) 秦公 輯, 『碑別字新編』, 文物出版社, 1985, 7, 제1版, 64쪽(於), 37쪽(弄) 복사. 비문에 쓰여진 '於'와 '弄'은 대부분 그 형체를 유추해 볼 수 없을 정도로 訛變된 속자이다. 특히 '弄'자는 좌에서 두 번째 줄의 '弄'를 제외하고는 현재의 해서와는 상당한 자형 차이를 갖고 있다.

① 上下文의 영향에 의한 類化

- 眞珠－瑱珠 : 眞珠의 眞은 뒤에 온 珠의 영향으로 애초에 없던 玉을 첨가하여 '瑱'으로 써서 '瑱珠'로 쓰기도 했다.
- 石榴－石磂 : 石榴의 榴는, 앞의 石의 영향으로 편방 木을 石으로 교체하였다.

② 잠재의식으로 인한 類化

- 契－갼 : 契가 약속의 의미를 띠고 있기 때문에 상부 構件을 約으로 바꾼 것이다.
- 辭－辤－辤 : 辭는 말을 할 때 혀가 주요 기능을 담당하기 때문에, 역시 왼쪽을 舌로 바꾼 것이고, 辤은 辭의 왼쪽이 受와 비슷하기 때문에 바꾼 것이다. 辤, 辤 는 현재 우리나라에서도 사용되고 있는데, 특히 전자는 筆寫할 때 보편적으로 사용하고 있다.
- 體－軆 : 왼쪽 構件 骨을 같은 범주를 나타내는 身으로 바꾼 것이다. 이들은 모두 사람들의 의식 속에 내재된 字意와, 그 사용정황과의 상관된 잠재의식으로 말미암아 형성된 것이다.

(2) 合文에 의한 속자

갑골문이나 금문단계에서 두 개의 한자를 합해 하나의 형체로 써 속자를 생산해 낸 것을 말한다.

- 卅 : 菩薩의 합문이다.
- 卄, 卅, 卌 : 각각 20, 30, 40의 합문이다.
- 卅, 卌 : 둘 다 涅槃의 합문이다.

4. 意符와 聲符의 변화에 의한 속자

(1) 의부의 변화에 의한 속자

① 의부를 증가

의부를 증가시키는 것은 한자 분화(생산)의 常見되는 방법이다. 또한 이는 속자 생산의 가장 효과적인 방법이기도 하다.

가. 본래 의부가 필요 없는 자에 의부를 덧붙임

■ 隨侯－隨瑈 : 隨侯는 중국의 전설 속의 隨國의 諸侯를 나타낸다. 그런데 이 隨國의 제후와 관련된 寶玉 때문에 侯에 부건 '玉'을 덧보태 쓴 듯하다. 옛날 중국 전설에 隨國에 姓이 姬인 제후가 살았는데, 어느 날 큰 뱀이 동강이 날 정도로 상처를 입은 것을 보고 치료를 해줬더니, 이 뱀이 나중에 강물 속에서 明月珠를 물고 나와 제후에게 보은을 하였다는 전설에서 이 보옥을 '隨侯珠'라고 한다. 또, 楚의 卞和의 和氏璧과 함께 隨珠和璧이라고도 하는데, 이런 연유로 隨侯의 侯를 瑈로 쓰지 않았나 생각된다.

나. 본래 있는 의부에 다시 의부를 덧붙임

■ 泉－潨 : 물이 솟아 나옴을 가리키는 '水'가 있는데도 왼쪽에 다시 의부 'ㅺ'를 덧보탰다.

② 意符를 省略

본래 있던 의부를 생략한다.

■ 葬－莽 : 상부의 '艹'를 생략하였다.

③ 의부를 改換

가. 의부를 義가 가까운 것으로 교체

■ 暫−蹔 : 하부의 日을 足으로 교체하였다.

　나. 의부를 형체가 비슷한 것으로 교체

■ 博−愽 : '十'을 비슷한 ↑으로 교체하였다.

　다. 書寫의 편리를 위해 義符를 교체

　어떤 의부는 상호간 形이 다르고, 義 또한 다르지만, 書寫의 편리를 위해 바꿔 쓰는 경우가 있다.

■ 節−莭 : 상부 竹을 艹로 바꿔 썼다.

　라. 의부를 성부로 교체

　회의자는 두 개 혹은 두 개 이상의 의부로 구성되었다. 그런데 그 중의 한 개의 의부를 성부로 교체하여 회의자로 하여금 형성자가 되게 한 경우가 있다.

■ 豚−肫−胣 : 豚은 肉과 豕로 구성된 회의자인데 우변의 豕를 '屯'으로 바꿔 肫으로 썼다. 肫[12]은 肉이 의를, 屯이 소리를 나타내는 형성자로 변했다. 속자 肫을 다시 胣으로 쓰기도 한다. 屯을 乇으로 썼는데 『干祿字書』에 "胣과 肫 중, 앞에 것이 통행자이고, 뒤에 것이 정자이다.(胣肫, 上通下正)"라고 하였다. 즉 屯과 乇은 동자라는 것이다. 사실 屯이 乇으로 변한 것은 예변에 의해 형성된 것이다. 알다시피 예변은 구부러진 것은 일단 모두 펴지게 썼다. 乇은 屯의 중간 'ㄴ'을 곧게 펴서 '一'로 쓴 것이다.

　(2) 聲符의 변화에 의한 속자

　① 자음이 더욱 접근된 것으로 바꿨다.

■ 腸−脹 : 성부 易을 본음에 더욱 가까운 長으로 바꿨다.

---

12) 지금은 '광대뼈(순)'란 뜻으로 통용되고 있으나 본래 '돼지'란 뜻이다.

② 형체가 비교적 가까운 것으로 바꿨다.

■ 憐－怜 : 怜은 후기 속자에 해당한다. 聲符 粦을 令으로 바꿨다.

③ 성부가 같거나 비슷한 것으로 바꿨다.

■ 餧－餵 : 성부 委를 畏로 바꿨다.

④ 형성을 회의로 바꿨다.

■ 窺－窺 : 規가 성부인 형성자(窺)를, 穴과 視의 회의자로 개변시켰다.

5. 결구의 변환과 書寫變異에 의한 속자

  (1) 결구의 변환에 의한 속자
■ 杲－杳 : 構件 日과 木의 위치를 바꿔 놓아 속자를 생산한 것이다.[13]
■ 羣－群 : 部件 君과 羊의 위치를 바꿔 놓은 것이다. 현재는 이 두 자가 모두 통용
  되고 있지만, 전자가 정자, 후자가 속자이다.
■ 雜－襍 : 雜의 왼쪽 하부에 있는 木을, 오른쪽 部件 隹 밑에 쓰고, 왼쪽 상부에
  있는 '㐅(衣)'를 'ネ'로 독립시켜 쓴 것이다.

  (2) 서사변이에 의한 속자
  한자가 갑골문에서 해서까지 演變되는 과정에서 자형결구에 대한 이해의 부족으
로 서로 다른 서사를 함으로써 생성된 속자이다.
■ 肥－肥, 總－總으로 쓴 것이 그것이다.

---

13) 현재 두 자는 각각 독립된 字符로 존재하지만, 古時에는 部件의 위치를 바꿔 놓은 정, 속자 관계이었
   다. 현재 杳는 '어두울 묘'이다.

6. 異形의 차용과 全體創造에 의한 속자

(1) 이형의 차용에 의한 속자

속자 중에는 본래 음과 의가 서로 다른 자와 同形으로 쓸 때가 있다.

■ 本-夲 : 本과 夲은 본래 각각 서로 다른 字符이다. 夲은 본래 大와 十으로 구성됐고, 음이 도(叨)이며, 그 뜻은 '열사람을 겸한다.'를 나타내었다. 그런데 本을 夲으로 쓰기 시작하면서 두 자의 구분이 모호해졌다.

(2) 全體의 창조에 의한 속자

본자와 어떤 문자학적 연관도 없이 새로운 문자를 만들어 사용한 경우이다.

■ 望-朢 : 이 두자는 어떤 문자학적 연관도 없다. 다만 構形이 비슷할 뿐이다.

Ⅳ. 고금자

1. 고금자 개설

古今字란 동일한 詞, 혹은 語素를 기록함에 서로 다른 시기에, 서로 다른 형체의 한자를 사용한 것을 가리킨다. 사용이 앞선 것을 古字, 사용이 늦은 것을 今字라고 한다. 즉 동일한 음과 뜻을 가지고 있으나 형체가 다른 것을 가리킨다. 한자의 자수가 늘어나고, 字義가 연변되며, 어음이 변화되는 등 각종 원인으로 인하여 각기 다른 시대에 살던 사람들이 각기 다른 한자를 사용하였기 때문에 형성된 것이다. 이는 前人들이 남겨진 기록을 해독함에 적지 않은 곤란을 야기 한다. 그렇기 때문에 훈고학자들이 이들 글자들을 소통하면서 고안해 낸 용어가 바로 古今字이다.

字義 측면에서 古今字는 두 가지 종류가 있다. 자의가 완전히 같은 것과 자의가 부분적으로 같은 것 등이 있다. 실질적으로 전자는 이체자의 일종으로 볼 수 있다. 다만 이들은 사용 시간의 차이와 글자 형체만 다를 뿐이다. 今字의 생산은 한자 발

전과정 중에 필연적으로 수반한 漢字의 孳乳分化의 결과이다. 이들 今字의 자유분화는 古字의 자의가 하나하나 불어나면서 義項이 너무 많아져 인식하고 사용하기가 불편하였기 때문에, 새로운 자형을 생산, 대체시킴으로써 古字의 모 義項을 쉽고, 명확하게 표현하기 위해서 생산한 것이다.

이들 今字 생산의 방법은 古字에 편방을 덧붙이거나 고치는 방법을 주로 사용하였다. 어떤 때는 古字를 이용하지 않는 경우도 있었다. 『左傳·宣公二年』에 "晉靈公不君, 厚斂以彫牆. 從臺上彈人, 而觀其辟丸也. 宰夫胹熊蹯不孰, 殺之(晉 靈公은 임금답지 못하다. 세금을 무겁게 물려서 그것으로 궁실을 단장하고, 누대에서 사람을 쏘고는 그 탄환을 피하는 것을 즐겼고, 요리사가 곰 발바닥 요리를 함에 덜 익었다고 그를 죽였다.)"라고 하였다. 이곳의 孰은 본의가 '익히다.'인데 '누구'란 의문대명사로 가차되면서 본의를 나타내기 위해 '火'를 첨가하여 '熟'으로 쓰기 시작하였다. 또 益은 본래 그릇 위에 물이 넘쳐나고 있는 모습을 그려 '넘치다.'라는 뜻을 나타내었는데 '이익, 이롭다.'라는 뜻으로 쓰이면서 'ㆍ'를 덧 붙여 '溢'로 써서 본의 '넘치다.'를 나타내었다. 反의 본의는 '손을 뒤집다.'이다. 그런데 정면의 반대 쪽, 돌아가다, 배반 등으로 쓰이면서, 후에 'ㆍ'을 덧붙여 返으로 써서, 反의 '돌아가다.'란 뜻을 전문적으로 나타내게 하였다.

2. 고금자와 通假字, 이체자

사람들은 古今字를 '本有其字'의 통가관계로 보려고 하는데 통가와 古今字는 엄연히 다르다. '本有其字'의 통가관계가 성립하려면 일찍부터 本字와 통가자가 함께 존재해 있어야 한다. 즉 어떤 자가 古字이고 어떤 자가 今字인지 몰라 동음자를 차용하여 사용할 때 이들을 통가관계라 한다. 今字는 古字의 어떤 한 의의를 대체하는 것으로 통가관계가 아니다. 今字가 생기기 전에는, 그것이 어느 때가 되었던 사람들은 古字를 계속 썼고, 今字가 생긴 이후 古字를 쓰지 않았다. 물론 간혹 今字가 생산 된 이후에도 사람과 지역에 따라 古字를 쓰기도 하였지만 이는 통가가 아니다.

이체자와 古今字는 어떤 면에서는 구분하기 매우 힘들기도 하다. 예컨대 서로가 구유하고 있는 자의가 똑같은 古今字는 실제 이체자이다. 하지만 의의가 부분적으로 같은 古今字는 일정한 언어환경에서는 서로 換用이 가능하여 이체자로 오해하기 쉽지만 이체자는 아니다.

이체자와 古今字는 시각의 문제이다. 이체자는 共時的 측면서, 古今字는 歷時的 측면에서 바라본 것으로 전자는 의의는 같으나 형체가 다른 것을 설명하는 것이고, 후자는 고금에 따라 用字의 차이를 말하는 것이다. 또, 이체자의 정의를 협의의 이체자로 규정하고 古今字를 논한다면 古今字와 이체자는 완전히 서로 다르다. 이체자의 字義는 완전히 서로 같아서 어떤 문장, 어떤 문구에서도 서로 호환이 가능하다. 하지만 자의가 부분적으로 같은 古今字는 특정한 문장에서만 호환할 수 있다.

현재 古今字에 대한 해석이 일치된 것은 아니다. 어떤 이는 造字上 서로 연관 있는 것을 古今字라 하는데 이는 전통적인 견해에 속한다. 어떤 이는 字義 부분이 서로 같은 것을 古今字라고 하고, 어떤 이는 古今字의 대응관계를 분석하여 한자의 孳乳分化, 古今字의 발전 변화측면에서 古今字를 논하면서 분화자만을 古今字로 보고, 위 '用字習慣에 의해 형성된 것'은 古今字로 보지 않으려고 한다.

3. 자의가 관련 있는 고금자[14)

(1) 今字가 古字의 본의를 표시하는 경우

어떤 자의 사용에서 본의를 나타내기보다는 가차되어 자신의 본의와는 상관없는 뜻을 자주 나타낼 때, 사람들은 이 자의 본의를 나타내는 새로운 자를 만들어 썼다. 소위 '本字後出'의 경우이다. 예컨대 其는 본의가 곡식의 티끌을 제거하는 '키'이었으나, 항상 3인칭 대명사로 가차되어 쓰였다. 그래서 본의 '키'는 새로운 한자 '箕'를 만들어 표시하였다. 위에 예로 든 溢도 이런 경우에 해당한다. 즉, 본자가 假借義나

---

14) 아래는 何九盈의 「方塊的奧秘」를 참조하여 진술하였다.(何九盈 외, 앞의 책, 31-32쪽 참조)

引伸義를 주로 나타냄으로, 새로 글자를 만들어(今字) 본의를 나타내는 古今字가 적지 않다. 止-趾, 然-燃, 莫-暮, 正-征, 采-採, 或-國, 要-腰, 匡-筐, 匪 -篚, 求-裘, 臽-陷, 隊-墜, 縣-懸, 衰-蓑, 自-鼻 등이 그것이다.

(2) 今字가 古字의 引伸義를 나타내는 경우

한 개의 글자에 인신의가 많이 생기면 새로 글자를 만들어 이를 나타내었다. 예컨 대 取는 본의가 '귀를 떼어 갖다.'이다. 그런데 인신의로 잡아 갖다, 구하여 갖다, 아 내를 얻다 등으로 쓰이면서 '아내를 얻다.'란 뜻은 하부에 '女'를 덧붙여 '娶' 자를 만 들어 썼다. 昏의 본의는 '黃昏'이다. 引伸義로 모호하다, 정신을 잃다. 결혼 등으로 쓰였다. 옛날에는 혼인을 저녁에 하였다. 그래서 結婚이란 인신의를 구유하고 있는 데, 사람들은 '혼인'을 나타내기 위해 부건 '女'를 왼쪽에 덧보태 '婚'을 만들어 '結婚' 이란 뜻으로 사용하였다. 弟-悌, 反-返, 非-誹, 賈-價, 竟-境, 道-導, 章- 彰, 責-債, 沒-歿, 解-懈, 見-現, 從-縱, 度-渡, 被-披, 卷-捲, 席-蓆, 坐 -座, 中-仲, 景-影 등이 이런 경우에 해당하는 고금자이다.

(3) 今字가 古字의 가차의를 나타내는 경우

어떤 자가 거의 모두 가차자로만 쓰이다 보니, 이 자의 가차의에 해당하는 글자를 새로 만들어 썼다. 예컨대 辟의 본의는 '법'이고 가차의는 '도피, 편벽, 총애, 개척, 벽' 등이다. 이들 가차의를 각각 避, 僻, 嬖, 闢, 壁을 새로 만들어 나타내었다. 風- 諷, 直-値, 考-拷, 舍-捨, 說-悅, 田-畋, 栗-慄 등이 이런 예에 속한다.

4. 用字習慣에 의해 형성된 고금자

孶乳分化가 아닌 용자습관으로 형성된 것 또한 적지 않다. 적지 않은 한자는 자 유분화가 아닌 古今字이다. 예컨대 余-予, 誼-義, 罷-疲, 무-蚤 등은 사람들의 用字 습관에 의해 형성된 것이다. 이들은 造字上 어떤 관계도 없다.

Ⅴ. 한자와 유관한 문자

현재 '중화인민공화국'의 영토 안에는 고대 많은 나라들이 존재했었다. 이들 중 몇
몇 국가들은 그들만의 독립적인 문자를 구유하기도 하였다. 어떤 것은 한자와 밀접
한 관계 하에, 혹은 한자와 무관하게 독립적으로 존재했던 문자도 있다. 다음과 같은
문자들이 그들이다.

1. 東巴文[15)

東巴文은 納西族의 문자이다. 東巴文은 상형자를 기초로
하고 있다. 그래서 동파문은 한번 보기만 하면 무엇을 나타내
는지 금방 알 수 있다. 표 ⓐ 東巴文은 첫 번째가 구름이 하늘
을 가린 모습을 그려 '그늘지다.(陰)'를 나타낸다. 두 번째는 두
사람이 막대기를 서로 교차하고 있는 모습을 그려 '싸움하다.
(鬪)'를 나타내었다. 세 번째는 두 사람이 땅위에 앉아 서로 말
을 하고 있는 모습을 그려 '이야기하다.(談)'를 나타낸다. 네 번
째는 사람이 회초리로 소를 몰고 있는 모습을 그려 '기르다.
(牧)'를 나타낸다. 다섯 번째는 사람 머리를 오른쪽 위로 구부
러지게 그려 '말하다.(說)'를 나타낸다. 마지막은 사람의 입에
연결된 선 위에 점을 찍어 '노래하다.(歌)'라는 뜻을 나타낸
다.[16) 표 ⓑ 東巴文은 몇 몇 「東巴文」을 예시하고, 상응하는
한자를 대응시켜 놓은 것이다.

ⓐ 東巴文

---

15) 아래 ⓐ와 ⓑ는 각각 『中國漢字文化大觀』 130쪽, 131쪽에서 복사하였다.(何九盈 외, 앞의 책)
16) 何九盈 외, 앞의 책, 130쪽 참조

ⓑ 東巴文

2. 彝文

ⓐ 爨文[17]   ⓑ 彝文[18]

彝族은 역사가 매우 유구하고 남겨진 문헌 또한 풍부한 중국의 소수민족으로, 매

---

17) 馬學良 主編, 羅國義 審訂, (增訂)『爨文叢刻』(上册), 四川民族出版社, 1986, 3, 제1版, 352쪽 복사
18) 何九盈 외, 앞의 책, 12쪽 복사

우 오래전부터 문자를 창조하여 사용하였다. 한나라 때 문자를 창조했다는 설과 당나라 때 창조하였다는 설 등이 있다. 한자와의 교감이나 영향 등은 알 수 없으나, 彝文 역시 한자의 결구체계와 크게 다르지 않다. 이들의 문자를 爨文, 倮文, 羅羅文, 彝文이라고 다르게 부르기도 한다. 현재의 彝文은 각 이족 분포지에 따라 조금씩 다르게 쓴다. 물론 글자 수도 다르다. 위 ⓐ와 ⓑ 彝文은 서로 다른 책에서 복사한 것인데, 글씨체가 약간 다르다.

3. 滿洲文字

ⓐ 滿洲文字[18]

ⓑ 女眞文[19]

표 ⓐ「滿洲文字」는 청나라를 세운 만주족들이 사용한 문자이다. 만주족은 1599년 청나라 태조의 창안으로 몽골글자를 사용하게 되고, 이것을 무권점(無圈點)만주문자라고 하였는데, 1632년 'ㅇ'이나 ','을 더하여 개량한 만주문자가 달해(達海)에 의

---

19) 네이버 블로그 "휘연이의 『자유세人6』"에서 채록(2008. 4. 15 10시 30분)

20) 네이버 블로그 "휘연이의 『자유세人6』"에서 채록(2008. 4. 15 10시 30분) 본 블로그에서 "1779년 정조 3년 간행한 듯한 '한청문감'(漢淸文鑑) 참조"라고 하였다.

하여 창안되었으며, 전자와 구별하여 이를 '유권점만주문자'라고 하였다. 현재 만주
어는 중국 동북지방의 일부와 신장(新疆) 일부에서 사용하고 있다. 만주문자는 중국
어로부터 많은 차용어(借用語)가 들어왔다. 만주어를 '유권점만주문자'로 쓴 청대의
문헌은 풍부하게 남아 있다. 『사서오경』이나 『금병매(金瓶梅)』등 번역한 책들이 많
다.21) 표 ⓑ「女眞文」은 우리나라에서 채록한 것이다. 아래 '6) 女眞文, 契丹文字,
西夏文字'의 'ⓑ'의「女眞文」과 다르기 때문에 참고용으로 제시하였다.

4. 女書

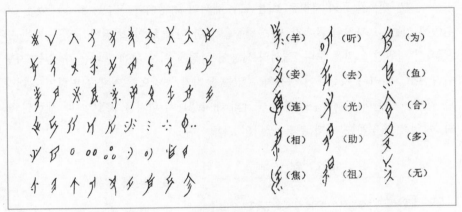

ⓐ 女書22)

'表ⓐ' 女書는 일종의 이체 한자이다. 엄격히 말하면 부녀들이 사용하던 문자로
특수한 한자이다. 女書는 중국 호남성의 남쪽 江永縣 瀟水 유역에서 매우 오래전부
터 유전되던 문자로 지금도 고령의 여자들이 사용하고 있다. 현재 확인할 수 있는
女書는 1,000여 자이고 상용되는 글자는 700여 자로 추정된다. 이곳 여자들은 漢字

---

21) 네이버 '지식iN' 참조(이는 '두산백과사전 EnCyber & EnCyber.com,'을 참조한 설명임.(2008. 4. 15
   검색))
22) 何九盈 외, 앞의 책, 117쪽 복사

ⓑ 女書[23]

를 '男字'로 칭한다. 女書는 일종의 漢語 方言文字이다. 女書는 표음문자라고도 하는데 필자는 이를 확인하지 못했다. 다만 여자들이 女書를 어떻게 사용하였 는가는 알 수 없지만, 글자의 외형만 본 다면 춘추전국시대 남방국가 風의 結體

에, 해서 필획을 사용하였다. 어쨌든 한자발전단계에 비춰본다면 쉽게 쓴 글씨이지 만, 한편으로는 상당히 발달한, 세련된 문자로 보인다. 표ⓑ 「女書」의 문자표에 亞, 來, 号, 双, 变, 孕 등의 자형을 보면 모두 해서의 簡體이다. 또, 위 표 ⓐ 「女書」의 왼쪽에 있는 '多'자처럼 글씨가 모두 왼쪽을 향한 만곡 形이고, 필획의 한두 개를 길 게 빼서 시원한 느낌을 준다. 해서의 사용이 절정에 이른 뒤에나 나올 수 있는 자형 이다. 어느 나라나 자신들이 사용하고 있는 문자가 농익으면 자체는 변하지 않더라 도 필세는 변한다. 「女書」도 현재 중국의 대학생들이 한자를 書寫할 때 세련된 필 획, 자형을 추구하는 것과 같은 맥락의 書寫이다.

<藏文>[24]

```
ཌེན། ཨོན་མཚོ་གཅིས་ཀྱིས་ཉེན་ཅིག་གཅིག་ལ་ཨྲོད་ཐྲཝ་པཱེ་ཆེད།
ཤྲེན (ཤྲེཝས་ཀྲཝས)། ཉེ་ལེགུས།
ཀ་ཡུན། ཕུད་པ་ཉེ་ད།
ཀྲེངས་ཀྱི་ཞིད། ཀྲུཝ་ཐྲ་ཀྱི་ཞིད།
ཞོད། ཐྲན། ཨེན།
```

5. 吐藩文字

「藏文」은 吐藩國의 장족들 이 사용한 문자이다. 토번국의 장문은 크게 세 가지 형태로 전해오는데 금석문, 간독문, 손 으로 쓴 문서 등이 그것이다. 현존하는 것은 대략 7세기에서

---

23) 何九盈 외, 앞의 책, 115−120쪽 복사
24) 王堯, 陳踐, 編著 『吐藩簡牘綜錄』, 文物出版社, 1986, 3, 제1版, 「(二)原文摹寫」 제1쪽 복사

10세기경까지 쓰여졌던 것으로 파악된다. 전해오는 이야기로는 7세기 중엽 토번국 왕 '贊普松贊干布'의 신하이었던 '通米桑布札'이 왕명에 의해 만들었다고 한다. 위의 藏文은 간독문이다.

청해성에서 신장으로 들어가는 건조한 사막지대의 옛 토번국 유지에서 발굴되었다. 현재의 티벳트 문자로 볼 수 있다. 위 滿文과 비슷하다.

6. 女眞文, 西夏文字, 契丹文字

ⓐ 女眞文[25]

ⓑ 西夏文字[26]

표 ⓐ「女眞文字」는 阿骨打가 金나라를 세운 뒤 창조한 문자이다. 『金史・太祖

---

25) 何九盈 외, 앞의 책, 130쪽 복사

26) 史金波, 白濱, 黃振華 著, 『文海研究』, 中國社會科學出版社, 1983, 3, 제1版, 240쪽 복사

ⓒ 契丹文字[28]

紀』에 "태조가 희윤에게 본국 문자를 만들어 제도를 정비할 것을 명하였다. 희윤이 이에 한족들이 사용하는 한자를 모방하고, 거란문자의 문자학적 字理를 참조하여 여진 언어에 부합되게, 여진문자를 만들었다. 천보 3년(서기 1119년)에 완성하여…… 반포하였다.(太祖命希尹撰本國字, 備制度. 希尹乃依仿漢人楷字, 因契丹字制度, 合本國語, 制女眞字. 天輔三年……頒行)"[27]라고 하였다. 즉, 여진문자는 외형은 한자를 닮았지만, 그 음훈체계나 사용은 거란문자를 본떴다는 것이다. 거란문자가 한자를 모방하여 만들었기 때문에 여진문자는 언뜻 보면 한자와 매우 흡사하다.[29]

표ⓒ 「거란문자」는 遼(서기 916-1125)나라에서 창조되고 사용한 문자이다. 王溥의『五代會要·卷29』에 "거란은 본래 문자도, 또 문자로 기록한 것도 없었다. 오직 나무를 파서 증빙으로 삼았다. 한족 가운데 함번이라는 자가 예서를 기본으로, 예서 자형에 편방이나 필획을 덧붙이고 빼는 방법으로 거란문자를 만들었다.(契丹本無文紀, 唯刻木爲信. 漢人之陷番者, 以隸書之半加減, 撰爲胡書)"[30]라고 하였다. 그 진술의 정확성 여부를 떠나 한자를 모방하여 문자를 만들었다는 것은 현존하는 거란문자로도 확인할 수 있다.[31]

표ⓑ 西夏文字 역시 한자를 모방한 문자이다. 서하문자는 党項羌族이 주체가 돼서 건립한 大夏國(서기 1032-1227)에서 창조되고 사용한 문자이다. 중국의 서북부 지방에 위치하였다. 대략 6,000여 자가 있다.[32]

---

27) 何九盈 외, 앞의 책, 129쪽 재인용

28) 「遼太祖墓碑殘石」이다.(何九盈 외, 앞의 책, 129쪽 복사)

29) 何九盈 외, 앞의 책, 129쪽 참조

30) 何九盈 외, 앞의 책, 128쪽 재인용

31) 何九盈 외, 앞의 책, 128쪽 참조

32) 何九盈 외, 앞의 책, 128쪽 참조

제8장
講讀

Ⅰ. 甲骨文選讀

1. 第 1, 2片[1]

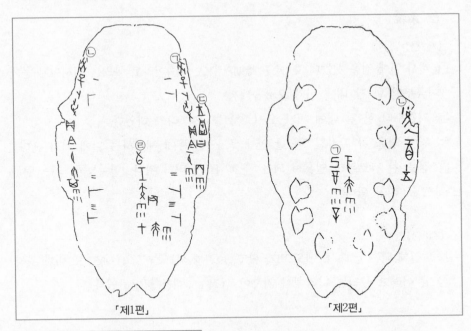

「제1편」　　　　　　「제2편」

---

1) 본 편은 『商周古文字讀本』에서 채록한 『殷墟文字丙編』의 모사본을 복사하였다.(劉翔외, 앞의 책,
11쪽)

(1) 隷定

【제1편】

㉠ 癸巳卜, 爭貞, 今一月雨? 一. 二. 三

㉡ 癸巳卜, 爭貞, 今一月不其雨?

㉢ 王固曰, 丙雨. 一. 二. 三

㉣ 旬壬寅雨, 甲辰亦雨.

【제2편】

㉠ 己酉雨辛亥亦雨.

㉡ 翟入二百五十.

(2) 解釋

【제1편】

㉠ 계사 일에 점을 쳤는데, 爭(武丁 時期의 貞人 이름)이라고 불리는 점쟁이가 묻기를 "지금부터 한 달 내에 비가 오겠습니까?

㉡ 지금부터 한 달 내에 비가 오지 않겠습니까?"라고 하였다.

㉢ 왕이 점을 쳐 말하길 "한 달 안에 天干이 '丙'에 해당하는 날에 비가 온다."

㉣ 점을 친 날로부터 열흘째 되는 '壬寅 日'에 비가 왔다. 열이틀째 되는 '甲辰 日'에도 또 비가 왔다.

【제2편】

㉠ 17일째 되는 '己酉 日'에도 비가 왔고, 19일째 되는 '辛亥 日'에도 또 비가 왔다.

㉡ '翟'이라고 불리는 나라에서 거북이 껍질 250개를 공납하였다.

(3) 註解

① 갑골편 설명

위 제2편은 앞의 제1편의 背面에 쓰여진 것이다. 점복에 쓰이는 갑골은 거북이의 등껍질이 아니고 배 쪽 껍질을 사용한다. 제2편 '𝑃'는 불을 지피기 위해 파놓은 구덩이로[2] 배 껍질의 안쪽(내장이 있는 곳)에 팠기 때문에 背面임을 알 수 있다.

② 점복

殷나라는 미신을 매우 신봉한 국가이었다. 전쟁, 날씨, 농사, 수렵 등에 대해 매사 점을 쳤다. 그 방법은 거북이 껍질을 손질한 다음 껍질에 난 구덩이에 불을 지피고, 그 반대쪽, 거북이의 배 껍질 즉, 바깥쪽 땅에 닿는 부분의 껍질이 갈라진 흔적(卜兆)을 보고 길흉을 판단하였다. 현재 우리가 치고 있는 점하고는 약간 다른 점이 있다. 우리는 점쟁이 이외에 점을 보러간 사람은 점을 치는 과정에 참여하지 않는다. 즉, 점쟁이 혼자서 점을 치는데 당시에는 거북이 껍질을 준비하고, 그 껍질에 불을 지피고, 점을 치고자 하는 내용(길흉)을 묻는 것까지 담당하는 사람이 있었다. 이 사람을 貞人이라고 한다. 이 貞人이 물은 것을, 역시 이 貞人이 준비한 거북이 껍질의 갈라진 모습을 보고, 내용(길흉)을 판단하는 사람이 있었다. 이가 바로 왕이다.

점을 칠 때 거북이 껍질에 파여진 구덩이에 한꺼번에 불을 지피는 것이 아니다. 순차적으로 지핀다. '니'[3]와 같은 흔적 위에 쓰여진 숫자 一. 二. 三은 불을 지필 때마다, 그 흔적(니)을 보고 점을 친 횟수를 기록한 것이다. 이를 '兆序'라고 한다. 말하자면 위 갑골 卜辭의 점을 친 내용 '이번 한 달 안에 비가 오겠습니까?(1편 ㉠)'는 거북이 껍질에 한번만 불을 지피고 한번만 물은 것이 아니라, 3번을 지피고 각각의 흔적을 보여주고 점쟁이가 종합 판단하도록 한 것이다.

---

2) 소의 여물을 주는 '구유'와 같다하여 '槽'라고 부른다.

3) 현재의 '卜'자로 불을 지필 때 갈라진 흔적을 표시한 것이다. 이 흔적으로부터 현재의 '卜'자가 생산되었다.

【제1편】

㉠ 癸巳卜, 爭貞 : 今一月雨? 一. 二. 三[4]

■ 癸巳 : ⺨(癸)는 무기를 그린 것으로 보이나 무엇을 나타내는지 분명치 않다. 〒(巳)는 어린 아이를 그린 것이다. 그런데 현재는 6번째 地支의 하나로 가차되어 쓰이고 있다.

■ 爭貞 : '爭貞'의 '爭'은 '貞人'의 이름을, '貞'은 貞人을 가리킨다. 貞人은 우리말로 옮기기에 적합한 말이 없다. 근접한 말로 '점쟁이'라고 할 수 있다. 갑골문 '⺨'은 물건(ㄩ)을 사이에 두고 위아래에 '又 : 손'을 배치하여, 두 사람이 서로 잡으려고 하는 모습을 그려 '다투다.'라는 뜻을 나타내었다.

㉡ 癸巳卜, 爭貞 : 今一月不其雨?

본 卜辭는 ㉠과 동일한 문장을 다시 한 번 부정으로 물은 것이다. 갑골문의 구성 특징 중의 하나로 이를 對貞이라고 한다.

㉢ 王固曰 : 丙雨. 一. 二. 三

■ 王固曰 : '固'은 자전에 보이지 않는다. '占'과 같다. 이곳에서는 '점을 치다.'라는 동사로 해석한다. 해석은 '왕이 점을 쳐 말하길'로, 貞人이 준비한 거북이 껍질의 갈라진 모습을 보고 길흉(내용)을 판단하였다는 것이다. 길흉의 판단 즉, 점을 치는 것은 왕이 담당하였다. 현재 우리는 이 사람을 점쟁이라고 부른다.

■ 丙雨 : 점을 치는 癸巳 日로부터 한 달 이내, 天干이 '丙'으로 시작되는 날에 비가 온다는 것이다.

---

4) 숫자 一. 二. 三은 불을 지필 때마다 그 흔적(ㅓ)을 보고 점을 친 횟수를 기록한 것이다. 이를 '兆序'라고 한다. 말하자면 위 갑골 복사의 점을 친 내용 '이번 한 달 내에 비가 오겠습니까?'는 거북이 껍질에 한번만 불을 지피고 한번 만 물은 것이 아니라, 3번을 지피고 각각의 흔적을 보여주고 점쟁이가 종합 판단하도록 한 것이다.

② 旬壬寅雨, 甲辰亦雨

위 갑골문의 독법은 왼쪽에서 오른쪽으로 읽어 가야 한다. 제1행 '旬壬寅雨, 甲,' 제2행 '辰(㕚), 亦,' 제3행 '雨' 순으로 읽어야 한다.

■ 旬壬寅雨, 甲辰亦雨 : 점을 친 '癸巳 日'로부터 열흘째 되는 날인 '壬寅 日'에도, 12일째 되는 날인 '甲辰 日'에도 비가 왔다. 이는 앞의 왕이 점을 쳐 내린 판단 즉, "한 달 안, 천간이 丙으로 시작되는 '丙日'에 비가 온다."는 점괘를 충족시켰다.

【제2편】

㉠ 己酉雨, 辛亥亦雨

문장 독법은 왼쪽에서 오른쪽으로 읽어 가야 한다. 제1행 '己酉雨, 辛,' 제2행 '亥亦雨' 순으로 읽어야 한다.

■ 己酉雨, 辛亥亦雨 : 비가 위에 열거한 '壬寅 日,' '甲辰 日'외에도, '己酉 日,' '辛亥 日'에도 왔다는 것이다.

㉡ 翟入二百五十

제2편의 '㉡'은 '翟'이라 불리는 나라에서 거북이 껍질을 공납한 것을 기록한 것으로, 앞의 占卜과 무관한, 행정적인 기록이다. 이를 署辭라고 한다.

위 갑골문은 敍辭, 命辭, 占辭, 驗辭를 모두 갖추고 있는 완전한 卜辭이다. 제1편 ㉠의 '癸巳卜, 爭貞'은 점을 치는 날짜와 점쟁이를 기록한 敍辭이고, '今一月雨'는 점복에서 물은 내용 즉, 命辭이다. ㉡은 ㉠과 똑같은 내용을 다시 한 번 부정으로 물은 것이다. 對貞이라고 한다. ㉢은 왕이 거북이 배 가죽에 갈라진 틈을 보고 貞人(점쟁이)이 물은 내용에 대해 판단한 것으로, 占辭라고 한다. 天干 '丙'으로 시작하는 날에 비가 온다고 하였다. ㉣과 제2편의 ㉠은 왕이 내린 판단 즉, 점괘가 맞았는지 여부를 기록한 것으로 驗辭라고 한다. 이곳은 왕이 내린 판단 즉, '丙日에 비가 온다.'는 점괘를 충족시켰다. 제2편의 ㉡은 '翟'이라 불리는 나라에서 거북이 껍질을 공납한 것을 기록한 것으로, 위 占卜과 무관한 행정 기록이다. 署辭라고 한다.

2. 第3片⁵⁾

(1) 隸定

㉠ 甲午卜, 宁貞, 西土受年? 一. 二. 三. 三. 五. 六

㉡ 貞, 西土不其受年? 一. 二. 二告. 三. 三. 二告. 五. 六

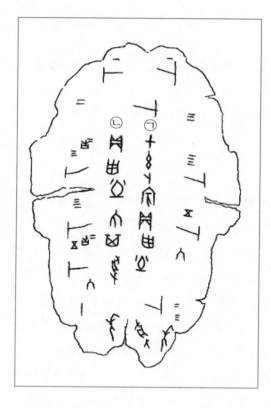

(2) 解釋

㉠ 甲午 日에 점을 쳤다. 貞人 '빈'이 묻기를 '서쪽의 땅에 풍년이 들겠습니까?'

㉡ 묻기를 '서쪽의 땅에 풍년이 들지 않겠습니까?'라고 하였다.

(3) 註解

㉠ 甲午卜, 宁貞 : 西土受年? 一. 二. 三. 三. 五. 六

문장 독법은 왼쪽에서 오른쪽으로 읽어 가야 한다. 제1행 '甲午卜, 宁貞, 西土受' 제2행 '年' 순으로 읽어야 한다. 제1행 土와 受는 사이가 많이 떨어져 있다. '年'은 受의 옆에 썼다. 오른쪽의 一. 二. 三. 三. 五.

<hr />

5) 본 편은 『商周古文字讀本』에서 채록한 董作賓의 『殷墟文字乙編』, 제3409片의 모사본을 복사하였다.(劉翔외, 앞의 책, 22쪽)

六은 序數이다.

■ 宁貞 : 宁은 武丁時의 貞人 이름이다. 이를 근거로 유추해보면 본 갑골복사는 제1기 것으로 추정된다. 宁은 寍이다. 寍은 '면'과 '빈' 두개의 음이 있다. 전자로 읽으면 '매끄럽게 합치다,' 후자는 '공경하다'라는 뜻이 있다. 여기서는 '빈'으로 읽어야 할 듯하다.

■ 西土 : 서토는 西部의 토지를 가리킨다.

■ 年 : 年成, 收成으로 '풍년이 들다.'라는 뜻이다.

■ ☰ : 四의 本字이다.

■ 一. 二. 三. ☰. 五. 六 : 본문 오른쪽에 산발적으로 쓰여져 있다. 이를 兆序라고 한다. 序數라고도 하는데, 갑골의 卜兆 옆에 점복의 次序를 표시한 숫자를 가리킨다.

ⓛ 貞, 西土不其受年? 一. 二. 二告. 三. ☰. 二告. 五. 六

■ 貞, 西土不其受年? : ㉠을 부정으로 다시 물은 것으로 對貞이다.

■ 一. 二. 二告. 三. ☰. 二告. 五. 六 : 본문 왼쪽에 산발적으로 쓰여져 있다. 이를 兆辭라고 하는데, 兆辭는 갑골의 卜兆 옆에 새겨놓은 卜兆의 전문용어이다. 예컨대 一告, 二告, 三告 등이 그것이다. 二告는 '제2次 卜告'를 가리킨다. 점을 치는 과정 중에 貞人이 생각하기를, 거북이를 통해 신령과 통달하기를 주문한 앞의 의식이 미진하였다고 생각되면 즉, 거북을 통한 신령과의 접촉이 실패했다고 생각되어, 다시 두 번째 의식(卜告)을 거행했음을 나타낸다.

3. 第4片[6)]

(1) 隸定

㉠ ……五穀乎賣

㉡ 貞翌辛丑不其飮

㉢ 王固曰今夕其雨, 翌辛丑雨. 飮

㉣ 之夕允雨, 辛丑飮

㉤ 王固曰其獲, 其隹丙戠其隹乙戠

(2) 解釋

㉠ ……오곡을 ……

㉡ 모모 貞人이 묻기를 다음 辛丑 日에 비가 그치지 않겠습니까?

㉢ 왕이 점을 쳐 말하기를 오늘 저녁 비가 오고, 익일 辛丑 日에도 비가 온다.

㉣ 이날 저녁 정말 비가 왔다. 辛丑 日에는 비가 오지 않았다.

㉤ 왕이 점을 쳐 말하길 "수렵에서 짐승을 잡을 수 있다. 새를 丙日에도, 乙日에도 잡을 수 있다."고 하였다.

(3) 註解

위 갑골문은 原拓이 깨끗하지 않아 模寫한 것을 다시 복사한 것이다. 模寫 이전에 原本에 대한 정확한 隸定이 이루어졌는지 의심되기도 한다.

---

6) 郭沫若의 『卜辭通纂』(科學出版社, 1983, 6, 11版. 200쪽)에서 複寫하였다. 원본은 『菁‧八』인데 郭沫若 본은 이를 模寫한 것이다.

㉠ ……五穀乎賣

■ 穀 : 郭沫若은 위 갑골문 '𡐩'를 南으로 隷定하였으나, '𡗗'으로 隷定하고 '穀'으로 釋讀함이 합리적이다.

■ 賣 : 자서에 보이지 않는다. 不明하다.

㉡ 貞翌辛丑不其㗊

■ 㗊 : 왕국유는 啓의 초문이라고 하였다. 啓는 '비가 개다(晴)'란 뜻으로 ㉢의 '其雨'의 對文이다.

㉢ 王固曰, 今夕其雨, 翌辛丑雨. 㗊

■ 固 : 固은 占의 繁體이다. 자서에 보이지 않는다.

㉣ 之夕允雨, 辛丑㗊

■ 之 : '이것'이란 지시대명사 이다. 『玉篇·之部』 "之는 이것이다.(之, 是也)"라고 하였다.

㉤ 王固曰, 其獲, 其隹丙㦱, 其隹乙㦱

■ 㦱 : 㦱은 臧의 초문이다. '거두다'로 쓰였다.

위 갑골문은 敍辭, 命辭, 占辭, 驗辭를 모두 갖추고 있는 卜辭가 아니다. ㉠의 '五南乎賣'은 不明하고, ㉡의 '貞翌辛丑不其㗊'은 점복에서 물은 내용 즉, 命辭이다. 긍정과 부정을 반복하여 묻는 對貞 습관을 참고하면 앞에 긍정으로 물은 내용이 탈락되었다. ㉢과 ㉤은 왕이 貞人(점쟁이)이 물은 내용을 판단한 것으로, 占辭이다. ㉤은 ㉢과 같은 占辭이나 이를 물은 命辭는 앞에 보이지 않는다. '㉣'은 왕이 내린 판단 즉, 점괘가 맞았는지 여부를 기록한 驗辭이다.

4. 第5片[7)]

(1) 隷定

㉠ 王固曰, 㞢希! 其㞢來艱. 乞至七日己

ⓛ 巳. 允㞢來媸自西. 㞢友角

ⓒ 告曰, 舌方出, 㦰我示㽫田七十人, 五圓

ⓔ 癸巳卜, 㱿貞, 旬亡囚? 王固曰㞢希!

ⓜ 其㞢來媸. 气㞢五日丁酉, 允㞢來媸圓

ⓗ 西, 沚䵶告曰, 土方廾于我東鄙,

ⓘ 圓二邑, 舌方亦㦰我西鄙田

ⓞ 癸卯卜, 㱿貞. 旬亡囚?

ⓩ 王固曰, 㞢希! 其㞢

ⓣ 來媸. 五日丁未, 允

ⓙ 㞢來媸. 歈卬□□

ⓔ 自吕圍. 六月

ⓩ 癸未卜, 㱿圓圓囚

(2) 解釋

(癸亥 日에 점을 칩니다. 점쟁이 㱿이 묻기를 '열흘 안에 재앙이 없겠습니까?'라고 하니)
ⓛ 王이 점을 쳐 말하길 '귀신의 재앙이 있을 진저! 그 재앙이 올 것이다.'라고 하였다. (癸巳로 부터) 7일 뒤 己巳 일에 ⓒ 진실로 서쪽으로부터 재앙이 왔다. 㞢國의 우두머리 友角이 ⓔ 고하여 말하길 '舌方이라 불리는 마을 사람들이 出兵하여 우리의 示㽫이라 불리는 밭을 침범하고 마을 사람 70명을 잡아갔습니다.'라고 하였다. 五월 ⓜ 계사 일에 점을 칩니다. 점쟁이 㱿이 묻기를 앞으로 '열흘 안에 재앙이 없겠습니까?'라고 하니, 왕이 卜兆를 살펴보고 말하길 '귀신의 재앙이 있을 진저! ⓗ 그 재앙이 있을 것이다.'라고 하였다. 그로부터 5일 되는 날 丁酉 日에 불길한 재앙이 서쪽으로부터 왔다. ⓘ 沚國의 우두머리 䵶가 보고하길 '土方國이 우리의 동쪽 邊邑을 공격하여 ⓞ 2개의 城邑이 불탔습니다. 舌方이라 불리는 마을 사람들 또한 우리 서

부 邊邑을 침범하였습니다.'라고 하였다. ◎ 계사 일에 점을 칩니다. 점쟁이 殼이
묻기를 '앞으로 열흘 안에 재앙이 없겠습니까?'라고 하니, ㉠ 왕이 점을 쳐 말하길
'귀신의 재앙이 있을 진저! 그 재앙이 발생할 것이다.'라고 하였다. ㉠ 그로부터 5일
째 되던 丁未일에, ㉠ 진실로 재앙이 있었다. ㉣…… ㉤ 6월 癸未 일에 점을 칩니다.

(3) 註解

骨版이 단절되어 敍辭와 命辭가 결핍됐다. 卜辭 중의 '气至七日己巳'로 보아 점
복 일이 癸亥 日로 추정된다.

㉠ 王固曰 : 屮希! 其屮來煙. 乞至七日己

- 固 : '固'은 占과 같다. 갈라진 卜兆를 보고 물은 것에 대한 판단을 가리킨다. 현재
  는 쓰지 않는 글자이다. 卜辭의 구성으로 보아 '王固曰' 앞에 '癸亥卜, 殼貞, 旬亡
  固'이라는 敍辭와 命辭가 있었을 것으로 추정된다.
- 屮希 : 屮는 有와 통한다. 希는 祟와 통한다. 祟는 귀신의 재앙을 의미한다. 屮希는
  '귀신의 재앙이 있을 진저!' 정도로 해석할 수 있다. 原辭 屮는 본래 무엇을 나타내
  었는지 분명치 않지만, 卜辭에서 又, 有, 侑, 佑 등으로 쓴다. 于省吾는 "屮는 屮로
  隸定하고, 복사에서 '또, 다시'라고 할 때의 又, '있고 없음'의 有, '복 받다.'의 佑,
  또한 제사이름인 侑로도 쓰인다. 그 造字의 근원은 사람마다 의견이 달라 지금으
  로 선 정론을 내리기가 어렵다.(字隸定作屮, 卜辭爲再又之「又」, 有無之「有」, 福佑之
  「佑」, 亦爲祭名, 「侑」. 至於其造字之源, 則各家說法不一. 迄今難作定論)[8]고 하였다.
- 其屮 : 其는 原辭에 넙로 썼다. 이곳에서는 추측어기사로 썼다. 其는 箕[9]의 원
  시상형자이다. 卜辭에서는 其가 지시대명사로 쓰이기보다는 추측어기로 많이

---

8) 于省吾 主編, 『甲骨文字詁林』, 北京, 中華書局, 1996, 5. 제1版, 3351(3432쪽)
9) 곡식을 까불러 쭉정이나 雜物을 제거하는 기구로 농촌에서 이를 '키'라고 부른다. 우리 국어 '키'는
   '箕'의 한자음의 변형으로 보인다.

쓰인다.10)

■ 來煒 : '煒'은 『說文解字』나 일반자전에 보이지 않는다. 唐蘭은 "복사의 壹, 郤, 煒 등은 모두 艱難의 가차로 쓰인다.(卜辭壹, 郤, 煒等字並假借爲艱難字)"11)라고 하였 다. 믿을 만한 주장이다. '來煒'는 '來艱'으로 艱은 재앙을 가리킨다.

■ 气至 : 气는 原辭는 '三'로 썼다. 이곳에서는 '氣'의 약자 '气'가 아니다. 現在 쓰이 고 있는 글자로 隸定을 한다면 '乞'로 해야 한다. '乞'은 迄과 통하여 '이르다.'는 뜻이 있다. '乞(迄)'과 至는 同義로 두 글자를 붙여 쓰기도 한다. '气至七日己巳' 는 (癸亥일로부터) 7일째 되는 날인 '己巳 日'까지 이르렀다는 것이다. 갑골 복사 '三'의 隸定 '气'와 氣의 간체자 '气'와의 한자학적 설명은 복잡하다. 아래에 자세 히 살펴보자.

ⓐ 三의 '气'로의 隸定에 대한 探究

갑골문 三는 일반적으로 '气'로 隸定한다. 原辭 三가 气로 예정하기까지는 좀 복 잡한 설명이 필요하다. 于省吾는 '气'로 예정해야하고 그 뜻은 '이르다'라고 하였다. 그는

갑골문의 '三'은 곧, 지금의 气자이다. 속에서 '乞'로 쓴다…… '三'자와 쉽게 혼동하였 기 때문에 '三'로 쓰다가, 글자의 균형미를 추구하여 좌우가 대칭되도록 다시 '气'로 썼다. 갑골문의 '三'가 '气' 자라는 것은 이미 위에서 말했다. 气의 용법은 3개가 있는데 하나는 '구하다'라는 뜻의 '气'이고, 두 번째는 '이르다'의 '迄'이고, 세 번째는 '멈추다'의 '訖'이다. 甲骨文之三卽今气字, 俗作乞…… 以其三字易混, 故一變作三, 取其左右對稱, 故 再變作气. 甲骨文之三卽气字, 已如上述. 气字之用法有三, 一爲气求之气, 二者迄 至之迄, 三爲終止之訖12)

---

10) 于省吾 主編, 앞의 책, 2815(2810쪽)
11) 唐蘭, 『殷墟文字記』, 中華書局, 1981, 5, 제1版, 61쪽
12) 于省吾, 「釋气」, 『甲骨文字詁林』, 81-83쪽(于省吾 主編, 앞의 책, 3326(3374쪽) 재인용)

라고 하였다. 于省吾는 갑골문 '三'은 숫자를 나타내는 '三'과 혼동되기 때문에 이를 피하기 위해, 東周시대 이후 '느'로 쓰다가 글자의 균형미를 추구하여 좌우가 대칭되도록 '气'로 썼다는 것이다. 그렇기 때문에 당연히 예정은 '气'로 해야 한다는 것이다. 하지만 于省吾가 隷定한 '气'는 현재 氣의 간체자로 쓰이고 있는 '气'와는 同形일 뿐 서로 관계가 없다. 그렇다면 '三'는 '乞'로 隷定함이 옳다. 그 이유는 '气'는 위 于省吾가 지적한 갑골 卜辭의 뜻을 나타내는 글자로는 이미 폐기되어 쓰이지 않기 때문이고, 于省吾가 이미 '乞'은 '三(气)'의 속자라고 지적은 했지만, 갑골 복사 '三'의 뜻 '이르다'를 나타내고 있는 '乞'이 현재 사용되고 있기 때문이다.

   '三'를 이미 폐기된 자형 '气'로 예정하였기 때문에 한자학관계서적이나 자전에서 혼란을 일으킨다. 『商周古文字讀本』,[13] 『甲骨文字詁林』,[14] 『漢語大字典』[15] 등은 '三'를 '气'로 隷定 했다. 앞의 두 책은 气로 예정을 하되 그 뜻은 乞을 따른 '迄(이르다)'을 나타낸다고 하였다. 그렇다면 처음부터 '乞'로 예정함이 훨씬 합리적이다. 『漢語大字典』은 '이르다'의 '气(乞),' 雲氣의 '气,' 다른 사람에게 양식이나 먹이를 준다는 '氣'를 동일한 字符로 한 곳에 모아 놓고 뭉뚱그려 설명을 하고 있어 한자학적으로 매우 혼란스럽다.

   ⓑ 乞의 '气,' 雲氣의 '气,' 다른 사람에게 주는 양식으로의 '氣'
   이들 관계의 설명은 복잡하다. 갑골복사의 '三(乞)'은 川, 云, 肜(제사이름 융)과는 다른 자이다.
   현재 중국에서 쓰고 있는 '气'는 氣의 간체자이다. 하지만 气와 氣는 본래 서로 다른 글자였다. 『說文』에서 气는 雲氣, 氣는 다른 사람에게 주는 양식 혹은 사료를 나타낸다고 하였다. 그런데 气가 隷變期에 '氣'로 쓰이면서 '气'는 폐기되었다. 말하

---

13) 劉翔외, 앞의 책, 47쪽

14) 于省吾 主編, 앞의 책, 3326(3379쪽)

15) 漢語大字典編輯委員會, 『漢語大字典』, 四川辭書出版社, 湖北辭書出版社, 1993, 11, 제1版. 气部, 843쪽

자면 氣는 雲氣와는 상관없는 '양식' 등을 다른 사람에게 준다는 뜻을 가진 글자이었으나, 隸變期에 雲氣를 나타내는 글자 气와 자형, 자음이 유사하다는 이유로 두 자가 혼용되면서 종국에는 气는 폐기 되고, '氣'만 쓰이면서 气의 뜻까지 吸收하게 된 것이다.[16] 정리하자면 운기를 나타내는 자형 '气'와 남에게 양식을 준다는 '氣'는 본래 서로 다른 글자였으나 隸變期에 '氣'로 쓰이게 되었다는 것이다.

또, 雲氣를 나타내는 '气'와 갑골 卜辭에서 '이르다'를 나타내는 '三'는 字形演變으로 인하여, 우연히 자형이 유사함으로써 두 자를 同字로 書寫하게 되었다는 것이다. 말하자면 雲氣를 나타내는 '气'와 卜辭에서 '이르다'를 나타내는 '气'는 同形字인 셈이다.

일반자전에서 동형자를 同字로 인식한 경우가 종종 보인다. 『漢語大字典』[17) '乞'자 조에 갑골문의 자형으로 '三'를, 雲氣의 '气'자 조에도 갑골문의 자형으로 '三'을 제시했다. 이들은 출전도 똑같이 『前7・36・2』로 되어 있다.[18] 서로 다른 글자를 隸變으로 인하여 동형, 동자로 인식한 것이다. 그리하여 자형과 자의가 일치되지 않는 현상이 발생하였다.

이들 字符 사이의 혼란을 줄이기 위해서라도 卜辭의 '三'은 '乞'로 隸定해야 한다. 현재 乞을 따른 乞(바란다), 迄(이르다), 訖(멈추다)이 모두 갑골 卜辭에 쓰인 '三'의 뜻과 일치하기 때문에, 字形演變 과정 중에 '气(气)'의 모습을 한 적이 있다고 하여, 굳이 폐기된 气로 隸定하여 혼란을 야기할 필요가 없다.

- ▪ 숖 : 至로 隸定한다. 『說文』에는 제비가 하늘에서 날아 땅으로 급속히 내려오는 모양을 그려 '이르다'라는 뜻을 나타낸다고 하였다. 『說文』의 자형 파악이 잘못됐다. 갑골문의 '숖'는 거꾸로 된 화살과 화살이 멈추는 곳을 그려 '이르다'라는 뜻을

---

16) 氣는 본의로 쓰일 때는 餼로 쓰기도 한다. 어쨌든 현재 중국에서는 氣의 간체자 气가 쓰이고는 있지만 우리나라의 해서체에서는 이미 폐기된 글자이다. 간혹 중국이나 일본의 간체자의 영향으로 氣를 '气'로 쓰고 있는 사람들이 있기도 하다.

17) 漢語大字典編輯委員會, 『漢語大字典』, 四川辭書出版社, 湖北辭書出版社, 1993, 11, 제1版

18) 氣는 갑골에서는 볼 수 없고 『說文』에서만 보인다.

나타내었다. 맨 아래 '一'은 화살이 도착하는 곳을 나타낸다. 지사이다.(林義光은
이를 과녁이라고 했다.) 맨 위의 'Ɣ'는 화살을 시위에 메기는 부분을, 중간 '↓'는 화
살대와 촉 부분을 그린 것이다.

- 十 : 七이다. 갑골문의 七은 해서의 十(십)과 유사하다. 갑골문에서 十(십)은 'ㅣ'
로 썼다.

- 彐 : 己로 隷定한다. 무엇을 나타냈는지 명확치 않다.

　ⓛ 允屮來燧自西 : 允은 '信'의 뜻이다. 부사로 '진실로, 정확히'로 해석한다.

- ⻌ : 允으로 隷定한다. 趙誠은 사람이 머리와 몸을 구부리고, 두 손을 뒤로 한 후,
늘어뜨린 모습을 그려 恭敬을 표시한다고 하였다.[19] 사람의 모습을 그렸다는 것
에는 학계가 대체로 동의하지만 구체적으로 어떻게 그렸느냐, 왜 사람의 모양을
그린 '允'이 '진실'이라는 뜻을 나타내는가에는 아직 일치된 견해가 없다. 卜辭에
서는 부사로 진실로, 확실히 등으로 쓰였다.

- ⻌ : 自로 隷定한다. 코의 모습을 그린 것이다. 卜辭에서 本義 '코,' 引伸義 '자
기,'[20] 介詞 '~부터'로 쓰였다. 개사의 용법으로 쓰인 예가 가장 많다. 이는 본의
'코'로부터 '나'로, 다시 다른 사람으로 引伸되면서, '가까운 곳에서 먼 곳'을 가리
키는 뜻으로 인신되었다. 즉, '코'에서 '나'로, '나'에서 '~부터'로 인신된 것이다.

- ⻌ : 西로 隷定한다. 『說文』에 西는 '새의 보금자리'라고 하였는데 믿을 수 없다.
현재 해서체 西는 그 來源이 두 개가 있다. 하나는 甾로도 隷定하는 ⻌와 由로
隷定 하는 ⻌이다.

　이렇게 來源이 다르다는 것은 자형의 유사성이나 가차에 의한 것이므로 본의를
따지기는 어렵다. 현재 西로 隷定하는 갑골문의 형태는 ⻌, ⻌, ⊗ 등이 있다. 그런데

---

19) 趙誠, 「甲骨文虛辭探索」, 『古文字研究』 제15輯, 278-279쪽. 참조(于省吾 主編, 앞의 책, 40쪽, 재인용)
20) 徐灝의 『說文解字箋』에 "사람들이 자기를 칭할 때 혹은 코를 가리키기도 하기 때문에 '자기'란 뜻이
　　있게 됐다.(人之自謂, 或指其鼻, 故有自己之稱)"고 하였다.

이들이 隸變을 거치면서 하나는 ‘西’로, 다른 하나는 ‘甾’로 演變됐다. 현재 甾는 대나무로 만든 그릇을 나타낸다. 甾는『說文』에 “초의 동쪽에 있는 명산을 甾라고 한다(東楚名岳曰, 甾)”고 하였다. 하지만 이는 바른 해석이 아니다. 徐灝은 段玉裁의 『說文解字注』의 箋에

　　마땅히 玉篇에 나온 㾕을 따른 글자이다. 대동이 말하길 ‘㾕는 대나무로 만든 그릇이다. 대나무로 만든 그릇을 나타내는 畲(대삼태기 분), 㿷(대나무그릇 병), 㿿(字書에 보이지 않는다.) 등이 모두 㾕를 따랐기 때문에 竹器를 나타낸다는 것을 알 수 있다.’고 하였으니 내 생각으로는 𠙹는 대나무를 엮은 모양을 정면에서 그린 것이다. 중달의 말이 옳다. 許愼이 말하길 초의 동쪽의 명산을 㾕라고 한다는 것은 잘못된 해석인 것 같다.

　　當從玉篇作㾕, 戴氏侗曰, 㾕竹器也. 畲, 㿷, 㿿皆從㾕, 以是知爲竹器也. 灝按, 𠙹正象編竹之形, 仲達說是也. 許云東楚名岳曰㾕, 疑有誤”

고 하였다. 𠙹, 𠚄, 𠙴, ⊗ 등이 어떻게 西로 演變됐는지는 현재로서는 자세히 알 수 없다. 다만 위 徐灝의 해석에서 언급했듯이 𠙹, 𠚄가 하나는 ‘㾕-西’로, 다른 하나는 甾로 자형이 演變됐을 것으로 유추해볼 수 있다.

由(㐀 : 예서에서 자형이 由로 변함)의 소전체는 ‘⊕’이다.『說文・由部』“⊕(由)은 귀신의 머리이다. 상형이다.(由, 鬼頭也. 象形)”라고 하였는데, 역시 정확한 고석이 아니다. 鬼자가 由(귀신머리 불)을 따랐기 때문에 귀신의 머리라고 한 것인데, 卜辭에서 由은 頭蓋骨을 나타내었지 귀신의 머리를 나타낸 것이 아니다.『갑골문자고림』에서 姚孝遂는 “복사에서는 혹 由을 西로 쓰기도 하였는데 音假이다.(卜辭或以「由」爲「西」, 則爲音假)”[21]라고 하였다. 由을 西로 쓰는 것이 왜 音假인지 잘 이해가 되지 않는다. 由은『廣韻』에 ‘分勿切(불), 質部’라고 하였다. 西는 상고음이 脂韻, 心紐, 平聲[22]이고, 甾의 상고음은 직접 확인할 수는 없지만, 集韻에 ‘莊持切(지),

---

21) 于省吾 主編, 앞의 책, 1101(1035쪽)
22) 李珍華・周長楫, 앞의 책, 121쪽

之部'라고 하였고, 甾가 聲符인 淄, 緇, 菑가 之韻, 莊紐, 平聲23)인 것으로 보아 西와 甾는 음이 매우 가까웠을 것으로 추정된다. 두 자가 음이 매우 가깝고 형 또한 유사해 同源임을 알 수 있다. 하지만 西와 由은 상고음이 서로 가깝지 않아 흡假라기보다는 形借가 아닌가 생각된다. 즉, 西와 由은 상고시대 두 자의 음이 같거나 가깝지 않아 음으로 인한 가차관계의 성립보다는, 두 자의 모양이 비슷하여 서로 섞어 쓴 形借일 가능성이 큰 것으로 보인다.

- 㠱友角
- 㠱은 일반자전에 보이지 않는다. 方國의 이름이다. 友角은 개인의 이름으로 㠱友角은 '㠱'이라 불리는 나라의 首領 '友角'을 가리킨다.
- 㕜 : 友로 隸定한다. 『說文』에서는 "두개의 손이 서로 교우함을 나타낸다(從二又相交友也)"고 하였으나, 卜辭에서는 교우란 뜻으로 쓰인 용례를 찾기 어렵다. 두개의 손을 그린 것만은 확실하다. 하지만 현재 우리가 쓰고 있는 친구, 우애 등의 뜻으로 쓰인 용례를 찾기 어렵다. 복사에서는 매번 '屮友'를 連用해 侑, 人名, 혹은 無義로 썼다. 또 彔友, 重友 등의 友는 犧牲의 이름을 나타내는 것으로 썼는데, 이때는 雙, 對 등의 뜻을 나타낸다.24)
- 角 : 角으로 隸定한다. 짐승의 뿔 모습을 그린 것이다. 卜辭에서는 인명 혹은 지명으로 쓰였다.25)

ⓒ 告曰, 舌方出, 㞷我示㞷田七十人, 五月

- 告 : 告로 隸定한다. 卜辭에서 皆로 쓰기도 한다. 卜辭에 告는 두 가지 용법으로 쓰였다. 모두 '알리다'는 뜻은 기본으로 하고 용도를 다르게 썼을 뿐이다. 하나는 祭告26) 등처럼 제사를 알리는 것으로, 다른 하나는 신하들이 임금께 아뢰는 報告

---

23) 李珍華·周長楫, 앞의 책, 49쪽
24) 于省吾 主編, 앞의 책, 1025(948쪽), 姚孝遂의 '按' 참조
25) 于省吾 主編, 앞의 책, 1910(1872쪽)
26) 갑골문에 '秋祭를 河에 고합니다.(告秋于河(佚625))' 같은 문장이 있다.

의 의미로 쓰였다. 하지만 許愼이 해석했던 것처럼 '소가 사람을 받기 때문에 소 뿔에 횡목을 대어 사람들에게 경고한다.'[27)는 고석은 오래 전부터 학들로부터 의심받아 왔다. 현재 ꉻ가 무엇을 나타내는지, 그 본의는 무엇인지 명확히 밝혀지지 않았다. 다만 許愼이 '소뿔에 횡목을 댄 모습'이라고 해석한 것은 상부 構件 'ꀦ'가 牛와 형체가 비슷했기 때문에 誤釋을 하였다는 것은 인정한다.

類世幹의 『說文校案』 舌자 條에 "告자는 예부터 해석을 하지 못했다. 내 생각으로는 告자도 또한 舌자 위에 'ㅣ'을 덧보태, 다른 사람에게 고하는 모습을 그린 것이라 생각한다.(告字自來多不得其解, 竊謂告字亦從舌加ㅣ於上, 殆卽箸告人之象乎)"라고 하였다. 하나의 의견으로 받아들일 만하다.[28)

■ ꉻ方出 : 'ꉻ方'은 유목민의 부락 이름으로 당시 商을 많이 침범했다. ꉻ은 口가 의미를 工이 소리를 나타낸다.[29)

■ ꀦ : 方으로 隷定한다. 甲骨文 모양은 쟁기(耒)와 모양이 비슷하다. 쟁기류의 농기구를 가리켰을 것으로 추정된다.

■ ꀧ : 出로 隷定한다. ꀨ로 쓰기도 한다. 발(ꀩ)이 모종의 장소(ㅂ, ᴗ은 모두 장소를 나타냄)에서 나오고 있음을 그려 '나오다.'라는 뜻을 나타낸다. 許愼은 訛變된 小篆 자형을 보고 초목이 자라나서 위로 올라감을 그렸다고 했다.

■ ꀪ我示ꀫ田七十人: ꀪ은 侵과 통한다. 示ꀫ은 지명이다. ꀫ은 음과 뜻이 무엇인지 불명하다. 七十은 원래 '十'로 썼다. '十'은 '七과 十'의 合書이다.

■ ꀬ : 我로 隷定한다. ꀭ로 쓰기도 하는데 창의 一種을 나타내었다. 徐灝는 『說文解字注』의 箋에서 "元의 주백기가 말하길 ꀮ는 창의 이름으로 상형이다. 가차로 우리, 나 등의 자로 쓰인다.'고 하였다. 내 생각으로는 ꀮ는 곧 고문 ꀯ의 변체이

---

27) 『說文』에 "소가 사람을 받기 때문에 뿔에 가로로 나무를 대어 사람들에게 받힐 것을 알렸다.(牛觸人, 角箸橫木, 所以告人也)"라고 하였다.

28) 類世幹, 「舌字 條」, 『說文校案』(于省吾 主編, 앞의 책, 720(689쪽) 재인용)

29) 일반자서에는 이 字가 보이지 않는데 『商周古文字讀本』에 '從口, 工聲'이라 하였다.(劉翔외, 앞의 책, 47쪽)

다.(元周伯琦曰, '𢦏, 戈名, 象形, 借爲吾我字' 按, 𢦏卽古文㦰之變體也.)"라고 하였다.

■ T : 示로 隷定한다. 𝗧, 示, T̄ 등으로 쓰기도 한다. 제단 앞에 놓여진 신주를 나타내었다. 𝗧, 示 등은 변체이다. 이들은 T, T̄에 작은 점을 양쪽에 덧붙인 모습이다. 양 옆의 작은 점은 제사를 지낼 때, 기도를 하고 절을 하면서 신주에 술을 첨작한 흔적을 나타낸 것이다.[30] 갑골문 示의 변체 '示'가 현재의 해서 '示'의 모체이다.

■ 五囗 : 囗는 月자가 殘缺돼 卜辭에 의거해 보충했음을 나타낸다. 고문자를 隷定할 때 □는 글씨가 있는데 잘 안 보인다는 뜻으로 한 글자에 하나의 □로 표시한다. □안에 쓴 글씨는 문맥상 추정하여 쓴 것이다. ☑는 □와 같으나 □보다는 글씨가 잘 보이는데 정확히 무슨 자인지 모른다는 것이고, '……'는 글씨가 있기는 한데 몇 자가 있는지 정확히 모름을 표시한다.

■ 𝖷 : 五로 隷定한다. 五의 初文은 X이다. 숫자를 나타낸 것으로 추정한다. 일부 학자들이 五는 午의 初形이라고 하는데 믿을 만한 것이 못된다.

■ 㱿貞 : 㱿은 武丁 時期의 貞人 이름이다. 㱿이 무엇을 나타냈는지 不明하다. 㱿貞이란 貞人 이름을 참고하면 본편 갑골문은 제1기에 해당한다.

■ 旬亡囚? : 囚은 禍와 통한다.

■ 𝕊 : 旬으로 隷定한다. 𝕊으로 쓰기도 한다. 卜辭에 '열흘'을 나타내었다. 하지만 𝕊의 자형이 무엇을 나타내었는지는 뚜렷한 고석은 없다. 단옥재는 『說文』旬의 고문에 대한 주석에서 "日과 勹으로 구성된 회의자인듯하다.(按從日勹會意.)"라고 하였다. 李孝定은

왕양씨는 또 '勹彝'에서 '勹'을 '𝕊'으로 쓴 것을 인용하였으니, 이는 '𝕊'이 '勹'의 초문이라는 것을 나타낸다. 뒤에 '𝕊'에 '二'를 덧붙여 '𝕊'로 쓴 것뿐이다. 勹과 旬은 음이 가까웠으니 옛날에는 勹을 가차하여 旬으로 썼다. 그러다가 뒤에 日을 덧붙여 오로지 십일을 나타내는 글자로 삼은 것이다.

---

30) 于省吾 主編, 앞의 책, 1063쪽, 示자 조 참조

　　王襄氏 又引勻彝勻作㔾, 則此作㔾者殆勻之初文, 後給增'二'作㔾耳. 勻旬音近, 古
卽假勻爲旬, 後給增日以爲十日專字.[31]

라고 하였다. 단옥재는 회의자라고 한 반면, 이효정은 勻으로부터 분화된 분화자라
는 주장이다. 이효정의 설명이 합리적이라고 생각된다. 旬은 상고음 眞韻, 邪紐, 平
聲[32]이고, 勻은 상고음 眞韻, 餘紐, 平聲[33]으로 동음에 가까웠다.

　　ⓜ 其㞢來熿. 气㞢五日丁酉

■ □ : 丁으로 隸定한다. 本形, 本義가 무엇인지 알 수 없다. 일설에 의하면 못의
　모양을 위에서 보고 그린 것, 물고기의 눈, 쇠로 만든 병 등을 나타낸다고 하는데
　확실치 않다. 姚孝遂는 '□'는 '方圓'의 本字라고 하고, 丁이 干支 名으로 쓰이는
　것은 通假라고 하였다.[34]

■ 丣 : 酉로 隸定한다. 丣, 丣, 酉, 酉, 酉 등으로 쓰기도 한다. 酒器의 모습을 그렸다.
　본의가 '술 단지'인 셈이다. 이로부터 인신하여 '술'이란 뜻을 갖게 되었다. 후에
　'氵'를 덧보태 酉와 구별을 하게 되었다. 卜辭에서 酉는 이미 간지자로 차용되었
　고, 酒(술)로도 쓰여, 제사 이름을 나타내기도 하였다.

　　ⓗ 沚䧅告曰, 土方㐫于我東啚

■ 沚䧅 : 沚는 方國 이름이고, 䧅는 사람의 이름을 나타낸다. 䧅는 일반 자전에 보이

---

31) 李孝定, 『甲骨文字集釋』(全八冊)(中央研究院歷史言語研究所專刊之五十), 中央研究院歷史言語研
　　究所, 中華民國五十九年, 十月, 再版, 2897쪽

32) 李珍華・周長楫, 앞의 책, 165쪽

33) 李珍華・周長楫, 앞의 책, 166쪽

34) 요효수는 '□'은 실은 '각지고 둥글다.'라고 할 때의 '둥글다.'라는 뜻을 나타내는 '圓'자의 本字이
　　다……'丁'이 간지 명으로 쓰이는 것은 通假現象에 속한다……상대문자는 그 체계로 말할 것 같으면
　　이미 부호화의 과정을 거쳐 개조가 된 문자로, 통가자는 이미 순수한 부호자에 속하기 때문에 단순히
　　그 형체만을 가지고 함의를 파악하기 힘들다.('□'實爲'方圓'之本字……'丁'爲干支名, 均屬通假……
　　商代文字, 就其體系而言, 已經過符號化的改造, 通假字已屬純符號化之文字, 不能單純根據其形體本
　　身以殊求其涵義))(于省吾 主編, 앞의 책, 2179(2095쪽), 按 참조)라고 하였다.

지 않는다. 沚疌은 沚나라의 수령 疌를 가리킨다.

■ 沝 : 沚로 隷定한다. '氵'를 '屮'의 양 옆과 가운데에 나누어 썼다. 무엇을 나타내
는지 不明하다.

■ 土方 : 土方은 유목민 부락 이름이다. 商을 많이 침범했다.

■ 疋 : 疋(正)은 '征'의 初文으로 '병사를 내어 공격한다.'는 뜻을 나타낸다. 疋는 일
반자전에 보이지 않는다.

■ 東啚 : 東啚의 啚는 鄙의 初文이다. 東啚는 동쪽 변방 마을을 가리킨다.

■ 土 : 土로 隷定한다. 卜辭에서 土, 土, 土, 土, 土, 土 등으로 쓰기도 했다. 일반적
으로 '土'의 본의는 '흙'이라고 믿는다. 『說文・土部』에 "생물을 토해내는 것 곧,
땅이다. '二'는 흙 아래, 땅속에서 식물이 나오는 모양을 나타낸다.(土, 地之吐生物
者也. 二象地之下地之中物出形也.)"고 하였다. 즉 땅속으로부터 식물이 자라남을
그려 '흙'이란 뜻을 나타낸다는 것이다. 하지만 갑골문에서의 '土'는 그 글자의 형
체와 용법이 복잡하고, 그 형체의 來源에 대해서도 각인각색의 설이 난무한다.
卜辭에서의 용법은 先公의 이름, 方國의 이름, 사직단의 땅, 나라의 땅 등으로
썼다.[35]

■ 征 : 疋(征)로 隷定한다. 征는 正(正)의 繁體이다. 征은 正으로부터 분화된 자이
다. 卜辭에 正은 正으로 썼고 본의는 '征伐'이다. 발(屮)과 대상(口 : 나라, 읍)을 그
려 특정한 장소로 진군하여 정벌한다는 뜻을 나타내었다. 隷變을 거쳐 상부의 '口
(정벌의 대상 지역)'가 一로, 하부의 발은 '止'로 演變되었다. 卜辭에서 正(正)은 다
양하게 쓰였다. 다음에 그 용법을 보자.

ⓐ 정벌하다의 征으로 쓰였다.

갑골문에 "왕이 5천명을 모아 토방을 정벌하였다.(王共人五千正土方)(後1・31・6 合
集6409)," "왕이 소방을 정벌하였다.(王征召方)(佚520 合集33023・33024)"가 그것이다.

---

35) 于省吾 主編, 앞의 책, 1180-1191쪽

商王이 적을 정벌할 때는 ⿰도, ⿰도 모두 썼다. 그러나 적이 商 땅을 침범했을 때는 ⿰만 썼다. 위 복사 "土方⿰于我東啚"이 그런 예이다. ⿰(정벌)은 사람만 대상이 되는 것이 아니다. 짐승을 수렵하는 것도 ⿰(정벌)으로 썼는데, 이는 사람을 정벌하는 것으로부터 인신된 것이다.

ⓑ 정월의 正으로 쓰이기도 하였다.

卜辭에서 一月을 혹 正月이라고 쓰기도 하였다. 이에 대해 吳其昌은 다음과 같이 설명하였다.

> 내 생각으로는 '正'의 원시본의는 '정벌,' '행하다.'이었다. 다만 '⿰(발)'이 미리 지정한 목적지(口)를 향해 나아감을 그린 것이기 때문에, '정벌'이라는 뜻은, 그 맨 처음은 '군대를 동원해 토벌한다.'는 뜻으로만 고정된 것은 아니었다. 혹은 나라를 순시하며 살피고, 혹은 도성 근교를 순시하며 수렵하는 것도 나타내었다. 그렇기 때문에 정벌이나 순시 모두를 '征'이라고 불렀다. 正月이란 이름을 얻게 된 것은 새 해의 첫 번째 달이란 뜻 때문에 붙여진 것이다. 은나라 말기의 풍속은 이때(새 해 첫 달)순시나 수렵을 행하는 예를 거행하였다. 그렇기 때문에 이때가 한 해의 가장 성대한 명절이 되었고, 마침내 '征'이란 이름으로, 그 달의 이름을 붙였다. 따라서 '正月'이란 뜻도 '征月'과 같다.
>
> 按, '正'之原始本義, 爲征, 爲行. 但象⿰向口預懸鵠的之方域進行, 故'征'之義其初本未嘗固定爲軍旅討伐, 或巡省邦國, 或巡狩郊畿, 因皆可通稱爲'征'也. 意者'正月'之得名, 卽因其爲新歲之首月, 殷末之俗, 有于此時擧行或巡或狩之禮, 蔚爲一歲之盛節, 故遂以'征'名其月歟, 意者'正月'之義, 卽等于'征月'[36]

복잡하게 설명을 했는데 정리하자면, 正의 최초 본의는 반드시 정벌(征)만을 나타낸 것이 아니고 수렵이나 순시 등도 나타내었고, 은나라 말기에는 이것이 1월에 행해지면서 자연히 국가의 盛節이 되었으며, 이것이 행해지는 달을 正月(征月)이라고 부르면서, 正月은 한 해의 시작을 알리는 달(1월)로 인식하게 되었다는 것이다.

---

36) 吳其昌, 「殷墟書契解詁」, 242-243쪽. (于省吾 主編, 앞의 책, 0821(791쪽) 재인용)

ⓒ 풍족하다(足)라는 뜻으로도 썼다.

卜辭에 '비가 풍족히 내렸다(𤴓雨),' '풍년이 들었다(𤴓年)' 등이 있다. 이곳의 '𤴓'은 '足'으로 가차된 것이다. 이 경우 일반적으로 생각하는 가차의 音借는 아닌 듯하다. 正은 상고음 耕韻, 章紐, 去聲[37]이고, 足은 상고음 屋韻, 精紐, 入聲[38]으로 독음이 서로 가깝지 않다. 그렇다면 形借로 보아야 할 듯하다. 形借로 보면 사실 논란이 된다. 足과 正이 同字인가, 아니면 不同字인데 우연히 자형의 유사로 인하여 正으로 쓴 것인가가 문제이다. 不同字라면 위 卜辭의 足이 正의 자형을 띠었다 하더라도 이를 '正'으로 隷定하면 안 된다. 足으로 隷定해야 한다. 이 부분은 갑골문에서 正과 足이 동자였느냐 아니면 形近하지만 독립적인 字符로 존재 했느냐가 문제이다. 아직 정론이 없다.

ⓓ 祭名으로 썼다.

갑골문에서 '正河,' '正且' 등의 제명으로 쓴 것이 보인다.[39]

■ 于 : 于로 隷定한다. 위 卜辭에는 잔적만 남아 있어 다른 갑골문을 참조하여 模寫하였다. 현재의 해서 于와 거의 차이가 없다. 『說文』에 "于는 於이다. 氣가 퍼져 나감을 그린 것으로 丂와 一로 구성됐다. '一'은 氣가 평평히 퍼져 나감을 표시한다.(亏, 於也. 象氣之舒. 亏從丂一, 一者其氣平也)"라고 하였다. 許愼의 분석은 소전 형체를 근거로 한 것이기 때문에 本義, 本形에 합당하지 않다. 卜辭에서는 시간, 지역(장소), 사람 등을 나타내거나 문장을 연결해주는 連詞, 介詞로 쓰였다. 于는 吁의 고문일 것으로 추정한다. 吁는 氣가 퍼져나가는 모양을 그린 것으로, 시경 등에서 嘆詞로 쓰였다. 王均은 『說文釋例』에서 "나는 于는 마땅히 吁의 고문이라고 생각한다. 시경에서는 모두 嗟와 붙여서 썼다. 예컨대 '于嗟麟兮' 같이 쓴 것이 그런 예에 속하는데 傳에서 이를 탄사라고 하였다.(吾意于當爲吁之古文,

---

37) 李珍華·周長楫, 앞의 책, 376쪽
38) 李珍華·周長楫, 앞의 책, 27쪽
39) 于省吾 主編, 앞의 책, 0821(790-809쪽)

詩皆連嗟言之, '于嗟麟兮,' 傳以爲嘆詞)"고 하였다.[40]

■ 東 : 東으로 隸定한다. 徐中舒는 다음과 같이 말하였다.

"東은 옛 橐자이다. 埤蒼이 말하길 '바닥이 막혀있지 않은 것은 橐, 바닥이 막혀있는 것은 囊이라 한다.' 史記索隱에 창힐편을 인용하여 말하길 '囊과 橐은 바닥이 없는 것이다.'라고 하였다. 물건을 자루 속에 넣고 그 양쪽 끝을 묶은 것을 '東'으로 형상한 것이다……사물을 후세에 '東西'라고 부르는 것은 '囊'으로부터 轉音된 것이다.

東古橐字. 埤蒼曰 '無底曰橐, 有底曰囊.' 史記索隱, 引倉頡扁曰, '囊橐之無底者也.' 實物囊中括其兩端, 東形象之……物後世謂之東西者, 囊之轉音也."[41]

갑골문에서 東은 자루에 물건을 넣고 양 끝을 묶은 모습을 그린 것으로, 본의는 물건이었다. 현재 중국어에서 물건을 '東西'라고 하는데 이는 '사물을 넣어 두던 기물'을 나타내던 '囊'으로부터 음을 따왔기 때문이라는 것이다.[42] 東의 '동쪽'이란 뜻은 假借義이다.

■ 啚 : 啚로 隸定한다. 본의는 '변방마을'이다. 갑골문자고림 姚孝遂의 '案'에 "啚'자는 口(圍)와 㐭(창고 름)으로 구성된 회의자이다. 邑자가 口와 㔾(사람)으로 구성된 이치와 같다.[43] 변방에는 마을도, 耕地도, 창고도 있어 항상 적들로부터 침범을 받는다.('啚'字從口(圍)從㐭會意, 猶邑之從口從㔾. 邊鄙有邑, 有田, 有㐭, 常遭敵方之侵犯)"[44]라고 하였다. 原辭 啚의 상부 '口'는 장소를, 하부 '㐭'는 창고를 나타내 '변방 창고 있는 곳(마을)'을 나타내었다. 啚는 鄙의 初文이다. 鄙의 '천박하다, 비루하다.'라는 뜻은, 본의 '변방마을'이란 뜻으로부터 인신된 引伸義 이다. 변방은

---

40) 李孝定,『甲骨文字集釋』(全八冊)(中央研究院歷史言語研究所專刊之五十), 中央研究院歷史言語研究所, 中華民國五十九年, 十月, 再版 1638쪽

41)『說文闕義箋』, 棘字條(于省吾 主編, 앞의 책, 2968(3010쪽) 재인용)

42) 東西의 '東'이란 음 '동'은 사물을 넣어두던 '囊'의 음 '낭'으로부터 轉音되었다는 것이다.

43) 즉, 啚는 邑이 사람이 사는 마을(口)과 사람(㔾)으로 이루어졌듯이 마을(口)과 창고(㐭)로 구성됐다.

44) 于省吾 主編, 앞의 책, 2018(1969쪽)

문화수준이 떨어져 천박하고 비루하다.

Ⓐ 圈二邑, 否方亦擾我西啚田

- 圈 : 殘劃만 남아 있는데 反面에 '戈二邑'이 있어 이를 근거로 보충했다. 戈는 본
  래 '戈'로 썼다. '창(戈)으로 사람의 머리(凵)를 자름'을 나타낸 것으로 '兵災'라는
  뜻을 나타내는 글자의 本字이다.

- 邑 : 邑으로 隷定한다. 邑은 口(장소)와 卪(사람)으로 이루어져 '사람이 사는 곳'을
  나타내었다.[45]

- 亦 : 亦으로 隷定한다. 본의는 사람(大)의 양 팔 사이에 점을 찍어 겨드랑이를 나
  타내었으나 다시, 또 등으로 가차되면서 腋과 掖이 만들어져 각각 겨드랑이, '부
  축하다.'[46]를 나타내었다. 亦, 腋, 掖은 同源이다.[47]

- 田 : 현재의 해서 '田'과 차이가 없다. 畾로 쓰기도 하였다. 田보다 더 상형성을
  띤다.

◎ 癸卯卜

- 卯 : 卯로 隷定한다. 현재 卯의 本形, 本義가 무엇인지 명확한 해석이 없다. 다만
  복사에서의 용법은 이미 干支로 가차되고, '犧牲의 사용'을 나타내고 있다. 卯의
  한자학적 演變은 좀 복잡하다. 대부분 학자들은 卯의 본의는 '죽이다.'라고 한다.
  本形, 本義에 대한 의견을 살펴보자.

ⓐ 무릎 쓰다

『說文·卯部』에 "卯는 '무릎 쓰다.'이다. 이월에 만물이 땅을 뒤집어쓰고 나온다.
이 땅을 가르고 나오는 모습을 그린 것이다. 그렇기 때문에 이월을 '하늘의 문'으로

---

45) 羅振玉, 『殷釋』, 7쪽(于省吾 主編, 앞의 책, 305(343쪽) 재인용)
46) 손으로 겨드랑이를 받쳐 부축하기 때문에 부축하다가 본의이다.
47) 于省吾 主編, 앞의 책, 215(234쪽)

여긴다.(卯, 冒也. 二月萬物冒地而出, 象開門之形. 故二月爲天門.)"고 하였다. 사물이 봄에 땅을 뚫고 나오는 모습을 그려서 '무릎 쓰다.'라는 본의를 갖게 되었다는 것이다. 許愼이 이렇게 풀이하게 된 것은 卯와 冒가 음이 서로 비슷하기 때문에, 冒의 가차의로 쓰인 '가차 현상'을 본의로 파악한 것이 아닌가 생각한다. 어째든 許愼의 이러한 해석에 동의하는 학자는 거의 없다.

ⓑ 투구

林義光은 투구의 모습을 그린 것이라고 한다. 따라서 본의도 '투구'라고 한다. 林義光은

> ……곧, 두무의 古字로 머리에 쓰는 투구이다. 卯와 鍪는 古音이 같았다. ♯는 투구의 모양을 그린 것이다. ♯의 양쪽 옆으로 튀어나온 'ㄷㄱ'과 '兜'자의 상부 양쪽에 있는 '()'는 동의이다.
> ……卽兜鍪古字首鎧也. 卯鍪古音同. ♯象兜鍪形, 兩旁與兜從()同意[48]

라고 하였다. 역시 학계의 일반적 지지를 받지 못하고 있다.

ⓒ 칼

吳其昌은 "卯는 가운데 몸통에 양쪽 두 개의 날을 가진 칼을 그린 것이다.(卯象雙刀並植)"[49]라고 하여 양날을 가진 칼이라고 하였다. 역시 학계의 일반적 지지를 받지 못하고 있다.

ⓓ 희생의 몸체를 가름

洪家義는 "뜻은 '희생의 몸체를 가른다.'는 것이다.(意爲剖開牲體)"라고 하였다.

ⓔ 죽이다

姚孝遂는 다음과 같이 말하였다.

---

48) 林義光, 『文源』(于省吾 主編, 앞의 책, 3355(3438쪽) 재인용.)
49) 吳其昌, 「殷代人祭考」, 『淸華周刊文史專彙』37권, 9, 10期, 26쪽.(于省吾 主編, 앞의 책, 3355(3438쪽)재인용)

왕국유는 "卯는 劉의 가차자로 생각된다."라고 하였는데, 실은 劉는 卯로부터 불어난 자이다. 『說文』에 鐂자가 보이는데 혜동의 讀說文記에 이르기를 "留는 사람이 모여 사는 읍으로 성씨를 삼았다는데 이는 공양전에서의 설명이다. 또 『詩經·王風』의 모형의 전에는 留가 곧 劉라고 하였으니 또 무엇을 의심하리요? 劉의 파자에 대한 '묘금도(卯金刀)' 설은 참위설에 보이는데 광무제는 이를 독실하게 믿었다. 하지만 많은 유학자들은 그것이 틀렸다고 감히 말하지 못했기 때문에 『說文』에는 한마디도 여기에 대한 언급이 없다. 『옥편』에 '鐂는 옛 劉자'라고 하였다. 서해는 '이는 전사되는 과정 중에 틀린 것이다.'라고 하였지만 이는 서해의 견해가 잘못되었다."고 하였다. 그 演變의 과정은 다음과 같다.

王國維, "疑卯卽劉之假借字" 實則 '劉'乃'卯'之孳乳字, 說文作鐂. 惠棟讀說文記云, "留以邑氏, 公羊說也. 又見王風毛傳, 則留卽劉, 又何疑? 卯金刀之說, 見於讖緯, 光武篤信之, 諸儒不敢言其非, 故說文無一言及之. 玉篇, 鐂, 古劉字, 徐云, 傳寫誤, 非也." 其演變之迹當如下

劉는 卯로부터 불어난 자라는 것이다. 그리고 演變 과정을 다음과 같이 설명하였다.

(甲骨文 : 卯)   (彔鍾 : 留)   (幣文 : 留)   (小篆 : 鐂)   (古籀 : 劉)50)

두 번째와 세 번째 글자는 같은 部件의 결합인데 結構만 좌우 구조에서 상하구조로 바뀌었다. 소전은 金이 첨가되고 오른쪽 위 卯도 丣로 변형됐다. 마지막은 현재의 해서 劉로 변한 원형이다. 위와 같은 자형 演變에 대해 姚孝遂는

卯는 이미 가차하여 干支자로 썼다. 성씨를 나타내는 글자로 쓰일 때는 田을 덧보태 留로 쓴다……이는 또한 鄭씨의 경우 奠에 邑을 덧붙여 '鄭'으로 쓰는 것과 같은 이치이다. 그 뒤 다시 留에 金을 덧붙여 鐂로 쓰고, 그 字義는 '죽이다.'로 썼다. 鐂를 성씨를 나타내는 자로 쓸 때는 劉로 쓴다.

---

50) '古籀'의 두 번째 자 '籀'는 不明하여 필자가 유추하여 쓴 것이다.

　　卯旣借爲干支字, 姓氏字乃增田作留……亦猶奠之增邑作鄭. 其後復增金作鎦,
訓爲利, 姓氏字乃作劉.[51]

라고 하였다. 卯는 성씨로 쓸 때 田을 더하여 留로 썼는데, 이는 奠을 성씨로 쓸
때, 보통 삶의 근거지를 나타내는 '邑'을 덧보태 '鄭'으로 쓴 것과 같은 이치라는 것이
다. 즉, 卯를 성씨로 쓸 때 삶의 근거지가 되는 '田'을 덧보태 '留' 쓴다는 것이다.
　　한편 '卯'가 본래 '죽이다.'라는 뜻을 가지고 있었기 때문에 '留'도 그런 뜻을 가지고
있지만 '죽이다.'라는 뜻으로 쓸 때는 '留'에 '金'을 덧보태 '鎦'로 썼다는 것이다. 혹은
金과 刂를 덧보태 '劉'로 쓰기도 하였다는 것이다. 다시 정리하자면 卯는 갑골 복사에
서 犧牲을 잡아 정리하는 방법의 하나를 가리켰는데, 이로부터 '죽이다.'라는 뜻을
갖게 됐다. 그런데 卯가 대부분 干支로 가차되어 쓰이다 보니, 새로 '죽이다.'라는
뜻을 가진 글자를 만들 필요가 생겨 '鎦'를 만들어 '죽이다.'라는 뜻을 나타내는 전용자
로 썼다는 것이다. '鎦'로 만들어 쓴 이유는 '卯'가 간지로 쓰이고 卯로부터 성씨로
쓰기 위해 불어난 '留'가 있었기 때문에 여기에 '金'을 덧붙여 쓰게 됐다는 것이다.
　　혹자는 의심할 것이다. '卯'가 간지로 쓰이면 여기에 '金'을 덧붙여 '鉚'로 만들어
쓰는 것이 합리적이지 않는가라고 할 것이다. 논리적으로는 맞는 말이지만 문자의
演變, 孳乳의 원리로 따져보면 '鉚'보다는 '鎦'가 더 합리적 생산이다. 왜냐하면 위에
서 말한 바와 같이 卯로부터 孳乳된 '留'가 있기 때문에 여기에 '金'을 덧붙여 만드는
것이 순리적이기 때문이다. 또, 다시 '鎦'가 '성씨'자로 분화되면서 우하의 '田'을 버리
고 '刂'를 첨가하고, 결구 역시 바꾸어서 '劉'로 쓰게 됐다는 것이다.
　　위에서 姚孝遂는 언급하지 않았지만 앞에서 언급한 글자들은 모두 기본의 '죽이
다.'라는 뜻을 구유하고 있다. 다만『說文解字』에는 '劉'를 수록하지 않고 '鎦'를 수록
했는데, 그 이유는 漢 高祖의 성이 '劉'씨 이기 때문에 허신이 피휘한 것으로 보인다.

---

51) 于省吾 主編, 앞의 책, 3355(3441쪽)

㉠ 歙卟□□ : 歙의 필획이 온전치 않다. 句意가 무엇을 나타내는지 不明하다.

㉤ 自呂圍. 六月 : 句意가 무엇을 나타내는지 不明하다.

㉣ 癸未卜, 殼圓圓圓 : '圓圓圓'은 무슨 글자인지 분명치 않으나 '貞, 旬, 卜'일 것이라고 反面의 卜辭를 참조하여 보충한 것이다.

■ 米 : 未로 隷定한다. 米로 쓰기도 한다. 자형과 자의에 대해 姚孝遂는 다음과 같이 말했다.

『廣雅·釋木』에 '枚는 條이다.'라고 하고, 『說文』에 '條'를 '작은 가지'라고 하였다. 『詩經·汝墳』 '伐其條枚'의 모형의 전에 '가지는 條이고, 줄기는 枚라고 한다.'고 하였다. '枚'와 '條'는 둘을 상대적으로 비교하면 다르지만 따로 따로 쓰면 서로 통한다. 『玉篇』에 '枚는 가지이다.'라고 하였고, 『廣韻』에도 똑같이 말했다……'未'자는 '나무에 난 여러 개의 가지와 잎을 그린 것'으로 가지와 줄기라는 뜻이다. '條'는 작은 가지의 유약한 모습을 그린 것이다. 그렇기 때문에 『詩經·旱麓』 '施于條枚'의 모형의 전에 '條는 작은 가지이다.'라고 하였다.

廣雅釋木 '枚, 條也.' 說文訓'條'爲'小枝,' 詩汝墳 '伐其條枚,' 毛傳'枝曰條, 幹曰枚.' '枚'與 '條,' 對文則殊, 散文則通. 玉篇 '枚, 枝也.' 廣韻同……'未'字正象'木重枝葉,' 枝幹之意. '條'則象小枝柔弱形. 故詩旱麓 '施于條枚' 毛傳 '條, 小枝也.'[52]

未는 나무에 가지와 잎이 많이 난 것을 그려 '枝幹'을 나타내었다. 枚, 條, 未는 약간의 차이가 있지만 큰 틀에서는 같은 범주의 뜻을 나타내었다. 작은 차이를 구분해 보면, 未는 나무에 가지와 잎이 많이 난 것을 정면에서 그려 '枝幹'을, 條는 작은 나뭇가지의 유약한 모습을 그려 '작은 가지'를, 枚는 條보다는 '큰 가지'를 나타내었다. 卜辭에서 未는 모두 干支로 사용됐다.

---

52) 于省吾 主編, 앞의 책, 3689(3595쪽)

5. 第6片

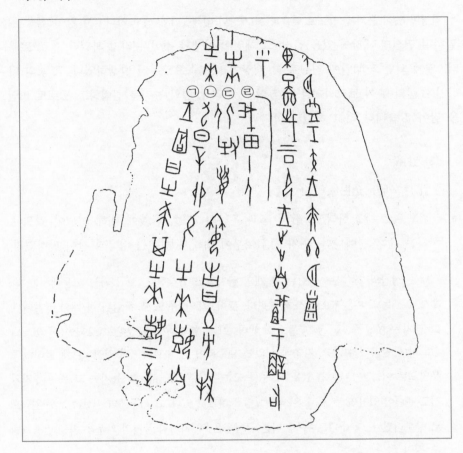

(1) 隸定

㉠ 王固曰 : 보希! 其보來媸. 气至

㉡ 九月辛卯, 允보來媸自

㉢ 北. 妻姄告曰, 土方

㉣ 我田十人

(2) 解釋

(점쟁이 殼이 묻기를 '앞으로 열흘 안에 재앙이 없겠습니까?'라고 하니,) ㉠ 왕이 점을 쳐 '말하길 귀신의 재앙이 있을 진저! 그 재앙이 발생할 것이다.'라고 하였다. ㉡ 그로부터 9일째 되던 辛卯일에 진실로 그 재앙이 ㉢ 북쪽으로부터 발생하였다. 妻家의 나라인 𢆶國의 姉이 보고하기를 '土方이 ㉣ 우리 𢆶國의 농지를 침범하고 포로로 10인을 잡아 갔습니다.'라고 하였다.[53]

(3) 註解

㉡ 九月辛卯, 允𡉣來嬪自

■ 𡉣 : 辛으로 隷定한다. 卜辭의 辛과 辛[54]의 本形, 本義에 대해 이설이 있으나, 두 자는 同字는 아니다. 먼저 同字여부에 대해 王國維는 다음과 같이 말하였다.

　　나는 십간의 '辛'자도 독립된 한 개의 글자라고 생각한다. 그 글자는 고문에서는 𡉣, 辛으로 쓰는데 혹은 辛으로 쓰기도 한다. 뜻이 '죄'인 '辛'도 또 독립된 한 개의 글자이다. 그 글자는 옛날 辛, 辛, 辛, 辛등으로 썼다. 이들 辛과 辛의 구분은 가로획이 더 있느냐 없느냐에 달려있지 않고, 가운데 서있는 세로획이 똑 바르냐 구부러졌느냐에 달려있다. 무엇으로 이를 증명할 수 있을까? 무릇 고문 宰, 辟, 𨐅, 辝, 章 등자는 그 뜻이 辛자와 서로 관련이 있어 모두 辛 혹은 辛의 모양을 따르고 있다. 그 가운데의 직선은 모두 왼쪽으로 구부러졌다. 그 하나도 '辛'을 따른 글자들은 '辛'자처럼 글자의 가운데 획을 반듯하게 쓴 것이 없다.

　　余謂十干之辛字爲一字, 其字古文作𡉣作辛, 或作辛. 訓辠之辛又自爲一字, 其字古作辛作辛作辛作辛. 此二字之分, 不在橫劃之多寡, 而在縱劃之曲直. 何以證之? 凡古文宰辟𨐅辝章諸字, 其誼與辛字相關字, 皆從辛或辛, 其中直皆折而左, 無一從辛若作辛者.[55]

---

53) 오른쪽 부분은 본 복사와 관련 없어 석독하지 않는다.

54) 『說文・辛部』에 "허물이다. 干과 二로 구성됐고 二는 上字의 고문이다. 반절은 건(去虔切)이다.(辠也. 從干二. 二古文上字.(去虔切)"라고 하였다.

　왕국유의 설명은 간지로 쓰이는 辛과 죄란 뜻으로 쓰이는 辛(건)은 독립된 글자라
는 것이다. 두 글자의 자형 차이는 글자의 가운데 세로획이 반듯하나(辛), 아니면 끝
쪽이 왼쪽으로 구부려졌느냐(辛)에 달려 있다는 것이다. 辛, 辛의 자형과 자의에 대
한 해설은 다양하다. 아래에 소개한다.

- 郭沫若 : "辛과 辛은 본래 새김칼을 나타내었다. 그것이 전이되어 허물, 죄라는
  뜻이 되었다는 것은 거의 또한 정설이 되었다.(辛辛本爲剞劂, 其所以轉爲愆辠之意
  者, 殆亦有說)[56]"라고 하였다. 새김칼을 그린 것이고 이로부터 허물, 죄라는 뜻이
  있게 됐다는 것이다.

- 吳其昌 : "辛이 형벌에 쓰이는 기구라는 것은 이미 확실하다. 형벌에 쓰이는 기구
  라는 뜻으로부터 한 번 더 나아가면 '살상'의 뜻이 되고, 살상은 고통스러운 것이
  므로 다시 한 번 나아가면 辛의 뜻은 '고통'이 된다.(則辛之爲兵刑之器蓋已了然.由
  兵刑器之義一衍則爲殺傷, 殺傷則苦痛, 故再衍則辛之義爲苦痛)[57]고 하였다.

- 李孝定 : "형구인 곡도의 모양을 그린 것이다. 인신해서 허물이 되고, 인신해서
  '시다.'라는 뜻이 되고, 인신해서 '맵고, 잔혹하다.'라는 뜻이 됐다는 것은 그 바꾸
  지 못할 논리가 될 것이다.(象刑具曲刀之形, 引伸而爲辠愆. 引伸而爲辛酸, 引伸而
  爲辛辣殘刻, 其說蓋不可易)"[58]라고 하였다.

- 詹鄞鑫 : "辛자는 甲(甲類)와 같은, 구멍을 뚫는 기구의 상형이다. 辛자는 乙(乙類)
  와 같은, 구멍을 뚫는 기구의 상형이다. 두 자의 자형 구별은 실물의 다른 특징을
  반영하였다.(辛字是甲類鑿具的象形, 辛字是乙類鑿具的象形, 二字的字形區別, 反映
  了實物的不同特徵)"[59]라고 하였다.

---

55) 王國維, 「釋辭下」, 『集林』권6(于省吾 主編, 앞의 책, 2511(2496쪽) 재인용)

56) 郭沫若, 「甲硏釋干支」, 11-17쪽(于省吾 主編, 앞의 책, 2511(2498쪽)재인용)

57) 吳其昌, 「兵器篇」, 『金文名象疏證』(于省吾 主編, 앞의 책, 2511(2499쪽) 재인용)

58) 李孝定, 『甲骨文字集釋』(全八冊)(中央硏究院歷史言語硏究所專刊之五十), 中央硏究院歷史言語硏
　　究所, 中華民國五十九年, 十月, 再版 4285쪽

59) 詹鄞鑫, 「釋辛及与辛有關的幾個字」, 『中國語文』, 1983, 5期, 369-370쪽(于省吾 主編, 앞의 책,

■ 𤕸 : 妻로 隷定한다. 𤕸(妻)는 손으로 여자의 머리를 잡고 있는 모습을 그렸다고 한다. 이를 머리를 손질하고 있는 모양 혹은, 비녀를 착용하고 있는 모습을 그렸다고 하는 사람도,[60] 여자를 억지로 끌어안아 처로 만든 것을 나타내는데, 이는 상고시대 보쌈의 풍속이 문자 속에 녹아 있는 것이라고 주장하는 사람도[61] 있다. 殷人들은 어떤 사람의 배우자를 지칭할 때 母, 妻, 妾 등으로 불렀다.

ⓒ 北. 𡶴妻姉告曰, 土方犪

■ 𡶴 : 殷의 부속국가 이름이다. '𡶴妻姉'에 대해 董作賓은 𡶴國의 수령의 딸이 殷의 武丁과 혼인을 하였기 때문에 붙여진 이름이라고 하였다. 𡶴는 音義가 不明하다.

■ 𠈌 : 北으로 隷定한다. 두 사람이 서로 등을 지고 서있는 모양을 그린 것이다. 卜辭에서 北을 '북쪽'으로 쓴 것은 가차이다. 인신의로 해석하는 사람도 있으나 卜辭에서 동서남북의 방위를 나타내는 말은 모두 가차자이다.[62]

Ⅱ. 金文選讀

1. 大盂鼎[63]

(1) 隷定

隹九月, 王才宗周, 令盂, 王若曰, 不顯玟王 受天有大令, 在珷王嗣玟乍邦, 闢氒

2511(2499쪽) 재인용)

60) 李孝定, 『甲骨文字集釋』(全八冊)(中央硏究院歷史語言硏究所專刊之五十), 中央硏究院歷史語言硏究所, 中華民國五十九年, 十月, 再版 3601쪽

61) 陳煒湛, 「甲骨文同義詞硏究」, 『古文字學論集』初編, 131-134쪽(于省吾 主編, 앞의 책, 440(464쪽) 재인용)

62) 于省吾 主編, 앞의 책, 70(142쪽)

63) 大盂鼎은 盂鼎이라고도 칭한다. 道光 初年에 陝西省 郿縣에서 출토되었다. 높이 101.9㎝로 서주 靑銅鼎 중 제일 크다(무게 약 300Kg). 康王時의 기물로 內壁에 292(4개는 合文)자의 명문을 주조하였다.

<大盂鼎>[64]

내용은 강왕이 大臣 盂에게 내린 훈계, 칭찬, 상을 적고 있다. 商 紂왕의 멸망과 周 武王의 승리 요인 등을 적고, 근신할 것을 요구하는데, 이는 『尚書·酒誥』편의 내용과 유사하다. 周의 정치사상을 연구하는 데 중요한 자료이다.

64) 본 모사는 명문의 탁본을 보고 필자가 직접 베낀 것이다. 전문 書手가 아니기 때문에 眞跡을 그려내는 데 한계가 있다.

匿, 匍有三方, 眈正氒民. 在雩卬事虘x酉無敢酖, 有柴蒸祀, 無敢㬎. 古天異臨子, 灋
保先王, □有三方. 我聞殷述命, 佳殷邊侯田雩, 殷正百辟率, 肄于酉, 古喪自巳.
女妹辰又大服, 余佳卽朕小學, 女勿剋余乃辟一人. 今我佳卽井㝱于玟王正德, 若
玟王令二三正, 今余佳令女盂, 召㲋㝬數離德㽙, 敏朝夕入讕, 冟奔走, 畏天畏. 王
曰, 盂, 令女盂井乃嗣且南公. 王曰, 盂酒召夾死嗣戎, 敏誎罰訟, 夙夕召我一人, 烝
四方, 雩我其遹省先王受民受疆土. 易女鬯一卣・冖・衣・市・舃・車・馬, 易女
乃且南公旂, 用遒. 易女邦嗣三白, 人鬲自馭至于庶人六百又五十又九夫. 易尸嗣
王臣十又三白, 人鬲千又五十夫. 遷自氒土. 王曰, 盂, 若㺤乃正, 勿灋朕令. 盂用
對王休, 用乍且南公寶鼎. 佳王卄又三祀.

(2) 解釋[65]

9월 왕이 宗周에서 盂에게 명하였다. 왕이 나라를 부흥시킬 방법으로서 말을 하
노니, 盂야 功業이 매우 혁혁한 문왕께서는 천명을 받으셨고, 무왕이 문왕을 계승하
여 나라를 세우고 부흥시킬 때에는 그 사악한 무리들을 물리치셔 四境의 땅을 소유
하였으며, 그 땅의 백성들을 선량하게 개조 시켰다. 무왕이 이렇게 성공하게 된 것은
정사를 맡아보는 장관들 손에 술이 들려있되 감히 취할 수 없게 하였기 때문이다.
柴祭와 烝祭[66]를 봉행함에 있어서도 감히 多飮하지 않았다. 그렇기 때문에 하느님
(天帝)께서 天子(문, 무왕)를 保護하여 先王으로 하여금 사방을 소유할 수 있도록 하
였다. 내가 듣기로는 殷나라의 紂가 천명을 잃고 망국하게 된 것은, 殷王이 변방의
侯・甸(경기, 성 밖 관리)들과 조정에서 집정하고 있는 문무백관들이 모두 함께 멋대
로 음주를 하여, 결국 군대와 나라를 잃게 되었다고 한다.

---

65) 본 명문의 예정과 주해는 秦永龍의 『西周金文選注』를 주로 참고하였다. 특별한 경우가 아니면 진교
   수의 견해는 주를 달지 않겠다.(秦永龍 編著, 『西周金文選注』, 北京師範大學出版社, 1992, 4, 제1판,
   27-38쪽 참조)
66) 술을 먹을 수 있도록 허가한 제사이다.

너는 어렸을 적에 선배의 현현한 요직을 계승하였는데, 나는 너를 위하여 우리 왕실의 귀족들(貴胄)이 다니는 소학에 다니도록 하였다. 그렇기 때문에 너는 나를 배반치 말고 나를 보좌 하여야 한다. 지금 나는 문왕의 政德을 본받아 문왕처럼 몇몇 관원을 임명하려고 하여, 너 盂에게 명령한다. 너는 "豩"[67)를 輔助하여 공경하고, 화목하게, 훌륭한 덕이 있게 할 것이며, 조석으로 조정에 들어와 간언하고, 제사 올림에 성심성의 분주히 도울 것이며, 항상 하늘의 위엄을 두려워해야 한다. 왕이 말하길 오호라 너 盂에게 명령하노니, 반드시 너는 네가 직위를 계승한 선조 南公을 본받을 것이다! 왕이 말하길 盂야 너는 夾이 주관하는 군사관계 일을 돕고, 기민하게 때에 맞춰서 상벌, 訟獄의 일이 처리될 수 있도록 하며, 조석으로 나 한사람을 보좌하여 사방에 왕 노릇 할 수 있게 하여, 내가 선왕의 제도를 좇아 백성과 강토를 다스릴 수 있도록 협조하여라.

너에게 香酒 한 병과 관모(冕), 관의(衣), 폐슬(韍), 신발(履), 수레(車), 말(馬)[68)을 내리고, 다시 너에게 너의 선조 남공의 깃발을 내리노니 이로써 巡狩토록 하여라. 너에게 邦國의 有司와 4명의 正長을 주고, 백성과 마부에서 庶人까지 659명과 夷邦의 有司로 王臣이 된 자 열 명과 세 명의 正長, 夷의 무리 1,050명을 줄 테니, 이들이 그들이 경작하고 있는 토지에서 부지런히 일하면서 살게 하라. 왕이 말하길 '盂야 너는 공경히 너의 직무를 받들고 나의 명령을 어기지 말라.'

盂가 왕의 미덕을 널리 칭송하여 드러내고, 선조 南公을 기념하는 寶鼎을 제작하니, 때는 왕(康王)이 재위 23년 되던 해이다.

(3) 註解

◎ 隹九月, 王才宗周, 令盂

|해석| 9월 왕이 宗周에서 盂에게 명하였다.

67) 인명을 나타내는데 字書에 보이지 않는다.
68) 南公의 후손인 盂에게 높은 관직을 내리면서 그 직분에 걸맞게 내린 각종 관복을 지칭한 것이다.

- 隹 : 惟, 唯, 勾, 夫와 같은 어기사이다. 隹, 惟, 唯, 勾, 夫 등의 '오직, 대저'로의 용법은 가차이다. 정확히 말하면 '오직, 대저' 등은 가차의 이다.
- ㅋ : 九로 예정한다. 현재의 해서체 '九'는 銘文 'ㄱ'를 'ノ'로, 'ㄹ'를 '乙'로 쓴 것이다.
- 才 : 在와 통한다.
- 宗周 : 주나라 사람들이 자신들의 왕도를 칭하는 말이다. 주나라 사람들은 천하의 제후들이 우러러 바라보고, 숭앙하는 곳이 周라고 생각하였다. 그래서 도읍지이었던 豐, 鎬, 洛邑을 모두 宗周라고 하였다. 당시에는 鎬京이 수도이었다.
- 令 : 命의 本字이다. 命, 令은 본래 하나의 字였다. 令으로만 쓰다가 후에 令에 口를 덧붙여 命자를 만들어 2개의 글자가 되었다.
- 盂 : 周의 大臣 이름이다. 자세한 것은 不明하다.

◎ 王若曰

|해석| 왕이 大道를 따라서 말하길 혹은, 이와 같이 말하기를 혹은, 왕이 나라를 부흥시킬 방법으로서 말을 하노니 등으로 해석할 수 있다.

- 若 : 갑골문은 두 손으로 머리를 정리하고 있는 모습을 그려 본의가 順, 如이다. 이곳도 順의 의미로 쓰였다. 『尙書・周書・大誥』 "王若曰"의 『正義』에 "왕이 '대도에 순응하여서 말을 한다.'는 것을 말한다.(言王, 順大道而爲言曰.)"고 하였다.

◎ 不顯玟王 受天有大令. 在玟王嗣玟乍邦

|해석| 盂야 공업이 매우 혁혁한 문왕께서는 천명을 받으셨고, 무왕이 문왕을 계승하여 처음 나라를 세우셨다.

- 不 : 古時 丕와 동자이었다.
- 顯 : 드러내다.
- 玟 : 文王의 文을 나타낸다. 한자학적으로는 가차현상이지만 왼쪽에 덧붙인 王은 장식필로 볼 수도 있다.

- 受天有大令 : 上帝가 준 위대한 명령을 받았다.
- 在 : 哉의 가차이다. 哉는 始이다. 처음, 시작을 나타낸다.
- 珷 : 武王의 武를 나타낸다. 한자학적으로는 가차현상이지만 왼쪽에 덧붙인 王은 장식필로 볼 수도 있다.
- 乍 : 作의 초문이다. 『說文·人部』 “作은 ‘일어나다.’이다(作, 起也.)”라고 하였다. 진작,흥기의 뜻이 있다.
- 作邦 : 建國과 동의로 쓰였다.

◎ 關㕁匿, 匍有三方, 眈正㕁民.

|해석| 그 사악한 무리들을 물리치셔 사방의 땅을 소유하였으며, 그 땅의 백성들을 바르게 개조시켰다.

- 關(闢) : 闢의 초문으로 본의는 ‘문을 열다.’이다. 이곳에서는 ‘물리치다.’로 쓰였다. 『說文·門部』 “열다.’이다. 門이 의미를 辟이 소리를 나타낸다. 闢는 虞書에 이르기를 ‘사방의 문을 열다.’라고 했다. 門과 𢳆으로 구성됐다.(開也. 從門辟聲. 闢, 虞書曰, 闢四門. 從門從𢳆.)라고 하였다. 關은 闢의 古文이다. 명문의 字樣은 關과 같다. 두 손으로 문(門扉)을 열고 있는 것으로 본래는 회의 겸 상형이었다. 후세에 형성으로 바뀌었다. ‘물리치다.’는 본의 ‘열다.’로부터 인신된 引伸義이다.
- 㕁 : 厥. 其와 같다.
- 匿 : 慝으로 釋讀한다. ‘사특하다.’라는 뜻이다. 周의 政敵인 商의 紂 임금을 나타낸다.
- 匍有 : 匍,『說文·勹部』에 “손으로 기어가는 것이다. 勹가 의미를, 甫가 소리를 나타낸다.(手行也. 從勹甫聲)”고 하였다. 즉 본의가 포복이다. 匍의 義符인 ‘勹’는 『說文·勹部』에 “감싸는 것이다. 사람이 몸을 구부려서 감싸고 있음을 그린 것이다.(裹也. 象人曲形有包裹)”라고 하였다. 그래서 匍는 포복으로, 땅을 손으로 감싸 안듯이 하는 행위를 나타내고, 이로부터 ‘끌어안아 가지고 있다.’라는 뜻이 나오게

됐다. 甫有는 '가지고 있다.'이다. 甫有는 후세 전적에는 '敷佑'로 썼다. 『尚書·金縢』에 "이에 황제에게 명을 내려 사방을 소유할 수 있게 하였다.(乃命于帝庭, 敷佑四方)"고 하였다.

■ 亖 : 四의 初文이다.

■ 叀 : 畯의 古字이다. 悛의 가차이다. 悛은 '고치다.'이다. 여기서 '고침'의 대상은 주로 새로 정복한 商民과 그 附庸民이다.

■ 正 : 그 바르지 않은 것을 바르게 하다. 즉 整治하다.

◎ 在雩卸事叀X酉無敢酖,

|해석| (무왕이 이렇게 성공하게된 것은)정사를 맡아보는 관리들 손에 술이 들려 있되 감히 취할 수 없게 하였기 때문이다.

■ 雩 : 于와 같다.

■ 卸事 : 卸는 御의 初文이다. 卸事는 御事之人을 가리키는 것으로, 일을 맡은 사람 즉, 관원을 가리킨다.

■ 叀X : 取, 拿이다. 『說文·又部』에 "叀X는 집는 것이다. 又가 의미를, 虘가 소리를 나타낸다.(叀X, 又卑也. 從又虘聲)"고 하였다. 이곳의 又卑는 叉卑이다. 단옥재의 『說文解字注』에 『類篇』을 인용하여 又卑를 叉卑로 고치고 叉卑는 "손으로 높은 곳에 있는 물건을 내려 갖는 것이다.(用手自高取下也)"라고 하였다.

■ 酉 : 酒의 初文이다.

■ 酖 : 酖는 일반 자서에 보이지 않는다. 湛, 沈과 통한다. '취하다. 빠지다.'이다. 王國維는 醓으로 考釋하였다. 그는 酖는 衮가 聲符인데, 衮는 『說文』의 '夭'자이기 때문에 酖의 뜻은 聲訓에 의해 구해야 한다고 하고, 醓이 곧 그 글자에 해당한다고 하였다. 경전에서는 보통 '湛'으로 쓴다.69)고 하였다.

---

69) 王國維, 「盂鼎銘文考釋」, 『國學月報』, 第二卷, 1927, 8, 9, 10期 合刊(秦永龍 編著, 앞의 책, 30쪽 재인용) 同書 몇 쪽에서 인용됐는가는 나와 있지 않다.

◎ 有柴蒸祀, 無敢醷

|해석| 술을 먹을 수 있도록 허가한 제사인 柴祭와 蒸祀를 봉행함에도 감히 술을 많이 먹고 취하지 않았다.

■ 柴 : 柴는 제사이름이다. 『說文·示部』"柴는 섶을 불살라 화톳불을 만들어 천신께 제사를 지내는 것을 가리킨다. 示가 의미를, 此가 소리를 나타낸다.(柴, 燒柴焚燎以祭天神. 從示, 此聲)"고 하였다.

■ 蒸 : 蒸는 제사 이름이다. 일반 자서에 보이지 않는다. 두 손으로 그릇 가득 쌀을 담아 올리는 모습을 그려, '올리다(烝)'가 본의이다. 『春秋繁露』"烝은 10월에 처음 수확한 쌀을 바치는 것이다.(烝者, 以十月進初稻也.)"라고 하였다. 이곳에서는 제사이름이다.[70]

■ 醷 : 명문에 '醷'로 그렸는데, 사람이 술 단지를 향해 가고 있는 모습이다. 술을 먹고 비틀 거리며 떠들어 댐을 표현한다. 오른쪽 사람의 모습과 '擾'의 小篆에서의 오른쪽 모습이 비슷하여 많은 학자들은 擾로 釋讀한다. 擾는 『說文·手部』에 "擾는 煩이다.(擾, 煩也)"라고 하였는데 煩은 『說文·火部』에 "머리가 아프고 뇌가 열이 나는 것이다.(頭痛腦熱)"라고 하였다. 그렇기 때문에 이곳에서는 '취하다(醉)'로 해석한다. 周初 통치자들은 商나라가 방자한 음주로 나라가 망하게 됐다는 교훈을 얻었다. 그렇기 때문에 음주를 불허하였다.

◎ 古天異臨子, 瀍保先王, □有三方

|해석| 그렇기 때문에 天帝가 天子(문, 무왕)를 保護하고, 선왕을 보호하여 사방을 소유할 수 있도록 하였다.

■ 古 : 故의 본자이다.

---

70) 『禮記·祭通』에 "무릇 제사는 사계절마다 각각 다르다. 봄 제사는 礿라 하고, 여름 제사는 禘라 하고, 가을 제사는 嘗이라 하고, 겨울 제사는 烝이라 한다.(凡祭有四時, 春祭曰礿, 夏祭曰禘, 秋祭曰嘗, 冬祭曰烝)"고 하였다. 이들 제사는 그 계절에 맞는 제수와 제사방법을 채택하고 있는데, 겨울에 지내는 제사는 불을 지피며 지내었다. 이때 음주를 허락한 듯하다.

■ 異 : 명문에 '異'로 썼는데 갑골문과 같다. 사람이 머리에 무거운 물건(일설에는 가발이라고도 함)을 이고, 두 손으로 이를 잡고(보호) 있는 것을 그려 '이상하다,' '보호하다.'라는 뜻을 나타내었다. 여기서는 '보호하다.'로 쓰였다. 왕국유는 翼(돕다)으로 석독하였다. 그는

> 異는 翼으로 석독해야 한다. 虢叔鍾이 '황제의 근엄함은 위에 있고 도움은 아래에 있다.'고 하고, 시경에 '근엄함과 도움이 있다.'고 하였다.
> 異, 讀爲翼. 虢叔鍾 '皇考嚴在上, 異在下.' 詩 '有嚴有異.'

라고 하였다.[71] 역시 가능한 해석이다.

■ 臨 : 명문의 '臨'는 사람(亻)이 눈(臣)을 크게 뜨고 물건(牃 : 品)을 내려다보고 있는 모습을 그린 것이다. 이로부터 지키다, 보호하다라는 뜻이 인신되었다. 현재 통용되고 있는 '강림하다.'라는 뜻 역시 인신의 이다. 『說文 · 臥部』 "臨은 감시를 위해 자리한 것이다. 臥가 의미를 品이 소리를 나타낸다.(監臨也. 從臥, 品聲)"라고 하였다. 林義光은 『文源』에서 "많은 물건을 품평함을 나타낸다. 사람이 몸을 구부려 많은 물건을 보고 있는 것을 그렸다.(品衆物也. 象人俯視衆物形)"고 하였다.[72]

■ 灋保 : 灋은 法의 古字이다. 法保란 천제가 無德之人은 배척하고, 有德之人은 보호함을 말한다. 法, 『說文 · 廌部』에 "법이다. 그 공평함이 물과 같다. 해태는 그 곧지 않은 사람을 받아서 물리치기 때문에 去를 따랐다. 灋는 今文으로 생략된 것이다.(刑也. 平之如水. 廌所以触不直者, 去之, 從去. 灋, 今文省.)"라고 하였다. 현재 우리가 쓰고 있는 '法'은 자형이 생략된 今文이다. 灋은 '곧지 않은 사람을

---

71) 王國維, 「盂鼎銘文考釋」, 『國學月報』, 第二卷, 1927, 8, 9, 10期 合刊(秦永龍 編著, 앞의 책, 30쪽 재인용) 위 인용된 시경은 「小雅 · 南有嘉魚之什 · 六月」편인데 이곳의 '翼'을 '근신'으로 해석하기도 한다.(金啓華, 朱一淸, 程自信 主編, 『詩經鑒賞辭典』, 安徽文藝出版社, 1990, 2, 제1版, 443쪽 참조)
72) 漢語大字典編輯委員會, 『漢語大字典』, 1170쪽, 재인용

받아서 내치기 때문에 廌[73])를 따랐다.'는 許愼의 설명이 옳은지 여부를 떠나 灋
이 廌를 따른 것은 '저촉'이란 뜻을 취한 것만은 명확하다. 周나라 사람들은 "하늘
은 편애하지 않는다. 오직 덕 있는 사람만을 돕는다.(皇天無親, 唯德是補)"는 사상
이 있었다. 그렇기 때문에 天帝가 人主를 보호함에 선택적일 수밖에 없었다. 덕
이 있느냐 없느냐에 따라 하늘의 보호가 다르다. 이른바 '法保'란 無德之人을 배
척하고(保佑를 거절하고), 有德之人을 오로지 보우한다는 것이다. 학자들은 오랜
세월 동안 '灋(灋)'자를 고석하지 못하고, '폐하다.'란 뜻으로 破讀하였다. 이는 '灋'
의 자형을 위쪽 부분은 '大'로 아래쪽 부분은 '棄'로 분석한 것이다.[74]) 그리하여
'灋保'를 '廢保'로 해석하였는데 문의는 대략 통하나 확실한 해독은 아니다. 아래
문장의 "勿法朕令(나의 명령을 위반하여 저항하지 말라.)"은 金文의 恒語로, 灋의 뜻
이 '저촉'임을 분명히 나타내 주고 있다.
- □有三方 : '□'는 上文 '匍有三方'을 참조해보면 '匍' 혹은 匍에 상응하는 글자로
추정된다.

◎ 我聑殷述命, 隹殷邊侯田雩, 殷正百辟率, 肄于酉, 古喪自巳,
| 해석 | 내가 듣기로는 殷의 紂가 천명을 잃고 망국하게된 것은, 殷王이 변방의
侯, 甸(경기. 성 밖 관리), 조정에서 집정하고 있는 문무백관들과 모두 함께 멋대로
음주를 하여 (결국 그렇기 때문에) 군대와 나라를 잃게 되었다고 한다.
- 聑 : 聞의 본자이다. 갑골문에서 '聑'로 썼다. 사람들은 소리를 잘 듣기 위해 손을
들어 귀에 대고 듣는다. 갑골문의 '聑'가 바로 이를 그린 것이다. 듣는 것을 강조하
기 위해 귀(耳)를 크게 따로 떼어서 그렸다. 전국시대 글자가 訛變되어 從耳, 昏
聲의 형성자가 되었다. 그렇기 때문에 고문에서는 대부분 聑이 저녁, 어둡다라고

---

73) 『說文・廌部』 "해태라고 불리는 짐승이다. 소와 비슷하고 뿔이 하나 달렸다. 옛날 소송에 판결을
내리고 옳지 못한 사람을 해태로 하여금 받도록 하였다. 상형이고 多를 따르되 생략 하였다.(解廌獸也.
似山牛, 一角. 古者決訟令觸不直. 象形, 從多省)"고 하였다.
74) 현재 사용하고 있는 어떤 해서 글자로 隸定한 것이 아니고, 글자를 破讀한 것이다.

할 때의 '昏'으로 가차되어 썼다. 許愼도『說文解字』의 昏자 조에서 昏의 고문은 '暓'이라고 할 정도로 瞢을 저녁을 나타내는 昏으로 잘못 인식하였다.

■ 述 : 墜의 가차로 떨어뜨리다 즉 '잃다.'로 해석된다.[75] 두 자는 古時 相通하였다. 『尙書·君奭』에 "殷나라는 이미 그 천명을 잃었다.(殷旣墜厥命)"고 하였다.

■ 田 : 甸과 통한다. 古時 王畿 밖은 거리의 원근에 따라 侯, 甸, 男, 衛, 諸 등으로 나누고 이들의 담당 장관을 '外服'이라 통칭하였다. 外服과 상대적인 관리를 '內服'이라고 불렀다. '內服'은 조정내의 백관 및 종실 등을 가리키는데, 바로 아래 문장의 '正百辟'이 이들이다.

■ 雽 : 于이다. 與와 같이 '~과'로 쓰였다.

■ 正百辟 : 正은 政으로 집정하고 있는 대신들을 가리킨다. 百辟은 백관을 가리킨다. 辟은 主의 뜻으로 쓰였다.

■ 率 : 모두.『漢書·宣帝紀』"率常在下杜"의 顔師古 注에 "率은 모두 합친 것을 가리킨다.(率者, 總計之言也.)"고 하였다.

■ 肄 : 肄는 본의가 습관이다.『說文·聿部』에 "습관이다. 聿이 의미를, 希가 소리를 나타낸다.(習也, 從聿, 希聲)"고 하였다. '반복하여 똑같은 일을 행함'에서 인신하여 '방종'이란 뜻을 나타낸다.

■ 古 : 古는 故의 본자이다.

■ 𠂤는『說文』에서는 '작은 언덕'이라고 했는데, 명문에서는 군대와 유관한 용어로 쓰였다. 이곳에서는 軍隊로 釋讀한다. 명문에서 항상 '在某某𠂤' 혹은 '于某某𠂤' 등처럼 지명을 나타내는 말 뒤에 쓰였다. 군대의 주둔을 나타낸다. 군대의 주둔을 나타내기 때문에 어떤 사람은 이를 '師(군대)'로 釋讀하기도 한다.

■ 巳 : 두 가지 釋讀이 있다. 어기사 '已'로 釋讀하기도, 祀의 가차로 보기도 한다. 둘 다 가능한 釋讀이다. 고문에서 巳와 已는 같은 글자로 판독한다. 분명이 다른

---

75) 述, 상고음 物韻, 船紐, 入聲(李珍華·周長楫, 앞의 책, 191쪽)이고, 墜, 상고음 微韻, 定紐, 去聲(李珍華·周長楫, 앞의 책, 75쪽)으로 상고시 근음이었다.

글자이나 書寫 과정 중 혹은, 판각 과정 중 두 자는 왕왕 혼동을 하였기 때문에 동자로 판독한다. 『左傳·成公十三年』 "나라의 큰일은 제사와 국방에 관한 일이다.(國之大事, 在祀與戎)"고 하였다. 옛 사람들은 제사를 國祚로 여겼다. 즉, 국가의 운명과 동일시하였다. 이곳도 '自(국방)'과 '巳(祀 : 제사 즉, 국가)'로 보아도 문장이 순조롭다. 郭沫若은 '古喪自巳'로 구두하고 이를 '故喪純祀'로 釋讀하였다. 즉, 純은 大, 祀는 傳統으로 보아 '純祀'를 '大統'으로 해석하였다. 역시 가능한 해석이다.

◎ 女妹辰又大服, 余隹卽朕小學

|해석| 너는 어림에도 선배의 현현한 요직을 계승하여, 나는 너를 위하여 우리 왕실의 귀족들(貴冑)이 다니는 소학에 다니도록 하였으니

■ 女 : 2인칭 대명사이다. 경전에는 汝로 쓰기도 한다. 盂를 가리킨다.
■ 妹辰 : 어렸을 적으로 해석한다. 이는 다양한 해석이 있다. 吳大澂은 '昧辰(昧爽)'으로, 吳其昌은 '地名'으로, 平心은 '옛 衛國의 이름'으로, 朱人瑞는 '勉努'의 뜻이라고,[76] 郭沫若은 '童蒙'으로 해석하였다.[77] 郭沫若의 설이 가장 믿을 만하다.
 ● 服 : 복무, 職事. 大服은 큰 職事 즉, 요직을 가리킨다.
 ● 卽 : '~하여금 ~하게하다.' '余隹卽朕小學'은 나는 너로 하여금 우리 왕실의 귀족들이 다니는 소학교에 다니도록 하였다.

◎ 女勿𢉩余乃辟一人, 今我隹卽井啻于玟王正德

|해석| (그렇기 때문에) 너는 나를 배반치 말고 나를 보좌하여야 한다. 지금 나는

---

76) '妹辰'은 聲轉에 의해 '明農'으로 釋讀할 수 있는데, 이것이 곧 '勉努'라는 것이다.
77) 郭沫若, 『兩周金文辭大系考釋』(秦永龍 編著, 앞의 책, 33쪽 재인용) 秦永龍 교수의 인용은 더 이상 구체적 사항은 나와 있지 않다. 당연히 필자가 본 인용서를 확인해야 되는데 필자가 本書를 확인할 물리적 환경이 되지 않는다. 필자가 1990년대 초 북경사범대학에서 공부를 할 때 秦永龍 교수로부터 본 『西周金文選注』를 교재로 '大盂鼎' 등 금문 강독을 수강한 적이 있다. 그때는 이런 인용이 어색하지 않았는데 막상 글을 쓰려 하니 무척 어색하다.

문왕의 政德을 본받아

■ 𪊊 : 仳로 釋讀한다. 𪊊는 자서에 보이지 않는다. 𪊊는 㲋가 의미를, 匕가 소리를 나타낼 것이다. 㲋는 『說文』에서 '짐승'이라고 하였는데, 𪊊는 짐승 가운데서도 牝, 𤘽처럼 동물의 수컷을 나타낼 것이다. 하지만 여기서는 聲訓으로 '仳'로 釋讀해야 한다. 『說文·人部』 "仳는 이별이다. 人이 의미를, 匕가 소리를 나타낸다.(仳, 別也. 從人, 匕聲.)"고 하였다. 『詩經·王風·中谷有蓷』 "이별을 하였네(有女仳離)"의 毛傳은 "仳는 이별이다.(仳, 別也)"라고 하였다. 鄭玄[78]의 箋에 "흉년을 만나 버림받고, 그님과도 이별하였음을 나타낸다.(有女遇凶見棄, 與其君子別離)"라고 하였다. 따라서 본 명문에서의 쓰임도 '그 임금을 버리고 감'을 나타낸다.

■ 乃 : 而 즉, 2인칭 대명사이다.

■ 辟 : 보좌, 보필

■ 一人 : 余一人이다. '余一人,' '我一人'은 금문에 常見된다. 앞 문장에 余가 있어 이곳은 생략하였다.

■ 井 : 刑의 가차이다. 이곳의 刑은 型(모범)의 뜻으로 쓰였다.

■ 㐭 : 廩자이다. 廩은 '받아들인다.'라는 뜻으로 쓰였다. 井㐭은 刑廩으로 '모범을 삼아 계승한다.'라는 뜻이다.

■ 正 : 政이다.

◎ **若玟王令二三正, 今余隹令女盂, 召𤇈芍𢿥雝德巠**

| 해석 | 문왕처럼 몇몇 관원을 임명하려고 하여, 지금 나는 너 盂에게 명령하노니 너는 '𤇈'를 輔助하여 공경하고 화목하게 훌륭한 덕이 있게 할 것이며,

■ 正 : 政으로 官長, 관원을 나타낸다.

■ 召 : 보조하다. 郭沫若은 『爾雅·釋詁』의 '詔亮左右'의 '詔'로 '輔助'를 나타낸다

---

78) 鄭玄은 漢代 사람이다. 저작에 毛詩箋, 周禮注, 儀禮注, 禮記注 등이 있다. 箋은 注疏의 의미가 있는데 鄭玄부터 시작됐다.

고 하였다.[79)]

■ 쭳 : 인명이다. 이를 榮으로 보기도 한다. 자서에 보이지 않는다.

■ 芍歓 : 芍歓은 敬雝으로 肅敬과 같은 뜻이다. 즉, 공경하고 화락하다는 뜻이다. 芍은 敬의 初文이다. 공경을 나타낸다. 『說文・苟部』 "敬은 엄숙함이다. 攴과 苟로 이루어졌다.(敬, 肅也. 從攴苟)"라고 하였다. 歓은 자서에 보이지 않는다. 雝으로 釋讀 해야 합리적이다. 歓의 좌변 部件이 隹와 邑으로 구성됐고 경전에 肅雝이란 말이 나오기 때문이다. 『詩經・周頌・淸廟』 "於穆淸廟, 肅雝顯相"의 모형의 전에 "肅, 敬, 雝은 화합하다.(肅, 敬, 雝, 和也)"라고 하였다.

■ 巠 : 經의 本字이다. 經德은 常德을 가리킨다.

◎ 敏朝夕入讕, 亯奔走, 畏天畏

|해석| 조석으로 조정에 들어와 간언하고, 제사 올림에 분주히(성심성의) 도울 것이며, 항상 하늘의 위엄을 두려워해야 한다.

■ 敏 : 勉과 통한다. 『禮記・中庸』 "人道敏政"의 朱熹 注에 "敏은 勉과 같다.(敏猶勉也)"고 하였다.

■ 讕 : 諫이다. 讕은 言이 의미, 闌이 소리를 나타낸다. 闌은 門이 의미를, 柬이 소리를 나타낸다. 그렇기 때문에 讕과 諫은 繁簡이 다른 이체자이다.

■ 亯奔走 : 亯은 享자이다. 이곳에서는 제사의 이름으로 쓰였다. 亯奔走는 종묘에서 제사를 지낼 때 분주히 도우라는 뜻이다. 『詩經・周頌・淸廟』에 "신속하고 분주히 종묘에서 제사를 받들어라(駿奔走在廟)"고 하였다.

■ 天畏 : 畏는 威의 가차이다.

◎ 王曰, 㕥, 令女盂井乃嗣且南公

|해석| 왕이 말하길 오호라 너 盂에게 명령하노니, 반드시 너는 네가 직위를 계승

---

79) 秦永龍 編著, 앞의 책, 33쪽 재인용

한 선조 南公을 본받을 것이다.!

- 丂 : 무슨 자인지 알지 못한다. 어떤 이는 '於, 烏' 등의 탄사로 보기도 한다.
- 井 : 刑의 가차로 '본받다.'이다.
- 乃 : '너'로 쓰였다. 『廣雅·釋言』 "乃는 '너'이다.(乃, 汝也.)"라고 하였다.
- 嗣 : 司로 '계승하다.'로 쓰였다.
- 且 : 祖의 本字이다.

◎ 王曰, 盂迺召夾死嗣戎, 敏諫罰訟

|해석| 왕이 말하길 盂야 너는 夾이 주관하는 군사관계 일을 돕고, 기민하게 때에 맞춰서 상벌, 訟獄의 일이 처리될 수 있도록 하라.

- 迺 : 乃와 같다. 여기서는 어기사 其로 해석해도 무방하다.
- 夾 : 인명이다.
- 死 : 尸의 가차이다. 尸는 主管하다라는 뜻이 있다.
- 嗣 : 司와 같다. 死와 함께 同義詞를 連用 하여 '주관하다.'로 쓰였다. 銘文에 常 見된다.

  『詩經·召南·采蘋』 "조상님의 제사를 누가 주관하리요. 시집가려는 막내딸이 마음 다해 정성을 다한다네(誰其尸之, 有齊季女)"라고 하였다.
- 戎 : 兵戎으로 군사관계의 일을 나타낸다.
- 敏 : 민첩하다.
- 諫 : 促의 가차로 급박하다로 쓰였다. 速의 가차로 봐도 무방하다. 『廣雅·釋言』 "諫은 '급박하다.'이다(諫, 促也.)"라고 하였다.

◎ 朝夕召我一人, 裁四方, 雩我其遹眚先王受民受疆土.

|해석| 조석으로 나 한사람을 보좌하여 사방에 왕 노릇 할 수 있게 하고, 내가 선왕의 제도를 좇아 백성과 강토를 다스릴 수 있도록 협조하여라.

■ 夙 : 夙의 본자이다. 夙夕은 조석이다. 夙의 본의는『說文』에서 '일찍부터 근신하는 것(早敬)'이라고 하였다.『說文·夕部』"夙은 일찍부터 공경하는 것이다. 丮와 夕이 의미를 나타낸다. 일을 잡으면 비록 저녁이라도 쉬지 않고, 아침에도 일찍 부지런히 일하는 것이다.(夙, 早敬也. 從丮夕. 持事雖夕不休, 早敬者也)"라고 하였다. 徐鉉의 注에는 "지금 세속의 책들은 夙으로 쓰고 있다."고 하였다. 夙은『詩經·召南·行露』에 "설마 밤길 걷길 원하는 것은 아니겠지? 길 흥건히 젖은 이슬이 두렵겠지!(豈不夙夜, 謂行多露)"라 하여 '밤'으로 썼다. 즉, 早敬에서 저녁, 밤으로 인신되었다.

■ 壴 : 尋의 省形으로 尹과 통한다.『廣雅·釋詁』에 "尹은 君이다.(尹, 君也.)"라고 하였다. 이곳에서는 임금노릇하다, 군림하다의 뜻으로 쓰였다.

■ 雩 : 于이다. 與와 통한다. 이곳은 참여, 협조로 쓰였다.

■ 其 : 어기사로 쓰였다.

■ 遹眚 : 서주금문의 常語로 遹循의 뜻이다. 遹은 聿의 가차로 어조사로 쓰였다. 眚은 生의 초문이다. 金文에 '𤯓'으로 그렸다. 종자가 발아함을 그린 것이다. 역시 省의 가차로 쓰였다.『說文·目部』"省은 '보다.'이다.(省, 視也.)"라고 하였다. '聿省'은 요즈음 중국어로 '觀摩80)'로 인신해서 '效法' 곧 遹循으로 쓰였다.

■ 受 : 접수하다. 옛 임금들은 자신의 백성과 강토는 모두 上帝로부터 수여받은 것으로 여겼다. 그렇기 때문에 '受'라고 하였다.

◎ 易女𣄰一卣·冂·衣·市·舄·車·馬, 易女乃且南公旂, 用遶

| 해석 | 너에게 香酒 한 병과 冂·衣·市·舄·車·馬를 내리고, 다시 너에게 너의 선조 남공의 깃발을 내리노니 이로써 巡狩토록 하여라.

■ 易 : 錫, 賜의 초문이다.『爾雅·釋詁』"錫은 '주다.'이다.(錫, 賜也.)"81)라고 하였

---

80) 서로 교류하며 보고 배우다.

81) 가차현상에 의한 것이다. 朱駿聲의『說文通訓定聲·解部』에 "錫은 가차하여 賜로도 쓰일 수 있다.

고, 『左傳·莊公元年』 조에 "왕이 영숙으로 하여금 환공에게 명령을 주었다. '錫'이 무엇인가? '주다'라는 뜻이다.(王使榮叔來錫桓公命. 錫者何, 賜也)"라고 하였다.

- 䰠 : 香酒

- 冖·衣·市 : 冖은 『說文·冖部』에 "'덮다.'라는 뜻이다. '一(덮개)'를 따르되 아래로 늘어뜨려 썼다.(覆也. 從一下垂)"라고 하였다. 冖, 衣, 市는 冕, 衣, 韍을 가리킨다. 옛날 '冖, 冃, 冃'은 실은 同字이었다. 이들은 모두 '冒,' '冕'의 뜻이다. 『說文·冖部』 "冕은 대부 이상이 쓰는 관이다.(冕, 大夫以上冠也.)"라고 하였다. 市은 옛날 옷의 일종이었다. 후세의 圍裙과 비슷하다. 『說文·巾部』에 "市은 폐슬이다.82) 상고 시대 앞을 가리던 옷이다. 市은 이를 그린 것이다. 천자는 주홍색 폐슬이고, 제후는 적색 폐슬을 한다…… 巾이 의미를 나타내고, 허리띠와 맞대어 있는 모습을 그렸다.(市, 韠也. 上古衣蔽前而已, 市以象之. 天子朱市, 諸侯赤市…… 從巾象連帶之形)"고 하였다. 韍의 本字이다.

- 舄 : 신발

- 邅 : '邅'는 彳이 의미를, 獸가 소리를 나타낸다. '순수하다'로 쓰였다. 금문에서 獸는 㺒로 썼다. 고문에서 狩와 獸는 同字이다. '邅'가 辶을 따른 것은 행동과 유관하기 때문이다. '邅'는 巡狩의 本字로 上古時 순수는 군왕 혼자 하는 일이 아니기 때문에 盂에게 명령을 내린 것이다.

◎ 易女邦嗣亖白, 人鬲自馭至于庶人六百又五十又九夫,

| 해석 | 너에게 邦國의 有司인 4명의 正長(장관)을 주고, 일반 백성인 마부에서 庶人까지 육백오십구 명의 사람을 주고

- 嗣 : 司이다. 邦嗣는 周 본토의 간부 관리를 가리킨다.
- 白 : 伯이다. 금문에서 伯仲叔季의 伯은 모두 '白'으로 썼다. 숫자 100을 나타내

(錫, 假借爲賜)"고 하였다.
82) 朝服을 입을 때 가슴에서부터 늘어 뜨려 무릎까지 닿게 하는 가리개이다.

는 말과는 확연한 차이가 있다. 伯은 長, 正長을 가리킨다. 『說文·人部』 "伯, 長也"의 段玉裁 주에, "무릇 한 부서의 우두머리가 되는 사람은 모두 '伯'이라고 한다.(凡爲長者皆曰伯)"라고 하였다. 민중을 관리하는 장관을 가리킨다.

■ 帚 : 厤(厤과 同)이다. 人厤은 人黎로 즉, 사람의 무리(人衆)를 가리킨다.
■ 馭 : 馭手로 마부를 가리킨다.
■ 宮 : 六百의 合文이다.
■ 夫 : 量詞이다. 여기까지 거명한 사람들은 주나라 본토의 신하와 백성을 지칭한다.

◎ 易尸嗣王臣十又三白, 人帚千又五十夫.
|해석| 夷邦의 有司로 王臣이 된 자로 13명의 正長과 夷의 무리 일천오십명을 줄테니, 이들이 그들이 경작하고 있는 토지에서 부지런히 일하면서 살게 하라.
■ 尸嗣王臣 : 尸는 夷의 가차이다. 금문에서 尸를 夷로 常用하였다. 尸嗣는 夷邦의 有司로 앞의 邦嗣와 상대적으로 쓰였다. 周 왕실에 복종한 外夷蕃國의 有司를 가리킨다. 왕국유는 '盂의 封地가 西陲이기 때문에 夷司가 있다.'고 하였다.
앞의 문장이 주나라 본토 사람에 관한 기술이라면 본 문장은 주나라가 정복한 정복지의 관리와 노예들에 관한 기록이다.
■ 五十 : 오십은 합문이다. 十이 위쪽에, 五가 아래쪽에 쓰여진 합문이다.

◎ 迺戒嘼自氒土.
|해석| 이들 外夷들로 하여금 그들의 경작지에서 열심히 일하며 살게 하라.
■ 迺 : 極으로 釋讀한다. '진력하다.'는 뜻이다.
■ 戒 : 무슨 자인지 알지 못한다.
■ 嘼 : 무슨 자인지 알지 못한다. 다만 왼쪽 편방의 흔적이 萬과 같아 위에 나왔던 '遷'와 같은 뜻으로 쓰이지 않았나 생각한다. '遷'로 釋讀하면 문맥도 통한다.

◎ 王曰, 盂, 若弓乃正, 勿灋朕令.

|해석| 왕이 말하길 '盂야 너는 공경히 너의 직무를 받들고 나의 명령을 어기지 말라.'

■ 若弓 : 弓은 敬으로 若弓은 敬若이다. 즉 敬順이다. 『尙書・堯傳』 "欽若昊天"의 傳에 "欽若은 공경히 받들고 따르는 것이다.(欽若, 敬順也)"라고 하였다. 欽若은 敬若과 같다.

■ 乃 : 2인칭 대명사이다.

■ 正 : 政으로 官長을 가리킨다. 여기서는 引伸하여 관직, 職守, 직분을 나타내기도 한다.

■ 灋 : 法의 본자이다. 해서 法은 灋에서 鷹를 생략하고 좌변의 氵와 우하의 去만을 쓴 것이다.

◎ 盂用對王休, 用乍且南公寶鼎. 隹王廿又三祀.

|해석| 盂가 왕의 미덕을 널리 칭송하여 드러내고, 선조 南公을 기념하는 寶鼎을 제작하니 때는 왕(康왕)이 재위 23년 되던 해이다.

■ 對 : 答謝

■ 休 : 善美로, 對王休는 왕의 美意에 答謝하다. 『書經・周書・召誥』에 "오직 왕께서 천명을 받으시고, 영원토록 아름답고 훌륭하게 다스리고, 긍휼히 여기셨다.(惟王受命, 無疆惟休, 亦無疆惟恤)"고 하였다.

■ 廿 : 20이다.

■ 祀 : 周代 금문에서 年 대신 썼다. 왕국유는 殷末, 周初에는 記年을 文末에 썼다고 주장하였다.

2. 庚兒鼎⁸³⁾

<庚兒鼎 摹寫>

(1) 隸定

佳正月初吉丁亥, 除(余)王之子
庚兒, 自乍歆鎌, 用征用
行, 用鮴用鬻, 眉壽無疆

(2) 解釋

현재로서는 명료한 해석을 할 수 없다. 대략
문의를 맞춰본다면 다음과 같다.

"정월 초 丁亥 일에 除王의 아들 경아가 스스
로 '歆鎌'을 만들었다. 이를 바르게 다스리고, 국
내외를 순행하고, 조화롭고, 화합하는 데 써서
만수무강을 도모하고자 한다."로 해석할 수 있을
것이다.

(3) 註解

◎ 제작 시기 : 분명치 않다. 춘추시기의 것으로 보인다.

◎ 佳正月初吉丁亥, 除(徐)王之子, 庚兒

|해석| 정월 초 丁亥 일에 除(徐)王의 아들 庚兒가

■ 佳 : 어기사이다. 唯, 惟와 같다.

■ 初吉 : 월초 7~8일. 지금 우리는 한 달을 3등분하여 초순, 중순, 하순으로 나누지
만, 古人들은 한 달을 4등분하여 初吉, 旣生覇, 旣望, 旣死覇로 나눴다. 지금 일

---

83) 본 '2 「庚兒鼎」'부터 '6 「吳季子之子逞之劍」'까지의 명문은 董楚平의 『吳越徐舒金文集釋』에서 복
사하고, 그의 註釋을 참고하여 釋讀하였다.(董楚平, 앞의 책)

주일과 비슷한 시간으로 분배하였다.[84]

■ 隃(郐)王 : 隃(郐)는 『鼎』의 주인공의 나라 이름이다. 郐王은 徐國의 王을 가리킨다.

■ 庚兒 : 庚은 徐國의 王子 이름이다. 兒자는 문미 附加語로 愛意를 표시한다. 이 곳의 庚兒는 『沇兒鎛』에 나오는 [徐王庚]이란 사람이다. 아직 王이라고 칭하지 않았으니 당연히 즉위 이전의 주조물인 듯하다.

◎ 自乍飤㝬

■ 飤㝬 : 飤는 『說文·食部』 "糧也"라 하였으나 『玉篇』에는 "'먹다.'이다. '飼'와 같다.(食也. 與飼同)"라고 하여 동사로 썼다. '㝬'은 '㝬'으로 勹가 생략된 형체이다. 다른 청동기의 '飤㝬,' '食㝬' 등에서 '㝬'으로 썼으며, 뜻은 본인을 지칭하는 듯하다. 하지만 현재로서는 字義를 규명할 수 없다. 이곳에서는 문맥상 '鼎名'을 나타낼 것으로 보인다. 飤㝬은 음식을 조리하거나 담을 수 있는 그릇으로 보인다. 『宜桐盂』(『商周靑銅器銘文選』)에 "飤盂를 주조하였다.(乍鑄飤盂)"라는 기록이 있다. 이 곳의 '㝬'도 '盂'와 같이 그릇의 종류를 가리킬 것으로 보인다.

◎ 用龢用鬻

■ 龢 : 鐘銘에 常見되지만 鼎銘에는 드물게 보인다. 龢은 和의 본자이다. 본의는 음악의 화음을 가리키나, 鐘銘에서는 "五味의 調和"를 나타낸다.

■ 鬻 : 鬻은 '문드러지다.'라는 뜻이 있다. 앞의 龢와 대응해서 푹 삶아 익어 문드러짐을 표시한다. 用龢用鬻는 위의 用征用行과 비슷한 뜻을 나타낼 것으로 추정된다.

◎ 眉壽無疆

■ 眉壽 : 萬壽와 같다. 眉가 흰 눈썹을 가리키기 때문에, 眉壽는 눈썹이 하얗게 될 때까지 사는 것 곧, 장수를 나타낸다. 疆은 '한계'란 뜻으로 쓰였다.

---

84) 왕국유의 『觀堂集林·生覇死覇考』(권1)에 자세히 나와 있다.

중국 고대의 鼎은 실용적인 용기로서의 기능보다는 국가권력의 상징이었다. 이곳의 '歔鐩' 역시 생활에 필요한 실용성보다는 국가국력의 상징으로서의 '鼎'인 듯하다. 춘추전국 시대 제후국을 정벌할 때, 周 황실의 명령을 상징하는 '鼎'을 수레에 싣고 전쟁에 임하였음은 널리 알려진 사실이다.

3. 吳王夫差鑑

(1) 隸定

攻吳王大差罨𠰷吉金自乍御鑒

(2) 解釋

<吳王夫差鑑 模寫>

吳나라 왕 부차가 좋은 청동을 골라서 큰 동이를 만들었다.

(3) 註解

◎ 크기 : 높이 40㎝, 지름 70.6㎝이다. 사람이 들어갈 만큼 크다. 어떤 사람은 浴器라고도 한다.

◎ 攻吳王大差罨𠰷吉金[85]

■ 攻吳 : 句吳이다. 句는 발어사이다.『漢書·地理地下』"오나라의 태백이 처음 형만으로 도망갔다. 형만에서 돌아와서는 호를 '句吳'라고 하였다.(太伯初奔荊蠻, 荊蠻歸之, 號曰句吳.)"의 顏

---

85) 본 銘文 攻吳, 大差에 대한 隸定은 청대 光緖 연간에 발간된『山西通志』에서 이미 밝혀졌다. 董楚平은 "『山西通志』는 攻吳는 句吳이고, 大差는 夫差라는 것을 알았다.(『山西通志』已認爲攻吳卽句吳, 大差卽夫差)"(董楚平, 앞의 책, 73쪽)고 하였다.

師古 注에 "句는 오랑캐 속어에 발어사이다. '越'을 '于越'이라고 하는 것과 같다. (句, 夷俗語之發聲也. 亦猶越爲于越也)"고 하였다.

- 大差 : 夫差이다. 大와 夫는 금문에서는 비교적 자형차이가 뚜렷하였다. 똑같이 두 팔을 벌리고 있는 사람을 그린 것이지만(朿 : 大), 夫는 위에 한 획을 더 그어 朩로 썼다. 하지만 본 명문은 吳의 部件 天도, 夫差의 夫도, 朿와 같은 형태로 썼다.
- 罳毕 : 罳은 擇이다. 毕는 其이다.

◎ 御鑒

- 御鑒 : 用鑑이다.[86] 監은 鑑의 초문이다. 鑑은 『說文·金部』에 "큰 동이'이다. 한편으로는 監諸(물받이)[87]인데, 이로 달에서 맑은 물을 받을 수 있다. 金이 의미를, 監이 소리를 나타낸다.(鑑, 大盆也. 一曰監諸, 可以取明水於月, 從金, 監聲)"고 하였다. 현재 鑑은 '거울'이란 뜻으로 통용된다. 하지만 『說文』에 의하면 鑑의 본의는 '큰 동이'이다. 이를 '鑑方諸'라고도 했는데 이 '鑑方諸'가 물을 생산하는 그릇이었기 때문에 鑑이 '거울'이란 뜻을 갖게 된 듯하다. 즉, 고대 그릇 속에 담겨진 물로 자신의 얼굴을 비춰보았기 때문에 '물을 생산하는 그릇'이 거울로 인신된 것이다.

  고대 중국은 국가의 제사에 소용되는 불과 물을 매우 소중하게 여겨 이를 채취, 관리하는 관리를 두었다. 『周禮·秋官·司寇·司烜氏』에 "사훤씨는 불을 얻는 기구인 '燧'로 해에서 밝은 불을 취하고, '鑑方諸'로 달에서 맑은 물을 얻어서, 제사를 지낼 때 재실을 밝히고, 촛불을 밝히며, 맑은 물을 공급함을 담당하였다.(司烜氏, 掌以夫遂取明火於日, 以鑒取明水於月. 以共祭祀之明齋明燭共明水)"라고 하였다. 이곳의 鑒이 곧, '鑑方諸'이고, 監諸는 '鑑方諸'의 축약이다.

---

86) 『楚辭·九章·涉江』 "腥臊並御"의 王逸의 『章句』에 "御는 用이다.(御, 用也)"라 하였다. 후세 '御' 는 제왕의 행위, 명령, 사용물품 등에 대한 敬稱으로 쓰였으나 선진시기에는 이런 뜻이 없었다.

87) 단옥재는 注에서 傳寫되는 과정에서 '方'자가 탈락됐다고 하였다.

달에서 맑은 물을 채취하는 방법에 대해『淮南子』와 고휴의 주를 보자.

　　『淮南子·天文訓』: 그렇기 때문에 '陽燧'에 햇볕을 받게 하면 타서 불이 생기고, 鑒方諸에 달빛을 받게 하면 습기가 돋아 물이 된다.
　　故陽燧見日 則燃而爲火 方諸見月 則津而爲水[88]
　　고유의 注 : (……鑒方諸를) 충분히 문질러 뜨겁게 한 후, 달이 활짝 떴을 때 이를 달을 향해 놓으면 아래쪽으로 물이 생겨 흘러내리는데 청동 대야로 이를 받는다.
　　……孰摩令熱, 月盛時以向月下則水生, 以銅盤受之.

고휴는 감방제를 문질러 따뜻하게 만든 뒤 이를 달빛에 놔두면 이슬이 맺힌다고 하였다. 또, 그는 물방울을 맺게 하는 鑒方諸와 여기서 흘러내리는 물을 받아내는 銅盤이 따로 있었다. 하지만 고대인들은 이들을 어느 때는 하나로, 어느 때는 분리 인식하였기 때문에『說文』에서 鑑을 '大盆,' '監諸'로 설명하였던 듯하다. 鑒方諸로 생산한 물이 제사에 소용되는 물이기 때문에 달밤에 일교차를 이용하여 깨끗하고 맑은 이슬을 받아내지 않았나 생각된다. '鑑方諸'를 이용해 생산한 물은 明鏡止水와 같이 맑았을 것이고, 이 맑은 물은 사물을 잘 비출 수 있기 때문에 거울로 인신되었을 것으로 생각된다. 단옥재는『說文』鑑의 注에

　　시경 '我心匪鑒.'에 대한 毛亨의 傳에 '鑒은 모양을 살피는 것이다.'라고 하였다. 대개 鏡의 기능은 형체를 비춤에 주안점이 있고, 鑑은 맑은 물을 채취함에 주안점이 있다. 그래서 둘은 본래 서로 다른 물건이었으나 거울 또한 鑒이라고 할 수 있다. 그렇기 때문에 경전에서는 鑑자를 많이 쓰고 鏡자를 적게 쓴다. 鑑은 또한 監자를 가차하여 표시할 수 있다.
　　詩云, '我心匪鑒.' 毛傳曰, 鑒所以察形, 蓋鏡主於照形, 鑑主於取明水. 本系二物, 而鏡亦可名鑒. 是以經傳多用鑑字, 少用鏡者. 鑑亦假監爲之

---

88)『淮南子·覽冥訓』에도 "대저 양수로 해에서 불을 취하고 감방제로 달에서 이슬을 취한다.(夫陽燧取火於日, 方諸取露於月)라는 말이 있다.

라고 하였다. 본래 明水를 채취하는 監과 신체를 비춰보는 거울(鏡)은 서로 다른 사물이었으나, 이들이 互用 된 배경을 단옥재는 모형의 전에 '鑑은 모양을 살피는 것'이란 전고를 들었다. 하지만 鑑의 초문인 監의 갑골문 자형 '🜛'은 대야에 고인 물을 무릎을 꿇고 쳐다보고 있는 모습을 그린 것이다. 이로부터 인신하여 거울이란 뜻이 있게 됐다.

鑑의 모양과 용도가 지금과 같이 평평하게, 얼굴을 비춰보기 위한 것이 아니었는데 후대로 내려오면서 거울로 사용되고, 그 모양도 지금처럼 납작하게 변한 듯하다.

吳王夫差鑑의 鑑은 사람이 들어갈 만큼 크다. 그래서 어떤 사람은 浴器라고도 한다.

<越王州句劍 模寫>

4. 越王州句劍

(1) 隷定

戉王州句, 自乍用僉

(2) 解釋

越王 朱句가 (자신이 사용할) 劍을 만들었다.

(3) 註解

이 검은 1973년 湖北 江陵 藤店 1호 묘에서 출토되었다. 길이 56.2㎝, 끝이 원형이고, 자루 부분에 2개의 환형의 띠가 있으며, 劍身에 두 줄로 錯金의 鳥篆文이 주조되었다. 부식이 거의 없이 완전한 형태로 출토되었다. 특히 검의 날이 아직도 예전 그대로 예리한 상태로 보존되고 있다. 현재 荊州博物館이 소장하고 있다.

문자의 특징은 鳥篆文으로 글자의 특정 부분에 새 모양의 장식을 덧붙였다. 또, 이 장식필을 뺀 부분(본자)의 필획도 미를 추구하여 필획을 彎曲시키거나 갈라지게 한 곳이 있다.

◎ 戉王州句, 自乍用僉

■ 戉王州句 : 戉王은 越王이다. 戉은 越의 가차이다. 州句는 朱句이다. 州는 朱의 가차이다. 越王 句踐의 증손자이다. 朱句(州句) 재위 37년(기원전 448-412년)간 滕, 鄟을 멸망시켰다.

■ 自乍用僉 : 乍는 作의 초문이다. 僉은 劍의 가차이다

(4) 자형설명

■ 戉 : 오른쪽 상단에 새 모양의 장식필을 덧붙였고, 戈의 제2필 'ㄟ'의 收筆 處를 두 갈래로 갈래지게 썼다. 글자의 방향 역시 현재의 해서(戉)의 방향을 바꿔 '刅'처럼 反寫하였다.

■ 王 : 상부에 장식필을, 본자 王의 중간 가로획을 생략하고, 대신 竪劃 'ㅣ'을 중간에서 좌우로 만곡시켜 이를 대체하였다.

■ 州 : 상부에 있는 장식필이 본자보다 훨씬 크다. 본자 州는 오른쪽 하단부에 있다.

■ 句 : 상부에 새 모양의 장식필이 있다. 역시 戉처럼 句를 反書했다. 句의 部件 'ㅁ'를 '㘴'로 썼다.

■ 自 : 하단부에 장식필을 덧붙였다.

■ 乍 : 상부에 새 모양의 장식필을 덧붙였다.

■ 用 : 상부에 새 모양의 장식필을 덧붙였다.

■ 僉 : 하반부에 새 모양의 장식필과 알 수 없는 문양을 덧붙였다. 본자 僉은 상부의 㑞뿐이고 나머지는 모두 장식필이다.

5. 越王州句矛

<越王州句矛　模寫>

(1) 隷定

戉王州句
自乍用矛

(2) 解釋

越王 朱句가 (자신이 사용할) 창을 만들었다.

(3) 註解

　　길이 28.6㎝이다. 현재 영국의 대영박물관에 소장되어 있다. 역시 글자를 錯金하였고 字體는 鳥篆文이다.
　　문장을 구성하고 있는 글자가 '矛'를 제외하고는 앞의 『越王州句劍』과 같다. 문자 역시 앞의 『越王州句劍』과 같이 鳥篆文으로, 글자의 특정 부분에 새 모양의 장식을 덧붙였다. 또, 이 장식필을 제외한 부분(본자)의 필획도 미를 추구하여 彎曲시킨 곳이 있다. 앞의 『越王州句劍』과는 달리 글자가 正書됐다.

(4) 자형설명

■ 戉 : 왼쪽 상단에 새 모양의 장식필을 덧붙였다. 戉의 제3, 4필을 'ᘓ'와 같은 새 모양으로 썼다. 또 '厂'의 제2필을 미를 추구하여 단절된 두 획으로 썼다.
■ 王 : 『越王州句劍』과 동일하다.
■ 州 : 『越王州句劍』과 거의 동일하다. 상부에 있는 장식필이 본자보다 훨씬 크다. 본자인 州는 왼쪽 하단부에 있다.

- 句 : 『越王州句劍』과 동일하다. 部件 중 勹의 'ノ'은 'ㄥ'로, 'フ'은 'ㄱ'로 썼다.
- 自 : 하부에 새 모양의 장식필을 덧붙였다.
- 乍 : 하단부에 새 모양은 아니지만 장식필을 붙였다. 본자는 '𠧎'이다. 秦代에는 ㄴ(『秦王戈銘文』)로 썼다. '𠧎'의 𠃊는 ㄴ로, ㄥ는 ㅗ로 변했다. 실은 𠧎의 상부는 미를 추구하기 위해 과도하게 만곡시킨 것으로 文字演變 규율에 의하면 ㄴ가 더 정체이다.
- 用 : 『越王州句劍』과는 다르게 하부에 새 모양의 장식필을 덧붙였다.
- 矛 : 左下에 본자가 있고 상부에 새 모양의 장식필이 있다. 필획의 일부가 右下까지 내려왔다.

<吳季子之子逞之劍 模寫>

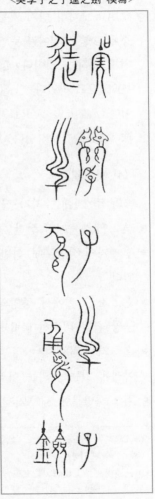

6. 吳季子之子逞之劍

(1) 隸定

吳季子之子
逞之元用鐱

(2) 解釋

오나라 계자의 아들 逞의 훌륭한 검이다.

(3) 註解

◎ 검의 길이는 53.1㎝, 劍身에 錯金하여 두 줄로 10자의 명문을 새겼다.

◎ 吳季子之子, 逞之元用鐱

- 吳季子之子 : 오계자는 오왕 壽夢의 4째 아들이다. 『史記·吳世家』에 나온다. 字는 季札이다.
- 之子 : 子는 계찰의 아들을 가리킨다.
- 逞 : 季札의 아들 이름이다. 경전에 보이지 않는다.
- 元用 : 오나라 병기 명문에 습관적으로 쓰는 용어이다. 郭沫若은 "元은 좋은 것 중에도 좋은 것이란 뜻이다. '매우 좋다.'라는 뜻이다. '元用'은 대략 매우 좋은 무기를 말하는 것이다.(元者, 善之長也. 是頂好的意思, '元'用'大約就是說頂好的武器吧)"[89]라고 하였다. 杜廼松은 "元은 '크다.'라는 뜻이 있기 때문에 '元用'은 '大用'이다.(元有大義, 元用卽大用)"[90]라고 하였다. 둘 다 가능한 해석이다.
- 鐱 : 劍의 가차자이다. 鐱과 劍은 모두 僉이 聲符이다.

(4) 자형설명

季와 用 자에는 각각 상반부와 하반부에 새 모양의 裝飾筆이 붙어 있다.

- 吳 : 部件 '夫'의 상반부의 豎劃 'ㅣ'에 장식으로 3개의 가로획 '三'을 덧붙였다.
- 季 : 자의 상반부에, 하반부에 있는 本字 '季'보다 더 큰 새 모양의 장식필을 덧붙였다.
- 之 : 소전 '屮'에서, 중앙의 豎劃과 이에 연접된 좌우의 위로 향한 彎曲筆을, 모두 중앙 획과 비슷하게 유려하고, 길게 만곡시켜 썼다. 字의 미를 추구한 것이다.
- 逞 : 좌변 部件이 아직 '彳'처럼 간화되지 않고 두 개의 '꿏'으로 썼다. 또, 오른쪽 아래에 있는 止와는 아직 하나의 部件인 '辵, 辶'으로 접합되지 않았다.
- 用 : 하반부에 새 모양의 장식필을 덧붙였다.

89) 郭沫若, 「吳王壽夢之戈」, 『奴隸制時代』, 人民出版社, 1954, 131쪽(董楚平, 「第一章 吳國金文」, 앞의 책, 88쪽 재인용)
90) 杜廼松, 『吳文化研究論文集』, 中山大學出版社, 1988년, 134쪽(董楚平, 「第一章 吳國金文」, 앞의 책, 88쪽 재인용)

■ 鈐 : 構件 金과 僉의 상반부에 '●'과 같은 장식
필을 덧붙였다. 아직 '僉'의 하반부 '口'와 '人'이
분리되지 않았다.

Ⅲ. 楚簡選讀

1. 長沙仰天湖戰國竹簡

(1) 隸定[91]

一新智褸, 一耆智褸, 皆又(有)薵(苴), 疋褸, 句
中(仲)君之, 一綻衣, 繿(縺)純, 柯縞之緒, 句
何馬之, 綻衣, 繪純繿緒.

(2) 解釋

나무로 만든, 서로 배합된 관장식 하나, 깃발모
양이 그려진, 서로 배합된 관장식 하나 등, 이들
두 개의 관장식은 모두 지팡이 같은 나무가 달려
있어 잡을 수 있고, 문식이 그려진 관장식이다. 이
들은 仲君이 부조로 낸 것이다.

문식을 아로새긴 옷 한 점은 가는 비단으로, 옷
의 가장자리(소매 끝, 목선 등)에 아름다운 문식을
하였고, 가늘고 흰 비단으로 옷깃을 만들었다. 이
는 司馬가 부조로 낸 것이다.

〈長沙仰天湖戰國竹簡文字 摹本〉[92]

---

91) 郭若愚, 『戰國楚簡文字編』의 隸定을 따른다.(郭若愚, 앞의 책, 114쪽)
92) 郭若愚, 『戰國楚簡文字編』, 上海書畵出版社, 1994, 2, 제1版, 105쪽

문식이 있는 옷은 '緣' 종류의 포백으로 만든 '가장자리'를 달았고, '緣' 종류의 포백으로 만든 '옷깃'을 달았다.

(3) 註解

본 간문은 楚簡의 어법문제를 해결하지 않고는 명확하게 釋讀할 수 없다. 육국문자와 진계문자가 다르다고 하였는데, 문자만 다른 것이 아니라 어법도 다른 것 같다. 수호지진간이나 혹은 한나라의 묘지에서 나온 부장품을 기록한 '遣策'은 사물의 개수를 나타내는 말이 뒤에 온다. 즉, 진계문장은 量詞가 뒤에 온다. 예컨대 '三斗布囊一'처럼 數量詞가 뒤에 나온다. 하지만 楚簡은 수량사가 전부 앞에 나온다. 또 부조를 낸 사람의 이름이 뒤에 나오는 듯하다. 물론 간문의 탈락이나 예정의 착오로 인한 혼란일 수도 있다. 필자는 초간 어법을 잘 이해하지 못한다. 秦簡이나 漢簡과 큰 차이가 없을 것으로 여겼는데 고석을 진행하는 과정 중 어법문제가 큰 난관으로 대두되었다. 대략 무슨 뜻인지는 밝힐 수 있으나 석독 중간 중간 모순에 부딪친다. 아래 주석 중에 이런 문제가 돌출한다. 본 간문은 喪事의 부의를 기록한 것이다. 기록 순서는 부의수량, 부의물품과 모양, 부의자 순으로 기록한다. 하지만 간문을 해독하다보면 혼란이 온다. 간문이 탈락되었기 때문인지는 모르겠지만 어떻게 해도 명료치 않은 부분이 있다. 즉 위 간문을 보면 부의자는 '中(仲)君'과 '何馬' 두 사람이다. 이들이 낸 부의물품이 이들의 이름을 중심으로 앞쪽의 것인지 뒤쪽의 것인지 불명확하다. 앞쪽의 것이면 이들 이름 뒤의 물품 즉, 가장 나중에 기록된 부의자인 '何馬'의 뒤에 나오는 물품은 누가 낸 것인지 알 수가 없다. 부의자 이름을 중심으로 뒤쪽의 것이 扶助 물품이라면 이들 이름 앞쪽의 것은 또 누가 냈는지 알 수가 없다.

본 간독은 왼쪽에서 오른쪽으로 읽는다.

◎ 一新智縷, 一耑智縷, 皆又(有)䓊(苴), 疋縷, 句

■ 一新智縷 : 新은 『說文·斤部』에 "新은 나무를 하는 것이다.(新, 取木也)"라고 하

였다. 여기서는 형용사로 ‘木製의’로 쓰였다. 智는 知의 가차이다. 知는『詩・檜
風』“樂子之無知”의 注에 “짝이다.(匹也)”라고 하였다. 匹은『爾雅・釋詁』“疋은
합하는 것이다.(疋, 合也)”의 疏에 “匹은 짝을 맞춰 합하는 것이다.(匹者, 配合也)”
라고 하였다. ‘一新智縷’는 ‘나무로 만든, 서로 배합된 관장식 하나’이다.

■ 一𢀓智縷 : 𢀓는 일반자서에 보이지 않는다. 𢀓의 竹簡 原形은 ‘北’과 ‘志’로 구성됐
는데 ‘北’의 가운데에 ‘志’를 배치하였다. 𢀓는 幟의 가차이다. ‘一𢀓智縷’는 ‘깃발모
양이 그려진, 서로 배합된 관장식 하나’이다.『禮記・問喪第三十五』에

　　혹 묻기를, ‘지팡이는 어떻게 합니까?’라고 하니, 말하기를 ‘대나무와 오동나무로 만듭니
　다. 그렇기 때문에 아버지의 상에는 ‘저장’을 한다고 하였는데 ‘저장’은 대나무로 만든 것
　이다. 어머니의 상에는 ‘삭장’을 한다고 하였는데 ‘삭장’은 오동나무로 만든 것이다.
　　或問曰, ‘杖者, 何也?’ 曰 ‘竹桐一也, 故爲父苴杖, 苴杖, 竹也. 爲母削杖, 削杖, 桐也.’

라고 하였다. ‘苴’는 지팡이를 나타낸다. 이는 앞에 말한 ‘一新智縷, 一𢀓智縷’의
두 개의 관장식이 모두 지팡이 같은 나무가 달려있어 잡을 수 있다는 것이다.

■ 疋縷, 句 :『說文・疋部』“疋은 足이다……반절은 ‘所菹切(서)’이다.(疋, 足也……
所菹切)”라고 하였다. 疋는 疏의 가차이다. 疏는『說文・㐬部』에 “疏는 ‘통하다.’
이다. 㐬와 疋이 의미를 나타낸다. 疋는 또한 소리를 나타낸다. 반절은 ‘所菹切
(서)’이다.(疏, 通也. 從㐬, 從疋, 疋亦聲. 所菹切)”라고 하였다. ‘疋’과 ‘疏’ 둘 다 소리
가 같다.『管子・問篇』“大夫疏器”의 注에 “疏는 꾸미고 그리는 것이다.(疏, 飾畫
也)”라고 하였다. ‘疋縷’는 ‘疏縷’로 문식이 그려진 관장식을 나타낸다. 句는 현재
로서는 무엇을 뜻하는지 알 수 없다. 뒤에 나오는 ‘中(仲)君’이 ‘장례에 부조를 한
사람을 가리킨다.’[93)는 것으로 보아 혹 해결하다, 감당하다라는 뜻으로 쓰이지 않
았나 생각된다.『廣韻・候韻』에 “句는 句當이다. 지금 속에서는 勾로 쓴다.(句,

---

93) 郭若愚는 “中君은 仲君으로 장례에 부조를 한 사람을 가리킨다.(中君卽仲君, 乃賵贈者之名)”라고
　하였다.(「長沙仰天湖戰國竹簡文字的摹寫和考釋」, 앞의 책, 115쪽, 참조)

句當. 今俗作勾)"라고 하였다. '句當'이란 일의 처리, 해결, 해결방법 등을 가리킨
다. 『北史·序傳·李仲擧』에 "일의 크고 작음을 가리지 않고 (梁)사언이 증거를
위촉한 뒤 해결방법을 찾았다.(事無大小, (梁)士彦 一委仲擧, 推尋句當)"라고 하였
다. 이곳에서는 해결하다, 담당하다로 쓰인 듯하다. 句는 다음 簡文의 '仲君之'에
연결되어 '句仲君之'로 '앞에 열거한 물건들은 仲君이 해결한 것, 감당한 것' 등으
로 고석하면 어떨까 한다. 필자의 고석은 하나의 안으로 後考를 기다린다.

◎ 中(仲)君之, 一綻衣, 縋(緟)純, 絅縞之緒,

■ 中(仲)君之 : 中은 仲이다. 中君은 仲君으로 위 물품들을 부조한 사람을 가리키
는 것으로 보인다. 之는 無義의 어조사로 쓰인 것 같다.

■ 一綻衣 : 綻은 『玉篇·糸部』에 "綻는 또한 '疏'자이다.(綻, 亦疏字)"라고 하였다.
위에서 疏는 '文飾'이라고 하였다. '一綻衣'는 '문식을 아로새긴 옷 한 점'이다.

■ 縋(緟)純 : 縋는 緟의 가차이다. 緟는 『廣韻·果韻』에 "緟는 緟子로 가는 비단
이다. 『字林』에 쓰여 있다.(緟, 緟子, 綾. 出『字林』)"라고 하였다. 純은 『爾雅·
釋詁』 "緣謂之純"의 注에 "옷의 가장자리에 문식이 있는 가장자리를 가리킨다.
(衣緣飾也)"라고 하였다. '縋緟'은 '緟純'으로 앞의 '一綻衣'의 양태를 설명하는 것
으로 '가는 비단으로 옷의 가장자리(소매 끝, 목선 등)에 아름다운 문식을 하였다.'
는 것이다.

■ 絅縞之緒 : 絅는 『類篇·糸部』에 "絅는 혹 絅로 생략하여 쓰기도 한다.(絅或省作
絅)"라고 하였다. 絅는 『類篇·糸部』에 "絅는 『博雅』에 '흰 비단이다.'라고 하였
다.(絅, 『博雅』縞練也.)"라고 하였다.[94] 縞는 『書·禹貢』 "厥篚玄纖縞"의 孔傳에
"縞는 흰 비단이다.(縞, 白繒)"라고 하였다. 緒은 일반자서에 보이지 않는다. 郭若
愚는 이를 "(緒은)糸가 의미를 春이 소리를 나타낸다. 당연히 衽자로 釋讀해야 한

---

94) 絅는 아주 가는 비단을 가리키기도 한다. 『玉篇·糸部』에 "絅는 가느다란 비단이다.(絅, 細繒也.)"라
고 하였다.

다. 袵은 衣가 뜻을, 壬이 소리를 나타내어 두 글자는 음이 가까워 가차할 수 있다.(從糸春聲當爲袵字, 從衣壬聲, 音近可通)"[95]라고 하였다. 현재로서는 마땅히 釋讀할 방법이 없어 한 의견으로 받아들일만 하지만, '春'과 '壬'이 소리가 가깝다는 것은 받아들이기 어렵다. 물론 두 글자가 音近하지 않으면 縞을 '袵'으로 釋讀할 수 있는 근거가 성립되지 않는다. 袵은 『說文·衣部』에 "袵은 옷깃이다.(袵, 衣衿也)"라고 하였다. '絅縞之縞'는 역시 앞의 '一綻衣'의 양태를 설명하는 것으로, '가늘고 흰 비단으로 만든 옷깃'이다.

◎ 何馬之, 綻衣, 絵純絵縞.

■ 何馬之 : 何馬는 역시 앞 簡文에서 釋讀한 '一綻衣'를, 喪禮의 부조로 낸 사람을 가리키는 듯하다. 앞에서 시험 삼아 석독한 '句'가 '감당하다.'로 석독한다면, '何馬之'의 뒤에 나오는 '綻衣, 絵純絵縞'은 '何馬'가 부조로 낸 물건이 아니다. 何馬가 부조로 낸 것은 앞 簡文에서 이미 釋讀한 '一綻衣'이다. 이는 본 註解 첫머리에서 밝힌 '楚簡의 어법'과 관련된 것이라 정확한 고증을 하기가 어렵다.

■ 綻衣 : 앞에서 이미 '문식이 있는 옷'으로 해석하였다.

■ 絵純絵縞 : 絵은 『說文·糸部』에 "紟은 옷고름이다. 絵은 籒文으로 '金'을 따랐다.(紟, 衣系也. 絵, 籒文從金)"라고 하였다. 뒤에 나오는 '絵縞'을 참고해보면 이곳의 絵은 '옷고름'보다는 옷감을 나타내는 듯하다. 『集韻』에 '悇은 혹 絵으로 쓰기도 한다. 포백의 이름이다.(悇或作絵, 布帛名)'라고 하였다. '絵純'은 자세한 것은 알 수 없으나 '絵' 종류의 포백으로 만든 '가장자리'를, '絵縞'은 '絵' 종류의 포백으로 만든 '옷깃'을 가리킨다. 모두 위에 말한 '綻衣(문식을 아로새긴 옷)'의 양태를 말하는 것이다.

---

95) 郭若愚, 「長沙仰天湖戰國竹簡文字的摹寫和考釋」, 앞의 책, 115쪽

〈信陽長臺關楚墓遣策文字 摹本〉[96]

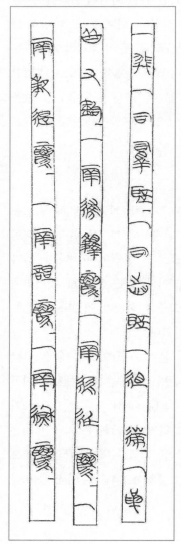

2. 信陽長臺關楚墓遣策

(1) 隸定[97]

一𥴨(𥴬), 一石磿珥, 一石齒珥, 一組絥, 一革,
皆又(有)鉤. 一兩緣韠縷, 一兩絲紅縷, 一兩邾緹
縷, 一兩誩縷, 一兩緅縷

(2) 解釋

장방형의 대광주리 한 개, 돌로 된, 택역이 새겨
진 귀걸이 한 개, 돌로 된, 이빨 모양이 새겨진 귀걸
이 한 개, 갈고리가 달려있고 실로된 허리띠, 가죽
혁대 각각 한 개, 가죽으로 가장자리를 장식한 관
장식 한 쌍, 비단으로 만든 관장식 한 쌍, 붉은 색
천으로 된 관장식 한 쌍, 모직물로 된 관장식 한
쌍, 갈포로 만든 관장식 한 쌍.

(3) 註解

이곳 역시 앞에서 언급한 바와 마찬 가가지로
量詞가 앞에 나온다.

◎ 一𥴨

■ 𥴨는 𥴬로 '대광주리(篚)'를 나타낸다. 𥴨는 본래
위에 '竹'이 있어야 하는데 이곳에서는 殘失되
었다. 『廣韻』에 "둥근 것은 筐, 네모진 것은 篚

---

96) 郭若愚, 앞의 책, 49쪽

97) 郭若愚, 앞의 책, 64-66쪽

라고 한다.(圓曰筐, 方曰筐)"라고 하였다. 대나무로 만든 광주리는 광주리인데 장
방형의 광주리를 가리킨다.

◎ 一石䃍珥, 一石齒珥
■ 䃍 :『神異經』에 "서쪽 지역에 사는 짐승이 있는데 그 크기는 사람만 하고, 생김
새는 양의 머리에 원숭이 꼬리를 하였다. 이를 '택역'이라고 부르는데, 건들건들
교만하게 걷는다.(西方有獸, 長短如人, 羊頭猴尾, 名䃍䃍, 健行)"[98]고 하였다.
■ 珥 :『說文・玉部』"珥는 구슬이 달린 귀 장식이다. 玉과 耳가 의미를 나타낸다.
耳는 소리도 나타낸다.(珥, 瑱也. 從玉, 耳, 耳亦聲)"고 하였다. '一石䃍珥'는 "옥으
로 만든, '택역'이란 짐승 모양의 조각을 한 '귀걸이' 한 개"이다.
■ 一石齒珥 : 위와 마찬가지로 "돌로 된, 이빨 모양의 문양이 새겨 진 '귀걸이'"이다.

◎ 一組絑, 一革, 皆有鉤
■ 一組絑 : '버클이 달린 허리띠 1개'이다.『禮記・玉藻』"而素帶終辟, 大夫素帶辟
垂, 士練帶率下辟, 居士錦帶, 弟子縞帶, 幷紐約用組."의 疏에 다음과 같이 말
하였다.

 '幷紐約, 用組'라는 것은, 幷은 '아우르다.'이고, '紐'는 끈을 묶는 곳을 가리키는 것으로
그 단단히 조여 매는 역할을 한다. 즉, 어떤 물건을 꿰뚫어 그 띠를 단단히 조여 매는
것을 가리킨다. 천자에서 弟子 3등까지는 그 단단히 조여 매는 물건이 모두 '組'로써 하기
때문에 '幷紐約'이라고 하였다.
 幷紐約, 用組者, 幷, 竝也. 紐謂帶之交結之處, 以屬其紐約者, 謂以物穿紐約結其
帶, 謂天子以下至弟子三等, 其所紐約之物並用組爲之, 故云幷紐約

絑는 일반자서에 보이지 않는다. 帶의 가차이다. 帶에 다시 義部 '糸'를 덧붙인
것이다. 이상을 참고하면 모든 끈에는 組(버클)가 있기 때문에 '組絑'라고 하였다.

98) 郭若愚, 앞의 책, 49쪽 재인용

■ 一革 : 革 뒤에 帶가 탈락됐다. 『禮記・玉藻』에 "폐슬은 폭이 두 자(尺)가 되는데 위 쪽 폭은 한 자, 길이는 세 자이다. 목 부분은 다섯 치가 되고, 어깨에 걸치는 부분과 혁대는 넓이가 두 치이다.(韠下廣二尺, 上廣一尺, 長三尺, 其頸五寸, 肩, 革帶, 博二寸.)"라고 하였다.

■ 皆有鉤 : 鉤는 띠에 붙어있는 갈고리를 가리킨다. 古代 관식에 대해 잘 이해하지 못하여 구체적인 설명을 할 수 없지만, 띠와 그 부속품들을 열거한 것이다.

◎ 一兩緣韠縷, 一兩絲紅縷, 一兩邾緹縷, 一兩䛒縷, 一兩緅縷

■ 一兩緣韠縷(柳) : 兩은 본래 緉의 가차로 신발 한 켤레를 가리켰다. 여기서는 한 쌍을 가리킨다. 緣은 가장자리에 두른 장식이다. 韠은 칼자루에 두른 가죽인데 여기서는 '가죽'을 나타낸다. 『集韻』에 "韠韘는 칼자루에 감긴 가죽이다.(韠韘, 刀靶韋也)"라고 하였다. 縷는 蔞의 가차이다. 蔞는 『禮記・檀弓』 "是故制絞衾, 設蔞翣, 爲使人物惡也."의 鄭玄 注에 "蔞翣는 관의 장식이다.(蔞翣, 棺之牆飾.)"라고 하였다. 고대 귀족들의 관 위에 덮는 채색 비단, 혹은 관위에 그린 그림을 가리키는데, 여기서는 棺의 좌우에 꽂는 장식이다. '一兩緣韠縷'는 '가죽으로 가장자리를 장식한 관장식 한 쌍'을 가리킨다.

■ 一兩絲紅縷 : 絲는 『說文・絲部』에 "누에가 토해낸 것이다(蠶所吐也)"라고 하였다. 즉, 누에에서 뽑은 실을 가리킨다. 紅은 『禮記・內則』 "女子十年不出. 姆敎婉娩聽從, 執麻枲, 治絲繭, 織紅組紃, 學女事, 以共衣服."의 疏에 "紅은 비단이다.(紅爲繒帛)"라고 하였다. '一兩絲紅縷'는 '비단으로 만든 관장식 한 쌍'이다.

■ 一兩邾緹縷 : 邾는 朱의 가차이다. 緹는 '붉다.'이다. '邾緹'은 '朱緹'로 '붉다.'란 말을 連稱한 것이다. '一兩邾緹縷'는 '붉은 색 천으로 된 관장식 한 쌍'이다.

■ 一兩䛒縷 : 䛒은 '毧'의 가차이다. 모직물을 가리키는데 일설에는 어망처럼 생긴 모직물을, 혹은 비를 막을 정도로 촘촘한 모직물을 가리킨다고 한다.[99] '一兩䛒

---

99)『集韻・鐸韻』에 "毧는 담요 종류로 매우 가늘어서 비를 막을 수도 있다.(毧, 氈屬, 極細 可以禦雨)"

縷'는 '모직물로 된 관장식 한 쌍'이다.

■ 一兩緅縷 : 緅는 綷의 가차이다. 『說文·糸部』에 "綷는 갈포 중에 가느다란 것이다.(綷, 絺之細也)"라고 하였다. '一兩緅縷'는 '갈포로 만든 관장식 한 쌍'이다.

Ⅳ. 秦系文字選讀

1. 秦詔版

(1) 隷定[100]

<秦詔版 拓本>

廿六年, 皇帝盡幷兼天下, 諸侯, 黔首大安, 立號爲皇帝. 乃詔丞相狀, 綰, 法度量, 則不壹. 歉疑者, 皆明壹之.

(2) 解釋

秦王 嬴政의 즉위 26(기원전 221년)년에 황제가 천하를 통일하였다. 제후와 백성들이 크게 편안해하니 부르길 황제라고 하였다. 이에 승상 隗狀과 王綰에게 조서를 내려 도량형을 정비하도록 하되, 그 준거가 통일되지 않은 것과 명확하지 않은 것들을

고 하였다.

100) 宗鳴安의 隷定과 註解를 주로 따랐다.(宗鳴安, 『漢代文字考釋與欣賞』, 陝西人民美術出版社, 2004, 2, 제1版. 208-214쪽 참조)

모두 명료하게 하나로 통일시키도록 하였다.

(3) 註解

◎ 廿六年

■ 廿六年 : 秦王 嬴政의 즉위 26(기원전 221)년을 가리킨다.

◎ 皇帝盡并兼天下

■ 皇帝盡并兼天下 : '盡'은 진나라가 전국 七雄 중 6개 나라의 병합을 다했음을 나타낸다. 진왕은 즉위 26년 만에 당시 강대국이었던 齊나라를 겸병하였다. 이에 戰國 七雄 중 六雄이 쓰러져 중국대륙이 一家의 수중에 들어갔다. 이 때 秦王 嬴政은 天皇, 地皇, 泰皇의 皇자를 역대 제왕들이 칭했던 '帝'자의 앞에 붙여 '皇帝'라고 칭하였다.

◎ 諸侯, 黔首大安

■ 諸侯, 黔首大安 : 諸侯는 주나라 때 주왕이 지방을 관리하기 위해 分封했던 王侯들을 가리킨다. 周의 제후들은 대부분 귀족자제 및 공신들이었다. 하지만 실제적으로는 서주 이후 대부분 제후들은 주왕의 통제를 받지 않으려 하였다. 받더라도 매우 느슨하게 받고, 각자의 封地를 경영하였다. 진나라는 李斯의 건의를 받아들여 分封制를 폐지하였다. 그리고 천하를 36개 郡으로 나누고, 郡에는 守, 尉, 監 등을 두어 직할 통치를 하였다. 黔首는 백성을 가리킨다.

◎ 乃詔丞相狀, 綰, 法度量

■ 詔 : 詔는 시대에 따라 다르다. 대략 秦代에는 황제가 발포하는 令(政令)을 '詔,' 황제가 발포하는 命(命令)은 '制'라고 하였다. 『文心雕龍·詔策』에 "秦이 천하를 통일하고 命을 고쳐 制라고 하였다. 한초에 儀則을 제정하였는데 칙명에 4개의 품격이 있었다. 첫째가 策書, 둘째가 制書, 셋째가 詔書, 넷째가 戒敕이다.(秦幷

天下, 改命曰制. 漢初定儀則, 則命有四品, 一曰策書, 二曰制書, 三曰詔書, 四曰戒敕)"
라고 하였다.

■ 狀, 綰 : 진초의 승상이었던 隗狀과 王綰을 가리킨다. 隗狀은 어떤 전적에는 '隗
林'이라고 한 곳도 있는데 秦詔版은 분명히 '狀'이라고 하였다.

■ 法度量 : 각 국가에서 시행되던 다양한 도량의 방법과 근거를 통합하여 규정에
의해 통일적인 방법, 근거로 만들었다.

◎ 則不壹, 歉疑者, 皆明壹之.

■ 則不壹 : 則은 法則, 準則, 規範을 나타내고, 壹은 통일, 專一을 나타낸다. 이
句의 의미는 '法則, 準則, 規範이 통일(專一)되지 못한 것'이란 뜻이다.

■ 歉疑者, 皆明壹之 : 歉疑의 歉은 嫌의 가차이다. 歉疑者는 嫌疑者로 不明確한
것이란 뜻이다. '皆明壹之'는 모두 명료하게 하나로 통일한다.

(4) 詔版과 자형특징

秦代(기원전 221－210년)에 만들어졌는데 구체적인 시기는 不明하고, 출토지 역시
不詳하다. 현재 旅順博物館에 소장되어 있다. 銅質의 재료로 만들어졌고, 길이 20
㎝, 높이 6.4㎝인데 명문은 7행 40자의 소전체로 새겨져 있다. 자형은 여유 있게 전
개되어 있고, 선은 매우 힘차며, 품격은 자유분방하다.

본 명문은 진나라의 저울에 새겨진 詔文이다. 자형만 본다면 漢代의 銅器銘文과
거의 차이가 없다. 書法은 秦代의 舊體書法으로 여겨진다. 문자의 書寫風格이 진
대의 詔文의 일반적인 서법풍격과 많이 다르다. 이는 춘추전국 후期의 기물상의 명
문에 보이는 것과 비슷하다. 특징은 붓놀림의 굵고 가늚이 고르고, 각도 있게 꺾기는
곳이 많고, 형체가 홀쭉하고 길다. 이른바 玉箸體이다. 이들 결체는 기본적으로 西
周의 篆書의 서법을 따른 것이다.

<小篆體孟子>

2. 小篆體孟子

(1) 隸定

「孟子卷上」

「梁惠王章句上」

孟子見梁惠王. 王曰, "叟! 不遠千里而來, 亦將有/以利吾國乎?" 孟子對曰, "王! 何必曰利? 亦有仁義/而已矣. 王曰, '何以利吾國?' 大夫曰, '何以利吾家?/ 士庶人曰, '何以利吾身? 上下交征利而國危矣./ 萬乘之國, 弑其君者, 必千乘之家, 千乘之國, 弑/其君者, 必百乘之家. 萬取千焉, 千取百焉, 不爲/不多矣. 苟爲後義而先利, 不奪不饜. 未有仁而/遺其親者也, 未有義而後其君者也. 王亦曰仁/義而已矣, 何必曰利?" 孟子見梁惠王. 王立於/沼上, 顧鴻鴈麋鹿, 曰, "賢者亦樂此乎?" 孟子對曰,

(2) 解釋

「맹자 卷上」

「양혜왕장구 上」

맹자께서 양혜왕을 알현하였다. 왕이 말하길 "노인이시여! 천리를 멀다않고 오셨으니 또한 우리나라에 이익이 될 방책이 있습니까?"라고 하자, 맹자께서 대답하기를 "왕께서는 어찌 이익을 말씀하십니까? 또한 인과 의가 있을 뿐입니다. 왕께서 말씀하시길 '어떻게 하면 우리나라를 이롭게 할 수 있을까?'라고 하면, 대부가 말하길 '어떻게 하면 우리집안을 이롭게 할 수 있을까?'라고 하고, 일반 선비들과 백성들이 말하길 '어떻게 하면 내 자신을 이롭게 할 수 있을까?'라고 할 것입니다. 이렇게 윗사람에서 아랫사람까지 이익을 다툰다면 나라가 위태롭게 됩니다. 만승의 나라에서 그 임금을 시해하는 사람은 반드시 천승의 제후이며, 천승의 나라에서 그 임금을 시해하는 사람은 반드시 백승의 가문입니다. 만에서 천을, 천에서 백을 가지면 많지 않다고 할 수는 없지만, 진실로 의로움을 뒤로하고 이익을 우선한다면, 빼앗지 않고는 만족하지 못할 것입니다. 어짐이 있는 사람인데도 그 어버이를 버리는 사람은 아직 있지를 아니했습니다. 의로움이 있고도 그 임금을 홀시하고 뒤로 하는 자는 아직 있지를 아니하였습니다. 왕께서는 또한 어짐과 의로움만을 말씀하셔야 하지, 어찌 이로움에 대해 말씀하십니까?'라고 하였다.

맹자께서 양혜왕을 알현하였다. 왕이 연못가에 서서 큰기러기, 고니, 사슴 등을 완상하다가 말하기를 "어진 사람도 또한 이런 것을 즐기십니까?"라고 하자, 맹자께서 말씀하시길,

(3) 註解

小篆體本『孟子』를 選讀 대상으로 삼은 것은 필자 나름대로 깊은 생각을 한 선택이었다. 그 선택의 이유는 다음과 같다. 먼저 우리는 고문자 중에서 소전체는 도장 등을 통해서 비교적 익숙하다. 하지만 소전체로 이루어진 문장은 제대로 접해보지 못했기 때문이다. 둘째 고문의 석독에 훈고학적 지식이 매우 중요하다는 것을 알리고 싶었다. 셋째 우리가 경전 석독의 금과옥조로 알고 있는 朱子注 외의 주석의 중요성을 알리고 싶었다. 특히 청대 고증학의 객관적이고, 과학적인 주석학을 소개하고 싶었다. 그래서 필자는 趙岐의『孟子章句』와 焦循의『孟子正義』를 중심으로 석독 한다.

본 석독은 趙岐와 焦循의 주석을 소개하고 이를 중심으로 석독하기 때문에 위 소

전체본 맹자에 나오지 않는 부분도 있다. 그래서 다소 혼란스러울 수 있다.

① 小篆의 한자학적 위상

위『孟子』의 양혜왕장구나 이를 쓴 '小篆體'는 우리나라 사람들에게는 익숙한 문장이고, 字體이다. 하지만 이를 굳이 講讀編에서 소개하는 것은 소전의 문자학적 위상을 한 번 더 설명하고자함이다. 소전은 고문자 단계의 마지막 자체이다. 즉, 고문자 단계 문자 연변의 총결이며, 今文字 단계의 발원이 되는 자체이다. 기본적으로 今文字 단계의 문자는 모두 이 소전으로부터 연변된 것이다. 예서의 연변을 설명하기 위해서는 문자학적 字理의 정확성, 명확성 여부를 떠나 모두 소전 자형을 참고해야만 설명할 수 있다. 예컨대 漢나라의 죽간에 쓰여진 글씨들은 그것이 古隸이던 今隸이던 모두 소전 자형을 참고해야만 설명할 수 있다. 심지어는 한자학적 字理를 도저히 찾을 수 없을 만큼 심하게 訛變된 예서 字形도, 소전체를 참고해야 그 와변의 근원을 설명할 수 있다. 그 만큼 한자의 자형을 이해하는 데 중요한 위치를 차지하고 있기 때문에 익숙한 문장, 익숙한 자형이지만 이곳에서 거론한다.

또 위 문장은 유명한 만큼 釋讀에도 큰 문제가 없다. 하지만 우리나라 한문학계는 대부분 朱子 注를 참고하여 釋讀하였다. 朱子 注는 철학적 입장에서는 큰 무리가 없겠지만 한자학적 입장에서는 객관성, 과학성이 결여된 것으로 평가 받기도 한다. 본 석독은 청대의 焦循의『孟子正義』[101]를 주로 참고하고자 한다. 이를 통해 청대 고증학의 釋讀과 주자학적 釋讀이 얼마나 다른가를 확인할 수 있을 것이다.

일반적으로 소전은 진나라가 중국을 통일한 뒤 진국문자와 같지 않은 것을 고치거나 생략해서 만든 것이라고 한다. 하지만 이는 정확한 이해가 아니다. 소전의 문자학적 가치는 지금까지의 갑골문, 금문, 籒文(大篆) 등에서 보이는 部件의 형체와 書寫의 불완전성, 結構의 불완전성을 극복한 자체라는 것이다. 아울러 한자의 體勢

---

101) 焦循,『孟子正義』(『諸子集成』(全八冊)之一), 中華書局(1954, 12, 제1판), 1993, 1, 제8차 인쇄.『孟子正義』의 原書는 언제 成書됐는지 정확히 모른다. 초순의 생몰연대는 서기 1763-1820이다.

가 매우 엄격하고 규범성을 띠며, 부드럽고 완만한 곡선 형태와 균형 잡힌 자세를 띠고 있기도 하다. 소전의 등장은 지금까지 각 지역마다 존재했던 다양한 한자의 모습이 하나로 통일되고, 따라서 한자로 하여금 定型化, 표준화의 길을 가도록 하였다. 일반적으로 소전 이전의 진나라에서 사용했던, 正體의 서체를 '大篆,' 통일 후 일반화된 정체를 '小篆' 혹은 '秦篆'이라고 한다.

특히 小篆의 한자학적 의의는 기본적으로 모든 部件의 모습이 獨用이던 合用이던, 어떤 字符에서도 또, 結構의 어디에 위치하던 모양이 똑같다는 것이다. 하지만 기타 자체는 그렇지 않다. 예컨대 楷書의 心은 어떤 자의 결구의 왼쪽에 위치하면 '忄,' 아래에 위치하면 '忝,' '心' 등과 같이 서로 모양이 다르다. 결구 역시 마찬 가지이다. 갑골문에서 物은 '牜, 牜'처럼 써서 結構가 고정적이지 않았다. 하지만 소전은 이러한 部件의 異寫, 結構의 不同現狀이 없다.

② 注釋의 진행

본 주석은 焦循의『孟子正義』를 중심으로 진행하고자 한다. 焦循의『孟子正義』는 後漢 趙歧의『孟子章句』[102]를 바탕으로 趙歧의 장단점을 천발하면서 자신의 주장을 보충하는 식으로 진행하였다. 대부분 典籍의 注釋은 한 시대, 한 사람에 의해서 이루어진 것은 아니다. 시대가 흐르면서 최초 주석자의 주석이 소략하다고 하여 또는, 초기 주석서의 주석 자체를 해독하기 곤란하여 주석에 주석을 거듭하게 된다. 당연히 再 解釋은 전대의 해석을 뛰어 넘는 경우가 대분이다. 주석의 형식은 다양하지만 본『孟子正義』는 趙歧의 注釋을 다시 하나하나 거론하는 방식으로 진행하였다. 그 형식은 'O注~至(注 OO에서~OO까지)'의 형식을 취하고 있다. 즉 趙歧의 注를

---

102) 趙歧,『孟子章句』. 동한 延熹年間(162))에 成書되었다. 全書는 14卷으로 이루어졌다. 본래 7권을 14권으로 分章한 것은 피난 중에 검열을 피하기 위한 것이었다. 구성은 맨 처음에 '孟子解題'를 놓고 저술의 본말, 지향, 편명 해제등을 수록하였다. 그 다음 본문을 두고, 맨 마지막에 '孟子篇敍'를 두고 맹자 7편의 相次의 의미를 서술하였다. 주석태도는 逐字逐句를 하여 상세히 해석하였고, 章指와 注文이 서로 호응하여 맹자 註解 중의 새로운 장을 열었다.(13경 注疏에 수입되었다.)

토막토막 잘라서 자세히 고찰하고 있다.

③ 註解의 실제

◎ 「孟子卷上」
■ 주석의 형식

보통의 경전은 原典의 형태 즉, 白文으로 전하는 것보다는 注疏가 달린 형태로 전해진다. 注疏가 달리면서 보통 본문 시작 전에 서명(제목), 卷次(一, 二, 三 등), 章節名103) 등이 먼저 나오고, 그 다음에 原文과 注疏가 달린 본문이 나온다. 요즈음 책의 체례와 흡사하다. 趙歧의 『孟子章句』는 맨 처음에 「孟子解題」가 나온다.

■ '孟子'에 대한 주석
　ⓐ 趙歧의 『孟子章句』104)

맨처음 '孟子題辭'가 나온다. 맹자에 대한 모든 설명을 한다. 조기는 "孟은 성이다. '子'는 남자를 가리키는 칭호이다.(孟, 姓也. 子者, 男子之通稱也)"라고 하였다. 맹자란 책명에 대하여 "이 책은 맹자가 지은 것이다. 그렇기 때문에 저자와 책명을 묶어서105) '孟子'라고 하였다.(此書孟子之所作也, 故總謂之孟子)."라고 하였다. 맹자의 고향과 이름에 대해 "孟子는 추땅 사람이다. 이름은 軻이고 字는 아직 듣지 못했다.(孟子, 鄒人也, 名軻, 字則未聞也.)"라고 하였다.

　ⓑ 焦循의 『孟子正義』106)
■ 趙歧의 "孟子題辭"에 대한 주석

---

103) 이 장절 안에서도 차례를 나타내는 말 上, 下 등이 나온다.

104) 焦循, 앞의 책, 2쪽

105) 總은 『說文・糸部』에 "總은 모아서 묶는 것이다.(總, 聚束也)"라고 하였다. 단옥재는 주에서 "모아서 묶는다는 것이다. 悤은 '흩어지다.'라는 뜻이 있어 흩어진 것을 얽어맨다는 것이다.(謂聚而縛之也. 悤有散意, 糸以束之)"라고 하였다.

106) 焦循, 앞의 책, 2쪽

焦循의『孟子正義』는 趙歧의 '孟子題辭'를 따라서 맨 먼저 맹자에 대한 해제가 나온다. 이곳에서 맹자의 姓, 字號, 성장, 부계, 모계, 학통, 책의 제목, 체례, 시대배경 등 모든 것을 언급한다. 심지어 '왜 양혜왕장구가 맨 처음 나오게 됐는가?'까지 자세히 기술되어 있다. 이것이 청대 注釋의 일반적 학문 자세이다. 자신의 '解題'편을 따로 두지 않고, 卷次와 章節名 밑에 자세히 주석을 달아 준다. 이러한 주석 태도는『論語正義』[107])도 마찬가지이다. 前代의 주석을 따라 자신의 생각을 보충하는 방식으로 진행하였다.

■ 趙歧의 "孟, 姓也.~通稱也"에 대한 주석

焦循의『孟子正義』에 "본 '孟子題辭'편은 '맹자'란 이름과 책명의 의의를 알 수 있게 한다. 孟은 '씨'이다. 만약 바로 아래에서 말한 것처럼 맹자가 '孟孫'으로부터 계승되었다면 '魯'와 같은 성이다. 후세에는 姓과 氏를 구분하지 않고 '氏'를 '姓'으로 불렀다.(正義曰, 此題識孟子名書之義, 孟, 氏也. 如下云出自孟孫則與魯同姓, 後世姓氏不分, 氏亦通稱姓.)"라고 하였다. 위 趙歧가 '孟'을 '姓'이라고 설명한 것에 대한 보충설명인 것이다.

■ 趙歧의 "此書孟子~總謂之孟子"에 대한 주석

焦循의『孟子正義』에 "論語는 여러 제자들이 공자가 한 모든 좋은 말들을 기록해서 편집을 한 것이다. 그렇기 때문에 '논어'라고 부르는 것이다. '맹자'는 맹가가 자기 스스로 지은 바의 책으로, '순자'라는 책과 같은 類이기 때문에 '맹자'라고 한 것이다.(論語是諸弟子記諸善言而成編集, 故曰論語, 而不號孔子, 孟子是孟軻所自作之書, 如荀子, 故謂之孟子)"라고 하였다.

■ 趙歧의 "孟子鄒人也. 名軻, 字未聞也"에 대한 주석

焦循의『孟子正義』는 맹자의 고향과 이름에 대하여 다음과 같이 말하였다.

---

107) 劉寶楠,『論語正義』(『諸子集成』(全八冊)之一), 中華書局(1954, 12, 제1판), 1993, 1, 제8차 인쇄

王應麟의 困學紀 '聞'편에 이르기를 '맹자의 자는 들어보지 못했다.'고 하였다. 하지만 공총자는 맹자의 자가 '子車'라고 하였으며, 注에는 '子居라고 하기도 한다고 하고는, 이는 사는 집이 가난하여 움푹 들어간 곳(움막)에서 살았기 때문에[108] 이름을 軻, 자는 子居 또는, 子輿라고 한다.'고 하였다……史鴉의 三遷志에 이르기를 '맹자의 자는 사마천으로부터 반고, 조기에 이르기까지 모두 언급하지 않았다.'고 하였다. 위나라 사람이 지은 '서간' 중의 '논서'[109]에 이르기를 '맹가와 순경은 성인에 버금가는 재주를 가졌고, 일가를 이룰만한 사상을 저술하였으니, 모두 성명으로 책이름을 썼지만, 지금까지 그 字는 전해오지 않는다.'고 하였다. 그 까닭을 다시 생각해 보니 이는 모두 전국시대의 인사들이 현자를 좋아하는 자가 적어 애초부터 기록을 남기지 않았기 때문이다. 이것이 곧 맹자가 그 字를 잃어버린 원인이 된다. 생각건대 왕숙은 趙岐보다 뒤에 태어 났다. 조기가 알지 못하는 것을 왕숙이 무슨 방법으로 그것을 안단 말 인가? 공총은 위서이기 때문에 증거가 될 만한 것이 못된다. 왕응린이 그 진실을 의심한 것은 옳다.

　　正義曰……王應麟困學紀聞云, 孟子字未聞, 孔叢子云子車, 注一作子居, 居貧坎軻, 故名軻, 字子居, 亦稱字子輿……史鴉三遷志云, 孟子字, 自司馬遷班固趙歧, 皆未言及, 魏人作徐幹中論序曰, 孟軻荀卿, 懷亞聖之才, 著一家之法, 皆以姓名自書, 至今厥字不傳, 原思其故, 皆由戰國之士, 樂賢者寡, 不早記錄耳. 是直以孟子爲逸其字矣. 按王肅傳元生趙氏後, 趙氏所不知, 肅何由知之, 孔叢僞書, 不足證也. 王氏疑其傅會, 是矣.

焦循은 맹자의 이름이 '軻'임은 분명하다. 하지만 역대 믿을 만한 注疏를 근거하면 현재 우리가 알고 있는 字인 '子輿,' '子居'는 근거 없는 것이라고 한다.

- '卷上'에 대한 주석
　ⓐ 趙歧의 『孟子章句』
　趙歧의 『孟子章句』에는 「卷上」이란 章節 이름이 나오지 않는다.

---

108) 『說文·土部』에 "坷는 패여서 평탄치 않은 것이다. 土가 뜻을, 可가 소리를 나타낸다.(坷, 坎坷也. 從土, 可聲)"라고 하였다. 이곳의 軻는 坷의 가차로 '평탄치 않다.'로 쓰였다.
109) 필자는 이 부분의 문의를 잘 이해하지 못한다. 임시로 해석을 한다.

ⓑ 焦循의 『孟子正義』[110]

『孟子正義』의 목차는 '孟子題辭,' '卷一 梁惠王章句上,' '卷二 梁惠王章句下,' '卷三 公孫丑章句上……'식으로 되어 있다.[111] 焦循은 '卷一 梁惠王章句上'이란 목차의 '卷一'에 대해 다음과 같이 말하였다. (원문은 생략한다.)

'古本'의 첫째 줄에는 '孟子卷一'이, 둘째 줄에는 '梁惠王章句上'이, 세 번째 줄에는 두 칸 아래에 '趙氏注'가 있고, 그 아래에 夾註로 '梁惠王者, 魏惠王也' 등의 주석이 있다. 네 번째 줄에는 '孟子見梁惠王~' 등의 원문이 나온다. 그런데 '足利本'은 앞의 두 줄은 '古本'과 같다. 하지만 세 번째 줄은 한 칸 아래에 夾註로 '梁惠王~' 등의 주석이 있다. 네 번째 줄은 세 칸 아래에 '後漢太常趙歧邠卿注'라고 썼다. 다섯 번째 줄에는 '孟子見梁惠王~'의 원문이 나온다…지금 孔氏의 刻本을 참고로 첫줄에 '梁惠王章句上'이란 여섯 자를 맨 꼭대기에 배치하고, 이 줄의 아래에 이어서 '孟子卷第一'이란 다섯 자를 배치하고, 두 번째 줄에는 '趙氏注'를 배치한다. '古本'을 참고하여 '卷一'이란 말은 '梁惠王章句上'이란 말의 앞에 배치하겠다.

고서의 목차는 주석본마다 그 체례가 약간씩 다르다. 약간의 차이가 있지만 해당 서적의 대강의 내용을 파악하는 데는 큰 지장이 없다. 하지만 주석학에서는 이 작은 차이조차 자세히 따져 그 異同, 是非, 그 의도 등을 규명한다. 위 초순의 주석은 몇 번째 줄, 몇 번째 칸에 무엇이 나오고 나오지 않는가를 밝혀 꼭 이럴 필요가 있을까 싶을 정도로 너무 세밀하다. 하지만 이것이 바로 청나라 때 고증학자들의 학문 태도이다. 중국의 훈고학, 특히 청나라 때의 고증학의 그 학문적 태도를 가늠해 볼 수 있는 주석이다.

---

110) 焦循, 앞의 책, 19쪽
111) '孟子解題'는 동한의 趙歧가 쓴 것인데 여기에는 맹자와 그의 저서 『孟子』란 책의 모든 것에 대해 설명을 하였다. 焦循은 여기에 청대 이루어진 다른 사람들의 맹자 注와 자신의 생각을 가미하여 설명하였다.

■ '趙氏注'에 대한 주석

위 「소전체맹자」의 원문에는 '趙氏注'란 말이 나와 있지 않다. 하지만 맹자의 주석서로는 趙岐의 『孟子章句』와 焦循의 『孟子正義』가 가장 유명하기 때문에, 焦循의 『孟子正義』에 나와 있는 체례를 따라 이 부분도 설명하도록 하겠다.

ⓑ 焦循의 『孟子正義』[112]

焦循은 '趙氏注'에 대해 다음과 같이 말하였다.

　　阮元의 校勘記에 이르기를 "閩, 監, 毛의 본에는 모두 '漢趙氏注'라고 하였다. 하지만 足利本에는 '後漢趙歧邠卿注'라고 하여 다른 본과 다른데 이것이 잘못된 것이다. 廖瑩中經注에는 '本作趙歧'라고 하였는데 역시 틀렸다. '毛詩正義'에 이르기를 '이름을 말하지 않고 씨를 말하는 것은 한나라가 진나라의 학문 태도를 계승한 것이다.'라고 하였다. 典籍은 인간의 손에서 나왔다. 각각의 학파들은 氏를 언급함으로써 그 자신들의 門派를 드날리려 하였기 때문에, 모든 주석자들은 모두 '씨'를 언급했지 이름을 말하지 않았다.

즉, '趙氏注'라고 한 것이 맞고, '後漢趙歧邠卿注'라고 한 것이 틀렸다는 것이다.

◎ 梁惠王章句上

ⓐ 趙岐의 『孟子章句』[113]

趙岐는 '梁惠王章句上'에 대하여 다음과 같이 설명하였다.

　　양혜왕은 위나라 혜왕이다. '魏'는 나라이름이고 '惠'는 시호이며, '王'은 호이다. 이 때 천하에 일곱 왕이 있었는데 모두 '王'이라는 호를 참칭하였다. 춘추시기에는 오나라와 초나라의 '君'이 '王'이란 칭호를 썼다. 위나라 혜왕은 '大梁'에서 살았기 때문에 '梁王'이라고 부른 것이다. 성인과 대현 가운데 도덕이 있는 사람은 王, 公, 侯, 伯, 卿大夫들

---

112) 焦循, 앞의 책, 19쪽 참조
113) 焦循, 앞의 책, 19쪽

모두가 스승으로 삼고자 하였다. 공자 시대에 제후들은 미혹된 것과 禮에 대하여 성인과 현자에게 질문을 하였는데[114] 마치 제자가 스승께 묻는 것과 같았다. 노나라와 위나라의 제후들은 모두 성인과 현자를 존중하여 섬겼기 때문에 논어에서 혹 제자의 이름으로 편명을 삼았다. 예컨대 衛靈公, 季氏篇 등이 그것이다. 孟子 또한 大儒로써 제후들에게 스승으로 모셔졌다. 그렇기 때문에 梁惠王, 滕文公, 公孫丑篇 등은, 논어의 제자의 이름으로 편명을 삼은 것과 같은 의미를 나타낸다.

梁惠王者, 魏惠王也. 魏國名, 惠諡也, 王, 號也. 時天下有七王, 皆僭號者也. 猶春秋之時, 吳楚之君稱王也. 魏惠王居於大梁, 故號曰梁王. 聖人及大賢有道德者, 王公侯伯及卿大夫, 咸願以爲師, 孔子時諸侯問疑質禮, 若弟子之問師也. 魯衛之君皆尊事焉, 故論語或以弟子名篇, 而有衛靈公季氏之篇, 孟子亦以大儒爲諸侯所師, 是以梁惠王滕文公題篇, 與公孫丑等而爲一例也.

ⓑ 焦循의 『孟子正義』[115]
초순은 '梁惠王章句上'의 '章句'에 대해 다음과 같이 설명하였다.

周廣業의 『孟子古注考』에 '……章句를 指事라고 하는 것은 문장을 끊어서 그 큰 줄거리를 게시하는 것이고, 글귀를 떼어내서 내용에 부합되게 증명해내는 것을 가리킨다.' 라고 하였다. 내 생각으로는 指事는 六書의 하나이다. 허신의 『說文・序』에 이르기를 '지사라는 것은 그냥 쳐다보기만 하여도 무엇을 나타내는지 알 수 있고, 살펴보면 그 뜻이 드러나는 것으로, 상하가 그것이다.'라고 하였다. 趙歧가 자신의 주석서의 이름에 '章句' 란 말을 붙인 것은 주광업이 말한 것처럼 줄거리를 게시하고 글귀를 증명한다는 뜻 외에도 '드러낸다.'란 뜻을 겸해서 취하지 않았나 생각된다.

正義曰……周廣業 『孟子古注考』……章句曰指事者, 謂斷章而揭其大指, 離句

---

114) 『說文・疋部』 "疑는 '미혹'이다.(疑, 惑也.)"라고 하였고, 質, 『廣雅・釋詁二』에 "質은 '묻다'이다. (質, 問也)"라고 하였다. '대조하다, 驗證하다.'란 뜻으로 해석할 수 도 있다. 『禮記・曲禮上』 "夫人之諱, 雖質君之前, 臣不諱也."의 鄭玄 注에 "質은 '대조하다.'와 같다.(質, 猶對也)"라고 하였다. 이곳의 '問疑質禮'는 '質問疑禮'이다.

115) 焦循, 앞의 책, 19쪽

而證以實事也……案指事爲六書之一, 許愼說文序云, 指事者 視而可識, 察而可見, 上下是也. 趙意蓋兼取顯著之義

초순은 조기의 주석 '梁惠王~王(注梁惠至王也)'까지를 다음과 같이 설명하였다.

『周書·諡法解』에 이르기를 諡는 살아생전 행한 자취로 부여하고, 號은 살아생전 공을 드러내는 것이다. 仁義가 있으면 '王'이라 하고, 착한 바탕에 백성을 어버이처럼 대하고, 백성을 사랑하고 그들과 더불어 즐겼으면 '惠'라고 붙여준다. 이것이 '惠'를 시호로 붙여주고 '王'이란 호를 붙여주는 것이다. 周廣業의 「孟子出處時地考」에 이르기를 '역사서에 열국들의 왕이라 칭한 해(年)들을 서술한 것들이 많고 특출 난데 자세히 그것들을 고찰해보면 위나라가 가장 먼저이고, 제나라가 그 다음이고, 진나라가 다 다음이다.' 라고 하였다. 그러나 제나라의 '田完世家'에 이르기를 '威王 26년에 위나라를 쳐서 계릉에서 대패시켰다.'고 하였다. 이에 제후 중에는 제나라가 제일 강하다고 하고는 지금까지 행세를 한다.

周書諡法解云, 諡者, 行之迹也. 號者, 功之表也. 仁義所在曰王, 柔質慈民曰惠, 愛民好與曰惠, 是惠爲諡, 王爲號也, 周氏廣業孟子出處時地考云, 史序列國稱王之年多傑出, 詳考之, 則魏最先, 齊次之, 秦又次之, 然惟齊大書於田完世家云, 威王二十六年擊魏, 大敗之桂陵, 於是齊最强於諸侯, 自稱爲王, 以今天下

諡號의 부여에 대하여 설명하고 있다. 양혜왕은 착했기 때문에 '惠'란 諡를, 어질었기 때문에 '王'이란 號를 얻게 되었다고 한다.

초순은 조기의 주석 '魏惠王 ～梁王(注魏惠王至梁王[116])'까지를 다음과 같이 설명하였다.

魏世家에 이르기를 진나라가 상앙을 등용하여 땅이 동쪽으로 河까지 이르고, 제나라와 조나라가 자주 우리를 쳤다. 도읍인 안읍은 진나라에 가까웠다. 이에 大粱을 정비하여 도읍을 옮겼다. 徐廣이 이르기를 지금의 浚儀는 水經注에 이르기를 '浚儀縣 大粱城은

본래 춘추시대에는 陽武 高陽鄕이었다. 전국시대에 이르러 大粱이라 부르게 되었고, 주나라의 양중의 옛 근거지이었는데, 위나라 혜왕이 안읍으로부터 이곳에 천도하였기 때문에 粱이라 부른다.'고 하였다. 전국책에는 '魏惠王' 또, '粱王魏嬰'이라고 불렀다. 이는 당시에 '粱王'이라고 부르기도 하였다는 것을 나타낸다.

　　正義曰, 魏世家云, 秦用商君, 地東至河, 而齊趙數破我, 安邑近秦, 於是徙治大粱, 徐廣云, 今浚儀, 水經注云, 浚儀縣大粱城, 本春秋之陽武高陽鄕, 於戰國爲大粱, 周粱仲之故居, 魏惠王自安邑徙都之, 故曰粱. 戰國策稱魏惠王, 又稱粱王魏嬰, 是當時亦號粱王也.

왜 魏惠王을 粱惠王이라고 부르는지 역사적 배경을 들어 설명하였다.

초순은 조기의 주석 '聖人 ~例(注聖人至例也(注聖人至例也)까지를 다음과 같이 설명하였다.

　　周廣業의 「孟子出處時地考」에 이르기를 '역사서에 맹자가 제나라와 위나라에서 곤경에 처했다고 하고, 양웅이 조롱한 것도 있었다.'고 하였다. 하지만 맹자가 비록 계속해서 어려움이 있었다고 하더라도 여전히 만승의 나라의 스승이었다. 제나라의 선왕이 부자라고 칭하며 '명료하게 저를 가르쳐 주십시오.'라고 하고, 양혜왕이 '과인이 원컨대 가르침을 공경히 받고자 합니다.'라고 한 것은 모두 스승의 예로써 그를 존중했기 때문이다.

　　正義曰 周氏廣業孟子出處時地考云, 史稱孟子困於齊粱, 而揚雄解嘲有云, 孟子雖連蹇, 猶爲萬乘師, 蓋以齊宣稱夫子明以敎我, 粱惠言寡人願安承敎, 皆以師道尊之故也.

맹자가 성인의 반열에 오른 이유를 설명하고 있다.

◎ 孟子見粱惠王.

■ 粱 : 현재의 해서는 氵+ 木의 상하결구이지만 소전은 水 + 𣲘의 좌우결구이다.

ⓐ 趙岐의 『孟子章句』117)

맹자가 대량에 갔다. 양혜왕이 예로 청하니 맹자가 그를 뵈었다.(孟子適粱, 魏惠王
禮請, 孟子見之)

ⓑ 焦循의 『孟子正義』118)

초순은 조기의 주석 '孟子~見之(注孟子至見之)'까지를 다음과 같이 설명하였다.

魏世家에 이르기를 '양혜왕이 여러 번 적의 침입을 당하고 나서 예를 다하고119) 폐백을
후히 하여 어진 자를 초청하였다. 이 때 추연, 순우곤, 맹가 등이 모두 위나라에 왔다.
　　正義曰 魏世家云, 惠王數被軍旅, 卑禮厚幣以招賢者, 鄒衍淳于髡孟軻皆至粱.

맹자가 위나라에 초청받게 된 배경을 설명하였다.

◎ 王曰, 叟! 不遠千里而來. 亦將有/以利吾國乎?
■ 王曰, 叟

ⓐ 趙岐의 『孟子章句』120)

曰은 말이다. 叟는 어른을 부르는 칭호이다. 아버지란 말과 같다. 맹자가 제나라에 머물
다가 늙어서야 위나라에 갔다. 그렇기 때문에 왕이 그에게 존경하고 예를 갖추어서 아버
지라 하고, 천리 길을 멀다 않고 여기까지 오셨으니 또한 장차 나를 위하여 이로운 것은
잘되게 하고 해로운 것은 제거해줄 수 있습니까?라고 한 것이다.

　　曰, 辭也. 叟, 長老之稱也. 猶父也. 孟子去齊, 老而之魏, 故王尊禮之曰父, 不遠千

---

117) 焦循, 앞의 책, 21쪽
118) 焦循, 앞의 책, 21쪽
119) 卑는 겸손하고 공경히 하다란 의미로 쓰였다. 『易·謙』 "謙謙君子, 卑以自牧也"의 孔穎達 疏에
　　"겸손한 군자의 의로움을 다하여 항상 겸손하고 공경히 하여 스스로 그 덕을 기르는 것이다.(解謙謙君
　　子之義, 恒以謙卑自養其德也.)"라고 하였다.
120) 焦循, 앞의 책, 21쪽

里之路而來至此, 亦將有可以爲寡人興利制害乎

ⓑ 焦循의 『孟子正義』[121]

초순은 조기의 주석 '曰辭 ~父也(注曰辭至父也)'까지를 다음과 같이 설명하였다.

方言에 이르기를 '傻艾는 장로이다. 東齊, 魯, 魏 사이에서는 무릇 장로를 傻, 艾라고
한다. 周, 晉, 秦, 隴에서는 公이라 부르고 혹은 翁이라고 부른다. 南楚에서는 父, 혹은
父老라고 부른다.'고 하였다. 戴震의 방언 疏證에 이르기를 '傻는 본래 娑로 썼다. 설문
에 이르기를 노인이다. 속에서는 叟로 쓴다고 하였다.'

方言云 傻艾, 長老也. 東齊魯魏之間, 凡尊長老謂之傻, 或謂之艾. 周晉秦隴謂之
公, 或謂之翁, 南楚謂之父, 或謂之父老, 戴氏震疏證云, 傻本作娑, 說文云, 老也.
俗通作叟

초순은 조기의 주석 '孟子 ~害乎(注孟子至害乎)'[122]까지를 다음과 같이 설명하였다.

이때 진나라가 상군을 등용하여 부국강병책을 썼다. 양혜왕이 그래서 梁으로 도읍을
옮긴 것이다. 그렇기 때문에 또한 장차 우리나라를 이롭게 할 방법이 있겠느냐고 한 것이
고, 이는 또한 상앙이 진나라를 이롭게 한 것과 같은 부국강병을 돕는 것을 가리킨다.
논형의 자맹편에 이 문장에 대해 진술한 것이 있는데 '장차 어떻게 해야 우리나라를 이롭
게 할 수 있습니까?'로 적었다.

正義曰……時秦用商君, 富國强兵, 惠王所以遷梁, 故曰亦將有以利吾國, 謂亦如
商君之於秦, 俾富國强兵也. 論衡刺孟篇述此文, 作將何以利吾國乎

■ 遠 : 소전 𧾣은 '𧺆(辵)'과 '袁(袁)'의 좌우결구이다. 현재의 해서 '辶(遠)'과 같은 형체
의 결구가 아니다. 아래의 '未有仁而遺其親者也'의 '遺' 역시 遠과 같다. 소전에
서 '辵,' '走' 등이 좌우결구일 때 아직은 그 결구가 '辶'형으로 변하지 않았다.

---

121) 焦循, 앞의 책, 21쪽
122) 焦循, 앞의 책, 22쪽

◎ 王! 何必曰利? 亦有仁義/而已矣.
ⓐ 趙歧의『孟子章句』[123]

  맹자가 왕이 부국강병으로 이익을 챙기려 한다는 것을 알고 '왕은 하필이면 이익으로써 이름을 삼습니까? 또한 오직 인의라는 도로 이름을 삼을 만합니다.'라고 한 것이다. 이익으로 이름을 삼으면 이롭지 않은 근심이 있을 수 있기 때문에 왕에게 그것을 알린 것이다.

  孟子知王欲以富國强兵爲利. 故曰王何必以利爲名乎, 亦惟有仁義之道者, 可以爲名, 以利爲名, 則有不利之患矣, 因爲王陳之.

ⓑ 焦循의『孟子正義』[124]
초순은 조기의 주석 '孟子 ~陳之(注孟子至陳之)'까지를 다음과 같이 설명하였다.

  孟子가 宋牼에게 일러 말하길 先生에게 요구하는 것으로는 옳지 않다. 名이란 號와 같다. 이로움에 대해 선생한테 말한다면 그것은 곧 이로움으로써 명령을 하는 것이다. 廣雅, 釋言에 이르기를 '曰은 言이다.'라고 하였다. 國語, 周語에 '有不祀則脩言'이라 한 것에 대해 韋昭의 注에 이르기를 '言은 號令이다.'라고 하였다. 名과 言의 뜻은 모두 호령이란 뜻이 있다. 고로 조기가 이것으로써 '曰利之義'를 해석한 것이다. 오직 이로움으로써 호령을 하였기 때문에 대부와 사서인들이 그것에 응한다는 것이다. 尙書, 洪範에 '첫째가 五行이다.'라고 하고는 오행은 첫째가 水, 둘째가 火, 셋째가 木, 넷째가 金, 다섯째가 土라 하였다. 左傳, 隱公二年 조에 '條를 정벌할 때 太子를 낳았기 때문에 그를 仇라고 이름 지었다.'[125]고 하고, 그 아우도 '千畝의 전쟁에서 낳았기 때문에 그를 成師라고 이름 지었다.'[126]고 하였다. 또, 좋은 배필을 妃, 원한이 있는 배필을 仇라고 한다. 曰을

---

123) 焦循, 앞의 책, 22쪽
124) 焦循, 앞의 책, 22쪽
125) 본 문장은 좌전 隱公二年이 아니고 桓公二年 조에 나온다. 焦循이 잠시 착각을 하였다. 晉 穆侯가 條를 벌한 것은 周 宣王 23년이다. 주나라의 군대와 晉나라의 군대가 연합하여 條(條戎이라고도 함)를 쳤는데 연합군이 패배를 하였다. 그래서 목후가 기분이 나빠 당시에 태어난 태자의 이름을 '仇'라고 지었다고 한다.(楊伯峻,『春秋左傳注』(修訂本)(中國古典名著譯注叢書), 中華書局(1981, 3, 제1版), 1990, 5, 제2版(4차 인쇄), 92쪽 참조.)
126) 역시 桓公二年 조에 나온다. 千畝란 지명과 千畝의 전쟁은 각각 두 가지가 있다. 그 하나는 주나라

'詞'라고 한 것은 그것으로써 명령을 나타내기 때문에 조기가 名을 '曰'이라고 풀이한 것이다.(正義曰, 孟子謂宋輕云, 先生之號則不可, 名猶號也. 曰利, 卽是以利爲號, 廣雅釋言云, 曰, 言也. 國語周語云, 有不祀則脩言, 韋昭注云, 言, 號令也. 名言義皆 爲號, 故用以解曰利之義. 惟以利爲號令. 故大夫士庶人應之, 洪範初一曰五行, 一 曰水, 二曰火, 三曰木, 四曰金, 五曰土, 隱公二年左傳, 以條之役生太子, 名之曰仇, 其弟以千畝之戰生, 名之曰成師, 又嘉耦曰妃, 怨耦曰仇, 曰之爲詞, 所以標名號, 故 趙氏以名釋曰.)

초순은 조기가 주에서, 맹자가 양혜왕의 이로움에 대한 자문에 "하필이면 '이익을 말씀하십니까?(曰利)'"라고 대답한 것은, 맹자는 양혜왕의 자문을 그냥 한 번 해보는 소리가 아니고 꼭 대답해야만 하는 '명령'으로 받아들였기 때문이었다."라고 한 설명에 대해 다시 검증하고 부연 설명하고 있다.

◎ 王曰, '何以利吾國?' 大夫曰, '何以利吾家?' 士庶人曰, '何以利吾身?' 上下交征利 而國危矣.
ⓐ 趙歧의『孟子章句』127)

征은 '취하다.'이다. 왕에서 서인까지 이익을 취하기 때문에 '上下'라고 하였다. 모두 각각 그 자신을 위해 이롭게 하려고 다툰다면 반드시 죽임에 이를 것이고, 그렇다면 국가가 위험해져 망할 것이다. 논어에 '이익에 따라 행동하면 원망이 많다.'라고 하였다. 그렇기 때문에 왕으로 하여금 이로움을 명령으로 삼지 못하게 하고자 한 것이다. 또 交는 함께이다.(征, 取也. 從王至庶人, 故云上下, 交爭各欲利其身, 必至於簒弑, 則國危 亡矣. 論語曰, 放於利而行, 多怨, 故不欲使王以利爲名也. 又言交爲俱也.)

땅이고, 주 선왕 39년에 일어난 것이며, 다른 하나는 晉나라 땅이고, 주 선왕 26년에 일어난 전쟁이다. 晉世家에 의하면 진 땅에서의 전쟁에서 이겼기 때문에 왕이 기뻐서 이 전쟁 중에 난 둘째 아들의 이름을 '成師'라고 하였다고 한다.(楊伯峻, 앞의 책, 92쪽 참조.)

127) 焦循, 앞의 책, 22쪽

ⓑ 焦循의『孟子正義』[128]

초순은 조기의 주석 '征은 取이다.(注征, 取也)'에 대해 다음과 같이 설명하였다.

> '盡心章下' '布縷之征'의 조기의 注에 이르기를 '征은 세금이다.'라고 하였다. '公羊傳 哀公十二年'조의 하휴의 주에서도 '賦는 그 재물을 거두어들이는 것이다.'라고 하였고, '좌전 僖公 二十七年'조 '賦納以言'의 杜預 注에 '賦는 取와 같다'고 하였다. '荀子 富 國篇' '其於貨財取與'의 楊倞 注에 '取는 세금으로 거둬들이는 것을 말한다.'고 하였다. 이는 '征, 賦, 取' 세 글자가 전주가 가능하기 때문에 조기가 征을 '賦'라고 해석하고(盡心 章) 또, 征을 '取'라고 해석한 것이다.(梁惠王章)
>
> 正義曰, 盡心篇下 有布縷之征, 注云, 征, 賦也. 哀公十二年公羊傳, 何休注云, 賦 者, 斂取其財物也. 僖公二十七年左傳, 賦納以言, 杜預注云, 賦, 猶取也. 荀子富國 篇, 其於貨財取與, 楊倞注云 取謂賦斂, 是征賦取三者轉注, 故趙氏訓征爲賦, 又訓 征爲取也.

즉 조기가 征을 '취하다.'로 해석한 것을 구체적으로 왜 '취하다.'라는 뜻을 같게 됐는지, 그리고 어떤 성질의 것이지를 설명하고 있다. 이곳의 '취하다.'는 '賦斂'으로 취하는 것을 가리킨다는 것이다. 이것이 청대 고증학의 학문자세이다.

◎ 萬乘之國, 弑其君者, 必千乘之家, 千乘之國, 弑其君者, 必百乘之家.

ⓐ 趙歧의『孟子章句』[129]

萬乘은 전차 만대를 소유한 것으로 天子를 가리킨다. 千乘은 전차 천대를 소유한 것으로 諸侯를 가리킨다. 夏의 제후이었던 이예가 하후를 죽인 것, 이것이 천승이 만승을 취한 것이다.(萬乘, 兵車萬乘, 謂天子也. 千乘, 兵車千乘, 謂諸侯也. 夷羿之弑夏 后, 是以千乘取萬乘也.)

---

128) 焦循, 앞의 책, 22쪽
129) 焦循, 앞의 책, 23쪽

ⓑ 焦循의 『孟子正義』[130]

초순은 조기의 주석 '萬乘兵車~侯也.(注萬乘兵車至侯也)'에 대해 다음과 같이 설명하였다.

漢書刑法志에 이르기를 '정전을 근거로 군대의 부렴을 제정하였다. 땅이 사방 1리를 井이라 하고, 10정을 通이라 한다. 10통을 成이라 하는데, 成은 사방 10리 이다. 10성을 終이라 하고, 10종을 同이라 한다. 同은 사방 백리이다. 10동을 封이라 하고, 10봉을 畿라 한다. 畿는 사방 천리인데 세금도 걷고 부렴도 걷는다. 이들 세금으로 충분히 먹을 수 있고, 이들 부렴으로 충분히 군대를 유지할 수 있다. 그렇기 때문에 4정을 邑이라 하고, 4읍을 邱라 한다. 구는 모두 16정으로 구성되며, 전쟁용 말 1필과 소 세 마리를 보유할 수 있다. 4구를 甸이라 하는데, 전은 64정으로 구성되며, 전쟁용 말 4필과 전차 1대, 소 12마리, 장교 3명, 보졸 72명과 병기를 구비할 수 있다.'고 하였다. 이것이 乘馬法이다. 1개 동은 사방이 100리로 만개의 井으로 구성되는데 산, 내, 들어가고 나온데, 성, 웅덩이, 사람이 사는 동네, 동산, 도로 등으로 소용된 3,600정을 제외하고, 6,400정에 부렴을 메기면 전쟁용 말 400필, 전차 100대를 소유할 수 있다. 이것이 경대부가 封받은 땅 중 큰 것에 해당하고, 이를 百乘의 家라고 한다. 1개의 封은 사방이 316리로 모두 10만 정에 달한다. 위에서 말한 것처럼 도로 등으로 빠진 것을 빼고 부렴을 거둘 수 있는 토지는 모두 64,000정으로 전쟁용 말 4,000필과 전차 1,000대를 소유할 수 있다. 이것이 제후 가운데 큰 지역을 봉 받은 제후로 이를 千乘의 國이라고 한다. 天子의 경기는 사방이 千里인데 百萬 정에 해당한다. 역시 도로 등을 빼고 부렴을 메길 수 있는 것은 64만 정으로 전쟁용 말 4만 필과 전차 만대를 소유할 수 있어 만승의 주인이라고 칭한 것이다.

正義曰, 漢書刑法志云, 因井田而制軍賦. 地方一里爲井, 井十爲通, 通十爲成, 成方十里, 成十爲終, 終十爲同, 同方百里, 同十爲封, 封十爲畿, 畿方千里, 有稅有賦, 稅以足食, 賦以足兵, 故四井爲邑, 四邑爲邱, 邱十六井也. 戎馬一匹, 牛三頭, 四邱爲甸, 甸六十四井也, 有戎馬四匹, 兵車一乘, 牛十二頭, 甲士三人, 卒七十二人, 干戈備具, 是謂乘馬之法, 一同百里, 提封萬井, 除山川沈斥城池邑居園囿術路, 三千

130) 焦循, 앞의 책, 23쪽

六百井, 定出賦六千四百井. 戎馬四百匹, 兵車百乘, 此卿大夫采地之大者也. 是謂
百乘之家. 一封三百一十六里, 提封十萬井, 定出賦六萬四千井, 戎馬四千匹, 兵車
千乘, 此諸侯之大者也. 是謂千乘之國, 天子畿方千里, 提封百萬井, 定出賦六十四
萬井, 戎馬四萬匹, 兵車萬乘, 故稱萬乘之主.

焦循은 위 한서의 司馬法외에도 論語, 周禮, 毛奇齡의 經問, 史記, 馬融, 鄭康
成, 孫子 등 많은 학설을 비교분석하였다. 사마법은 시대와 공간, 사람에 따라 그
규모가 각기 달라 정확한 것은 파악하기 힘들다. 대략 위와 같은 방법으로 부렴과
세금을 매겼고, 각각 지위에 걸 맞는 군대와 무기를 소유하였다.

◎ 萬取千焉, 千取百焉, 不爲不多矣.
ⓐ 趙岐의 『孟子章句』[131]

周나라의 제도에 '임금은 경대부보다 10배의 록을 받는다.'라고 하였으니 君은 萬
鍾을, 臣은 千鍾을 봉록으로 받으면 또한 많다고 할 것이지 많지 않다고는 할 수
없다.(周制君十卿祿, 君食萬鍾, 臣食千鍾, 亦多矣, 不爲不多矣.)

ⓑ 焦循의 『孟子正義』[132]

초순은 조기의 주석 '周制~多矣(注周制至多矣)'에 대해 다음과 같이 설명하였다.

'君十卿祿'은 '萬章篇 下'의 문장이다. 또한 王制에서도 언급을 하였기 때문에 '周制'
라고 여긴 것이다. 왕제에 제후 중에도 아래 등급에 해당하는 사람은 봉록(식록)을 9인이
먹을 수 있는 양을, 중간 단계는 18인이 먹을 수 있는 양을, 최고 등급은 36인이 먹을
수 있는 양을, 하대부는 72인이 먹을 수 있는 양을, 경은 288인이 먹을 수 있는 양을,
君은 2,880인이 먹을 수 있는 양을 받는다고 하였다. '周禮, 廩人'에 '무릇 만민이 한 달에
먹을 수 있는 식량은 한 사람당 4鬴이면 상 등급이고, 3鬴면 중 등급, 2鬴는 하 등급이다.'

---

131) 焦循, 앞의 책, 25쪽
132) 焦循, 앞의 책, 25쪽

의 주에 이르기를 '이는 모두 한 달의 식량을 말한 것이다. 6말 4되를 1鬴라고 한다.'고 하였다. 가씨의 소에 이르기를 '이는 비록 3등(풍년, 보통, 흉년)의 해로 나누어 나열했지만 보통의 해로 기준을 삼는 것이 일반적이다.'라고 하였다. 이를 기준으로 따져보면, 한 사람이 한 달에 3부를 받을 수 있으므로, 한 해는 12달이니 36부이다. 卿의 288사람 몫은 매해 10,368부를 받게 된다……10鬴가 1鍾이다. 그렇다면 10,368부는 종으로 치면 1036.8종이 된다. 이를 정수로 나타내면 1천종이다. 君은 2,880인분의 식록을 받으니 한 해에 103,680부를 받고 종으로 환산하면 10,368종으로 받는다. 그 정수로 나타내면 1만종이 된다. '君食萬鍾'이라고 하는 것은 천승의 제후를 가리키는 것이다. '臣食千鍾'이라 하는 것은 백승의 대부를 가리키는 것이다. 경문에 위로부터 만승, 천승, 백승이라 한 것에서 만, 천, 백은 여전히 만승, 천승, 백승을 가리키는 말이다. 이는 제후가 천자의 만승 중 그 천승을 취하고, 대부가 제후의 천승 중 그 백을 취함을 가리킨다. 趙岐가 봉록으로써 말을 한 것은 군신 사이에 실제로 취하는 숫자를 말한 것이다. 제후는 천승 중 만종을 봉록으로 받고, 대부는 백승 중 천종을 봉록으로 받는다고 가정하고 천자의 봉록을 추정하면, 천자는 만승이니 10만종을 봉록으로 받는다. 그 천승의 家는 곧, 만승 중에서 그 만종을 봉록으로 취하는 것이니, 만종의 봉록자는 一家가 아니다.(즉, 천자의 나라에 제후국은 하나가 아니다.) 천승에서 천종을 봉록으로 취하는 자 또한 一家가 아니다.(즉 제후국의 경대부는 하나가 아니다.) 각각 나누어 정해졌으니 다시 더 받는 것을 용납하지 못하기 때문에 많지 않다고 할 수 없다고 한 것이다.

　正義曰 君十卿祿, 萬章下篇文, 王制亦云, 故以爲周制也. 王制諸侯之下士祿食九人, 中士食十八人, 上士食三十六人, 下大夫食七十二人, 卿食二百八十八人, 君食二千八百八十人. 周禮廩人, 凡萬民之食食者, 人四鬴, 上也, 人三鬴, 中也, 人二鬴, 下也. 注云, 此皆謂一月食糧也. 六斗四升曰鬴, 賈氏疏云, 此雖列三等之年, 以中年是其常法. 以是推之, 人一月三鬴, 一歲十二月, 食三十六鬴, 二百八十八人, 則每歲食一萬零三百六十八鬴, ……鬴十則鍾, 然則一萬零三百六十八鬴, 爲鍾一千零三十六八, 總其整數, 是爲千鍾, 君食二千八百八十人, 是歲食十萬零三千六百八十鍾, 爲一萬零三百六十八鍾, 總其整數, 是爲萬鍾, 云君食萬鍾者, 指諸侯千乘也. 云臣食千鍾者, 指大夫百乘也. 經文承上萬乘千乘百乘, 則萬千百仍指乘言, 是諸侯於天子萬乘中取其千, 大夫於諸侯千乘中取其百. 趙氏以祿言之, 則君臣實取之

數. 諸侯於千乘中食萬鍾, 大夫於百乘中食千鍾, 推之天子於萬乘如食十萬鍾, 其
千乘之家, 卽於萬乘中食其萬鍾, 食萬鍾者非一家, 食千鍾於千乘者亦非一家, 分各
定, 不容更溢, 故不爲不多也.

상당히 복잡한 봉록 체계를 들어서 설명을 하였다. 초순의 정의가 옳고 그름을 떠
나 막연히 '만이 천을 취하고, 천이 백을 취하면 많지 않다고 할 수 없다.'고 한 해석
을 극복할 수 있는 학문태도이다. 이하의 注疏는 생략하겠다.

◎ 不奪不饜

- 奪 : 위 小篆體를 정확히 隷定하면 '敓(빼앗다. 탈)'이다. 『說文・攴部』에 "敓은
억지로 빼앗는 것이다.(敓, 彊取也)"라고 하였다. 段玉裁 注에 "이것이 '뺏기를 다
툰다.'라고 할 때의 '탈'자의 正字이다. 후인들이 '奪'을 가차하여 '敓'자로 썼다.
'奪'자가 쓰여지면서 '敓'자가 쓰이지 않게 됐다.(此是爭敓正字, 後人假奪爲敓, 奪行
而敓廢矣)"고 하였다.[133]

- 饜 : 小篆體를 정확히 예정하면 '猒(싫증나다 염)'이다. 『說文・甘部』 "猒은 '배부
르다.'이다.(猒, 飽也)"라고 하였고, 단옥재 주는 "厭이 오로지 쓰이면서 '猒'이 쓰
이지 않게 됐다……猒과 厭은 고금자이다.(厭, 專行而猒廢矣……猒, 厭古今字.)"라
고 하였다. 饜은 猒이 먹는 것과 관계가 있기 때문에 義符 '食'을 덧붙여 만든 後
出字이다.

◎ 未有仁而/遺其親者也, 未有義而後其君者也.

- 遺 : 『易・泰』 "包荒, 用馮河, 不遐遺"의 王弼 注에 "마음 씀이 넓고 커 멀리 버
릴 것이 없기 때문에 '不遐遺'라고 한다.(用心弘大無所遐棄, 故曰不遐遺也.)"의 孔
潁達 疏에 "遺는 '버리다.'이다.(遺, 棄也)"라고 하였다.

---

133) 단옥재는 '奪'로 쓰게 된 것에 대하여 "『尙書』에서 '奪'로 썼는데, 이는 당나라 천보 연간에 '衛包'란
사람이 고친 것이다.(今『尙書』作奪, 此唐天寶衛包所改)"라고 하였다.

Ⅴ. 漢簡選讀

馬王堆一號漢墓竹簡[134]

1. 馬王堆一號漢墓竹簡

(1) 隷定[135]

(115) 唐(糖)枝于頪一笥

(149) 賴穜(種)三斗布囊一

(193) 髹𢹂幸食杯五十

(224) 右方七牒瓦器錫垛

(2) 解釋

(115) 엿, 부오, 마른 양식 한 상자

(149) 대쑥 씨앗 3말과 광목 자루 1개

(193) 옷 칠을 한 임금님의 순행에 쓰이는 잔 50개[136]

(224) 오른쪽(앞에 열거한) 일곱 개의 와기는 거북이 등껍질 같은 장식, 무늬를 입힌 것이다.

(3) 註解

본 『馬王堆一號漢墓竹簡』의 내용은 부장품 목록이다.

◎ 唐(糖)枝于頪一笥

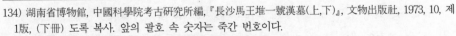

134) 湖南省博物館, 中國科學院考古研究所編, 『長沙馬王堆一號漢墓(上,下)』, 文物出版社, 1973, 10, 제
    1版, (下冊) 도록 복사. 앞의 괄호 속 숫자는 죽간 번호이다.
135) 오른쪽에서 왼쪽으로 읽는다. 앞의 숫자는 죽간 번호이다.
136) 정확한 해석은 不可能하다.

■ 唐 : 唐은 엿(糖)을 나타낸다. 엿(糖)은 고서에서 '餳'으로 많이 썼다. 『方言』(十三) "餳은 餹을 가리킨다.(餳謂之餹)"의 郭注에 "江東은 모두 餹이라고 한다.(江東皆言餹)"라고 하였다. 唐, 糖, 餹, 餳은 어떤 때는 서로 같은 의미로, 어떤 때는 서로 다른 의미로 쓰인다.

■ 抶于 : '夫渠'를 나타낸다. 혹 '烏芋'로 해석하기도 하는데, 지금의 '荸薺'를 가리킨다. '抶芋'는 첩운으로 동일한 말을 중복한 것이다. '烏抶'와 음이 비슷하다. 토란 비슷한 식용 식물이나 우리나라에는 없다.

■ 頪 : 마른 쌀, 미숫가루 등을 가리킨다. 본 간문은 米와 頁로 이루어졌지만 실은 米와 首로 이루어진 글자이다. 首와 頁은 뜻도 모양도 비슷하여 바꿔서 쓰기도 한다. 頪는 𥹛이고, 𥹛는 糗로 釋讀해야 한다. 糗는 臭가 聲符이다. 𥹛의 首와 臭는 모두 '幽部'이고, 首는 聲母가 '書'이고, 臭는 '昌'이다. 음이 가까워서 서로 통가할 수 있다. 『說文·米部』에 "糗는 쌀이나 보리를 볶은 것이다.(糗, 熬米麥也)"라고 하였다. 『周禮·天官·籩人』"羞籩之實糗餌粉餈"의 정현 주에 "이 두 가지는 모두 쌀이나 보리를 갈아서 가루로 내어 만든 것이다.(此二物皆粉稻米黍米所爲也)"라고 하였다. 즉 마른 양식이나 미숫가루를 나타낸다. 糗는 糒와 뜻이 가깝다.

◎ 賴穜(種)三斗布囊一

■ 賴 : 蘱이다. 『爾雅·釋草』"羊蘱蕭"의 곽박 주에 "지금의 쑥이다. 봄에 나는 새 싹은 먹을 수 있다.(今蘱蒿也, 初生亦可食)"라고 하였다.

◎ 髹幸食杯五十

髹 : 髹은 髤의 생략체이다. 漢代의 漆器 銘文 중에 많이 보인다. 『說文·桼部』에 "髤는 '옷 칠하다.'이다.(髤, 桼也)"라고 하였다. 『漢書·外戚傳下』의 안사고 주에 "옷으로써 물건에 칠하는 것을 '髤'라고 한다.(以漆漆物謂之髤)"고 하였다. 고적 중에

는 髹, 髤 등으로 많이 썼다. '옷 칠하다.'라는 뜻으로 해석된다.

■ 胐 : 胐는 字書에 보이지 않는다. 이 자는 漢代의 칠기 명문 중에 자주 보인다. '肜, 泊, 羽, 雕' 등으로 해석하기도 한다. 정확한 자의는 현재로서는 고석하기 어렵다. 다만 漆器를 제조하는 모종의 과정을 언급하고 있는 것으로 추정되는데, 칠기에 문양을 그려 넣은 뒤 광택을 내는 것을 가리키지 않았나 생각된다.

■ 幸 : 『正字通·干部』에 "幸은 또 순행을 가리킨다.(幸, 又巡幸)"라고 하였다. '幸食杯'는 순행에 쓰이는 잔 즉, 길을 갈 때 사용하는 잔인 듯하다.

◎ 右方七牒瓦器錫埮

■ 錫埮 : 현재로서는 정확한 釋讀을 할 수 없다. 다만 '埮'은 '涂(바르다. 붙이다)'로 釋讀하고, 錫은 『禮記·郊特牲』 "朱干設錫"의 곽박 주에 "干은 방패를 나타낸다. 錫은 그 등에 거북이 등같이 붙여 놓은 것을 가리킨다.(干, 盾也. 錫, 傳其背如龜也.)"고 한 '錫'으로 釋讀할 수 있다. '錫'은 곧, 넓은 방패가 견고하도록 뒷면에 거북이 등껍질처럼 격자모양으로 댄 것을 가리키는 것으로, '瓦器錫埮'는 瓦器에 거북이 등껍질처럼 모종의 장식 혹은 무늬를 그리거나 붙였음을 나타낸다고 볼 수 있다.

한편으로는 '錫'을 '錫'의 誤寫로 볼 수도 있다. 즉 錫箔[137]으로 보고, '瓦器錫埮'는 "瓦器錫涂"로 와기에 얇은 막을 씌운 것으로 해석할 수도 있다.

2. 居延新簡 : 相寶劍刀

(1) 隸定

ⓐ(EPT40. 202)[138] ●欲知劍利善故器者, 起拔之, 視之, 身中無推處者, 故器也. 視

---

137) 얇은 은박지 혹은, 주석으로 얇게 바른 것
138) 簡牘 번호 앞에 사용한 영문약자 "EPT"는 출토지점인 破城子探方을 대표한다. 이외 영문약자와 출토지 대표는 다음과 같다. EPF : 破城子房屋을 대표, T : 探方을 대표 F : 房屋遺址를 대표. 본

相寶劍刀 冊[139)

欲知利善者, 必視之, 身中有黑兩桁不絶者

ⓑ(EPT40.203)其逢如不見, 視白堅, 未至逢三分所而絶, 此天下利善劍也. 又視之身中, 生如黍粟狀利劍也. 加以善

ⓒ(EPT40.204)●欲知幣劍以不報者及新器者, 之日中騂視, 白堅隨燧上者, 及推處白黑堅分明者, 及無文, 縱有

ⓓ(EPT40. 205) 文而在堅中者, 及雲氣相遂, 皆幣合人劍也. 刀與劍同等. ●右善劍四事. ●右幣劍六事

(2) 解釋[140)

ⓐ검 중에 좋고 오래된 것을 알려면 치켜들고 보았을 때, 검신에 들어가고 나온 부분이 없는 것이 오래된 검이다. 육안으로 좋은 검을 고르려는 사람은 반드시 검을 살피되 검신 중에 검은색의 두 줄기 脊이 끈기지 않고 있나를 보아야 한다.

簡牘번호와 영문약자는 中華書局 발행의 『居延新簡』(甘肅省文物考古研究所外 三所 編, 中華書局, 1994, 12, 第 1版)을 따른다.

  보통 중국에서 간독을 석독할 때나, 간독에 사용한 부호는 다음과 같다. 부호 "□"는 原簡簡文字의 자적이 모호하여 楷書로 써낼 수 없는 것을 표시하고 글자 한 자에 한 개의 "□"로 표시한다. "……"는 原簡字迹이 모호하여 그 자수가 얼마인지 모름을, "●, •"는 章句號표시, "="는 重文符號를 표시한다. 句讀는 필자가 釋讀의 편의를 위해 찍은 것이다. 이하 簡文의 句讀 역시 같다.

139) 甘肅省文物考古研究所, 甘肅省博物館, 中國文物研究所, 中國社會科學院歷史研究所 編, 『居延新簡』(上下), 中華書局, 1994, 12, 제1版, 下冊, 79-80쪽 복사

140) 본 간문의 釋讀은 필자가 「居延漢簡校釋(4)」(『中國語文論叢 第19輯』(2000, 12), 中國語文研究會)에 이미 발표했던 것을 수정 보완한 것이다.

ⓑ(좋은 검은)그 검의 끝이 마치 보이지 않는 것 같고, 흰 날을 쳐다 봤을 때 검 끝의 3푼 되는 지점에 이르기까지 흰 날이 끊어지지 않은 것, 이것이 천하에 명검이다. 또, 검신을 쳐다보았을 때 좁쌀 같은 것이 돋아난 것이 좋은 검 가운데에서도 좋은 검이다.

ⓒ나쁜 검 곧, 좋은 검에 부합되지 않는 것과 새로 만든 검을 알려면, 한낮에 밖에 나가 검을 보았을 때 붉은 색이 돋는 것, 검의 흰 날이 검 끝 부분에서 끊긴 것,[141] 臘 부분을 중심으로 흰 날과 검은 부분[142]이 분명한 것, 刀紋[143]이 없는 것,

ⓓ비록 문(紋)이 있되 堅 가운데 있는것,[144] 雲氣가 서로 얽혀 있는 것[145] 등은 모두 검과 사람이 합치됨을 방해하는 검이다. 이는 刀나 劍 모두 똑같다. 오른쪽은 좋은 검에 대한 4가지, 나쁜 검에 대한 6가지를 언급하였다.

(3) 註解

상기 簡文은 善劍과 弊劍을 논한 「相寶劍刀」[146] 文이다. 全 冊이 6매의 簡牘으

---

141) 隨는 墮의 假借이고 墮는 毀이다.(『春秋·僖公三十三年』 "墮軍實而長寇讎, 亡無日矣"의 杜預 注에 "墮는 毀이다."(墮, 毀也.)라고 하였다.)

142) 백흑견의 백견은 臘을 중심으로 날 부분을, 흑견은 從 부분에 해당하는 새까만 부분을 가리키는 듯하다. 새로 주조된 검일수록 숫돌에 간 날 부분과 그렇지 않은 從 부분의 흑백 대비가 선명할 것이다. 이렇게 흑백 색의 대비가 선명한 것일수록 새로 주조된 것으로 좋은 검이 아니다. 故器를 좋은 검으로 친다.

143) 理文을 가리키는 듯한데, 文의 구체적인 것은 알 수 없다.

144) 이곳의 堅은 구체적으로 어느 부분을 가리키는지 불명하다. 薛英群에 의하면 검 표면의 문식을 말하는 것이 아니고, 검 내부의 문식 즉 주조시 생기는 문식을 말한다고 한다. 좋지 못한 검일수록 주조시 검의 내부에 문식이 생기는 것 같다.(薛英群, 何雙全, 李永良, 『新居延漢簡釋粹』, 甘肅省考古研究所編, 蘭州大學出版社, 1988, 123쪽 참조.)

145) 검의 문식 가운데 운기 형태의 무늬는 좋은 검이 아니다. 검 표면의 문식을 가리키는 듯하다. 薛英群은 雲氣란 문식이 회전하는 모양을 띠고 있는 것을 가리키고, 이러한 검은 좋은 검이 아니라고 하였다. (薛英群외 앞의 책, 123쪽 참조.)

146) 相寶劍刀란 이름은 薛英群, 何雙全, 李永良의 책에서 따왔다. 이들은 『新居延漢簡釋粹』에서 破城子遺址第四十探方에서 발굴된 簡牘 가운데 劍에 관해 기술된 6매의 簡牘을 『相寶劍刀』冊이라고 칭하였다. 居延新簡 대부분은 散簡된 상태로 발굴됐으나 '塞上烽火品約', '永始三年詔書' 등 몇몇은 책

로 구성되었고, 簡牘의 크기는 길이 22.6㎝, 넓이 1.2㎝로 每 簡 單行으로 書寫되었다.147)

위 簡文『相寶劍刀』는『漢書』나『七錄』에 기록되어진『相寶劍刀』와 동일한 내용을 담고 있을 것으로 추정되나 두 책 모두 오래 전에 佚失되었다.148) 대체적인 考釋은 薛英群에 의해 이루어졌으나, 언급한 바와 같이 典故가 佚失되어 책의 형태로 발굴된 것 가운데 가장 書寫 상태가 양호함에도 불구하고 補釋을 기다리고 있는 것 가운데 하나이다.149)

◎ ⓐ(EPT40. 202)●欲知劍利善故器者, 起拔之, 視之, 身中無推處者, 故器也. 視欲知利善者, 必視之, 身中有黑兩桁不絕者

■ 劍 : 검은 首(金覃), 莖(把), 格, 脊, 從, 臘, 刃, 鋒 등으로 구성된다. 首(金覃)와 莖(把)은 劍의 자루 부분으로, 首(金覃)는 자루의 맨 끝 부분이고, 莖(把)은 손에 쥐는 부분을 가리킨다. 格은 劍柄과 劍身을 경계 짓는, 손을 보호하는 장치, 칼집에 넣을 때 자루부분이 들어가지 않도록 걸치는 장치이다. 脊, 從, 臘, 刃, 鋒은 劍身 가운데 특정 부위를 가리킨다. 脊은 검의 양 등줄기로, 검 전체에서 가장 튀어나온 부분을 가리킨다. 從은 脊과 臘 사이 곧, 등줄기(脊)에서 칼날 쪽으로

의 형태로 발굴되었다. '相寶劍刀' 역시 책의 형태로 발굴되었다. 모두 6매의 簡牘으로 구성되었고, 내용은 善劍과 幣劍에 대해 논한 것으로 글씨는 매우 정교하게 쓰여져 있으며, 書寫 상태 또한 아주 양호하다.(薛英群 외, 앞의 책, 121쪽 참조)

147) 簡文 제(5)와 (6) 사이에 奪文이 된 듯 상하문의 文義가 통하지 않는다. 필자가 釋讀을 할 수 없어 待考를 위해 簡文을 아래에 제시한다.
　(5)●利善劍文縣薄文者保雙蛇文皆可帶羽圭中文者皆可劍謙者利善强者表葸弱則利柰何(EPT40. 206)
　(6)●葸新器劍文鬪雜伍 蛇文者鼅者及皆凶不利者●右幣劍文四事(EPT40. 207)

148)『漢書・藝文志』에『相寶劍刀』二十卷이 있었고, 阮孝緒의『七錄』에도『相寶劍刀』二卷이 있었다고 전해지나 두 책 모두 오래 전에 佚失되었다.(薛英群외 앞의 책, 121쪽 참조)

149) 薛英群은『新居延漢簡釋粹』에서 相寶劍刀에 대해 考釋을 시도하였으나 상당 부분이 補釋이 필요하거나 未釋된 상태이다.(薛英群외, 앞의 책, 121-124쪽 참조)

꺾여서 臘에 이르기까지를 가리킨다. 곧 검의 가장 많은 면을 차지하고 있는 부분이다. 臘은 검의 從 부분에서 다시 날 쪽으로 마지막 살짝 꺾이는 부분을 가리킨다. 크게는 날 부분으로 볼 수 있다. 刃은 말 그대로 칼날을 가리킨다. 從 부분의 맨 끝을 형성하고 있다. 鋒은 검의 맨 끝 뾰쪽한 부분을 가리킨다.

- 推處 : 推處를 薛英群은 劍柄과 劍身의 접합 처인 劍格을 가리키는 듯하다고 하였다. 그는 『公洋傳』과 『史記』를 典故로 들어 "손으로 검 자루를 잡고 앞을 향해 찌를 때, 劍格에 힘을 주게 되는데 推處는 아마 이 劍格을 가리키는 듯하다.(手執劍柄向前推刺, 着力于劍格處……推處 似當指劍格)[150]고 하여 推를 '밀다,' '찌르다.'로 해석하였다. 推處를, 검을 잡고 상대를 찌르려면, 검에 손목의 힘이 가장 많이 미치는 곳 즉, 손으로 미는 곳인 格으로 보았다.

그러나 簡文 ⓒ의 推處와 이곳의 推處를 비교해보면, 검의 특정 부위인 劍格을 가리키는 것이 아니다. 특히 簡文의 文義를 고려한다면 劍格을 가리키는 것은 논리적으로 맞지 않는다. 검의 구성은 크게 劍身과 劍柄 두 부분으로 나눌 수 있는데, 劍身 부분이 검의 중요 부분이라고 할 수 있다. 본 「相寶劍刀」는 善劍과 弊劍을 논하는 것이다. 그 가운데에서도 ⓐ簡文은 善劍을 논하는 제일 첫 번째 문장임으로, 그 논의의 우선 순위 또한 당연히 劍身 부분이 첫 번째 일 것이다. 簡文에서도 "좋은 검이란 劍身 가운데 推處가 없는 것을 좋은(故器) 검이라고 한다."고 하여 논의의 대상이 劍身임을 밝혔다.[151] 다음은 劍格으로 보면 전체 文義와 통하지 않는다. 우선 簡文을 해석해 보면 "좋은 검 즉, 故器를 알려면 치켜들고 보았을 때 劍身 가운데 推處가 없는 것이 좋은(故器) 검이다"[152]라고 할 수

---

150) 薛英群은 『公洋傳·定公四年』의 "아버지가 죽임을 당하면 자식이 복수하는 것이 칼을 찌르는 도이다.(父受誅, 子復仇, 推刃之道也.)와 『史記·秦本記』의 "또한 모두 칼끝으로 찔러 죽기를 다뤘다."(亦皆推鋒爭死)등의 推를, 본 簡文의 推와 동일한 것으로 보고 "밀다"로 해석하였다.(薛英群외, 앞의 책, 122쪽 참조)

151) 물론 劍身을 광의로 해석하여 검 전체를 가리킨다고 볼 수도 있다.

152) 推處가 劍格이라면 '치켜들고 본다.'는 표현을 쓰지 않았을 것이다. 劍格은 치켜들고 보지 않더라도

있다. 그러나 推處를 劍格으로 해석하면 "좋은 검이란 검 가운데 劍格이 없는 것"이라는 논리적 모순을 낳고 있다.

이곳의 推는 摧나 挫의 가차로 보아야 할 것이다. 推, 上古音 微韻, 透紐[153]이고 摧, 上古音 微韻, 精紐[154]이며, 挫, 上古音 歌韻, 精紐[155]로, 推와 摧는 同韻이고, 推와 挫는 旁轉이 가능하다. 『漢書·南粤傳』"樓船將軍以推鋒陷堅爲將梁侯"의 楊樹達의『漢書窺管』에 "推는 마땅히 摧로 읽어야 하는데 (이는) 곧 上文에 나온 粤의 銳鋒을 꺾었다고 한 것을 가리킨다."(推, 當讀爲摧, 卽上文之挫粤鋒也)[156]고 하여 推를 摧로 읽은 예가 있다. 摧, 『說文·手部』에 "摧는 '민다.'는 뜻이다……한편으로 折이라는 뜻도 있다."(摧, 擠也……一曰, 折也.)고 하여 본의는 '밀다.'인데, 折의 義로 쓰이기도 한다고 하였다. 挫, 『說文·手部』에 "挫는 摧이다."(挫, 摧也.)라고 하였고, 『莊子·天地』"不以物挫志之謂完"의 成玄英 疏에는 "挫는 굴절이다"(挫, 屈也.)라고 하여 摧와 挫는 互訓關係이며 折, 屈折이라는 의를 가지고 있다고 하였다.

그렇다면 簡文 ⓐ의 推處는 劍格을 가리키는 것이 아니고, 劍身 가운데 매끄럽지 못하게 꺾이거나 푹 들어간 곳을 가리킨다고 보아야 할 것이다. 좋은 검이란 치켜들고 劍身을 바라보았을 때 꺾인 부분이 없는 것(無推處者) 즉, 표면에 들어가고 나감이 없이 미끈해야 한다는 것이다.

■ 身中有黑兩桁不絶者 : 黑兩桁은 劍身 가운데 검정색의 두 줄기가 끈기지 않고 있는 것 곧, 脊을 말한다. 桁은 본래 기둥과 기둥 사이를 연결하는 대들보를 가리키는데 이곳에서는 脊을 가리킨다. 兩桁이란 劍身의 양쪽 脊을 가리킨다.

충분히 잘 살펴볼 수 있다. 劍身 가운데 들어가고 나온 곳은 치켜들고 보았을 때 잘 보인다. 그렇기 때문에 치켜들고 본다고 하였을 것이다.

153) 李珍華·周長楫, 앞의 책, 127쪽
154) 李珍華·周長楫, 앞의 책, 135쪽
155) 李珍華·周長楫, 앞의 책, 307쪽
156) 楊樹達, 『漢書窺管』(楊樹達文集 第十), 上海古籍出版社, 1984, 1. 756쪽

◎ ⓑ其逢如不見, 視白堅, 未至逢三分所而絕, 此天下利善劍也. 又視之身中, 生如黍
粟狀利劍也. 加以善

■ 逢 : 鋒의 가차이다. 모두 검의 맨 끝 뾰족한 부분을 가리키는 鋒의 假借이다.
逢과 鋒은 모두 夆이 聲符이다.

■ 堅 : 堅이 무엇을 가리키는지 아직 명확하게 고석할 수 없다. 다만 이곳의 堅은
肩의 가차가 아닌가 생각한다. 堅 상고음, 眞韻, 見紐, 平聲이고,[157] 肩, 상고음
元韻, 見紐, 平聲이다.[158] 두 자는 상고시 음이 매우 가까웠고, 중고음이나 근대
음은 동음이었다. 이곳에서 가리키는 肩(어깨)은 검의 양 볼을 가리키는 듯하다.
白堅(肩)은 검의 양쪽 면 즉, 흰 양쪽 면을 가리키는 듯하다.

■ 三分所 : ‘三分所’는 검 끝으로부터 3푼이 되는 곳을 가리킨다.

■ 利善 : 利는 善과 동의이다. 『玉篇・刀部』 “‘利는 좋다.’이다.(利, 善也)”라고 하였
다. 또 ‘사용하기에 편리하다.’라는 뜻으로도 해석할 수 있다. 『荀子・王制』 “使
百姓順命, 安樂處鄕, 鄕師之事也. 論百工, 審時事,辨功苦, 尙完利.”의 楊倞 注
에 “利는 쓰기에 편함을 가리킨다.(利, 謂便於用)”고 하였다.

■ 加以善 : 加는 ‘배가하다.’이다.

◎ ⓒ●欲知幣劍以不報者及新器者

■ 欲知幣劍以不報者及新器者 : 幣는 弊의 가차로 ‘나쁘다.’로 쓰였다. 『周禮・冬
官・考工記・弓人』 “句者謂之弊弓.”의 鄭玄 注에 “弊는 惡과 같다. 구부러진
것은 나쁘고 곧은 것은 좋다.(弊, 猶惡也. 句者惡, 則直者善)”라고 하였다.

■ 報 : 報를 薛英群은 『戰國策・齊策』을 인용하여 “報는 여기서 告知의 뜻으로
쓰였다. 『戰國策・齊策』에 ‘廟가 지어진 뒤 孟嘗君에게 알렸다.’라고 할 때의 報
와 같다. (그래서) 이 구의 뜻은 ‘질량이 떨어지는 검에 대해서 알려면’이다.”(這裏

---

157) 李珍華・周長楫, 앞의 책, 210쪽
158) 李珍華・周長楫, 앞의 책, 210쪽

是告知之意,『戰國策·齊策』: "廟成, 還報孟嘗君." 這句話的意思是:要知道質量差的 劍)[159]라고 하여 報를 '告知,' 즉 '告'로 보고, '欲知幣劍以不報者'를 '질량이 좋지 않은 검을 알려면'이라고 해석하였다.

전체 句를 뭉뚱그린 해석은 그럭저럭 문의가 통하나 고증이 잘못됐다. 報를 '告'로 보고 해석하면 '나쁜 검으로서 알 수 없는 것을 알려면'이 된다. 이는 전혀 문리에도 맞지 않는다. 簡文 ⓓ의 '앞은 나쁜 검에 대한 6가지 설명(右幣劍六事)'을 참고하면, 이곳의 '不報者'는 '新器者'와 함께 幣劍에 해당하는 것을 크게 2 가지로 지적한 것 가운데 하나이다. 전체 문의로 보아 6가지 幣劍에 해당하는 것들은 모두 不報者나 新器者 둘 가운데 하나에 속한다.

'不報者'는 '幣劍'의 상태를 말하는 것으로 報는 赴의 假借로 순응하다, 합치되다로 해석하여야할 것이다. 報, 上古音 幽韻, 幫紐[160]이며 赴, 上古音 侯韻, 滂紐[161]로 幽韻과 侯韻은 旁轉할 수 있다.『禮記·少儀』"毋拔來, 毋報往"의 鄭玄注에 "報는 '赴疾'이라고 할 때의 赴로 읽어야 한다."(報, 讀爲赴疾之赴.)고 하여 報를 赴로 假借한 예가 있다. 赴는 晉 陸機의『文賦』에 "비유컨대 춤추는 사람이 리듬에 맞춰 소매를 내젓고, 노래하는 사람이 멜로디(가락)에 맞춰 소리를 뽑는 것과 같다."(譬猶舞者赴節以投袂, 歌者應絃而遣聲)고 하였으며,『陳書·周弘正傳』은 "지금 마땅히 백성들의 마음에 부응하고 四海의 기대를 따라야 한다."(今宜赴百姓之心, 從四海之望)라고 하여, '순응하다, 부합하다.'의 뜻으로 쓰인 예가 있다. 그렇다면 '欲知幣劍以不報者'는 '幣劍 곧, (좋은) 검에 부합되지 않는 것을 알려면'이라고 해석해야 할 것이다.

◎ 之日中騂視, 白堅隨烽上者

■ 騂 : 본래 '붉은 말'을 가리켰는데 이곳에서는 '붉다.'란 뜻으로 쓰였다. 검에서 붉

---

159) 薛英群외, 앞의 책, 123쪽
160) 李珍華·周長楫, 앞의 책, 291쪽
161) 李珍華·周長楫, 앞의 책, 111쪽

은 빛이 돋는 것을 가리킨다. 붉은 빛이 돋는 검은 철에 불순물이 섞인 것이다.
- 隨 : 隨는 墮의 假借이다. 墮는 『左傳·僖公三十三年』 "墮軍實而長寇讎, 亡
無日矣"의 杜預 注에 "墮는 毁이다."(墮, 毁也.)라고 하였다. 墮는 훼손하다로 쓰
였다.
- 燧 : 鋒의 가차이다. 칼끝을 가리킨다.

◎ 及推處白黑堅分明者, 及無文, 縱有
- 推處 : 推處는 劍臘을 가리키는 것이 아닌가 생각된다. 앞에서도 언급하였듯이
簡文은 善劍과 弊劍을 논하는 것이기 때문에 劍柄보다는 劍身을 중심으로 평가
하였을 것이다. 그런데 劍身 부분인 脊, 鋒, 刃, 등은 위 ⓐ, ⓑ簡文에서 직접 언
급하였음으로 推處는 자연히 언급하지 않은 부분 즉, 刃과 從 부분의 경계인 臘
부분을 가리키지 않나 생각된다. 물론 이때의 "推" 역시 簡文 ⓐ의 推處의 推처
럼 '摧'의 의미로 쓰였다. 단 簡文 ⓐ의 推處는 劍身의 들어가고 튀어나온 곳이란
뜻으로 쓰였고, 이곳의 推處는 劍身 가운데 특정 부위를 가리키는 명사로 꺾인
부분162) 즉, 臘을 지칭하는 듯하다.
  '推處, 白黑堅, 分明者'는 검 가운데 臘을 중심으로 刃(칼날) 부분은 흰색으로,
從 부분은 흑색으로, 그 색이 분명한 것은 좋은 검이 아니라는 것이다. 즉 만든
지 오래되지 않은 검일 수록(新劍 : 좋은 검이 아니라고 함) 臘을 중심으로 劍刃 부
분의 白色과 劍從 부분의 黑色이 확연히 구분되어 질 것이다.
- 無文 : 文은 紋 즉, 理文을 가리키는 듯하나 구체적인 것은 알 수 없다.
- 縱 : 劍身의 일부분인 '從'을 가리킨다. ⓐ의 '劍'의 설명 참조요망
- 堅 : 이곳의 堅도 앞에 말한 肩으로 검신의 특정 부위를 가리키는 고유명사가 아
니고 일반명사로 '검의 부위'를 가리키는 듯하다.

---
162) 劍身 가운데 꺾이는 부분은 脊에서 臘, 臘에서 刃 부분으로 변경되는 곳에서 꺾인다.

◎ ⓓ文而在堅中者, 及雲氣相逐,

■ 堅 : 검의 문식 가운데 운기 형태의 무늬는 좋은 검이 아니다. 검 표면의 문식을 가리키는 듯하다. 薛英群은 雲氣란 문식이 회전하는 모양을 띠고 있는 것을 가리키고 이러한 검은 좋은 검이 아니라고 하였다.163)

■ 雲氣相逐 : 자세한 것은 알 수 없다. 검을 만들 때 불리는 과정에서 검 표면에 드러난 특정한 문양을 가리키는 듯하다. 수백 번을 불려 만들면 앞에 결점으로 지적한 것들이 나오지 않는 듯하다.

◎ 皆幣合人劍也.

■ 幣 : 蔽의 가차로 '막다. 가리다.'로 쓰였다. 『周禮・冬官考工記・弓人』"長其畏 而薄其敝"의 鄭玄 注에 鄭司農의 말을 인용하여 "敝는 '막다.'라고 할 때의 '蔽'이 다. 弓人들이 움켜쥐는 것을 가리킨다.(敝讀爲蔽塞之蔽, 謂弓人所握持者)"라고 하 였다.

■ 合人劍 : 사람에게 합일되는 검 즉, 좋은 검을 가리킨다.

◎ ●右善劍四事. ●右幣劍六事

■ 善劍四事 : 앞은 좋은 검에 대한 설명 4가지이다. 簡文 ⓐ, ⓑ는 善劍을 언급하 였는데 이를 圖式해 보면 다음과 같다.

善劍 ── 身中無推處者 ── 身中有黑兩桁不絶者 ── 其逢如不見 ── 未至逢三分所而絶

(生如黍粟狀利劍也. 加以善)

위 좋은 검 4가지를 해석하면 다음과 같다. ①검신 가운데 들어가고 나온 곳이 없는 것, ②검의 끝에서 자루 있는 곳까지 검신 가운데에 검은 두 줄기가 끊이지

---

163) 薛英群외, 앞의 책, 123쪽 참조

않은 것, ③검의 끝이 보이지 않는 것, ④흰 날이 검의 끝에서 3푼 되는 곳까지 끊이지 않는 것

■ 弊 : '나쁘다.'이다. 『周禮·夏官·司弓矢』 "句者謂之弊弓"의 鄭玄 注에 "弊는 惡과 같다. 구부러진 것이 나쁘면 곧은 것은 좋다.(弊, 猶惡也. 句者惡, 則直者善)" 라고 하였다.

■ 右弊劍六事 : 앞은 나쁜 검에 대한 설명 6가지이다. ⓒ, ⓓ, ⓔ[164]는 弊劍에 대해 말하였다. 이를 圖式해 보면 다음과 같다.

위 나쁜 검 6가지를 해석하면 다음과 같다. ①한낮에 밖에 나가 검을 보았을 때 붉은 색이 돋는 것, ②검의 흰 날이 검 끝 부분에서 끊긴 것, ③臘 부분을 중심으로 흰 날과 검은 부분이 분명한 것, ④紋이 없는 것, ⑤비록 문(紋)이 있되 堅 가운데 있는 것, ⑥雲氣가 서로 얽혀 있는 것 등이 弊劍에 해당한다.

본 「相寶劍刀」는 전체적인 의미는 대략 파악했지만 아직 구체적인 고석에 이르지 못한 곳이 많다.

3. 居延新簡 : 候粟君所責寇恩事

(1) 隸定

〈EPT22.21〉建武三年十二月癸丑朔戊辰, 都鄉嗇夫宮以廷所移甲渠候書, 召恩詣鄉, 先以證財物故不以實, 臧五百以上, 辭以定, 滿三日而不更言請者, 以辭所出

---

164) ⓔ簡文은 소개되지 않았지만 弊劍에 대해 언급하고 있다. 이를 참고하여 나쁜 검에 대해 설명 하겠다.

〈候粟君所責寇恩事 冊〉

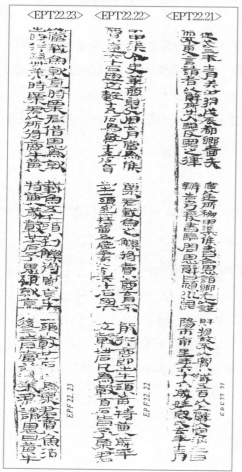

〈EPT22.23〉 〈EPT22.22〉 〈EPT22.21〉

入, 罪反罪之律辨告, 乃爰書驗問, 恩辭曰, 潁川昆陽市南里, 年六十六歲, 姓寇氏. 去年十二月

〈EPT22.22〉中, 甲渠令史華商, 尉史周育當爲候粟君載魚之觻得賣. 商育不能行. 商卽出牛一頭, 黃, 特, 齒八歲, 平賈直六十石, 與交穀十五石, 爲穀七十五石, 育出牛一頭, 黑, 特, 齒五歲, 平賈直六十石, 與交穀四十石, 凡爲穀百石, 皆予粟君,

〈EPT22.23〉以當載魚就直. 時, 粟君借恩爲就, 載魚五千頭觻得, 賈直, 牛一頭, 穀二十七石, 約爲粟君賣魚沽出時行錢四十萬. 時, 粟君以所得商牛, 黃, 特, 齒八歲, 穀二十七石予恩顧就直. 後二, 三日當發, 粟君謂恩曰, 黃牛

(2) 解釋

(〈EPT22. 21〉)건무 3년(서기 27년) 12월, 계축이 초하루며, 무진[165]인 날에 도향 색부인 宮이 향의 정부청사에서 갑거후관에 공문서를 보내 구은을 향 청사로 불러 먼저 육하원칙에 의해 금전관계를 사실대로 진술하되 만약 오백 전 이상 사실

과 부합되지 않을 경우 또, 진술한 내용이 만 3일이 지나도록 수정 보완을 요청하지 않으면, 진술을 사실로 인정한다는 것과, 그 진술이 모순이 있거나 사실과 다를 경우 죄지은 사람과 죄 없는 사람이 바뀔 수 있다는 법률을 알리고, 이에 일차 조서에 기록된 바의 내용을 참고하여 재 심문을 하니 구은이 다음과 같이 말하였습니다. 저는 영천현 곤양향 시남리에 사는 사람으로 나이는 66세이고 성은 구씨입니다. 작년 12월 (〈EPT22.22〉)중, 갑거후관의 영사 화상과 위사인 주육이 마땅히 갑거후관의 首長인 '속군'을 위하여 물고기를 觻得縣에 싣고 가서 팔아야 했습니다. 그런데 화상과 주육이 갈 수가 없어서, 화상은 곧 나이가 8살이고, 황소이고, 누런색이고, 가격이 60석이 나가는 소 1마리와 곡식 15석, 도합 곡식 75석에 해당하는 재물을 갑거후관의 수장인 '속군'에게 주었습니다. 또, 주육도 나이가 5살이고, 황소이고, 검은색이고, 가격이 60석이 나가는 소 1마리와 곡식 40석, 도합 곡식 100석에 해당하는 재물을 갑거후관의 수장인 '속군'에게 주었습니다. (〈EPT22.23〉)이것으로써 물고기를 낙득현까지 싣고 가서 팔아야할 의무를 상계처리 하였습니다. 이때 갑거후관의 수장인 '속군'은 구은과 물고기 오천 마리를 낙득현까지 싣고 가는 운임, 일당, 비용 등으로 소 1마리와 곡식 27석을 주기로 계약을 맺되, 부대조건으로 구은은 물고기를 팔아서 40만 냥을 속군에게 주기로 약속하였다. 이때 '속군'은 화상이 준 나이가 8살이고, 황소이고, 누런색이고, 가격이 60석이 나가는 소 1마리와 곡식 27석을 구은에게 임금과 비용으로 주었습니다. 그 2, 3일 후, 출발할 때 '속군'이 구은에게 말하길 '누런 소(화상이 준소)는

(3) 註解

본 간문은 당시 변방 지방의 민사소송에 관한 것으로, 정식명칭은 「候粟君所責寇恩事」란 冊으로 총 36개의 간독으로 이루어졌다. 당시 민사소송의 과정, 조사, 판결이 상세하게 적혀있어 漢代 법률과 사법제도 연구의 중요한 가치를 지닌다.[166] 본

---

166) 당시 소송이나 감옥에 관한 일은 행정계통의 縣官에서 처리한 듯하다. 居延漢簡의 簡文 가운데 당

간독은 甲渠候官遺址의 제22호 방에서 출토되었다. 建武三年十二月癸丑朔戊辰은
서기 27년 12월 16일이다.

◎ 〈EPT22.21〉 建武三年十二月~召恩詣鄉

■ 都鄉嗇夫 : 鄉은 한대의 행정조직의 하나다. 秦漢時代 十里를 1개 亭, 10개 亭
이 1개의 鄉으로 삼았다. 嗇夫는 鄉에 근무하는 관리의 하나이었다. 『漢書·百
官表』에 "10정이 모여 향이 된다. 향에는 삼노가 있는데, 유질, 색부, 유요가 그들
이다. 삼노는 교화를 담당한다.(十亭一鄉, 鄉有三老, 有秩, 嗇夫, 游徼, 三老掌敎化)"
라고 하였다. 색부는 교화 외에도 세금징수와 소송을 담당하였다.

■ 甲渠候 : 한대 지방 행정조직은 郡太守를 정점으로 직속부서로 諸曹, 閣下를 두
었다. 諸曹와 閣下는 행정계통의 縣-鄉-亭-什-五를 관장 하였다. 郡太守의
하급관청으로는 郡都尉, 轄部都尉, 屬國都尉, 農都尉가 있었다. 이들 중 郡都尉
(수장은 都尉)는 屯兵, 交通, 屯田, 軍需를 관장하였는데, 屯兵계통은 都尉 아래
候官(首長은 候, 副는 塞尉), 部(首長은 候長), 烽燧(首長은 隧長) 순으로 편성되었
다. 都尉 아래에 소속된 관원은 候史, 騎司馬, 騎千人, 掾, 千人, 司馬 掾, 令史,
士吏, 從史, 尉史, 尉從史, 尉史, 隧史, 助吏 등이 있었다.
이곳의 嗇夫는 행정조직인 鄉의 관리이고, (甲渠)候는 군사조직인 都尉府 바로
아래 부대인 候官의 長을 가리킨다.

■ 廷 : 縣의 관청을 가리킨다.

◎ 先以證財物故~罪反罪之律辨告

■ 先以證財物故~罪反罪之律辨告 : 한대 민사소송의 과정과 방법을 언급하고 있
다. 현재 형사피의자에게 사법경찰이 알리는 '미란다 원칙' 같은 것이다. 신문을

시의 소송관계를 연구함에 중요한 사료인 "建武三年候粟君所責寇恩事"는 候官과 일반 백성 간에 벌
어진 송사문제를 기록한 것인데 縣官에서 이를 담당하고 있다.

받는 자에게 심문을 받기 전, 민사소송에서 부정한 진술을 하였을 때의 처벌, 진술의 확정(진술 후 3일이 지나면 수정 불가 및 최후 진술로 인정 등) 등을 먼저 알려주는 것이다. 이는 당시 민사 소송에서 심문자가 반드시 갖추어야할 규정이다.

■ 先以證財物故, 不以實, 臧五百以上, 辭以定, 滿三日而不更言請者, 以辭所出入, 罪反罪之律辨告 : 재물관계의 진술 내용 중 거짓이나 속임이 있을 때, 그것의 수치가 500전 이상이 되고, 조사를 마치고 3일이 되도록 수정을 요구하지 않으면, 진술 내용을 진실로 인정한 것이 되는데, 만약 그 진술이 사실과 어긋나면, 어느 정도 사실과 부합돼도 완전히 소송에서 진다는 법칙을 먼저 알린다.

■ 乃爰書驗問 : 일반적으로 爰書는 '범죄자의 조사보고서'를 가리킨다. 驗問은 상하급 관청이 보낸 조서에 의거 사실 여부를 확인하는 것을 가리킨다. 『漢書 · 張湯傳』의 王補 注에

장안이 말하길, 상 하급 관청이 중요한 사안에 대해 문서를 이첩하여 재조사하는 방법은, 조서에 의해 스스로 증명하게 하는 것이다. 만약 진술 내용이 자신이 한 말과 일치하지 않으면 반대로 그 죄를 뒤집어쓴다. 그 방법은 심문을 하고 3일이 지나서 다시 앞의 신문 내용을 물어 진술의 일치여부를 확인한다.

張晏曰, 傳考驗證也, 爰書自證,[167] 不如此言, 反受其罪, 訊考三日, 復問之, 知與前辭同不也.

고 하였다. 『史記 · 張湯傳』 "傳爰書, 訊鞠論報"의 韋昭의 索隱에 "爰은 換으로 釋讀해야 한다. 옛날 중범죄는 그 내용이나 친소관계 등에 의해 사사로운 감정이 개입

---

167) 漢代의 구체적 司法過程에 대해 알려진 것이 없다. 추측컨대 漢代 형사상의 중범죄나 민사상의 중요한 송사는 한 관청에서 단심으로 처리하지 않았다. '傳考驗證'은 소송 당사자가 소속된 하급 관청에서 1차 조사가 끝난 뒤 이를 상급관청에 이첩하고, 상급관청은 이에 의거 재조사를 하고, 의문점이 있으면 이를 다시 하급관청에 재조사 의뢰함을 가리키는 듯하다. '傳考'는 이렇게 상 하급 관청이 상호 미진한 부분을 공문에 의거 조사함을, '驗證'은 이미 조사가 이루어진, 이첩된 공문에 의거 사실 여부를 재조사하는 것을 가리키는듯하다. 한대 역시 현재의 三審制만큼 공정한 재판을 위한 제도적 장치가 있었다.

할 수 있다. 그렇기 때문에 조사서를 다른 관청에 이첩하여 냉정히 그 사실여부, 형량의 적합성 등을 살피도록 하였다. 이로 인하여 '傳爰書'라고 한다.(爰, 換也. 古者重刑, 嫌有愛惡, 故移換獄書, 使他官考實之, 故曰傳爰書也.)"고 하였다.

◎ 〈EPT22.22〉 中, 甲渠令史華商, 尉史周育當爲候粟君載魚之觻得賣. 商育不能行. 商卽出牛一頭, 黃, 特, 齒八歲, 平賈直六十石, 與交穀十五石, 爲穀七十五石, 育出牛一頭, 黑, 特, 齒五歲, 平賈直六十石, 與交穀四十石, 凡爲穀百石, 皆予粟君

■ 令史 : 甲渠候에 소속된 하급관리이다. 주로 문서를 담당하였다.

■ 尉史 : 역시 甲渠候에 소속된 하급관리이다. 주로 武에 관한 업무를 담당하였다.

■ 觻得 : 居延縣의 인근에 있는 縣 이름이다. 簡文에 의하면 居延으로부터 왕복 20여 일이 걸리는 지점에 있었다.

■ 黃, 特, 齒八歲 : 黃은 누런 소를, 特은 황소를, 齒는 나이를 가리킨다.

■ 平賈 : 당시의 시장 평균가격을 가리킨다.

■ 直 : 値의 가차이다. '가치'란 뜻으로 쓰였다.

◎ 〈EPT22.23〉 以當載魚就直. 時, 粟君借恩爲就

■ 當 : 충당하다.

■ 顧就直 : 顧는 雇의 가차이다. 고용임금, 보수를 나타낸다. 就는 僦의 가차로 '賃(품팔이)'를, 直은 가치를 가리킨다. 就直은 僦費이다. 『史記・平准書』"而天下賦輸須不償其僦費"의 韋昭의 索隱에 服虔의 말을 인용하여 "顧載는 운송하는 사람의 노임을 가리키는데, 운반하는 화물의 가격이 그 운반비에도 미치지 못함을 말한다.(顧載云僦, 言所輸物不足償其雇載之費也)"고 하였다. 고대 상거래에서 물건 값이 이렇게 운반비에도 못 미치는 일이 종종 있었던 듯하다.

주지하다시피 중국은 고대부터 상업이 발달했다. 따라서 이에 부속된 산업 역시 발달했을 것으로 추정되는데 '운송업'이 그대표적 산업일 것이다. 본 소송도 화주

인 侯粟君에 반은 고용상태, 반은 자영운수업 형태로 참여한 '寇恩'이라는 사람과
의 송사 문제를 다루고 있다. 계약 조건이 운반뿐만이 아니라 얼마를 받아주기로
하고, 약속한 만큼의 물건 값을 받아주지 못해 일어난 송사이다.

◎ 約爲粟君賣魚, 沽出時行錢四十萬.

본 구절은 이 소송의 중요한 관건이 된다. 구은이란 사람이 왜 '속군'에게 고용되
었는데도 받은 임금과 아들이 받아야할 임금, 자신의 돈, 기물 등을 도리어 '속군'에
게 바치고도 결국은 본 소송에 이르게 한 내용을 담고 있다. '속군'은 觻得縣까지 자
신의 물고기를 내다 팔 사람으로 구은이란 사람을 고용하고 운임, 일당, 비용 등으로
소 1마리와 곡식 27석을 주기로 하였다. 단 이 돈은 구은이란 사람이 觻得縣에 가서
물고기를 팔아 40만 냥을 받아오는 조건으로 맺어진 것이다. 구은은 당시 많은 양을
운반할 수 있는 운송수단과 장사 수단이 뛰어난 운수와 상업을 전문적으로 하는 사
람인 듯하다. 또 당시 큰 상거래는 이런 식으로 이루어진 듯하다. 즉 화주와 이를
운반 판매하는 대행업자간의 거래는, 물건을 얼마를 받아주는 조건으로 이루어진 듯
하다. 이는 매우 자연스런 것이다. 화주 입장에서는 왕복 20여 일이 걸리는 觻得이란
시장에서의 물고기 판매가격이 얼마일지도 모르면서, 덥석 큰 운반비를 줄 수는 없
다. 위 사기의 내용처럼 배보다(화물의 가격보다) 배꼽(운송비)이 더 크면, 굳이 물고기
를 내다팔 이유가 없다. 그러니까 전문가인 구은과 40만 냥을 받아 주는 조건으로
계약을 체결한 것이다.

■ 沽 : 沽는 酤의 가차이다. 沽는 일반적으로 '팔다.'라는 뜻을 나타낸다. 하지만 여
기서는 일반적인 '팔다.'가 아니다. 사기성, 혹은 장사 수완을 발휘하여 많이 받고
파는 것을 가리킨다. 여기서는 조금은 사기성을 띠어 본질 가격보다 높게 파는
것을 가리킨다. 『論語・泰伯』에 "자공이 말하길 여기에 좋은 옥이 있는데, 궤 속
에 넣어 보관할 것인가? 좋은 값을 쳐주는 장사를 구하여 팔 것인가?(子貢曰, 有美
玉於斯, 韞匵而藏諸? 求善賈而沽諸?)"라는 구절이 있다. 이곳의 沽도 좋은 값을 받

고 판다는 의미가 들어있다. 夃는 『說間·夊部』에 "夃는 진나라에서, 시장에서 장사를 하여 이문을 많이 얻는 것을 가리켰다. 乃와 夊로 이루어졌다. 이익이 지극한 것이다.(夃, 秦以市買多得爲夃. 從乃, 從夊, 益至也.)"라고 하였다.

■ 出 : 出은 꺼내주다, 생산해내다로 쓰였다.

■ 時行錢 : 당시 시장에서 유통되는 화폐를 가리키는 듯하다. 行은 規律, 사업, 流通, 성공 등의 뜻이 있다. 이곳에서는 '유통'의 뜻으로 쓰인 듯하다.
"約~沽出時行錢四十萬"은 '당시 유통되고 있는 돈 4십만 냥을 벌어 주기로 약속하다.'로 해석할 수 있다.

※ 본 「候粟君所責寇恩事」 冊은 漢代의 법률, 제도, 경제, 관직 등을 연구할 수 있는 중요한 자료이다. 총 36개의 簡牘으로 이루어진 책 가운데, 아직 쟁점이 남아 있어 완전한 석독에 이르지는 못했다. 原簡의 사진과 隸定은 생략하고, 자료제공 차원에서 나머지 부분에 대하여 필자의 초보적 해석을 제시한다.

〈전체 해석〉

〈EPT22.1〉

건무 3년 12월 계축이 초하루인 을묘(3일) 일에 도향 색부 궁이 거연현에서 갑거후관에 보낸 공문서에 의거 구은을 향의 관청으로 불러 조사를 하였습니다. 먼저 민사소송에 관련된 재물의 액수에 대해 증명(진술)을 하되

〈EPT22.2〉

사실과 부합되지 않을 시 그 어긋난 액수가 500냥 이상이고, 진술을 하고 3일이 지났는데도 수정을 하지 않으면, 확정된 진술로 보며, 그 말이 사실과 부합되지 않으면 오히려 죄를 받게 된다는 법을 알렸다. 그리고

〈EPT22.3〉

조서에 적힌 바대로 다시 심문을 하니 구은이 말하길 '저는 영천 곤양 시남리에

살고, 나이는 66살이며 성은 구씨 입니다. 작년 12월 중 갑거영사

〈EPT22.4〉

화상과 위사 주육이 마땅히 갑거후관의 수장인 속군을 위하여 물고기를 낙득현에 싣고 가서 팔아야 했습니다. 그런데 화상과 주육이 갈 수가 없어서 화상은 곧 나이가

〈EPT22.5〉

8살이고, 황소이고, 누런색이고, 가격이 60석이 나가는 소 1마리와 곡식 15석 도합 곡식 75석에 해당하는 재물을 갑거후관의 수장인 속군에게 주었습니다. 또 주육도 곧 나이가 5살이고, 황소이며, 검은색이고, 가격이 60석이 나가는 소 1마리와

〈EPT22.6〉

곡식 40석, 도합 곡식 100석에 해당하는 재물을 갑거후관의 수장인 속군에게 주었습니다. 이것으로써 물고기를 낙득현까지 싣고 가서 팔아야할 비용으로 상계처리 하였습니다. 이때 갑거후관의 수장인 속군은 구은과 물고기 오천 마리를

〈EPT22.7〉

낙득현까지 싣고 가는 운임, 일당, 비용 등으로 소 1마리와 곡식 27석을 주기로 계약을 맺되 쌍방은 부대조건으로, 구은은 물고기를 팔아주되 속군에게 40만냥을 받아 주기로 약속하였습니다. 이때 속군은 화상이 준 나이가 8살이고, 누런색이며,

〈EPT22.8〉

황소이고, 가격이 60석이 나가는 소 1마리와 곡식 27석을 구은에게 고용된 임금과 비용으로 주었습니다. 그 2, 3일 후, 출발할 때 속군이 구은에게 말하길 '누런 소(화상이 준 소)는 조금 말랐으니

〈EPT22.9〉

주육이 준 나이가 5살이고, 황소이고, 검은 색인 소는 비록 조금 작지만 살은 쪄서 화상이 준 누런 소와 똑같은 가격이 나가니 당신이 쓰고 싶은 것으로 맘대로 골라서 가지고 가라.'고 하였다. 그래서 구은이 주육의 검은 소를 가지고 가고

〈EPT22.10〉

속군이 구은에게 빌려준 마차를 끌 수 있는 누런 소(운우)는 가져가지 않고 남겨 놓았다. 구은이 낙득현에 도착하여 싣고 간, 고기를 모두 팔았는데도 속군과 물고기를 40만 냥에 팔아주기로 약속한 돈에 모자랐다. 그래서 물고기를 싣고 간 주육이 준 검은 소를 팔아서(자신이 운임으로 받기로 한 소) 물고기 판돈에 덧보태 32만 냥을 속군의 아내인 업에게 주었습니다.

〈EPT22.11〉

그런데도 약속한 돈에 8만 냥(歲로 隸定을 하였는데 萬의 오류이다.)이 모자랐다.[168] 그래서 구은은 가격이 1만 냥이 나가는 큰 수레의 반마축[169] 1개, 자루로 사용하는 것으로 3천 냥에 해당하는 양위(양 가죽 앞치마로 추정됨) 1개, 가격이 1천 냥에 해당 하는 큰 상자 1개

〈EPT22.12〉

가격이 6백 냥에 해당하고 용량이 1석인 큰 상자 1개, 가격이 1천 냥에 해당 하는, 마차에 쓰이는 밧줄 2개 등을 모두 속군의 아내인 업에게 주고, 그의 마차에 실어 주었다. 그리고 업과 함께 돌아왔다.[170] 제3 역점(置)에 이르러

〈EPT22.13〉

구은은 업에게 가치가 6천 냥 나가는 보리 2석을 사주었다. 또 북부후관에 이르러 업에게 가격이 곡식 1석에 해당하는 고기 10근을 사주었는데, 1석의 값은 3천 냥이 나가는 것이었다.

---

168) 위에 행전은 노자가 아니고 구은이 속군에게 물고기를 팔아 주기로 한 돈의 총액을 나타낸다. 이렇게 조건을 내걸고 상호 계약하는 것이 당시 상거래 관행인 듯하다. 단순히 운임만 명시하고 계약을 한다면, 아무리 부인이 따라간다 해도, 운송 책임자인 구은이 물고기를 싼 가격에 팔면 운임도 안 될 수 있다. 운반을 맡은 사람도 일정액을 받아 준다는 담보를 해야 돈을 벌 수 있다. 만약 운임에도 못 미치거나, 아주 적은 액수를 남길 수 있다면, 물고기 주인인 속군은 군이 왕복 20여일 걸리는 낙득까지 물고기를 내다 팔 이유가 없다.

169) 정확한 것은 모르겠으나 바퀴나 바퀴를 지지하는 축인 듯하다.

170) '돌아오는 도중 북부후관에 이르러 업에게 고기 10근, 가격이 곡식 1석에 해당하는 것을 사주고'가 빠졌다.

〈EPT22.14〉

모두 합해 돈 2만 4천 6백 냥을 속군의 治所에 주었다.(속군에게 주었다.) 구은은 이로써 속군에게 진 빚을 상계하였다. 그래서 그가 속군의 아내에게 준 기물을 가져가지 않았다. 그런데 구은의 아들 흠이

〈EPT22.15〉

작년 12월 20일부터 금년 1월, 윤월, 2월 도합 3개월 10일을 속군에게 고용되어 물고기를 잡았는데 월급을 한 푼도 받지 못했다. 당시 일당은

〈EPT22.16〉

장정(대남)은 하루에 곡식 2말씩을 받았으니 구은의 아들 노임은 모두 합해 곡식 20석에 해당한다.(대남과 자남의 일당은 동일한 듯 100일에 20석) 구은이 물고기를 팔러 간 낙득에 머물면서 업에게 돈을 줄 때 곡식 1석 당, 당시 시장 가격으로 4천 냥으로 쳐 주었다. 아울러 (이렇게 따지면 구은의 빚을 상계하고도) 구은의 아들이 노임으로 받아야할 곡식의 총수는

〈EPT22.17〉

13석 8두 5승으로 낙득현의 시장가격에 맞춰 돈으로 환산하면 5만 5천4백 냥이 된다. 그래서 아버지가 준 돈과 합해 8만 냥이 되니 이것으로써 빚진 8만 냥을 상계하고,

〈EPT22. 18〉

구은이 받아야 할 돈은, 아들 흠의 노임으로 상계하고 남은 '6석 1두 5승'이 된다. 또 구은은 낙득으로부터 스스로 끼니를 때우고 왔고, 속군의 부인 업을 위해 마차를 운행하여 거연까지 왔다.

〈EPT22.19〉

오는 길이 20여일 걸렸는데 이는 일당에서 제외됐다. 당시 화상과 주육의 소는 1두당 60석으로 평가를 하여 속군에게 주었으니 속군도 그를 기준으로

〈EPT22.20〉

구은에게 소 값을 쳐 주기로 이미 약속하였다. 그래서 구은이 속군의 소 값을 높게 쳐주어 속군에게 받아야할 아들의 임금 20석으로도 상계가 되지 않는다고 주장하는 것은 부당하다.

이 모든 것은 縣廳에서 조사한(구은의 진술) 것과 일치함을 증명합니다.

〈EPT22 21〉

건무 3년(서기 27년) 12월 계축이 초하루고 무진(16일. 최초 조서가 꾸며진 날로부터 13일째 되는 날)인 날에, 도향 색부인 宦이 향의 정부청사에서 갑거후관에 공문서를 보내, 구은을 향 청사로 불러 먼저 육하원칙에 의해 금전관계를 사실대로 진술하되, 만약 오백 전 이상 사실과 부합되지 않을 경우, 또 진술한 내용이 만 3일이 지나도록 수정 보완을 요청하지 않으면, 진술을 사실로 인정한다는 것과, 그 진술이 모순이 있거나 사실과 다를 경우 죄지은 사람은 죄가 없는 것으로 인정하는 법률이 있음을 알리고, 이에 일차 조서에 기록된 바의 내용을 참고하여 재 심문을 하니 구은이 다음과 같이 말하였습니다.

저는 영천 곤양현 시남리에 사는 사람으로 나이는 66세이고 성은 구씨입니다. 작년 12월

〈EPT22.22〉

중 갑거후관의 영사 화상과 위사인 주육이 마땅히 갑거후관의 수장인 속군을 위하여 물고기를 낙득현에 싣고 가서 팔아야 했습니다. 그런데 화상과 주육이 갈 수가 없어서 화상은 곧 나이가 8살이고, 황소이고, 누런색이고, 가격이 60석이 나가는 소 1마리와 곡식 15석 도합 곡식 75석에 해당하는 재물을 갑거후관의 수장인 속군에게 주었습니다. 또 주육도 곧 나이가 5살이고, 황소이며, 검은색이고, 가격이 60석이 나가는 소 1마리와 곡식 40석 도합 곡식 100석에 해당하는 재물을 갑거후관의 수장인 속군에게 주었습니다.

〈EPT22.23〉

이것으로써 물고기를 낙득현까지 싣고 가서 팔아야할 비용으로 상계처리 하였습니다. 이때 갑거후관의 수장인 속군은 구은과 물고기 오천 마리를 낙득현까지 싣고 가는 운임, 일당, 비용 등으로 소 1마리와 곡식 27석을 주기로 계약을 맺되 부대조건으로, 구은은 물고기를 팔아서 40만 냥을 속군에게 받아주기로 약속하였다. 이때 속군은 화상이 준 나이가 8살이고, 황소이고, 누런색이고, 가격이 60석이 나가는 소 1마리와 곡식 27석을 구은에게 임금과 비용으로 주었습니다. 그 2, 3일 후, 출발할 때 속군이 구은에게 말하길 '누런 소(화상이 준 소)는

〈EPT22.24〉

조금 말랐으니 주육이 준 나이가 5살이고, 황소이며, 검은색인 소는 비록 조금 작지만 살은 쪄서 화상이 준 누런 소와 똑같은 가격이 나가니, 당신이 쓰고 싶은 것으로 맘대로 골라서 가지고 가라.'고 하였다. 그래서 구은이 주육의 검은 소를 가지고 가고 속군이 구은에게 빌려준 누런 소는 가져가지 않고 남겨 놓았다. 구은이 낙득현에 도착하여 싣고 간 고기를 모두 팔았는데도 속군과 물고기를 팔기로 약속한 돈에 모자랐다. 그래서 물고기를 싣고 간 주육이 준 검은 소를 팔아서(자신이 운임으로 받기로 한 소) 물고기 판 돈에 보태어 32만 냥을 속군의 아내인 업에게 주었다. 그런데도 약속한 돈에 8만 냥이 모자랐다. 그래서 구은은 가격이 1만 냥이 나가는 큰 수레의 반마축 1개, 자루로 사용하는 것으로 3천 냥에 해당하는 양위(양 가죽 앞치마로 추정됨) 1개,

〈EPT22.25〉

가격이 1천 냥에 해당 하는 큰 상자 1개, 가격이 6백 냥에 해당하는, 용량이 1석인 큰 상자 1개, 가격이 1천 냥에 해당 하는, 마차에 쓰이는 밧줄 2개 등을 모두 속군의 아내인 업에게 주고 그의 마차에 실어 주었다. 그리고 업과 함께 돌아왔다. 돌아오는 도중 북부후관에 이르러 업에게 가격이 곡식 1석에 해당하는 고기 10근을 사주고, 제3 역점(置)에 이르러 업에게 보리 2석을 사주었다. 도합 곡식 3석과 돈 1만 5천 6백

낭을 돌아오는 길에 업에게 보상한 것이다.171) 그런데 업과 구은이 함께 거연에 돌아온 뒤 구은이 먼저 업에게 준

〈EPT22.26〉

반마축 등의 기물을 돌려받으려 속군에게 찾아가니, 속군이 구은에게 말하길 '너는 나에게 8만 냥을 빚졌다.(손해 끼쳤다.) 그런데도 기물을 찾아가려하느냐,'고 화를 내어 감히 찾아 가지를 못했다고 한다.

또 구은의 아들 중 나이가 자남에 해당하고 이름이 흠인 아들이 작년 12월 20일부터 금년 1월, 윤월, 2월 도합 3개월 10일을 속군에게 고용되어 물고기를 잡았는데 월급을 한 푼도 받지 못했다. 당시 일당은 장정(대남)은 하루에 곡식 2말씩을 받았으니 구은의 아들 노임은 모두 합해 곡식 20석에 해당한다.(대남과 자남의 일당은 동일한 듯 100일에 20석) 구은이 물고기를 팔러간 낙득에 머무를 때 업에게 준 돈은 당시 시장 가격으로 따지면 1석에 4천 냥에 해당한다. 아울러 구은의 아들이 노임으로 받아야할 20석을 당시 시장 가격으로 따지면 아버지 구은이 속군에게 빚진 돈과 상계가 된다.(1석 4천 냥 곱하기 20석이면 8만 냥) 구은은

〈EPT22.27〉

낙득에 머무를 때 속군의 아내 업에게 돈을 주면서 당시의 시장가격으로 곡식 1석당 4천 냥을 치기로 약속하여 아들의 노임 20석으로 구은이 진 빚(8만 냥)을 이미 갚았습니다. 또, 구은은 낙득에서부터 스스로 숙식문제를 해결하고, 속군의 아내는 마차에 마른 풀을 깔아서 마차를 타고, 그곳에서 자게 하였다. 거연까지 돌아오는데 걸린 20여일의 비용은 따지지 않았다. 또 화상과 주육이 속군에게 소를 줄 때는 모

---

171) 앞에서 구은이 속군의 아내인 업에게 준 물건들은 완전히 보상으로 준 것이 아니고 보증금 성격이 강하다. 현재 중국인들은 호텔이던 여관이던 모두 보증금을 요구한다. 여기서도 집에 돌아가는 길일지라도 무슨 일이 일어날 것을 대비하여, 혹은 구은이 도망갈 것을 대비하여 보증금 명목의 기물을 저당 잡은 것이다. 물고기를 40만 냥에 팔아주기로 한 약속에서 모자라는 8만 냥은, 문장에는 나와 있지 않지만, 뒤 문장을 참고해보면, 속군의 아내와 자신의 아들이 받아야할 노임 100일 치인 곡식 20석에 해당하는 것(1석당 4천 냥으로 쳐서 8만 냥)으로 상계처리 하기로 약속되었다.

두 소의 크기, 마르기를 따지지 않고 모두 60석으로 쳐서 속군에게 주었다.

〈EPT22.28〉

그래서 그 값으로 구은에게 소 값을 쳐서 주었으니 속군의 소 값이 곡식 20석과 비길 수 없다(값이 더나간다고 주장하는)는 것은 부당합니다. 이상 2차조서와 그의 진술이 일치함을 증명합니다.

〈EPT22.29〉

건무 3년 12월 계축이 초하루고 신미(19일. 최초 조서가 꾸며진 을묘(3일)일로부터 제16일째 되는 날)일에 도향 색부 宦이 감히 아룁니다. 향의 관청에서 갑거후관에 이첩한 공문에 말하길 작년 12월 중 객민 구은을 고용하여 물고기 5천 두를 싣고 낙득에 가서 팔도록 계약한 운(대행비용)임은 마차를 끌 수 있는 소 1마리와 곡식 27섬이었습니다. 구은이 물고기를 40만 냥에 팔아주기로 약속하였으나 32만 냥밖에 받을 수가 없었습니다. 또 소 1마리를 빌려서

〈EPT22. 30〉

운반용으로 쓰고 운임으로 충당하였습니다. 그래서 그것을 팔았습니다. 운임으로 받은 소를 팔기가 내키지 않았지만, 이 돈과 구은이 이미 준 돈, 곡식, 기물의 값을 합치면, 구은의 아들이 받아야할 임금 20석 전부를 속군에게 배상하는 것은 합당치 않습니다. 공문이 도착하여 다시 조사하였으나 앞서 조사한 바와 같습니다. 도향 정부에서 말하기를 구은의 말이 갑거후관에서 조사한 말과 일치하지 않아 진실과 부합되지 않는다고 하였습니다. 지금 후관에서 도위부에 상신한 글을 도향 정부에도 보내주시고, 이 愛書로 도위부의 기록을 정정하시고 명확히 처리 하여 주시기 바랍니다.

〈EPT22.31〉

다시 前 조서에 기록된 바와 같이 자세히 심문하여 결론을 내리겠습니다. 다시 조서에 적힌 대로 구은의 말을 조사해보니 속군이 구은에게 빌려준 소 값을 더 높게 쳐[172] 구은이 배상할 돈의 총량을 많게 하여, 아들의 노임인 곡식 20석까지 몽땅 받으려 하는 것은 합당치 않습니다. 또 속군의 治所에 있는 구은이 준 기물들은 값이

1만 5천 6백 냥이고 또, 속군에게 사준 고기와 곡식 3석, 또 아들 흠이 속군에게 받아야할 노임 20석은 구은이 속군에게 진 빚을

〈EPT22.32〉

모두 갚은 것이 됩니다. 속군은 구은의 기물을 사용하여 그 기물을 닳고 부서지게 하였습니다. 그런데 이제야 구은에게 돌려주려고 하는데 구은은 받기를 꺼려합니다. 조서에 적힌 바가 사실과 부합됩니다. 감히 이를 보고합니다.

〈EPT22 33〉

오른쪽은 조서입니다.

〈EPT22.34〉

12월 기묘 거연 령의 비서관 勝이 갑거후관의 治所에 남자 구은의 채무관계 조서, 도향 정부에서 조사한 원서를 갑거후관에 보냅니다.

〈EPT22.35〉

모름지기 바르지 않은 것을 바르게 고쳐주시기 바라며 법도에 맞게 보고합니다.

〈EPT22.36〉

건무 3년 12월 갑거후관의 수장인 속군이 구은에게 빚진 바의 사실 조사서

이상 간문 〈EPT22.32〉를 봤을 때 이 민사재판은 구은이라는 민간인이 승소하였다. 현재 우리군의 편제에서 대대장 정도인 갑거후의 수장인 속군이 패했다. 한대 사법제도의 발전과 공정성을 엿볼 수 있다.

---

172) 영사와 위사가 속군에게 줄 때의 소 가격은 두 당 60석이다. 속군이 구은에게 운임으로 이 중 한 마리를 빌려줬는데 구은이 이를 팔았다. 속군은 이를 빌미로 소 값을 60석보다 더 높게 쳐서 구은에게 배상받으려 한다.

Ⅶ. 草書選讀

〈大事帖 : 東晋 桓溫〉

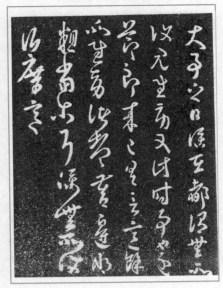

1. 大事帖

(1) 隸定

大事之日, 僕在都, 謂無所/復見慰勞, 又計時事也, 逐/節郎來已其言, 意余/所慰勞者, 相具答, 邊/將粗當爾耳, 僕無所使/治度急

(2) 解釋

큰일을 맞이한 날에, 저는 都督으로 도성밖에 근무하여, 다시 뵙고 위로를 드릴 바가 없습니다. 또, 요즈음 일어나는 일들에 대하여서는 節郎으로부터 그 말씀을 들었습니다. 생각컨대 제가 위로할 바의 것을 갖추어 답을 말씀드렸습니다. 변경의 장수가 거친 것은 당연합니다. 제게 급한 것을 해결할 방법이 없습니다.

(3) 註解

桓溫(서기 312-373)은 字가 元子이고 지금의 安徽省 懷遠縣 사람이다. 都督, 征西大將軍, 大司馬 등을 역임하였고, 스스로 황제의 자리에 오르려다 좌절하기도 하였다.

본 大事帖에 대해 필자는 아무 자료도 찾지 못했다. 이미 先學들의 석독이 있을 것이나 자료 습득의 한계로 인하여 필자는 '中國書法藝術'의 隸定만 보고 해석을 하였다. 桓溫(서기 312－372)이 언제 이 글을 썼는지, 이곳의 都는 수도를 가리키는지, 桓溫이 여러 번 '諸軍事'의 都督을 지냈기 때문에 '都督'을 나타내는지 잘 알 수 없다. 필자는 도독으로 보고 전체문장을 해석하였다. 先學들은 글을 씀에 '모르는 부분이 있으면 모르는 대로 그냥 놔두는 것(闕)'이 공부하는 사람의 자세라고 하였다. 필자의 이곳 석독은 모르는 정도가 아니다. 하지만 굳이 해석을 하는 것은, 본 장이 '講讀'편이기 때문에 갑골에서 초서까지 구색을 맞추어야 된다는 강박관념이 있었고, 또, 초서는 '隷定'만 하는 것도 상당한 의미가 있다고 생각하였기 때문이다. 초서는 隷定도 하기가 매우 어렵다는 것이 일반적 정서이다. 그러니 해석 정도는 좀 틀려도 시도해봄직 하지 않나하는 방자한 생각을 하였다.

일반적으로 초서의 隷定은 글자의 字理를 따르기보다는, 대략의 문맥에 맞춰서 한다. 즉, 초서를 해서로 옮기는 것은 초서 글자의 모양만 보고 가능한 것은 아니다. 위아래의 문맥에 맞춰 이 초서 글자는 해서의 某자란 식으로 맞춰 가기도 한다. 그렇기 때문에 시험 삼아 시도해 보는 해석은 큰 죄가 아닐 듯싶다는 생각과 강독편에 초서도 소개해야 한다는 강박관념에 용기를 내었다.

◎ 又計時事也

■ 計 : 『廣雅 · 釋言』에 "計는 '살피다.'이다.(計, 校也)"라고 하였다. '計時事'는 지금 당면한 일들에 대해 살피고 처리하는 것이다.

◎ 逐節郎來已其言

■ 逐 : 『易 · 暌』 "喪馬勿逐, 自復"의 孔穎達 疏에 "모름지기 찾지 않아도, 그 형세가 반드시 스스로 돌아온다는 것이다.(不須尋求, 勢必自復)"라고 하여 '찾다, 구하다.'로 썼다. 혹은 從으로 해석해도 가능하다. 『玉篇 · 辵部』에 "逐은 '따르다.'이다.(逐, 從也)"라고 하였다.

■ 節郎 : '郎'은 본래 궁중에서 임금을 모시던 비서이었다. 이곳도 비서관 정도로 보인다. '逐節郎來已其言'은 절랑으로 하여금 그 말을 이미 올렸다.

◎ 相具答

■ 相：『小爾雅·廣詁』 “相은 ‘다스리다.’이다.(相, 治也)”라고 하였다. 여기서 相은 “‘具答(갖추어 답함)’을 治理하였다.” 즉, ‘가능한 답을 모두 제시하였다.’는 것이다.

◎ 邊將粗當爾耳

■ 粗：『廣韻·姥韻』에 “粗는 略이다.(粗, 略也)”라고 하였고, 『正字通·米部』에 “粗는 疏이다.(粗, 疏也)”라고 하였다. 粗는 疏略으로 쓰였다.

2. 省示帖

(1) 隸定

省示具卿辛酸/之至吾守憂勞/卿此事亦不暫忘/然書足下所欲致……

<省示帖：東晉 王導>

(2) 解釋

경께서 보내주신 편지를 보니, 경의 지극한 고통이 상세히 진술되어 있습니다. 저 또한 경의 이러한 일들을 걱정하고 위로하길 잠시도 있어본 적이 없습니다. 그리하여 족하께 글을 써 올리려 하고 있는바……

(3) 註解

◎ 吾守憂勞

■ 守：『玉篇·宀部』 “守는 ‘지켜보다.’이다.(守, 視也)”라고 하였다.

◎ 省示

■ 示 : 다른 사람이 보내온 편지의 敬稱. 典故는 없으나 아마 示의 공문, 알림 등의 뜻으로부터 演變된 것이 아닌가 생각된다.『釋名·釋書契』"示는 보여주는 것(공문)이다. 이른바 관문이나 나루를 지나가면서 그것으로써 보여주는 것이다.(示, 示也, 過所至關津以示之也.)"라고 하였다.『正字通·示部』에서는 "示는 알림이다.(示, 告也)"라고 하였다. 이런 공문, 알림으로부터 다른 사람의 편지를 경칭하게 된 것 같다. 편지의 기능이 곧 문서, 알림이기 때문이다.

◎ 欲致

■ 致 :『說文·攵部』에 "致는 보내어 이르게 하는 것이다.(致, 送詣也.)"라고 하였다.

제9장

說文解字 探討

I. 설문해자 해제

1. 작자와 판본 해제

『說文解字』는 東漢의 許愼이 지었다. 許愼의 字는 叔重이고, 汝南 召陵[1] 사람으로, 벼슬은 太尉南閣祭酒에 이르렀다. 일찍이 賈逵에게 古學을 전수받아 경전에 능하여, 당시 사람들은 '五經은 許叔重만한 이가 없다.'고 하였다. 저서는 『說文解字』외에 『五經異義』,『淮南鴻烈解詁』 등이 있는데, 뒤의 2책은 지금은 볼 수 없다.

『說文解字』는 簡稱하여 『說文』이라고도 한다. 『說文解字·敍』는 東漢 和帝 永元 十二年(서기 100년)에 초고가 탈고됐지만, 安帝 建光 元年(서기 121년)에 이르러서야 成書 되었다. 그는 安帝 建光 元年(서기 121년) 9월 病中에서 아들 許沖을 시켜 탈고된 서책을 안제에게 올리도록 했다. 초고부터 탈고까지 22년이 걸린 셈이다.

成書된 뒤 수백 년 동안 傳寫되고, 또 唐代 李陽冰의 竄改를 거치면서 眞本과 어긋나는 곳이 많아졌다. 그래서 宋 太宗 雍熙 三年(서기 986년), 徐鉉 등에게 校定을 명하고 국자감에서 판각을 하도록 하였는데, 현재 流傳되고 있는 『說文解字』가 바로 이 판본이다. 徐鉉의 아우 徐鍇 역시 설문에 능통하여 『說文繫傳』을 지었다. 그래서 徐鉉이 교정한 『說文解字』는 大徐本이라 하고, 『說文繫傳』은 小徐本이라

---

1) 지금의 河南省 郾城縣 동쪽에 위치한다.

고 칭하기도 한다. 徐鉉은 『說文解字』를 대략 다섯 가지 정도 增改하였다. 『說文解字』를 읽는 데 중요한 부분이라 아래에 따로 소개를 하겠다.

허신에 의하면 文과 字는 같지 않다. 依類象形을 文이라 하고, 形聲相益을 字라 하며, 이 두 가지를 총칭하여 書라고 한다고 했다. 『說文解字』는 文을 설명하고 字를 해석한다는 뜻을 담고 있다.

『說文解字』는 正文 14卷과 敍目 1卷으로 이루어졌다. 敍目은 古時 序文 구성의 관례에 따라 책의 宗恉와 목록을 담고 있다. 현존하는 『說文解字』는 宋 初의 徐鉉의 교정본이다. 이 책은 每卷을 상하로 분리하여 모두 30卷으로 만들었다. 수록된 字數는 9,353자이고, 이 중 重文[2]이 1,163자이다.

설문 이전의 중국 字書는 아이들의 識字 교본이었다. 戰國 前期의 史籒篇, 진시황 時의 三蒼, 漢代의 凡將篇, 急就篇, 訓纂篇, 滂熹篇 등은 모두 음운을 맞춰 편성한 것으로, 아이들이 외우기 쉽도록 만들었다. 『說文解字』는 자형 분석법을 도입하고, 음운학을 자의 해석에 적용하여 字源을 考究하는 이론 체계를 성립한 중국 최초의 자전이다.

『說文解字』는 서현의 교정을 거쳤지만 이들의 문자학 지식이 완벽할 수 없었기 때문에 穿鑿附會를 벗어날 수 없었다. 段玉裁, 桂馥, 嚴可均, 朱駿聲 등의 청대 文字訓詁家들과 近人 章太炎 등이 『說文解字』를 補正하고, 갑골문, 금문 등이 출토되어 『說文解字』의 原文의 실수를 바로 잡고 있다. 『說文解字』가 적지 않은 곳에 오류가 있다고 하지만,[3] 한자학의 입문은 『說文解字』를 기초로 해야 한다. 왜냐하

---

2) 重文은 여러 가지 뜻이 있다. 첫째 설문해자에서의 중문은 正篆(소전)이외의 자체. 즉, 고문, 주문, 기자, 혹체, 속자 등을 가리킨다. 둘째 同字가 중복되면 같은 자를 쓰지 않고 부호로 표시하는데, 이를 중문부호라 한다. 셋째 갑골문과 금문의 重出字를 가리킨다. 넷째 重言를 가리킨다. 이곳에서는 '첫째'의 뜻으로 쓰였다.

3) 『說文解字』의 字義 해석의 오류를 분석한 통계는 아직 없다. 필자의 지도교수이었던 王寧교수는 『說文解字』의 정확성을 군이 듣고 싶다는 제자들의 요구에, 엄밀히 말한다면 대략 본의나 자형분석이 정확한 것은 8%정도이고, 부분적으로 부정확한 곳이 있지만 그런대로 받아들일 수 있는 것까지 따진다면 대략 15% 정도만 옳은 해석이라고 하였다.

면 문자를 形·音·義 3방면에서 입체적으로 조망하고, 객관적으로 문자에 접근하려고 노력하였기 때문이다. 허신은 당시 한자가 전대미문의 형체연변을 겪고 있었음에도 문자의 원형을 찾아, 고문자학적 바탕에서 문자를 고증하려 노력 하였다. 간혹 문자 해석에 당시의 철학, 사상을 탈피하지 못하고 주관적 오류를 범한 경우도 있으나, 이렇게 잘못된 고증도 현대인들이 문자를 考釋함에 참고가 되고, 한편으로는 당시의 가치관, 문자사용 정황 등을 엿볼 수 있는 자료가 된다.

현재 중국에서 통행되고 있는 『說文解字』는 淸 嘉慶 14년(1809년)에 孫星衍이 宋本 『說文解字』를 覆刻한 것을 수정한 '수정 본'을 재편집한 것이다. 孫星衍 本을 세칭 '精善'이라 하는데 행과 행사이가 너무 좁고, 小字이며, 또 字頭의 글자를 한 줄에 한 자씩 맨 위에 배치한 것이 아니라, 여백이 있으면 쭉 이어 써서 읽기가 불편하였다. 그래서 同治 12년(서기 1873년)에 陳昌治란 사람이 孫星衍 본을 저본으로 改刻하였다. 改刻 본은 字頭에 쓰인 篆文을 맨 위에, 한 행에 한 자씩 배치하고, 허신의 『說文解字』에 있던 原文은 크게, 徐鉉이 校注한 것은 두 줄로 작은 글씨로 썼다. 또 매 부수자 끝에 놓인 新附字는 한 칸 아래에 써서 『說文解字』 원본 글자와 차이 나게 배치하였다. 이를 中華書局에서 두 페이지를 한 페이지로 縮印하고는 한 페이지 안에 상하로 배치하였다. 또, 字頭에 놓인 小篆體 바로 위에 檢字의 편의를 위해 다시 해서체를 덧붙였으며,[4] 卷末에 檢字蘭을 두어 검색하고자 하는 자를 찾아보기에 편하도록 하였다.

2. 徐鉉의 설문해자 增改

徐鉉은 字가 鼎臣이고, 본래는 南唐의 신하이었으나, 宋에 투항하여 官이 左散騎常侍까지 올랐다. 그 뒤 『說文解字』를 교정하였는데, 正本의 脫誤를 바로 잡는 것 외에 增改를 하였다. 그 흔적은 다음과 같다.

---

4) 해서체를 덧붙이지 않으면 소전체를 잘 모르는 초학자들은 글자를 찾기가 어렵다.

(1) 分卷을 하였다.

허신의 原書는 본문 14篇과 敍目 1篇으로, 모두 15卷5)이었다. 서현은 그 篇帙이 繁重하다고 여겨, 각 권을 상, 하권으로 나누어 30권으로 만들었다. 하지만 본문 14편을 상하권으로 나눈 것은 큰 혼란을 주지 않았지만 '敍'를 두 卷으로 나눠 큰 혼란을 야기 하였다. 서문 중 '古者庖犧氏~540부의 目錄'(하권의 시작되는 글 '此十四篇'의 바로 위까지)까지를 상권으로 나누고, 하권은 '此十四篇~'부터 시작하였는데, 徐鉉은 이 하권의 시작되는 '此十四篇~'이란 문장 바로 위에 '敍曰'이란 말을 덧붙였다. 이렇게 함으로써 바로 앞의 상권의 소속을 혼란스럽게 만들었다. 즉, 똑같은 서문인데 하권이 시작되는 곳에 '敍曰'이란 말을 덧붙여 상권은 서문이 아닌 것처럼 보이게 하였다.

(2) 標目을 증가시켰다.

古人들의 저서는 敍目을 本文의 끝에 놓았다. 서현도 이를 좇았으나 標目만은 따로 만들어 卷首에 붙였다.

(3) 反切을 덧붙였다.

허신이 『說文解字』를 지을 때는 반절이 없었다. 서현은 孫愐의 唐韻에 의거하여 매 글자의 아래에 반절을 첨가하였다. 다만 이는 후학들이 자음을 읽는 데 편리함을 주지만, 漢代 사람들의 독음과는 부합되지 않는 면도 있다.

(4) 注釋을 증가시켰다.

原注가 미비한 것들은 補釋을 하였다. 또 訛變된 別體字나, 설문의 正字와 다른 것은 상세하게 설명하였다. 이들 서현의 補釋은 '臣鉉等曰'로 시작하여 原注와 구별된다.

---

5) 허신의 아들 許沖이 임금께 奏上할 때 1편을 1권으로 삼았다.

(5) 新附字를 증가시켰다.

경전에 전해오고 있는 글자나 당시 세상에 널리 쓰이고 있는 글자들 중, 『說文解字』에 수록되지 않은 글자는, 매 부수의 끝에 「新附字」라고 이름붙이고 補錄하였다.

3. 설문해자의 해설과 서체

(1) 『說文解字』의 解說

『說文解字』는 육서로서 자형을 분석하였다. 곧, 形을 취하여 해설하였는데 맨 먼저 그 뜻을 고석하고, 다음에 形을 분석하고, 그 다음에 음을 설명하였다. 예컨대 『說文 · 一部』에 "吏, 治人者也. 從一從史, 史亦聲(吏는 다른 사람을 다스리는 사람이다. 一과 史로 이루어졌다. 史는 또한 소리를 나타낸다.)"라고 하였다. 形 · 音 · 義를 상호 연결하여 통일적으로 설해하였다. 다시 예를 들자면 『說文 · 斤部』에 "斯, 析也. 從斤, 其聲. 詩曰, 斧以斯之.(斯는 '쪼개다.'이다. 斤이 뜻을, 其가 소리를 나타낸다. 시경에 이르기를 '도끼로 쪼갠다.'라고 하였다.)"라고 하였다. 이는 형성자를 설명한 것인데, 본의가 '나무를 쪼갬'이기 때문에 斯의 意符가 斤이라고 하였다. 斯의 본의는 벌목과 유관하다는 것이다.

(2) 설문의 書體

小篆을 字頭로 하고, 古文, 籒文, 혹은 或體, 俗體, 奇字를 간혹 채록하기도 하였다. 고문은 전국시대 동쪽에 위치한 육국의 문자를, 주문은 서쪽의 진나라 문자를 가리킨다.(王國維 說)

Ⅱ. 설문해자[6]와 說文解字注의 구성

『說文解字』에 대한 체제는 陳昌治 본[7]을 중심으로 설명하고, 『說文解字』의 독법은 段玉裁의 『說文解字注』를 중심으로 설명, 釋讀한다. 이렇게 하면 『說文解字』와 단옥재 주의 독법을 한꺼번에 해결할 수 있다.

1. 설문해자의 구성

『說文解字』標目[8]

---

6) 陳昌治 본을 중심으로 설명한다.(許愼, 『說文解字』, 中華書局(1963, 12, 제1版), 1992, 12차 印刷)

7) 淸 嘉慶十四年(서기 1809년)에 손성연은 宋本 說文解字를 覆刻했다. 이를 '精善'이라고 한다. 하지만 너무 작은 행으로 인해 보기에 불편하였다. 그래서 同治十二年(서기 1877년) 番禺 陳昌治가 손성연 본을 저본으로 小篆 하나에 한 줄을 배치하고, 허신의 원문은 큰 글자로, 서현의 校注는 두 줄의 작은 글씨로, 또, 맨뒤에 新附字를 배치하는 방식으로 改刻하였다. 현재 중국에서 통행되고 있는 중화서국 본 설문해자는 이 陳昌治 본을 저본으로 하되, 두 페이지를 한 페이지로 縮印하여 배치한 것이다.

8) 『說文解字』標目은 陳昌治 本을 복사하였다. 이하 『說文解字』 복사 역시 陳昌治 本이므로 출처를 생략한다.(許愼, 앞의 책)

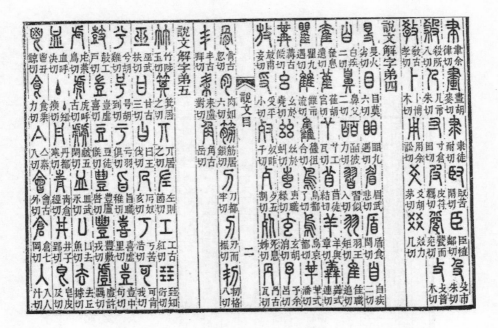

(1) 標目

위와 같이 맨 처음 현대의 자전과 같은 부수색인 즉, 標目이 나온다. 모두 540부
의 표목을 제몇 권에 나오는지 상세하게 밝혔다. 물론 오늘 날의 책처럼 구체적인
쪽수가 나오는 것은 아니고 '몇 권'에 나오는지만 밝혔다. 우선 同一한 권수에 나오
는 글자를 모두 한데 모아서 표시하였다. 현재의 목차와 같은 구실을 한다. 상당히
발전된 형태의 색인이지만 오늘날의 사전들과 비교하면 검색에 불편한 점이 많다.
우선 부수가 너무 많아 아무리 정리를 하였다 해도 부수를 찾는 사전이 필요할 정도
로 불편하다. 또, 字頭를 소전으로 제시하여 소전을 모르는 현대인들에게는 거의 소
용이 없다. 아울러 구체적 쪽수가 나와 있지 않아 소속된 권수를 찾아들어가서도 또
다시 앞뒤로 찾아봐야 한다.

(2) 도입부와 字頭

아래 제1편의 실례를 들어 설명해보자.

『說文解字』(卷一) 체례

旁　帝　上　吏　丕　天　元　一

說文解字第一上

漢　太尉祭酒許慎記

宋　右散騎常侍徐鉉等校定

十四部　六百七十二文　重八十一

凡萬六百三十九字　文三十一新附

一　惟初太始道立於一造分天地化成萬物凡一之屬皆从一　於悉切　弌　古文一

元　始也从一从兀　徐鍇曰元者善之長也故从一　愚袁切

天　顛也至高無上从一大　他前切

丕　大也从一不聲　敷悲切

吏　治人者也从一从史史亦聲　徐鍇曰吏之治人心主於一故从一　力置切

文五　重一　　說文一上　一部　上部

上　高也此古文上指事也凡上之屬皆从上　時掌切　篆文上

帝　諦也王天下之號也从上束聲　都計切　古文帝　古文諸上字皆从一篆文皆从二二古文上字辛示辰龍童音章皆从古文上

旁　溥也从二闕方聲　步光切　古文旁　亦古文旁　籀文

禔　祇　祺　祐　福　祉　祥　禛　禎　禠　祿　禧　禮　祜　示　丁

丁　底也指事　切　胡雅　篆文丁

示　天垂象見吉凶所以示人也从二三垂日月星也觀乎天文以察時變示神事也凡示之屬皆从示　神至切　古文示　文四　重七　古文三垂

禮　履也所以事神致福也从示从豊豊亦聲　靈啟切　古文禮

祜　上諱　臣鉉等曰此漢安帝名也福也當从示古聲候古切

禧　禮吉也从示喜聲　許其切

禛　以眞受福也从示眞聲　側鄰切

祿　福也从示录聲　盧谷切

禠　福也从示虒聲　息移切

禎　祥也从示貞聲　陟盈切

祥　福也从示羊聲一云善　似羊切

祉　福也从示止聲　敕里切

福　祐也从示畐聲　方六切

祐　助也从示右聲　于救切

祺　吉也从示其聲　渠之切　籀文从基

祇　敬也从示氏聲　巨支切

禔　安福也从示是聲易曰禔既平　市支切

說文一上　示部

먼저 위에서 보는 바와 같이 첫 행에 편수9)가 나온다. 둘째 행에 관직명 저자(許愼)가 나온다. 셋째 행에 관직명, 교정자(徐鉉)가 나온다. 넷째 행에 제1편에 배치된 부수의 개수와 고석 대상 글자 수를 기록하였다. '十四部'는 제1편에는 540개의 부수 중에 '14개의 부수'를 배치했다는 것이다. '六百七十二文'은 제1편에서 총 672자를 考釋했다는 것이고, '重八十一'은 考釋 대상 한자 672자 가운데, 풀이 대상으로 삼은 소전 글자와 동일한 글자이나 다르게 쓴 글자, 예컨대 古文, 奇字, 籒文 등이 모두 81자가 있다는 것이다. 어떤 한 개의 小篆에 重文이 한 자, 혹은 여러 자가 있을 수 있다. 다섯째 행 '凡萬六百三十九字'는 제1편에서 풀이대상 글자와 이를 풀이한 글자 등의 총 수가 10,639자란 것이다. 중국인들은 우리처럼 글의 총량을 원고지 매수로 세지 않는다. 이처럼 글자 수로 헤아린다. 현재도 여전히 글자 수로 글의 크기를 세고 있다. 나름대로 합리성이 있다고 생각된다. 여섯째 행 '文三十一新附'는 서현이 『說文解字』를 교정하면서 당시 사용하고 있는 문자이지만 『說文解字』에 빠진 것을 補錄한 글자의 총수로, 이곳 제1편에는 모두 31자를 추가 하였다는 것이다.

일곱째 행부터는 본격적으로 글자를 풀이한다. 네모진 격자 안 맨 처음에 소전으로 字頭를 놓았다. 字頭란 풀이대상 글자를 가리키는 것으로, 행의 제일 첫머리에 제시하였다. 소전에 익숙하지 않은 사람을 위하여 상자 밖, 소전의 바로 위에 해서로 해당 글자를 다시 밝혀 놓았다.

(3) 본문

① 부수와 원문의 배치, 풀이

『說文解字』 원문은 보는 바와 같이 매우 간략하게 설명이 되었다.10) 맨 처음 부수자를 배치 설명하였다. 부수에 해당하는 글자는 풀이의 맨 마지막에 항상 '凡某之屬 皆從某'라고 하였다. 한 글자의 풀이가 끝나면 여백이 있어도, 줄을 바꿔 첫 머리

---

9) 본래는 본문 14편, 敍目 1편이었으나 徐鉉 등이 이를 상, 하로 나눠 30편으로 만들었다.

10) 설명 방법은 『說文解字』 해제편 참조 요.

에 字頭를 배치하여 보기에 편리하도록 하였다.[11]

　‘一’의 경우 먼저 글자를 풀이하고, 反切[12]을 붙이고, 마지막에 重文(이 곳은 古文임)을 붙였다. 두 번째 글자 元의 경우 反切을 붙이기 전에 허신의 설명이 미진하거나 잘못됐다고 생각하여 교정자가 보충 설명을 하고 반절(愚袁切)을 붙였다. 교정자 중 徐鉉(大徐)이 설명한 것은 ‘臣鉉等曰’로, 아우인 徐鍇(小徐)가 보충 설명한 것은 ‘徐鍇曰’로 시작한다. 이곳은 徐鍇가 보충 설명하였다. 상단부 天과 丕 사이 「說文・一上」이라고 표시된 우측 아래, 작은 글씨로 ‘一部 上部’라고 쓰여져 있는 것은, 부수 ‘一部’가 여기서 끝나고 ‘上部’가 시작된다는 것이다.

　하단부의 3번째 글자 ‘祜’는 허신이 ‘上諱’라고만 하였기 때문에 徐鉉 등이 보충 설명을 하였다. 보충설명은 “한나라 安帝의 이름이 ‘祜’이기 때문에 허신이 이를 避諱했고, 字義는 ‘복’”이라고 설명하였다.

　　② 新附字

『說文解字』의 新附字

---

11) 본래 서현의 교정본은 아래 단옥재의 注처럼 계속 쭉 이어서 썼다.

12) 본래 허신 본에는 없었으나 서현 등이 교정을 하면서, 당시 음으로 붙여놓은 것이다. ‘一’의 음은 ‘於悉切(일)’이라고 하였다.

氣 雲气也象形凡气之屬皆从气 去旣切
氣 祥气也从气分聲 許旣切 氣或从雨
文三 重一

士 事也數始於一終於十从一从十孔子曰推十合一為士凡士之屬皆从士 鉏里切
文二 重一

壻 夫也从士胥聲詩曰女也不爽士貳其行士者夫也 穌計切
讀與細同 壻或从女 增或从女

壯 大也从士爿聲 側亮切
壿 舞也从士尊聲詩曰壿壿舞我 慈損切
文四 重一

說文一上 宅部 士部 一部 夫

丨 上下通也引而上行讀若囟引而下行讀若退 凡丨
之屬皆从丨 古本切

中 内也从口丨上下通 陟弓切 古文中 籒文中

屮 艸木初生也 丑列切

於 菸旗杠皃从屮从扒扒亦聲 普善切
文三 重二

說文解字第一上

위 그림의 상단부 오른쪽에서 14번째 글자까지는 新附字이다. 즉, 서현 등이 설문해자를 교정하면서 당시 통용되고 있던 글자 중 빠진 것을 보충한 것이다. 新附字는 설문 본래의 글자와는 다르게 한 칸 아래에 배치하였고 또, 풀이 글자가 허신 본래의 고석은 한 칸에 한 줄로 썼지만, 이곳은 小字로 두 줄로 썼다. 끝에서 여섯 번째 '文十四新附'라고 했는데, 이는 서현 등이 추가한 新附字가 '14'자라는 것이다. 하단부에 '文三 重一'(첫째 줄), '文二 重一'(네 번째 줄), '文四 重一'(열두 번째 줄), '文三 重二'(열일곱 번째 줄) 등은, 매 부수가 끝나는 지점마다 각각 설명 대상 한자가 몇 개이고(文의 숫자가 이를 가리킴), 그 가운데 重文은 몇 개인지를 밝힌 것이다. 이들을 모두 합하면 맨 앞, 제1편 첫머리에 제시했던 '14개 부수글자'와 풀이대상 '672자,' 중문 '81자,' 新附字 '31자'가 된다.

제2편이 시작할 때도, 위 제1편에서 본 것처럼, 똑같은 체례를 반복한다. 저자, 교감자, 다뤄야할 부수의 개 수, 2편에서 考釋하고 있는 글자의 총수, 重文, 新附字 등의 총수와 여기에 동원된 글자의 총수가 얼마인지를 썼다. 이렇게 매 편 시작할 때마다 첫머리에 쓴다. 각 편의 하권의 시작하는 곳에는 쓰지 않는다.

2. 설문해자주의 구성

단옥재의 『說文解字注』는 첫 머리에 저자, 교감자 등은 밝히지 않고 注를 내는 본인 이름만 썼다. 본인이 『說文解字』를 注하는 것이기 때문에 저자나 교감자를 쓸 필요가 없다. 또, 다뤄야할 부수의 개수, 글자 수, 중문 수, 신부자 등도 밝히지 않았다. 陳昌治 본 『說文解字』가 각 줄의 첫 머리에 字頭를 배친 한 것과는 다르게, 단옥재주는 한 개의 글자에 대한 주석이 끝나는 곳에, 다음 글자의 字頭를 배치하였다. 陳昌治 본만큼 일목요연하지는 않다. 『說文解字注』는 허신의 원문은 큰 글자로 한 줄에 한행으로 썼지만, 단옥재 본인의 주석은 작은 글씨로 두 줄로 썼다. 또 반절 외에 자신이 연구하여 분류한 古音을 덧붙였다. (자세한 것은 아래 독해부분 『說文解字注』 복사 참조요)

Ⅲ. 설문해자와 說文解字注의 독법

1. 설문해자의 상용술어

- 凡某之屬, 皆從某 : 이는 모든 부수자를 설명하는 말이다. 예컨대 『說文・一部』에 "一, 惟初太始, 道立於一, 造分天地, 化成萬物, 凡一之屬, 皆從一(一은 태극이다. 道는 一에서 나와 하늘과 땅(우주)으로 분화 생성되고, 나아가 만물을 탄생시켰다. 무릇 '一'의 의미나 형체를 소유한 글자들은 모두 '一'을 따른다.)"라고 하였다.

- 象某某形 : 상형자나 지사자 모두 이런 설명 방법을 택하였다. 즉, 상형자나 지사자를 가리킨다. 예컨대 『說文・八部』에 "八, 別也. 象分別相背之形(八은 헤어짐이다. 서로 등을 지고 헤어지는 모습을 그린 것이다.)"라고 하였다.

- 從某, 從某. 從某某 : 두개 이상의 형체가 결합된 회의자를 가리킨다. 예컨대 『說文・赤部』에 "赤, 南方色也. 從大從火(赤은 남쪽을 나타내는 색이다. 大와 火로 이루어졌다.)"고 하였다. 의미를 나타내는 부건 두 개가 결합되어 새로운 의미를 나

타낸다는 것이다.

- 從某, 某聲 : 從某는 意符를, 從聲은 聲符를 가리킨다. 즉, 형성자를 나타낸다. 예컨대『說文·言部』에 "詠, 歌也. 從言 永聲(詠은 '노래 부르다.'이다. 言이 의미를, 永이 소리를 나타낸다.)"고 하였다.

- 從某省 : 어떤 字의 字意를 취하되, 그 字의 形을 완전히 모두 취하는 것이 아니라 생략된 모양을 취한다는 뜻이다. 예컨대『說文·夭部』에 "喬, 高而曲也. 從夭, 從高省.(喬는 높지만 구부러진 것을 나타낸다. 夭와 高가 의미를 나타내는데 '高'는 글자의 모양을 생략하여 썼다.)"고 하였다. 즉 高의 자의는 취하되 그 형체 전부는 취하지 않았다는 것이다.

- 某省聲 : 某字가 聲符가 되는데 그 자의 全形을 취하지는 않았다. 회의자만 형을 생략하여 취하는 것이 아니다. 형성자의 聲符도 생략형을 취한다.『說文·心部』에 "憲, 敏也. 從心, 從目, 害省聲.(憲은 '민첩하다.'이다. 心과 目이 의미를, 害가 소리를 나타내는데 자형을 생략하여 취하였다.)"고 하여, 聲符도 생략한 모양을 취하기도 한다. 또,『說文·木部』에 "梓, 楸也, 從木, 宰省聲(梓는 가래나무이다. 木이 의미를, 宰가 소리를 나타내는데 자형을 생략하여 취하였다.)"고 하였다.

- 從某, 某亦聲 : 某자의 형체를 따서 뜻을 얻었고, 또 그 자에서 독음도 따왔다는 것이다. 예컨대『說文·女部』에 "婚, 歸家也. 禮, 娶婦以昏時. 婦人, 陰也, 故曰婚. 從女, 從昏, 昏亦聲(婚은 여자가 시집을 가는 것이다.『禮記·士昏禮』에 '장가가고 시집가는 일은 어두울 때 행한다.'13)고 하였다. 부인은 음이다. 그렇기 때문에 '혼인하다.'를 '婚'을 써서 나타낸 것이다. 女와 昏이 뜻을 나타내는데, 昏은 또한 소리를 나타내기도 한다.)"고 하였다. 또,『說文·土部』에 "坪, 地平也. 從土, 從平, 平亦聲(坪은 땅이 평평한 것이다. 土와 平이 뜻을 나타내는데 平은 또한 소리도 나타낸다.)"고 하였다. 이런 것들을 회의 겸 형성이라고도 한다.

- 一曰, 或曰, 又曰 : 단옥재는 이런 경우 다른 하나의 뜻이 있는 경우와 다른 한

---

13)『禮記·士昏禮』에 '모든 혼례는 반드시 어두울 때 행한다.(凡行事必用昏昕)'를 가리킨다.

명칭이 있는 경우라고 하였다. 또, 어떤 이는 或形. 或音. 或義라고 하였다. 예컨 대『說文・示部』에 "祝, 祭主贊詞者. 從示, 從人口. 一日從兌省(祝은 제사를 주 관하는 사람이 귀신에게 올리는 찬탄의 말이다. 示와 사람의 입으로 이루어졌다. 한편으로 는 오른쪽 構件이 兄(人口)이 아니고 '兌'의 생략된 모습 이라고도 한다.)"라고 하였다. 즉, 글자를 구성하고 있는 構件이 다른 형체일 수도 있음을 가리킨 것이다.(兼採 別形) 또,『說文・木部』에 "析, 破木也 一曰折也.(析은 나무를 쪼개는 것이다. 한편 으로는 부러뜨리는 것이라고도 한다.)"라고 하였다. 이는 다른 뜻을 취할 수도 있음을 가리킨 것이다.(兼採別義)

■ 讀若 : 다른 어떤 자를 가지고 해독하고자 하는 자의 독음을 제시하는 것이다. 이때 주로 독음을 제시하지만, 어떤 때는 통가관계를 제시하기도 한다. 예컨대『 說文・水部』에 "沖, 涌搖也. 從水中, 讀若動.(沖은 용솟음치는 것이다. 水와 中이 뜻을 나타내는데 '動'처럼 읽는다.)"라고 하였다. 이런 경우 注音 뿐만이 아니라 두 자 사이의 音義가 상통함을 나타낸다. 즉 여기서는 沖과 動의 음과 의가 상통함 을 나타낸다.

■ 同意 : 製字關係에서 모종의 유사점이 있음을 가리킨다. 이는 절대로 두자 사이에 意義관계에서 서로 같음을 말하는 것이 아니다. 예컨대『說文・韭部』에 "韭, 菜名. 一種而久者, 故謂之韭. 象形. 在一之上, 一, 地也. 此與耑同意.(韭는 채소의 이름 가운데 하나이다. 한번 심으면 오래 산다. 그렇기 때문에 '韭'라고 하였다. 象形이다. '一' 위에 (韭를)그렸는데 '一'은 땅을 나타낸다. 이것과 '耑'의 뜻을 표현하는 조자 원리가 같다.)" 라고 하였다. 耑은『說文・耑部』에 "耑, 物初生之題[14]也. 上象生形, 下象其根 也.(耑은 식물이 처음 돋아날 때를 나타낸다. 위는 돋아나고 있는 싹의 모양을, 중간 '一'은 땅을(徐鉉의 說임 : 필자 주), 맨 아래는 그 뿌리를 나타낸다.)"고 하였다. 즉, 韭와 耑의 製字의 표현 방법이 유사함을 말한다. 땅 위에 부추가 난 모습(韭)과 땅 위에 싹이 난 모습을 그린 것(耑)은 그 製字의 표현 방법이 유사하다는 것이다.[15]

---

14) 題는 額, 端을 가리킨다.

■ 以爲 : 가차를 나타낸다. 예컨대『說文·西部』에 "西, 鳥在巢上. 象形. 日在西方而鳥棲, 故因以爲東西之西(西는 새가 그 위에 깃드는 둥지이다. 상형이다. 해가 서쪽으로 지면 새가 둥지에 깃들기 때문에 동쪽과 서쪽을 가리킬 때의 '서쪽'이란 뜻으로 가차하여 쓰인다.)"고 하였다.

■ 通人 : 선진제자를 인용하여 언급하는 것이다. 예컨대『說文·儿部』에 "儿, 仁人也. 古文奇字人也. 象形. 孔子曰, 在人下, 故詰屈(儿은 어진 사람이다. 고문이고, 기이한 글자인 '人'자이다. 공자께서 말씀하시길 '다른 사람의 아래에 처하기 때문에 글자의 모양이 구부러졌다.'16)고 하였다.)"라고 하였다. 즉, 다른 사람의 말을 인용하여 자형이나 자의를 설명하는 방법이다.

■ 闕 : 說解 중에 '闕'이라고 한 부분은 글자를 설명하면서 形·音·義의 유래에 대해 잘 알지 못함을 표시한다. 예컨대『說文·一部』에 "旁, 溥也. 從二, 闕. 方聲.(旁은 '크다.'라는 뜻이다. 構件은 '二'와 다른 것으로 구성됐는데, 그 다른 것은 무엇인지 알지 못하겠다. '方'이 소리를 나타낸다.)"고 하였다. 이는 글자를 구성하고 있는 部件이 '二'와 '方'은 알겠는데 그 외는 모르겠음을 나타낸다.

2. 설문해자와 설문해자주 選讀

독해는 단옥재주를 중심으로 아래 복사된 부분만 하되, 許愼의 고석이나 단옥재의 주석이 한자학적으로 옳은지 그른지는 논외로 한다. 본장은 허신의 고석이나 단옥재 주의 석독 방법을 밝히는 것이 주목적이기 때문이다.

---

15) 단옥재 注에 "옛날 端을 이렇게 썼다. 지금은 '端'이 통행되고 '耑'은 쓰이지 않는다.(古發端字作此, 今則端行而耑廢.)"라고 하였다. 참고로 '耑'의 금문 자형은 위에는 又, 아래에는 '而'로 썼다.

16) 공자가 '儿'을 '다른 사람의 아래에 처하기 때문에 구부러졌고, 그래서 어질다는 뜻을 가졌다.'라고 한 것은, 이 글자가 '兀, 兄, 兌, 光, 先, 兒, 克, 免' 등에서처럼, 어질기 때문에 다른 글자와의 결합에서 굴욕을 무릎 쓰고 모두 아래 부분에 놓이고, 자형이 무릎을 꿇고 있는 것처럼 구부러졌다는 것이다.

『說文解字注』[17]

說文解字第一篇上

金壇段玉裁注

一 惟初大極道立於一。造分天地化成萬物。凡一之屬皆从一。

元 始也。

天 顚也。

丕 大也。

吏 治人者也。

上 高也。此古文上。指事也。

二 地也。凡二之屬皆从二。

17) 段玉裁, 『說文解字注』, 上海古籍出版社(1981, 10 제1版. 1988, 2, 제2版), 1995, 1, 7차 印刷

단옥재 주는 허신의 설문에 대한 주석을 다음과 같은 방법으로 진행하였다. 첫째 허신의 원문을 고치거나 보충한 것이 있다. 둘째 풀이 대상 글자의 배치 순서를 바꾸기도 하였다. 셋째 서현이 붙인 반절 외에도 자신이 연구한 고음을 부가하였다. 넷째 허신의 원문에 따라 부분, 부분 잘라서 주해하였다.

(1) ──(一)

① 설문해자 원문의 考釋

■ 惟初太始, 道立於一, 造分天地, 化成萬物. ㄐ古文一. 凡一之屬皆從一. 於悉切. : 오직 태초에 一로부터 도가 나오고, 이로부터 천지가 분화되고 만물이 생겨나게 되었다. ㄐ은 古文[18] '一'이다. 무릇 一에 속하는 글자들은 모두 '一부'를 따른다. 반절은 '於悉切(일)'이다.

② 단옥재의 주석

단옥재는 위 허신의 풀이 중 '太始'를 '太極'으로 고치고, 다음과 같이 풀이하였다.(원문은 위 그림 참조 요)

■ '惟初太始, 道立於一, 造分天地, 化成萬物.'에 대한 주석

漢書에 말하기를 "삼라만상은 저 멀리 근본으로부터 나왔다."고 하였으니, 모든 숫자는 一로부터 시작된다.

■ '凡一之屬皆從一'에 대한 주석

'一'의 형체는 六書로 치면 指事에 해당한다. 무릇 이르기를 '凡某一屬皆從某'라고 한 것은 허신의 序에서 말한 '分別部居, 不相雜厠(부수에 따라 문자를 분별, 배치하

---

18) 古文奇字 : 古文은 공자의 집 벽 속에 보관됐던 책에서 나온 글씨를 가리키고 奇字는 고문이지만 異體字를 가리킨다.

여 서로 섞이지 않게 하였다.)'에 해당한다. 『爾雅』나『方言』은 전주와 가차에 대해 설명을 했고, 창힐편, 훈찬편, 방희편 및 범장편, 급취편, 원상편, 비룡편, 성황편 등은19) 겨우 4언 혹은 7언구로 문장을 이루고만 있지, 문자의 형과 의에 대한 근본적인 설명은 하지 않았다. 한자는 본래 사물의 모양을 참고로 글자를 만들었기 때문에, 학자들이 글자의 모양을 보고 음과 뜻을 연구할 수 있다. 하지만 실제적으로 이런 연구는 허신이 처음 시도한 것이니, 그 공이 이보다 더 큰 것이 없다. '一'의 음은 '於悉切(일)'이다. 古音 제12部에 속한다.

　○ 무릇 나의 注에서 한자의 고음을 1부니 2부니 하여 17부까지 말하는 것은 古韻을 말하는 것이다. 나는 『六書韻均表』를 지었는데 古韻을 17부로 나누었다. 창힐이 글자를 만들었을 때부터 요임금, 순임금, 우님금의 3대와, 秦漢과 동한의 허신이 설문해자를 지을 때까지 '某聲은 읽기를 某처럼 한다.'고 한 것은 모두 조리에 들어맞고 하나로 흐트러짐이 없었다. 그렇기 때문에 徐鉉이 덧붙여놓은 반절의 방법으로 음을 나타내고, 또 다시 某字를 가리켜서 古音 제 몇 부에 속한다고 내 나름대로 언급하였다. 하지만 공부하는 자들이 나의 『六書韻均表』를 보지 못하여, 내가 하는 말을 이해하지 못할까 두려워하여, 본『說文解字注』의 맨 뒤에『六書韻均表』5편을 덧붙여 놓았다. 한자의 모양과 소리가 서로 안과 밖이 되어, 이를 단서로 한자의 옛 형체, 옛 음, 옛 뜻을 탐구함에 서로 도움이 될 것이다.

■ '𠤏古文一'에 대한 주석

　무릇 고문이라고 일컫은 것은 창힐이 만든 고문을 가리킨다. 허신의 설문해자는 후왕들의 모범이 되었고 한나라 법제의 기초가 되었다. 허신의 설문해자는 소전을 기본으로 하되 고문, 주문 등을 아울러 채록하였다. 허신이 서에서 말한바 '지금 소전을 기본으로 풀이하고, 고문과 주문을 덧붙여 놓았다.'고 한 것이 그것이다. 소전은 고문과 주문의 형체를 그대로 답습하기도 하고, 혹은 고치고 생략하기도 하였다.

---

19) 방희편, 원상편, 비룡편, 성황편도 책명을 일컫는 것 같으나 어떤 책인지 자세히 알지 못한다.

소전 중 이들을 그대로 답습한 것이 80-90%에 이르고, 고치고 생략한 것은 10-20%에 이른다. 그대로 답습했다는 측면에서 바라본다면 소전은 모두 고문과 주문에 해당하는 것이기 때문에, 다시 고문과 주문을 제시할 필요가 없다. 고치고 생략한 것을 중심으로 소전을 말한다면, 고문과 주문은 소전이 아니다. 그렇기 때문에 다시 고문과 소전을 언급하는 것이다. 一, 二, 三은 본래 고문임이 명백하다. 어째서 다시 弋, 弎, 弎 등을 거론한단 말인가? 대개 이른바 고문에 속하지만 다른 것은, 고문이라고 하지 말고 '古文奇字'라고 해야 한다.

③ 필자의 평

단옥재의 '一'에 대한 주석은 설문해자의 첫 번째 글자이기 때문에, '一'에 관계된 註釋 말고도 앞으로 전개될 자신의 주석 방향에 대한 문자학적인 사항을 모두 언급하였다. 『六書韻均表』의 저작과 부록에의 덧붙임, 설문해자의 가치, 소전과 고문에 대한 생각 등을 덧붙였다.

(2) 元(元)

① 설문해자 원문의 考釋

■ 始也. 從一, 從兀, 愚袁切 : 처음 시작이다. 一과 兀로 이루어졌다. 반절은 '愚袁切(원)'이다.

② 단옥재의 주석

■ 단옥재는 허신의 자형분석 '從一, 從兀'이 잘못됐다 하여 '從一, 兀聲'로 고쳤다. 즉, 허신은 회의자로 보았는데 단옥재는 형성자로 본 것이다. 단옥재는 형성자로 분석은 했지만, 허신이 考釋한 본의 '始'는 틀리지 않았다고 보았다.

■ '始也.'에 대한 주석
『爾雅·釋古』편을 보면 '九家易에 말하길 元이라는 것은 氣의 시작이다.(九家易

曰, 元者氣之始也)'라고 하였다.

■ '從一, 兀聲'에 대한 주석

　　徐鍇가 이르기를 '兀聲의 聲자를 넣으면 마땅치 않다,'고 하였는데, 髡은 兀이 소리이고, 軏은 元이 소리인 것을 예로 들어본다면 徐鍇의 말이 잘못됐다. 古音에서 兀과 元은 서로 평성과 입성이다. 무릇 말하길 某某의 소리를 따른다고 하는 것은 육서에서 형성에 해당하는 것이다. 무릇 문자라는 것은 形·音·義로 이루어졌다. 『爾雅』이하는 모두 뜻을 밝히는 책들이고, 『聲類』이하는 모두 음을 밝히는 책들이며, 『說文』은 한자의 형체를 규명하는 책으로, 무릇 小篆 한 글자마다 먼저 그 뜻을 考釋하였으니, '元'의 '始也'라고 한 것과 '天'의 '顚也'라고 한 것이 그것이다. 그 다음에 그 형체를 밝혔으니, '某를 따르고 某가 소리이다.'라고 한 것이 그것이다. 그 다음에 그 음을 밝혔으니, '某가 소리이다, 읽기를 某처럼 한다.'고 한 것 등이 그것이다. 이들 세 가지가 합해져서 하나의 小篆字에 대한 완전한 해석이 이루어지는 것이다. 그렇기 때문에 설문해자를 '形書'라고 하는 것이다. 元은 반절이 '愚袁切(원)'이다. 古音은 제14부에 속한다.

(3) 𠕂(天)

① 설문해자 원문의 考釋

■ 顚也. 至高無上. 從一大. 他前切 : 꼭대기이다. 지극히 높아서 더 위가 없다. 一과 大로 이루어졌다. 반절은 '他前切(천)'이다.

② 단옥재의 주석

■ '顚也.'에 대한 주석

　　이는 같은 部에 속하는 疊韻字로 해석을 한 것이다. 무릇 門을 聞으로, 戶를 護로, 尾를 微로, 髮을 拔로 考釋하는 것이 이런 예에 속한다. 무릇 '元은 처음 시작이다,' '天은 꼭대기이다,' '조는 크다,' '吏는 다스리다.'라고 해석한 것은, 모두 육서의 전주라고 할 수 있으나 조금 차이가 있다. 元과 始는 서로 바꿔 말할 수 있다.[20] 하지만 天과 顚은 위 元과 始처럼 바꿔 말할 수 없다.[21] 대개 뜻을 구하는 것은 옮겨서 해석할 수 있지만, 구체적 실체를 언급할 때는 모든 글자가, 자신이 나타내는 것이 정해져 있어 빌려 쓰기가 어렵다. 그러나 옛날 말로 오늘날 말을 해석하는 것이나 오늘날 말로 옛날 말을 해석하는 것은 매 한가지이다. 顚이라는 것은 사람의 꼭대기를 가리키는 말이다. 그렇기 때문에 이로써 모든 높은 것을 가리킨다. 始는 女子의 처음이다.[22] 이것으로써 모든 시작하는 것을 가리킨다. 그러한 즉, 天 또한 무릇 꼭대기를 가리킬 수 있다. 신하에게 임금, 자식에게 어버이, 아내에게 남편, 백성에게 먹을 것은 모두 하늘이라고 한 것 등이 이런 것이다.

■ '至高無上. 從一大.'에 대한 주석

  '至高無上'은 그 크기가 둘이 없을 정도로 큰 것을 가리킨다. 고로 一과 大가 의미를 나타낸다고 하였다. 육서로는 회의에 해당한다. 무릇 회의란 두 자를 합하여 말을 만들어 내는 것이다. 마치 一과 大로, 人과 言으로, 止와 戈로 꼭대기(天), 믿다(信), 싸움을 그치다(武)를 만들어 내는 것과 같다. 반절은 '他前切(천)'이고 고음은 12부에 속한다.

  (4) 丕(조)

  ① 설문해자 원문의 考釋

■ 大也. 從一, 不聲. 敷悲切 : '크다.'이다. 一이 의미를, 不이 소리를 나타낸다. 반절은 '敷悲切(비)'이다.

---

20) 즉 元을 '시작이다.'라고 해석하고, 始는 '처음, 으뜸이다.'라고 고석할 수 있다는 것이다.

21) 예컨대 江은 水라고 할 수 있으나, 모든 水를 江이라고 할 수 없는 것과 같은 이치이다.

22) 단옥재는 始자 조 註釋에서 裁, 初는 衣의 처음이고, 基는 담장의 처음이라고 하였다. 이처럼 始도 女子의 처음이라는 것인데 지극히 상징적인 풀이이다. 여성됨의 기본, 근본 정도로 이해된다.

② 단옥재의 주석

■ '大也.'에 대한 주석

   조를 '大'라고 풀이한 것은 『爾雅·釋古』에 보인다.

■ '從一, 不聲.'에 대한 주석

   반절 '敷悲切'은 고음이 1부에 속하기 때문에 '鋪怡切'이 옳다. 조와 不은 음이
   같다. 그렇기 때문에 옛날에는 不 자를, '조'를 쓸 자리에 많이 썼다. 예컨대 '不顯'
   은 '조顯'인 경우가 그런 예에 속한다. 육서로는 가차에 해당한다. 무릇 가차는
   반드시 같은 部에 속하는 同音자를 빌려다 써야 한다.

■ 조는 隷書에서 가운데 획을 길게 내려 빼 썼다. 그래서 조 자를 분석하길 不과
   十으로 이루어졌다고 하기도 하였다. 한나라 때의 石經에 帀로 쓴 것이 그 증거
   가 될 것이다. 非와 조 자는 서로 다른 글자이다.

(5) 吏(吏)

① 설문해자 원문의 考釋

■ 治人者也. 從一 從史. 史亦聲. 力置切 : 다른 사람을 다스리는 사람이다. 一과
   史가 뜻을 나타낸다. 史는 소리도 나타낸다. 반절은 '力置切(리)'이다.

② 단옥재의 주석

■ '治人者也.'에 대한 주석

   治와 吏는 똑같이 고음이 제1부에 속한다. 이 또한 同部의 疊韻字로 해석한 것이다.

■ '從一 從史.'에 대한 주석

   이 또한 회의이다. '天' 자를 고석하길 '從一大.'라고 하였는데, 여기서는 '從一史'
   라고 하지 않은 것은 '吏'는 반드시 '一'이 근간이 되고, '史'는 쓰임이 되기 때문이
   다.23) '一'과 '史'는 두 가지 일이기 때문에 그 단어의 뜻이 다르다. '史'의 본의는 '어

떤 일을 기록하는 사람이다.' 무릇 '또한 소리를 나타낸다.(亦聲)'고 하는 것은 회의겸
형성이라는 것이다. 모든 자는 육서 가운데 하나에 속하는 것도 있고, 육서 가운데
두 가지에 속하는 것도 있다. 반절은 '力置切(리)'이고, 고음은 제1부에 속한다.

(6) 文五, 重一

① 단옥재의 주석

이는 아마 허신이 기록하였을 것이다. 매 部마다 기록하였는데 그 풀이한 글자
수를 알기 위한 것이다. 모든 부수는 앞뒤로 모양이 서로 비슷한 부수들끼리 차례대
로 배치하였고, 부수 내에서는 서로 뜻이 연관 있는 것끼리 이어서 배치하였다. 안씨
가훈에서 말한바 '개략적인 조리가 있다.'고 한 것이 그것이다. 설문해자는 매 부수
는 처음부터 끝까지 차례가 확고하여 한편의 문자같이 보인다. 예컨대 '一部'에서
'元'을 배치하고 뜻을 '始也'라고 고석하고, '처음 시작'이란 뜻풀이 다음에 '天'을 배
치하였다. 天은 이보다 더 큰 것이 없는 것이다. 그렇기 때문에 그 다음에 '丕'를 배
치하였다. 그리고 '吏'가 '一'이 본의를 나타내는 근간이 된다고 하고는 '一部'를 끝낸
것이 이것이다. 雍熙 연간에 校刊한 설문해자에 부수 某字의 說解는 큰 글자로 하
고, 그 아래의 주석은 모두 좁은 행과 작은 글씨로 썼는데 이는 옛 방식이 아니다.
이상은 판본의 중엽에 쓴 '文五, 重一'에 대한 단옥재의 설명이다.

(7) 二(上)

① 설문해자 원문의 考釋

■ 丄高也. 此古文上指事也. 凡丄之屬皆從丄. 時掌切. ㆍ篆文丄 : 丄은 '높다.'이
다. 丄는 고문 上 자로 지사이다. 무릇 丄에 속하는 글자들은 모두 '丄部'를 따른

---

23) 吏자의 字義 表現에서 一과 史는 대등하지 않다는 것이다. '一'이 더 중요하기 때문에 '從一史'라고
하지 않았다는 것이다.

다. 반절은 '時掌切(상)'이다. '仝'은 篆文 '⊥' 자이다.

② 단옥재의 주석

단옥재는 허신이 고문 上 자라고 한 '⊥'를 '二'로 바꿔 썼다.

■ '⊥高也. 此古文上'에 대한 주석

고문 上 자는 '二'로 쓴다. 그렇기 때문에 '帝,' '旁,' '示' 자를 고석하길 모두 '고문 上' 자를 따랐다고 한 것이 이를 증명한다. 고문은 본래 '二'로 썼다. 篆文에서 '⊥'로 썼다. 각 책에서 '⊥'를 고문이라고 하였기 때문에 어쩔 수 없이 篆文의 上자는 '仝'으로 고쳐 쓸 수밖에 없었고, '上'이 부수라고 하였다. 그렇기 때문에 '上' 아래에 배치된 '二'를 따른 글자들 帝, 旁, 示 등과 부수자라고 한 '上'과의 자형이 달라, 부수와 그를 따른 글자들의 형체와 뜻을 통일적으로 파악할 수 없게 만들었다. '示部'를 '二(上)部'의 다음에 배치한 것도 이해가 되지 않는다. 지금 '⊥'은 '二'로, '仝'은 '⊥'로 바로잡으니 보는 이들은 괴이하다고 의심하지 말라. 무릇 설문이란 책은 소전을 기본으로 삼았으니, 반드시 먼저 소전을 거론하고 뒤에 고문은 어떻게 썼다고 말한다. 하지만 유독 여기서만은 먼저 고문을 이야기하고 뒤에 소전은 어떻게 썼다고 말하였으니 이는 變例이다. 그 소속된 것 모두는 고문 上 자를 따랐다고 하고, 소전 上 자를 따르지 않았다고 하였기 때문에 특출한 變例에 속하여 특별이 확실하게 언급을 한 것이다.

■ '指事也.'에 대한 주석

무릇 지사문자는 절대적으로 그 수가 적다. 그래서 특별히 '지사'라고 말한 것이다. '一'을 설명할 때는 '지사'라고 말하지 않은 것은 '一'은 꼭 '지샤'라고 말할 필요가 없었기 때문이다. 상형은 실제로 그 물건이 존재하는 것으로 日, 月 같은 것이 그것이다. '지샤'라고 하는 것은 그 사물에 억매인 것이 아니고, 그 일을 가리키는 것이니 '上下' 등이 이것이다. 천지는 형체가 있어, 하늘은 위에 있고 땅은 아래에 있다. 이는 구체적인 것으로 상형에 해당한다. 하지만 땅이 위에 있고 하늘이 아래에 있으면, 이는 실제로 있는 것이 아니고 모두 추상적인 개념인 일 곧, 지사인 것이다.

■ '凡二之屬皆從二'의 주석

時掌切(상), 時亮切(상) 두 개의 반절이 모두 가능하다. 고음은 제10부에 속한다.

Ⅳ. 『說文解字・敍』개설 및 해석

1. 『설문해자・서』개설

『說文解字・敍』는 허신이 쓴 原敍와 아들 허충이 『說文解字』를 황제께 올리며 쓴 敍로 나눠 볼 수 있다. 보통 허신의 원서까지만 읽지만 『說文解字』의 成書 과정과 가치를 알기 위해 許沖의 敍까지 해석한다.

허신의 『說文解字・敍』의 서술 중 한자의 발생, 연변에 대한 고증은, 한자연변에 대한 간접적인 정황 이해에 참고할 수는 있지만, 직접 한자학적 측면에서 받아들일 수 있는 것이 적다. 초학자들이 조심해야할 부분이다.

(1) 敍文의 성격과 演變

古時 序文은 撰著의 宗恉를 밝혔다. 그리고 책의 후면에 놓았다. 『史記・太史公自序』, 『漢書・敍傳』, 『淮南子・要略』, 『論衡・自紀篇』, 『文心雕龍・序志』, 『說文・敍』등은 모두 책 후면에 놓았다.

遠古時代에는 단편이라 目錄이 없었다. 그런데 후대로 내려오면서 글이 장편으로 바뀌고, 敍에 저작동기 등을 상세히 밝히며, 目錄까지 거론하면서 敍는 撰著의 宗恉뿐만이 아니라 目錄의 성격을 띠기 시작하였다. 『史記・太史公自序』, 『漢書・敍傳』 등이 여기에 속한다. 말하자면 敍는 宗恉와 目錄을 동시에 밝혔던 것인데, 시간이 흐르면서 다시 열람의 편의를 위해 책의 후면에 하나의 목록으로 제시하기도 하고 또, 敍 안에 정식으로 목록을 만들어 제시하는 쪽으로 발전하였다. 본래 설문의 목록 또한 이 敍 안에 제시 된 것이었다.

그러던 것이 남북조(서기 429－479년 : 劉宋時期)에 이르러 敍가 책의 전면에 나오기 시작하였다. 跋은 당연히 敍가 앞으로 나오기 시작한 뒤에 흥행한 것이다. 劉知機의 『史通·因習篇』에 范曄이 題目을 卷首에 옮겼다고 하였다.

(2) 『說文解字』 敍의 내용

설문 敍에는 ①周代以前 문자의 原流, ②周秦文字의 演變, ③六書의 개념, ④西漢文字의 개황, ⑤동한 문자해석의 혼란, ⑥설문해자 생산배경, 서사동기, 서사태도, 의의, 체례 등을 밝혔다. 구체적으로 분류해보면 다음과 같다.

① 周代 以前 문자의 原流
"古者庖犧氏之王天下～封于泰山者七十有二代, 靡有同焉"

② 周秦文字의 演變
"周禮, 八歲入小學～自爾秦書有八體……八曰隷書"

③ 西漢文字의 개황 및 그 연구
"漢興, 有草書～六曰鳥蟲書, 所以書幡信也."

④ 東漢의 문자 해석 혼란과 착오
"壁中書者～其謎誤不諭, 其不悖哉"

⑤ 許愼의 서술 태도, 설문의 體例
"『書』曰 : ‘予欲觀古人之象～其于所不知, 蓋闕如也"

⑥ 부수의 體例, 자신의 가계, 저술의 志向을 補述

"此十四篇, 五百四十部~知此者希(稀)……理而董之"

2. 『설문해자 · 서』 해석[24)

① 周代以前 문자의 原流

> 敍曰, 古者, 庖犧氏之王天下也에, 仰則觀象於天하고, 俯則觀法於地하며, 視鳥獸之文하고, 與地理之宜하여, 近取諸身하고, 遠取諸物하여, 於是始作易八卦하니, 以垂憲象이라.

가. 해석

서에 말하기를, 옛날 포희씨가 천하에 왕 노릇 할 때, 우러러서는 하늘에서 모양을 보고, 구부려서는 땅의 法을 보고, 새와 짐승의 무늬(새와 짐승의 외모)와 땅의 마땅함(식물의 모양)을 보고, 가깝게는 인간의 몸(신체의 특징)에서, 멀리는 만물(생물의 형상)에서 취하여 처음 易 8괘를 만들고, 이로써 (대자연의) 法象(원리)을 나타내었다.

나. 註釋

■ 敍曰 : 본래 '敍曰' 두 글자는 『설문해자』「제15卷 下」의 첫머리 "此十四篇~"의 앞에 있었다. 단옥재는 이것이 잘못됐다고 하여 『說文解字』「제15卷 上」敍의 첫머리에 옮겨 놓았다. 필자도 이것이 합리적이라고 생각되어 단옥재의 설을 따라 이곳에 놓는다.

■ 敍 : 序言이란 뜻이다.

■ 庖犧 : 伏羲로 쓰기도 한다. 전설속의 인물로 백성들에게 그물 만드는 것을 가르쳐

---

24) 『說文 · 敍』의 해석의 체례와 본문 해석 중 허신이 쓴 부분은 단옥재 주와 余國慶의 『說文學導論』을 주로 참조하였다. 인용된 글 중에 서국경의 책은 특별하지 않는 한 주석을 달지 않는다.(余國慶, 『說文學導論』, 安徽教育出版社, 1995, 10, 제1版)

물고기 잡기, 목축, 수렵 등을 가르쳐 생계를 유지하도록 하였다고 한다. 庖犧와 神農은 中古 때 사람으로 '노끈을 묶는 방법으로 다스렸다.(結繩以治)'고 한다. 그 뒤 황제가 結繩法을 계승하였고, 그의 사관 창힐이 書契를 만들었다고 한다.

■ "古者, 庖犧氏之王天下也……『易』八卦": 본래 『周易·繫辭下』의 문장이다.

■ 象, 法 : 모두 現象이란 뜻이다.

■ 文 : 紋理

■ 宜 : 식물은 땅에서 나는데 각각 그 마땅함을 가지고 있다. 이곳은 植物을 가리킨다.

■ 近取諸身 : 『周易·說卦』에 "乾은 머리, 坤은 배, 震은 다리, 巽은 넙적 다리, 坎은 귀, 離는 눈, 艮은 손, 兌는 입이 된다.(乾爲首, 坤爲腹, 震爲足, 巽爲股, 坎爲耳, 離爲目, 艮爲手, 兌爲口.)"라고 하였다. 포희씨가 처음 만든 글자(八卦)는 우주 만물의 이치를 담고 있는데, 그 가운데 인체의 여덟 器官을 들어 八卦가 상징하는 뜻을 설명한 것이다.

■ 諸 : 之於의 축약이다. 之는 8괘의 法(憲)象을 나타낸다. 憲象은 겉으로는 8괘의 모양을 나타내지만, 내면적으로는 8괘가 나타내는 상징, 의미도 된다.

■ 八卦 : 『周易』의 8종 符號. 陽爻 '−'과 陰爻 '--'를 결합시켜 만든 8종의 도형인 乾☰ 坤☷ 震☳ 巽☴ 坎☵ 離☲ 艮☶ 兌☱를 가리킨다. 古人들은 8괘를 한자생 산 前期의 原始形態라고 여겼으나, 8괘는 한자와 형체상 어떤 계승관계도 유지하고 있지 않다. 다만 8괘는 최초에 記事符號로 쓰여 기억에 도움을 준 듯하다.

■ 遠取諸物 : 『周易·說卦』에 "乾은 말, 坤은 소, 震은 용, 巽은 닭, 坎은 돼지, 離는 꿩, 艮은 개, 兌는 양이 된다.(乾爲馬, 坤爲牛, 震爲龍, 巽爲鷄, 坎爲豕, 離爲雉, 艮爲狗, 兌爲羊)"고 하였다. 이는 8종의 동물의 형상을 들어 八卦가 상징하는 바를 설명한 것이다. 허신은 주역 8괘를 문자의 始原으로 보았다. 참고로 주역의 卦形, 卦象, 卦形歌를 보면 다음과 같다.

<주역의 卦形, 卦象, 卦形歌>

卦形	卦名	卦象	卦形歌
☰	乾	天	乾三連
☷	坤	地	坤六段
☳	震	雷	震仰盂
☶	艮	山	艮覆碗
☲	離	火	離中虛
☵	坎	水	坎中滿
☱	兌	澤	兌上缺
☴	巽	風	巽下斷

及神農氏結繩爲治하고, 而統其事하니, 庶業其繁하고, 飾僞萌生하니, 黃帝之史倉(蒼)頡이, 見鳥獸蹏迒之迹하여, 知分理之可相別異也하고. 初造書契니라.

가. 해석

신농씨가 끈을 묶어 다스림의 도구로 삼고, 그 일들을 기록함에 이르러, 여러 일들이 모두 극히 번잡해지고, 따라서 꾸미고 속이는 일들이 우후죽순처럼 일어나니, 황제의 사관 창힐이 새와 짐승 발자국을 보고, 그들의 모양(무늬)이 서로 다름을 알아, 처음 문자(서계)를 만들었다.

나. 註釋

■ 神農氏 : 전설 속의 인물로 농기구를 제작하여 백성들로 하여금 농경을 하게 했고, 藥草도 발견하여 병을 치료했다고 한다.

■ 統其事 : 結繩으로 記事를 했다. 統은 紀錄을 나타낸다.

■ 庶業 : 衆業

■ 其 : 綦의 가차이다. 段玉裁 注에 '지극하다(極也).'라 하였다.

- 飾僞 : 飾은 꾸밈, 僞는 속이는 것이다.
- 黃帝 : 중국전설 속의 중원 各族의 先祖이다.
- 史 : 史官. 일을 기록하는 관리이다.
- 蒼頡 : 漢字의 창조자로 알려졌으나 자세한 것은 알 수 없다. 『韓非子·五蠹』, 『呂氏春秋·君守』, 『淮南子·修務訓』, 『荀子·解蔽』, 『論衡·骨相』 등에 유사한 이야기가 실려 있다.
- 蹏迒 : 발자국
- 分理 : 紋理
- 別異 : 區別
- 書契 : 文字. 글씨를 나무에 쓰고, 그것을 새김으로부터 得名하였다.

百工以乂하고, 萬品以察하니, 蓋取諸夬니라. 夬揚于王庭이니, 言文者는, 宣敎明化於王者朝廷하고, 君子所以施祿及下하여, 居德則忌也니라.

가. 해석

이로부터 百官들이 이(書契 : 文字)로써 업무를 수행하고(다스리고), 세상일들을 살필 수 있었으니, 이는 주역 夬卦의 '決斷의 象'에서 그 상징하는 바를 얻은 것이다. 夬卦의 卦辭에서 "군왕의 조정에서 드날린다."고 하였으니, 이는 문자라는 것은 왕의 조정에서 교화를 베풀고 밝히는 도구이며, 군자(백관)는 이로써(문자의 능통 여부에 따라) 아래 사람에게 봉록을 내려주는데,25) 덕이 있는 사람의 경우는 문자 능통 여부를 문제삼지 않는다.26)

---

25) '백관은 이로써(문자로써) 그 은혜를 백성들에게 베풀 수 있다.'고 해석하기도 한다.
26) '벼슬하고 있는 사람이 이로써 자기의 덕을 닦고 空談을 물리치는 도구로 삼는다.'고 해석하는 사람도 있다. 이 부분은 아직 마땅한 해석을 하지 못하고 있다.

나. 註釋

■ 百工 : 百官

■ 乂 : 단옥재 주에 '다스리다.(治也)'라고 하였다.

■ 夬 : 夬卦. 64괘의 하나이다. 卦象은 '소인은 궁하고, 성인은 盛한 象'이다. 卦形은 ☱[27])이다. 兌는 작은 나무(小木) 곧, 대나무(竹)를 나타내고, 乾은 金을 나타낸다. 곧 兌는 목간이나 죽간을, 乾은 칼이나 끌 등의 書寫道具를 가리킨다. 옛 사람들은 문자를 칼이나 끌로 木簡이나 竹簡에 새겨서 記事하였기 때문에, 夬卦에서 그 상징을 취하여 書契를 만들었다는 것이다. 허신은 문자가 있은 연후에 백관들이 이로써 자신의 일을 처리할 수 있었고, 만물이 고찰될 수 있었는데, 이는 주역 夬卦에서 啓發되었다고 한다.

■ 萬品 : 萬事, 萬物

■ 諸 : 之於의 축약이다.

■ 夬, 揚于王庭 : 『周易·夬卦』의 문장을 인용한 것이다.

■ 文 : 書契 곧, 문자를 가리킨다.

■ 宣敎明化 : 宣明敎化

■ 君子所以施祿及下 : 君子는 백관을(혹자는 임금이라고도 한다.), 祿은 은혜를, 下는 下民을 나타낸다. 하지만 단옥재는 주에서 '施祿及下'를 "글자에 능통한 자는 봉록을 더해 준다.(謂能文者祿加之)"라고 하였다. 가능한 釋讀이다.

■ 居德則忌 : 忌는 明忌이다. 句義는 백관들이 문자에 의지해서 그 덕을 닦고, 금기시하는 것을 명백히 한다는 뜻이다. 혹은 벼슬에 오른 뒤에는 자신을 채찍질하여 德을 닦는 것을 귀히 여기고, 文字 등의 지식을 연마하는 것은 귀하게 여기지 않는다는 뜻으로 해석한다. 아직 이 부분은 정확한 해석을 하지 못하고 있다. 단옥재는 주에서 '居德則忌'를 "자신이 자신을 단속하는 데에는 덕을 귀히 여기고, 문자를 귀히 여기지 않는다.(謂律己則貴德, 不貴文也.)"라고 하였다.

---

27) 위는 兌(☱), 아래는 乾(☰)이다.

> 蒼頡之初作書에, 蓋依類象形하니, 故謂之文이라. 其後形聲相益하니, 卽
> 謂之字이라.[28] 字者는, 言孳乳而浸多也이라. 著於竹帛謂之書하니, 書者
> 는, 如也니라. 以迄五帝三王之世에, 改易殊體하여, 封于泰山者이, 七十有
> 二代이나, 靡有同焉이라.

가. 해석

창힐이 처음 문자를 만듦에 物類의 형체에 의해 그들의 모습을 본떴기 때문에 文
이라 한다. 그 후 形符와 聲符를 서로 보태어(형성, 회의) 글자를 만들었으니 이를
字라고 한다. 字라는 것은 새끼 쳐 나가 점점 많아짐을 가리킨다. 죽간과 비단에 쓴
것을 書라 하니, 書라는 것은 如이다.[29] 오제삼왕 시에 이르러 문자는 여러 번 개변
되고, 서로 다른 형체를 띠기 시작하였다. 역대 임금들이 태산에서 하늘에 제사를
지내고, 돌에 글씨를 새겨 후대에 남긴 것이 72대에 이르지만, 書體가 같은 것이 하
나도 없다.

나. 註釋

이 단락은 문자의 발전 특점과 맥락을 서술하였다.

- 文 : 사물의 본질, 특질을 표시한다.
- 字 : 文의 결합이다.
- 書 : 사물의 모습을 그대로 그렸다는 뜻을 내포한다.
- 形聲相益 : 益은 '붙이다.'라는 뜻이다. 이는 형성과 회의를 모두 가리킨다. 단옥
  재 주에 "形과 聲이 서로 결합되면 형성, 形과 形이 결합되면 회의"라고 하였다.

---

28) 단옥재의 주에는 '文은 상형자나 지사자를 가리키는 것으로, 구체적 사물과 추상적 개념을 나타내는
근본이다.(文者物象之本)'라는 여섯 자를 더 넣었다. 그는 이를 下文의 '字者'에 대응되는 문장으로,
좌전 宣公 15년 條를 근거로 보충하였다.

29) 竹帛에 쓰여진 글자를 書라 하는데, 이를 書라 하는 이유는 사물의 모양을 그대로 묘사한 것(如)이라
는 뜻이다.

■ 書者, 如也 : 書를 如로 해석한 것은 聲訓이다. 書는 上古音이 魚韻, 書紐, 平聲이고,[30] 如는 上古音이 魚韻, 日紐, 平聲으로[31] 두 자는 近音이었다. 문자 창조 초기에는 書(문자)와 그가 나타내고자 하는 사물의 모양이 같았다는 것이다.

■ 五帝 : 黃帝, 顓頊, 帝嚳, 堯, 舜

■ 三王 : 禹, 湯, 文武(문왕, 무왕)

■ 삼황오제에 대한 설이 많다. 三皇은 伏義, 神農, 黃帝를, 五帝는 伏義, 神農, 黃帝, 唐堯, 虞舜을 가리키기도 한다.

■ 封于泰山 : 옛날 태산 꼭대기에 흙을 돋아 '壇'을 만들고 하늘에 제사를 지냈다. 그리고 태산의 옆에 있는 작은 산에 흙을 깎아 내어 '墠'을 만들고 땅에 제사를 지냈다. 이들 제사의례를 秦漢 시기에 '封禪'이라 칭하였다. 『史記・封禪書』에 "관중이 말하길 '옛날 泰山에서 하늘에 제사를 지내고, 梁父에서 땅 신에게 제사를 지낸 것이 72대'라고 하였다.(管仲曰, 古者, 封泰山, 禪梁父者, 七十二家)"라고 하였고, 桓譚의 『新論』에 "泰山 꼭대기에 글씨를 새긴 돌이 천 팔백여 곳에 있다. 그런데 알 수 있는 것이 72개이다.(山之上有刻石, 凡千八百餘處, 而可識者七十有二.)"라고 하였다. 사실여부를 떠나 그 만큼 글자의 형체가 많이 변했다는 것이다. 위 『史記・封禪書』에 나오는 梁父는 梁甫로 쓰기도 한다. 태산 옆에 있는 작은 산의 이름이다. 현재 山東省 新泰市 서쪽에 있다. 封禪의 封은 하늘에 제사 지내기 위해 흙을 돋아 만든 제단이고, 禪은 땅에 제사지내기 위해 땅을 고르게 펴 만든 제사 터를 가리킨다. 이로부터 하늘과 땅에 제사 지내는 것을 封禪이라고 하였다.

■ 靡 : 無이다.

■ 72대란 매우 繁多하다는 것을 가리키는 것으로 꼭 72대란 소리는 아니다. 숫자에 얽매일 필요는 없다.

---

30) 李珍華・周長楫, 앞의 책, 83쪽
31) 李珍華・周長楫, 앞의 책, 84쪽

위 내용은 서계와 주역 8괘와의 관계와, 서계(문자)의 창제와 그의 사용에 관해 설명하였다. 서계를 정식문자로 보았다.

② 周秦文字의 演變

> 周禮八歲入小學하여, 保氏敎國子하되, 先以六書이라. 一曰, 指事이니, 指事者는 視而可識하고, 察而可見이니, 上下是也라.

가. 해석

주례에 8세에 소학에 들어가면 보씨가 그들을 가리키되, 먼저 六書(문자 結構를 분석하는 방법)로 가리킨다고 하였다. 첫째가 지사이다. 지사라는 것은 그냥 쳐다보기만 하여도 무엇을 나타내는지 알 수 있고, 살펴보면 그 뜻이 드러나는 것으로 上下와 같은 글자가 그것이다.

나. 註釋

- 周禮 : 주대의 제도를 가리킨다. 고대에는 禮와 制度를 같은 개념으로 지칭하였다. 周官이라고도 한다.
- 保氏 : 교육을 담당하는 관리
- 六書 : 六禮 중의 하나이다. 『周禮 · 地官 · 保氏』에 "(보씨는) 왕의 잘못을 간언하고, 나라의 귀족 자식들을 도로써 교육함을 담당하였다. 이들을 육예로써 교육하였는데 첫째가 五禮, 둘째가 六樂, 셋째가 五射, 넷째가 五馭, 다섯째가 六書, 여섯째가 九數이다.(掌諫王惡하고, 而養國子以道이라. 乃敎之六藝하니, 一曰五禮이요, 二曰六樂이요, 三曰五射이요, 四曰五馭이요, 五曰六書이요, 六曰九數라.)"라고 하였다. 이곳의 육서는 '문자교육'을 가리켰을 것으로 추정되나, 허신은 이를 漢字 結構를 분석하는 이론인 六書로 해석하였다.

二曰, 象形이니, 象形者는 畫成其物하여, 隨體詰詘하니 日月是也라.

가. 해석

둘째는 상형이다. 상형이라는 것은 그 사물의 모습을 그려낸 것으로, 사물의 들어가고 나온 그대로를 따라 그렸으니 日月이 그것이다.

三曰, 形聲이니, 形聲者는 以事爲名하고, 取譬相成하니, 江河是也라.

가. 해석

셋째는 형성이다. 형성이라는 것은 상형자 혹은 지사자를 조합해서 문자를 만들되, 構件 중 하나는 비슷한 聲符를 채용해서 글자를 만드는 것으로 江과 河 같은 글자가 그것이다.

나. 註釋
- 以事爲名 : 이곳의 事는 그릴 수 있는 대상인 物과 指事의 事를 가리킨다. 名은 字를 가리킨다. 古時 字를 名이라고 칭했다.
- 取譬相成 : 譬는 '近似하다.'이다.
- 형성의 정의는 事類를 표시하는 字를 意符로 하고, 이 자의 聲音에 접근한 字를 聲符로 하여, 聲符를 意符와 배합하여 새로운 글자를 만드는 것을 가리킨다.

四曰, 會意이니, 會意者는 比類合誼하여, 以見指撝하니 武信是也라.

가. 해석

넷째 회의이다. 회의라는 것은 字群을 배합하여 그 뜻을 합쳐서 가리키는 바의 사물을 표시하는 것이니 武와 信이 그것이다.

　　나. 註釋

- 比類合誼 : 比는 組合을, 類는 字類, 字群을 가리킨다. 誼는 義의 古字이다.
- 以見指撝 : 撝는 揮의 가차로 '휘두르다, 지시하다.'이다. 句義는 '지향하는 바의 새로운 의를 볼 수 있다.'이다.

五曰, 轉注이니, 轉注者는 建類一首하여, 同意相受하니, 考老是也라.

　　가. 해석

다섯째 전주이다. 전주라는 것은 동일한 부수를 취하는 글자 가운데 대표자를 세우고, 같은 뜻의 글자끼리 서로 바꾸어 쓰는 것이니 考와 老가 그것이다.

　　나. 註釋

사실 전주에 대한 허신의 정의가 무엇을 뜻하는지 알 수 없다. 문자학자들은 전주란 말을 아예 쓰지 말자고 한다. (본문 '六書說과 그 이론적 한계' 참조요)

六曰, 假借이니, 假借者는 本無其字하여, 依聲託事하니, 令長是也라.

　　가. 해석

여섯째 가차이다. 가차라는 것은 본래부터 글자가 없어 동음자를 차용하여 그 뜻을 표현하는 것으로 令과 長 같은 것이 그것이다.

나. 註釋

■ 令長是也 : 令과 長은 古音이 서로 가까워 令 대신 長을 혹은, 長 대신 令을 쓸 수 있다는 것이다.

이상은 周代의 육서교육과 그 정의에 대해 설명하였다.

> 及宣王太史籒이, 箸大篆十五篇에, 與古文或異이라. 至孔子書六經과, 左丘明述春秋傳은, 皆以古文으로, 厥意可得而說이라,

가. 해석

周의 宣王 때에 太史인 籒가 대전(史籒) 15편을 지음에 고문과 혹 다름이 있었으나, 공자가 육경을 정리하고, 좌구명이 춘추전을 찬술할 때는 모두 고문으로 썼기 때문에, 그 문자의 구성원리를 설명할 수가 있었다.

나. 註釋

■ 周宣王 : 기원전 804~781년까지 재위

■ 太史籒 : 太史는 관명, 籒는 太史를 맡았던 사람의 이름이다.

■ 古文 : 육국문자로 설문에 396자가 수록되었다. 고문은 동방 육국문자이다. 周의 史籒篇과 고문이 다르다고 한 것으로 보아, 이미 이때부터 동방육국문자는 정통 주나라 문자와 다른 演變의 길을 간 듯하다.

■ 厥意 : 고문의 문자학적 구성원리

허신은 고문은 아직 今文字 단계로 변화하지 않아 문자의 구성원리를 분석할 수 있다는 것이다. 허신이 살았던 동한 중기는 한자의 연변 중 가장 심각한 변화를 겪던 시기이다. 즉, 고문자 단계인 소전에서 금문자 단계인 예서(팔분)가 유행하던 시기로 이미 한자의 외형을 보고는 자의를 해석할 수 없는 단계에 이르렀다. 筆

意를 찾을 수 없는 단계에 이른 것이다.

설문해자에서 어떤 자의 고문이라고 제시한 글자는, 왕국유의 연구에 의하면 동방육국문자라고 한다. 위에서 말한 고문이란 동방육국문자만이 아니고 筆意가 살아 있는, 고문자 단계의 문자를 가리키는 듯하다.

其後諸侯力政하여, 不統於王하고, 惡禮樂之害己하여, 而皆去其典籍이라. 分爲七國하니, 田疇異畮고, 車涂異軌하며, 律令異法하고, 衣冠異制하며, 言語異聲하고, 文字異形하니, 秦始皇帝初兼天下에, 丞相李斯乃奏同之하여, 罷其不與秦文合者이라.

가. 해석

그 후 제후들이 정복전쟁에 힘쓰고, 주 왕실의 제어를 받지 않으며, 예악이 자신들에게 해가됨을 싫어하여, 모두 그 (예악에 관한) 전적을 제거해 버렸다. 그러다가 7국으로 분리되자 밭두둑(면적)을 재는 단위(畮)가 다르고, 수레(길)의 폭이 다르고, 율령의 법도가 다르고, 의관의 제도가 다르고, 언어의 소리가 다르고, 문자의 형체가 달랐다. 진시황이 천하를 처음 통일함에 승상 이사가 이들을 같게 할 것을 아뢰어, 진나라 문자와 합치되지 않는 것은 파기하였다.

나. 註釋

■ 政 : 征의 가차이다. 무력으로 정벌함을 나타낸다.
■ 惡禮樂之害已 : 맨 뒤의 己는 어떤 책에는 巳로 되어있으나, 단옥재는 '己가 맞다.'고 하였다.
■ 七國 : 秦, 楚, 燕, 齊, 韓, 趙, 魏
■ 田制 : 주대에는 六尺을 步, 百步를 畮라 하였다.
■ 畮 : 畝의 古字이다.

■ 涂 : 途의 가차이다.

■ 兼 : 兼幷하다.

위는 한자의 서로 다른 변화 현상과 문자통일에 대해 설명하였다.

> 斯作蒼頡篇하고, 中車府令趙高作爰力篇하며, 太史令胡母敬作博學篇한
> 데, 皆取史籀大篆하여, 或頗省改하니, 所謂小篆者也이라.

가. 해석

이사가 창힐편을, 중거부령 조고가 원력편을, 태사령 호모경이 박학편을 지었는
데, 모두 사주가 지은 대전(사주편)을 취하여 혹은 조금 생략하거나 고쳤으니, 이른바
소전이라는 것이다.

나. 註釋

■ 『蒼頡篇』, 『爰力篇』, 『博學篇』 : 서명이다.

■ 中車府令 : 관명이다. 천자의 수레를 주관하였다.

■ 胡母 : 姓이다.

위는 주나라 계통의 문자를 계승한 소전의 탄생을 말하였다.

> 是時秦燒滅經書하여, 滌除舊典하고, 大發隷卒하여, 興成役하고, 官獄職
> 務繁하여, 初有隷書이라.

가. 해석

이때 진나라는 경서를 불태워 옛 전적을 모두 없애버리고, 크게 예졸들을 징발하
여 대대적으로 수역(성곽의 수축 등)을 일으켜 감옥을 관장하는 업무가 많아지자, 처

음 예서라는 것이 나오게 되었다.

나. 註釋

■ 大發隸卒 : 예졸을 대규모 차출하다. 단옥재의 주에는 隸를 吏로 썼다.
■ 興成役 : 궁궐, 長城 등을 수축하다. 단옥재 주에는 成役을 役成로 썼다.
■ 獄 : 송사 등을 맡아보는 기관.
이상은 고문의 민멸과 예서의 탄생에 대해 말하였다.

> 以趣約易하니 而古文由此絶矣이라. 自爾秦書有八體하니, 一曰大篆이요,
> 二曰小篆이요, 三曰刻符이요, 四曰蟲書이요, 五曰摹印이요, 六曰署書이
> 요, 七曰殳書이요, 八曰隸書이라.

가. 해석

예서는 간략하고 쉽게 쓰는 것을 지향하였으니, 고문이 이로부터 끊어지게 되었
다. 이로부터 진나라의 서체에는 8체가 있었으니, 첫째 대전이요, 둘째 소전이요, 셋
째 각부요, 넷째 충서요, 다섯째 모인이요, 여섯째 서서요, 일곱째 수서요, 여덟째 예
서이다.

나. 註釋

■ 趣 : 趣向
■ 自爾 : 從此
■ 大篆 : 籒文이라고도 칭한다.
■ 刻符 : 符信에 새긴 문자
■ 蟲書 : 鳥蟲書. 깃발이나 符信에 주로 썼다.
■ 摹印 : 인장에 쓴 문자

■ 署書 : 封檢題字. 옛날 책이나 문서를 봉인하고 쓴 글자이다. 넓게 봐서 봉인하
는 방법의 하나이다. 옛날 문서를 기록한 죽간이나 목간은 책으로 만든 다음 내용
의 비밀을 유지하기 위해 둘둘 말고 가운데를 끈으로 묶었다. 그리고 이 묶은 자
리에 성냥갑 모양의 상자를 만들어 붙이고, 그 안에 진흙을 채워 넣은 다음 그
위에 도장을 찍었다. 이것이 옛 문서나 책을 봉인하는 방법이다. 이는 다른 사람
들이 문서를 보지 못하게 하기 위함이다. 또, 봉인을 한 옆에, 조그만 패를 단 다
음, 봉인을 한 책 혹은, 문서의 제목을 썼는데, 署書는 이곳에 쓴 문자를 가리킨
다. 현재는 이들 문자들을 '封泥文字'라고 한다.

■ 殳書 : 병기의 자루에 새긴 문자

이상의 문자 가운데 소전과 대전, 예서를 제외하고는 雜體文字라고 한다. 즉, 갑
골문, 금문 등처럼 정식 자체로 분류되지 않는 문자들이다.

위는 진나라의 각종 서체(8체)에 대해 말하였다.

③ 西漢 문자의 개황 및 그 연구

漢興有草書하고, 尉律에, 學僮十七巳上이면, 始試하고, 諷籀書九千字이
면, 乃得爲吏이라. 又以八體試之하고, 郡移太史幷課하여, 最者以爲尚書
史하고, 書或不正이면, 輒擧劾之이라. 今雖有尉律이나 不課하고, 小學不
修하니, 莫達其說이 久矣라.

가. 解釋

한나라가 세워진 뒤 초서(장초)가 출현하였고, 정위가 담당하는 율령에 학동의 나
이 17세 이상이면 국가에서 실시하는 인재선발 시험에 응시할 수 있고, 尉律 9,000자
이상을 외우고, 이를 풀어 해석하고 쓸 수 있는 자는 郡縣의 書吏로 뽑아서 쓴다고
규정되어 있었다. 그리고 또, 진대의 8체로 시험을 보아 郡에서 1등을 한 사람을 중

앙의 太史에게 보내면, 이들을 한데모아 다시 시험을 보고, 가장 좋은 성적을 거둔 자를 尙書史로 임명하였다. 이들이 임무 중 글씨를 조금만 바르게 쓰지 못하면 바로 적발하여 처벌하였다. 지금은 비록 尉律(인재선발 조항)이 있으나 考課에 적용하지 않고, 소학 역시 공부하지 않으니 문자구성의 원리를 깨닫지 못함이 오래되었다.

나. 註釋

■ 草書 : 이곳에서는 章草를 가리킨다.

■ 尉律 : 廷尉 곧, 형률을 관장하는 관리가 관장하는 律令

■ 籀 : 끄집어내어 해석하다, 이해하다. 단옥재 주에 "籀書란 尉律의 문장을 능히 외우고, 이해하여 이를 해석하며, 9,000자 이상을 외워 쓴 것을 말한다.(籀書謂能取尉律之文, 推演發揮而繕寫至九千字之多)"고 하였다. 籀書를 사주편의 籀文으로 이해하기도 한다. 하지만 당시는 예서가 정식 문자로 사용되고 있었기 때문에 '籀文을 시험 보았다.'로 해석하기에는 무리가 있다.

■ 乃得爲吏 : 吏는 단옥재 주에는 史로 썼다.

■ 太史 : 太史令. 단옥재 주에는 太를 大로 썼다. 옛날 太와 大는 形·音·義가 유사하여 서로 섞어 썼다.

■ 漢代의 正字 요구 : 漢代의 正字 요구는 매우 엄격하였다. 『史記·萬石傳』에 "석건이 낭중령이 되어 임금에게 보고하는 문장을 해석하는 일을 맡았는데,[32] 다른 부서에서 임금께 올리는 문건이 석건에게 보내지면[33] 석건이 그것을 읽어보고는 '글씨를 잘못 썼다. 馬자는 아래에 점이 5개가 있어야 되는데 4개밖에 없다. 하나가 부족하니 죽일 것을 아뢰었다.'고 하였다.((石)建爲郎中令, 書奏事, 事下, 建讀之, 曰, '誤書, 馬者與尾當五, 今乃四, 不足一. 上譴, 死矣라)'"라고 할 만큼 정자의

---

32) 書奏事는 書奏之事이다. 書奏는 書簡, 奏章 등을, 또는 書는 펴다(舒也)의 뜻으로, 그 말을 글로 풀어내는 것을 가리킨다. 書奏事는 '書奏의 일을 맡아보았다.'이다.

33) 事下는 다른 부서에서 임금에게 정식으로 아뢸 것을 건의한 문건이 낭중령 만석에게 내려 보내다.

사용을 매우 중시 여겼다. 이는 역으로 漢代는 문자의 書寫가 매우 문란하였다, 문자의 변화가 매우 빨랐다는 것을 말해준다.

전문 書寫人에 의해, 국가의 귀족들만이 문자 생활을 하던 고대에는 문자사용의 문란에 대해 큰 걱정을 하지 않았다. 하지만 전국 중 만기 이후 일반인들이 문자 생활을 시작한 이후 한자 사용은 극도의 혼란을 겪는다. 이는 규범화된 글꼴을 널리 가르치고, 보급할 수 있는 방법이 없었던 전통사회에서는 극복할 수 없는 현상이다. 중국의 역대 정부는 정자 사용에 대해 많은 노력을 기울였다. 하지만 사회에서 광범위하게 사용하고 있는 俗, 誤字를 제어하기가 어려웠다. 위 만석전의 '馬'의 경우 맨 아래 점은 현재는 4개를 찍지만, 이는 6개에서 3개, 심지어 1개까지 중구난방으로 찍었다. 분명한 것은 예변 단계에서 '馬'의 아래 점은 6개 아니면 5개가 통행자이었다. 그래서 만석이 4개 찍었다고 죽일 것을 아린 것이다. 점하나 덜 찍었다고 죽일 것을 아린다는 것은 가혹한 면도 있지만, 한자의 사용이 얼마큼 혼란했는가와, 이에 대해 역대 왕조의 노력과 관심이 컸는가를 알 수 있게 한다.

- 小學 : 문자학
- 修 : 연구하다.
- 達 : 通曉하다.
- 其說 : 문자 構形學, 六書를 가리킨다.

이상 장초의 탄생과 문자학, 문자사용에 대한 왕조의 태도를 말하였다.

> 孝宣時에 召通蒼頡讀者하고, 張敞從受之한데, 涼州刺史杜業, 沛人爰禮,
> 講學大夫秦近이 亦能言之이라.

　가. 解釋

선제때 창힐편을 읽고 해설할 수 있는 자를 소집하고, 장창으로 하여금 그들을 따라 그것(창힐편)을 배우도록 하였는데, 량주자사 두업, 패땅 사람 원례, 강학대부 진근이 능히 창힐편을 설해할 수 있었다.

나. 註釋

- 孝宣 : 문맥상 孝帝와 宣帝(기원전 73−48년 재위)를 가리키는 듯하다. 하지만 漢代에 孝帝는 보이지 않기 때문에 이 또한 정확한 해석은 아닌 듯하다. 단옥재 주에는 '孝宣'을 '孝宣皇帝'라고 하였다. 아래 문장에 '孝平(단옥재 주에는 '孝平皇帝'라고 하였다.)'이라 하였는데, 平帝는 있지만 역시 효제는 없기 때문에 孝는 황제의 廟號 앞에 그들의 미덕을 칭송하는 말(孝順의 의미)로 붙여준 접두사 인듯하다. 현재로서는 그 전고를 찾을 수 없다.
- 讀 : 說解하다.

孝平時에, 徵禮等百餘人하여, 令說文字未央廷中하고, 以禮爲小學元士이라. 黃門侍郎楊雄이, 采以作訓纂篇하니. 凡蒼頡己下十四篇에, 凡五千三百四十字이요, 群書所載는, 略存之矣이라.

가. 解釋

평제시에 원례 등 100여 인을 불러, 그들로 하여금 문자구성을 미앙궁에서 설해하도록 하고, 원례를 소학원사로 삼았다. 황문시랑 양웅이 100여 사람이 설한 문자학 지식을 채록하여 훈찬편을 지었으니, 창힐편에서 훈찬편까지 총 14편에 5,340자로 구성되었으며, 여러 종의 문자관계 책들에 실려 있는 것들이 대략 여기에 구비되어 있었다.

나. 註釋

- 孝平 : 平帝(서기 1−8년 재위)인 듯하다. 孝平을 단옥재 주에는 '孝平皇帝'로 썼다.

- 未央廷 : 중국 서안의 서남쪽에 있었던 궁의 이름이다. 이곳에서 황제가 조회를 하였다.
- 楊雄(기원전 58−18년) : 漢代의 학자. 저서에 法言, 太玄, 方言…… 등이 있다. 훈찬편은 60자를 1句로, 34장, 1,040자로 이루어졌다. 책은 이미 逸失되었다.
- 凡 : 총계
- 창힐편, 원력편, 박학편은 60자를 1장으로 55장, 3,300자로 이루어졌다. 훈찬편은 창힐편에서 훈찬편까지 모두 14편인 字書로 총 5,340자가 수록되었다.

이상은 문자학의 전승관계를 설명하였다. 두업, 원례, 진근, 장창, 양웅으로 계승되었다.

及亡新居攝에, 使大司空甄豐等으로, 校文書之部하고, 自以爲應制作하여, 頗改定古文이라.

가. 解釋

왕망의 신나라가 섭정을 할 때, 대사공 견풍 등으로 하여금 문자의 部(偏旁, 部件)를 교정하게 하고, 스스로를 예악을 창제하는 천자라 여겨 자못 고문을 개정하였다.

나. 註釋

- 自以爲應制作 : '制作'은 '制禮作樂'의 축약이다. 예와 음악은 천자만이 지을 수 있는 것이다. '制禮作樂'의 주체를 왕망으로 보느냐, 견풍으로 보느냐 정론이 없다. 중국 사람들은 견풍으로 보려고 하고, 한국은 왕망으로 보려고 한다. 중국인들은 왕망에 대한 혐오감이 비교적 크다. 왕망의 新나라를 인정하려고 하지 않는다.
- 亡新居攝 : 王莽의 攝政시대를 일컫는다. 서한과 동한 사이에 존재했던 나라를 '新34)'이라고 부르는데, 중국인들은 이를 수치스럽게 생각하여 국가로 인정하지

않고 섭정시대로 보려고 한다. 亡은 정확한 해석이 불가능하다. 巟의 가차인지, '망하다.'라는 뜻으로 쓰였는지, 왕망을 비하 하기위해 莽의 가차로 쓰였는지 명확하지 않다.

- 大司空 : 관명이다. 彈劾, 糾察, 圖書등을 주관하였다.
- 頗改定古文 : 단옥재 주에는 '頗'가 빠졌다.

> 時有六書이니, 一曰古文이니, 孔子壁中書也이라. 二曰奇字이니, 卽古文
> 而異者也이라. 三曰篆書이니, 卽小篆이요, 秦始皇帝使下杜人程邈所作也
> 이라. 四曰佐書이니, 卽秦隷書이라. 五曰繆篆이니, 所以摹印也이라. 六曰
> 鳥蟲書이니, 所以書幡信也이라.

가. 解釋

이때 육서가 있었으니, 첫째 고문이니 공자의 고택에서 나온 書體이요, 둘째 기자인데 곧 고문의 이체이요, 셋째 전서이니 곧 소전으로 진시황제가 하두 사람 정막으로 하여금 만들게 한 것이다. 넷째 좌서이니 곧 진나라 예서이다. 다섯째 무전이니 인장에 새긴 글씨이다. 여섯째 조충서이니 깃발과 부신에 새긴 글씨이다.

나. 註釋

- 六書 : 下文의 6종의 書體를 가리킨다.
- 奇字 : 古文의 異體字이다.
- 佐書 : 隷書를 가리킨다.
- 繆篆 : 구부러진 자체로 秦의 摹印과 같다.
- 鳥蟲書 : 虫書라고도 한다. 주로 글씨의 상, 하 부분에 새나 벌레 모양 등의 장식 필을 덧붙인 글씨를 가리킨다.
- 幡信 : 幡은 깃발, 信은 符節을 가리키는데 幡信은 이 위에 쓴 '조충서'를 가리킨다.

---

34) 서기 9-20년까지 존재 했던 나라로 始建國, 天風, 地皇 등의 연호를 썼다.

이상은 서한과 동한 교체기의 문자변혁(왕망의 문자개혁)과 잔존하는 서체에 대해 말하였다.

④ 東漢의 문자해석 혼란과 착오

壁中書者는, 魯恭王壞孔子宅하여, 而得禮記尚書春秋論語孝經이니, 又 北平侯張倉獻春秋左氏傳하고, 郡國亦往往於山川得鼎彝하니, 其銘卽前 代之古文이라. 皆自相似하여, 雖叵復見遠流라도, 其詳可得略說也라.

가. 解釋

벽중서는 노나라 공왕이 공자의 집을 허물어 예기, 상서, 춘추, 논어, 효경 등을 얻은 것을 말한다. 또 북평후 장창이 춘추좌씨전을 헌납하고, 郡國에서도 종종 산천에서 청동기가 발견되었으니, 그 명문은 전대의 고문으로 모두 서로 비슷하여, 비록 遠古文字의 流變을 설명할 수는 없다하더라도 그 자세한 문자 내력을 대략 말할 수 있다.

나. 註釋

- 魯恭王 : 漢 景帝(기원전 156-140년)의 아들 劉餘을 가리킨다. 魯 땅에 봉해졌고, 死後 恭王이란 謚號를 받았기 때문에 魯恭王이라고 한다. 춘추시대에 존재했던 魯나라의 왕이 아니다.
- 禮 : 지금의 儀禮를 가리킨다.
- 記 : 지금의 禮記를 가리킨다. 지금까지 설문을 註釋한 이들은 모두 이 둘을 禮記로 註釋하였다.
- 張蒼 : 秦時에 御使 벼슬을 했으나 후에 漢에 귀화하여 北平候에 封해졌고 丞相까지 역임했다.
- 獻春秋左氏傳 : 漢 惠帝(기원전 194-179년) 3년, 秦의 夾書令이 폐지되자, 장창이

혜제에게 獻書한 춘추좌씨전을 가리킨다.

- 鼎彝 : 청동기

末句의 의미는 비록 遠古文字의 流變을 볼 수 없더라도, 지금까지 발견되거나 헌납한 책을 통해 고문자의 構字의 내막은 이해할 수 있다는 것이다.

而世人大共非訾하여, 以爲好奇者也라. 故詭更正文하고, 鄕壁虛造不可知之書하여, 變亂常行하고, 以燿於世하여, 諸生競逐說字解經誼니라.

가. 解釋

그런데도 세상 사람들 대부분은, 다 같이 고문학파를 헐뜯고 비난하면서, 기이한 것을 좋아하는 자들로, 일부러 바른 문자를 고치고 공자의 벽중서를 근거로 알 수 없는 글자를 날조하여, 보편적으로 쓰이고 있는 예서를 변란시키고, 세상에서 명예를 얻으려는 자들이라고 여기며, 제생들이 예서체를 보고 문자의 결구를 분석하고, 이를 바탕으로 경전의 뜻을 해석하였다.

나. 註釋

- 非訾 : 毁謗. 고문을 通曉하는 자를 기이한 것을 좋아하는 선비로 헐뜯는다는 것이다.
- 故 : 일부러
- 詭更 : 정상적인 방법이 아닌 變改를 가리킨다. 단옥재 주에 詭를 "고치는 것이다.(變也)"라 하였다.
- 正文 : 隷書
- 鄕 : 向의 가차이다.
- 常行 : 통행되는 字體
- 燿 : 현혹하다.

■ 誼 : 義의 古字이다.

> 稱秦之隸書하여, 爲蒼頡時書라하고, 云父子相傳何得改易하며, 乃猥曰, '馬頭人爲長이고, 人持十爲斗이며, 虫者屈中也이라.'하니라.

가. 解釋

진의 예서를 창힐 때 지은 글씨라 하고, 이는 부자가 서로 전해온 것으로 어떻게 고칠 수 있는가라고 하며, 외람되이 말하기를 위는 馬자 아래는 人자로 구성된 것이 長자이고, 사람이 十을 쥐고 있는 것이 斗자이며, 虫자는 中자의 가운데를 구부려 쓴 것이라고 하였다.

나. 註釋

■ 猥 : 외람되게

■ 馬頭人爲長 : 당시 예서에서 長자의 상반부는 馬자의 위 부분처럼, 하반부는 人자처럼 쓴 것을 보고, 長자의 구조를 분석한 것을 가리킨다. 허신 입장에서는 전혀 문자학적 근거가 없는 엉터리 구조분석인 것이다. 허신이 살던 시대에 한자는 역사상 유례가 없을 정도로 급격히 변하였다. 이를 隸變이라고 하는데, 당시 사람들이 이렇게 변형된 자형을 보고 한자의 자형과 본의를 파악하였음을 비판한 것이다.

居延新簡 字表 중의 斗와 升

■ 人持十爲斗 : 당시 예서는 隸變에 의해 '斗'자의 좌측은 '人'자처럼, 우측은 '十' 자처럼 썼다. 사람들이 이를 보고 분석한 것이다. 왼쪽 표는『居延新簡』중의 '斗'와 '升'의 字表이다. 두

번째 줄까지가 '斗'이고 세 번째 줄이 '升'이다. 각각 맨 처음에 있는 자가 통행체이다. '斗'의 통행체는 위 설문에서 漢代 사람들이 분석한 대로 왼쪽은 'ㅓ' 오른쪽은 '十'의 모양이다. 맨 아래 '升'의 네 번째 글자도 '斗'의 통행체와 거의 같다. 보다시피 당시 한자의 형체 변화가 이처럼 급격히 이루어지고 있어 한자학적인 소양이 없으면 한자의 결구분석을 제대로 할 수 없다.

■ 虫者屈中 : 당시 예서에서 虫자는 隸變에 의해 中자를 구부려 놓은 것처럼 보였다. 이를 당시 사람들이 분석한 것을 예시한 것이다. 예서에서 虫자의 중간 필획이 조금 굽은 것을 보고 이렇게 분석하였다.

이상은 당시 사람들이 隸變을 모르고, 당시 사용하고 있던 예서 자형을 보고, 문자를 분석한 오류를 지적한 것이다.

> 廷尉說律에, 至以字斷法하여, 苛人受錢을, 苛之字止句也이라. 若此者甚衆하니, 皆不合孔氏古文하고, 謬於史籒이라.

가. 解釋

정위가 법률을 해석할 때도 글자를 가지고 법을 단정하기도 하였다. 예컨대 다른 사람을 핍박하여 돈을 갈취한다고 할 때의 '苛'자를, '止와 句'로 이루어진 자로 보고, 이를 다른 사람을 협박하여(止), 돈을 사취하는 것(句)이라고 해석하였다. 이와 같은 문자 해석이 매우 많았으니, 모두 공자의 집 벽에서 나온 책의 고문과 합치되지도 않고, 사주편의 글자와도 일치하지 않는다.

나. 註釋

■ 廷尉說律, 至以字斷法 : 정위가 법률을 해석함에 예서 자형을 보고 그 글자의 뜻을 해석하여 판결(선고)을 한다.

■ 苛人受錢 : 법률 가운데 '苛人受錢'이란 문구의 苛는 苛虐(加虐)하다,[35] 受錢은

'뇌물을 받다.'란 뜻이다.

■ 苟之字止句也 : 본래 苟는 ++와 可로 구성됐는데, 예서에서 상부는 止, 하부는 句자처럼 譌變되었다. 즉, 苟는 본래 義符 艸와 聲符 可로 이루어진, 식물을 가리키는 형성자이었으나, 예서단계에서 자형이 譌變되어, 상부 止와 하부 句로 쓰게 되었다. 이를 그대로 분석하여 협박하여(止),[36] 돈을 사취하는 것(句)[37]으로 해석하였다. 苟는 본래 설문에 小草라 하였다.

> 俗儒啚夫가, 翫其所習하고, 蔽所希聞하여, 不見通學하니, 未嘗覩字例之條하여, 怪舊藝而善野言하고, 以其所知爲祕妙하여, 究洞聖人之微恉이라.

가. 解釋

속된 선비와 비루한 사람들은, 그가 습관된 것에 익숙하고, 드물게 들은 바에 가리어져[38] 정상적인 문자학 원리를 깨닫지 못하였다. 그리고 일찍이 문자 구성의 원리를 보지 못하고,[39] 옛 문화지식을 괴이하다고 하며, 떠돌아다니는 이야기를 옳다고 하고, 그 알고 있는 바를 신비하고 묘하다고 여겨, 성인의 심오한 뜻을 연구하여 깨우쳤다고 하였다.

나. 註釋

■ 翫 : 欣賞, 익숙하다

---

35) 苟人은 밀수, 법령 위반 등을 조사하다. 또는, 이를 조사하는 사람을 가리키기도 하였다.

36) 止는 止之(要挾)로 협박, 강요, 멈추게 하다이다. 止는 '막다.'란 뜻이 있다. 『左傳·桓公六年』 "(隨의) 소사가 돌아와 초나라 군대를 추격할 것을 청하니, 수후가 그것을 허락하려 하였으나 계량이 그것을 막았다.(少師歸. 請追楚師. 隨侯將許之. 季梁止之)"고 하였다.

37) 句는 鉤의 가차로 '鉤取하다.'란 뜻이다.

38) 위 '馬頭人이 長자이다.'라는 것과 같은 비정상적인 문자해석, 종래 듣지 못했던 날조된 문자해석 등을 가리킨다.

39) 문자 구성의 원리와 그 결구에 사용된 바 部件(構件)의 원형을 보지 못했기 때문에 문자를 바르게 해석할 수 없다는 뜻이다.

■ 通學 : 학문을 널리 통하는 사람
■ 字例之條 : 六書 構字의 조례
■ 怪舊藝 : 전통적인 문화지식을 괴이하고 황당하다하고, 근거 없는 것을 옳다고 한다.
■ 微旨 : 심오, 은미하다.

又見蒼頡篇中에, 幼子承詔하고, 因曰, 古帝之所作也이라. 其辭有神僊之術焉하고, 其迷誤不諭가, 豈不悖哉리오.

가. 해석

또 창힐편 중에 '어린아이가 스승의 가르침을 이어받다'라는 구절을 보고, 말하기를 옛날 천자(황제)가 지은 것이라 하고, 그 말에는 신선의 술법까지 들어 있다고 하니, 그 미혹되고 잘못되어 깨닫지 못함이 어찌 황당치 않으리오.

나. 註釋

■ 幼子承詔 : 이 구는 창힐편 중의 한 구절이다. 뜻은 학동이 선생의 가르침을 이어받는다는 것이다. 그런데 후세의 속유비부들은 '임금님의 명령을 조서라고 한다.(君命曰 詔(書))'의 詔와 이곳의 詔를 같은 詔로 받아들여, 창힐편을 黃帝가 지은 것이라고 여겼다. 그 이유는 詔는 왕이 내리는 명령이기 때문이라는 것이다.
■ 諭 : 曉諭, 명백하다.
■ 悖 : 황당하고 어그러지다.

이상은 설문 생산의 배경과, 설문 찬술 동기를 나타내었다. 또, 字體의 演變에 의한 文字理据의 혼란을 말하였다.

⑤ 許愼의 서술 태도, 설문의 體例.

書曰, "予欲觀古人之象이라" 하니, 言必遵修舊文而不穿鑿이라. 孔子
曰, "吾猶及史之闕文하니, 今亡矣夫라" 하니, 蓋非其不知而不問하고,
人用己私하여, 是非無正하고, 巧說衺辭가, 使天下學者疑이라.

가. 解釋

상서에 이르기를 "나는 고인의 모범을 보고자 한다."고 하였으니, 이 말은 반드시
옛 문자를 따라 익히되 함부로 고치고 설명하지 않겠다는 것이다. 공자께서 말씀하
시길 "나는 그래도 사관이 역사를 기록하거나 해석할 때, 모르는 사실이나 글자가
있으면 闕疑한 것을 보았다."고 하였는데, 이러한 것들은, 어찌 알지 못하고도 묻지
않고, 자신이 사사로이 알고 있는 바를 준거로 사물을 판단하여, 옳고 그름이 판명될
수 없고, 교묘하고 사특한 말로 천하 학자들로 하여금 의혹에 휩싸이게 하였음을 비
난한 것이 아니겠는가?

나. 註釋

■ 書曰 "予欲觀古人之象" : 『尙書·益稷篇』의 문장이다. 句意는 전대의 문물, 제
도를 계승하겠다는 것과 나는 고인들의 모범을 본받고 싶다는 것이다.
■ 遵 : 循이다.
■ 修 : 硏究
■ 舊文 : 고대의 기록
■ 孔子曰, "吾猶及史之闕文하니, 今亡矣夫라" : 『論語·衛靈公篇』에 보인다. 句
義는 역사서 속에 아직도 闕義한 문자를 볼 수 있는데, 지금은 이런 학문풍조가
없어졌다는 것이다. 허신이 당대의 무지한 小學家들이 '闕義'의 참뜻을 모르고,
천박하게 문자를 穿鑿附會한 것을 비판한 것이다.
■ 闕文 : 무슨 뜻인지 정확히 모르기 때문에 의문으로 남긴다. 뒤에 증거할 만한

자료가 나오면 바른 고석을 기다린다는 뜻이다.
- 蓋 : 何~不의 축약이다. 蓋는 전체문장 '非其不知~使天下學者疑'에 걸린다.
- 非 : 비판하다.

> 蓋文字者는, 經藝之本이요, 王政之始이며, 前人所以垂後하고, 後人所以
> 識古하니, 故曰本立而道生하나니, 知天下之至賾而不可亂也라.

가. 解釋

대개 문자라는 것은 六經의 근본이요, 왕정의 시작이며, 전인들이 후인들에게 그들의 모든 것을 전해주는 도구이며, 후인들이 그것으로써 옛것을 아는 것이다. 그렇기 때문에 논어에서는 '근본이 서야 도가 나온다.'고 하였고, 주역에서는 '천하의 심오한 이치를 알아야 혼란스럽지 않다'고 하였다.

나. 註釋

- 經藝之本 : 六經之本
- 始 : 기초
- 垂 : 流傳
- 本立而道生 : 『論語・學而篇』의 문장이다. 허신은 이 논어의 문구가 '인간의 기본인 仁이 닦여야 도를 깨칠 수 있다.'는 의미를 내포한 것처럼, 경전의 이해나 王政의 시행 등도, 그 기본인 문자에 대한 바른 이해와 사용이 전제되어야 이루어질 수 있다는 것이다.
- 知天下之至賾而不可亂也 : 『周易・繫辭上』에 "천하의 지극한 이치를 알아야 미워할 수 없고, 천하의 지극한 움직임을 알아야 어지럽지 않다.(言天下之至賾而不可惡也, 言天下之至動而不可亂也.)"라고 하였는데, 이를 응용한 문구인 듯하다. 賾은 頤와 통한다. '深遠(之理)'이라는 뜻을 가졌다. 『周易・繫辭上』에 "聖人有

以見天下之賾"의 唐 陸德明의 經典釋文에 "賾은,……京에서 嘖으로 쓰고, 이르기를 '情'이라고 하였다.(賾,……京作嘖, 云, 情也)"라 하고, 孔穎達의 疏에 "賾은 그윽하고 깊어 보기 어려움을 가리킨다.(賾, 謂幽深難見)"라고 하였다. 이곳의 情이란 사물 속의 심오하고 미세한 이치를 나타낸다.

『論語』나 『周易』을 인용한 것은 사람이 성인군자가 되려면 그 근본이 잘 닦여져야 되듯이 왕도정치가 행해지려면 그 다스림의 기본 공구인 '문자'가 바로 닦여야 한다는 것이다.

今敍篆文하고, 合以古籍하니, 博采通人하되, 至于小大라도, 信而有證이면, 稽撰其說하니, 將以理群類하여, 解謬誤하고, 曉學者하여, 達神恉하니라. 分別部居하여, 不相雜厠하니, 萬物咸覩하여, 靡不兼載이라. 厥誼不昭는, 爰明以諭하니, 其偁易孟氏, 書孔氏, 詩毛氏, 禮周官, 春秋左氏, 論語, 孝經은, 皆古文也이라. 其於所不知는, 蓋闕如也이라.

가. 解釋

이제 이 책(설문해자)은 소전을 字頭로 삼고, 이를 근거로 문자를 풀이하되, 고문이나 주문이 있으면 이를 덧붙여 놓았다. 그리고 문자학에 조회가 깊은 사람들의 설을 널리 채집하되, 크든, 작든 믿을 수 있어 증거할 만한 것이 있으면 그 설을 고증하여 形·音·義를 찬술하였다. 장차 (설문해자 수록의 문자를) 큰 무리로 정리하고, 鄙儒들의 잘못된 문자 해석을 변증하여 학자들을 깨우쳐 문자결구의 신묘한 이치를 깨닫게 하였다. 부수에 따라 문자를 분별, 배치하여 서로 섞이지 않게 하였고, 만물을 표시하는 모든 글자를 다 수록하여 싣지 않은 것이 없으니, 그 뜻이 명료치 않은 것은 선인들의 말을 들어 밝혔다. 그 인용된 書에 易이라 한 것은 한대의 孟喜 本, 상서는 孔安國 本, 시경은 毛亨의 傳, 儀禮, 周禮, 左丘明의 좌씨춘추, 논어, 효경 등은 모두 고문으로 쓰여진 것들이다. 그 알지 못하는 것은 모두 의문으로 남기고 해석하지 않았다.

나. 註釋

■ 至于小大 : 단옥재 주에는 于를 於로 썼다.

■ 不相雜廁 : 단옥재 주에는 끝에 '也'를 첨가하였다.

■ 古籀 : 고문과 주문

■ 博采通人 : 저명 학자의 설법을 널리 채용하다. 通人은 학식이 깊은 전문가를 가리킨다.

■ 稽 : 稽考, 考證

■ 撰 : 全釋

■ 理群類 : 단옥재 주에 "천지, 귀신, 산천, 초목, 조수, 곤충, …… 왕제, 의례, 세간 인사가 반드시 실려 있지 않음이 없어서, 모두 문자의 구성 원리로써 그 이치를 설명할 수 있다.(天地, 鬼神, 山川, 草木, 鳥獸, 昆蟲, …… 王制, 儀禮, 世間人事, 靡不必載, 皆以文字之說, 說其條理也)"라고 하였다.

■ 解謬誤 : 속유비부의 설을 파괴, 배제한다.

■ 曉 : 효유하다.

■ 達 : 通曉하다.

■ 神旨 : 심오한 뜻. 문자결구의 심오한 뜻

■ 分別部居 : 部類를 구분하다.

■ 廁 : 置이다.

■ 兼載 : 기록, 기재를 모두 했다.

■ 厥 : 其와 상통한다.

■ 昭 : 明

■ 諭 : 경전의 인용을 가리킨다. 자의 해석이 불충분하거나 모르는 부분이 있으면 前代의 경전을 인용하여 설명한다.

- 稱 : 擧
- 孟氏 : 孟喜를 가리킨다. 『易章句』를 지었다.
- 孔氏 : 孔安國을 가리킨다. 『古文尚書傳』을 지었다.
- 毛氏 : 毛亨을 가리킨다. 『詩詁訓傳』을 지었다.
- 『禮』 : 唐 이후에 儀禮로 칭하였다.
- 周官 : 漢代에 『周官』 經으로 칭하였다. 현재는 『周禮』로 칭한다.
- 闕如 : 『論語 · 子路』에 "君子于其所不知, 蓋闕如也(君子는 그 모르는 것은 남겨두었다.)"고 한 문장에서 따왔다. 闕은 缺의 가차이고, 如는 어조사이다. 闕如는 '存疑'를 가리킨다. 후대에는 '闕如'를 '盖闕'로 썼다.

이상은 허신의 문자해석 태도 즉, 고문에 근거하고, 철저한 고증에 의한 고석을 볼 수 있다. 허신은 漢代 古文經學派이었다. 그렇기 때문에 인용서 모두가 고문경전이다.

⑥ 부수의 體例, 자신의 가계, 저술의 志向을 補述

此十四篇은, 五百四十部로, 九千三百五十文이고, 重一千一百六十三이며, 解說凡十三萬三千四百四十一字이라. 其建首也立一爲耑하고, 方以類聚하여, 物以群分하고, 同條牽屬하여, 共理相貫하고, 雜而不越하여, 據形系聯하고. 引而申之하여, 以究萬原하고, 畢終於亥하여, 知化窮冥이라.

가. 解釋

이 14편은 540부로 이루어졌고, 수록된 자수는 단자로는 9,350자이며, 중문이 1,163자로, 해설을 한 글자까지 포함하면 모두 13만 3천 4백 11자로 구성됐다. 그 맨 처음은 '一'部로 시작하였는데, 자전에 수록된 모든 글자들의 분류는 같은 것끼리 모으고, 이 모아진 무더기들을 조리 있게 배치하는 방법을 사용하였다. 같은 부수에 속한 글자들은 서로 위아래로 의미상 연결되게 배치하고 또, 부수와 부수 사이에도 서로 상관관계를 맺도록 배치하였다. 그리하여 잡다한 것 같으면서도 서로 뛰어 넘지 않고, 形에 의거해 서로 연관을 맺고 있다. 부수 '一'부터 시작하여, 그 안에 사물의 모든 근원을 설명할 수 있는 부수자와 그에 소속된 글자를 배치하고, 부수 '亥'에서 끝났으니, 변화를 알고 신명을 궁구할 수 있다.

나. 註釋

■ 重一千一百六十三 : 正篆(小篆)이외의 자체 즉, 古文, 籒文, 奇字, 或體, 俗字 등을 중문이라 하는데, 이들이 1,163자가 수록됐다.

■ 方以類聚 : 方은 한자들을 어떻게 배치할 것인가에서 '나란히 붙여놓는 것'[40]을 말한다. 설문에 수록된 전체 글자를 어떻게 조합, 배치할 것인가에서, 작은 단위를 만들어 내는 방법을 말하고 있다. 類聚는 같은 부수(類)끼리 모아놓는 것을 말한다. '方以類聚'는『說文解字』에 수록된 한자들을 배치하는데, 같은 부수의 글자들을 한데 모아 작은 한 무더기로 만든다는 뜻이다.

■ 物以群分 : 物은 '만물'을 나타내는데 앞의 '方以類聚'의 '方'과 상대적 개념이다. '方'이『說文解字』에 수록된 글자들을 작은 단위로 묶는 방법이라면 '物'은 이 작은 무더기들을 큰 틀로 묶는 방법을 말한다. 群分은 같은 부수의 글자들을 한데 묶어 놓은 무더기들을 위상체계에 맞게 나눠 놓았다는 것이다. 物以群分은『說文解字』란 책의 전체적인 짜임을 언급한 것이다. '方以類聚, 物以群分'의 前者는 전체 글자를 작은 단위로 묶는 방법을, 後者는 이렇게 묶인 단위를 책 전체에 배열하는 방법을 말한다. 본래 '方以類聚, 物以群分'은『周易・繫辭上』에 나오는 말로, 이곳의 物은 '객관적으로 존재하는 물체'란 뜻이다.[41] 하지만『說文解字』의 物은 전체 책의 큰 틀을 짜는 방법을 가리킨다. 方物은 사물을 식별하는 것을 말한다.

---

40) 徐灝의『說文解字注箋・方部』에 "方은 인신해서 서로 나란히 묶여진 것을 말한다.(方之引申爲凡相併之稱)"고 하였다.

41)『說文・牛部』"物은 만물을 가리킨다.(物, 萬物也.)"고 하였다.

■ 同條牽屬, 共理相貫 : 同條와 共理를 단옥재는 "540부가 서로 상관관계를 맺고 이어진 것을 말한다.(謂五百四十部相聯綴也.)"고 하였다. 同條는 같은 부수로 볼 수도 또, 의미상, 형체상 유사한 부수를 가리킨다고 볼 수도 있다. 고대부터 현대까지 자전들은 542部[42], 76部(唐 玄度『九經字樣』), 98部(宋 李從周『字通』), 330部 (宋, 鄭樵『象類書』), 320部(唐代의『開元文字音義』), 217部(1979년 修訂新版『辭源』), 214部[43], 189部(1979년 修訂 重排本『新華字典』)까지 다양하지만, 전체적인 발전 추세는 많은 부수에서 적은 부수로, 번잡한 것에서 간단한 것으로 변화하고 있다. 일본이나 우리나라는 현재 214부로 고정된 듯하다. 하지만 중국은 계속 최적의 상태로 간화되고 있다. 최근 출판된『漢語大字典』[44]은 200부이다. 人부에 入을, 匚부에 匸를, 土부에 士를, 夂부에 夊를, 日부에 曰을…… 합병하는 방법으로 200 부로 구성하였다. 기존의 214부수 체계는 자형상, 의미상 굳이 分部를 하지 않아도 될 부수들을 습관적으로 214부로 나눠놓은 감이 있었다. 합리적인 통합이라고 생각된다.

『說文解字』는 부수를 매우 상세하게 쪼개 놓았다.『漢語大字典』이 200부로 나눠 놓은 것에서 알 수 있듯이,『說文解字』는 형체나 의의 상 쪼갤 필요가 없는 부수도 매우 자세하게 쪼개 놓았다. 예컨대 來와 麥, 스(합하다 합)과 會, 丂(숨내 쉬다 교)와 亐(어조사 우)는 의미상, 형체상 거의 유사하다. '同條牽屬, 共理相貫'은 이렇게 부수를 상세히 쪼개어 배열 하되, 각 부수별로 동일부수에 속한 글자들을 한데 모으고 또, 이들 각각의 부수를 서로 멀리 떨어뜨리거나 아무렇게나 배치한

---

42) 南朝 梁, 顧野王의『玉篇』, 宋 張有의『復古編』이 여기에 속한다.

43) 明代 梅膺祚의『字彙』(설문의 부수를 刪定하였음.), 張自烈의『正字通』, 淸代의 張玉書, 陳廷敬 등 30여 인이 편찬한『康熙字典』도 214부인데, 이는『字彙』와『正字通』을 계승한 것이다.『康熙字典』의 영향력이 매우 커서 후대의 자전들 대부분이 214부수를 따랐고, 214부수를『康熙部首體係』라고도 한다. 최근에 출판된『漢語大詞典』은 214부이다. 214부를 고집한 이유는 본 사전의 성격이 한자뿐만이 아니라 '古語' 사전도 겸하고 있기 때문에 강희자전의 방식을 준수한 듯하다.(漢語大詞典編輯委員會, 漢語大詞典編纂處 編纂,『漢語大詞典』, 上海, 漢語大詞典出版社, 1986, 11 ~1993, 11, 제1版)

44) 漢語大字典編輯委員會,『漢語大字典』, 四川辭書出版社, 湖北辭書出版社, 1993, 11, 제1版

것이 아니고, 서로 연관성을 갖게 앞뒤로 배치했다는 것이다. 이러한 부수 배치의 예를 보자. 『說文解字 · 四篇下』의 부수 중 '刀, 刃, 韧, 丰, 耒' 순으로 배열한 부분이 있다. 이들은 의미상 유관하거나 아니면 형체상으로도 서로 상관성을 띠고 배치한 것이지 우연히, 아무렇게나 배치한 것이 아니다. 유사한 의미와 형체인 刀와 刃을 앞뒤로 배치하고, '刃'과 형체와 의미가 전혀 다른 '丰'을 다음에 배치하되, 이들을 연결해주는 중간 고리로 '韧(새기다 갈)'을 배치하였다. 즉, '韧'은 刀에서 丰으로의 연결고리 역할을 하는데, '刀'와는 의미와 형체상 연관이 있고, '丰'과는 형체상 연관이 있다.

이렇게 『說文解字』의 글자 배치는 부수별로 또, 이들 부수를 의의나, 형체상 연관성을 갖게 배치하였다. 주로 형체상 연관성을 갖게 배치하였다. '同條牽屬, 共理相貫'은 이러한 부수배치를 언급한 것이다.

■ 引而申之 : 申은 伸의 가차이다. 古書에서는 信으로 쓰기도 하였다. 『周易 · 繫辭下』에 "가는 것은 굽고 오는 것은 편다. 굽히고 펴는 것이 서로 감동을 주어 이로움을 낳는다.(往者屈也, 來者信也, 屈信相感而利生焉.)"고 하였다.

■ 知化窮冥 : 『周易 · 繫辭下』"신명을 궁구하여 변화를 아는 것은 덕이 지극히 닦여야 한다.(窮神知化, 德之盛也.)"를 인용한 것이다.

于時大漢에, 聖德熙明이라. 承天稽唐하고, 敷崇殷中하여, 遐邇被澤이, 渥衍沛滂이라. 廣業甄微하여, 學士知方하고, 探賾索隱厥誼可傳이라.

가. 解釋

오호라 때는 위대한 한나라의 큰 덕이 밝고 빛나는 때이로다. 천명을 이어받음에 요임금의 고사를 계고하여, 예를 尊崇함이 크게 펼쳐져 멀고 가깝고를 가리지 않고, 그 은택을 입음이 크고, 깊고, 높고, 넓도다. 유가의 여러 경전이 考究되고 精妙해져 공부하는 사람들이 가야할 방향을 알며, 경전의 심오함을 취하고 은미함을 찾아서 그 의의를 전할 수 있었다.

나. 註釋

■ 于 : 감탄사로 쓰였다.

■ 熙明 : 熙明은 '緝熙光明'의 축약이다. 『詩經·周頌·閔予小子之什·敬之』에 "날로 달로 발전하여 학문이 빛나고 밝았도다.(日就月將, 學有緝熙于光明.)"라고 하였다.

■ 稽唐 : 稽는 稽攷, 唐은 唐堯로, 稽唐은 요임금의 故事를 계고한다는 뜻이다.

■ 敷崇殷中 : 殷은 盛하다, 中은 이루다로 쓰였다. 해석은 예를 숭상함이(崇) 성대히(盛) 펼쳐져(敷) 이루어졌다.(成)로 할 수 있다.

■ 渥衍沛滂 : 단옥재 주에 "渥은 적시다, 두텁다. 衍은 물결이 밀려와 크게 넘치는 것을 가리킨다. 滂은 沛(물이 크게 밀려오는 것)이다.(渥者, 霑也, 厚也. 衍, 如水潮之盛溢也. 滂者, 沛也.)"라고 하였다.

■ 廣業甄微 : 단옥재는 注에서 이 句의 뜻이 '동한시대 光武帝가 五經 十四博士를 두고, 肅宗은 白虎觀에서 諸儒들을 크게 불러 모아, 경전의 의의가 같고 다름을 논했다.'는 예를 들면서, 유가 경전에 대한 연찬을 나타낸다고 하였다. 甄은 고찰하다, 微는 '精妙, 심오하다.'[45]는 뜻이다.

■ 探嘖索隱厥誼可傳 : 단옥재 주에 "探은 取, 嘖은 初, 深, 索은 索(구하다 색)의 가차자이다.(探, 取也. 嘖, 初也. 深也. 索者, 索之假借字)"라고 하였다.

'于時大漢~探嘖索隱厥誼可傳'은 설문해자를 짓게 된 동기를 설명하였다. 허신은 한대 경학이 크게 발명되던 시기에 유독 소학(문자학)만이 닦여지지 않아, 그 문자학적 원리를 설명할 수 없고, 나아가 그 잘못된 문자학적 지식이 세상에 판을 치기 때문에 이 설문해자를 짓게 되었다고 하였다.

---

45) 『荀子·解蔽』에 "蚊蝱之聲聞則挫其精, 可謂危矣, 未可謂微也."의 楊倞 注에 "微는 정묘함을 가리킨다.(微者精妙之謂也.)"고 하였다.

> 粵在永元困頓之季, 孟陬之月, 朔日甲申에, 曾曾小子는, 祖自炎神하고, 絪縕相黃하며, 共承高辛하고, 太岳佐夏하며, 呂叔作藩하고, 俾侯于許하여, 世祚遺靈이라. 自被徂召하여, 宅此汝瀕이라. 竊卬景行하여, 敢涉聖門하니, 其弘如何아. 飾彼南山하니, 欲罷不能하여, 旣竭愚才하고, 惜道之味하여, 聞疑載疑라. 演贊其志하여, 次列微辭하니, 知此者稀이라. 儻昭所尤면, 庶有達者理而董之라.

가. 解釋

오호라 태세가 경자 년인, 한 화제 영원 12년(서기 100년) 정월, 초하루가 갑신인 날에 몇 수십 대 손자인 저의 조상은, 할아버지가 염제와 신농씨로부터 시작하여, 진운 할아버지는 황제를 도왔고, 共工 할아버지는 顓頊高辛氏를 받드셨고, 태악 할아버지는 하우를 도우셨고, 여숙 할아버지는 번국이 되셨고, 비 할아버지는 周의 제후가 되어 許 땅의 군주가 되셨다. 대대로 황제의 봉록을 받고, 훌륭한 업적을 남기셨으니, 우리 조상님들은 저 허 땅으로부터 시작하여 이 곳 소릉으로 이사를 오면서 여수의 물가에 터를 잡았습니다. 이렇게 대대로 나라에 공헌한 조상님들의 큰 업적을 우러러 보고, (후손인 저도 가만히 있을 수 없어) 육예(六經)를 만드신 오제, 삼왕, 주공, 공자, 춘추좌씨전, 창힐, 사주의 문하를 넘나들었습니다. 조상님들이 대대로 행하신 大道와 聖門의 그 훌륭하심이 어떠신가? 저 남산만큼 커서, 설문해자를 쓰는 것을 그만두려 해도 그만둘 수가 없어, 그 어리석은 재주를 다하고, 감미로운 맛을 아껴, 전해 내려오는 것 중 存疑된 것이 있으면 있는 그대로 실었다. 그 아는 것을 연찬하고, 은미한 말들을 펼치고 서술하였으니, 이를 아는 자는 드물 것이다. 혹시라도 잘못된 바가 있으면 통달한 자가 그것을 다스려 바로잡아 주기를 바란다.

나. 註釋

- 粵 : 粵는 어조사이다.
- 永元 : 永元(서기 89-104년)은 동한 和帝(서기 89-105년)의 연호이다.

■ 困頓 : '困頓'은 地支가 '∼子'에 해당함을 나타낸다. 『爾雅·釋天』에 "大歲의 天
干이 庚에 해당하면 '上章,' 地支가 子에 해당하면 '困敦'이라고 한다.(大歲……在
庚曰上章,……在子曰困敦.)"고 하였다. 이곳에서 천간은 말하지 않았지만 永元 12
년은 경자 년에 해당한다.

■ 孟陬之月 : 正月을 가리킨다. 『爾雅·釋天』에 "정월은 '陬,' 2월은 '如,' 3월은 '寎'
라고 한다.(正月爲陬, 二月爲如, 三月爲寎)"고 하였다.

■ 曾曾小子 : 매우 많은 代가 내려온 손자. 이곳은 바로 뒤에 나오는 염제와 황제를
필두로 고신씨, 공공 등의 조상으로부터, 자신이 아득히 멀리 떨어진 손자라는 뜻
이다. 曾은 겹침을 가리킨다. 보통 물건에서는 層層이라고 표현하는데, 사람의
경우 조상으로부터 시간이 많이 떨어진 자손을 보통 '曾'자를 붙여 '曾孫'[46)이라고
부른다. 『左傳·哀公二年』에 "曾孫 괴외가 황조이신 문왕께 아룁니다.(曾孫蒯
聵, 敢昭告皇祖文王)"라고 하였다.

■ 祖自炎神 : 炎은 炎帝, 神은 神農氏를 가리킨다. 이들이 姜水 근방에 살았기 때
문에 성을 '姜'으로 삼았다. 甫씨, 許씨, 申씨, 呂씨 등이 모두 '姜' 姓의 후예들이
다. 그래서 허신이 염제와 신농씨가 자신의 선조라고 한 것이다.

■ 縉雲相黃 : 縉雲은 관명으로 시작해서 성씨로 삼은 듯하다. 황제때 기록을 담당했
던 관원인 듯하다. 단옥재는 주에서 "가규는 『左傳·解詁』에서 이르기를 縉雲氏는
성이 姜이다. 염제의 후예이다. 황제시에 '縉雲'을 맡은 관리 이였다.(賈逵『左傳·
解詁』云, 縉雲氏, 姜姓也. 炎帝之苗裔. 當黃帝時任縉雲之官也.)"라고 하였다.

■ 共承高辛 : 共은 共工을 가리킨다. 共工은 염제의 후손으로, 성이 姜이라고 한
다. 承은 奉의 의미로 쓰였다. 古籍마다 조금씩 다르게 서술됐다. 어떤 책에는
共工[47)과 전욱 고신씨가 황제의 자리를 놓고 다퉜다고 하기도 하고,[48) 共工이

---

46) 현재는 '4대 손자'를 증손이라고 하는데 고전에서 '曾孫'은 먼 후손을 가리키기도 한다.

47) 『國語·周語下』(卷三) "옛날에 共工이 이 도를 버리고 음악에 빠져 그 몸을 어지럽혔다.(昔共工棄
此道也, 虞于湛樂, 淫失其身)고 하였다.

고신씨를 받들었다고도 한다. 고신씨는 黃帝의 뒤에 존재했던 제왕이다.

■ 太岳佐夏, 呂叔作藩 : 단옥재는 주에서 "내 생각으로는 太嶽은 姓이 '姜'이고, 우임금의 중신이었다. 그렇기 때문에 呂 땅의 제후가 되었는데, 그 지명(呂)과 중신을 가리키는 '심려'의 뜻이 합치된다. '呂侯'는 하나라, 은나라를 거치면서 나라가 쇠잔해졌기 때문에, 주 무왕이 문숙을 허 땅의 제후로 봉하여 주나라의 번국으로 삼았다.(按 太嶽姜姓, 爲禹心呂之臣, 故封呂侯, 取其地名與心呂義合也. 呂侯歷夏殷之季, 而國微, 故周武王奉文叔於許, 以爲周藩屛)"고 하였다.

■ 俾侯于許 : 단옥재는 俾侯는 甫侯이고, 甫侯는 呂侯라고 하였다.

■ 世祚遺靈 : 世祚는 世祿, 靈은 令의 가차로 '善(훌륭함)'을 나타낸다.

■ 自被徂召 : 徂는 옮기다, 召는 召陵을 가리킨다. 단옥재는 주에서 "허 땅으로부터 여남 소릉현으로 이사 온 것을 말한다. 좌전 희공 4년, 소공 14년, 정공 4년에 나오는 소릉은 한나라 때는 현이었고 여남군에 속했다. 晉나라 때 영천군에 편입시켰는데, 지금 하남성 허주 언성현에 속한다. 현의 동쪽 45리 떨어진 곳에 옛날의 소릉성이 있다. 한나라 때 소릉에 만세리가 있었고, 허씨들이 살던 곳이었다.(謂自許往遷汝南召陵縣也. 左傳僖四年, 昭十四年, 定四年之召陵漢爲縣, 屬汝南, 晉改屬潁川, 今河南許州鄢城縣縣東四十五里, 有故召陵城, 漢時召陵有萬歲里, 許氏所居也.)"라고 하였다.

■ 宅此汝瀕 : 宅은 居하다. 汝瀕은 汝水의 물가. 즉, 위에서 허신의 선조가 소릉으로 이사왔다고 하였는데, 소릉이 汝南에 속하니 汝南에 정착한 것을 가리킨다. 단옥재는 "文叔 이하 24대가 허란 곳에 살았는데, 이 제후국은 전국 초, 초나라에게 멸망을 당하였다. 그 뒤 소릉으로 이사를 온 사람이 허신의 직계 선조가 된다. 허신은 이를 상세하게 설명한 것이다.(文叔以下二十四世當戰國初楚滅之, 後有遷

---

48) 『淮南子·天文訓』에 "옛날 공공과 전욱 고신씨가 황제가 되기 위해 다퉜다.(昔者共工與顓頊爭爲帝)"고 하고, 『淮南子·兵略訓』에는 "黃帝가 일찍이 염제와 다퉜고, 전욱은 일찍이 공공과 다퉜다.(黃帝嘗與炎帝戰矣 顓頊嘗與共工爭矣)고 하였다. 이렇게 전고마다 조금씩 다르다.

召陵者, 爲許君之先, 許詳此者.)"라고 하였다.

- 竊卬景行 : 景行은 큰 길, 밝은 행위. 句義는 조상님들이 살아오신 것이 '大道'를 걸으신 것이고, 이를 우러러본다는 것이다.

- 敢涉聖門 : 단옥재 주에 "聖門은 무릇 육례를 만든 오제, 삼왕, 주공, 공자 등의 언행과 좌전 및 창힐편 사주편에 수록된 내용을 말한다.(聖門謂凡造六藝之五帝, 三王, 周公, 孔子, 左氏及倉頡, 史籀之門庭也.)"고 하였다.

- 其弘如何, 節彼南山 : 節은, 단옥재 주에는 節로 쓰고, '높고 험준한 모양(高峻兒)'이라고 하였다. 또, 이 節은 '𨺉'의 가차라고 하였다. 句義는 大道와 聖門의 큼이 저 남산의 높고 험준함과 같다는 것이다.

- 惜道之味 : 단옥재는 道를 甘으로 풀었다. 그 근거로 『說文・甘部』에 "甘은 '아름답다.'이다. 입에 一을 물고 있는 모습을 그려 표현하였다. 一은 道이다.(甘, 美也. 從口含一. 一, 道也)"를 들었다.

- 聞疑載疑 : 句義는 의문이 나는 것은 의문이 나는 대로 실어, 후학들의 補正을 기다린다는 것이다. 『春秋穀梁傳・桓公五年』에 "春秋의 필법은 믿을 만한 것은 믿을 수 있게 전하고, 의문 나는 것은 의문 나는 그대로 전하였다.(春秋之義, 信以傳信, 疑以傳疑)"라고 하였다. 이것이 학자들이 학문하는 자세이었다. 단옥재는 주에서 후한으로 넘어오면서 한자의 形・音・義를, 규명할 수 없는 것이 많았는데, 이를 미진한 대로 설문해자에 수록한 것은, 큰 학문을 실천하는 하나의 방법이었다고 하였다. 미진한 부분이 있더라도, 큰 학문을 함에 작은 흠이 있더라도, 사마천이 사기를 썼기 때문에 공자와 좌구명의 학문이 이어져 오듯이, 이를 있는 그대로 남겨, 후세 준걸한 학자를 만나 補正을 기다리는 것이 학문하는 태도라고 하였다.

- 演贊其志 : 演은 長流로, 깊고 넓게 考究한다는 뜻이다. 贊은 '드러내다.'이다. 志는 識이다.

- 次列微辭 : 次는 서술하다, 列은 펴다, 微는 妙, 辭는 說이다. 句義는 '설문해자

에 수록된 문자의 그 미묘한 설을 펴고 서술한다.'이다.

■ 知此者稀 : 허신 이전이나 허신 이후나, 허신이 설문해자에서 풀이한 문자들이 이렇게 오묘한 뜻을 갖고 있음을 아는 사람이 드물 것이다.

■ 儻昭所尤 : 儻은 혹시, 尤는 訧(허물 우)의 가차자이다.

■ 庶有達者理而董之 : 庶는 바란다, 達은 통달한 사람, 理는 治, 董은 '바로잡다.' 로 쓰였다.

이상은 허신이 직접 쓴 서문이고, 아래는 아들 허충이 임금님께 책을 올리면서 쓴 서문이다.

召陵萬歲里에, 公乘艸莽臣沖은, 稽首再拜하고, 上書皇帝陛下이라. 臣伏見陛下神明盛德하고, 承遵聖業하여, 上考度於天하고, 下流化於民하며, 先天而天不違하고, 後天而奉天時하니, 萬國咸寧이라. 神人以和하고, 猶復深惟五經之妙하니, 皆爲漢制라. 博采幽遠하고, 窮理盡性하여, 以至於命이라. 先帝詔侍中騎都尉賈逵하여, 修理舊文이라. 殊藝異術이, 王敎一耑이라도, 苟有可以加於國者이면, 靡不悉集이라.

가. 解釋

소릉 만세리에 살고, 작위가 공승인 보잘것없는 신하 허충이 머리를 조아리며 두 번 절하고, 황제폐하께 글을 올림이다. 저는 엎드려 황제폐하의 신명스런 명석함과 위대한 덕을 뵙고, 성업을 이어 받아 따르시고, 위로는 하늘의 법도를 상고하시며, 아래로는 백성들을 교화시키셔, 하늘보다 앞에 가도 하늘을 거슬리지 않고, 하늘보다 뒤에 가도 天時를 거슬리지 않으니, 만백성이 모두 평안하였다. 신과 사람이 조화를 이루고, 오경의 기묘한 뜻을 다시 깊이 고구하였으니, 모두 한나라 때의 제도이었다. 널리 그윽하고 먼 곳까지 채집하여 사물의 본성과 이치를 모두 연구하여 지극함에 이르렀다. 전대의 황제(和帝 : 서기 89-106년)께서 시중기도위 가규를 부르셔

서, 舊文을 수정하고 연구하게 하시었다. 특히 다른 예술과 왕의 가르침의 한 끝이
라도, 진실로 국가에 도움이 될 만한 것이 있으면 수록하지 않은 것이 없다.

　　　나. 註釋

■ 公乘艸莽臣沖 : 公乘은 진나라 때의 관작 이름으로 8등급에 해당하였다. 軍吏
　가운데 최고 이었다.

■ 艸莽臣 : 『儀禮·士相見禮第三』에 "무릇 임금께 자신을 칭할 때, 士大夫는 下
　臣, 벼슬을 그만 둔 사람 중에 수도에 살면 '市井之臣,' 시골에 살면 '草茅之臣,'
　서인은 '刺草之臣,' 다른 나라 사람들은 '外臣'이라고 한다.(凡自稱於君, 士大夫則
　曰下臣, 宅者在邦則曰市井之臣, 在野則曰草茅之臣, 庶人則曰刺草之臣, 他國之人則
　曰外臣.)"고 하였다. 허충이 말한 '艸莽臣'은 '草茅之臣'의 茅를 莽(풀 망)으로 바
　꾼 것으로, 벼슬하지 않은 초야에 묻혀 사는 사람이란 뜻이다.

■ 稽首再拜 : 稽는 𩒨의 가차이다.

■ 上書皇帝陛下 : 이곳의 황제는 安帝(서기 107-126년)이다.

■ 上考度於天 : 考는 '상고하다.'란 뜻으로 쓰였는데, 어떤 이는 攷의 今字라고도
　하고, 어떤 이는 攷의 가차자라고도 한다.

■ 萬國咸寧 : 萬은 본래 벌레를 그린 것이었으나 숫자로 가차되어 사용하였다. 본
　래부터 숫자 '일만'을 나타내는 말이 없었다. 설문에서 말하는 '本無其字, 依聲託
　事'에 해당한다. 후에 '万'자를 만들어 냈다. 하지만 寧은 '편안함'을 나타내는 '甯'
　이 있음에도 '寧'을 썼다.

■ 惟 : 惟는 생각하다. 여기서는 고구하다란 뜻으로 쓰였다.

■ 五經 : 보통 공자가 六經을 서술했다고 말하면서도, 습관적으로 六經이라고 하지
　않고, 五經이라고 부르는 것은, 六經(육례)의 樂經을 禮에 통합시켜 부르는 것이
　다. 한대에는 五經으로 불렀는데, 이는 五經博士를 둔 것에서도 알 수 있다.

■ 皆爲漢制 : '皆爲漢制'는 光武帝가 경학을 좋아하여 五經, 十四博士를 두고, 李

封을 春秋左氏博士로 삼은 것을 말한다. 즉, 한대에 황제들이 경학을 연찬하여, 古文의 영역에 속하는 설문해자를 지을 수 있었던 배경이 형성됐음을 말한다.

■ 博采幽遠, 窮理盡性 : 단옥재 주에 "章帝(서기 76-89년), 建初(서기 76-83년) 연간에 유자들을 백호관에 크게 모이도록 하여, 경전의 같음과 다름을 고구하게 하고, 친히 납시어 그 옳고 그름을 확정하였다……또, 훌륭한 학자들을 불러 고문상서, 모시, 곡량, 좌씨춘추 등을 강의하게 하였다.(章帝建初中, 大會諸儒於白虎觀, 考詳同異, 親臨偁制, ……又詔高才生受古文尚書, 毛詩, 穀梁, 左氏春秋)"라고 하였다. '博采幽遠, 窮理盡性'는 이와 같은 제왕들의 경학에 대한 연찬을 가리킨다.

■ 以至於命 : '以至於命'의 命은 '더 할 것이 없는 상태'를 가리킨다. 『詩・周頌・維天之命』"維天之命, 於穆不已."의 孔穎達 疏에 "天道는 이리 돌고 저리 돌아도 끝내 멈추지 않는 것을 말한다.(言天道轉運, 無極止時也)"고 하였다. 즉, 여기서 命은 더 이상 연구할 게 없는 지극한 상태를 가리킨다.

■ 先帝詔侍中騎都尉賈逵 : 先帝는 安帝, 殤帝(서기 106-106년)의 앞에 통치했던 和帝(서기 89-106년)를 가리킨다.

■ 先帝詔侍中騎都尉賈逵 : 賈逵는 字가 景伯이고 扶風 平陵 사람이다. 劉歆에게 左氏春秋, 古文尚書를 전수받고 또, 國語, 周禮 등을 공부했다고 한다. 특히 춘추좌씨전과 국어에 밝아 이들의 註釋書인 '解詁' 51篇을 지었다. 和帝 永元 3년(서기 91년)에 左中郎將이 되었고, 8년에는 다시 '侍中,' '領騎都尉,' '內備帷幄兼領秘書'가 되어 황제를 지근거리에서 모시며 信用이 대단하였다.

■ 修理舊文, 殊藝異術~靡不悉集 : 단옥재는 주에서 『漢書・和帝紀』에 "13년 봄 정월 정축 일에 황제가 친히 동관에 납시어 전적을 열람하시고 경술에 조회가 있는 사람들을 널리 모집하여 전적을 담당하는 관리로 충원하였다.(十三年春正月丁丑, 帝幸東觀, 覽書林, 閱篇籍, 博選術藝之士以充其官)"라고 한 것은, 모두 가규의 설을 참고로 한 것이라고 하였다. 또, 安帝 永初 四年(서기 110년) 劉珍과 오경박사로 하여금 동관에 있던 五經, 諸子, 傳記, 百家藝術의 脫誤를 整齊하고, 문자

를 是正한 것은 安帝가 先帝를 계승하여 서술한 것이라고 하였다. 즉, 한대의 황제들이 경학, 제자백가 등의 모든 고문을 연찬하고, 교정하고, 成冊하여, 이를 치세의 資로 삼았음을 언급한 것이다.

■ 王敎一崇 : 崇은 端의 本字이다.

> 易曰, 窮神知化는, 德之盛也라. 書曰, 人之有能有爲면, 使羞其行하여, 而國其昌이라. 臣父故太尉南閣祭酒愼은, 本從逵受古學이라. 蓋聖人不空作하고, 皆有依據라. 今五經之道昭炳光明하니, 而文字者其本所由生이라. 自周禮漢律은, 皆當學六書貫通其意라. 恐巧說衺辭로, 使學者疑하니, 愼博問通人하여, 考之於逵하고, 作說文解字라.

가. 解釋

주역에 말하길 "신명을 궁구하여 변화를 아는 것은 덕이 지극히 닦여야 한다."고 하였습니다. 서경에 말하길 "사람 가운데 유능한 사람이 있으면 그들로 하여금 그 행위를 하게 하여 나라가 번창 하게 한다."고 하였습니다. 臣의 부친, 옛날에 太尉南閣祭酒를 역임하신 허신은 본래 가규에게 고문을 배웠습니다. 대개 성인께서는 망령되이 해석하지 않고, 해석함에는 모두 증거가 있었습니다. 지금 오경의 도가 잘 닦여있습니다. 문자라는 것은 본래 말미암은 바가 있어 나온 것입니다. 주례를 포함한 6경과 漢律은 모두 문자학을 공부해야 그 뜻을 이해할 수 있습니다. 하지만 지금은 문자학을 전혀 모르는 사람들이, 교묘한 말과 사특한 말로 문자를 考釋하여 혹, 학자들로 하여금 의문에 휩싸이게 할 것을 두려워하여, 허신은 문자학에 통달한 사람에게 널리 물은 뒤, 최종적으로는 스승인 가규의 설을 절충하여 설문해자를 지었습니다.

나. 註釋

■ 易曰, 窮神知化, 德之盛也. :『周易·繫辭下』에 나온다.

■ 書曰, 人之有能有爲, 使羞其行, 而國其昌 :『書經·洪範第六』에 나온다. 羞는 進이다. 주역과 상서에 나온 이런 말들을 인용한 것은 앞에서 언급한, 한나라의 역대 임금님들이 문예를 중시 여겨 "修理舊文, 殊藝異術~靡不悉集"한 것을 칭송, 증명하고, 자신의 아버지(허신)가 이러한 영향으로 설문해자를 짓게 되었다는 것을 말한다.

■ 臣父故太尉南閤祭酒愼 : 故는 前任, 太尉南閤祭酒는 太尉府 屬吏 중 南閤을 출입하는 사람들 중 가장 우두머리이다. 百官志에 太尉의 속리는 모두 24명이라고 하였다.

■ 本從逵受古學 : 受는 배우다, 古學은 古文尙書, 毛詩, 春秋左氏傳, 倉頡의 古文, 史籀의 大篆 등의 학문을 가리킨다. 이들은 모두 고문으로 이루어졌기 때문에 당연히 고문자를 배웠다와 동의로 해석할 수 있다.

■ 蓋聖人不空作 : 空은 단옥재 주에는 妄으로 썼다.

■ 今五經之道昭炳光明 : 앞에 한나라 때에 이미 '오경의 오묘함을 깊이 고구하고 훌륭한 사람을 멀리까지 구하였다.(深惟五經之妙, 博采幽遠)'고 하였다. 거기다가 賈逵가 '구문을 연구하고 교정하였다(修理舊文)'고 하였으니, 허충이 설문해자를 임금께 올릴 때는 이미 오경의 고석이 완전히 이루어졌고, 거기다가 허신이 今學이나 古學을 절충해서 '五經異義'를 지었기 때문에 오경의 연구는 매우 잘되었다는 것이다.

■ 而文字者其本所由生 : 句義는 '문자가 있은 연후에 오경도 있다. 그러니 문자의 닦음이 중요하다.'는 것이다. 단옥재는 논어의 '本立而道生'과 같은 의미를 나타낸다고 하였다. 본 서문의 앞쪽에 이미 나왔었다.

■ 自周禮漢律 : 周禮는 육경을 나타낸다. 즉, 六經 모두를 언급하지 않고 周禮 하나만 언급하여 육경을 나타내었다.

六藝群書之詁를, 皆訓其意하니, 而天地鬼神, 山川草木, 鳥獸蟲蟲, 雜物奇怪, 王制禮儀, 世間人事가, 莫不畢載라. 凡十五卷에, 十三萬三千四百四十一字라.

가. 解釋

六經과 뭇 서적들에 실린 옛 말들의 뜻을 모두 해석하였고, 천지, 귀신, 산천, 초목, 소수, 곤충, 잡물의 기괴함과, 왕제와 예의, 세간 인사를 다 싣지 않은 것이 없다. 무릇 15권 13만 3천4백41자이다.

나. 註釋

■ 六藝群書之詁 : 六藝는 주나라 때에는 '禮, 樂, 射, 御, 書, 數[49]'를, 한나라 때는 보통 六經을 가리켰다. 단옥재 주에 "詁라는 것은 옛말을 해석하는 것이다.(詁者, 訓古言也)"라고 하였다.

■ 皆訓其意 : 단옥재 주에 "訓이라는 것은 그 이치를 따라서 설명하는 것이다.(訓者, 順其理而說之也.)"라고 하였다.

■ 凡十五卷, 十三萬三千四百四十一字 : 허신은 설문해자를 14편이라고 하고, 아들 허충은 15편이라고 하였는데, 이는 敍를 별도의 한권으로 삼았기 때문이다. 설문해자의 글자 수가 모두 133,441자라고 하였는데, 이는 字頭(풀이 대상 글자) 9,353자, 字頭를 풀이한 글자 즉, 해석한 글자 122,699자 , 重文 1,163자, 序文에 쓰인 글자 5,030자를 합친 숫자를 말하는 것이다. 하지만 단옥재는 설문해자를 구성하고 있는 모든 글자의 합이 '127,729자'라고 하였다. 허신이나 허충이 133,441자라고 말한 것보다 5,712자가 부족하다.(단옥재 주 참조) 아마 이는 허충이 황제에게 책을 바칠 때의 설문 원본은 133, 441자이었는데 나중에 傳寫되는 과정에서 축약, 혹은 산실된 듯하다.[50]

---

49) 『周禮·地官·大司徒』에 "셋째가 육례이니 '禮, 樂, 射, 御, 書, 數'가 그것이다.(三曰六藝, 禮樂射御書數.)"라고 하였다.

> 愼前以詔書敎東觀이라. 敎小黃門孟生李喜等하나, 以文字未定未奏上이
> 라. 今愼已病하여, 遣臣齎詣闕이라. 愼又學孝經한데, 孔氏古文說이라. 古
> 文孝經者는, 孝昭帝時魯國三老所獻이라. 建武時에, 給事中議郞衛宏所
> 校라. 皆口傳이요, 官無其說하니, 謹撰具一篇幷上이라.

가. 解釋

허신은 전에 조서에 의해 동관에서 글자를 교정한 적이 있습니다. 이 때 소황문으로 일하던 맹생과 이희 등을 미앙정에서 가르쳤는데, 설문해자의 수정이 끝나지 않아 임금님께 올리지를 못했습니다. 지금 저의 아비(허신)는 이미 병이 들어 저로 하여금 책을 대궐에 올리도록 했습니다. 허신은 또 효경을 배웠는데, 공자의 집 벽에서 나온 고문으로 설명된 것입니다. 고문효경이라는 것은 소제(BC 86-73년) 때 노나라의 三老가 바친 것입니다. 건무(서기 25-57년) 연간에 급사중 의랑인 위굉이 교정한 것입니다. 이들은 모두 구전되던 것으로 정부 보관 서적에는 그 설이 없어서, 삼가 한편을 편찬하여 설문해자와 함께 올립니다.

나. 註釋

■ 愼前以詔書敎東觀 : 단옥재 주에는 '敎'를 '校書'로 썼다. 단옥재 주가 합리적이다. 위에서도 보았듯이 安帝 永初 4년(서기 110년) 劉珍과 오경박사를 불러 동관에서 오경, 제자백가, 전기, 예술 관계 서적 등을 교정하였다고 하였다. 허신도 이러한 교정 작업에 참여 한 듯하나, 현재로서는 그 전거를 찾을 수 없다.

■ 敎小黃門孟生李喜等 : 소황문은 관직 이름이다. 단옥재 주에 "元帝(BC 48-32년)가 통치할 때 史游가 黃門令이었다. 董巴의 輿服志에 말하기를 禁門을 '黃闥'이라고 하는데 중인들이 이곳을 담당하였다. 그렇기 때문에 '黃門'이라고 한다. 宦

---

50) 우리와 중국의 글쓰기 문화의 차이점을 발견할 수 있다. 현재 중국은 글의 분량을 '200자 원고지 몇 매' 혹은 'A4 용지 몇 매'로 표시하지 않는다. 원고지 크기가 어떻든 모두 '글자 수'로 표시한다. 위 설문해자의 분량 표시에서 보듯이 이는 매우 오래된 중국인들의 글쓰기 문화인 듯하다.

者傳에 말하길, 永平(明帝, 서기 58-60년) 연간에 中常侍는 4명, 小黃門은 10명이
었다.(元帝之世, 史游爲黃門令. 董巴 輿服志曰, 禁門曰 黃闥, 中人主之, 故曰黃門.
宦者傳曰, 永平中, 中常侍四人, 小黃門 十人.)"라고 하였다.

■ 以文字未定未奏上 : 단옥재는 허신이 동관에서 校書를 할 때 설문해자를 올리지
못한 것은 刪改 등의 교정이 아직 완전히 끝나지 않았기 때문이라고 하였다.

■ 遺臣齎詣闕 : 齎는 가지다, 詣는 보내어 이르게 하다. 闕은 東都의 兩觀을 말한
다. 대궐의 일부이다.

■ 愼又學孝經, 孔氏古文說 : 이 부분은 해석이 난감하다. 문리 상으로는 효경과
공씨 고문설을 배웠다가 순리적인 해석이지만, 공씨 고문, 공씨 고문설이 무엇을
뜻하는지 설명할 수 없다. 공씨는 공자의 집에서 고문 효경이 발견됐기 때문에
공자로도 볼 수 있다. 물론 공안국으로도 볼 수 있다. 孔安國이 공자의 벽 중에서
나온 '古文尙書'를 정리하여 황제께 올린 적이 있고 또, 황제께 올리지는 않았지
만 그 외 나머지 다수의 책들도 수거했기 때문에 공안국은 고문에 능통하였다.
이런 공안국에게 고문을 배웠다고 할 수 도 있다. 하지만 허신이 공안국에게 고문
을 배웠다는 기록은 찾을 수 없다. 바로 아래 문장에서 고문효경을 설명하는 것으
로 보아 '공자의 집 벽에서 나온 고문으로 설명된 것'으로 해석하는 것이 합리적
일 듯하다.

■ 古文孝經者, 孝昭帝時魯國三老所獻 :『漢書・藝文志』에 "고문상서는 공자의
집 벽에서 나온 것이다. 무제말에, 노나라의 공왕이 궁궐을 넓히려고 공자의 집을
허물다가 고문상서, 예기, 논어, 효경 등의 책을 얻었는데, 이 책을 공왕보다 한참
후배인 孔安國이 모두 수거하여 보관하고 있다가, 그 가운데 古文尙書만 무제에
게 올렸다.(古文尙書者 出孔子壁中, 武帝末, 魯恭王壞孔子宅, 欲以廣其宮, 而得古文
尙書 及禮記, 論語, 孝敬. 孔安國悉得其書以古文尙書獻之)"라고 하였다. 위 문장과
『漢書・藝文志』의 내용을 참고하면 西漢 景帝(기원전 156-140년)[51] 연간에 공자
의 집 벽에서 다수의 '고서'들이 나왔고, 이들 중 노나라의 삼노들이 소제(BC 86-

73년)에게 고문 효경을 올리고, 공안국이 벽중서를 다수 보관하고 있다가 고문상서를 무제(광무제로 추정됨 : 서기 25-58년)에게 올렸다는 것이다.(단옥재 주 참조)

■ 謹撰具一篇幷上 : 撰은 巽으로 具이다. 『說文·丌部』 '巽은 具이다.(巽, 具也)' 라고 하였다. 옛날에는 手를 붙이지 않고 '巽'으로 썼다. 撰은 속자인 셈이다. 이상은 고문 효경을 奏上하게 된 것을 서술하였다.

臣沖誠惶誠恐하여, 頓首頓首死辠死辠하며, 臣諳首再拜以聞皇帝陛下니라. 建光元年九月己亥朔, 二十日戊午上이라. 召上書者汝南許沖이오, 詣左掖門會하고, 令幷齎所上書하니, 十月十九日, 中黃門饒喜가, 以詔書賜召陵公乘許沖布四十匹하니, 卽日受詔朱雀掖門하고, 勑勿謝라.

가. 解釋

신하 허충은 진실로 두려워하고 죄송스럽게 생각하며, 머리를 조아리고 죽을죄를 지으며, 죽을죄를 지으며, 머리 숙여 두 번 절하고 황제폐하께 아룁니다. 건광 원년(서기 121년) 기해가 초하루인 9월 20일 무오에 올립니다. 임금께서 불러 책을 올리려는 사람은 여남 땅에 사는 허충으로, 좌액문 밖에서 기다립니다. 설문해자, 공씨 벽중에서 나온 고문으로 된 효경 등을 함께 싸가지고 책을 올리라 명하였습니다. 10월 19일 중황문인 요희가 조서로서 소릉 땅에 사는 공승 허충에게 포 40필을 하사하니, 그날 즉시 주작문 밖에서 조서(포 40필을)를 받았습니다. 황제께서 내리신 것이라 사양하지 못합니다.

나. 註釋

■ 臣沖誠惶誠恐, 頓首頓首死辠死辠, 臣諳首再拜以聞皇帝陛下 : 동한 사람의 글

---

51) 魯恭王은 景帝의 아들 劉餘이다. 魯 땅에 봉해졌고, 死後 恭王이란 諡號를 받았기 때문에 魯恭王이라고 한다.

에 자주 등장하는 문구이다. 단옥재 주에

"周禮에 九拜가 있는데 첫째가 稽首이다. 좋은 일에 하는 절이다. 머리가 땅에 닿게 한다. 둘째가 頓首이다. 흉한 일에 하는 절로, 곧 稽顙이다. 머리를 땅에 찧으며 한다. 셋째는 空首이다. 길한 일, 흉한 일에 모두 한다. 곧 拜手로 머리가 손에 닿게 한다. 稽首는 좋은 일에, 頓首는 나쁜 일에 하는 절이다. 이 둘은 분명히 나누어져 있어 서로 섞어서 할 수 없다. 이로써 보건대 한나라 때 주나라의 제도 중 稽顙를 잃어버리고, 크게 변하여 頓首를 좋은 일에도 쓰고 있다.(周禮九拜一曰稽首. 吉拜也. 頭至地也. 二曰頓首, 凶拜 卽稽顙也. 頭叩地也. 三曰空首, 吉凶皆有之, 卽拜手也. 頭至手也. 稽首頓首吉凶不 相兼, 是以周制惟喪稽顙, 惟大變用頓首)"

라고 하였다.[52] 주나라 때에는 경사에 하는 절과 흉사에 하는 절이 달랐다. 예컨대 '頓首'는 喪禮 등 나쁜 일에 하는 절인데 한나라 때에는 이를 구분하지 않고 썼다는 것이다. 위 '頓首頓首死辠死辠'의 '頓首'가 그렇다는 것이다. 주례의 앞의 3개의 절하는 예법은 正拜에 속한다. '臣𪓐首再拜'의 臣은 단옥재 주에는 없다. '聞'은 아뢰다.

- 建光元年九月己亥朔, 二十日戊午上 : 건광 원년(서기 121년)은 安帝가 즉위 한 지 15년 되던 辛酉年(서기 121년)이다. 허신이 초고를 탈고한 和帝의 永元 12년 庚子(서기 100년)부터, 아들 허충이 임금께 완성된 설문해자를 올리기까지 22년이 걸렸다.

- 召上書者汝南許沖, 詣左掖門會 : 召는 '부르다.'이다. 허충이 앞선 9월 20일에 책을 올리겠다는 상소를 하였는데, 임금님이 이를 허락하고는 좌액문에서 기다리도록 하였다. 掖門은 正門 옆에 있는 조그만 쪽문을 가리킨다. 掖이 겨드랑이를 가리키기 때문에 붙여진 이름이다. 左掖門은 北宮 동쪽에 있는 액문이다. 아래의 朱雀掖門은 北宮 남쪽에 있는 액문이다. 會는 '상서를 올리려는 자가 많아 이곳

---

52) 위는 단옥재가 『周禮·春官·宗伯』 "辨九拜, 一曰稽首, 二曰頓首, 三曰空首, 四曰振動, 五曰吉拜, 六曰凶拜, 七曰奇拜, 八曰褒拜, 九曰肅拜, 以享右祭祀)"를 인용, 해석한 것이다.

에 모여 대기한다.'는 뜻이다.

■ 令幷齎所上書 : 令은 명령이다. 허충이 (앞의) '9월 20일'에 말한 것이 이미 임금
님께 전해졌고, 임금님이 그 내용을 듣고 상서를 허락하여 좌액문 밖에서 기다리
고 있다가, 차례가 되어 허충에게 책을 올리도록 명령하였다는 것이다. 幷齎는,
올리려는 책(所上書)인 설문해자 15권, 공자의 벽 중에서 나온 효경 1편을 함께
싸서 올린다는 것이다.

■ 十月十九日, 中黃門饒喜, 以詔書賜召陵公乘許沖布四十匹 : 책을 올린 지 거의
한 달 만에 중황문인 요희를 시켜 허충에게 포상으로 포 40필을 하사하였다. 이러
한 저간의 사정을 보면, 앞의 허신이 自敍를 쓴 시기와 허충이 서를 쓴 시기가
많이 차이가 나고 또, 허충의 敍도 상당한 시간의 경과를 거쳐 썼다. 『百官志』에
"中黃門은 宂從僕射 1인이 있고 秩祿은 六百石이다. 中黃門의 보조는 秩祿이
百石이다.(中黃門宂從僕射一人, 六百石, 中黃門比百石)"라고 하였다.

■ 朱雀掖門 : 朱雀掖門은 북궁의 남쪽에 있는 쪽문이다. 司馬가 남액문을 관리한다.

제10장

漢字漢語硏究簡史

Ⅰ. 기원전

1. 하, 은상, 서주

■ 紀元前 4500~2500년 : 大文口文化時期의 陶器上에 한자와 유관할 것으로 추정되는 부호와 그림 출현

■ 紀元前 20세기 : 黃帝의 史官 倉頡 造字

■ 紀元前 14~11세기 : 殷商甲骨文

■ 紀元前 11~10세기 : 周原甲骨文時期

■ 紀元前 11~春秋時代以前(771) : 金文 전성시기

■ 『史籀編』(紀元前 827~780) : 周代의 太史 籀가 作하였다고 하나 춘추와 전국의 교체시기에 지어진 것으로 추정된다. 4言으로 이루어진 學童의 識字教本이다.

2. 춘추전국시대(770~222)

■ 『易經·系辭傳』: 문자기원에 대해 기록. 현존 최고의 문자기원 기록이다.

■ 李斯(紀元前 280) : '小篆'을 표준으로 중국 최초의 문자통일에 기여하였다.

■ 八體 : 許愼의 『說文·敍』에 의하면 秦書에 8개의 서체가 있었다고 한다.

(1) 秦代(221~207)

- 『倉頡編』(李斯)
- 『爰力編』(趙高)
- 『博學編』(胡毋敬)

  이상 3편의 책들은 『史籀編』의 大篆을 참고하여 小篆으로 기록하였다.

- 秦隷出現 : 舊傳 程邈이 隷書를 창조했다고 하나 1인 창조는 불가능하다. 실제 秦代 隷書(古隷)가 쓰였다.(睡虎地 秦簡 참조)

(2) 西漢(기원전 206~기원후 24)

- 서한초 書體에 六體가 있었다.
- 『急就篇』(急就章이라고도 부름) : 史游가 撰했다고 함. 성씨, 지명, 잡물, 언어 등으로 분류하여 지었다. 3언 혹은 7언의 學童 識字 교본이다. 모두 2,016자를 수록. 맨 처음 急就로 시작하였기 때문에 이를 책명으로 삼았다. 東漢人이 증보하여 현재는 2,144자이다.
- 『爾雅』: 작자 미상. 한 사람의 저작이 아니고 여러 사람의 저작으로 보인다. 대략 秦代 혹은 漢代人이 周代에서 漢代까지의 여러 책에서 내용을 따와 엮은 것으로 보인다. 이는 중국 최초의 訓詁學書로 4,300여 개의 詞와 2,000여 개의 조목으로 이루어졌다. 訓詁學 사상 古今異言과 특수한 방언, 각종 명물에 대해 연구 서술한 책으로 선진문헌전적, 辭意, 名物을 연구하는 데 중요한 재료가 된다. 13경의 하나이다.
- 『方言』: 揚雄이 편찬한 중국 최초의 방언사전. 고대의 詞와 漢語 발전을 연구하는 데 중요한 자료가 된다.
- 『訓纂篇』: 역시 揚雄이 찬한 것으로 앞의 『倉頡篇』의 속편 격이다. 60자를 1章으로 34章 2,040자로 이루어졌다.

- 『別錄』: 劉向이 찬함.
- 『七略』: 劉歆이 찬함. 周秦 이래의 字書와 '六書'에 관한 學을 최초로 '小學'이라 칭하였다.
- 서한시대 문자 연구를 위한 학자 초빙대회가 2차례 열렸다. 『倉頡篇』 등이 모두 古字로 쓰여져 있어 當時人들이 읽을 수 없게 되자, 宣帝時 齊나라 사람들 가운데 이를 읽을 수 있는 자들을 소집하였고, 平帝時 또한 100여 인을 불러 문자를 설하게 하였다. 이때 이들이 외운 경전을 今文(隸書)으로 받아쓰게 하였는데, 이는 훗날 訓詁學 발달 원인 중의 하나가 되었다.

※ 漢代(기원전 206~기원후 220)의 한자학
- 隸書의 일반화(八分 등)
- 章草出現
- 經古文學派와 經今文學派의 다툼 : 經古文學派勝
- 『小爾雅』: 秦末 孔鮒가 찬했다고 하나 淸의 戴震에 의해 後人이 찬집했다는 것이 밝혀짐

Ⅱ. 기원후

1. 東漢(25~220)

- 『漢書·藝文志』에 '小學'이란 명칭 등장
- 行書 形成
- 楷書 形成
- 『釋名』: 劉熙가 찬함. 先秦兩漢의 詞語 1,500여조가 실렸다. 단어의 뜻을 설명함에 오로지 聲訓의 방법을 사용했는데, 音同 혹은 音近한 字들로 사물의 명칭의 명명한 유래를 밝히고 어원을 탐구하였다. 후세 訓詁學家에 큰 영향을 주었다.

■『說文解字』: 許愼이 찬(100년). 모두 14권으로 이루어졌으며 書目을 따로 1권으로 배치하였다. 이는 字形을 계통적으로 분석하고 字義를 해석한 중국 최초의 字書이다. 모두 9,353자가 수록되었으며 重文이 1,163자이다. 字體는 小篆을 중심으로 이루어졌고, 小篆과 形體가 다른 古文, 籒文 등도 수록하였다.(이들을 重文이라 함) 540부로 나누어 수록하고 字形偏旁과 필획이 유사한 것끼리 묶어 하나의 부수에 귀속시켜 부수 배열법을 최초로 사용하였다. 글자를 해석함에 먼저 義를, 다음에 形을 설명하고 맨 나중에 독음에 대해 설명하였다. 字形을 설명함에 六書說을 근거로 하였다. 說文解字는 후세 언어문자 연구와 사전 편찬에 전범이 되었다. 이 책은 121년 아들 許沖에 의해 조정에 바쳐졌다.

■『熹平石經』: 동한 靈帝가 蔡邕이라는 사람을 시켜 7종의 經書를 돌에 새겨 太學의 입구에 세우게 한 것(175년)으로 서체는 八分이다.

2. 三國魏(220~280)

■『廣雅』: 張揖이 찬.『爾雅』를 모방하여 名物 약 2,340조에 대해 訓詁하였는데, 漢代 儒家의 箋注와 字書들을 참고하여 적지 않은 詞義를 보충하였다.

■ 魏襄王의 묘를 도굴하여 다량의 죽간을 획득하였는데 거기에 쓰여진 글자가 무려 10餘 萬字에 이르렀다고 한다. 古文으로 쓰여졌는데 나중에 이를 今文으로 정리하였음(281년)

3. 晉代(281~420)

■ 今草形成

■『字林』: 呂忱이 찬. 이 책은 설문의 체례를 본 따 설문에서 빠진 자를 보충하였다. 모두 12,824자가 수록되었다. 당대 이전까지는 설문과 함께 매우 중시되던 책 중의 하나였다.

- 『韻集』: 呂靜이 찬. 대부분 魏晉의 俗體로 字林과 대비된다.
- 『爾雅注』: 동진의 郭璞이 찬. 현존 최고의 『爾雅』 古注이다.
- 『方言注』: 역시 郭璞의 찬으로 현존 최고의 『方言』注임. 이들 두 책은 후세 訓詁學에 심대한 영향을 끼쳤다.

4. 南北朝(421~589)

- 『千字文』: 梁 武帝時 周興嗣가 편찬했다고 함.
- 『古今文字』: 北魏 江式이 찬. 문자의 규범화, 표준화를 이루려 한 책이다.
- 『玉篇』: 顧野王이 찬. 체례는 대체로 설문을 따랐는데 542부로 이루어졌고 部目 가운데 增刪한 것이 있으며, 배열 次序 또한 설문과 다르게 고친 것이 있다. 모두 16,917자를 수록하고 字形은 楷書를 字頭를 삼았다. 字頭 아래에 古文, 篆文, 異體, 俗字 등을 나열하였고 글자의 해석은 음과 의를 考釋함에 치중하였다. 설문의 六書理論에 의한 字形 설명이 없다. 현존 최초의 楷書字典이다.(534년 成書)
- 『切韻』: 陸法言이 찬. 12,000자 정도를 수록. 각 글자마다 간략한 釋義가 있다. 중국고대 최고의 체계가 完整한 韻書이다.(601년 成書)

5. 唐~明代(618~1643)

- 狂草形成
- 『干祿字書』: 顔元孫이 간행. 글자를 406韻으로 배열하고 수록한 글자 대부분을 俗, 通, 正 三體로 판별하였다. 당시의 簡化字 異體자를 다수 수록하였다.
- 『唐韻』: 孫愐이 육법언의 『切韻』을 증보하여 편찬한 책. 당대 운서 중 영향이 가장 컸다.
- 『五經文字』: 張參이 찬. 오경 가운데 3,235자를 채록하여 160개 부수로 배열하고, 說文, 字林, 五經에 의거하여 字形을 정의하고, 音切을 밝혔으며, 자의를 考

釋하였다.(776년 成書)

- ■『一切經音義』: 승려인 慧林이 찬.
- ■『鍾鼎款識』: 王厚之가 찬. 金石文관계 서적이다.
- ■『金石錄』: 趙明誠이 찬. 모두 30권으로 역대 금석에 銘刻된 명목 2,000여종을 수록하고 고증, 판독을 시도하였다.
- ■ 송대부터 '小學'을 문자, 훈고, 음운을 포괄하는 개념으로 희미하게나마 인식하였다.
- ■『通志·六書略』: 鄭樵가 찬
- ■『說文解字系傳』: 徐鍇 찬. 모두 40권으로 이루어졌다. 前 30권은 허신의 원문을 通釋하였다. 현존하는 說文解字의 중요 傳本이 되고 있다. 당의 李陽冰이 說文解字를 擅改했는데(766-779 사이에) 이를 보정하였다.
- ■『龍龕手鑒』: 승려인 行均이 찬(997년). 242부로 나누었고 26,430여 자가 수록됐다. 부수 및 부수에 속한 자를 4聲에 의해 배열하고 매 글자마다 正, 俗, 古, 수자 등으로 나누고 아래에 간단히 字義를 해석해 놓았다. 聲調에 밝지 않은 우리가 보기에는 조금 불편하다. 현존 가장 완벽한 것은 우리나라의 고려 본을 저본으로 한 것이다.
- ■『廣韻』: 陳彭年, 丘雍등이 찬(1008년). 모두 206韻으로 나누어 26,194자를 수록하였다. 이는 陸法言의『切韻』계통의 韻書들을 집대성한 것이다.
- ■ 陳彭年 등이『玉篇』을 중수하였다.(1013년)
- ■『集韻』: 丁度가『廣韻』을 重修하여 찬. 모두 53,525자가 수록됐다. 이들 가운데 異體, 古體, 俗體가 많다.
- ■『類編』: 司馬光, 王洙 등이 왕명에 의해 찬(1066년). 1039년에 편성을 시작하여 1066년에 완성됐다. 丁度의『集韻』이 增字가 너무 많아 分韻字를 떼어낸 것이다. 그렇기 때문에『集韻』이 韻書라면 이는 字典에 해당한다. 이런 字書 편찬 방법은 우리나라에도 영향을 미쳤다. 자서 편찬 시 韻書와 字典을 동시에 펴내기

도 하였다. 모두 539部에 31,319자가 수록되었다.(重文 포함). 체례는 대체로 설문을 따랐고, 매 글자마다 음절을 표시하고 자의를 해석해 놓았다. 이음, 이의, 이체 등이 맨 뒤에 실려 있고 내용이 『玉篇』보다 풍부하다.

■ 『考古圖』: 呂大臨이 作(1092년). 殷, 周, 秦, 漢의 청동기, 옥기 등 238건이 채록됐다. 매 기물마다 그 모양을 그리고 거기에 쓰여진 銘文을 摹寫하였으며, 크기, 용량, 중량 등을 밝혔다. 또한 출토지나 소장자를 알 수 있는 것은 모두 기재하였고, 아울러 釋文을 붙여 놓았다. 이는 중국 최초의 古文字學書로 中國古文字學의 시발점이 되었다.

■ 『小學紺珠』: (宋)王應麟 찬. 아이들의 서당 교재로 중화서국에서 영인하였다.(中華書局, 1987, 6, 제1版)

■ 『嘯堂集古錄』: (宋)王俅 撰. 中華書局에서 영인하였다.(『嘯堂集古錄』(宋人著錄金文叢刊), 中華書局, 1985, 6, 제1版) 은상에서 서주까지의 금문을 모사하였고 隸定을 하였다. 기형의 금문자형이 많이 보인다.

■ 『韻補』: (宋)吳棫 撰. 中華書局에서 영인하였다.(『韻補』, 中華書局, 1987, 7, 제1版) 吳棫의 자는 才老, 남송 초기 사람. 古韻을 9部로 나누었는데, 청대 음운학가들의 古韻 분류의 기초가 되었다. 특히 책머리에 있는 인용서목이 50 종이 되는데, 그 중에서도 현재 亡佚된 것도 있어, 본서가 인용한 문장이 진귀한 보배가 된다.

■ 『復古編』: 張有가 印行(111-1117년). 이 책은 王安石이 지은 『字說』이라는 책의 오류를 바로 잡고, 문자의 正, 俗을 판별하였다. 모두 3,000여 자를 수록하였고, 대체로 설문의 설명 방법을 따랐으나, 글자는 4聲에 의해 배열하였다. 正體는 篆書로 썼으며, 別體나 俗體를 그 아래에 표시하였다. 매 자마다 음절을 표시하고 字義를 밝혔다.

■ 『歷代鐘鼎彝器款識法帖』: 薛尙功 찬(1144년). 역대 彝器 510건을 저록하고 각 기물마다 명문을 모사하고, 석문을 달고, 아울러 고증까지 하였다. 宋代에 출토된

청동기의 70-80%가 수록되었다.

- 『隷釋』: 洪适 찬(1166년). 최초의 漢, 魏 石刻문자를 集錄한 저서로, 한자 形體 演變과 당시대의 석각문자의 通假 현상을 연구하는 데 중요한 자료이다. 모두 27 권으로 이루어졌고 뒤에 이를 보충한 『隷續』을 지었다.

- 『班馬字類』: 婁機 찬(1181년). 『漢書』와 『史記』 가운데 僻字와 假借通用字 1,800자(重文 포함)를 뽑아 4聲에 의해 206韻으로 배열하고, 매 글자마다 원문을 싣고 출처를 밝혔다. 그리고 훈고에 대해 고증하고 聲音을 판명하였다. 이는 두 책(한서, 사기)에 쓰인 글자들의 異同을 연구하는 데 중요한 자료가 된다.

- 『六書故』: 戴侗이 간행(1320). 이 책은 설문의 부수 배열법을 부정하고 數, 天文, 地理, 人, 動物, 植物, 工事, 雜疑 등 9부로 나누어 배열하였다(즉 주제별 분류). 字體는 小篆을 따르지 않고 金文에 의거했으며, 六書에 의해 字義를 해석하고 음절을 표시하였다.

- 『字彙』: 梅膺祚 찬(1615년). 字體는 해서를 채용하였고 모두 33,175자가 수록됐 다. 고서에 보이는 상용자 외에 적지 않은 속자를 수록하였다. 부수 배열법에 의 해 글자를 배열하였는데 설문의 540부를 114개의 부수로 簡化시켰다. 부수와 부 수 가운데의 글자를 모두 필획 순으로 배열하였다. 현재의 자전 배열법과 같다. 또한 맨 첫 권의 뒤에 「檢字」표를 두었고 매 권의 첫머리에 부수 색인표를 두었 다. 글자를 설명함은 맨 처음 음을 설명하고, 뒤에 의를 설명하였으며, 중간 중간 에 설문의 字形 해석을 인용하였다. 현재 우리가 쓰고 있는 자전의 체례가 이를 본받은 것이다.

6. 淸代(1644~1911)

- 『經籍纂詁』: 阮元 찬. 唐代 이전의 經史, 諸子, 楚辭, 文選 및 字書, 韻書 중의 주석을 편집한 것이다. 수록의 기본은 單字이지만 註解 중에는 쌍음사도 포함되 었다. 平水韻에 의해 부수를 배열하였으며 1韻을 1권으로 하였다. 1자에 모든 訓

이 존재하여 1자를 찾으면 原書의 훈을 알 수 있다.

■『廣雅疏證』: 王念孫 찬.『廣雅』라는 책이 王念孫의 疏證을 거쳐 더욱 가치 있게 한 책이다. 爾雅, 方言, 說文, 釋名에 이은 중요한 詞義訓詁 저작이다.

■『康熙字典』: 張玉書, 陳廷敬 등이 왕명을 받들어 편찬(1716). 명대의『字彙』와『正字通』을 저본으로 증가 수정시켜 成書됐다. 체례는 12地支에 따라 12集으로 나누고, 매 集마다 상중하로 나누었다. 214부로 나누고 부수 중의 글자는 획수에 의해 배열하였다. 먼저 音을 밝히고 나중에 義를 밝혔다. 음을 밝히는 방법은 먼저 反切로 표시하고『廣韻』,『集韻』,『韻會』등의 韻書의 音切을 일일이 예로 들고, 다시 直音을 표시하였다. 釋義는 먼저 本義를 표시하고 보충설명이 필요하면 注末에 붙여 놓았다. 맨 뒤「補遺」편에는 많은 古字, 僻字 등을 붙여놓았고 '備考'란을 두어 有音無義 혹은 音義全無한 글자들을 수록하였다.

■『封泥考略』: (淸)陳介祺, 吳式芬 輯(中國書店(北京, 1990, 10. 제1판)에서 영인본이 나왔다.) 중국 고대 公私 簡牘 대부분은 죽간이나 목간(木札)에 쓰여졌다. 간독을 봉하여 보낼 때 노끈으로 묶고 노끈의 끝 혹은 교차점에 성냥갑 모양의 檢木을 붙이고, 그 위에 점토로 채우고, 또 다시 그 위에 도장을 찍었다. 이는 사사롭게 문서를 뜯어보는 것을 방지하기 위한 것이었다. 이들 인장이 찍힌 진흙덩이를 '封泥'라고 한다. 진, 한, 魏晉時期에 유행하다가 종이나 비단에 글씨를 쓰는 것이 유행하면서부터 점점 封泥는 없어지게 됐다.

『封泥考略』은 淸 陳介祺, 吳式芬의 공동 저작으로, 封泥에 대한 최초의 연구 서적이다. 모두 10권으로 이루어졌고, 秦漢시대의 官이나 개인이 찍었던 封泥 849매를 수록하고 考釋하였다. 秦漢의 官制, 地理, 篆刻藝術 연구에 중요한 가치를 지녔다. 吳式芬은 道光 시 進士 벼슬에 內閣學士를 엮임 하였다. 금석학을 좋아하여 각종 금석문을 탁본하여 소장하였고, 저서에『捃古錄』이 있다. 陳介祺 역시 淸 道光 시 진사 벼슬에 翰林院編修를 지냈고, 골동품 수집을 좋아하였다. 특히 墨拓을 좋아하여『十鍾山房印擧』란 책을 내었다. 두 사람 모두 고문자 및 전각예술에 조회가 깊었다.

■『古韻標準』: (淸)江永 저(『古韻標準』(音韻學總書)(影印本), 中華書局, 1982, 12, 제1
版) 江永의 자는 愼修이다. 그는 음운학 방면에 조회가 깊었는데 이 분야의 저서
로 『音學辨微』, 『四聲切韻表』, 『古韻標準』 등이 있다. 앞의 두 책은 等韻을 설
명하고 『廣韻』을 분석한 것이고, 『古韻標準』은 古韻의 分部를 고증한 것이다.

■『金石粹編』: 王昶 印行(1805년). 三代에서 遼, 金代까지의 금석 탁본 약 1,500개
를 집록하였다. 시대에 따라 배열, 금석학의 중요 자료로 평가된다.

■『說文解字注』: 段玉裁 지음(1807년). 모두 30권 卷次는 설문원본을 따르고 허신
이 문자를 說解한 방법을 드러내었다. 설문의 각종 판본과 송대 이전의 書에서
설문을 인용한 辭句들을 인용하여 字解의 오류를 교정하였다. 또한 고대의 群書
에 보이는 字義와 前人들의 訓詁를 증거로 허신의 설해를 천명하였다. 字義의
引伸, 문자의 분화 및 문자 사이의 音義 연계 등을 비교적 과학적으로 闡釋하였
다. 청대 설문 연구의 역작에 꼽히고 漢語文字學과 詞彙學 연구에 중대한 공헌
을 하였다.

■『說文釋例』: 王筠 지음(1837년). 모두 20권으로 이루어졌다. 앞의 14권까지는 역
대 설문의 傳本 가운데 조례가 불합당한 것을 바로 잡았으며, 문자의 분화와 증
가의 규율에 대해 논했는데, 이는 文字學에 대한 탁월한 견해로 평가받고 있다.
뒤의 6권은 설문에서 설명한 글자 가운데 의심되는 글자들을 모아놓았다. 說文解
字 연구의 중요 참고서로 평가받고 있다.

■『說文通訓定聲』: 朱駿聲 지음(1848년). 설문의 9,000여 자에 7,000여 자를 증보
하고 이들을 聲符 1,137개로 분석해내고[53] 다시 이들을 古韻에 의거하여 18개의
韻部로 나누어 배열하였다. 聲音을 經으로하고 字形을 緯로 삼았다. 매 글자마
다 먼저 字形을 취하여 본의를 고석하고 고서에 통용되는 義로써 전주, 가차, 別

---

53) 부수분류에 의한 것이 아니고 聲符에 의해 글자를 배열하되, 동일한 聲符를 가진 것들을 함께 모아
놓았는데 이들 聲符의 총합이 1,137개라는 것이다.

意 등으로 설명하였다. 아울러 경전 古注 가운데의 '聲訓'을 차용하였다. 음과 의
는 서로 상통한다는 원리로 설문의 자들을 설명하려 하였다. 전주는 字義引伸이
라고 이해하였다. 음운에 밝지 않은 사람들이 보기에는 불편하다.

- 『說文解字義證』: 桂馥이 刊行(1852년). 설문의 체례를 따르고 고서의 주석과 음
  의를 널리 인용하여 허신의 설해를 증명하려 노력하였다. 그리고 설문과 群書들
  에 인용된 것을 근거로 설문에서 빠진 119자를 보충하였다.

- 『札樸』: (淸)桂馥 지음. 1992년 중화서국에서 영인하였다.(學術筆記叢刊), 中華
  書局, 1992, 12, 제1版)

- 『說文解字句讀』: 王筠 刊行(1882년). 이 책은 단옥재, 계복 등의 여러 설문연구
  자들의 책들을 참고하여 많은 설명들을 간략히 정리하고, 자기의 견해를 첨가하
  여 句讀를 판명하여 초학자들에게 편의를 주고 있다.

- 『說文古籒補』: 吳大澂 간행(1883년). 설문의 부수배열과 차례를 따라 청동기의
  銘文과 小篆 이전의 石鼓, 陶器, 璽印, 화폐문자 등 3,558자를 수록하였다. 重刊
  時에 1,217자를 증보하고 부록에 存疑字 755자를 수록하였다. 이는 古文字 자료
  로 설문의 오류를 바로잡은 중요저작으로 여겨진다.

- 1899년 河南省, 安陽, 小屯村의 舊 은나라 도읍지에서 甲骨文이 출토되었다.

- 『鐵云藏龜』: 劉鶚이 印行(1903년). 5,000여 편의 갑골 가운데 1,058편을 먼저 印
  行하였는데 중국 최초의 甲骨文 書籍이다. 서문에 甲骨文을 殷商시대의 글자로
  규정하였다.

- 『契文擧例』: 孫詒讓이 지음(1904년). 이 책은 유악의 『鐵云藏龜』에 저록된 갑골
  을 考釋하고 연구한 제일 첫 번째 저작이다.

- 『論語言文字之學』: 章炳麟이 지음(1906년). '小學'을 '語言文字之學'으로 개명
  해야 한다고 주장하였다. 지금까지의 訓詁가 주종인 전통적 문자관에서 현대의
  언어문자관으로 변환됨을 의미한다.

- 『簡字總錄』: 勞乃宣 지음(1906년)

- 『京音簡字述略』: 勞乃宣 지음(1907년)
- 『普行簡字以廣敎育折』: 勞乃宣 지음(1908년). 노내선이 慈禧의 부름을 받고 그의 면전에서 簡字의 장점을 논하고 이 글을 올렸다고 한다.
- 1910년 勞乃宣 등이 북경에서 '簡字硏究會'를 조직하고 簡字體의 사용을 주장하였다.
- 『殷商貞卜文字考』: 羅振玉 지음(1910년). 小屯이 武乙시대의 터라고 주장하였다.

7. 1911~1949년

- 『簡牘檢署考』: 王國維 지음(1912년). 최초의 簡牘관계 전문서적으로 간주된다.
- 『文始』: 章炳麟 지음(1913년). 聲韻에 의해 漢字, 漢語의 변역과 가지 침의 원리를 추구하였다. 이는 漢語史上의 최초의 이론, 방법, 조례를 具有한 어원학 저작으로 칭송된다. 근대 학자의 글이지만 읽기가 난해하다.
- 『殷墟書契考釋』: 羅振玉 지음(1914년)
- 『中華大字典』: 徐元誥, 歐陽溥存 등이 편(1915년, 中華書局出版). 이 책은 1909년부터 편찬에 들어가 1914년에 완성했는데 『康熙字典』을 기초로 편찬한 것이다. 강희자전의 2,000여 곳의 오류를 수정하였다. 214부수로 나누고 48,000여 자를 수록했다. 正文 本字이외에 古文(六國文字), 籒文(大篆), 或體, 俗體, 近代方言, 世俗通用之語 등을 수록하였고 이외에도 외래어의 번역에 사용되는 新字도 대부분 채록하였다.
- 『辭源』: 陸爾奎, 方毅, 傅運森 등이 편(1915년, 商務印書館出版). 이 책은 1908년 편찬을 시작 1931년에 續編이 나왔고, 1939년에 正俗 편의 합편이 나왔다. 1949년에 簡便本이 나왔으며 1958년부터 수정작업에 들어가 1979년에서 1983년까지 수정본이 모두 4권의 책으로 출판되었다. 수정할 때 舊板本『辭源』에 실렸던 현대의 자연과학, 사회과학과 응용기술에 관한 단어들을 모두 삭제하여 순전히 고적 중에 사용된 古漢語만을 위한 전문 사전으로 개편되었다. 12,890여 자에 달하

고 여기에 소속된 詞語는 97,024개에 달한다. 여기에 실린 사어는 대략 아편전쟁
(1840년) 이전의 것들이다.

- 1918년 중국정부는 '讀音統一會'가 제정한 注音字母를 공포하고 注音符號를 가
  르치기 시작하였다.

- 1919년을 전후로 白話文 운동이 흥기하였다.

- 1922년 黎錦熙, 錢玄同, 楊樹達 등이 국어통일 주비위에서 「減省現行漢字的筆
  劃案」을 제출하였다.

- 1922년 蔡元培가 「漢字改革說」을 발표하였다.

- 1923년 국어통일 주비위에서 북경어를 표준어로 결정하였다.

- 1923년 黎錦熙, 錢玄同, 趙元任 등이 국어로마자병음연구회를 조성하였다.

- 『殷墟文字類編』: 商承祚 편(1923년). 甲骨文 單字 791자, 重文 3,340자를 수록
  하였다. 설문의 체례를 따르고 羅振玉, 王國維의 考釋을 참고하여 글자를 考釋
  하였다. 당시에 가장 완비되고 자세한 甲骨文 자전으로 평가된다.

- 『金文編』: 容庚 편저(1925년, 商務印書館 출판). 1939년 상무인서관에서 수정본을
  출판하였고 1959년 과학출판사에서 제3판이 출판되었다. 이 책은 正編에서 金文
  字頭 2,404자를 수록하고, 그 아래에 重文 19,357자를 수록하였다. 부록에 정문
  1,352자와 重文 1,132개자를 수록하였는데, 이는 未識字 아니면 고석이 됐더라도
  확실하지 않은 자들이다. 정편은 설문의 체례를 따랐고, 小篆을 字頭로 썼다. 설
  문에 없는 글자만 해서로 字頭를 썼다. 당시에 가장 완비된 金文 자전으로, 金文
  연구자들에게 좋은 공구서 역할을 하였다. 작자는 만년에도 增訂을 계속했는데
  馬國權, 張振林 등이 옆에서 이를 도왔다. 1983년 용경이 서거하자 그를 도왔던
  張振林이 계속 연구를 진행시켜 1985년 중화서국에서 新版이 나왔다. 모두 2,420
  자를 수록하고 부록에 1,352자를 수록하였다.

- 『金石大字典』: 王仁壽가 印行(1926년). 강희자전의 체례를 따랐고 해서로 字頭
  를 삼았다. 韻部를 표시하고 直音을 달았으며, 直音이 없으면 반절로 注音을 하

였다. 字頭 아래에 小篆을 달았고, 그 다음 각각의 古文字 形體를 써주었는데, 이는 한자 形體 演變을 연구하는 데 중요한 공구서가 된다.

■ 1928년 劉復, 錢玄同, 趙元任 등이 국어로마자를 제정하여 國音字母第二式으로 정했다.

■ 『說文解字詁林』: 丁福保가 찬(1928년). 모두 66책의 방대한 서적으로 上海醫學書局에서 간행하였다. 지금까지의 『說文』에 관한 제가의 저작 및 기타 설문에 관해 언급한 저술 182종을 彙集한 것으로, 각 家의 說을 매자 아래에 달아놓아, 어떤 한자에 대한 제가의 설을 일일이 찾을 필요 없이 한곳에서 모두 검색해 볼 수 있게 한 책이다. 그리고 새로 各字의 아래에 甲骨文과 金文도 붙여놓아 考訂을 하였다. 1932년에는 근대의 설문과 유관한 연구저술을 수집하여 16책의 『補遺』를 간행하였다. 두 책을 합하면 모두 82책에 달하는 방대한 저술이다. 최근 재판이 영인됐다.(1988년 中華書局 영인)

■ 『殷周靑銅器銘文研究』: 郭沫若 지음(1931년).

■ 『甲骨文字硏究』: 郭沫若 지음(1931년).

■ 『兩周金文辭大系』: 郭沫若 지음(1932년).

■ 『金文叢考』: 郭沫若 지음(1932년)

■ 『卜辭通纂』: 郭沫若 지음(1933년)

■ 1932년 교육부가 「國音常用字彙」를 공포하였다. 이곳에는 正字 9,920자와 이체자 1,179자, 異讀字 1,120자, 합계 12,219자가 수록되었다.

■ 『右文說在訓詁學上之沿革及其推闡』: 沈兼士 지음(1933년). 작자는 右文說에 대해 계통성과 이론을 탐구하여 漢語字族學을 개창하였다.

■ 『甲骨學文字編』: 朱芳圃 찬(1933년).

■ 『甲骨文編』: 孫海波 찬(1933년). 설문의 체례를 따랐고, 단자 1,006자, 합문 156자를 수록하였다. 또, 未釋字, 혹은 정론이 없는 자 1,110자를 부록에 수록하였다. 1965년 중화서국에서 수정본이 출판됐는데 정편과 부록을 합해 4,672자가 수록되

었다. 甲骨文 연구에 중요한 공구서이다.

■ 1935년 교육부 '第一簡字體表'를 공포. 최초로 정부가 정식으로 공포한 簡字體이다.

■ 『古文字學導論』: 唐蘭 지음(1935년). 상편에 古文字學의 범위와 역사를 소개하고, 한자의 기원과 演變과정에 대해 기술하였다. 하편은 주로 古文字學의 연구 방법을 논술하였다. 古文字學의 건립에 매우 중요한 역할을 하였고, 한자 연구가에게 광범위한 영향을 미쳤다.

■ 『簡體字典』: 容庚 찬(1936년). 모두 4,445자가 수록됐다.

■ 『中國文字學史』: 胡朴安 지음(1937년). 중국 최초의 文字學史 저술이다.

■ 『三代吉金文存』: 羅振玉 찬(1937년). 商代 周代 청동기 명문 4,831점을 수록하였다.

■ 1937년 '北平硏究院字體硏究會'가 『簡字體表』를 발표하였다. 第一表에 1,700자를 수록하였다.

■ 『古錢大辭典』: 丁福保 印行(1937년). 상편은 위로는 선진부터 아래로 청 말까지 古錢圖를 수록하였다. 하편은 古錢辭典으로 每錢마다 釋文을 붙여놓았다. 화폐문자 연구에 중요한 공구서이다.

■ 『殷墟文字甲編』: 董作賓 찬(1948년). 安養의 殷墟에서 1−9차까지 발굴된 갑골 3,942편을 수록하였다.

8. 중화인민공화국 이후(1949년 ~ 현재)

■ 『殷墟文字乙編』: 董作賓 찬(1949년). 갑편에 이어 13−15차 발굴한 갑골 9,105편을 수록하였다.

■ 『中國文字學』: 唐蘭 작(1949년). 文字學은 字形學이라고 주장하였다. 종전의 訓詁學과 音韻學을 文字學 범위에서 배제하였다. 그리고 역대 六書說에 의한 한자 분석을 부정하고 한자를 象形文字, 象意文字, 形聲文字로 이루어진 소위 '三書說'을 주장하고, 이에 의해 한자를 분석하였다. 후에 裘錫圭 교수로부터 호된

비판을 받은 학설이다.(구교수는 북경대 中文系 교수이다.)

■『漢字的結構及其流變』: 梁東漢 저(上海敎育出版社,(1959, 2, 제1版) 1959, 11, 제2
차 인쇄) 문자와 언어, 문자의 기원, 한자의 발전, 한자의 성질과 결구 등에 대해
기술하였다. 王寧 교수와 같은 구체 결구분석은 없지만 王 교수의 『構形學』의
선구가 된 듯하다.

■『古代漢語』: 王力 主編(1964년)

■『古代字體論稿』: 啓功 저(文物出版社,(1964, 7, 제1版), 1979, 8, 제2차 인쇄) 고대의
자체의 연변과 자체에 대한 자세한 설명을 하였다. 啓功은 어렸을 때 자금성에서
생활을 하였기 때문에 고미술을 보는 안목이 높았다고 한다. 그래서 중국 최고의
고미술 전문가로 인정받고, 한편으로는 최고의 서예가로 알려져 있다. 본서는 그
의 이러한 이력을 바탕으로 고대 자체에 대한 정확한 논증을 하였다.

■『甲骨文字集釋』: 李孝定 찬(1965년)

■ 1966년 이전 長沙, 信陽, 江陵 등에서 楚 竹簡 1,300여 簡이 발굴되었다. 이는
전국문자 연구에 중요한 자료이다.

■『中文大辭典』: 林尹, 高明 主編(1968년). 臺灣出版. 모두 40책. 단자 49,888자
수록. 詞彙는 371,231자에 달한다. 일본의 한화대사전을 모방했다는 설이 있다.
이와 관련된 장개석과 일본 측의 설전이 일품이다.

■ 1972년 산동의 臨沂의 銀雀山 1호, 2호 서한 무제시기의 묘에서 죽간 4,974매가
출토되었다. 字體는 早期 隸書에 해당한다. 篆書가 隸書로 변화하는 과정을 연
구함에 좋은 자료가 된다.

■ 1973년 長沙 馬王堆3호 漢墓에서 약 12만 자가 쓰여진 帛書 28건이 발굴되었다.
글자는 이른 것은 전국말기에서 서한 文帝初期까지의 것으로 판명됐다. 字體는
3종이 있는데 篆書, 篆書와 隸書 사이의 草篆, 隸書가 그것이다. 篆書에서 隸書
까지 쓰여져 있기 때문에 한자연구에 중요한 자료가 된다.

■『銀雀山漢墓竹簡(壹)』: 文物出版社 出版(1975년). 앞에서 말한 '산동의 臨沂의

銀雀山 1호, 2호 한묘'에서 출토된 간독을 도록, 해제, 隷定을 붙여 출판 한 것이다.

■『武威漢代醫簡』: 文物出版社 出版(1975년)

■『睡虎地秦墓竹簡』: 文物出版社 出版(1978년)

■『甲骨文字詁林』: 于省吾 찬(1979년). 이 책은 작자가 발표한 190편 갑골관계 고
석의 논문을 모아서 발표한 것이다. 아직까지 고석하지 못했던 글자나 그 造字
本義를 알지 못했던 것 300여 자를 고석 해냈다.

■『居延漢簡』(甲乙編): 中華書局 出版(1980년). 감숙성 거연지방에서 1930년대 발
굴된 약 2만 여 簡의 간독 중 1만여 간을 도록으로 출판한 것이다. 1990년대 펴낸
『居延新簡』에 실린 8천 여 간을 합하면 대략 2만간 정도는 도록으로 출판됐다.

■『小屯南地甲骨』: 중화서국 출판(1980년)

■『漢簡綴述』: 陳夢家 지음(1980년)

■『漢語古文字字形表』: 徐中舒 편(1981년)

■『古璽文編』: 羅福頤 찬(1981년)

■『說文解字通論』: 陸宗達 지음(1981년) 이 책은 설문의 내용과 체례에 대해 계통
적으로 규명하고 허신의 설해방법에 대해 과학적으로 접근 한 책으로 평가 받는
다. 육종달은 說文學의 대가로, 중국 傳統文字學의 계승자로 지목된다. 중국 훈
고학은 章太炎, 黃侃, 陸宗達, 王寧으로 그 학통이 이어져 온다.

■『同源字典』: 王力 지음(1982년). 중국 최초의 同源字典이다.

■『漢文字學要籍槪術』: 羅君惕 저(中華書局,1984, 5, 제1版) 周代부터 淸代까지 주
요 자서에 대해 서술하였다.

■『古文字學』: 姜亮夫 著, 姜昆武 校(浙江人民出版社, 1984, 4, 제1版) 繪畫文字 및
문자의 기원에 대해 자세히 설명하고 있다.

■『中國甲骨學史』: 吳浩坤, 潘悠 著(上海人民出版社,(1985, 12, 제1版), 1991, 3 제3차
인쇄) 본서는 갑고문의 발견 수집, 殷墟의 발굴, 卜法, 文例, 갑골문의 형체결구,
甲骨文文法, 斷代, 가짜 갑골문의 판별, 갑골문의 綴合, 갑골문과 주변학문, 갑

골문 연구의 回顧 등으로 구성됐다. 본서의 제1판이 1985년도에 나왔으니 적어도 1970년대 말 80년대 초까지의 갑골문 연구 업적이 담겨있다고 할 수 있다. 아마 기존 갑골문 연구에 대한 학문적 업적이 모두 반영됐다고 보아도 과언이 아닐 것이다. 1970년대 초반부터 중국 각지에서 간독이 발굴되기 시작하여 중국 한자학의 중심이 갑골문에서 간독 쪽으로 옮겨가고 있었다. 그렇기 때문에 이후 갑골문 연구는 그리 왕성한 편이 못되었다.

■ 『文海研究』: 史金波, 白濱, 黃振華 著(『文海研究』, 中國社會科學出版社, 1983, 3, 제1版) 중국서북에 위치한 党項族이 건립한 서하왕조(서기 1038-1227)의 문자를 연구한 것이다. 한자와 유관한 문자의 연구 자료이다.

■ 『秦漢魏晉篆隸字形表』: 四川辭書出版社 出版(1985년)

■ 『居延漢簡研究』: 陳直 지음(1986년)

■ 『爨文叢刻』(增訂): 馬學良 主編, 羅國義 審訂(『爨文叢刻』(上冊), 四川民族出版社, 1986, 3, 제1版) 爨文 연구서이다. 爨文은 곧 彝文으로 彝族의 역사, 철학, 종교, 언어, 문자, 문학을 연구할 수 있는 중요한 자료이다. 본 자료는 이족 지구 내에 세워졌던 爨文 비석을 수집 정리한 것이다.

■ 『同音研究』: 李范文 저(『同音研究』, 寧夏人民出版社, 1986, 9, 제1版) 西夏(1038-1227년)는 건국 전에 이미 문자를 창조하였다. 현재의 寧夏와 銀川이 西夏政府의 중심지이었다. 이들은 문자를 창조하여 문서, 계약, 볍률, 역사 등을 기록하였다. 西夏가 멸망한 뒤에도 원대나 명대에 서하의 후손들이 계속 사용해 왔다. 『同音研究』는 이들 서하문자를 韻音學的 입장에서 정리한 것으로 서하문자 6,000여 자가 수록됐다. 이는 서하문자를 한자로 정리한 夏漢辭典의 역할도 한다.

■ 『古文字研究簡論』: 林澐 저(吉林大學出版社, 1986, 9, 제1版) 고문자 고석방법이 제시되어 있다.

■ 『甲骨文集句簡釋』: 劉興隆 지음(中州古籍出版社, 1986, 11, 제1판) 본서는 갑골문자의 해석, 甲骨書法, 篆刻專集이다. 예컨대 百發百中, 學如逆水行舟와 같은

성어와 短句 143개를 갑골문자로 서사한 후 여기에 사용된 갑골문을 각 전문가의 의견을 참고하여 주석한 것이다. 고문자나 미술관계의 작자와 서예가들에게 유용하다.

- 『漢語大字典』: 徐中舒 主編(1986년) 單字 56,000자 수록
- 『漢語大辭典』: 羅竹風이 主編으로 語詞 30만개 50,000여 자의 방대한 사전을 편찬할 계획으로 사전편집위원회가 성립됐고, 대략 1995년까지 전 12권이 출간됐다.
- 『漢字學』: 蔣善國 저(『漢字學』, 上海敎育出版社, 1987, 8, 제1版) 이름은 『漢字學』이나, 내용은 한어문자에 대한 전반적인 것을 다루고 있다. 緒論 제1장에 한자학과 한자연구, 제2장에 漢字硏究簡史 및 成績과 問題, 제1編 한자의 기원, 제2편에 한자의 특점(한자와 한어, 필획, 이체자, 異讀字), 제3편에 한자의 창조 類型(육서에 대한 관점, 상형자, 지사자, 회의자, 형성자), 제4편에 한자의 발전(한자의 音化로 讀若, 反切, 注音, 直音, 合聲 등), 한자의 簡化, 한자형체의 연변 등이 망라되어 있다.
- 『文字學槪要』: 裘錫圭 지음(1988년). 음운이나 훈고를 배제한 순수 한자 형체에 중점을 둔 한자학 개론서이다. 한자 자체의 연변에 대해 시대와 자체를 적절히 안배하여 진술한 저술로 현존 최고의 文字學 槪論書로 여겨진다.
- 『甲骨文字典』: 徐中舒 主編(1988년)
- 『戰國文字通論』: 何琳儀 지음(1989년) 단행본으로 출판된 전국문자에 대한 전문서적이다.
- 『漢字學』: 王風陽 지음(1989년)
- 『甲骨學通論』: 王于信 지음(中國社會科學出版社, 1989, 6, 제1版) 갑골문의 分期斷代를 世孫, 稱謂, 貞人, 坑位, 方國, 人物, 事類, 文法, 字形, 書體, 詞彙, 文例, 祭祀, 征伐, 天象 등을 참고로 나눈다. 董作賓은 5기로 나누었는데 제1기는 武丁 및 그 이전 盤庚, 小辛, 小乙(四世四王), 제2기는 祖庚, 祖甲(一世二王), 제3기는 廩辛, 康丁(一世二王), 제4기는 武乙, 文丁(二世二王), 제5기는 帝乙, 帝辛(二世二王)으로 나누었다.

■『代簡牘草字編』: 陸錫興 편(1991년). 한대 簡牘에 출현한 章草(초서)를 집성하였다.

■『中國漢語文字學史』: 孫釣錫 지음(1991년)

■『漢語文字學史』: 黃德寬, 陳秉新 지음(1991년)

■『古文字與殷周文明』: 王愼行 찬(陝西人民敎育出版社, 1992, 12, 제1판) 古文字의 義近 偏旁通用例가 자세히 나와 있다.

■『古文字論集』: 裘錫圭 지음(1992년) 지금까지 저자가 논문집 등에 투고한 고문자의 고석, 고문자에 대한 교보 등을 휘집하여 한 권의 책으로 출판 한 것이다.

■『包山楚簡』: 文物出版社 出版(1992년)

■『隸變硏究』: 趙平安 지음(1993년). 隸變의 제반 현상과 결과에 대해 많은 자료를 수집하여 저술하였다. 지금까지 '隸變'에 대한 단편적인 논술은 있었으나 이를 전문 주제로 잡아 저술한 것은 본서가 처음이다. 저자의 河北大學 박사논문을 단행본으로 출판한 것이다. 한자의 연변에서 隸書 만큼 복잡하고 혁명적인 파괴와 변화를 한 자체도 없다. 예변에 대한 이해는 우리나라의 삼국시대나 고려시대의 奇字, 異體字 등을 고석하는 데 많은 도움을 줄 것이다. 물론 해서의 자형연구, 자형분석에도 많은 도움을 준다.

■『漢字古今音表』: 李珍華, 周長楫 편(1993년)

■『居延新簡』: 中華書局 出版(1994년) 1970년대 거연지방에서 새로 발굴된 간독 중 약 8,000여 편을 도록, 예정, 해제를 붙여 상하 두 권으로 출판하였다. 모든 출토문자 연구가 그렇듯이 실물을 그대로 사진 찍어 놓은 도록의 출판은 한자학 연구에 지대한 공헌을 한다. 도록이 없으면 자형, 고석, 예정의 정확성 여부를 따질 수 없다. 기본적으로 모든 출토 문자는 과학적인 보존처리 이후 수장고에 보관하는 것이 상례이다. 보관처리 이후에는 실물을 볼 수 없기 때문에 이 분야 연구에 도록의 출판은 매우 중요하다. 이런 차원에서 우리나라도 간간히 발굴되는 문자자료를 도록으로 출판하는 문화가 시급히 요구된다.

■『楚系簡帛文字編』: 騰壬生 찬(1995년). 湖北教育出版社 出版.

■『漢語俗字研究』: 張涌泉(1995년). 최근 속자연구의 전문서적이다. 역시 속자에 대한 언급은 매우 오래전부터 꾸준히 있어왔지만 전문 주제로 잡아 단행본으로 출판 된 것은 거의 처음으로 생각된다. 함부로 서문을 써주지 않는 裘錫圭 교수가 서문을 썼다.

■『中國古文字學通論』: 高明 著(『中國古文字學通論』, 北京大學出版社, 1996, 6, 제1版) 본서는 상, 하편으로 나누어 서술하였다. 한자형체, 음운, 훈고 모두를 망라하였다. 상편은 古文字學基礎, 하편은 古文字學專題이다. 상편의 古文字學基礎는 제1장 한자연구의 역사 개관, 제2장에 한자의 기원과 발전, 제3장에 한자의 古形, 제4장에 한자의 古音, 제5장에 한자의 古義를 두었다. 제4장 한자의 고음에는 어음학 상식, 中古音韻, 上古音韻, 제5장 한자의 古義에는 훈고의 意義와 源流, 훈고의 主要方法, 훈고학 要籍簡介를 실었다. 하편은 古文字學專題로 제6장에 商周時期의 갑골문, 제7장 商周時期의 銅器銘文, 제8장에 戰國古文字資料綜述을 두었다. 한마디로 한어문자학 전반적인 것을 모두 다뤘다고 할 수 있다.

■『訓詁學原理』: 王寧 지음(1996년). 王寧 교수는 전통 문자, 訓詁學家인 육종달의 학통을 이어받은 사람이다. 우리나라의 한문학계, 철학계도 고전의 고석에 훈고학적 지식을 응용할 때가 왔다. 경전의 釋讀에 주자학적 고석이나 간혹 다산 정약용 선생 정도의 고석을 그대로 釋讀하기보다는 이를 비판적 안목에서 수용할만한 시간적, 학문적 축적이 되었다. 고전에 대한 비판적 수용은 훈고학적 지식의 습득이 필요하다.

■『漢字漢語基礎』: 王寧 主編(1996년, 科學出版社.) 본서는 한자학, 음운학, 한어어법, 한자구형학 등 한어문자학 전반을 다루고 있어 한어문자학 입문자들에게 유용한 개론서이다.

| 참고문헌 |

◉ 「原典資料」

『論語』(十三經注疏), 中華書局, 1991, 6

『孟子』(十三經注疏), 中華書局, 1991, 6

『毛詩』(十三經注疏), 中華書局, 1991, 6

『尙書』(十三經注疏), 中華書局, 1991, 6

『詩經』(十三經注疏), 中華書局, 1991, 6

『禮記』(十三經注疏), 中華書局, 1991, 6

『周禮』(十三經注疏), 中華書局, 1991, 6

『周易』(十三經注疏), 中華書局, 1991, 6

『左傳』(十三經注疏), 中華書局, 1991, 6

『春秋公羊傳』(十三經注疏), 中華書局, 1991, 6

『春秋左氏傳』(十三經注疏), 中華書局, 1991, 6

江永, 『古韻標準』(音韻學總書), 中華書局, 1982, 12

桂馥, 『說文解字義證』, 上海古籍出版社, 1987, 3

桂馥, 『札樸』, 中華書局, 1992, 12

高誘, 『淮南子注』(諸子集成之七), 上海書店, 1994, 12

郭慶藩, 『莊子集釋』(諸子集成之三), 上海書店, 1994, 12

段玉裁, 『說文解字注』, 上海古籍出版社, 1981, 10

唐太宗文皇帝御撰, 『晉書』(二十五史之二), 上海古籍出版社, 1992, 8

令狐德棻 等 撰, 『周書』(二十五史之一), 上海古籍出版社, 1992, 8

頪世幹, 『說文校案』

班固 撰, 『漢書』(二十五史之一), 上海古籍出版社, 1992, 8

范曄 撰,『後漢書』(二十五史之二), 上海古籍出版社, 1992, 8

司馬遷,『史記』(二十五史之一), 上海古籍出版社, 1992, 8

徐灝,『說文解字注箋』

蕭統 編, 李善 注,『文選』, 臺北, 華正書局有限公司, 中華民國73, 7

顔師古 注, 王應隣 音釋,『急就篇』(叢書集成, 學律討原之四集), 上海, 商務印書館

楊伯峻,『春秋左傳注』(修訂本)(中國古典名著譯注叢書), 中華書局, 1990, 5

吳棫 撰,『韻補』, 中華書局, 1987, 7

姚思廉 撰,『梁書』(二十五史之三), 上海古籍出版社, 1992, 8

王筠,『說文釋例』, 中華書局, 1987, 12

王筠,『說文解字句讀』, 中華書局, 1988, 7

王利器 校注,『鹽鐵論校注』(新編諸子集成. 第一輯), 中華書局, 1996, 9

王溥,『五代會要』

王先謙,『莊子集解』(諸子集成之三), 上海書店, 1994, 12

王先謙 撰,『漢書補注』, 中華書局, 1983, 9

王先謙 撰集,『釋名疏證補』, 上海古籍出版社, 1984, 3

王先謙 著,『荀子集解』(諸子集成之二), 上海書店, 1994, 12

陸以湉,『冷廬醫話補編』

王逸,『楚辭章句』

王應麟 ,『小學紺珠』, 中華書局, 1987, 6

王僧虔,『法書要錄』

劉寶楠,『論語正義』(諸子集成之一(全八冊)), 中華書局, 1954, 12

章炳麟,『章太炎全集』(1-8권), 上海人民出版社, 1982

張懷瓘,『書斷』

張淸常, 王延棟,『戰國策箋注』, 南開大學出版社, 1993, 3

錢繹 撰集,『方言箋疏』, 上海古籍出版社, 1984, 5

鄭樵,『通志』, 浙江古籍出版社, 2000, 1

朱駿聲,『說文通訓定聲』, 中華書局, 1984, 6

趙歧,『孟子章句』

陳介祺, 吳式芬 輯,『封泥考略』, 中國書店, 1990, 10

郝懿行 撰,『爾雅義疏』, 上海古籍出版社, 1983, 6

脫脫 等修,『金史』(二十五史之九), 上海古籍出版社, 1992, 8

焦循,『孟子正義』(諸子集成之一(全八冊)), 中華書局, 1993, 1

◉「字書, 字表, 圖錄類」

甘肅省文物考古研究所 編,『敦煌漢簡 (上,下)』, 中華書局, 1991, 6

甘肅省文物考古研究所, 甘肅省博物館, 中國文物研究所, 中國社會科學院歷史研究所
　　　　　編,『居延新簡』(上下), 中華書局, 1994, 12

顧野王,『大廣益會玉篇』, 中華書局, 1987, 7

董作賓 ,『殷墟文字甲編』, 商務印書館, 1948, 4

董作賓,『殷墟文字乙編』, 商務印書館, 1949

梅膺祚 撰,『字彙』, 上海辭書出版社, 1991, 6.

方迺鑫 等編,『甲骨金文字典』, 巴蜀書社(成都), 1993, 11

中國社會科學院歷史研究所中國思想史研究室 編,『方以智全書』(通雅)(方以智全書 二
　　　　　冊之一), 上海古籍出版社, 1988, 9

劉興隆,『甲骨文集句簡釋』, 中州古籍出版社, 1986, 11

陸爾奎, 方毅, 傅運森 ,『辭源』, 商務印書館, 1915

山西省文物工作委員會 編輯,『侯馬盟書』, 文物出版社, 1976, 12

徐祖蕃, 秦明智, 榮恩奇 編選,『敦煌遺書書法選』, 甘肅人民出版社, 1985, 10

徐元誥, 歐陽溥存,『中華大字典』, 中華書局, 1915

徐灝,『說文解字箋』

徐中舒 主編,『甲骨文字典』, 四川辭書出版社, 1989, 5

薛尚功 撰,『歷代鐘鼎彝器款識法帖』(宋人著錄金文叢刊), 卷第一, 中華書局, 1986, 5

『小屯南地甲骨』, 中華書局出版, 1980

孫海波,『甲骨文編』, 1933

睡虎地秦墓竹簡整理小組 編,『睡虎地秦墓竹簡』, 文物出版社, 1978, 11

王宏, 姜瑞雙 責任編輯,『魏齊造像菁華』, 新華書店天津發行所, 天津市古籍書店, 1991, 5

王俅 撰,『嘯堂集古錄』(宋人著錄金文叢刊), 中華書局, 1985, 6

王國維,『王國維遺書』(1-16권), 上海古籍書店, 1983

王念孫,『廣雅疏證』, 中華書局, 1983

王溥,『五代會要』

王子詔,『字解』

王靖憲 編著,『中國書法藝術』三卷(魏晉南北朝), 文物出版社, 1996, 3

銀雀山漢墓竹簡整理小組 編,『銀雀山漢墓竹簡』, 文物出版社, 1985, 9

湖北省荊沙鐵路考古隊,『包山楚墓』, 文物出版社, 1991

中國大詞典編纂處 編,『漢語詞典』, 商務印書館(1937, 3 初版), 1991, 9

中國社會科學院考古研究所 編,『甲骨文編』, 中華書局, 1965

中國社會科學院歷史研究所 編,『甲骨文合集』, 中華書局, 1973, 10 - 1983, 1

張秉權,『殷墟文字丙編』, 臺灣, 출판연대 미상

張守中 撰集,『睡虎地秦簡文字編』, 文物出版社, 1994, 2

張有,『復古編』

張氏澤存堂本 影印,『宋本廣韻』, 北京市中國書店, 1982, 6

丁度 等 編,『宋刻集韻』, 中華書局, 1989, 5

丁福保,『說文解字詁林』, 中華書局, 1988

丁福保,『古錢大辭典』, 1937

秦公 輯,『碑別字新編』, 文物出版社, 1985, 7

漢語大詞典編輯委員會, 漢語大詞典編纂處 編纂,『漢語大詞典』, 上海, 漢語大詞典出版
　　　　社, 1986, 11~1993, 11)

漢語大字典編輯委員會,『漢語大字典』, 四川辭書出版社, 湖北辭書出版社, 1993, 11

行均 編,『龍龕手鑑新編』, 中華書局, 1985, 5

許愼,『說文解字』, 中華書局(1963, 12, 제1版), 1992, 12차 印刷

湖南省博物館, 中國科學院考古研究所 編,『長沙馬王堆一號漢墓(上,下)』, 文物出版社,
　　　　1973, 10

湖北省文物考古研究所, 北京大學中文系 編,『望山楚簡』, 中華書局, 1995, 6

◉「著作類」

姜亮夫 著, 姜昆武 校,『古文字學』, 浙江人民出版社, 1984, 4

啓功,『古代字體論稿』, 文物出版社, 1964, 7

高明, 『古文字類編』, 中華書局, 1980, 11

高明, 『中國古文字學通論』, 北京大學出版社, 1996, 6

高本漢, 『中國音韻學研究』, 商務印書館, 1940

谷谿 編著, 『中國書法藝術』一卷 先秦(殷商春秋戰國), 文物出版社, 1993, 10

郭沫若, 『兩周金文辭大系考釋』

郭沫若, 『卜辭通纂』(考古學專刊 甲種第九號), 科學出版社, 1983, 6

郭錫良, 唐作藩, 何九盈, 蔣紹愚, 田瑞娟 編, 『古代漢語』(上中下), 北京出版社, 1981, 9

胡裕樹 主編, 『現代漢語』, 上海教育出版社, 1987, 6

郭若愚, 『戰國楚簡文字編』, 上海書畵出版社, 1994, 2

裘錫圭, 『文字學概要』, 商務印書館, 1988, 8

金開誠, 王岳川 主編, 『中國書法文化大觀』, 北京大學出版社, 1995, 1

金啓華, 朱一淸, 程自信 主編, 『詩經鑒賞辭典』, 安徽文藝出版社, 1990, 2

唐蘭, 『殷墟文字記』, 中華書局, 1981, 5

唐蘭, 『中國文字學』, 上海古籍出版社, 1979, 9

唐蘭, 『古文字學導論』(增訂本), 齊魯書社出版社, 1981, 1

董楚平, 『吳越徐舒金文集釋』, 浙江古籍出版社, 1992, 12

杜迺松, 『吳文化研究論文集』, 中山大學出版社, 1988

班吉慶, 『漢字學綱要』, 江蘇古籍出版社, 2001, 12

羅常培, 『中國音韻學導論』, 北京大學出版社, 1949

羅振玉, 『殷墟書契考釋』(石印本), 1927

馬學良 主編, 羅國義 審訂, (增訂)『爨文叢刻』(上冊), 四川民族出版社, 1986, 3

潘重規, 『中國文字學』, 東大圖書有限公司(臺灣, 臺北), 中華民國 72, 9

潘海鷗 責任編輯, 『中華文明史』(卷五(隋唐五代), 河北教育出版社, 1992, 9

史金波, 白濱, 黃振華 著, 『文海研究』, 中國社會科學出版社, 1983, 3

沙孟海, 『中國書法史圖錄』卷一(中國美術史圖錄叢書), 上海人民美術出版社, 1991, 7

余國慶, 『說文學導論』, 安徽教育出版社, 1995, 10

薛英群, 何雙全, 李永良 著, 『新居延漢簡釋粹』, 蘭州大學出版社, 1988

孫詒讓, 『名原』

梁東漢, 『漢字的結構及其流變』, 上海教育出版社, 1959, 2

楊樹達, 『漢書窺管』(楊樹達文集 第十), 上海古籍出版社, 1984, 1

楊樹達, 『中國文字學槪要』, 『文字形義學』(合本)(楊樹達文集之九), 上海古籍出版社, 1988, 9

楊樹達, 『積微居金文說』

龍異騰, 『基礎漢字學』, 巴蜀書社, 2002, 11

于省吾 主編, 『甲骨文字詁林』, 北京, 中華書局, 1996, 5

吳浩坤, 潘悠, 『中國甲骨學史』, 上海人民出版社, 1985, 12

王寧, 『漢字漢語基礎』, 北京, 科學出版社, 1996, 7

王寧, 『中國敎育報』(1995, 1, 30~7, 30)

王寧, 『漢字構形學講座』, 上海敎育出版社, 2002, 10

王力, 『漢語音韻』, 中華書局, 1963

王力, 『古代漢語』, 中華書局, 1964

王愼行, 『古文字與殷周文明』, 陝西人民敎育出版社, 1992, 12

王宇信, 『甲骨學通論』, 中國社會科學出版社, 1989, 6

王堯, 陳踐 編著, 『吐藩簡牘綜錄』, 文物出版社, 1986, 3

姚孝遂 主編, 『殷墟甲骨刻辭摹釋總集』(全2冊), 中華書局, 1988, 2

劉翔, 陳抗, 陳初生, 董琨 編著, 『商周古文字讀本』, 語文出版社, 1989, 9

劉正成 主編, 『中國書法全集』第9卷 (秦漢金文陶文), 榮寶齋(北京), 1992, 10

呂思勉, 『文字學四種』, 上海敎育出版社, 1985, 6

吳其昌, 『金文名象疏證』

吳其昌, 『殷墟書契解詁』

吳大澂, 『說文古籒補』, 1883

吳大澂, 『鐘鼎籒篆大觀』, 中國書店, 1987, 6

王風陽, 『漢字學』, 吉林文史出版社, 1989, 12

劉叶秋, 『中國字典史略』(文史知識文庫), 中華書局, 1992, 2

李零, 『長沙子彈庫戰國楚帛書硏究』, 中華書局, 1985, 7

李珍華, 周長楫, 『漢字古今音表』, 中華書局, 1993, 11

李學勤, 『古文字學初階』(文史知識叢書之一), 中華書局, 1985, 5

李孝定, 『甲骨文字集釋』(全八冊)(中央硏究院歷史言語硏究所專刊之五十), 中央硏究院

歷史 言語研究所, 中華民國59, 10

林義光,『文源』(寫印本), 1920

林杏光 等編,『簡明漢語義類辭典』, 商務印書館, 1987

衛聚賢,『文字學』, 黎明文化事業股份有限公司(臺灣, 臺北), 中華民國68, 2

蔣善國,『漢字學』, 上海教育出版社, 1987, 8

張世祿,『中國音韻學導論』, 商務印書館, 1930

張涌泉,『漢語俗字硏究』(中國傳統文化研究叢書), 岳麓書社, 1995, 4

丁山,『中國古代宗敎與神話考』, 龍門聯合書局, 1961

趙誠,『甲骨文字學綱要』, 商務印書館, 1993, 1

趙平安,『隷變硏究』, 河北大學出版社, 1993, 6

宗鳴安,『漢代文字考釋與欣賞』, 陝西人民美術出版社, 2004, 2

中國言語學大辭典編委會,『中國言語學大辭典』, 1992, 2

中國科學院考古研究所, 陝西省西安半坡博物館,『西安半坡』, 文物出版社, 1963

鄒曉麗, 楊潤陸, 秦永龍,『文字學槪要』, 北京師範大學中文系, 1988, 10

陳夢家,『殷墟卜辭綜述』, 中華書局, 1988, 1

秦永龍 編著,『西周金文選注』, 北京師範大學出版社, 1992, 4

陳直,『居延漢簡硏究』, 天津古籍出版社, 1986, 5

何九盈, 胡雙寶, 張猛,『中國漢字文化大觀』(中國漢字文化大觀系列), 北京大學出版社,
        1995, 1

何琳儀,『戰國文字通論』, 中華書局, 1989, 4

胡奇光,『中國小學史』(中國文化史叢書之一), 上海人民出版社, 1987, 11

黃侃,『文字聲訓筆記』, 上海古籍出版社, 1983, 4

黃德寬, 陳秉新,『漢語文字學史』(漢語發展史叢書), 安徽敎育出版社, 1990, 11

〈한국〉

韓延錫,『居延新簡文字研究』, 博士學位論文, 北京師範大學 中文系, 1997, 5

韓延錫,「居延漢簡校釋(4)」,『中國語文論叢』第19輯, 中國語文研究會, 2000, 12

「경향신문」 2008, 4, 24(목요일), 제20면

네이버 '블로그'「휘연이의『자유세人6』」, 2008, 4, 15 검색

네이버 '지식iN'『두산백과사전 EnCyber & EnCyber.com』, 2008, 4, 15 검색

〈일본〉

諸橋轍次,『大漢和辭典』, 大修館書店(東京), 昭和30(1955)

◉「論文類」

郭沫若,「吳王壽夢之戈」,『奴隷制時代』, 人民出版社, 1954

郭沫若,「古代文字之辨證的發展」,『考古學報』, 1972, 1期

國家語言文字工作委員會主辨, 敎育部語言文字應用硏究所承辨,「基礎敎學用現代漢語
      常用字部件表」, '中國語言文字网'(인터넷 사이트 명임)

詹鄞鑫,「釋辛及与辛有關的幾個字」,『中國語文』, 1983, 5期

徐中舒,「怎樣考釋古文字」,『出土文獻硏究』, 文物出版社, 1985, 6

王國維,「盂鼎銘文考釋」,『國學月報』, 第二卷, 1927, 8, 9, 10期 合刊

叶楚强,「現代通用漢字讀音的分析統計」,『中國語文』, 1965, 3期

吳其昌,「殷代人祭考」,『淸華周刊文史專彙』37권, 9, 10期

于省吾,「關于古文字硏究的若干問題」,『文物』, 1973, 2期

魏建功,「草書在文字學上之新認識」,『輔仁學志』14卷 1, 2期 合刊

張政良,「釋甲骨文俄, 隸, 蘊三字」,『中國語文』, 1965, 4期

趙誠,「甲骨文虛辭探索」,『古文字硏究』, 제15輯

趙佩馨,「甲骨文中所見的商代五刑」,『考古』, 1961, 2期

陳煒湛,「甲骨文同義詞硏究」,『古文字學論集』, 初編

靑海省文物管理處考古隊 等,「靑海樂都柳灣原始社會墓地反映出的主要問題」,『考古』,
      1976, 6期

胡厚宣,「代的刖刑」,『考古』, 1973, 2期

| 찾아보기 |

▌한연석(韓延錫)

1954년 충남 청양 출생
1985년 공주사범대학 한문교육과 졸업(학사)
1988년 고려대학교 교육대학원 한문교육전공(석사)
1997년 북경사범대학 대학원 박사과정수료(박사)
현재 인천 연수여자고등학교 재직

〈연구 논문〉
「百濟昌王銘石造舍利龕文字硏究」,『漢文敎育硏究』제12호, 한국한문교육학회, 1998. 6
「"唯"자의 文尾語氣詞로서의 用法 試考」,『중국언어연구』제8호, 한국중국언어학회, 1999. 6
「中國의 古文敎育」,『漢文敎育硏究』제14호, 한국한문교육학회, 2000. 6
「居延新簡釋文校補」,『重慶師院學報』제3기(총79기), 1999. 9
「居延漢簡校釋」,『中國學論叢』제9집, 韓國中國文化學會, 2000. 2
「居延漢簡所見常韋商榷」,『中國文化硏究』제2집, 中國文化硏究學會, 2003. 6
「부수속칭 유래 試考」,『漢文敎育硏究』제22호, 한국한문교육학회, 2004. 6
「構形學 이론을 적용한 한자학습 신장 방안」,『漢字漢文敎育』제14집, 한국한자한문교육학회, 2005. 5

漢字學 槪論

2008년 8월 1일 초판 발행

저 자 | 한연석
발행인 | 김흥국
발행처 | 도서출판 **보고사**(등록 제6-0429)
       서울시 성북구 보문동7가 11번지 2층
       전화 922-5120~1(편집) 922-2246(영업) / 팩스 922-6990
       메일 kanapub3@chol.com / www.bogosabooks.co.kr
 ISBN | 978-89-8433-519-6 (93720)